民用船舶设计配套产品选型手册

Product Type Selection Relating Civil Ship Design

（2020 版）

上海佳豪企业发展集团有限公司 编著
上海研途船舶海事技术有限公司 策划

哈尔滨工程大学出版社
Harbin Engineering University Press

内 容 简 介

本书全面介绍了船舶配套产品的分类方法、产品特点、主要技术性能参数、同类设备的技术性能比较，收录了船舶配套产品生产厂家提供的技术数据。不仅收录了行业较熟悉的通用设备，而且对那些行业认为较有推广价值的，先进又实用的配套产品以及新工艺、新技术也做了较大篇幅的介绍。参加编写的人员都是长期从事船舶设计，船厂设备管理、采购、使用的专业技术人员，既有扎实的理论基础，又有丰富的实践经验。本书具有很强的实用性，是船舶设计、施工建造、管理、设备选型、设备采购等理想的工具书，为船舶设计单位技术人员在船舶产品选型工作中提供方便。

图书在版编目（CIP）数据

民用船舶设计配套产品选型手册 / 上海佳豪企业发展集团有限公司编著 . —哈尔滨：哈尔滨工程大学出版社，2020.1

ISBN 978-7-5661-2608-5

Ⅰ．①民… Ⅱ．①上… Ⅲ．①民用船－船舶设计－配套设施－选型－手册 Ⅳ．① U662-62

中国版本图书馆 CIP 数据核字 (2019) 第 292512 号

选题策划 周长江
责任编辑 史大伟
封面设计 高新锋

出版发行 哈尔滨工程大学出版社
社　　址 哈尔滨市南岗区南通大街 145 号
邮政编码 150001
发行电话 0451-82519328
传　　真 0451-82519699
经　　销 新华书店
印　　刷 武汉精一佳印刷有限公司
开　　本 889mm × 1194mm　1/16
印　　张 25.5
字　　数 749 千字
版　　次 2020 年 1 月第 1 版
印　　次 2020 年 1 月第 1 次印刷
定　　价 200.00 元

http://www.hrbeupress.com

E-mail:heupress@hrbeu.edu.cn

出品：船海书局

网址：www.ship-press.com

告读者：如发现本书有印装质量问题请与船海书局发行部联系。

服务热线：4008670886

《民用船舶设计配套产品选型手册》编辑出版委员会

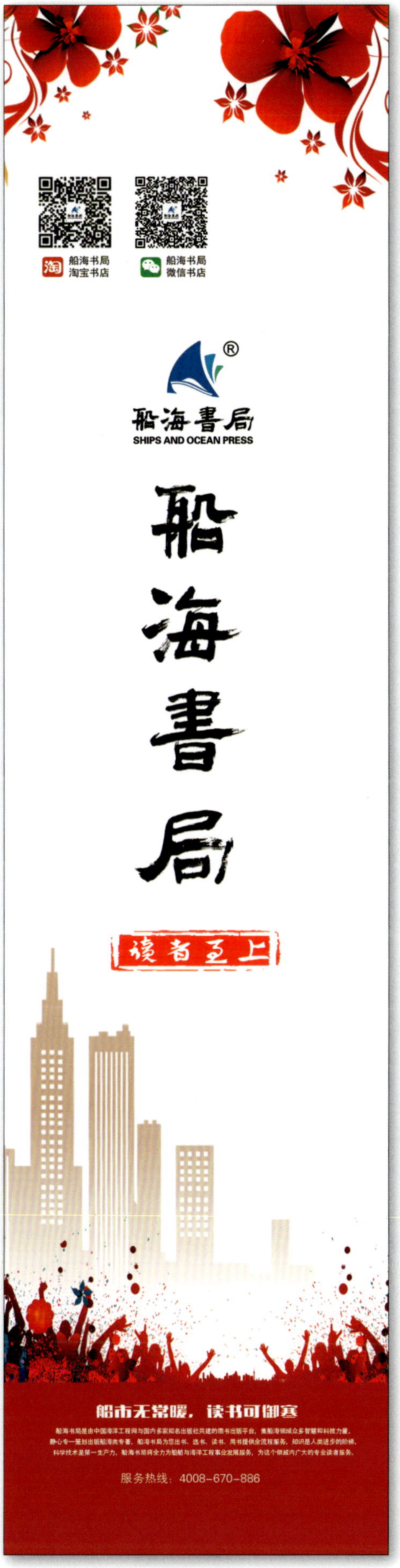

编辑说明

一、《民用船舶设计配套产品选型手册》（以下简称《手册》）由上海佳豪企业发展集团有限公司和上海研途船舶海事技术有限公司共同策划编辑，中国海洋工程网和船舶设计师理事会承担汇编工作。

二、船舶设计师理事会的部分成员单位担任本书的编委会副主任委员和委员，为本书的汇编工作提供专业指导。

三、本书采用分类编辑法。按照船舶设计过程中对船舶配套产品的选型分类确定全书的结构，整体内容分为动力系统及装置、甲板机械、舱室机械、通信导航系统、自动控制系统及电气设备和舾装及其他六大类目，每个类目都由各自的分目组成，每个分目由5~7家入编单位提供产品信息和数据。

四、本书从实际使用需要出发，全面介绍船舶配套产品的分类方法、产品特点、主要技术性能参数、同类设备的技术性能比较，收录了船舶配套产品生产厂家提供的技术数据。本书不仅收录了行业较熟悉的通用设备，而且对那些行业认为较有推广价值的，先进又实用的配套产品以及新工艺、新技术做了较大篇幅的介绍。

五、本书具有很强的实用性，是船舶设计、施工建造与管理、设备选型、设备采购等理想的工具书。希望本书能够为船舶设计单位技术人员在配套产品选型工作中提供最大的方便。

非常感谢本书的入编单位，他们提供了详细而准确的产品信息和技术资料，为本书的编辑工作提供了有力支持。也要感谢来自中国海洋工程网的编辑组所有成员，正因为有他们辛勤、认真而仔细的工作，书的质量才有保障。由于时间仓促，加之水平有限，不足之处在所难免，敬请各位读者批评和指正。

上海佳豪企业发展集团有限公司

2020年1月

CONTENTS 产品分类目录

排序：以入编时间先后为序

第一章　动力系统及装置

船用柴油机 生产单位

船用发电机及发电机组 生产单位

船用电机 生产单位

船用推进器 生产单位

船舶电力推进系统 生产单位

船用齿轮箱 生产单位

船舶尾轴及密封 生产单位

第二章　甲板机械

舵机 生产单位

锚泊机械 生产单位

产品分类目录
排序：以入编时间先后为序

CONTENTS

CONTENTS

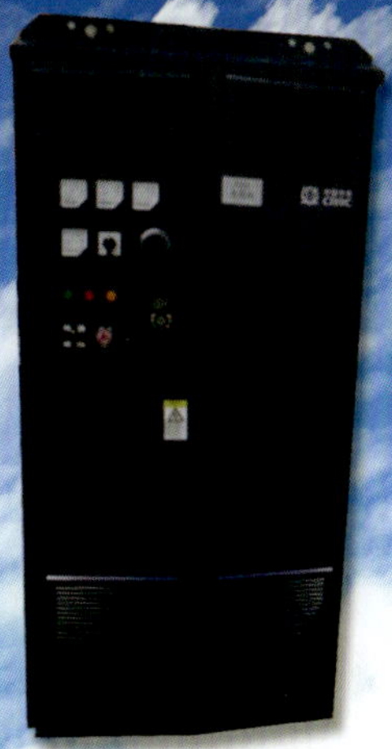

泷洋LY5000系列AFE电推系统

为客户定制的工信部渔船与尚德号游船AFE电推系统

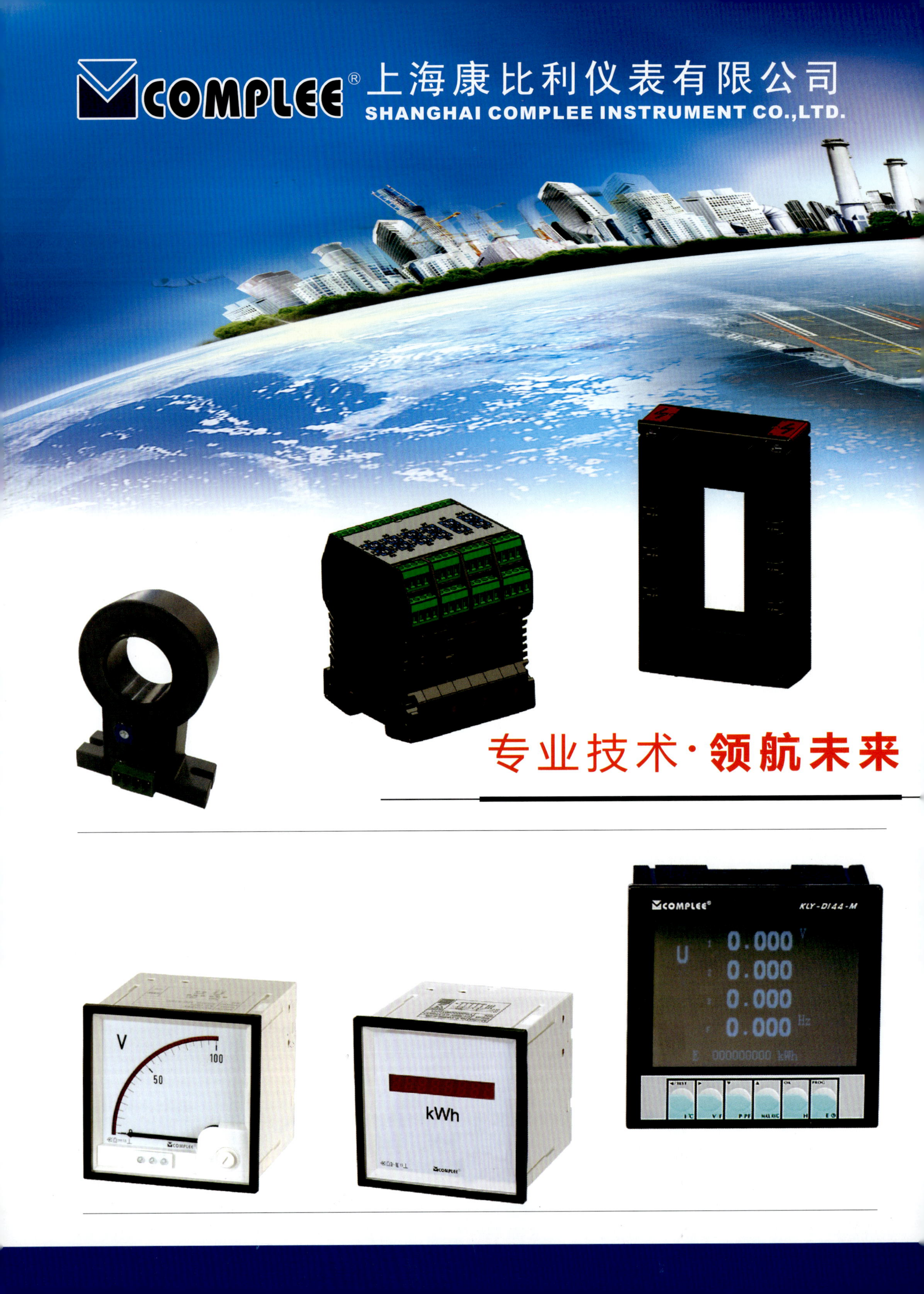
COMPLEE®
上海康比利仪表有限公司
SHANGHAI COMPLEE INSTRUMENT CO.,LTD.
专业技术·领航未来
V
50
100
kWh
COMPLEE
KLY-D144-M
U
0.000
0.000
0.000
0.000

r/min
100
100
200
200
250
250
COMPLEE

30
0
30
60
60
90
120
150
180
150

海茵茨曼公司

海茵茨曼创立于1897年，从创立初期的Heinzmann GmbH & Co. KG公司，发展到现在由海茵茨曼英国、海茵茨曼中国、海茵茨曼韩国、海茵茨曼印度、海茵茨曼澳大利亚、海茵茨曼挪威（船舶自动化）、欧罗巴、CPK等多家公司组成的集团公司。

海茵茨曼集团拥有遍布全球的运营机构，包括八大生产基地和国际性的营销网络。

海茵茨曼的产品范围包括了工业用内燃机、涡轮机管理系统和尾气后处理方案，还包括了主要用于船舶工业的自动化系统。

几十年来海茵茨曼一直在研发和生产性能稳定、功能强大的驱动电机，电机功率可高达25kW。这些电机在众多的应用领域，特别是在严苛的工业环境中体现着其卓越的性能。

海茵茨曼集团旗下有HEINZMANN、 RE(主要生产液压调速器)、 PERM（主要生产电机）、HEINZMANN Automation(主要生产船舶自动化系统)四大品牌。

海茵茨曼发动机控制系统（上海）有限公司成立于2009年，其前身为海茵茨曼集团在中国大陆的办事处。海茵茨曼上海公司成立后着力服务于中国境内的海茵茨曼客户，为客户提供技术支持和售后服务，同时在国内相关行业内推广海茵茨曼品牌。

随着国内业务的不断提升，2017年海茵茨曼上海公司整体搬迁到浙江省嘉善县大云德国工业园区自建的6000多平方米厂房内，并重新成立了海茵茨曼动力控制（嘉兴）有限公司。海茵茨曼嘉兴公司引进德国先进的生产设备，采用德国先进技术，为中国客户提供优质的产品和完善的服务，最大程度地满足了国内客户的需求。

燃烧控制器

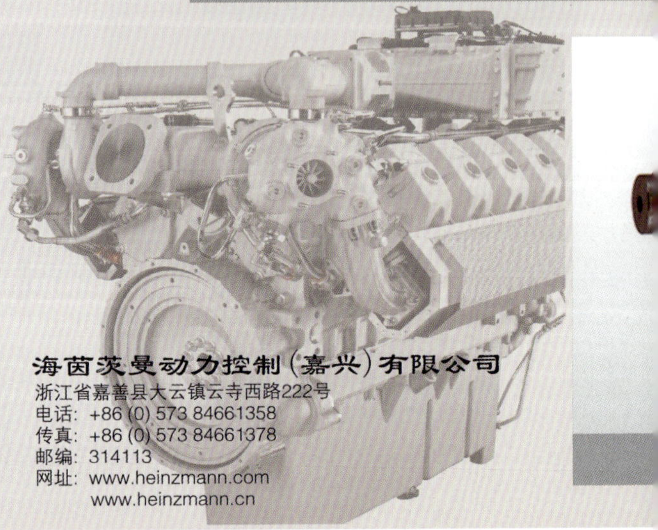

海茵茨曼动力控制（嘉兴）有限公司
浙江省嘉善县大云镇云寺西路222号
电话：+86 (0) 573 84661358
传真：+86 (0) 573 84661378
邮编：314113
网址：www.heinzmann.com
www.heinzmann.cn

www.heinzmann.com　www.heinzmann.cn

便携式缸压传感器

新一代油雾探测器

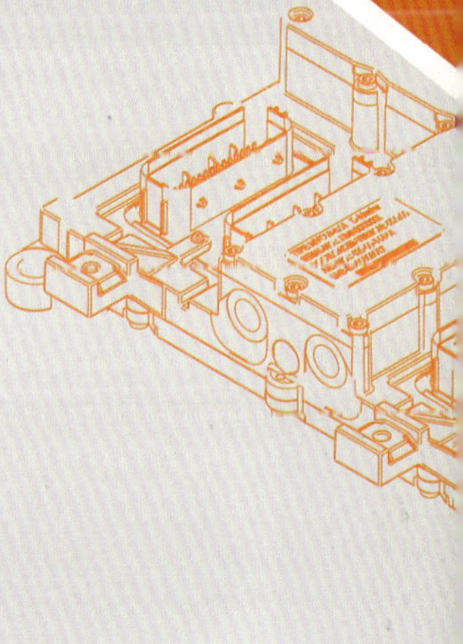

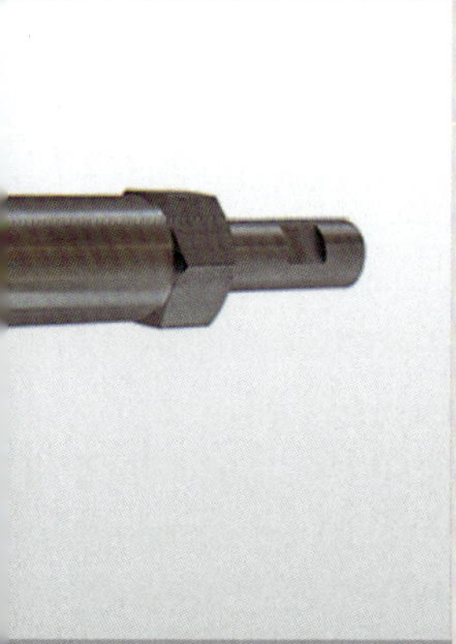

燃烧传感器

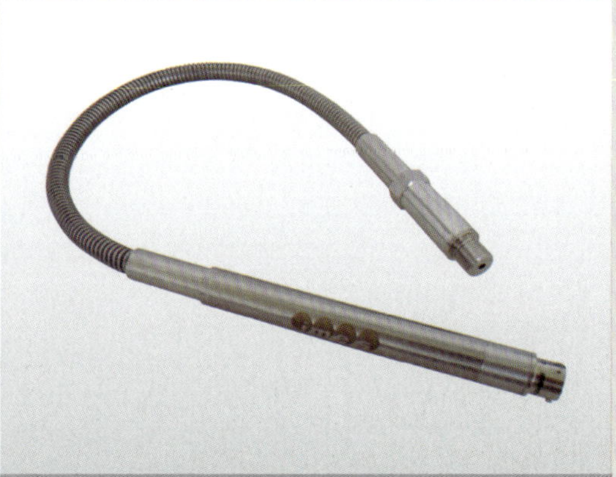

缸压传感器

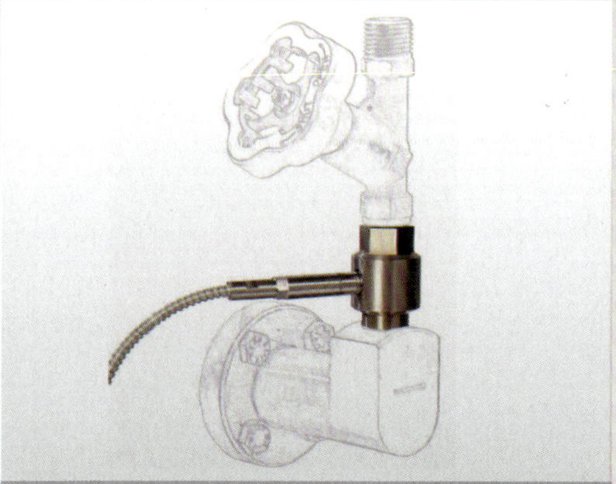

缸压传感器安装接头

www.heinzmann.com　　www.heinzmann.cn

公司主要经营

- 玉柴船电：4R、4FA、4D、6J、6B、6A、6L、6M/6MK/6MJ/6MG/6K、YC6T/6TD/6TG/6TF、6CD/6C/6CL/6CA/6CG、8CL/8CG、12VC/16VC/20VC系列高速船用柴油机、LNG气体机、（柴油+LNG）双燃料发动机，功率范围：16kW(22马力)~ 3200kW(4350马力)
- 南车玉柴：SR210、SR240、SR280、SR500系列中速船用柴油机及气体机，功率范围：900kW（1220马力）~ 4050kW（5510马力）
- 玉柴船用（应急）发电机组：玉柴船用辅机配套富康（原三波）、兰电、孚日、马拉松、斯坦福等电机，机组功率范围：10 ~ 2200 kW
- 船用高速柴油机特殊供货，配套喷水推进装置，舷内外机等可成套供货。功率范围：28kW（38马力）~ 2000 kW（2720马力），转速1200 ~ 4600r/min
- 船用齿轮箱：大中小功率、增速减速、轻型高速、特殊定制等
- 柴油机、齿轮箱售后服务，大中小维修业务，零配件、机油批发零售
- 大中型砂泵、水泵、油泵动力配套、设计与安装（8 ~ 32寸）
- 铝合金高速船艇、游艇的制造、销售、租赁、服务等业务

产品系列	基本参数	产品特点	选型优势	售后服务	船检认证及排放标准
4FA	缸数4，缸径96，行程103，排量2.98L，转数1500~3100r，功率范围60（80）~110（150）kW（PS）	与世界著名船舶发动机公司合作开发，采用目前先进的设计理念及手段，是高速船艇用国产主机的典范，替代进口的理想动力。	技术先进机构紧凑，比重量小，加速性好。同比油耗低、排放低、噪音低、振动小。	保修期限：18个月，全国服务热线：95098，24小时开通，45个海内外办事处，3000多个服务站，实施主动服务跟踪。玉柴机器实行全球联保服务制。	ZY\ZC\CCS证书（其它国家国际证书可申请办理）IMO Ⅱ\C Ⅰ排放证书（可升级C Ⅱ）
4D	缸数4，缸径108，行程115，排量4.2L，转数1500~3000r，功率范围32（44）~140（190）kW（PS）	采用德国FEV技术所开发的产品机体、汽缸盖采用合金铸铁，具有体积小、重量轻、可靠性高、大修期长，油耗指示选优于同功率档产品。	该系列产品性价比非常的好，很受用户欢迎，市场占有量很大，是小型船舶、游艇及渔船主机和20~40kW发电辅机的理想动力。		
6B	缸数6，缸径108，行程125，排量6.87L，转数1500~2300r，功率范围53（72）~120（165）kW（PS）		该系列产品性价比高市场占有量大，是目前小型船舶、游艇及渔船主机和40~75kW发电辅机的理想动力。		
6A	缸数6，缸径108，行程132，排量7.25L，增压中冷，转数1500~2500r，功率范围112（152）~206（280）kW（PS）		该系列产品性价比高，且配备了数显监控仪表，可进行远程启动、停机及保护控制，实现了“一人操驾”。是目前小型船舶、游艇及渔船主机和75~100kW发电辅机的理想动力。		
6MK	缸数6，缸径123，行程145，排量10.33L，四气门，增压中冷，转数1500~2100r，功率范围220（300）~279（380）kW（PS）	德国技术平台，合金铸铁机体、汽缸盖，锻钢曲轴，燃油高压喷射、高效增压进气、专有活塞环密封技术等，强度更高，寿命更长，平均有效压力、升功率、升扭矩等指标居于国内领先水平。	该系列产品拥有先进的性能和卓越的品质外，配备的数字智能化远程监控仪表，更使用户能随心所欲的进行操控，是高速艇、货船、渔船主机和150~250kW发电辅机的理想动力。		
6MJ	缸数6，缸径131，行程145，排量11.73L，四气门，增压中冷，转数1500~2100r，功率范围267（365）~360（490）kW（PS）				
6K	缸数6，缸径129，行程165，排量12.939L，四气门，增压中冷，转数1500~2100r，功率范围268（365）~441（600）kW（PS）	奔驰技术平台，欧洲新一代发动机技术，先进的制造工艺，各项技术性能指标领先国内同类发动机，关键性油耗指标、比重量指标居前列。	该系列产品技术、品质与欧洲最新量产发动机媲美，其高可靠性，超长使用寿命，最低油耗、额定点油耗比世界先进水平还低4%~8%，是各类船舶主机和发电辅机难得的动力。		
6T	缸数6，缸径145，行程165，排量16.35L，四气门，增压中冷，转数1200~2100r，功率范围220（300）~455（620）kW（PS）	欧洲新一代发动机技术，合金铸铁机体、汽缸盖，整体锻钢曲轴，内冷油道活塞，高压喷射，高效增压，动力性、可靠性、油耗、使用寿命等指标均居国内领先水平。	新一代船舶动力，经过10年的使用证明，无论是货船、渔船、顶推船、发电设备，其优良的性能，卓越的品质，尤其是动力性、可靠性、节能排放等效果，赢得了广大客户的信赖。		
6TD	缸数6，缸径152，行程180，排量19.59L，四气门，增压中冷，电控单体泵，转数1350~1800r，功率范围397（540）~588（800）kW（PS）	欧洲新一代发动机技术，合金铸铁机体、汽缸盖，整体锻钢曲轴，内冷油道活塞，采用电控油泵新技术，动力性更强、油耗更低，各项性能指标遥遥领先国内同类产品。	新一代船舶动力，经台架试验检测和实船使用对比，其优良的性能，尤其是显著的节油效果，赢得了对发动机有较高要求的客户的喜爱，产品供不应求。		
6C	缸数6，缸径200，行程210，排量39.58L，四气门，增压中冷，转数1000~1500r，功率范围352（480）~808（1100）kW（PS）	欧洲新一代发动机技术，合金铸铁机体、整体锻钢曲轴，四气门、高效增压中冷技术，升功率更高，扭矩更大、功率储备足，排气烟度小，油耗曲线平坦，节油效果更佳，是替代进口产品的理想选择。	新一代船舶动力，经过6年多投放市场使用情况来看，其先进的技术，优良的性能，卓越的品质，优越的表现，成为货船、渔船、拖轮、发电设备的首选动力。		
6CL	缸数6，缸径200，行程290，排量54.6L，四气门，增压中冷，转数1000r，功率范围706（960）~1029（1400）kW（PS）				
8CL	缸数8、缸径200、行程290、排量72.88L，四气门，增压中冷，转数1000r.，功率范围1029（1400）~1323（1800）kW(PS)	欧洲新一代发动机技术，合金铸铁机体、整体锻钢曲轴，四气门、高效增压中冷技术，升功率更高，扭矩更大、功率储备足，排气烟度小，油耗曲线平坦，节油效果更佳，是替代进口产品的理想选择。	新一代船舶动力，经过3年多投放市场使用情况来看，其先进的技术，优良的性能，卓越的品质，优越的表现，成为货船、渔船、拖轮、发电设备的首选动力。		
12VC	缸数12V型、缸径200、行程2100、排量79.17L，四气门，增压中冷，转数1000~1500r，功率范围1100（1500）~2000（2700）kW(PS)	德、美、日新一代发动机技术，合金铸铁机体、整体锻钢曲轴，四气门、高效增压中冷技术，升功率更高，扭矩更大、功率储备足，排气烟度小，油耗曲线平坦，节油效果更佳，是替代进口产品的理想选择。	新一代船舶动力，其大功率、高转速、轻量化设计，是目前国内独此一家。是渔船、公务船、工程船、发电设备代替进口的首选动力。		

注：YC6L、6TF、6CA、16VC、20VC、气体机、双燃料机等更多机型详细型谱及资料，请登录www.jrcbdl.com公司网站查询。

FPT
POWERTRAIN TECHNOLOGIES
卓越表现
尽在掌握
菲亚特动力科技
商用船应用解决方案
地址：上海市外高桥保税区马吉路2号14楼
电话：86-21-2082 2020
传真：86-21-2082 2388
邮箱：fptchina@fptindustrial.com
网站：www.fptindustrial.com
微信
微博
C9 620

北京天海低温设备有限公司

BTCE

北京天海低温设备有限公司成立于2008年初，是一家国际化，专业生产大型低温贮、运设备的公司，是低温设备行业的引领者，公司坐落于北京城市副中心通州区。公司主营设备有：船用罐，LNG低温储罐，工业气体储罐及罐式集装箱。公司具备国际化认证和国际化运作管理经验，以及产品品种范围广的设备加工能力，能够按国内、外标准制造高质量的产品，我们取得了ISO9001证书、中国压力容器制造许可证、AD2000-Merkblatt，欧盟PED及TPED认证、澳大利亚/新西兰AS1210认证，马来西亚DOSH认证、美国ASME U认证、CCS、BV罐式集装箱工厂认可、CCS/BV/ABS/DNV/LR等各国船级社认证。

地址：北京市通州区漷县镇漷兴西三街4号　　电话：魏来（15801566526）/崔志臣（18610073433）

邮箱：崔志臣：cuizc@btce-co.com　　魏来：weil@btce-co.com　　网址：www.btce-co.com

CSIC
武汉江南锚链有限

HEATMASTER B.V.

HEATMASTER INDUSTRIAL & MARITIME HEATING SYSTEMS

荷兰 Heatmaster 是一家专业设计和生产热油、热水和蒸汽的加热系统厂家。总部坐落与鹿特丹港口附近，我们的工程师都有超过30年以上加热系统设计经验，产品广泛用于全球各大船东、船厂，并深受好评。本着以客户为中心的理念，我们在中国和俄罗斯都有自己的分公司，有自己的销售、技术、项目工程师和服务工程师提供更完善的技术服务支持。在业务上，我们更是不断进取，一直保持技术更新。目前在双燃料锅炉加热系已取得相关业绩。我们南通工厂随时欢迎您现场考察，希望能为您提供专业的系统方案、优质的产品、良好的售后服务。公司船级社工厂认可包括CCS、DNV-GL、BV、LR、NK、ABS、RINA、RMRS和RRR（俄罗斯内河船），并通过 ISO9000认证体系。

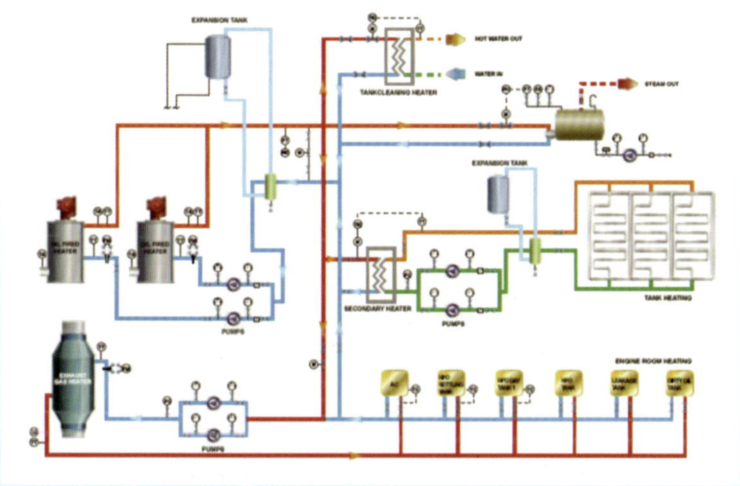

化学品船热媒油系统图

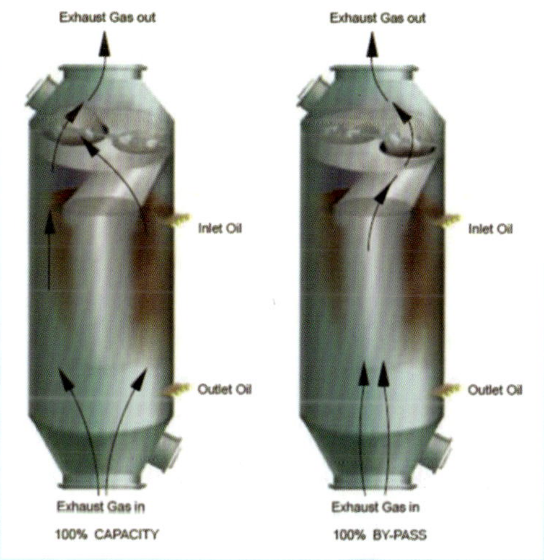

热媒油废气加热器

船用加热系统：

1、热媒油加热系统——Thermal oil heating system可用于各种船舶，特别适用于油船、化学品运输船、集装箱船和各类海工船舶。

2、热水加热系统——Hot water heating system可用于各种船舶。

热水加热系统主要产品有热水加热器、热水柜、压力水柜。

3、二次加热系统——Secondary heating system 主要用于化学品船的液货舱加热。根据船舶所装液货的特性，加热介质可选用热水或热油。我们可以根据客户要求，提供热功率及舱室盘管计算。

4、蒸汽加热系统——Steam heating system可用于各种船舶。

荷兰总部　电话：+31 (0) 786823404　传真：+31 (0)786823403　E-mail:info@heatmaster.nl

上海办事处：上海市鲁班路600号江南造船大厦1603室

电话：021-53022578　传真：021-53022577　邮编：200023　网址：WWW.HEATMASTER.NL

LAMOR
ENVIRONMENTAL SOLUTIONS
拉森（北京）溢油应急环保技术有限公司
拉森（北京）溢油应急环保技术有限公司，位于中国北京昌平区，是经北京市工商行政管理局依法注册的外商投资企业。公司成立于 2012 年，是芬兰劳模集团全资子公司 。
芬兰劳模公司是全球溢油应急设备企业领导者，自 2002 年进入中国市场以来，经过十七年的发展，在中国市场已经成为集溢油应急设备生产、设备及技术进出口、设备销售、售后服务、技术培训推广、溢油应急设备技术研发以及溢油应急方案构建于一身的专业公司。公司业务目前仍在不断扩展壮大，并已拓展至油品及化学品生产储运安全环保领域。芬兰劳模公司积极致力于将世界上最先进的溢油应急技术和设备以及油品化学品储运安全技术设备引入中国，服务于中国的政府和企业以及人民。
2012 年拉森公司因应国内客户需要，在北京建立了进口设备库，提高了供货速度，备品备件供应能力以及设备维修、检测能力，从而更大程度上保证了设备各项指标满足客户需求，保证了售后服务的质量和效率。2017 年公司在中国设立溢油应急设备生产组装厂，实现芬兰技术创新与中国制造的结合，进一步贴近了中国客户的需要，从而能够提供更精准的设备和服务。
地址：北京市朝阳区东三环中路 39 号建外 SOHO 西区 11 号楼 1901 室
Tel : +86 10 8446 7400
Fax: +86 10 5900 2401
Mobile: 139 1097 2451
Email: stephen.zhang@lamor.com.cn
网址 : www.lamor.com
胜利海洋应急

Greatec 羿弘船舶

羿弘科技（上海）有限公司，是一家专注于船舶配载计算，监测和控制系统的公司。产品有：

智能船舶--安全系统：GREATEC装载计算机 + HullMon船体应力监测系统

智能船舶--节能系统：FuelSaver配载节油模块 + GREATEC能效监测系统 + GREATEC太阳能航行灯

智能船舶--流体控制系统：GREATEC温度压力控制系统+GREATEC阀门遥控液位遥测+防横倾系统

智能船舶--船岸实时监测系统：GREATEC CCTV闭路电视+CargoMon货油+ShipMon船舶状态岸基实时监测

智能船舶--信息管理系统：GREATEC船舶管理系统 + SAP数据库ERP管理系统

GREATEC太阳能船用灯

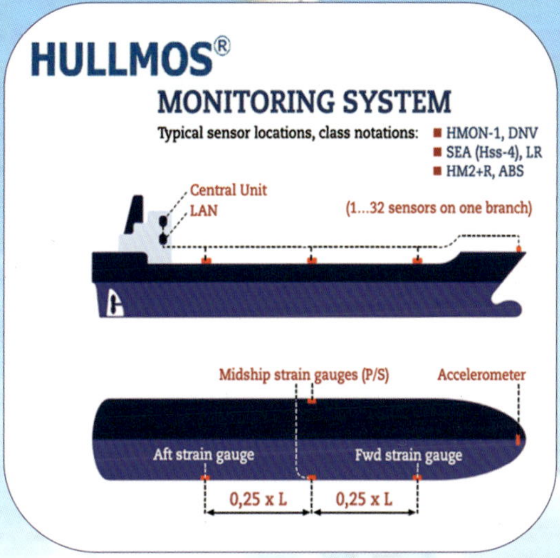

HULLMOS应力监测系统

GREATEC温控阀

GREATEC marine

Greatec
WWW. GREATECMARINE.COM

GREATEC合作的配载仪品牌

NUCAS Greatec ms

MARINE ALIGNMENT

Kockum Sonics

easeacon by marine alignment as

EASEACON BY MARINE ALIGNMENT

INOKUMA

ANKO Marine Load Planner

GREATEC 上海： 羿弘科技（上海）有限公司
Room 1101, No. 19, Wuning Road, Shanghai
200042 China
Tel:+86 21 2281 8621, Fax: +86 21 2281 8631
shanghai@greatecmarine.com

GREATEC 香港： info@greatecmarine.com
Tel:+852 2520 8980, Fax:+852 2129 6558

GREATEC 武汉：zyt@greatecmarine.com
Tel: +86 1362 7213 925, 1381 8899 616

民用船舶设计配套产品选型手册

Product Type Selection Relating Civil Ship Design

（2020 版）

第一章

动力系统及装置

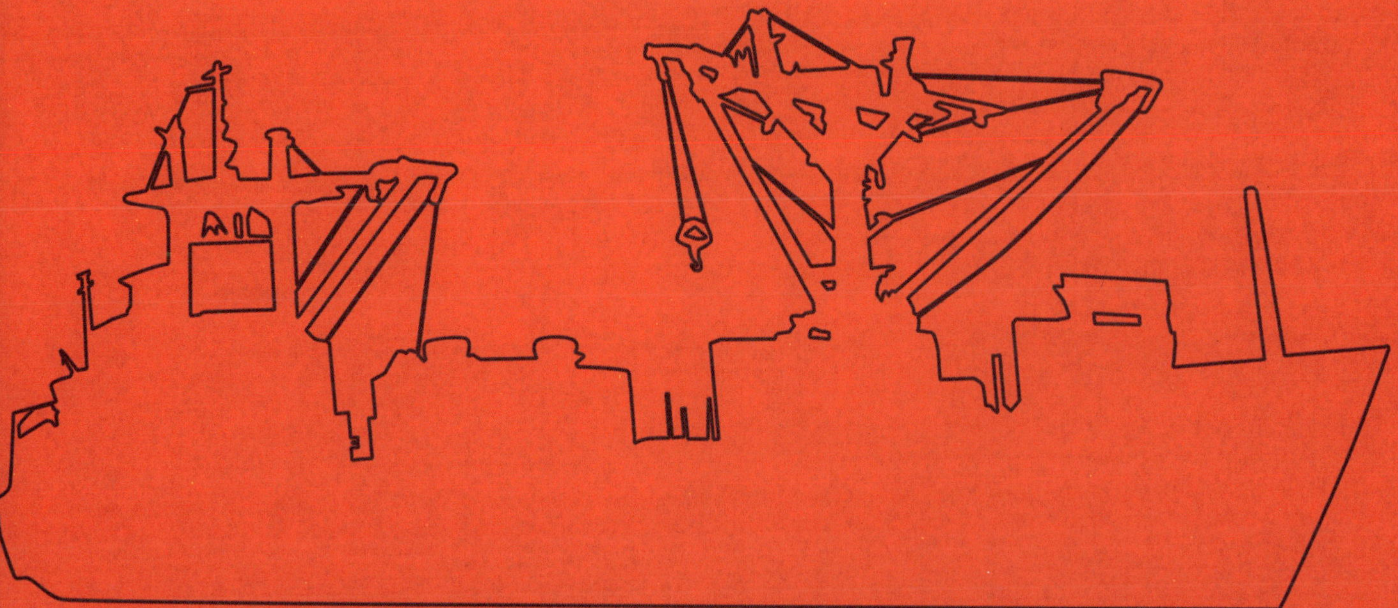

船用柴油机

P 02

P 04

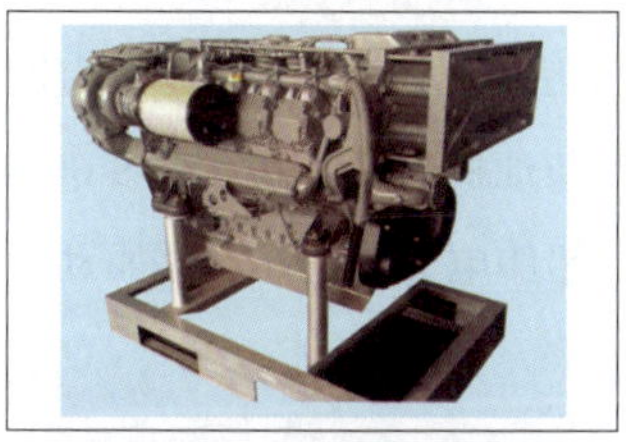

P 06

P 08

P 10

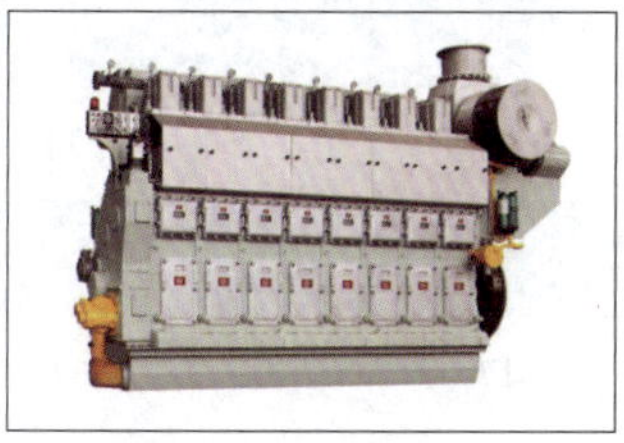

P 13

目前，国内船用柴油机制造主要是通过合资、合作及许可证的方式进行。主要的制造企业有 20 多家，其中规模较大的船用低速机制造企业有 6 家，分别是沪东重机有限公司、大连船用柴油机有限公司、宜昌船舶柴油机有限公司、上海中船三井造船柴油机有限公司、合肥熔安动力机械有限公司、中高柴油机重工有限公司；船用中高速机制造企业主要有镇江中船设备公司、安庆中船柴油机有限公司、陕西柴油机重工有限公司、宁波中策动力机电集团有限公司、北车（大连）柴油机有限公司、潍柴重机股份有限公司等十多家。虽然近年来有一些民营船用柴油机企业和一些以前是非船领域的柴油机制造企业介入，部分企业尚未投产，但就目前国内船舶柴油机制造和研发能力而言，这 20 多家企业引领着国内船用柴油机技术发展，在一定程度上，它们可以作为中国船舶柴油机技术领域的代表，它们的产品也可以反映出中国船用柴油机领域的最新科研技术成果。

大连船用柴油机有限公司制造了世界首台 6S50ME-B 型电控船用低速机，该机可满足 IMO 最新的氮氧化物排放标准，被誉为绿色环保型主机；陕西柴油机重工有限公司研制了国内首台 12V32/40 中速机；镇江中船设备有限公司顺利交验首台 CME-MAN 6S42MC7 低速机及首套 8L21/31 主机，该厂研制的 L23/30H 型船机成为国内首个通过中国船级社的 Tier Ⅱ 标准氮氧化物现场排放试验；重庆跃进机械厂有限公司生产的系列低速机凸轮获得 MAN 柴油机公司认可，并具备批量生产能力；潍柴动力股份有限公司研发的 CW200 系列船用柴油机打入欧美市场；扬州柴油机有限公司成功研发出 YZ485C 船用柴油机及 YZ485CD 船用发电机组用柴油机，为小型出口船配套；中国南车集团戚墅堰机车有限公司首台优化设计的大功率 V 型 280 船用中速柴油机顺利通过中国船级社组织的台架试验，该机单机额定最大输出功率为 3 860kW；淄博柴油机总公司完成了 9 250 大功率船用柴油机所有零部件的设计工作等。

由于整机的研制和设计技术及关键零部件的制造技术无法同步引进，只是利用国外专利公司的设计技术取得了一定的科研成果。如生产了世界第一台 WARTSILA RT-flex 智能化柴油机、第一台 6K80ME-C 智能型柴油机等，反映了目前中国低速柴油机的生产水平，但仅仅只是完成了制造，关键技术难题并没有从根本上得到解决（如高压共轨技术、焊接结构技术、废气排放技术、材料技术、数字化造机技术、模块化技术等），智能化柴油机中许多关键零配件只能依赖进口。总体而言，中国船舶柴油机技术自主创新能力比较低、科研力量分散、科研手段和试验设施缺乏。

生产单位：陕西柴油机重工有限公司

地址：陕西省兴平市西城区
邮编：713105
网址：www.sxd408.com
电话：029-38314999
传真：029-38314626
联系人：宁保强　13892057508

陕西柴油机重工有限公司（SXD）隶属于中国船舶重工集团公司（CSIC），是国内中、高速大功率船用柴油机制造商和柴油发电机组专业成套商。

公司目前主要生产缸径 160~400mm，转速 390~1500r/min，单缸功率 550~9 000kW 的 16 个系列舰船用、陆用柴油机及 440~12 000kW 船用、陆用柴油机发电机组。公司拥有 16 条专业生产线，通过了世界九大船级社工厂认证。产品广泛应用于国家海军舰船动力、海洋工程、核电站应急柴油发电机组、陆用电站，中、小型民用船舶主机，大型散货船和大型集装箱船辅机等领域。

产品技术参数：

SXD-MAN 系列

SXD-MAN 系列产品为陕柴重工引进 MANDIESEL& TURBO SE 公司的专利许可证产品；该产品具有功率密度高、自动化程度高、燃油经济和排放性好的特点；可燃烧柴油和最高黏度到 700cSt * 的重油；柴油机功率范围 450~9 000kW，发电机组功率范围 418~8 730kW；柴油机及发电机组应用范围有：船舶主机、船舶辅机、船舶电力推进、泵站驱动、箱式电站、海洋工程和陆用电站。

MANL32/40尺寸

气缸数		6	7	8	9
L	mm	5 940	6 470	7 000	7 530
L1	mm	5 140	5 670	6 195	6 725
W	mm	2 630	2 630	2 715	2 715
H	mm	4 010	4 010	4 490	4 490
干重	t	38	42	47	51

*注：$1cst=10^{-6}m^2/s$

生产单位：陕西柴油机重工有限公司

地址：陕西省兴平市西城区　　邮编：713105
网址：www.sxd408.com　　电话：029-38314999
传真：029-38314626　　联系人：宁保强　13892057508

MANL21/31尺寸

气缸数		6	7	8	9
L	mm	4 544	4 899	5 254	5 609
L1	mm	3 424	3 779	4 134	4 489
W	mm	1 695	1 695	1 820	1 820
H	mm	3 113	3 267	3 267	3 267
干重	t	16.0	17.5	19.0	20.5

机型	柴油机功率(kW) 900/1000 r/min	发电机组功率(kW) 60/50 Hz
5L21/31	1 000	950
6L21/31	1 320	1 254
7L21/31	1 540	1 463
8L21/31	1760	1 672
9L21/31	1 980	1 881

机型	柴油机功率(kW) 720/750 r/min	发电机组功率(kW) 60/50 Hz
6L32/40	3 000	2 850
7L32/40	3 500	3 325
8L32/40	4 000	3 800
9L32/40	4 500	4 275
12V32/40	6 000	5 700
14V32/40	7 000	6 650
16V32/40	8 000	7 600
18V32/40	9 000	8 550

PC2-6(B) 系列产品为陕柴重工引进 MAN DIESEL& TURBO FRANCE 公司的专利许可证产品；该产品具有结构简单、大修周期长、操作维修简便的特点；可燃烧柴油和最高黏度到 700cSt 的重油；柴油机功率范围 3 300~12 000kW，发电机组功率范围 5 700~1 1400kW；柴油机及发电机组应用范围有：船舶主机、船舶电力推进、泵站驱动、核应急发电机组和陆用电站。

PC2-6B尺寸

气缸数		12	14	16
L	mm	8 247	8 987	9 727
L1	mm	5 960	6 700	7 440
W	mm	3 674	3 674	3 674
H	mm	4 794	4 794	4 794
干重	t	94.0	104	114.0

机型	柴油机功率(kW) 600 r/min	发电机组功率(kW) 60Hz
12PC2-6B	9 000	8 550
14PC2-6B	10 500	9 975
16PC2-6B	12 000	11 400

生产单位：陕西柴油机重工有限公司

地址：陕西省兴平市西城区　　邮编：713105
网址：www.sxd408.com　　电话：029-38314999
传真：029-38314626　　联系人：宁保强　13892057508

SXD- DAIHATSU 系列

SXD-DAI HATSU 系列产品为陕柴重工引进日本大发公司的专利许可证产品；该产品具有结构简单、操作维护简便、排放性好的特点；可燃烧柴油和最高黏度到700cSt的重油；柴油机功率范围610~2 727kW，发电机组功率范围560~2 500kW；柴油机及发电机组应用范围有：船舶主机、船舶辅机、船舶电力推进和陆用电站等。

DKM-28e尺寸

气缸数		6	8
L	mm	6 825	7 865
L1	mm	6 100	6 780
W	mm	2 235	2 235
H	mm	3 710	3 830
干重	t	35	45.5

DKM-20e尺寸

气缸数		5	6	8
L	mm	4 850	5 480	6 350
L1	mm	3 890	4 430	5 300
W	mm	1 670	1 670	1 800
H	mm	2 670	2 890	2 890
干重	t	13.5	16	22

机型	柴油机功率(kW) 720/750/900 r/min	发电机组功率(kW) 60/50/60 Hz
5DK20	610/610/800	580/580/760
6DK20	800/800/1 040	760/760/988
8DK20	1 040/1 040/1 360	988/988/1 292

机型	柴油机功率(kW) 720/750 r/min	发电机组功率(kW) 60/50 Hz
6DK-28	1 990	1 891
8DK-28	2 635	2 503

生产单位：三菱重工发动机和增压器株式会社

联系单位：三菱重工业（上海）有限公司　地址：上海市长宁区延安西路 2299 号世贸商城 29 楼
联系人：潘先生 电话：021-62369799-217　传真：021-62369798
邮箱：wenzhong_pan@mhish.mhi.co.jp　网址：www.mhiet.co.jp

三菱重工发动机和增压器株式会社是由日本三菱重工业株式会社 100% 出资成立的公司，其生产的船用柴油发动机已超过 100 年的历史。工厂位于美丽的日本神奈川县相模原市，产品涉及船用中、高速柴油发动机，陆用发动机，工程机械用发动机，各类增压器等。

作为日本工业突飞猛进的先驱，三菱重工生产的船用柴油发动机被广泛应用于全球的海工项目、工程作业船、工商贸易船、渔船、油轮等领域，受到全球的广泛好评。近年来，三菱重工不断扩大业务范围，加强中国市场投入，希望将高可靠性、高耐久性、环保省油的船用发动机带给更多的客户，让更多客户切实受益于三菱船用发动机。

产品图展示

高速发动机S6R2系列

高速发动机S12R系列

高速发动机S16R系列

型号	缸径（mm）	活塞行程（mm）	功率范围（kW）	转速范围（r/min）	质量（kg）	排放标准	应用	选型优势
S6B3系列	135	170	320~448	1 200~2 001	1 310	IMO Ⅱ	船用主机/辅机	紧凑，独立型气缸盖、单缸单导门设计、便于维护
S6A3系列	150	175	400~558	1 500~1 900	1 840	IMO Ⅱ	船用主机/辅机	紧凑，独立型气缸盖、单缸单导门设计、便于维护
S6R系列	170	180	470~635	1 500~1 800	2 830	IMO Ⅱ	船用主机/辅机	全球各船用领域广泛应用、耐久性及油耗经济性广受好评
S6R2系列	170	220	480~841	1 200~1 500	2 960	IMO Ⅱ	船用主机/辅机	6缸长冲程、功率覆盖广、油耗经济性优良、应用广泛
S12A2系列	150	160	679~858	1 500~2 000	3 380	IMO Ⅱ	船用主机/辅机	紧凑，独立型气缸盖、单缸单导门设计、便于维护
S12R系列	170	180	940~1 340	1 500~1 800	5 320	IMO Ⅱ	船用主机/辅机	全球各船用领域广泛应用、耐久性及油耗经济性广受好评
S16R系列	170	180	1 250~1 690	1 600~1 800	6 780	IMO Ⅱ	船用主机/辅机	全球各船用领域广泛应用、耐久性及油耗经济性广受好评
S16R2系列	170	220	1 450~2 095	1 200~1 500	7 750	IMO Ⅱ	船用主机/辅机	16缸长冲程、功率覆盖广、燃油经济性优良、应用广泛
S6U系列	240	260	872~1 343	750~1 200	8 350	IMO Ⅱ	船用主机/辅机	独立型气缸盖、单缸单导门设计、便于维护
S8U系列	240	260	1 110~1 760	750~1 200	11 000	IMO Ⅱ	船用主机/辅机	独立型气缸盖、单缸单导门设计、便于维护
S12U系列	240	260	1 665~2 685	750~1 200	15 500	IMO Ⅱ	船用主机/辅机	独立型气缸盖、单缸单导门设计、便于维护
S16U系列	240	260	2 220~3 580	750~1 200	20 500	IMO Ⅱ	船用主机/辅机	独立型气缸盖、单缸单导门设计、便于维护

生产单位：河北华北柴油机有限责任公司

地址：河北省石家庄市中山西路 910 号　　邮编：050000
电话：0311-83989387 83989882　　传真：0311-83985050
网址：hbcyj.norincogroup.com.cn

河北华北柴油机有限责任公司隶属于中国兵器工业集团动力研究院有限公司，属军民两用大功率柴油机专业生产企业。公司是德国道依茨在全球唯一一家授权生产 BF1015、TCD2015、TCD12.0/16.0 系列柴油机的企业，并享受技术的同步升级。产品广泛应用于工程机械、发电、车用、燃气、泵用、防爆、船用等领域。公司在 DEUTZ 1015 和 2015 系列基础上自主研发的船用动力，广泛应用于豪华游艇、内河运输船、近海渔船、客船、无人舰艇等船舶以及船用发电机组市场。

产品技术参数：

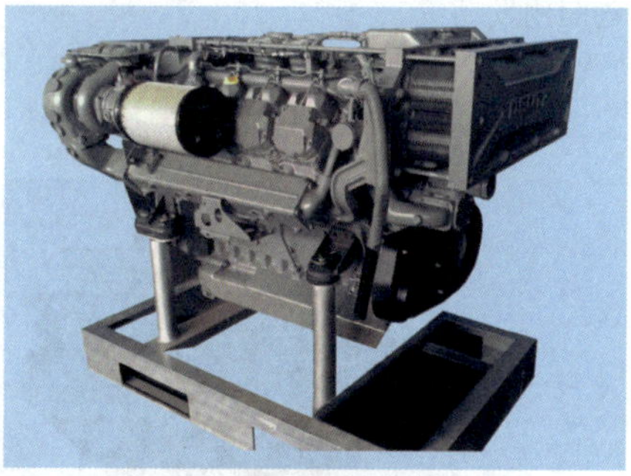

TCD2015V8

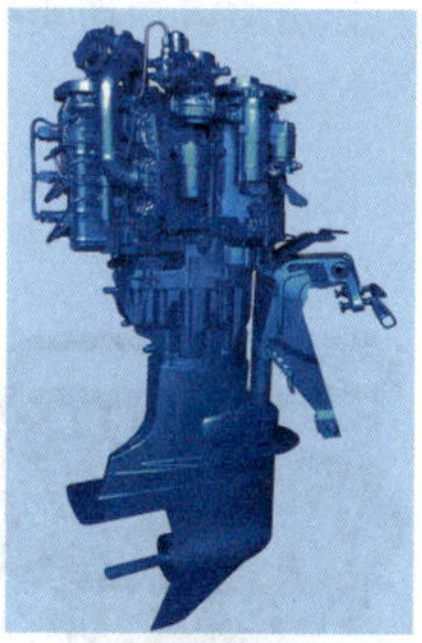

舷外机

HC12V132

HC 系列船用主机型谱表

型号	型式	气缸数目	缸径/行程	单缸排量（L）	额定功率（kW）	额定转速（r/min）	怠速（r/min）	燃油系统	认证
HC6/8/12V132	V型、四冲程、涡轮增压、中冷	6/8/12	132/145	1.984	287~660	1800	600±50	电调直列泵	CCS

HC 系列船用辅机及应急发电型谱表

型号	型式	气缸数目	缸径/行程	单缸排量（L）	额定功率（kW）	额定转速（r/min）	怠速（r/min）	燃油系统	认证
HC6/8/12V132	V型、四冲程、涡轮增压、中冷	6/8/12	132/145	1.984	275~660	1500/1800	600±50	电调直列泵	CCS

TCD2015 系列船用主机型谱表

型号	型式	气缸数目	缸径/行程	单缸排量（L）	额定功率（kW）	额定转速（r/min）	怠速（r/min）	燃油系统	认证
TCD2015V6	V型、四冲程、涡轮增压、中冷	6	132/145	1.984	360	1500~2100	600±50	电控单体泵	CCS
TCD2015V8	V型、四冲程、涡轮增压、中冷	8	132/145	1.984	500	1500~2100	600±50	电控单体泵	CCS

TCD2015 系列船用辅机型谱表

型号	型式	气缸数目	缸径/行程	单缸排量（L）	额定功率（kW）	额定转速（r/min）	怠速（r/min）	燃油系统	认证
TCD2015V6	V型、四冲程、涡轮增压、中冷	6	132/145	1.984	264~354	1500	600±50	电控单体泵	CCS
TCD2015V6	V型、四冲程、涡轮增压、中冷	6	132/145	1.984	286~384	1800	600±50	电控单体泵	CCS
TCD2015V8	V型、四冲程、涡轮增压、中冷	8	132/145	1.984	382~512	1500	600±50	电控单体泵	CCS
TCD2015V8	V型、四冲程、涡轮增压、中冷	8	132/145	1.984	409~548	1800	600±50	电控单体泵	CCS

舷外柴油机

型号	燃油类型	气缸数目	缸径/行程（mm）	单缸排量（L）	功率（kW）	额定转速（r/min）	升功率（kW/L）	功重比（kW/kg）
NE6902F	柴油	3	80/92	0.46	45	4000	32.44	0.5

生产单位：玉柴联合动力股份有限公司

地址：安徽省芜湖三山峨桥 2 号联合大厦　　邮编：241080　　联系人：杨俊伟 18225539022
邮箱：yang-sailing@hotmail.com　　电话：0553-2306888　　网址：http：//www.kengine.com

玉柴联合动力股份有限公司是专门从事现代节能环保发动机研究、生产、制造的大型企业，是玉柴机器高端品牌的生产基地，拥有 50 年专业生产船用动力的经验。蓝鲸动力包括 DK 系列柴油船机、NK 系列天然气船机、SK 系列双燃料船机及船用机组，采用当今国际船舶动力最新科技，实现发动机可靠性和经济性质的飞跃，排放低，可达 IMO Tier III。广泛适用于内河或近海商用船、渔船、游艇以及公务艇动力。

产品技术参数：

DK 系列柴油机

NK 系列气体机

SK 系列双燃料机

型号 Model	用途 Application	燃料类型	额定功率（kW）Rated power	额定转速（r/min）Rated speed	超负荷功率（kW）Overload power	超负荷转速（r/min）Overload speed	船级社认证
YC6K190L-C20	客船 / 商船主辅机	柴油	140	1 200	154	1 239	CCS
YC6K295L-C20		柴油	218	1 500	240	1 548	CCS
YC6K400L-C20		柴油	294	1 500	324	1 548	CCS
YC6K420L-C20		柴油	309	1 500	340	1 500	CCS
YC6K460L-C20		柴油	338	1 800	372	1 858	CCS
YC6K500L-C20	游艇 / 钓鱼艇	柴油	334	2 035	367	2 100	CCS
YC6K550L-C20		柴油	368	2 035	404	2 100	CCS
YC6K600L-C20		柴油	401	2 035	441	2 100	CCS
YC6K295LN-C30	客船 / 商船主辅机	LNG	218	1 500	240	1 548	CCS
YC6K320LN-C30		LNG	235	1 500	259	1 548	CCS
YC6K360LN-C30		LNG	265	1 500	292	1 548	CCS
YC6K400LN-C30		LNG	294	1 800	324	1 858	CCS
YC6K420LN-C30		LNG	309	1 800	340	1 858	CCS
YC6K295LN-C31	客船 / 商船主辅机	双燃料	218	1 500	240	1 548	CCS
YC6K320LN-C31		双燃料	235	1 500	259	1 548	CCS
YC6K360LN-C31		双燃料	265	1 500	292	1 548	CCS
YC6K420LN-C31		双燃料	309	1 800	340	1 858	CCS
YC6K450LN-C31		双燃料	331	1 800	364	1 858	CCS

生产单位： DMD 大连船用柴油机有限公司

地址：辽宁省大连市西岗区海防街 1~2 号　邮编：116021　邮箱：wuzongjun@dmd.com.cn
电话：0411-84417273　传真：0411-84417499　网址：www.dmd.com.cn　联系人：吴宗军　13998686205

大连船用柴油机有限公司（简称 DMD）成立于 1984 年，隶属于中国船舶重工集团公司，主要产品是按专利许可证技术生产的 DMD-MAN B&W 和 DMD-WARTSILA 各系列低速船用柴油机。公司具备生产 DMD-MAN B&W 缸径在 350~980mm 和 DMD-WARTSILA 缸径在 350~960mm 两大系列的全系列机械控制和电控型低速船用柴油机的能力，年产 200 万 hp*，最大建造单机功率 10 万 hp 超大型主机，是国内主要大功率低速船用柴油机制造基地。

产品技术参数：

产品型号	基本参数	产品特点	实现功能	选型优势	执行标准	有无专利	船级社认证
DMD-MAN B&W DMD-WARTSILA	见下表	DMD 发动机完全按照国际最新设计和标准建造，在低碳排放条件下具有良好的可靠性、便捷的操作性能、较低的气缸滑油消耗率和燃油消耗率，代表了安全可靠、低碳环保和国际一流船舶动力水平	DMD 发动机可以为采用低速船用柴油机的船舶提供动力保障（包括 VLCC、ULCC、VLOC 和 5000TEU 及以上集装箱船等的船舶主机需求）	DMD 造机水平始终保持与世界先进水平同步，并通过全球网络迅速提供主机技术支持、零部件的更换和维修等优质服务，在国际上被船东誉为“可以满足最高标准的工厂”	采用国外先进标准，符合 IMO、SOLAS、IACS 规范和要求，通过了 ISO9001 质量体系认证	拥有多项具有自主知识产权的专利技术	CCS DNV GL NK ABS LR RINA

DMD-MAN B&W				DMD-WARTSILA			
型 号	单缸功率 / 转速（kW/（r/min））	型 号	单缸功率 / 转速（kW/（r/min））	型 号	单缸功率 / 转速（kW/（r/min））	型 号	单缸功率 / 转速（kW/（r/min））
S35MC-C（ME-B）9	870/167	S65MC/ME-C8	2 870/95	X35	870/167	RT-flex82T	4 750/76
S46MC-C（ME-B）8	1 380/129	S70MC/ME-C8	3 270/91	X40	1 135/146	RT-flex82C	4 520/97
S50MC/ME-C8	1 660/127	L70MC/E-C8	3 270/108	RT-flex48T	1 455/127	RT-flex84T	4 200/76
S50ME-B9	1 780/117	G70ME-C9	3 640/83	RT-flex50	1 745/124	RT-flex96C	5 720/102
G50ME-B9	1 720/100	S80MC/ME-C9	4 510/78	RT-flex58T	2 350/105		
S60MC/ME-C8	2 380/105	G80ME-C9	4 450/68	RT-flex60C	2 420/114		
S60ME-B8	2 380/105	K80ME-C9	4 530/104	X62	2 660/97		
G60ME-C9	2 680/97	S90MC/ME-C9	5 810/84	RT-flex68	3 130/95		
L60MC/E-C8	2 340/123	K98MC/ME-C7	6 020/104	X72	3 610/84		

*注：1hp=745.7W

生产单位：中船温特图尔发动机（上海）有限公司

地址：上海市浦东新区杨高南路 799 号陆家嘴世纪金融广场 11 层 01 单元　　邮编：200127
电话：021–61681958　　传真：021–61681959　　邮箱：china@wingd.com　　网址：www.wingd.com

温特图尔发动机有限公司（简称 WinGD）是一家二冲程低速燃气及柴油发动机的领先开发商，为商船运输提供驱动力。WinGD 致力于为可靠性、高效性和环保性设立行业标准。WinGD 向世界各地的制造商、造船厂、船舶经营者提供设计、许可证和技术支持。发动机由分布于四大造船国的许可证制造商依据许可证进行制造。WinGD 的总部设在瑞士的温特图尔市，该市于 1898 年开创了“苏尔寿”品牌的大功率内燃机。

产品图展示

WinGD 低速发动机

WinGD 低速发动机的功率范围

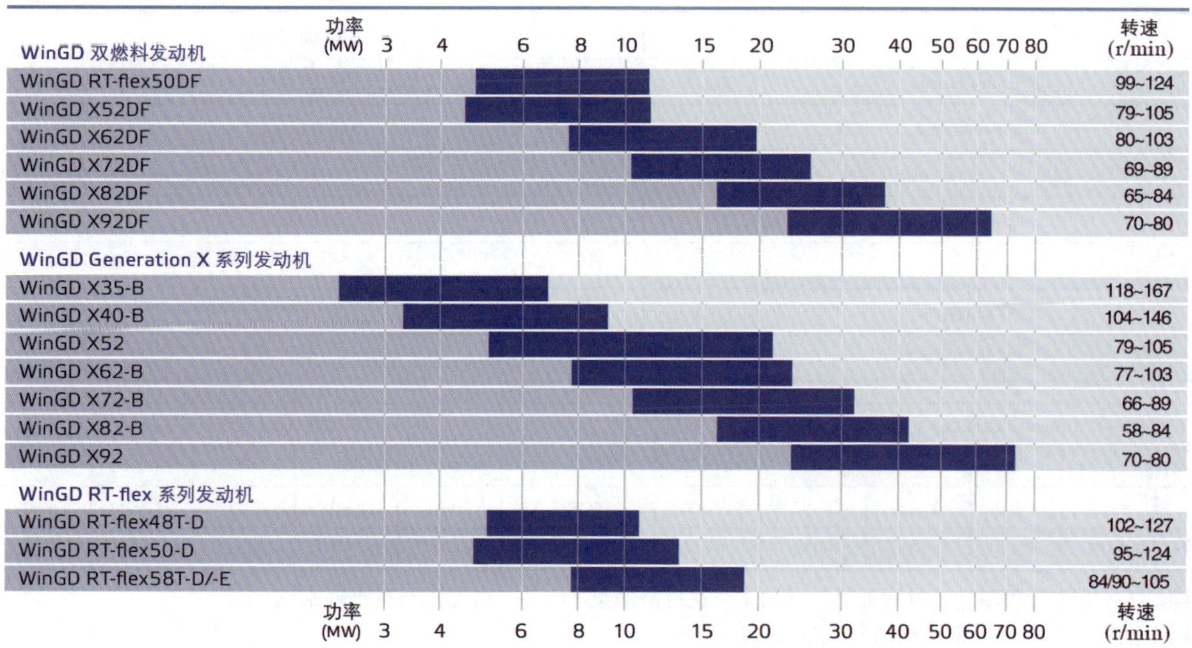

生产单位：中船重工柴油机动力有限公司

地址：上海市闵行区华宁路 3111 号　邮编：201108　邮箱：info@csic-cdp.com
电话：021-31310487　传真：021-31310486　网址：www.csic-cdp.com

中船重工柴油机动力有限公司成立于 2008 年，由中国船舶重工集团公司旗下柴油机及零部件研发与制造优势企业合资组建，致力于研制拥有完全自主知识产权、具有世界先进水平的全系列船用中速柴油机，以改变我国船用中速柴油机产品和技术依赖于国外的局面。

公司于 2008 年正式启动具有自主知识产权的高性能中速柴油机研制项目，历经 3 年时间，完成了首个系列 CS21/32 中 6 缸机的研发、设计、制造和验证，并于 2011 年底通过中国船级社认证。

CS21/32 系列柴油机具有低油耗、低排放、低噪声的特点，同时具有高强度、高可靠性和良好的拆装维护性，可满足 IMO Tier II 排放要求。产品适用于商船、大中型渔船、油轮、拖轮、工作工程船等。

产品技术参数：

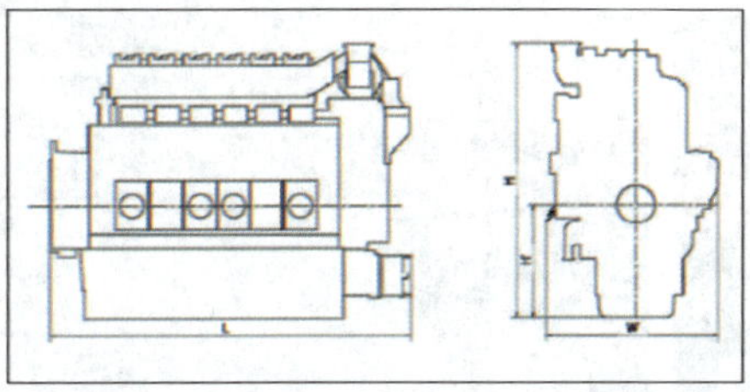

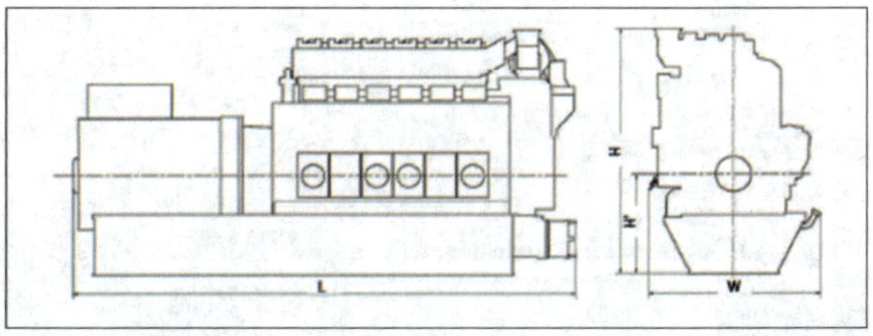

CS21/32 主要参数	
结构	直列
气缸数量	6、8
缸径	210 mm
行程	320 mm
单缸功率	220 kW/cyl
转速	900/1 000 r/min
平均有效压力	2.63/2.38 MPa
平均活塞速度	10.67/9.6 m/s
压缩比（轻油 / 重油）	17
最大爆发压力	21 MPa
燃油	轻柴油或重油
燃油消耗率	185× g/（kW · h）
滑油消耗率	0.6× g/（kW · h）

尺寸 (mm) 和质量 (kg)（柴油机）					
	L	W	H	H'	Dry mass
6CS21/32	3 845	1 800	2 875	1 192	17 500
8CS21/32	4 565	1 800	2 875	1 192	20 850

尺寸 (mm) 和质量 (kg)（发电机组）					
	L	W	H	H'	Dry mass
6CS21/32	5 690	1 910	2 830	1 150	26 000
8CS21/32	6 410	1 910	2 830	1 150	29 350

*燃油消耗率为不带发动机驱动泵时的数值：增加 1 个机带滑油泵 +1.5%，增加 1 个机带淡水泵 +1%
*燃油耗损率误差 5g/kW · h，滑油耗损率误差 0.3g/kW · h

生产单位： 潍柴重机股份有限公司

地址：山东省潍坊滨海经济技术开发区富海大街 17 号 邮编：261001 邮箱：lipx@weichaihm.com
电话：0536-2297969 网址：www.weichaihm.com 联系人：李培新 18660613906

潍柴重机隶属于潍柴控股集团，于 2007 年在深圳上市，股票代码为 000880SZ，现有员工 2 200 余名，固定资产 28 亿元，产品分为高速系列和中速系列两大部分，可以燃烧柴油、混合油、重油、LNG 和双燃料，功率覆盖范围 30~10 000hp，是目前中国产品系列最全、应用领域最广的船舶动力和发电机组提供商。

产品技术参数：

产品型号	基本参数	产品特点	选型优势	执行标准	船级社认证
WP4 柴油机	缸数 4 缸径 105mm 行程 130mm 排量 4.5L 功率范围 70~88kW	用于运输船、渔船和发电机组		符合 IMO2	CCS、KR、BV、DNV GL 等船级社
WP6 柴油机	缸数 6 缸径 105mm 行程 130mm 排量 6.24L 功率范围 105~122kW	用于运输船、渔船、公务艇和发电机组		符合 IMO2	CCS、KR、BV、DNV GL 等船级社
WD10 系列	缸数 6 缸径 126mm 行程 130mm 排量 9.726L 功率范围 147~230kW	用于运输船、渔船和发电机组		符合 IMO2	CCS、KR、BV、DNV GL 等船级社
WP12 系列	缸数 6 缸径 126mm 行程 155mm 排量 11.926L 功率范围 295kW	用于运输船、渔船、公务艇和发电机组		符合 IMO2	CCS、KR、BV、DNV GL 等船级社
M26 系列	缸数 6/12 缸径 150mm 行程 150mm 排量 15.9/31.8L 功率范围 330~808kW	用于运输船、渔船、公务艇和发电机组	产品适应性强、可靠性高、使用维修方便	符合 IMO2	CCS、KR、BV、DNV GL 等船级社
X6170/8170 系列	缸数 6/8 缸径 170mm 行程 200mm 排量 27/36L 功率范围 330~530kW	用于运输船、渔船和发电机组		符合 IMO2	CCS、KR、BV、DNV GL 等船级社
CW200 系列	缸数 6/8/12/16 缸径 200mm 行程 270mm 单缸排量 8.48L 功率范围 432~1 760kW	用于运输船、渔船和发电机组		符合 IMO2	CCS、KR、BV、DNV GL 等船级社
CW250 系列	缸数 6/8 缸径 250mm 行程 300mm 单缸排量 14.73L 功率范围 1 058~1 470kW	用于运输船、渔船和发电机组		符合 IMO2	CCS、KR、BV、DNV GL 等船级社
L27/38 系列	缸数 6/7/8/9 缸径 270mm 行程 380mm 单缸排量 21.8L 功率范围 2 040~3 060kW	用于运输船、渔船、海洋平台和发电机组		符合 IMO2	CCS、KR、BV、DNV GL 等船级社
L32/40 系列	缸数 6/7/8/9 缸径 320mm 行程 400mm 单缸排量 32.17L 功率范围 3 000~4 500kW	用于运输船、渔船、海洋平台和发电机组		符合 IMO2	CCS、KR、BV、DNV GL 等船级社

生产单位：中基日造柴油机有限公司

地址：浙江省舟山经济技术开发区新港工业基地（定海北蝉马峙） 邮编：316013
电话：0580-8062002 传真：0580-8062003 网址：www.zhd.zj.cn 邮箱：ZHD@zhd.zj.cn

中基日造柴油机有限公司是由舟基（集团）有限公司、日本日立造船株式会社及国资舟山本岛北部开发建设投资有限公司三方共同投资的中外合资经营企业，于2009年2月正式注册登记成立。公司位于舟山本岛北部的舟山经济开发区新港工业基地，厂区总用地面积316 367 m²，目前是浙江省唯一的船舶用大功率低速柴油机制造企业。

公司依托市政府的大力支持、日立造船雄厚的制造技术和管理经验及"员工企业同发展"的核心价值观，营造优秀人才发展平台，努力打造国内一流的柴油机制造企业。

产品技术参数：

机型	型号
MC 型	S35MC-C9.2-T Ⅱ S40MC-C9.2-T Ⅱ S46MC-C8.2-T Ⅱ S50MC-C8.2-T Ⅱ S60MC-C8.2-T Ⅱ
K-ME 型	K80ME-C9.2-T Ⅱ K98ME7.1-T Ⅱ K98ME-C7.1-T Ⅱ
ME-C 型	S50ME-C8.2-T Ⅱ S60ME-C8.2-T Ⅱ S65ME-C8.2-T Ⅱ S70ME-C8.2-T Ⅱ S80ME-C8.2-T Ⅱ S80ME-C9.4-T Ⅱ S90ME-C8.2-T Ⅱ S90ME-C9.2-T Ⅱ S90ME-C10.2-T Ⅱ L60ME-C8.2-T Ⅱ L70ME-C8.2-T Ⅱ
G-ME 型	G40ME-B9.3-T Ⅱ G45ME-B9.3-T Ⅱ G50ME-B9.3-T Ⅱ G60ME-C9.2-T Ⅱ G70ME-C9.2-T Ⅱ G80ME-C9.2-T Ⅱ G95ME-C9.2-T Ⅱ
ME-B 型	S35ME-B9.3-T Ⅱ S40ME-B9.3_T Ⅱ S46ME-B8.3-T Ⅱ S50ME-B8.3-T Ⅱ S50ME-B9.3-T Ⅱ

生产单位：宁波中策动力机电集团有限公司

地址：浙江省宁波市江北区海川路 123 号　邮编：315032　邮箱：nbzcgs@126.com
电话：0574-87522639　传真：0574-87355091　网址：www.ningdong.com

宁波中策动力机电集团有限公司是专业生产中速柴油机和柴油发电机组的重点骨干企业。公司于 1999 年通过了 ISO9001 质量体系认证，为国家级高新技术企业，拥有省级技术中心。目前，公司的主导产品有“宁动”牌系列柴油机和柴油发电机组。柴油机型号有 N160、N170、N210、6300、GA300、GN320、DN320、DN330 及 DN340 等系列，功率范围为 184~4 500kW。其中，中大功率柴油机能燃烧重油在“大功率中速船用柴油机关键技术研究与产业化”课题攻关中，获得国家科技进步二等奖。公司承担了“十二五”国家科技支撑计划并参与《船用中速柴油机关键技术开发及样机研制》项目的开发。公司产品遍及全国各地，批量出口东南亚、中东、欧洲及非洲国家，售后服务体系完善，在国内沿海及长江流域沿线均设立了办事处和特约维修站，还在西非、东南亚、欧洲等地建立了销售服务网络。

产品技术参数：

产品型号	缸数	转速范围（r/min）	功率范围（kW）	排放标准	应用范围
N160	6/8	1 000~1 200	184~478	Tier Ⅱ	柴油发电机组；钢质渔船、运输船、工程作业船、滚装船及大、中型船舶作推进动力和辅机
N170	6/8	1 000~1 500	220~600		
N210	6/8	600~1 000	396~1470		
6300	6	400~500	294~735		
GA300	6/8	400~750	551~2 427		
GN320	6/8	550~750	735~3 089		
DN320	8	600~750	2 648~3 310		
DN330	8	620~650	3 000~4 045		
DN340	8	600~650	3 310~4 500		

生产单位：玉柴船舶动力股份有限公司

地址：广东省珠海市斗门区富山工业园　邮编：519175　电话：0756-5598023
传真：0756-5888985-005　联系人：杨树绿　13877569058　13809801908
邮箱：yangshulv@yuchai.cn　网址：www.ycmp.com.cn

玉柴船舶动力股份有限公司由中国最大的柴油机制造企业广西玉柴机器集团有限公司投资，项目规划总投资 40 亿。公司取得瓦锡兰生产许可证，专业制造瓦锡兰 W-X 和 RT-flex 系列全电控共轨船用低速机，产品广泛应用于各类船舶。

产品技术参数：

机型 /Type	缸数 /No.Cyl.	R1 功率（kW）	R1 点燃油消耗（g/（kW·h））	转速（r/min）
W-X35	5~8	4 350~6 960	176	142~167
W-X40	5~8	5 675~9 080	174	124~146
RT-flex48T-D	5~8	7 275~11 640	170	102~127
RT-flex50-D	5~8	8 725~13 960	169	95~124
RT-flex50-B	5~8	8 300~13 280	170	95~124
RT-flex58T-D-ER-3	5~7	10 175~14 245	167	80~105
RT-flex58T-D	5~8	11 300~18 080	169	84~105
RT-flex58T-E	5~8	11 750~18 800	168	90~105
RT-flex60C-B	5~9	12 100~21 780	170	91~114
W-X62	4~8	10 640~21 280	167	77~103
RT-flex68-D	5~8	15 650~25 040	169	76~95
W-X72	4~8	14 440~28 880	167	66~89
W-X82	6~9	28 500~42 750	165	65~84
RT-flex82C	6~12	27 120~54 240	173	87~102
RT-flex82T	6~9	27 120~40 680	168	68~80
RT-flex84T-D	5~9	21 000~37 800	171	61~76

生产单位：潍坊华东发动机有限公司 华HBE东®

地址：山东省潍坊市经济开发区民主东街 1800 号 邮编：261057 邮箱：webmaster@hdchai.com
电话：0536-8895222 2105872 网址：www.hdchai.com 联系人：葛建福 陈延堂

华东发动机有限公司作为山东省较早生产船用发动机的企业，在中高速发动机市场作为知名的内河航运、远洋捕捞、船用机组等的供应商，始终坚持以市场为导向，以用户满意为宗旨，以超越顾客价值为追求目标，向顾客提供性能稳定、质量可靠的船用动力。公司产品先后通过了中国船级社 CCS 认证、中国渔业船舶检验局 ZY 认证、山东船舶检验局 ZC 认证，服务网点遍布全国，为顾客提供及时、高效、专业的售后服务。

产品技术参数：

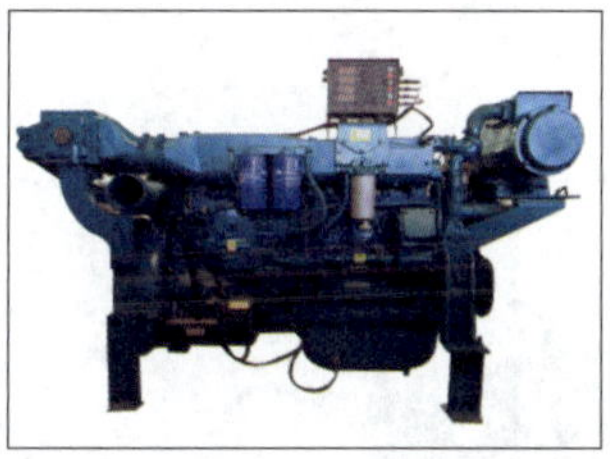

型号	功率范围	产品特点	应用	选型优势	执行排放标准	持有证书	售后服务
495 系列	26.5~41.2kW	低油耗、低排放、结构紧凑、操作保养方便	船用主机 / 辅机	近 20 多年的市场运营和配套，是小型船舶用户的理想选择	满足国Ⅱ排放标准，并具备达到国Ⅲ排放标准的条件	CCS 船级社 ZY 渔检 ZC 船检	售后服务网络遍布全国，累计超过 200 个销售和服务网点，为客户提供满意的服务，为客户解决后顾之忧
R 系列	35~110kW	英国里卡多技术，属于国内同级别先进水平的柴油机系列产品，结构设计紧凑、油耗低、使用维修方便					
HD6126 系列	140~225kW	奥地利斯太尔技术，体积小、功率大、油耗低、使用和保养方便		最佳的功率体积比，设计紧凑、可靠性强			
HD6D51 系列	450~698kW	德国曼系列，结构先进、噪声低、油耗低、低排放、可靠性高，采用整体式喷油泵		功率大、质量轻、设计紧凑、可靠性卓越，可实现全天候稳定运转，满足客户要求			

生产单位：上海齐耀发动机有限公司

地址：上海市闵行区华宁路 3111 号　邮编：201108
电话：021-31310645（销售） 021-31310648（售后）　传真：021-31310642
邮箱：market@chsqe.com（销售） service@chsqe.com（售后）　网址：www.chsqe.com

上海齐耀发动机有限公司（上海新中动力机厂）位于上海市闵行区莘庄工业园区，为中国船舶重工股份有限公司（中国重工）全资子公司，是国内生产船用中速柴油机和废气涡轮增压器的专业厂家。公司主要产品有 MAN 公司专利许可 L+V20/27、L21/31、L16/24 系列船用主机和发电机组，其功率范围 350~2 000kW，且均满足 Tier Ⅱ 排放标准。公司产品已广泛用作远洋、近海、内河航运船舶主机和发电机组以及陆用电站等。同时，公司拥有 MAN 公司专利许可的 NR 系列增压器及 TCR18 增压器。

产品技术参数：

SQE-MAN L21/31

SQE-MAN L16/24

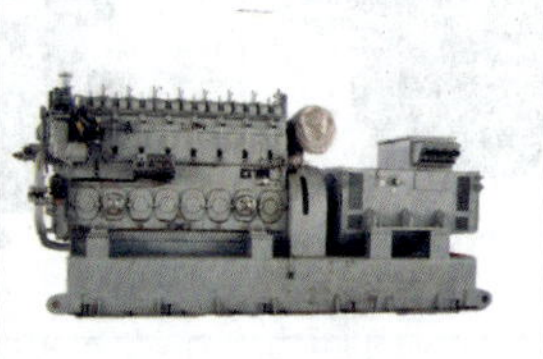
SQE-MAN L+V20/27

中速主推进柴油机

机型	缸数	转速（r/min）	功率（kW）	选型优势	专利品牌	船级社认证
L+V20/27	6、7、8、9、12	720/750/900/1 000	432~1 200	可用重油 满足 TierII 结构紧凑	MAN	CCS、BV、DNV GL 等相关船级社
L21/31	6、7、8、9	1 000	1 290~1 935	可用重油 满足 TierII 设计先进	MAN	

中速柴油发电机组

机型	缸数	转速（r/min）	功率（kW）	选型优势	专利品牌	船级社认证
L16/24	5、6、7、8、9	1 000/1 200	430~990	可用重油 满足 TierII 设计先进	MAN	CCS、BV、DNV GL 等相关船级社
L20/27	6、7、8、9、12	720/750/900/1 000	410~1 200	可用重油 满足 TierII 结构紧凑	MAN	
L21/31	5、6、7、8、9	900/1 000	950~1 980	可用重油 满足 TierII 设计先进	MAN	

生产单位：浙江洋普重机有限公司

地址：浙江宁波百丈路东路 47 号　邮编：315040　电话：0574-87752732　传真：0574-87756351
网址：www.yungpu.com

本公司专业生产国际最先进的德国 MAN 系列船用低速柴油机，于 2009 年 12 月又引进并取得日本三菱重工 UEC33 系列低速柴油机生产许可证。德、日两家公司均拥有国际最先进的低速柴油机生产、研发技术，以及全球化的售后服务体系。德国 MAN 系列船用低速柴油机和日本三菱重工 UEC33 系列低速柴油机产品广泛运用于集装箱船、散货船、油轮及化学品船等各类船舶。功率范围为 3000~100000hp。

产品技术参数：

型号	气缸数量	缸径（mm）	活塞行程（mm）	转速（r/min）	单缸功率（kW/cl）	输出范围（kW）	燃油消耗率（g/(kW•h)）
三菱 UEC33LSII	4,5,6,7,8	330	1 050	157~173	425~454	1 700~3 630	177
三菱 UEC33LSE−C1	5,6,7,8	330	1 550	107~142	705	3 525~5 640	171 7
MAN B&W S35MC−C9	5,6,7,8	350	1 550	142~155	665~810	3 325~6 480	177~179
MAN B&W S40ME−B9	5,6,7,8	400	1 770	124~146	770~1 135	3 850~9 080	170~175
MAN B&W S40MC−C9	5,6,7,8	400	1 770	124~136	885~1 080	4 425~8 640	176~178
MAN B&W S46MC−C8	5,6,7,8	460	1 932	110~129	940~1 380	4 700~11 040	169~174
MAN B&W S50MC−C8	5,6,7,8,9	500	2 000	108~127	1 130~1 660	8 300~14 940	167~173
MAN B&W S60MC−C8	5,6,7,8	600	2 400	89~105	1 610~2 380	11 900~19 040	166~172

生产单位：中国石油集团济柴动力总厂

地址：山东省济南市经十西路 11966 号　邮编：250306　邮箱：wangwei15688@163.com
电话：0531-87426277　网址：http://jichai.cnpc.com　联系人：王伟 13256669844

中国石油集团济柴动力总厂隶属于中国石油天然气集团公司，是国内主要非道路用柴油机和气体发动机的制造服务商，拥有国家级企业技术中心。船机产品主要分为 140 系列、190 系列、260 系列和 320 系列，功率范围覆盖 150~9 000kW，可满足各类船舶动力和发电机组需求。中油济柴是我国最早涉足于气化水运业务的发动机制造企业，取得了国内首批次天然气单燃料和双燃料船机 CCS 认证，现已拥有符合内河全功率段需求的新能源船机，具备新能源船舶综合技术服务能力。

产品技术参数：

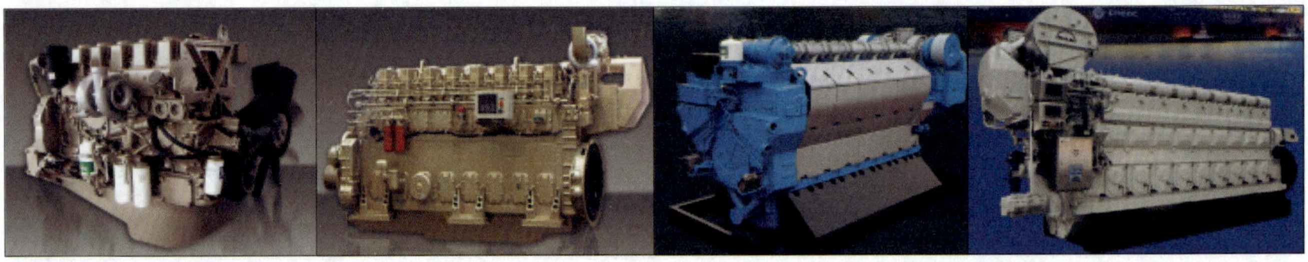

产品序列	缸数 / 排列	转速范围（r/min）	功率范围(kW）	燃料种类	排放标准	技术特点
140 系列	L6 V8 V12	1 500~2 100	320~900	柴油 / 天然气	IMO Ⅱ	高压共轨喷油系统，闭式呼吸器，结构紧凑，比功率大，低油耗
190 系列	L4/6/8 V12/16	1 000~1 500	150~2 400	柴油 / 天然气 / 双燃料	IMO Ⅱ	国家“金牌”产品，技术成熟，可靠性高，广泛应用于舰艇、渔船、货船、工程船舶等
260 系列	L6/8 V12/16	1 000	2 000~6 000	柴油 / 天然气	IMO Ⅱ IMO Ⅲ	与世界著名发动机研发机构 AVL 联合开发，具备自主知识产权；平均有效压力、热效率、排放等主要技术指标达到国际领先水平；燃油耗≤ 184g/kW.h
320 系列	L6/8/9 V12/14/16/18	720~750	3 000~9 000	柴油 / 重油 / 天然气	IMO Ⅱ	德国MAN许可证生产；国内唯一与 MAN 公司联合设计开发 32/40 纯气机单位

生产单位：上海柴油机股份有限公司

地址：上海市军工路 2636 号　邮编：200438　网址：www.sdec.com.cn
电话：021-60652071/60652060　传真：021-65741331　客服电话：400 820 5656

上海柴油机股份有限公司前身为上海柴油机厂，始建于 1947 年，1993 年改制为在境内外发行 A、B 股的国有控股公司，现隶属于上汽集团，是一家从事发动机、零部件以及发电机组研发、制造的国家大型高新技术企业，拥有国家级技术中心和博士后工作站、国际一流的自动化生产线和乘用车标准的质量管理体系。

上柴公司船机产品包括 H、D、E、G 和 W 等五大系列，功率覆盖 50~1 000hp，各系列柴油机均通过中国船级社 (CCS)、中国渔检（ZY）等型式认证，满足国际海事组织（IMO ）的 Tier Ⅱ、Ⅲ以及更为严格的排放法规。"东风"牌船用发动机具有高可靠、高效率、低油耗的特点，广泛应用于内河及沿海运输船、渔业船、工程船、客船、高速船艇等船舶以及船用发电机组市场，是我国船舶行业先进动力的代表。

产品技术参数：

产品型号	功率范围(kW)	转速范围（r/min）	产品特点
H 系列船用动力	62~185	1 500~2 300	·四气门结构、垂直中置喷油器、新型燃油混合技术，进气效率高、雾化均匀，负载瞬时响应性好，工作效率提高 12% ·最大扭矩超过 1 000N.m，扭矩储备高达 36%，比同类产品高出 20% ·常用工况下兼顾动力性和经济性，最低燃油耗 195g/kW · h ·180bar* 允用爆压设计，比同类产品提高 7℃的环境适应性，不带进气加热辅助装置，−15℃冷启动 ·框架式高强度合金机体、整体式缸盖、后置式齿轮室，体积小、质量轻、可靠性高，噪音比同类产品低 3dB(A) ·参照德国大众的 SPS 制造标准，平均大修期超过 15 000h，比同类产品延长 50%
D 系列船用动力	110~290	1 500~2 500	·优化设计的 ω 燃烧室、6 孔高压喷油嘴与高效的涡流比气道相组合提高燃烧效率，最低燃油耗 196g /kW·h，比同类产品低 10%~15% ·按 180bar 爆压的北美重型柴油机标准设计，功率密度大，扭矩储备系数高达 40%，动力强、工况适应性好，负载响应快 ·高强度机体、湿式合金缸套、锻压强化的曲轴，可靠性高 ·水冷增压器和排气总管设计，不带进气加热辅助装置冷启动温度为 −15℃，环境适应性好集成化设计，整机结构紧凑、质量轻，外形尺寸小、船舱布置更方便，零部件比同排量成熟产品少 20%，维护保养便捷
G 系列船用动力	162~363	1 500~1 800	·通过模态 FEA 分析、耦合强度计算等进行机体强化、整体式缸盖等改进设计，15G 整体式非调质钢曲轴，使发动机的抗疲劳强度和使用寿命提高了 30% ·优化燃烧系统，CFD 分析后采用大流量的冷却泵、机油泵，采用新型高效增压器，最低燃油耗为 198g/kW·h，最大扭矩 2 300N.m，实现了船机油耗低、加速性能好的需求特性 ·法兰式喷油泵驱动、加装新型油气分离装置、优化节温器和燃油管路、集成热交换器和膨胀水箱、新型密封垫片等改进设计后，G 系列产品不仅提升了产品质量，外观布局也更合理 ·采用涨断式连杆、抽芯式水空中冷器，以及与上代产品的零部件通用率高等，降低使用成本，维修保养方便
W 系列船用动力	441~735	1 000~1 500	·每缸四气门，P11 高品质油泵，双增压器配置，增加空气流量，燃烧更充分，最低燃油消耗率 193g/kW.h，机油耗 0.3g/kW·h，使用成本低 ·龙门式机体结构、后置齿轮室，结构紧凑、整机刚性高、传动平顺，严格按 MHI 标准考核验证，可靠性高，功率比国内同类产品功率提升 17%，扭矩超过 4 500N.m，功率覆盖范围宽、加速性能好 ·标配双层高压油管，双启动飞轮壳及单、双启动可选，电动和手动预供油泵可选，配置齐全、应用范围广 ·一缸一盖结构，整体设计外观简洁，接近性好，维修保养方便

*注：1bar=10^5Pa

生产单位：MTU（A Tognum Group Brand）

MTU 香港公司 电话：0852-24184800 传真：0852-24184801 邮箱：TzeNam.Cheng@mtu-online.com
北京分公司 电话：010-88576851 传真：010-88575669
邮箱：ShuangShuo.Li@mtu-online.com 网址：www.mtu-online.com

MTU 是德国 Tognum 集团旗下的品牌，公司品牌历史已超过百年，并一直专注于研发和销售高速柴油发动机。产品广泛应用于各种船舶、机械重工、铁路和国防军用车辆，近年来还扩展到石油和天然气工业。MTU 柴油发动机单机输出功率最高可达 10 000 kW，燃气涡轮机单机最高可达 45 000 kW。为满足各市场客户要求，公司还研发并定制各种电子监测和控制系统。

产品技术参数：

型号	功率范围（kW）	产品特点	应用	选型优势	执行排放标准	持有证书	售后服务
S 60	261~615	低油耗、低排放、结构紧凑、操作与保养方便	船用主机／电站	近 30 年的市场运营与超过 50 万台的成功运作，S60 是小型船舶用户最放心的选择之一	满足 IMO II 排放标准，并具备达到 IMO III 排放标准的条件	ABS GL LRS DNV	MTU 售后服务网络遍布全球 185 个国家，累计超过 1 200 个销售或服务网点 MTU 提供各种售后服务配套，从标准的延长保修到为客户量身打造长期服务配套，最大程度减低客户之忧
S 2000	400~1 939	采用第二代共轨喷射系统配备，强劲的顺序涡轮增压，同级产品中动力与经济性能最优的船机之一		最佳的功率质量比，设计紧凑、可靠性高、性能卓越		符合各主要国际船级社相关要求	
S 4000	746~4 300	采用第二代共轨喷射系统，配备强劲的顺序涡轮增压。油耗低、大修期长、设计紧凑、维修与保养相当方便		多种配置，最佳的功率体积比；最新 IROMEN 系列，可实现 24 小时全天候稳定运营，满足工作船客户的要求			
S 396	680~2 000	传统机型，广泛应用于特殊工作条件，如：军船或超级游艇等	船用主机／电站	功率大、质量轻、设计紧凑、可靠性高。并可为客户定制供货范围以满足特殊技术性能要求			
S 1163	3 600~7 400		船用主机				
S 8000	7 200~10 000						

船用发电机及发电机组

P 23

P 24

P 25

P 26

P 27

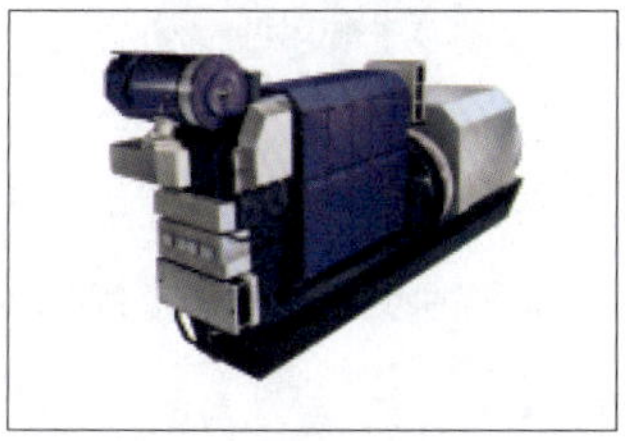

P 28

机组用于各种船舶的主电源和应急电源的电力供应，也可应用于电力推进系统的电力供应。目前，世界船用柴油发电机组主要采用瑞典 VOLVO、康明斯、斯太尔、潍柴等国内外著名品牌的柴油机和 ABB、西门子、马拉松、斯坦福发电机做配套。

国外发电主要厂家有卡特皮勒、康明斯、三菱、大发、洋马、川崎重工、新泻动力、西班牙的高斯克尔、费尔班克斯夏斯等。在国内，已经有众多为船用发电机组配套的柴油机生产厂，比如上柴股份、杰瑞玉柴、陕柴重工、南通柴油机、济南柴油机等，都掌握了先进生产技术，适合不同用途配套发电机组。专业制造厂家有镇江中船现代发电设备有限公司、中船重工电机科技股份有限公司、泰州市凯华柴油发电机组有限公司、南昌康富电机有限公司等。其中镇江中船现代发电设备有限公司在引进吸收国外先进发电机生产技术的同时，积极开展国产化工作和新产品的开发，承担了“大功率船用发电机国产化研究”项目，成功研发出 CMXD630-64K 大功率发电机，并通过了国家科技部组织的验收，目前公司形成了低压船用发电机生产、高压船用发电机生产、高速发电机组成套三大产品。中船重工电机科技股份有限公司船用发电机市场影响巨大，出口贸易比重连年增长，是目前国内最主要的远洋船舶发电机制造商，为远洋船舶配套的发电机超过 6 000 余台，市场占有率超过 40%。其主要客户包括芬兰瓦锡兰、瓦锡兰齐耀、陕柴重工、河柴重工、安庆船柴、镇江中柴、新中动力、日本大发、德国西门子等。随着海洋开发日益兴盛，中船重工电机科技股份有限公司发电机产品在海洋工程配套领域的应用逐渐增多，为南海 2 号、5 号钻井平台、中海油服建造的 200ft 钻井平台提供配套用发电机；为泰州市凯华柴油发电机组有限公司提供 12~1 000kW 船用应急柴油发电机组等。

生产单位：菲亚特动力科技管理（上海）有限公司

地址：中国（上海）自由贸易试验区马吉路 2 号 14 楼 邮编：200131
电话：86-21-20822020 传真：86-21-20822388
网站地址：www.fptindustrial.com 对外业务联系邮箱：fptchina@fptindustrial.com
船机业务销售：杨晔文 YANG Yewen；138 5172 0284；yewen.yang@fptindustrial.com

菲亚特动力科技管理（上海）有限公司是凯斯纽荷兰工业集团旗下子公司，专注于道路及非道路用车辆、船舶和发电机组使用的动力总成的设计、生产和销售。公司在全球范围内拥有超过 8,000 名员工、10 家工厂以及 7 个研发中心。销售网络覆盖约 100 个国家，包括 73 家经销商和 800 多家服务站。丰富的产品线，包括 6 个发动机系列提供 42 到 1006 马力*，扭矩输出 200 到 500 牛米的变速箱，2 到 32 吨轴总重量的前、后车桥。菲亚特动力科技工业集团还为工业应用提供市场上最全马力段的天然气发动机系列，包括 136 马力到 460 马力的发动机。对研发的专注使得菲亚特动力科技工业集团（FPT Industrial）成为全球工业动力总成的领导者。

产品技术参数：

应用		型号	气缸 / 喷射系统/进气	排量	功率 – 千瓦（马力）@RPM				
游艇	商船				A1	A2=B1	B	C	D
√	√	S30 230	4L / CR / TCA	3	169 (230) @4000	–	129 (175,5) @3500	85 (115,6) @3500	–
√	√	N40 250 E	4L / CR / TCA	3,9	184 (250) @2800	–	147 (200) @2800	125 (170) @2800	–
√	√	N45 100	4L / MEC / NA	4,5	74 (100) @2800	–	66,5 (90) @2800	63 (85) @2800	63 (85) @2800
√	√	N60 400 E	6L / CR / TCA	5,9	294 (400) @3000	272 (370) @3000	243 (330) @3000	199 (270) @3000	–
√	√	N67 150	6L / MEC / NA	6,7	110 (150) @2800	–	99,5 (135) @2800	92 (125) @2800	92 (125) @2800
√	√	N67 220	6L / MEC / TC	6,7	162 (220) @2800	–	–	132 (180) @2800	110 (150) @2800
√	√	N67 280	6L / MEC / TCA	6,7	206 (280) @2800	–	191 (260) @2800	169 (230) @2800	132 (180) @2500
√	√	N67 450 E	6L / CR / TCA	6,7	331 (450) @3000	309 (420) @3000	272 (370) @3000	258 (350) @3000	–
√	√	N67 550	6L / CR / TCA	6,7	405 (550) @3200	368 (500) @3200	353 (480) @3200	–	–
√		N67 570 EVO	6L / CR / TCA	6,7	419 (570) @3000	–	–	–	–
	√	C90 380	6L / CR / TCA	8,7	–	–	–	301 (410) @2000	280 (380) @2000
√	√	C90 620 E	6L / CR / TCA	8,7	456 (620) @2530	405 (550) @2530	368 (500) @2530	331 (450) @2530	–
√		C90 650 E	6L / CR / TCA	8,7	(650) @2530	–	–	–	–
	√	C13 330	6L / CR / TC	12,9	–	–	–	–	243 (330) @1800
	√	C13 500	6L / CR / TCA	12,9	–	–	–	382 (520) @2000	368 (500) @2000
√	√	C13 825 E	6L / CR / TCA	12,9	607 (825) @2400	552 (750) @2400	478 (650) @2400	442 (600) @2400	–

备注：

Arrangement
气缸布置
Air Intake
进气方式
L
In line vertical 直列
NA
Naturally Aspirated 自然吸气
TC
Turbocharged 涡轮增压
TCA
Turbocharged After Cooled 涡轮增压中冷

*1马力=745.7W

A1
高性能游艇；满负荷运行时间不大于运行周期的10%，巡航时发动机转速低于额定转速的90%，每年最长使用300小时；
A2=B1
游艇/商用船应用。满负荷运行时间不大于运行周期的10%，巡航时发动机转速低于额定转速的90%，每年最长使用1000小时；
B
轻载；满负荷运行时间不大于运行周期的10%，巡航时发动机转速低于额定转速的90%，每年最长使用1500小时；
C
中载；满负荷运行时间不大于运行周期的25%；巡航时发动机转速低于额定转速的90%；每年最长使用3000小时；
D
重载；最大负荷运行时间在运行周期内高达100%, 年使用小时数无限制。

生产单位：中船重工电机科技股份有限公司

地址：山西太原和平北路 131 号 邮编：030024
电话：0351-6529568 传真：0351-6529528
邮箱：csiem@csiem.com 网址：http://www.csiem.com

中船重工电机科技股份有限公司，由中国船舶重工集团公司旗下山西汾西重工有限责任公司发起，联合中船重工科技投资发展有限公司，中船重工第七一一、七一二、七〇四研究所，集中集团内外研发和产业制造优势资源组建。公司产品包括同步发电机、风力发电机、电动机、特种电机、成套机组及电力系统集成等。

公司生产的 1FC2/J2、1FC3/J3、1FC4/J4、1FC5/J5、1FC6/J6 系列发电机以及自主创新的 TFC4/J4、TFC6/J6 系列发电机，源自德国西门子先进的电机制造技术，借鉴吸收国内外电机产品的优点，经现代化仿真技术不断优化改进，具有无刷励磁、F/H 级绝缘、全阻尼、恒压的特点，符合 IEC 要求、DIN 标准和 VDE 规范，通过全球船级社的型式认可。

产品广泛应用于船舶、石油、海洋工程、核电、铁路、邮电通信等国家重点工程领域，出口到芬兰、俄罗斯、韩国、日本、新加坡、马来西亚、巴基斯坦、印尼、中国台湾等 10 多个国家和地区，其中船用发电机市场占有率多年领先于国内同行业。

产品特点：

高可靠性与耐久性

优选励磁系统，结构简化，可靠性高，适应性强

装有阻尼绕组，具有良好的动态性能

定、转子经真空压力浸漆，极好的绝缘强度

使用简便

机外安装防护附件，更换方便

调节 AVR 简便

全钢板焊接箱式机座，结构紧凑

产品系列化、模块化、配套件通用化，维护费用低，符合“SOLAS”规范

高效率

机电能量转化效率高

冷却系统散热效果好，温升低

高品质

输出电压恒定，动态特性好

稳态电压调整率可达 ±0.5%

电压恢复时间快

正弦波畸变 < 5%

防护等级可达 IP54

生产单位：康明斯发电机技术（中国）有限公司 STAMFORD | AvK

地址：江苏省无锡市新区湘江路 11 号 / 江苏省无锡市新区新荣路 2 号 邮编：214028

电话：0510–81103088 / 0510–81108088 网址：www.stamford–avk.com

康明斯发电机技术（中国）有限公司是美国康明斯集团公司全资所属的一家生产发电机的技术制造公司，是世界交流发电机技术的先导，是世界第一台自调节发电机、世界第一台无刷交流发电机的发明者，制造全球规格最全的交流发电机产品，旗下产品品牌包括 STAMFORD®（斯坦福™）和 AvK®，功率范围涵盖 7.5~11 000 kVA，应用包括船用、陆用、数据中心、关键备用、油气田、矿山、房地产等。

船用发电机满足全球最严苛的环境要求，能为船舶提供理想的电力解决方案。产品最高可满足 IP55 防护等级，并且提供轴带发电机，适应于常规动力推进及混合动力推进。已经过各船级社认证，如 CCS、ABS、BV、KR、RINA、GL、DNV、NK、RS 等。

产品技术参数：

型号	功率范围（kW）	产品图
STAMFORD PM0, PM1	6~46.4	
STAMFORD UCM22, UCM27	35~250	
STAMFORD HCM4, HCM5, HCM6, LVM6	210~1 300	
STAMFORD PM7	910~ 2 245	
AvK DSG 系列	600~6 600	
AvK DIG 系列	560~11 000	

生产单位：ABB 高压电机有限公司

地址：上海市闵行区天星路 380 号　邮编：200245

电话：021-61137688　传真：021-61137788　网址：www.abb.com/motors&generators

作为 ABB 集团全球战略之一，2005 年 ABB（中国）有限公司在上海独资设立 ABB 高压电机有限公司，在中国生产优质高压电动机和发电机。2009 年初，临港工厂正式投产，生产低速永磁风力涡轮发电机以及大型同步柴油发电机，发电机功率最高可达 70MVA，电压为 1~15kV。ABB 高压电机有限公司同时负责销售欧洲进口的 ABB 高压发电机，包括柴油燃气引擎驱动、蒸汽燃气轮机驱动的高压发电机。

产品技术参数：

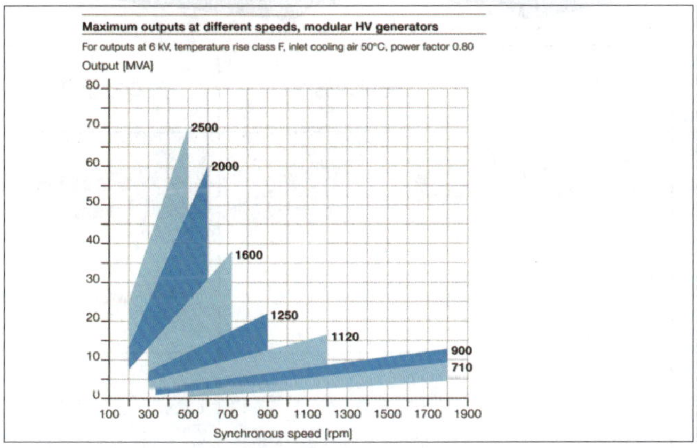

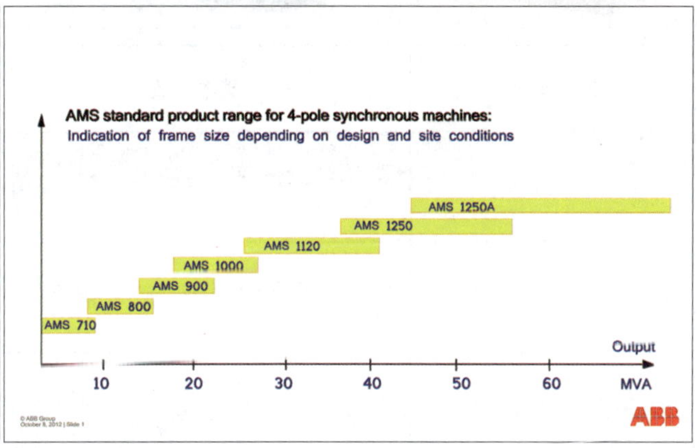

产品型号	基本参数	产品特点	实现功能	执行标准	选型优势	有无专利	持有证书
中高速柴油机和燃气机驱动的高压发电机，型号以轴中心高划分，AMG710~2500	输出功率 2~70 MVA 输出电压 1~15 kV 4~30 极 50Hz 或 60 Hz 防护等级：IP23、IP44、IP54	ABB 拥有超过 100 年的高压发电机设计、制造经验，发电机广泛应用于船舶高端市场，被各大柴油机厂、船厂、船东认可	可装配于大型海工船舶、海工平台以及大型商船、豪华邮轮、破冰船、巡洋舰等特殊用途船舶	发电机的电气设计基于相关的 IEC 或 NEMA 标准，机械设计基于相应的 ISO 标准	1）产品功率、电压范围广； 2）效率高； 3）与船舶电力推进系统兼容性强； 4）可以根据客户需求做定制设计	基于真空压力浸渍方法的 MICADUR Compac Industry (MCI) 绝缘系统，并获得相应的行业专利，其绝缘耐久性明显超过了 IEC 和 IEEE 的要求	CCS ABS DNV GL BV LRS RINA NKK CR RS
蒸汽轮机和燃气轮机驱动的 4 极和 6 极 AMS 高压发电机，型号 AMS710~1250	输出功率 3~80 MVA 输出电压 3~15 kV 4 极或 6 极 50Hz 或 60 Hz 防护等级： IP23、IP44、IP56	发电机实现了模块化设计，优化了电气和机械设计，实现低振动、低噪音，更短的轴承设计，方便客户定制化安装	AMS 高压发电机用于蒸汽轮机和燃气轮机驱动的电站领域，适合于海上油气田、海工平台、FPSO 或海岛电站项目	发电机的电气设计基于相关的 IEC 或 NEMA 标准，机械设计基于相应的 ISO 标准	1）产品稳定性、高级的设计模拟和开发平台； 2）生产过程的精确控制； 3）完善的控制系统，可以与主电网很好的兼容； 4）可以根据客户需求做定制设计	基于真空压力浸渍方法的 MICADUR Compac Industry (MCI) 绝缘系统，并获得相应的行业专利，其绝缘耐久性明显超过了 IEC 和 IEEE 的要求	CCS ABS DNV GL BV LRS RINA NKK CR RS

生产单位：潍柴重机（潍坊）发电设备有限公司
无锡潍柴产品销售服务有限公司

地址：江苏省无锡市吴桥东路 62~64 号　邮编：214043　邮箱：wuxiwch@126.com
电话：0510-82613755　传真：0510-82613634　联系人：吴建新 13901512916

潍柴重机（潍坊）发电设备有限公司隶属于潍柴重机股份有限公司，潍柴重机股份有限公司（深圳证交所上市，证券代码 000880）是国内知名船用主发电机组、船用应急发电机组、船用中低速发动机制造商。船用发电机组性能优良、技术先进、工作可靠、维护方便，现已在各类军舰、游艇、旅游船、工程船、渔船、化学品船、沥青船、集装箱船、散货船等运输船以及海洋石油平台上大量运用。

产品技术参数：

产品型号	基本参数	特点	使用用途	船级社认证
YZ 系列柴油发电机	功率范围 10~40kW，1 500r/min，机械调速，电启动	调压精度高、动态性能好、外型美观、结构紧凑、工作可靠、使用寿命长、油耗低、噪音低、排放低、环境适应性强	小型渔船、小型运输船等	CCS、ZY 等船级社
WP4 系列柴油发电机组	功率范围 40~50kW，1 500r/min，机械调速（电调选配），电启动或气启动		运输船、邮轮等	CCS、ZY 等船级社
WP6 系列柴油发电机组	功率范围 60~120kW，1 500r/min，机械调速（电调选配），电启动或气启动		运输船、邮轮等	CCS、ZY 等船级社
WP10 系列柴油发电机组	功率范围 120~200kW，1 500r/min，电子调速（机调选配），电启动或气启动		冷冻渔船、邮轮、运营船等	CCS、ZY 等船级社
WP12 系列柴油发电机组	功率范围 220~300kW，1500r/min，电子调速（机调选配），电启动或气启动		冷冻渔船、邮轮、运营船等	CCS、ZY 等船级社
160 系列柴油发电机组	功率范围 200~250kW，1 000r/min，机械调速（电调选配），电启动或气启动		海运船、大型运输船等	CCS、ZY 等船级社
170 系列柴油发电机组	功率范围 1 500r/min，350~600kW；1 000r/min，300~400kW；机械调速（电调选配），电启动或气启动		海运船、大型运输船、灯光围网船等	CCS、ZY 等船级社
200 系列柴油发电机组	功率范围 450~1 500kW，1 000r/min，机械调速（电调选配），电启动或气启动		大型运输船、灯光围网船等	CCS、ZY 等船级社
博杜安系列柴油发电机组	功率范围 300~650kW，1 500r/min，电子调速（机调选配），电启动或气启动		高档游轮、海运船等	CCS、ZY 等船级社

生产单位：南昌 ABB 发电机有限公司

地址：江西省南昌市高新区紫阳大道 3088 号　邮编：330096　电话：0791-88350812
传真：0791-88350814　网址：www.abb.com/motors&generators

南昌 ABB 发电机有限公司作为 ABB 全球低压同步发电机生产基地，采用 ABB 全球领先技术，致力于设计、开发并制造性能稳定、高效节能的低压同步发电机，以帮助客户实现增效节能，应对日益严峻的能源挑战。

公司的产品分为陆用和船用两个产品系列，船用系列又划分为标准机型和模块化机型。发电机可与国产或国际各种品牌的柴油机、燃气机配套，广泛应用于建筑、铁路、船舶、电信、军工、矿山等领域。发电机功率范围为 12~5 100kVA。

产品技术参数：

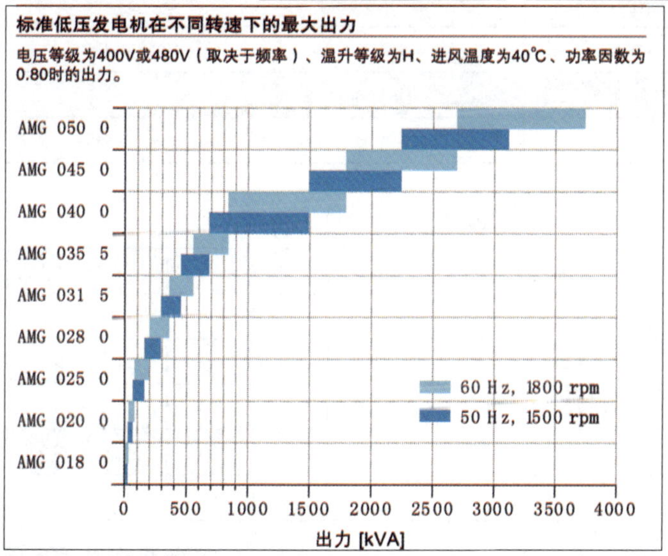

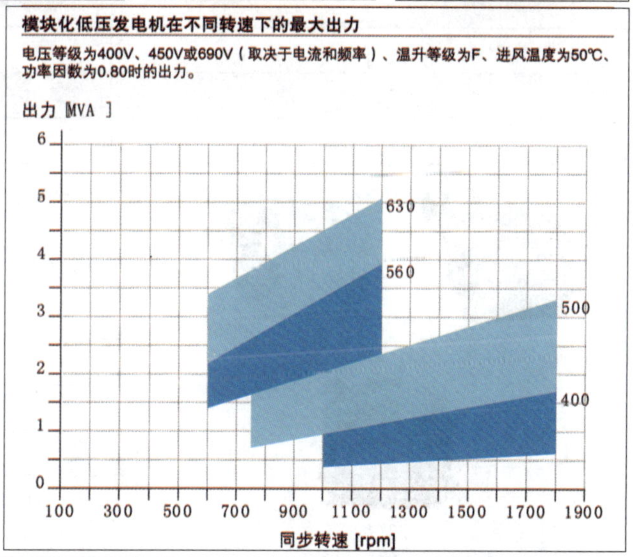

产品型号	基本参数	产品特点	实现功能	执行标准	选型优势	有无专利	持有证书
中高速柴油机和燃气机驱动的低压发电机，型号以轴中心高划分，AMG0180~0630	输出功率 12~5 100kVA 输出电压 1000V 以下 可选 4~10 极 50Hz 或 60Hz 防护等级 IP23, IP44	可根据客户要求定制，满足客户的各种需求，用于柴油发电机组或轴带发电机，广泛应用于各种船舶或海上钻井平台。定、转子均采用真空压力浸漆，保证高可靠性	发电机组可作为备用电源和主推进电源为各种船舶提供安全、稳定、可靠的电力供应	IEC60034 符合 IMO、ISO、SOLAS、IACS 规范或标准	多种极数可选，满足高、中、低速发动机的不同要求，多种可选附件	无	发电机已获得 ABS、BV、CCS、DNV、GL、LRS、NK 的认证证书

生产单位：中船动力有限公司

地址：江苏省镇江市长江路 402 号　邮编：212002　电子信箱：zjcme@zjcme.cn
电话：0511-84511273 84511880　传真：0511-84511210 84510033　网址：www.zjcme.cn

中船动力有限公司 (简称 CMP) 是中船集团公司的全资子公司。公司是中国船舶工业集团公司动力装备板块的核心企业。主要产品为船用中速柴油机、低速柴油机、中速柴油发电机组、船用发电机和动力集成系统、电气集成系统、机械成套及海工设备。为客户提供备件及全球售后服务。

产品技术参数：

中速柴油发电机组

L16/24

L21/31

L23/30

L27/38

L28/32

L32/40

机型	缸数	转速 (r/min)	功率 (kW)	马力 (hp)
L16/24	5、6、7、8、9	1 000、1 200	430~940	585~1 280
L21/31	5、6、7、8、9	900、1 000	905~1 840	1 230~2 500
L23/30H	5、6、7、8	720、750、900	620~1 215	845~1 650
L27/38	6、7、8、9	720、750	1 425~2 820	1 940~3 835
L28/32H	5、6、7、8、9	720、750、900	1 000~1 880	1 360~2 560
L32/40	6、7、8、9	720、750	2 895~4 345	3 940~5 910

L27/38

L28/32（A）

L32/40

中速主推进柴油机

机型	缸数	转速 (r/min)	功率 (kW)	马力 (hp)
L21/31	6、7、8、9	1000	1 290~1 935	1 755~2 630
L23/30（A）	6、8	825、900	810~1 280	1 100~1 780
L27/38	6、7、8、9	800	2 040~3 060	2 775~4 160
L28/32（A）	6、7、8、9	775	1 320~2 205	1 800~3 000
L32/40	6、7、8、9	720、750	3 000~4 500	4 080~6 120

低速推进主机

机型	缸数	转速 (r/min)	功率 (kW)	马力 (hp)
S35	5、6、7、8、9	147~210	3 250~6 960	4 420~9 465
S42	5、6、7、8、9	115~136	5 400~9 720	7 345~13 220
S46	5、6、7、8、9	108~129	6 550~10 480	8 900~14 250
S50	5、6、7、8、9	99~127	8 300~14 940	1 130~20 320

机型	缸数	转速 (r/min)	功率 (kW)	马力 (hp)
RT-flex35	5、6、7、8	142~167	4 350~6 960	5 920~9 465
RT-flex40	5、6、7、8	124~146	5 675~9 080	7 720~1 250
RT-flex48T	5、6、7、8	127	6 900~11 040	9 385~15 015
RT-flex50	5、6、7、8	99~124	8 300~13 960	11 290~18 985

船用电机

P 30

P 32

P 33

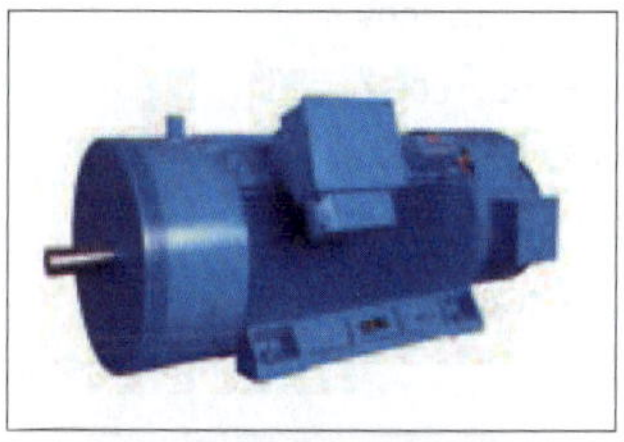

P 34

P 35

P 36

船用电机也称船用马达，是为船舶提供电力的一种设备。国外主要厂家有瑞士 ABB、德国西门子、美国西屋公司、日本三菱公司、美国通用等。其中 ABB 公司作为全球电机行业的领导者，2007 年，率先向中国市场推出高效电机。目前，ABB 在中国本地生产和销售的电机全部是符合国家能效标准 IE 2 及以上的高效电机。

随着中国造船业快速发展，国内部分企业除自身技术外，还引进了美国西屋公司中型 Y 系列、YR 系列电机、德国西门子公司的交流伺服和主轴电动机、德国 AEG 通用电气公司的 DKBH 系列无刷电动机、美国 GE 公司的 GE752 直流钻井用电动机、德国西门子股份公司的交流变频调速电动机及变频装置等制造技术。目前，国内船用电机制造厂家较多，比如兰州兰电电机有限公司、台州恒富电机、泰州市华源电机有限公司等。兰州兰电电机有限公司是在原“兰州电机厂”的基础上改制设立的西北地区最大的制造电机和发电设备的企业，拥有国家认定的企业技术中心，通过 ISO9001 质量体系认证。主要生产大中型交流电机、交流变频调速电机、风力发电机、大中型直流电机、船用和陆用交流发电机、中频－双频－双流特殊专用电机、交流伺服主轴及步进电机、超高滑差电动机、小型交流电动机、柴油发电机组、高低压控制屏（柜）、中小型水轮发电机组等 10 余大类，共计 88 个系列，331 个品种，2 600 多个规格。该公司在消化吸收国外先进技术的基础上，不断开发新产品。研制成功中频－双频－双流发电机、双电压发电机、特种无刷涉水电机等一批高技术含量、高附加值的电机，多项产品填补了国内空白，居国内领先地位；台州恒富电机公司专业生产 Y 系列三相异步电动机、Y2 系列三相异步电动机、YEJ 系列电磁制动三相异步电动机、国标系列和非标系列各类机械专用配套电机；泰州市华源电机有限公司主要产品有：Y、Y2 系列三相异步电动机，Y-H 系列船用三相异步电动机，YZTD 系列塔式起重多速三相异步电动机，YYB 系列油泵电机，YB2 系列防爆三相异步电动机等 20 多个产品，是目前国内规模最多、品种最为齐全的电机生产企业之一。不过，中国政府出台的电机能效强制性国家标准 GB18613——2012《中小型三相异步电动机能效限定值及能效等级》（简称 MEPS）于 2012 年 9 月 1 日起强制实施，所有进入中国市场的电动机必须达到这一标准规定的最低效率指标，受此影响，国内很多厂家产品市场会受到一定冲击。

生产单位：中电电机股份有限公司

地址：江苏省无锡市滨湖区高浪东路 777 号　　邮编：214131
电话：0510-85627777　85628596　　传真：0510-85628999
邮箱：business@sec-motor.com　　网址：www.sec-motor.com

公司成立于 2003 年，于 2014 年上海在主板上市（603988），聚集了原上电、哈电、东方、南阳等众多的技术精英，通过不断的技术创新和升级，产品已发展为 3 大系列几百个型号，覆盖了普通电机和船用电机、矿井提升机电机等特殊应用领域。陆续通过了 ISO9001、ISO14001 体系认证和欧洲 CE 认证、美国 UL 认证、美国船级社 ABS 认证和法国 BV 认证。

产品图展示

大型直流电动机 基本型号：ZD 机座号：ZD180-ZD350 功率：2 800~6 000kW 电压：660~1 200V 转矩范围：90~1 500 kN•m 防护等级：IP23，IP44 冷却方式：IC06，IC17，IC37，IC86W	**增安型防爆电机** 基本型号：YA、YAKS、YAKK 机座号：H355-H1120 功率：160~25 000kW 极数：2~24 电压：690~11 000V 频率：50Hz，60Hz 防爆等级：Exe Ⅱ T1、Exe Ⅱ T2、Exe Ⅱ T3 防护等级：IP44，IP54，IP55，IP56， 冷却方式：IC411，IC416，IC511，IC516，IC611，IC616，IC666，IC81W，IC86W	**绕线型异步电动机** 基本型号：YR，YRKS，YRKK 机座号：H355-H1120 功率：220~18 000kW 极数：2~24 电压：660~13 800V 频率：50Hz，60Hz 防护等级：IP23，IP44，IP54，IP55 冷却方式：IC01，IC06，IC611，IC616，IC81W，IC86W

船舶推进电机 基本型号：YP、YPKS、TP、TPKS 机座号：H355-H2500 功率：160~60 000kW 极数：4~40 电压：400~15 000V 频率：50Hz，60Hz 防护等级：IP23，IP44，IP54，IP55 冷却方式：IC01，IC86W	**同步电动机** 基本型号：T，TKS，TD 电枢直径：Φ1 200~3 550mm 功率：200~60 000kW 极数：2~40 电压：690~15 000V 频率：50Hz，60Hz 防护等级：IP23，IP44，IP54，IP55 冷却方式：IC01，IC611，IC81W	**风力发电机** 基本型号：永磁直驱电，电励磁直驱，双馈 功率：1.5~10MW 电压：400~1 3800V 转速：0~2 500r/min 绝缘等级：F、H、C 防护等级：IP44，IP54，IP55 冷却方式：IC411，IC416，IC611，IC616，IC666，IC81W，IC86W

生产单位：德州恒力电机有限责任公司

地址：山东省德州运河经济开发区鑫源大道 26 号　　邮编：253005
电话：0534–2421958　　0534–2421028　　网址：www.dzhldj.com

德州恒力电机有限责任公司是国内大型船用电机制造企业，主要生产船用电机、船用起重电机、船用防爆电机、船用永磁电机、船用侧推电机及船用电控箱等多个产品系列，功率范围 0.18~2 500kW。公司通过了 ISO9001、GB/T19001—2000、CCC、CE、ATEX、产品质量免检和节能认证，并获得 BV、KR、LR、RINA、ABS、GL、DNV、NK、RS 等多国船级社认可。

产品图展示

Y-H 系列
船用三相异步电动机

MYC-H系列
船用永磁三相异步电动机

YZ-H/JZ2-H系列
船用起重用三相异步电动机

YBZa-H/JBZ2-H系列
船用起重用隔爆型三相异步电动机

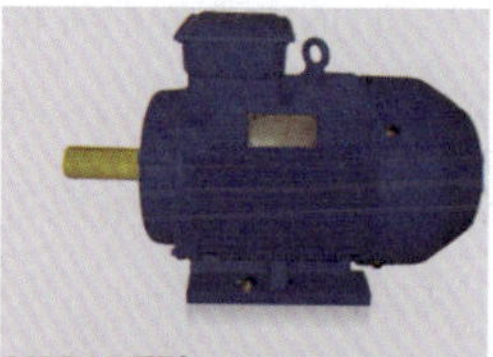
M2E-H 系列
船用高效率三相异步电动机

YT2-H 系列
船用轴流风机用三相异步电动机

YVF2-H 系列
船用变频调速三相异步电动机

YB3-H系列
船用隔爆型三相异步电动机

YBT-H系列
船用隔爆型通风机用三相异步电动机

YCTJ-H
侧向推进器三相异步电动机

船用电机系列

型号	机座号	功率范围（kW）	型号	机座号	功率范围kW
Y–H	H63–560	0.18~1 500	MYC–H	H80–500	0.55~1 500
YZ–H/JZ2–H	H112–315	1.1~148	YBZa–H/JBZ2–H	H112–315	1.1~148
M2E–H	H80–355	0.55~355	YT2–H	H63–280	0.18~90
YVF2–H	H80–560	0.55~1 500	YB3–H	H80–355	0.55~355
YBT–H	H80–280	0.55~90	YCTJ–H	H400–630	400~2 500

生产单位：斯维奇风力发电系统（北京）有限公司

地址：北京市朝阳区三元东桥天元港中心 B-1907　　邮编：100027

邮箱：joselyn.xie@theswitch.com，zhijun.wang@theswitch.com

电话：010-84464330　　联系人：谢靖如 / 王志军

斯维奇用先进的船舶电气传动系统推动世界进步。我们的永磁轴带发电机能够为船舶的推进系统和发电系统节能增效，降低运行成本并减少对海洋的污染。斯维奇船舶整体解决方案让你的船只所向披靡并抢得未来先机。（有关斯维奇 Power Drives 及 DC-hub 的介绍请参考“船舶电力推进系统”章节斯维奇相关介绍）

斯维奇永磁电机是根据 IEC 等国际标准设计并制造的无刷永磁同步电机。交付时可以随附世界各地船级社（包括 LR、BV 和 DNV) 下发的各种证书。此类电机适用于各种船舶应用。它可以用作发电机，例如，轴带发电机；或用作电动机，例如，用于主推进。

斯维奇永磁电机可以量身定制，以满足每位客户对速度范围、冷却、电压和其他规格的特殊要求。电机轴向长度具有出色的可扩展性，可以覆盖最大范围的扭矩范围。这些电机的生产设施已获得 ISO 9001 国际质量标准的认证。

斯维奇永磁电机		
斯维奇永磁电机 PMM 1 600 kW 0 ~ 2 000 r/min Frame 450	斯维奇永磁电机 PMM 500 ~ 5 800 kW 0 ~ 600 r/min Frame 500	斯维奇永磁电机 PMM 5 000 kW 0 ~ 2 000 r/min Frame 560
	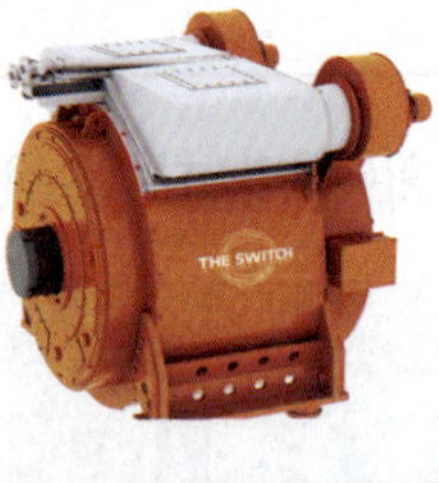	
斯维奇永磁电机 PMM 1 500 ~ 12 000 kW 0 ~ 600 r/min Frame 1500	斯维奇永磁电机 PMM 14 000 kW 0 ~ 1 000 r/min Frame 950	斯维奇永磁电机 PMM 500 ~ 5 800 kW 0 ~ 600 r/min Frame 1000

www.theswitch.com

生产单位： 江苏远东电机制造有限公司

地址：江苏省姜堰经济开发区罗塘西路 188 号　邮编：225510

电话：0523-88868058　传真：0523-88868066　邮箱：jsyddj001@163.com

江苏远东电机制造有限公司位于美丽富饶的苏中沿江火炬带，创建于 1970 年，是国家高新技术企业，海军定型委员会认可的军工产品二级定型单位，海军舰船电机科研项目研发基地和保障基地。

公司建立了完善的质量管理体系，通过了中国船级社和中国新时代 GB/T19001—2008、GJB9001B—2009 质量管理体系认证；获得中国船级社（CCS）、法国船级社 (BV)、中国渔业船舶检验局工厂型式认可。

公司占地面积 100 多亩，现有员工 240 人，大专以上学历 111 人，高级技术职称 37 人。公司与上海电器科学研究所、上海七〇四所、西安交大、南京航空航天大学等科研机构和大专院校建立了良好的技术合作关系，建立了泰州市新型降噪电机工程技术研究中心，建立起一支高素质的科研开发队伍和完善的科技创新体系，形成产品设计制造、改型加工以及特殊技术服务的精细管理模式。

公司拥有发明专利和实用新型专利 57 项，研发的新型电机成果有 4 项填补了国内空白，国家级重点新产品 4 个、江苏省高新技术产品 6 个。公司主要产品为 JYZC 系列舰用低噪声电机；JY-H 系列舰用电机；Y-H 系列船用电机；JZH、YZH 系列船用起重电机；JYZB 系列舰用防爆起重三相异步电动机；YBP 变频调速电机；YBP-H 船用变频调速电机；YZTD 系列变极多速电机；YZ、YZR 系列工业冶金起重电机以及 Y2、YX3 系列普通电机，同时承接各类舰船机械配套的非标三相异步电机的设计制造。产品主要配套于舰船用泵、风机以及各类辅机、压缩机、油泵和液压系统，主要销往海军各基地、船厂和泵、风机、空调等辅机配套厂。

产品技术参数：

产品名称	产品型号	主要技术规格
Y2 系列三相异步电动机	Y2-80—Y2-315	380V/50Hz(440V/60Hz)、0.75~200kW
YX3 系列三相异步电动机	YX3-80—YX3-315	
Y-H 系列船用三相异步电动机	Y80-H—Y315-H	
JY-H 系列舰用三相异步电动机	JY80-H—JY315-H	
JYZC 系列舰用低噪音三相异步电动机	JYZC80—JYZC315	
注：另可根据客户的特殊要求进行设计、生产		

生产单位：兰州电机股份有限公司

地址：甘肃省兰州市民乐路 66 号　邮编：730050　传真：0931-2865068

电话：0931-2866951 转 8050　邮箱：sales@lec.cn

兰州电机股份有限公司是西北地区最大的制造电机和发电设备的企业，拥有国家认定的企业技术中心，通过 ISO9001 质量体系认证。其中船用、陆用交流发电机，中频、双频、双流等特殊军工电机，交流伺服，主轴及步进电机，YJS 高效节能型电机生产规模居全国前列。公司致力于电机及控制技术的提升和扩展，从单一的配套产品向成套化、一体化经营方向发展，把兰电打造成甘肃装备制造的一流企业，成为中小型电机行业的排头兵 。

产品技术参数：

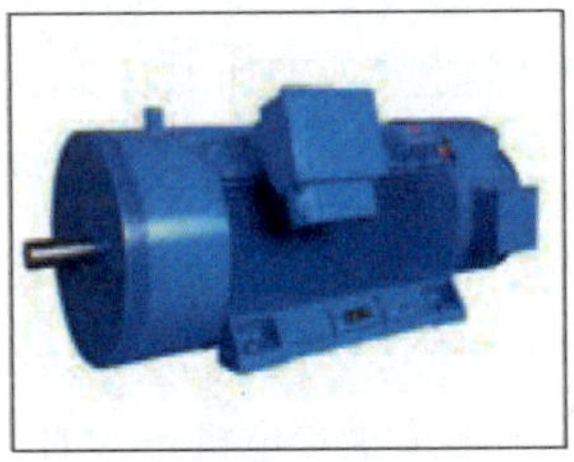
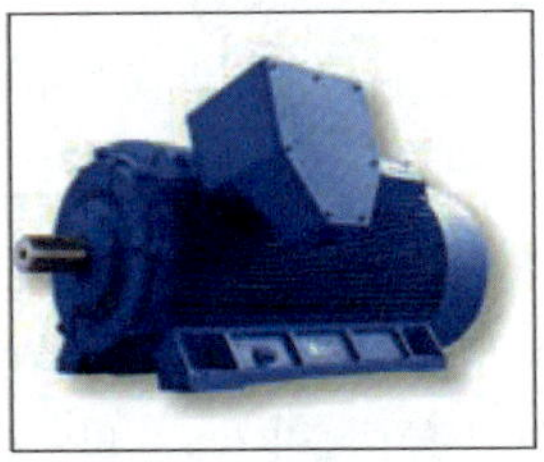

型号	基本参数	产品特点	实现功能	执行标准
TFX-H 系列船用交流同步发电机	静止励磁、高度可靠、维护方便、自励恒压；不可控励磁电压调整率不超过 ±2.5%；可控励磁电压调整率不超过 ±2.5%；电压波形畸变率小；动能性能优越；能直接启动较大容量的异步电动机；使用寿命长外形美观	本系列发电机是专为船舶使用而设计制造的，适宜由内燃机启动，用作船舶普通或应急电源 发电机使用条件：空气温度 50℃ 海拔高度：不超过 1 000m 空气相对温度：≤ 95%(25℃时） 横倾：22.5°　纵倾：10°　横摇：±22.5° 凝露：有　盐雾：有 油雾：有　振动：有	本系列发电机为星形电极绕组，三相四线制，也可工作于三相三线制。发电机额定电压为 400/230V，额定频率 50Hz，额定功率因数 0.8（滞后），其他有关技术数据见下表	国际电工委员会 IEC 有关标准 92-301 号出版物船舶电气设计的各项规定； 发电机的振动和噪音不超过 GB755《旋转电机基本技术要求》N 级的规定； 中华人民共和国船舶检验局检验

型号	机座号	额定容量		额定电流（A）	额定转速（r/min）	效率（%）	质量（kg）	原动机拖动最小马力（hp）	飞轮力矩（kg·m）	直接起动异步电动机最大功率（kW）
		（kVA）	（kW）							
TFXH-12	180S	15	12	21.7	1 500	84.5	210	19.1	1.15	8.4
TFXH-16	180M	20	16	28.9	1 500	85.3	215	25.1	1.41	11.2
TFXH-20	200S	25	20	36.1	1 500	86.0	270	31.2	2.26	14
TFXH-24	200M	30	24	43.3	1 500	87.0	300	37.0	2.40	16.8
TFXH-30	225S	37.5	30	54.1	1 500	88.0	370	45.7	3.38	21
TFXH-40	225M	50	40	72.2	1 500	89.0	450	60.2	4.36	28
TFXH-50	225L	62.5	50	90.2	1 500	89.5	490	74.9	4.97	30
TFXH-64	250M	80	64	115	1 500	90.5	600	95.3	8.08	30
TFXH-75	250L	93.8	75	135	1 500	90.8	670	111.0	9.75	30
TFXH-90	280S	113	90	162	1 500	91.0	850	133.0	11.7	55
TFXH-120	280L	150	120	217	1 500	91.5	1 020	176.0	15.4	55
TFXH-150	355S	188	150	271	1 500	92.0	1 450	219.0	26.2	75
TFXH-200	355S	250	200	361	1 500	92.3	1 620	291.0	34.8	75
TFXH-250	355M	313	250	451	1 500	92.5	1 800	363.0	46.5	95

生产单位：中国长江航运集团电机厂

地址：湖北省武汉市江夏区藏龙岛九凤街3号　邮编：430205　邮箱：shudixian@163.com
电话：027-81977698　网址：www.chmoto.com　联系人：智刚

中国长江航运集团电机厂隶属于中国外运长航集团有限公司，是长航集团船舶重工总公司旗下的全资子公司。工厂拥有600名员工，生产电机的专用设备460台套，是湖北省内唯一生产冶金起重电机的专业厂家。产品广泛用于冶金、起重、建筑、港口、水利电力和化工等领域，其与华中科技大学共同研发的定距桨船舶无刷双馈轴带发电系统已在多艘船舶上应用。该技术被认定为国际首创，达到国际先进水平。

产品技术参数：

船舶轴带无刷双馈发电系统

产品特点：

◇直接利用主机带动发电，船舶航行时替代柴油辅机，电力稳压稳频
◇直接节省14.7%的燃油成本，每年节省37%以上的发电燃油成本
◇2012年国家重大科技成果转化推广示范项目，2项发明专利
◇经鉴定该产品为国际首创，达到国际先进水平

额定频率	额定电压	额定功率因数	转速范围
50Hz或60Hz	50Hz:400V　60Hz:450V	0.8(滞后)	300~750r/min（自然同步转速为500r/min时） 600~1 500r/min（自然同步转速为750r/min时）

产品规格		
ZWSF280S-12H　24kW	ZWSF355L-12H　90kW	ZWSF500M-12H　500kW
ZWSF280M-12H　30kW	ZWSF400S-12H　120kW	ZWSF500L-12H　600kW
ZWSF315S-12H　40kW	ZWSF400M-12H　160kW	ZWSF560M-12H　700kW
ZWSF315M-12H　50kW	ZWSF400L-12H　200kW	ZWSF560L-12H　800kW
ZWSF355S-12H　64kW	ZWSF450M-12H　300kW	ZWSF630M-12H　900kW
ZWSF355M-12H　75kW	ZWSF450L-12H　400kW	ZWSF630L-12H　1 000kW

生产单位：山东孚日电机有限公司

地址：山东省高密市朝阳大街东首　邮编：261500　电话：0536-2573369
网址：www.sunvimdj.com　邮箱：sddj@sunvim.com

山东孚日电机有限公司（原潍坊电机厂）是山东孚日控股股份有限公司下设的一家集电机研发、生产、销售、维修和服务为一体的专业化厂家，占地面积 360 亩，建筑面积 120 000m^2，拥有固定资产 8 亿多元人民币，技术力量雄厚，检测手段先进，生产设施完善，开发能力高效，是国内一流的大型电机生产基地。

产品技术参数：

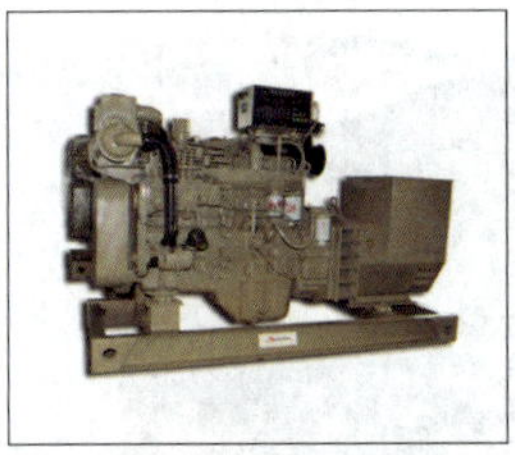

型号	产品性能
YE2-H 系列电动机	为高效率、全封闭、自扇冷式、船用三相异步电动机。该系列电动机具有噪音低、振动小、起动转矩大及运行可靠等优点，适用于在船舶上驱动各种机械，如泵类、通风机、分离器、液压机械及其他辅助设备。适合在有凝露、盐雾、油雾、霉菌、冲击、振动等恶劣条件下使用
YVF2-H 系列电动机	适用于船上低频恒转矩、高频恒功率的各种机械传动场合，高效节能型调速电动机，可与各种变频器装置组成高性能的变频调速系统，能在较宽的范围内实现恒转矩运行及恒功率运行。该系列电机具有高效节能、动态性能优良、振动小、噪音低等特点
SVHz 系列无刷船用轴带发电机	功率范围 5.5~300kW，利用船主机的惯性及剩余功率驱动该发电机，具有结构先进、运行可靠、波形失真度小、瞬态性能优越等特点，一般可满足船上的照明、动力、通信等用电需求
T2SH 系列船用谐波发电机	功率范围 5~60kW，T2XH 系列船用相复励发电机功率范围 5~350kW，有 4 极、6 极、8 极发电机，有单轴承和双轴承结构，产品符合 IEC 国际标准，具有起动能力高、性能稳定、质量可靠等优点，可提供 ZY、CCS 等检验证书
玉柴系列船用柴油发电机组	本系列发电机组选用玉柴系列发动机，配套孚日 SVH 系列船用发电机，功率范围 20~300kW，产品体积小巧、运行平稳、燃油消耗低，功率覆盖密度高，该产品凭借其出色的性能和完善便捷的服务深得用户的信赖，广泛应用于货轮、工程船舶等场所
康明斯系列船用柴油发电机组	本系列发电机组选用康明斯系列发动机，配套孚日 SVH 系列船用发电机，功率范围 50~600kW，产品设计坚固耐用、振动小、运行平稳、安装维护方便，卓越的电源品质和低廉的运营成本能够满足您对于船用发电机组耐潮、耐酸等苛刻条件的要求

船用推进器

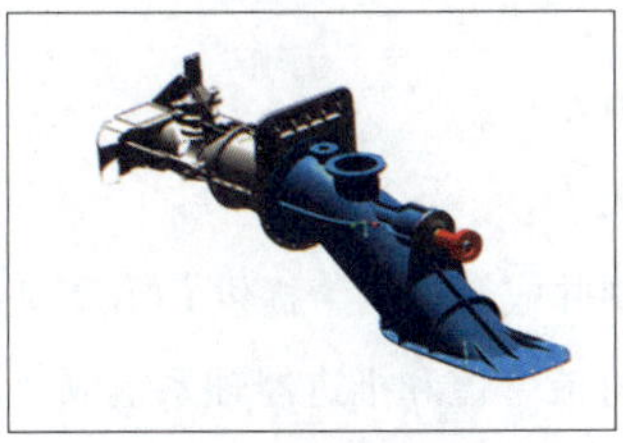
P 38

P 39

P 40

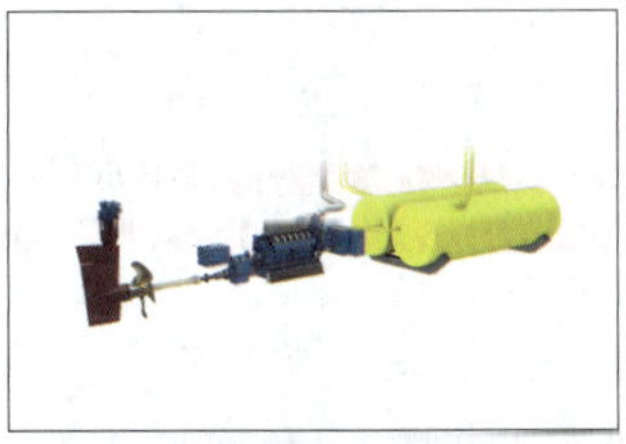
P 41

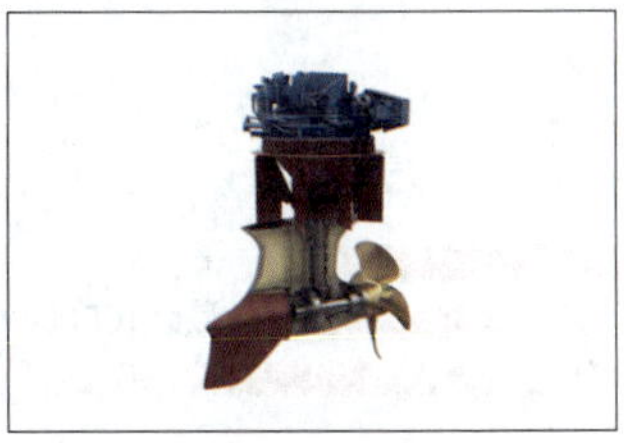
P 41

P 42

目前，中国船舶推进器生产企业主要有：大连船用推进器有限公司、镇江中船瓦锡兰螺旋桨有限公司、南通惠港船舶推进器有限公司、常州中海船舶螺旋桨有限公司、苏州船用动力系统股份有限公司、重庆衡山机械厂、汉力士船用推进系统股份有限公司、中国船舶重工集团有限公司第七〇二研究所——无锡东方长风船用推进器有限公司等 10 多家，既有国有企业，也有民营企业和中外合资企业，它们进入船舶螺旋桨研制领域以及技术成熟度也存在一定差异。中国企业在柴油机动力推进系统、电力推进系统、喷水推进系统集成打包供货方面取得了进展，实现为小型出口船舶、内河船舶和海工船舶配套。如中国船舶重工集团有限公司第七一一所签署中海油 4 400kW 渤海环保工作船主推进系统的技术总合同和监控设备合同，并获得两艘新建造的粤海铁路跨海火车渡船的集成动力系统的订单；广州柴油机厂获得为中国海洋石油总公司在渤海湾海域作业的 2 艘新建环保船打包提供以 8230ZC 型柴油机为主体的船舶主推进系统；镇江中船设备有限公司首次承接了两份动力集成打包供应合同；中国船舶重工集团有限公司第七一二所与日本向岛船渠株式会社签订了 GT499T 型散货船电力推进系统的供货合同；上海中船重工船舶推进设备有限公司，研究动力系统集成成果应用于德国 4 000DWT 多用途运输船、3 600DWT 化学品船等。

国内科研及制造企业成功设计并制造了能为 VLCC 和超大型集装箱配套的船用大型螺旋桨，成功制造了为 8 000TEU 集装箱船配套的大型螺旋桨，掌握了先进的螺旋桨和轴系设计技术，已为国内外多艘船舶配套；在调距桨方面，国内主要科研院所开展的关键设备及技术研究，初步形成了包含主机 + 齿轮箱 + 调距桨装置的整个动力系统的设备配套供应能力。但是，国内船舶螺旋桨推进制造企业在设计技术和加工制造技术均落后于国外著名制造企业。在加工技术方面，国外所有船舶推进产品均可用数控机床加工，国内仅限于部分产品的加工，大部分产品以手工加工为主；在设计技术方面，国内只有少数几家与国外合资或合作企业，拥有一定的设计技术，其他船舶推进制造企业、科研院所的设计技术近年虽然有所提高，但与国外相比，设计的产品缺乏国际竞争力。尤其是在船舶调距桨方面，生产技术基本上靠引进国外的专利技术或合作生产，如苏州船用机械厂引进了 KAMEWA 公司的专利技术、肖特尔推进器有限公司（苏州）主要是引进德国 SCHOTTEL 公司专利技术，配套的控制系统几乎是从国外引进技术生产或干脆直接采用国外产品；在大型固定螺距螺旋桨铸造技术方面，目前国内与国外水平相当，但成品加工技术有待改进和提高。

生产单位：中国船舶及海洋工程设计研究院

地址：上海市西藏南路 1688 号　邮编：200011　邮箱：maricjet@maric.com.cn
联系人：林辉　021-63160217　021-63161688-8301　传真：021-53590151

由中国船舶工业集团公司中国船舶及海洋工程设计研究院喷水推进工程事业部研制并成套供货，提供 CCS 等证书。分 ZL、HL 和 ZH 系列，每个系列由喷水推进器、操舵导航机构、液压系统、控制系统、进流管道和推进器轴系组成。

本部是专业从事喷水推进技术的研究、设计、生产、试验和成套设备供应的权威实体。作为国内喷水推进技术引领者，参与主持 / 介入国内喷水推进的主要工程项目，产品广泛应用于高速快艇、工程船和两栖车辆等。

产品技术参数：

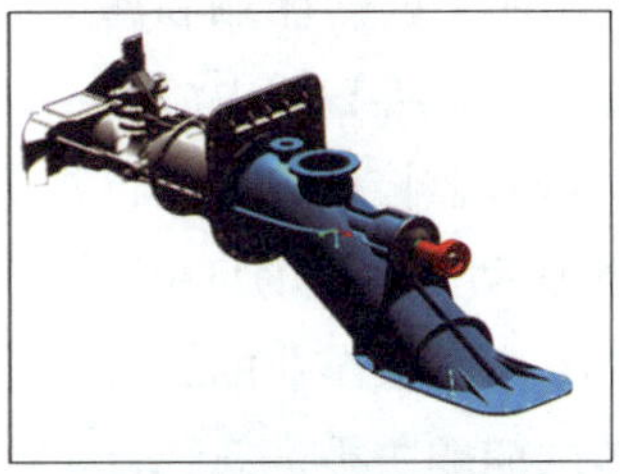
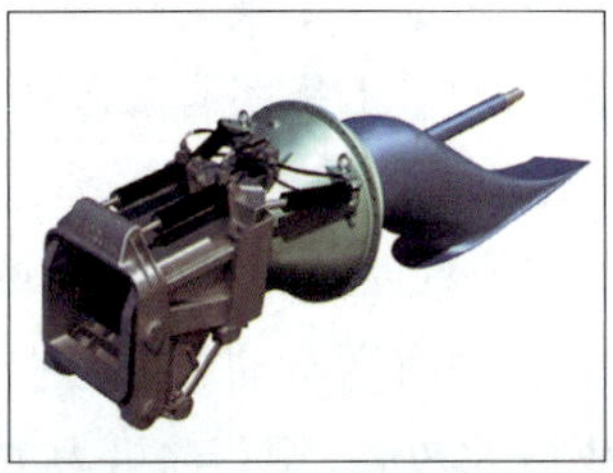
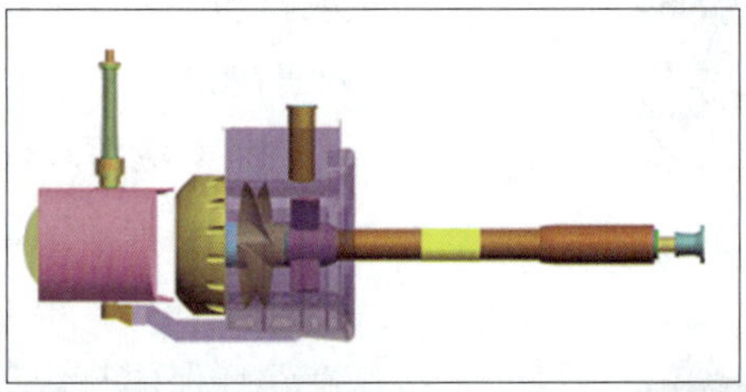

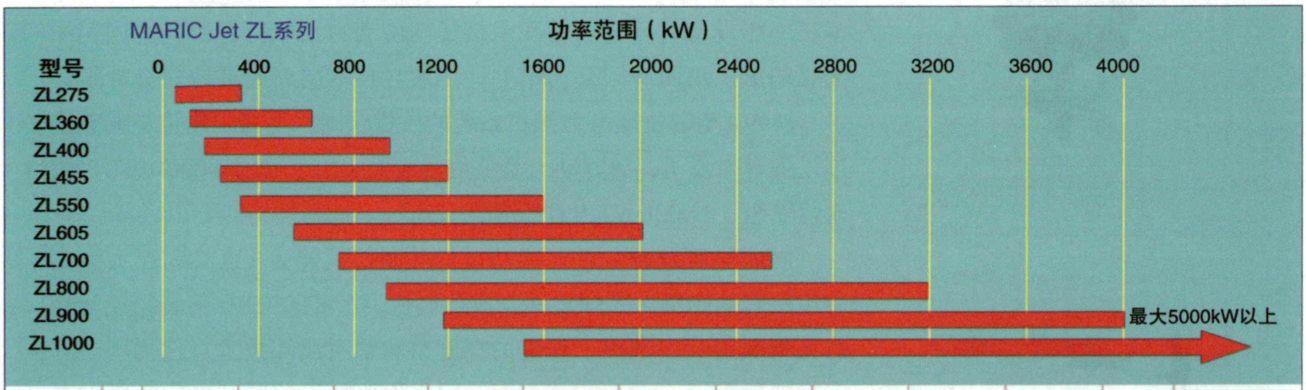

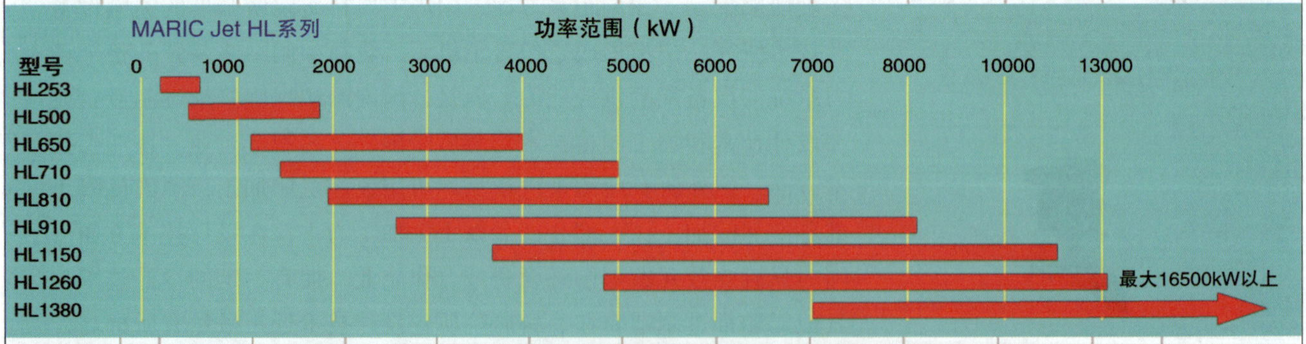

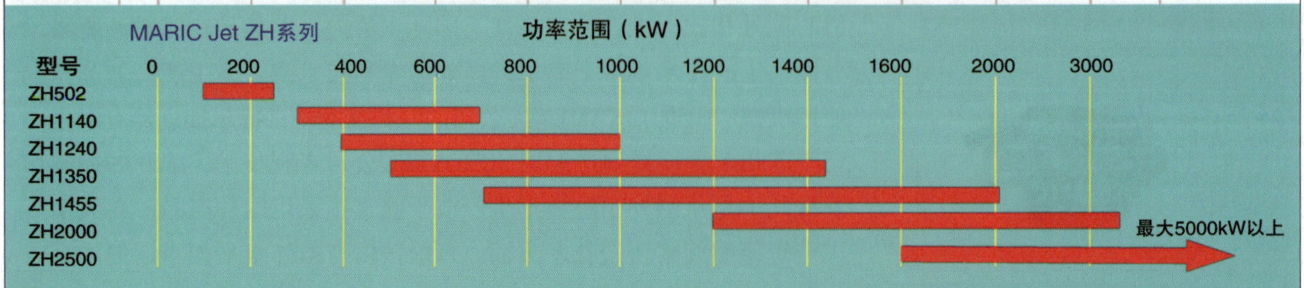

特别说明：对于不在本表系列内的规格，可根据用户需求，进行装置的专项设计与制造

生产单位：苏州船用动力系统股份有限公司

地址：江苏省苏州工业园区胜浦镇润胜路 16 号　邮编：215126　电话：0512-69369611
传真：0512-65349206　邮箱：szsxmm@vip.sina.com　网址：www.szsxmm.com

公司成立于 1975 年，是专业从事舰、船用全回转舵桨、主推可调螺距螺旋桨和侧向推进器等特种推进器科研及生产制造的企业。公司在船用推进器关键技术领域拥有大量的核心技术和高科技成果，为行业内的翘楚企业，一直是中船总公司和海军舰船的定点科研及配套生产企业。

产品技术参数：

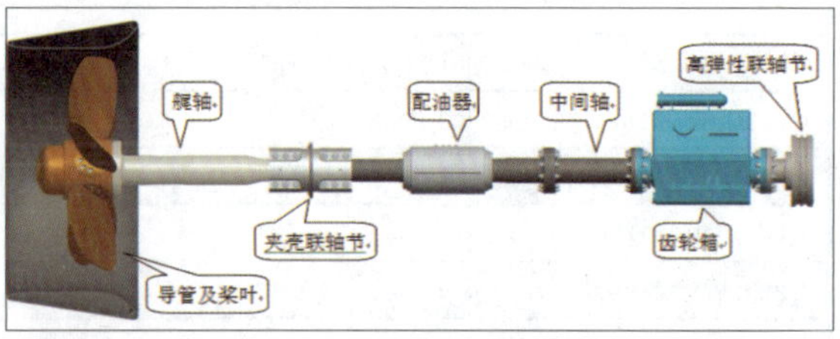

型号	执行标准	有无专利	持有证书
船用全回转舵桨	1999 年和 2000 年公司通过了国家质量体系认证机构的军、民品质量管理体系认证，并分别获得了国家颁发的军、民品质量管理体系认证证书。2006 年 4 月通过了中国新时代质量管理体系认证中心关于国军标 GJB9001A-2001、ISO9001：2000 标准质量体系的现场审核	已拥有发明专利　项，实用新型专利一项，外观设计专利一项。目前还在申请多项专利过程中	产品分别经 CCS、ABS、BV、LR、KR 等船级社认可
主推可调螺距螺旋桨			
侧向推进器			

型号 Type	最大输入功率 Input Power Max.（kW）	额定输入转速 Input Speed Rated.（r/min）	最大输入扭矩 Input Torque Max.（N·m）	最大螺旋桨直径 Propeller Dia. Max. ϕ（mm）	减速比 Reduction Ratio i	标准质量 Weight（kg）
SRP 45	100	2 500	450	800	2.5	190
SRP 85	210	2 350	850	950	2.68	400
SRP 138	260	2 000	1 380	1 100	3.01	1 200
SRP 180A	340	1 800	1 800	1 150	3.46	1 450
SRP 180B	280	1 500			2.88	
SRP 180C	180	1 000			2.526	1 450
SRP 226	350	1 800	2 260	1 350	3.34	2 000
SRP 280	480		2 800	1 550	3.96	2 100
SRP 310A	580		3 070	1 550	3.718	2 500
SRP 310B		1 500	3 800		3.002	2 600
SRP 330	620	1 800	3 300	1 500	4.04	2 800
SRP 428A	735		4 280		4.35	3 500
SRP 428B		1 500	5 220	1 600	3.671	3 600
SRP 428C		1 000	7 140		2.769	3 700
SRP 550	920	1 800	5 423	1 650	5.059	5 850

生产单位：无锡东方长风船用推进器有限公司

地址：江苏省无锡市滨湖区山水东路 222 号　邮编：214082　电话：0510-85555978　85555998
传真：0510-85555865　联系人：沈莽　13906196519　林家芸 13616144998
邮箱：shenmang@vip.163.com　网址：www.cssrccf.com

公司专门生产船用全回转推进装置（44~2 208kW），拥有多项自主知识产权。生产的单桨、导管桨、对转桨、导管对转桨及侧向推进器等具有推进效率高、噪音小、操纵优良等特点，广泛应用于渡轮、拖轮、布缆船等工程船上。

产品技术参数：

防缠绕对转舵桨 CFCR

型号	输入转速（r/min）	输入功率（kW）	D(mm)	
CFCR-W-LD60	1 500	44	600	仅为部分型号
CFCR-W-LD150	1 500	110	860	
CFCR-W-LD250	1 000	184	1 040	
CFCR-W-LD350	1 800	257	1 040	
CFCR-W-LD476	1 200	350	1 060	
CFCR-W-LD600	1 800	441	1 180	
CFCR-W-LD900	1 800	662	1 250	
CFCR-W-LD1200	1 800	882	1 300	
CFCR-W-LD1400	1 800	1 029	1 600	

防缠绕导管舵桨 CFCR

型号	输入转速（r/min）	输入功率（kW）	D(mm)	
CFRP300	1 800	220	1 038	仅为部分型号
CFRP640	1 800	470	1 280	
CFRP950	1 000	699	1 600	
CFRP1200S	1 800	882	1 600	
CFRP1800	1 000	1 324	1 950	
CFRP2200	750	1 765	2 240	
CFRP2600	750	1 911	2 500	
CFRP3250	750	2 390	2 750	

侧向推进器 CFTT

型号	输入转速（r/min）	输入功率（kW）	D(mm)	
CFTT110	1 470	63	510	仅为部分型号
	1 170	50		
	970	40		
CFTT210	1 470	350	1 150	
	1 170	280		
	970	230		
CFTT310	1 170	1 250	2 250	
	970	1 000		
	870	900		

备注：以上产品，除常用型号外可定制。根据船舶布置要求可提供井式安装、甲板组合式安装、艉机型安装等，并可按用户需求设计生产不同形式的操纵控制系统

生产单位：罗尔斯·罗伊斯船舶制造(上海)有限公司

地址：上海市浦东新区芳甸路 1155 号 浦东嘉里城办公楼 17 楼　邮编：201204

电话：021-20302800　传真：021-20302828　网址：www.rolls-royce.com/marine

罗尔斯·罗伊斯船舶业务在中国发展多年，一直致力于为客户提供最优质的产品及最周全的服务。位于上海南汇工业区的生产组装及售后服务中心拥有完善的设施和资深的技术和服务人员。为了贴近客户所在地，设在大连、香港和广州的办事处能及时提供销售和服务支持。罗尔斯·罗伊斯在全集成船舶系统和设备领域实力非凡。罗尔斯·罗伊斯的船舶动力系统性能高度匹配，相互配合使用能优化船舶整体能效。此外，多元化产品组合也包括甲板机械、喷水推进器、减摇系统、自动化系统、物探和海底作业系统等。

产品技术参数：

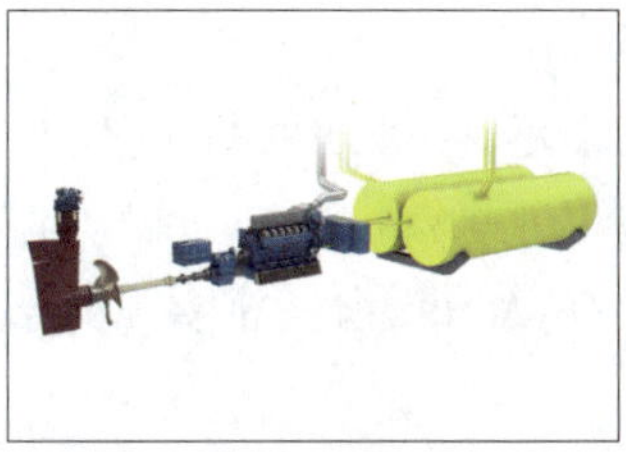

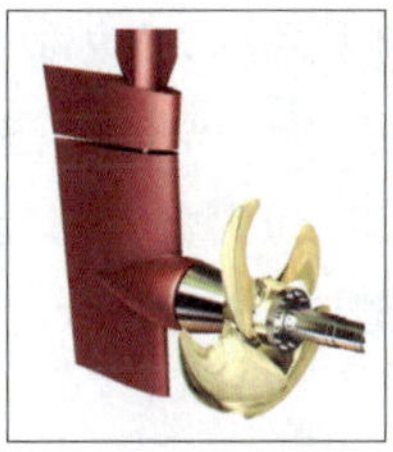
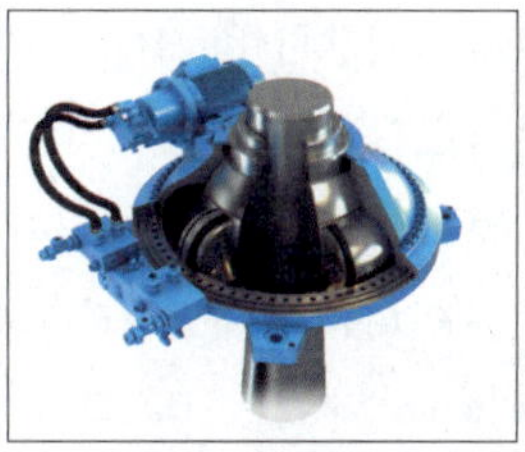
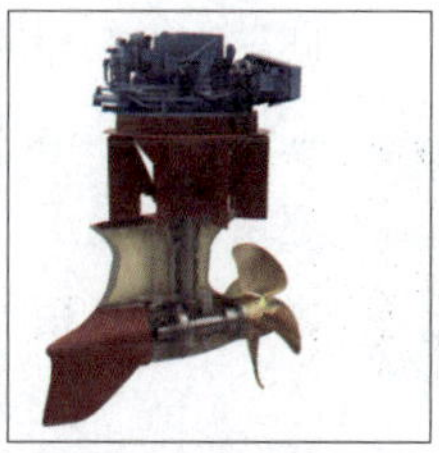

型号	基本参数	产品特点及优势	实现功能
柴油发动机	1 650~8 000kW	坚固、可靠，特别适用于在恶劣海况工作的海工船舶和平台	适用于： 各类船舶的主机和发电机组
燃气发动机	1 460~7 000kW	节能、环保，远低于 Tier Ⅲ的排放要求	适用于： 各类船舶的主机和发电机组
全回转推进器	300~6 600kW	具有优异的操纵性 安装简单，便于维护 低噪音和低振动 灵活的设计	适用于： 拖船、渡轮、破冰船 商船、海工支持 / 服务船舶 海工平台
调距桨、定距桨	3~7m， 500~50 000kW	领先的螺旋桨设计制造技术 高效、低噪音、低振动	适用于： 商船、海工船、军船 特别是各种高性能船舶
电力推进、混合推进系统	400~5 700kW	采用 AFE 变频器技术 实现推进系统全工况最佳匹配 最大能耗下降 30%	适用于： 海工船 中小型商船 渡轮、游艇
Promas 舵和桨组合系统	桨叶直径 6m 以下	带球鼻的扭曲舵 桨舵最佳匹配 推进效率提高 3%~7%	适用于： 100 000T 以下商船
舵机	430~6 000kN•m	回转式，紧凑，安装简单 大舵角范围 低噪音，节能，启动电流低	适用于： 商船、海工船、军船 特别是各种高机动性船舶
侧向推进器	330~3 800kW	大推力 低噪音、低振动 维修简便	适用于： 商船、海工船、军船
甲板机械	最大拖力达 650t	结构牢固 运行稳定可靠 维修简便	适用于： 商船、拖船、工作船 海工支持 / 服务船舶 海工平台

生产单位：斯堪尼亚销售（中国）有限公司 SCANIA

地址：上海市长宁区兴义路 8 号万都中心大厦 1301 室
电话：021–6618 9966 传真：021–6618 9900 邮箱：enginesales@scania.com

斯堪尼亚集团是世界领先的船用发动机的制造商之一。此外，公司还提供种类丰富的售后产品和金融服务，确保客户享有成本最优的船舶解决方案和最高的出勤率。公司成立于 1891 年，总部和研发中心位于瑞典，生产部门集中在欧洲与拉美，业务遍及全球 100 多个国家和地区。

斯堪尼亚船舶推进用发动机功率范围 162kW（220hp）至 846kW（1 150hp）。

斯堪尼亚船舶辅助用发动机功率范围 199~640kW。

功率定义：

持续功率：额定功率全时可用。100% 功率输出，年使用小时数无限制。

间歇输出：额定功率间歇可用，1h/3h，累积功率负荷因数不超过 80%，年使用小时数无限制。

巡逻艇长输出：额定功率间歇可用，1h/6h，每次全负荷运转之间至少降速 10%，年累计运行小时数不超过 2 000 小时。

巡逻艇短输出：额定功率间歇可用，1h/12h，每次全负荷运转之间至少降速 10%，年累计运行小时数不超过 1 200 小时。

常载功率：用于持续运转，可变负载情况下年使用时间无限制。平均负荷因数不超过额定功率 70% 时，可 24 小时连续运转。110% 超载功率间歇可用，1h/12h。

产品技术参数：

16–litre Engines 16 升发动机

Configuration 结构布局	V 型 8 缸	
Displacement 排量	16.4 升	
Fuel injection control 燃油喷射控制	Scania EMS and PDE unit injectors or Scania XPI 斯堪尼亚发动机管理单元控制整体式独立喷油器系统 或斯堪尼亚 XPI 超高压共轨喷射系统	
Output range propulsion 推进用主机功率范围	–with PDE unit injectors 采用 PDE 系统功率范围 221~552 kW (300~750 hp), ICFN 478~588 kW (650~800 hp), IFN 588~662 kW (800~900 hp), Patrol craft long 625~736 kW (850~1 000 hp), Patrol craft short	
	–with SCANIA XPI 采用斯堪尼亚 XPI 系统功率范围 (extra high pressure injection, common rail 超高压喷射，共轨系统) 662 kW (900 hp), IFN 736–809 kW (1 000~1 100 hp), Patrol craft long 846 kW (1 150 hp), Patrol craft short 882kW (1 200 hp), Pleasure rating	
Output range auxiliary 辅助用发动机功率范围	430~640 kW, PRP	
Dimensions (LxWxH) 外形尺寸（长 x 宽 x 高）	1 551 × 1 251 × 1 148 mm	
Weight (Dry) 质量（干重）	keel cooling 龙骨冷却式	1 600 kg
	with heat exchanger 热交换器式	1 670 kg

辅助用定转速发动机选型清单二维码

推进用全转速发动机选型清单二维码

* 详细规格清单信息请访问 www.scania.com/engines
可查询可选件、基础发动机及性能参数及排放证书等

船舶电力推进系统

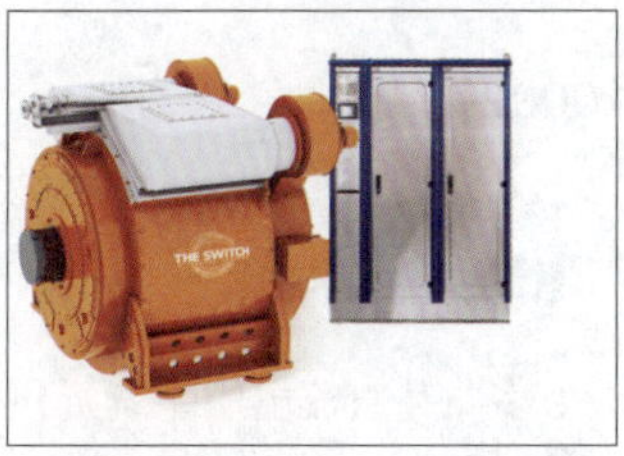
P 44

P 44

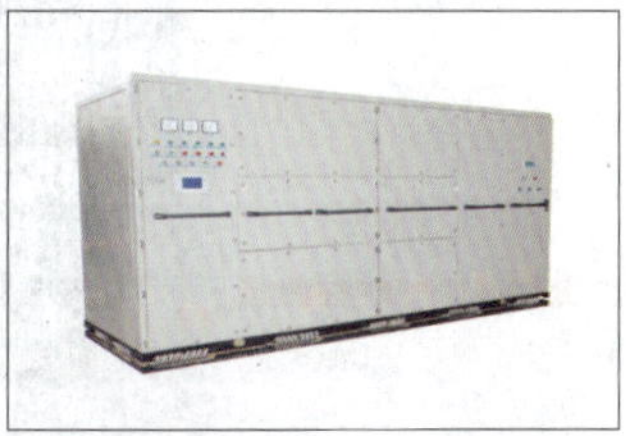
P 45

P 45

P 46

P 46

船舶电力推进系统采用电动机直接驱动螺旋桨，可有效减少船舶装机功率、降低油耗、减少排放，具有调速范围广、驱动力矩大、易于正反转、操纵性能优异、运行灵活性强、可靠性高和维护量少、体积小布局灵活、振动和噪音小、安装及维修方便等特点，深受各国造船业的青睐。船舶电力推进，有直流推进和交流推进两大类。1970 年代以前，主要采用直流电力推进系统，因为直流电机转速调整范围宽广和平滑，过载启动和制动转矩大，逆转运行特性好。随着现代控制理论和数字控制、直接转矩控制、矢量控制等电力电子技术的发展，交流调速系统的性能已经可以与直流调速系统相媲美，已经成为船舶电力推进发展的主流，呈现出蓬勃发展的态势。目前水面船只，交流电力推进占主导地位，所选用的交流电动机，交流异步电机、交流同步电机、永磁同步电机等并存。只有潜艇，仍是直流推进占主导地位。

在国外，ABB、西门子、阿尔斯通在该行业占主导地位，它们都研制出船舶交流电力推进的成套装置，功率从几百千瓦到几十兆瓦，其中以吊舱式推进器最具代表性。例如 ABB 公司的 AZIPOD 推进系统，功率已达 40 兆瓦。

在国内，由于我国在船舶电力推进系统的研究起步比较晚，对这领域的研究与发达国家相比还存在着较大的差距。虽已有采用电力推进装置的船舶，但主要的核心推进装置仍依赖于进口，国外在这方面的发展经历了从传统的依赖人工技能、大量采用辅助工装、使用各类数控设备到计算机辅助制造，再到设计制作独有的专门工艺设备并结合实施产品设计、工艺设计、辅助制造一体化的过程，这是我国未来船舶发动机研发的方向。国内中船重工七一二所从最早的直流电力推进系统到现在先进的综合全电力交流推进系统，始终走在国内同行前列。2010 年，佛山市派能机电有限公司与中国北车集团、上海汉力士成立船舶电力推进技术研发、推广和商务的战略联盟，初步形成国内民用船舶电力推进系统的规模式发展态势，确定了电力推进系统中各组成部分的设备都具有国内完全自主知识产权，成功冲破了国外船舶电推进的技术封锁和设备限制。在技术方面，战略联盟充分运用中国北车集团高铁的高新技术，让成熟的技术逐步向海洋领域延伸发展应用，系统关键部件船用发电机组、电机、变频器逆变器、配电柜及成套系统均通过 CCS 船级认证；今后还根据航行区域的需要，将会相继通过亚、欧、美等多国船级认证。总之，随着电力半导体技术、电机控制技术和微机控制技术的发展和成熟，电力推进日益显示出它的优越性。

生产单位：斯维奇风力发电系统（北京）有限公司

地址：北京市朝阳区三元东桥天元港中心 B-1907　　　　邮编：100027

邮箱：joselyn.xie@theswitch.com，zhijun.wang@theswitch.com

电话：010-84464330　　　　联系人：谢靖如 / 王志军

斯维奇 Power Drive 系统适用于操作环境苛刻的船舶系统和石油天然气应用。斯维奇为多兆瓦直流电源系统提供全球最智能的解决方案，应用 DC-Hub 确保用户稳定安全的操作。该系统曾在瓦锡兰的上千艘船只上运行了十几年，并通过了各项所需测试。2016 年斯维奇从瓦锡兰手中收购该业务。斯维奇挪威船舶船东系统公司的产品包括 690V 低压传动，可驱动功率从 500kW 至 5.5MW 的单推进电机和 10MW 的双推进电机；及从 5MW 到 24MW 的 6 600V 高压传动系统。

富有远见的客户为了降低风险，正在寻求能够帮助船只升级至更先进的传动系统解决方案，斯维奇的 Power Drive 系统完全可以满足他们的需求，我们可以为船舶打造柴油电气系统或混合系统，也可以打造一个纯电气系统。

丰富的船用传动产品系列

- 二象限运行的被动前端输入
- 四象限运行的主动前端输入
- 低电压 400V~690V
- 500kW~11MW

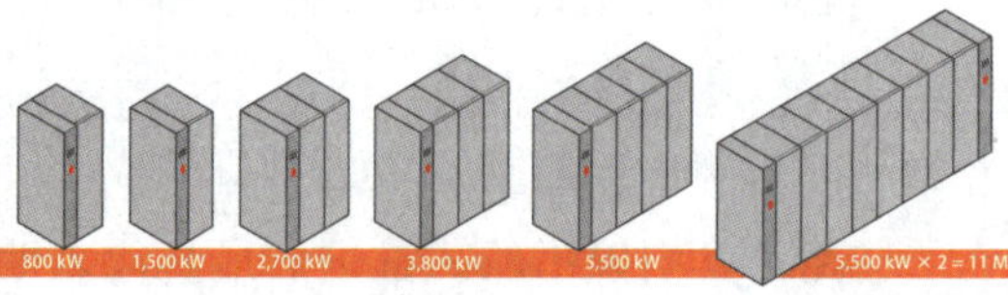

多兆瓦级直流 电力系统环网

斯维奇为多兆瓦直流电源系统提供全球最智能的解决方案，应用 DC-Hub 确保用户稳定安全的运行。斯维奇的 DC-Hub 单元可以独立运行，也可配合多个 DC-Hub 一起工作。

我们智能的 DC-Hub 系统可提高系统使用率和冗余性，不必使用交流主配电柜，可降低整个系统的初始设备投资成本，同时减少长期的运营成本。

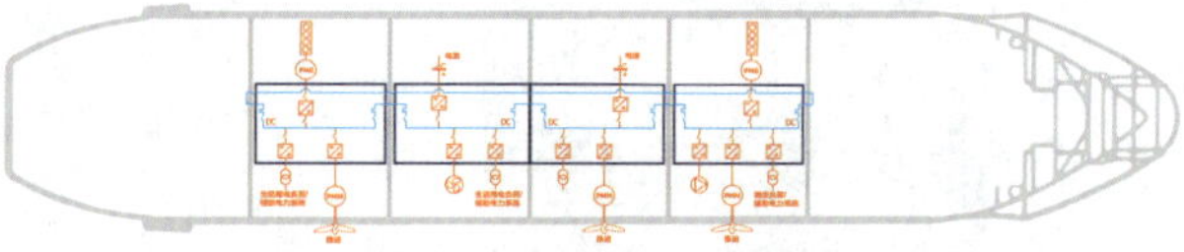

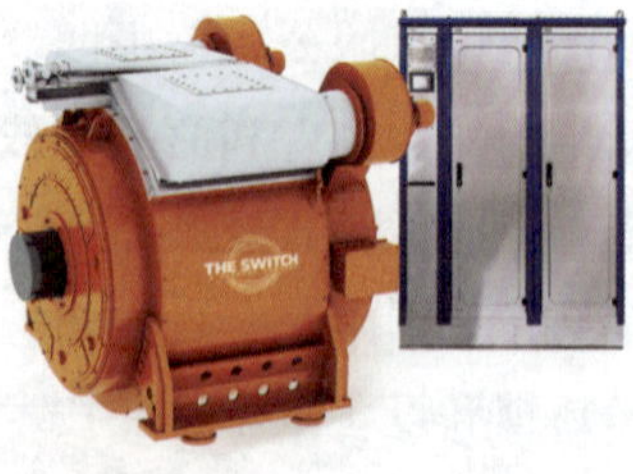

永磁电机

当船用传动设备与斯维奇永磁电机配套使用时，你就拥有一套先进的电力传动系统，性能全球领先。永磁电机即可以作为发电机（PMG），也可以作为驱动电机（PMM）运行。

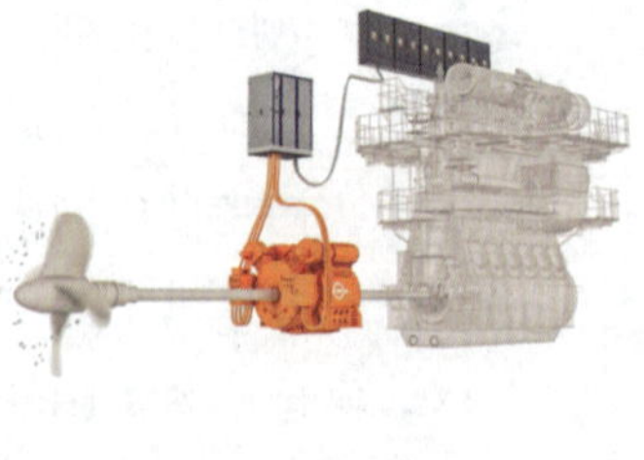

成功案例

和瓦锡兰公司合作的电池混合动力方案成功案例

船只类型：加工渔船
业主：瓦锡兰船只设计公司

船只类型：客渡船
业主：怀特轮渡公司

船只类型：Viking Lady 号岸外工作专用船 OSV-DP2
业主：Eidesvik 运输公司

和瓦锡兰公司合作的 DC-Hub 方案成功案例

船只类型：大连深水开发钻探船

船只类型：Sapura 重吊船 / 布管船
业主：拿丁集团

船只类型：Aker H-6e 半潜式钻探船
业主：泛洋钻探公司

和瓦锡兰公司合作的轴传动发电机方案成功案例

船只：Deep Seal
业主：Otto 船舶公司

船只：Go Phoenix
业主：Otto 船舶公司

www.theswitch.com

生产单位：中国船舶重工集团公司第七一二研究所

地址：湖北省武汉市洪山区南湖汽校　邮编：430064　电话：027-68896609 027-68896610
传真：027-88035934　邮箱：712qd@csic712.com　网址：www.csic712.com
联系人：周先生 18954207758 张先生 18954207768

中国船舶重工集团公司第七一二研究所地处九省通衢的武汉市，成立于1963年，是中国唯一的舰船电力推进装置专业研究所，主要从事舰船电力推进系统及设备的研究、设计、试验和制造。七一二研究所专业领域主要包括电气传动及化学电源等，主要产品有船舶电力推进系统集成、船用变频器、推进电机、变压器、开关电器、多种化学电源、绝缘化工材料等。

产品技术参数：

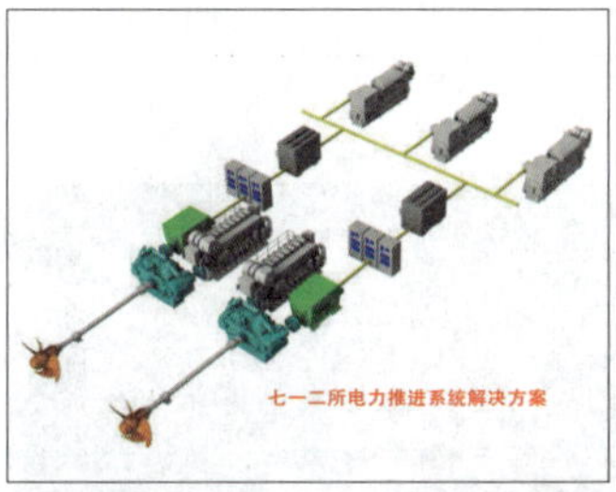

型号	基本参数	产品特点	实现功能	选型优势	执行标准	有无专利	持有证书	应用业绩
BPC 系列船用变频器	低压 690V: 500~2 800kW; 中压 3 300V: 3 000kW~10MW	国产船用变频器； 功率密度高 （水－水冷却）； 6 脉 /12 脉 /24 脉整流	平滑调节推进电动机转速	电力推进专用； 适应各种功率； 可定制专用功能模块	符合 CCS 规范以及国军标要求	10 项专利	CCS 以及其他主要船级社	填补了国内空白，已应用于测量船、布缆船等实船
BPM 系列推进电机	低压 690V: 500~4 000kW; 中压 3 300V: 3 000kW~10MW	国产船用推进电机； 功率密度高 （空－水冷却）	驱动主或侧推进器旋转	电力推进专用； 适应各种功率； 可定制低额度转速电机	符合 CCS 规范以及国军标要求	11 项专利	CCS 以及其他主要船级社	填补了国内空白，已应用于测量船、布缆船等实船
CSCB 系列船用变压器	低压 690V: 200~5 000kVA; 中压 6 600V: 3 000kVA~9MVA	空－水冷却； 铜制绕组； 适应船用环境	船用配电或移相整流使用	水冷型冷却方式； 适应各种功率	符合 CCS 规范以及国军标要求	6 项专利	CCS 以及其他主要船级社	填补了国内空白，已应用于挖泥船、布缆船等实船

生产单位：中船重工集团公司第七〇四研究所

地址：上海市徐汇区衡山路 10 号　邮编：200031　邮箱：dtb704@163.com sck704@163.com
电话：021-64718118/2139/8209/8215　传真：021-64339552

中船重工集团公司第七〇四研究所电力推进工程部是从事船舶电力推进系统、变频驱动系统、新型电力能源系统级相关设备的设计、制造、集成和服务的专业部门。电力推进系统是七〇四所的重要研究领域之一。依托“十五”、“十一五”期间国家各部委及军方对预研、科研工作的大力支持，七〇四所先后实现了中压发电机组、中压配电板、功率管理系统、电力推进控制系统、自动化监测报警系统等一批电力推进系统集成关键技术的攻关，是国内具备电力推进系统整体分析计算能力，深入掌握各组成设备运行特性，能够保证电力推进系统稳定可靠运行的少数单位之一。我们将依托雄厚的科研实力、完善的试验设施、敬业的精神以及丰富的军工技术积累为您提供最可靠、优化的船舶电力推进系统解决方案。

基于成熟的技术与服务，七〇四研究所已获得 ABB、SIEMENS、KONGSBERG、VACON 等公司的系统集成商证书。在近年内先后承接了 10 余条船舶的电力推进系统总成及变频驱动系统总成，包括豪华邮轮、工程船、科考船、公务船等各型船舶。

产品技术参数：

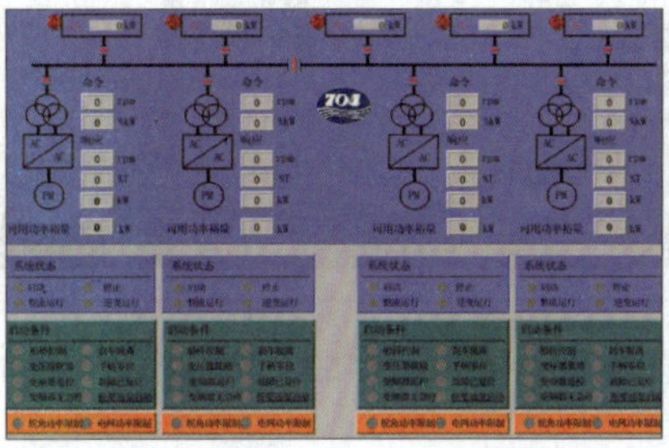

型号	基本参数	产品特点	实现功能	选型优势	执行标准	持有证书	应用业绩
船舶电力推进系统	1）400~6 600V 中低压电力推进系统 2）6 脉、12 脉、虚拟 24 脉、AFE 系统 3）交流系统、直流母线系统、交流－直流混合系统 4）可与辅机变频驱动一体设计、集成 5）从发电、配电、变频驱动、推进器到监控系统、动力定位系统的全面解决方案及集成服务	1）技术成熟 2）操纵灵活、振动噪声低 3）可靠性高 4）绿色节能、经济性好 5）性价比高	船舶电力主推进、侧推进系统集成	1）强大的技术团队提供合适的解决方案 2）包括变频器、推进电机在内的关键设备得到 ABB（独家）、SIEMENS、VACON 等公司的授权 3）DP 系统得到 kongsberg 公司系统集成商授权 4）军品服务品质	IEC GB 各大船级社	相应船级社	1）豪华游轮 2）公务船 3）工程船 4）运输船 5）科考船
船舶可逆式混合推进系统	1）定速恒频 PTI/PTO 可逆式混合推进系统 2）变速恒频 PTI/PTO 可逆式混合推进系统	1）技术成熟 2）完备的控制及保护策略 3）经济性好、性价比高	船舶混合推进	1）强大的技术团队提供合适的解决方案 2）军品服务品质	IEC GB 各大船级社	相应船级社	1）自航泥驳 2）渔船
船舶辅机变频驱动系统	1）锚绞机、吊机等变频驱动系统 2）船舶风机类、泵类变频驱动系统 3）工程船作业设备变频驱动系统	1）技术成熟 2）调速控制、绿色节能 3）动态响应性能优良 4）完备的控制及保护策略 5）性价比高	船舶辅机变频驱动	1）强大的技术团队提供合适的解决方案 2）军品服务品质	IEC GB 各大船级社	相应船级社	1）豪华游轮 2）海洋平台 3）挖泥船 4）海工船
自动化系统： 遥控驾驶系统（RCS） 电力推进控制系统（PCS） 机舱集成自动化系统（ICS） 电站功率管理系统（PMS）	1）满足船级社各等级自动化要求 2）冗余网络架构 3）推进控制系统具备快速功率限制功能 4）集成自动化系统监测点可达 1 万点	1）技术成熟 2）自动化程度高、实现全船集成控制 3）性价比高	船舶遥控驾驶 电力推进船舶推进控制 机舱自动化监测报警 电站自动化监测与控制	1）强大的技术团队提供合适的解决方案 2）人性化的人机显示界面 3）军品服务品质	IEC GB 各大船级社	相应船级社	1）豪华游轮 2）公务船 3）工程船 4）运输船 5）科考船

船用齿轮箱

P 48

P 50

P 51

P 52

P 53

P 54

船用齿轮箱是船舶专用的齿轮传动装置，与其他船配产品不同，船用齿轮箱属于产业集中度较高的行业，上规模的企业有5~6家。其中最大的两家企业分别为杭州前进齿轮箱集团股份有限公司和重庆齿轮箱有限责任公司，此外还有如杭州发达船用齿轮箱厂、杭州奋进齿轮箱有限公司、南京高精齿轮集团有限公司等5~6家民营企业。近年来取得了长足的发展，但整体规模和市场份额较小，产品集中在中小功率船用齿轮箱和配件。因此，国内船用齿轮箱行业整体竞争格局是杭齿与重齿的竞争。就产品系列而言，中小型船用齿轮箱市场是杭齿和全国各规模相对较小的民营船用齿轮箱制造厂商的舞台，大型船用齿轮箱市场则是杭齿和重齿的对决。

从细分市场竞争格局来看，大型船用齿轮箱主要市场份额由杭齿和重齿占领，此外，南京高精齿轮集团有限公司和ZF海事集团合作生产的大功率船用齿轮箱也占据一定的市场份额。中小型船用齿轮箱生产企业相对较多，主要为杭州前进齿轮箱公司、杭州发达齿轮箱集团公司、杭州奋进齿轮箱公司等民营企业。在全国船用齿轮箱整体需求中，中小功率产品约占80%，大功率产品约占20%（中小功率产品：输入功率2 500hp以下；大功率产品：输入功率大于2 500hp），杭州前进齿轮箱无疑是船用齿轮箱行业中市场占有率最高的企业。

从价格和定位来看，重齿价格较高，主要定位于中国国内知名品牌，以“高、大、精、特”产品形象做大做强细分市场，同类产品重齿公司价格较杭齿略高，特别是在中小型船用齿轮箱，由于制造成本和营销成本相对较高，因此缺乏价格竞争力。杭齿则相对价格较低，合理利用成本和价格策略，稳健巩固和扩展市场。特别对于中小型船用齿轮箱成熟产品，杭齿的价格居于国内市场中上游水平，是企业利润的重要来源。对于大功率以及特大功率船用传动装置，杭齿以拓展市场为先，以低于重齿的价格参与市场竞争，但只在载重8 000t左右的船舶市场抢占了部分份额，在10 000t以上船只配套上没有太大建树。

中国船用齿轮箱技术主要是从德国Lohman & Stolterfoht公司引进，其中杭齿引进2 000hp以下小功率船用齿轮箱技术，重齿引进2 500hp以上大功率船用齿轮箱技术。经过30余年的发展，重齿和杭齿不断进行技术改造和自主创新，目前总资产和销售收入都已超过10亿人民币，成为国内船用齿轮箱行业的龙头企业。其中杭齿在中小型船用齿轮箱产品的国内市场占有率保持在80%左右，东南亚市场占有率为70%；而重齿公司则占据了国内大型船用齿轮箱市场约85%左右的份额。

生产单位：中国船舶重工集团公司第七一一研究所

地址：上海市共青路357弄1号　邮编：200090　电话：021-65687121　网址：www.csic-711.com

联系人：严忠胜　电话：021-65678965 13916002531　传真：021-52731454

邮箱：jxcd@csic-711.com　yanzhongsheng@csic-711.com

七一一研究所创建于1963年，隶属于中国船舶重工集团公司，是以船用柴油机和动力装置为主专业，集研发、生产、服务、工程承包为一体的大型综合性实体。

七一一所船舶配套产品主要包括：工程船舶动力系统传动装置、各类船舶动力系统传动装置、动力系统集成、液力传动系列产品、柴油机及配套件、减震降噪装置、柴油发电机组、机舱自动化产品等；产品销往30多个国家和地区。

七一一所在动力传动领域已形成工程船舶动力传动成套装置、货油泵传动装置、船用非标设计齿轮箱、非标传动轴系、鼓形齿联轴器、摩擦离合器、高弹性联轴器、液力偶合器、万向联轴器、制动器、液粘调速离合器等系列产品。现已成为我国工程船舶动力传动领域的主供应商，是我国船舶动力传动、货油泵动力传动、风电传动等领域技术和产品的重要研究机构和供货商，具有为国民经济各行业提供性能优良、质量可靠、服务一流的产品和技术服务的能力。

建所五十余年来，七一一所致力于为工程船舶行业提供各类动力传动系统解决方案，在绞刀传动系统（含桥架艏段）、水下泥泵传动系统、舱内（甲板）泥泵传动系统、液压泵站传动系统、高压冲水泵传动系统、双机并车主推进传动系统及油轮货油泵动力传动系统等领域拥有国内领先的成熟技术，已成功应用于各类大中型挖泥船、打桩船、渔政执法船、海监船、油轮等。

产品技术参数：

种类	适用船型	实例
绞刀传动系统（含桥架艏段）	绞吸船：500m^3/h、1 000m^3/h、3 000m^3/h、3 500m^3/h、4 000m^3/h、4 500m^3/h、5 000m^3/h 等	  
水下泥泵传动系统	绞吸（斗轮）船：500m^3/h、1 000m^3/h、3 000m^3/h、3 500m^3/h、4 000m^3/h、4 500m^3/h、5 000m^3/h 等	  
舱内（甲板）泥泵传动系统	绞吸船：500m^3/h、1 000m^3/h、3 000m^3/h、3 500m^3/h、4 000m^3/h、4 500m^3/h、5 000m^3/h 等 耙吸船：500m^3、1 000m^3、1 500m^3、5 000m^3、10 000m^3、13 000m^3、15 000m^3、18 000m^3 等	  
液压泵站传动系统（含公共底座、减震器）	400m^3/h、1 000m^3/h、2 000m^3/h、3 000m^3/h、3 500m^3/h、4 000m^3/h 等绞吸船及各类大中型打桩船	  

七一一所可提供各类型工程船舶用非标齿轮箱（JDCD、SXB、NBCD、FDX、DZ 系列齿轮箱）、并车齿轮箱、行星齿轮箱及各种规格硬齿面齿轮箱、齿轮部套件及各类离合器、高弹性联轴器、鼓形齿联轴器等传动部套件。

产品技术参数：

种类	适用船型	参数	实例
JDCD 系列绞刀齿轮箱、绞刀轴系及桥架首段	绞吸船：500m^3/h、1 000m^3/h、3 000m^3/h、3 500m^3/h、4 000m^3/h、4 500m^3/h、5 000m^3/h 等	输入功率：200 ~6 000 kW 输入转速：80 ~1 500 r/mim 速比：1~50（根据用户要求定制）	  
SXB 系列水下泥泵齿轮箱	绞吸（斗轮）船：500m^3/h、1 000m^3/h、3 000m^3/h、3 500m^3/h、4 000m^3/h、4 500m^3/h、5 000m^3/h 等	输入功率：200 ~6 000 kW 输入转速：400~1 900 r/mim 速比：1~6（根据用户要求定制）	  
NBCD 系列舱内（甲板）泥泵齿轮箱	绞吸船：500m^3/h、1 000m^3/h、3 000m^3/h、3 500m^3/h、4 000m^3/h、4 500m^3/h、5 000m^3/h 等；耙吸船：500m^3、1 000m^3、1 500m^3、5 000m^3、10 000m^3、13 000m^3、15 000m^3、18 000m^3 等	输入功率：500 ~8 000 kW 输入转速：400 ~1 800 r/mim 速比：1~6（根据用户要求定制）	  
DZ、FDX 系列液压泵站齿轮箱	绞吸船：400m^3/h、1 000m^3/h、2 000m^3/h、3 000m^3/h、3 500m^3/h、4 000m^3/h 等；打桩船：各类大中型打桩船	输入功率：200~3 000 kW 输入转速：400 ~1 800 r/mim 速比：0.3~2（根据用户要求定制）	  

种类	特点
离合器、制动器	可向用户提供 LT 系列气动高弹性摩擦离合器（GB/T6073，公称转矩范围 0.7~180kNm）、AFC 系列高弹性摩擦离合器（公称转矩范围 4~1 500kNm）、SFC 系列弹性安全离合器（公称转矩范围 10~85kNm）、LQ 系列摩擦离合器（常闭式，公称转矩范围 10~30kNm）、YP 系列湿式片式离合器（公称转矩范围 4~700kNm）、YT 系列液粘调速离合器（公称转矩范围 1.6~24kNm）等多种形式性能优良的离合器及 ZDK 系列电动遥控静态制动器（额定制动转矩最大 80kNm）、ZQQ 系列动态制动器（额定制动转矩最大 120kNm）等 1）LT 系列高弹性摩擦离合器 LT 型高弹性摩擦离合器是带有高弹性橡胶弹性元件的气体双锥体干式摩擦离合器，是用系列化、标准化、通用化理念设计研制的国家标准产品（GB/T6073），整个系列分成十八档产品，传递公称转矩范围 0.7~180kNm。广泛应用于挖泥船泥泵传动系统、船舶柴油机离合器减速主推进系统、柴油机并车传动系统等领域 2）LQ 系列摩擦离合器 LQ 系列离合器是多片式摩擦离合器，有常闭、常开两种主要结构形式。该型离合器结构紧凑、工作可靠、性能稳定、广泛应用于船柴油机离合器减速主推进系统、电站及各种工程机械的动力传动系统
GL（GLE）系列鼓形齿联轴器	GL（GLE）系列鼓形齿联轴器，广泛应用于工程船舶泥泵传动系统、绞刀传动系统及冶金行业。GL（GLE）系列鼓形齿联轴器尺寸小、质量轻、承载能力强，适用于船舶、冶金、矿山、机械、交通运输等行业的两同心轴的传动联接。该系列联轴器的功率范围为 0.36~4500 kNm，转速范围为 460~4 000r/min。每个外齿套对内齿圈轴线的最大歪斜角度为 1.5°
高弹性联轴器及万向联轴器	高弹性联轴器、万向联轴器等产品，广泛应用于船舶主推进装置和辅助传动系统、发电机组、机车、矿用卡车、水泵机组、泥泵系统及压缩机组等场合。已为全国几十家柴油机厂和电机制造厂家进行高弹性联轴器产品定点配套，为船舶及其电站系统提供了多种技术要求高、使用环境复杂的高质量弹性联轴器产品
YOT、YOTZ、JO 系列液力偶合器	七一一所从 1981 年起先后自主开发了 YOT、YOTZ 两大系列调速液力偶合器工业产品和 JO 系列大功率船用液力偶合器产品，已成为我国大功率调速液力偶合器的主要开发生产基地。产品广泛应用于的冶金、发电、矿山、化工、建材等行业的风机和水泵的传动系统和船舶动力系统

生产单位：杭州前进齿轮箱集团股份有限公司

地址：浙江省杭州市萧山区萧金路 45 号　邮编：311203　邮箱：agdmy1963@163.com
电话：0571-82673888　传真：0571-82675966
网址：www.chinaadvance.com　联系人：周列平 15990060757

杭州前进齿轮箱集团股份有限公司是我国专业设计、制造齿轮传动装置和粉末冶金制品的大型重点骨干企业，国家高新技术企业。

公司创建于 1960 年，并于 2010 年 10 月在上海证券交易所上市，被列为“中国工业行业排头兵”企业和“中国机械工业 100 强”“中国大企业集团竞争力 500 强”企业。

公司立足传动装置主业，依靠科技进步增强企业核心竞争力，确立了在行业中的领先地位。自 20 世纪 80 年代以来，公司在自主研发的基础上，引进国外先进技术，实现二次创新，产品领域扩展到船用齿轮箱及可调螺旋桨、工程机械变速箱及驱动桥、风电增速箱、汽车变速箱、工业齿轮箱、农业机械变速箱、粉末冶金制品、大型精密齿轮等 10 大类千余个品种。

公司技术中心为“国家认定企业技术中心”，“前进”牌船用齿轮箱荣获“中国名牌产品”称号。产品行销国内 31 个省、市和自治区，并远销世界 47 个国家和地区。

产品技术参数：

大功率 GW 系列

轻型高速系列

中小功率系列

双机并车系列

产品系列	速比范围	主配功率范围（kW）	输入转速范围（r/min）	传递能力（kW/（r/min））	额定推力（kN）	操控方式	产品功能
中小功率系列	1~20	4~2 220	400~3 000	0.004~1.48	1.8~280	手控、电控、气控（具体根据型号而定）	传递扭矩、倒顺、离合、减速、承受螺旋桨推力
轻型高速系列	1~3.5	30~2 530	1 000~3 000	0.02~1.204	8.5~120		
大功率 GW 系列	2~7	100~10 000	150~1 800	0.3~35	80~1 400	气控、电控（带手动应急功能）	
GC（配变矩桨）系列	2~8	200~10 000	300~1 800	0.5~14	220~1 000		传递扭矩、离合、减速、承受螺旋桨推力
2GWH（双机并车）系列	2~6	200~10 000	400~1 800	0.3~9.25	175~1 000		
HCL 离合器系列	1	20~1 000	750~2 500	0.031~0.628	——	机械控制、电控	传递扭矩、离合
上述列表中所注内容，只是根据现有生产销售的常规产品，其余规格已按用户要求设计；产品已通过中国船级社、渔检和国际上主要船级社认可							

生产单位： 重庆齿轮箱有限责任公司 CN GPOWER GEARBOX CO.,LTD

地址：重庆市江津区东方红工业园区　邮编：402263　电话：023-47211109　传真：023-47231325
网址：www.cngpower.cn　邮箱：cngpower@chongchi.com
联系人：刘娅婷　13509499858　王晋祎　13996239486

重庆齿轮箱有限责任公司是中国船舶重工股份有限公司成员单位，是专业从事高精度硬齿面齿轮箱研制的中央大型企业，主要服务于船舶、海工、建材、冶金、风电、火电、工程机械等领域。拥有国家认定企业技术中心，获得国家授权专利 140 项，制定国家和行业标准 22 项。“重齿牌”减速机和“重齿牌”船用齿轮箱为“中国名牌”产品。

产品技术参数：

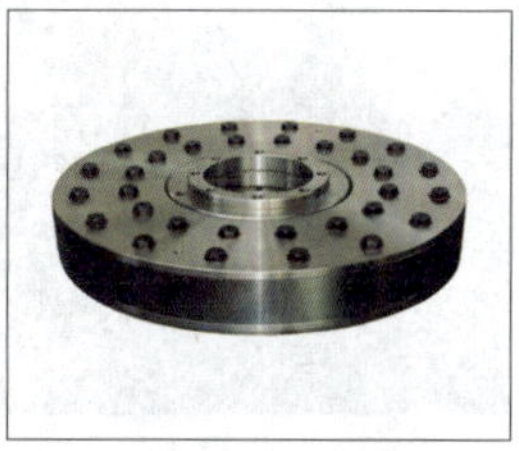

型号	基本参数	产品特点	实现功能	选型优势	执行标准	专利	持有证书
GW 系列齿轮箱	减速比从 2 到 6，传扭能力从 0.28 到 33.9kW/（r/min）	有 6 种不同的结构形式，4 种可逆转减速齿轮箱和 2 种离合减速齿轮箱，每种齿轮箱按其中心距分为 16 个型号	传递功率、减速和承受螺旋桨推力，并具有离合和反转功能	功率和速比范围广、结构成熟、可靠性高	按国标、船标、国军标生产，符合 IMO、ISO、SOLAS、IACS 规范或标准	大型可逆转齿轮箱专利 船用齿轮箱压力调节阀专利 电控集成阀专利 工作油路专利 压力集成阀专利 片式离合器专利 粉片专利	CCS ABS LR BV DNV GL RINA NK ZY
GV 系列双机并车齿轮箱	传扭能力从 0.96 到 34 kW/（r/min）	可使用单台柴油机驱动或两台柴油机同时驱动，包括 GVA 和 GVW 两种传动型式	传递功率、减速和承受螺旋桨推力，并具有离合功能。所有的型号都可以加装辅助功率输出轴（PTO）				
GC 系列齿轮箱	中心距从 450 到 1 250mm	采用表面硬化、磨齿的单斜齿齿轮的单级减速装置，包括 GCS 和 GCH 两种传动型式					
GQ/GA 系列齿轮箱	传扭能力从 0.10 到 2 kW/（r/min）	高性能轻量化船用齿轮箱。机舱布置型式主要为垂直异心	传递功率、减速和承受螺旋桨推力，并具有离合和反转功能				
弹性阻尼联轴节	额定扭矩从 2.35 到 438kN•m	采用该联轴节能降低发动机曲轴、输出轴以及齿轮上的应力，一般无阻尼的弹性联轴器，达不到这样的效果	能将危险的共振、振幅和应力转移到发动机工作转速范围之外，能吸收驱动轴与被驱动轴的热膨胀	与同类产品相比使用寿命长、易维护保养、安全可靠、能降低轴段上的扭振应力等特点		弹性阻尼联轴节专利 齿形弹性阻尼联轴节专利	
扭振减振器	额定扭矩 1.38 到 583kN•m	采用该减振器能降低发动机曲轴上的应力，一般无阻尼的扭振减振器达不到这样的效果				弹性减振器专利 减振器簧片组件专利	

生产单位：杭州奋进齿轮箱有限公司

地址：浙江省杭州市萧山区蜀山街道工业园区　电话：0571–82369088　传真：0571–82369618
邮箱：hzfjcl@163.com　网址：www.hzfjcl.com

杭州奋进齿轮箱有限公司是专业生产船用齿轮箱、工业齿轮箱、变速箱、传动设备专业厂家，公司成立20年来，致力于先进企业管理和制造体系建设，全力推动技术创新和产品研发，不断提升产品技术含量，为创国内一流齿轮箱创造条件，欢迎新老客户来厂指导、选购产品。

产品技术参数：

16A 船用齿轮箱	额定功率 / 额定转速（kW/（r/min））	6/1 000~24/2 000	特点： 完全机械传动，可选输入联动
	额定速比 (i)	2.07/2.48/2.95/3.35/3.83	
	传递能力（kW/（r/min））	0.012	
120C 船用齿轮箱	名义减速比	1.5:1~3.5:1	特点： 1）齿轮传动型式：圆柱斜齿轮三轴五齿轮传动 2）离合器型式：液压操纵湿式多片摩擦离合器 3）输入联轴节型式：橡胶齿形块弹性联轴器 4）输入转速适应范围：1 000~2 500(r/min)
	实际减速比	1.48:1~3.35:1	
	传递能力 kW/（r/min）（hp/（r/min））	0.0100(0.136) ~0.085(0.115)	
135 船用齿轮箱	名义减速比	2:1~6:1	特点： 1）齿轮传动型式：圆柱斜齿轮三轴五齿轮传动 2）离合器型式：液压操纵湿式多片摩擦离合器 3）输入联轴节型式：橡胶齿形块弹性联轴器 4）输入转速适应范围：750~2 000(r/min)
	实际减速比	2.03:1~5.81:1	
	传递能力 kW/(r/min)((hp/(r/min))	0.0992(0.135)~0.0698(0.095)	
FJ138 船用齿轮箱	名义减速比	2.5:1~4.5:1	特点： 1）齿轮传动型式：圆柱斜齿轮三轴五齿轮传动 2）离合器型式：液压操纵湿式多片摩擦离合器 3）输入联轴节型式：齿形块橡胶弹性联轴器 4）输入转速适应范围：1 000~2 500(r/min)
	实际减速比	2.52:1~4.45:1	
	传递能力 kW/（r/min）（hp/（r/min））	0.110(0.150)	
300 船用齿轮箱	名义减速比	2:1~4:1	特点： 1）齿轮传动型式：圆柱斜齿轮三轴五齿轮传动 2）离合器型式：液压操纵湿式多片摩擦离合器 3）输入联轴节型式：橡胶齿形块弹性联轴器 4）中心距：264mm 5）输入转速适应范围：750~2 500(r/min)
	实际减速比	2.04:1~4.1:1	
	传递能力 kW/（r/min）（hp/（r/min））	0.257(0.350)~0.184(0.250)	

生产单位：杭州发达齿轮箱集团有限公司 发达

地址：浙江省杭州市萧山区临浦镇 电话：0571-82462060 传真：0571-82462179
电话：0571-82469367 82469373 13967173729 邮箱：jgz@chinahangzhougearbox.com
网址：www.chinahangzhougearbox.com

公司以全球化的战略眼光，凭借强大的技术优势和一流的产品及技术服务，不断开拓国际市场，产品直销马来西亚、泰国等 20 多个国家和地区。出口额占销售总额的 30% 左右。并建有完善的质量保证体系和计量检测体系，公司于 2002 年通过 ISO9001：2000 国际质量体系认证，2004 年通过了 ISO10012 计量体系三级认证，浙江省标准化水平确认三级认证。

产品技术参数：

FD06A 船用齿轮箱　操作形式：手控　顺车时输入轴与输出轴转向：相反

型号	额定转速	减速比	传递能力（kW/（r/min））	P（kW（hP））		中心距	推力	净重 (kg)
FD06	1 000~2 100	2.25、3.05、3.50	0.0044（0.006）	8（11）	9（13）	124	1.8	62

J600 船用齿轮箱　操作形式：推拉软轴、电控　顺车时输入轴与输出轴转向：相反

型号	额定转速	减速比	传递能力	P（kW（hP））			中心距（mm）	推力（kN）	净重（kg）
				1 200r/min	1 500r/min	1 800r/min			
J600	1 000~1 800	2.18、2.48、3.00	0.480(0.650)	574(780)	717（975）	860（1170）	320	90	1 200
		3.58	0.440(0.600)	529(720)	662（900）	794（1079）			
		3.89	0.400(0.550)	485(660)	606（824）	727（989）			

MG 系列船用齿轮箱　备注：输入输出前后同中心，顺车时输入输出运转方向相同。

型号	输入转速（r/min）	减速比	传递能力（kW/（r/min））	推力（kN）	净重（t）
MG32.35	400~1 800	1.9762~5.9286	1.367(1.860)~0.456(0.620)	120	2.40
MG42.45	400~1 600	1.9389~5.9923	3.205(4.360)~1.044(1.420)	270	4.20
MG49.57	400~1 200	1.9918~5.9108	5.758(7.830)~1.940(2.640)	320	7.20
MG60.66	400~1 200	2.0123~6.1161	9.246(12.58)~2.999(4.080)	450	13.60
MG70.76	400~1 000	1.9347~5.9891	14.200(19.32)~4.601(6.259)	700	20.30
MG75.90	300~950	1.9773~6.0481	22.746(30.95)~7.310(9.946)	1 170	42

生产单位：南京高精船用设备有限公司

网址：marine.ngc.com.cn　联系人：张克东 13512505885

电话：025-52706949　传真：025-52706903　邮箱：mail@ngc-marine.com　邮编：211003

南京高精船用设备有限公司是中国高速传动设备集团（简称中国传动）全资子公司，可以成套提供原动机以后的各种传动和推进设备，公司建有完善的质量体系，先后通过了ISO9001、ISO14001、ISO18001和国军标体系认证。船用产品严格按照国际标准和船级社的要求进行设计和生产，已通过CCS、BV、ABS、LR、RINA、DNV GL和RMRS等船级社的认证和检验。

产品技术参数：

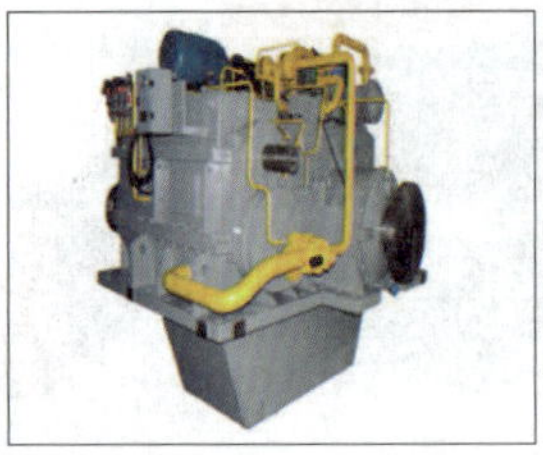

CK 系列可调桨齿轮箱
CK 系列可调桨齿轮箱是南京高精船用设备有限公司综合国内外先进船舶推进齿轮箱设计经验，自主开发的拥有自主知识产权的船舶推进齿轮箱。CK 系列船用齿轮箱具有减速、离合、动力输出（PTO）和动力输入（PTI）功能，广泛应用于不可逆中速柴油机驱动的调距桨主推进装置中。CKV、CKH 和 CKTS 系列齿轮箱采用一级或两级传动配置，输入和输出轴中心为垂直（CKV 系列）、水平异心 (CKH 系列)、双机并车 (CKTS 系列）布置 主要技术性能： 最大传递功率：17 000kW；最大传递能力：50kW/（r/min）；最大推力：1 850kN 齿轮材料：优质低碳合金钢 / 渗碳淬火；结构布置：根据推进系统提供解决方案；采用液压多片摩擦离合器
FP 系列消防泵齿轮箱
FPV/FPH 系列消防泵齿轮箱在传递工作扭矩的同时，具有增速及离合的作用，广泛应用于具有消防功能的各种船舶。FPV/FPH 系列消防泵齿轮，齿轮轴选用优质合金钢材料，滚动轴承设计，箱体有限元分析加强设计，离合器采用电磁阀实现平滑接合，并设置符合船级社要求的报警与监测传感器。NGC 服务工程师在产品安装、试航及使用过程中为您提供技术支持
CG 系列固定桨齿轮箱
CG 系列大功率船用主齿轮箱具有倒顺、离合与减速功能，广泛应用于可逆转的柴油机驱动的定距桨推进装置中。CG 系列齿轮箱采用一级或两级传动配置，输入和输出轴中心不仅可以同轴，而且可以水平、垂直和角向异心布置，共有 CGC、CGS、CGD、CGH、CGL、CGK 6 种结构 CG 系列固定桨齿轮箱体积小、结构紧凑、配套范围广 CGC 系列：额定输入转速为 400~1 800r/min；减速比范围是 2:1~6:1；额定传速能力为 0.257~20kW/（r/min） CGS 系列：额定输入转速为 400~1 800r/min；减速比范围是 2:1~4:1；额定传速能力为 0.397~8.111kW/（r/min）

船舶尾轴及密封

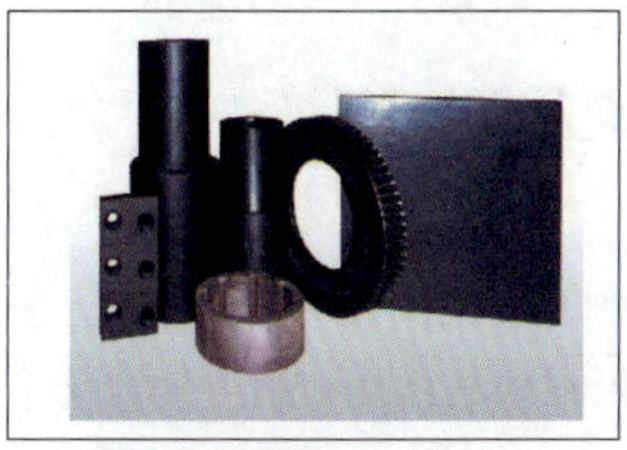

P 56

P 57

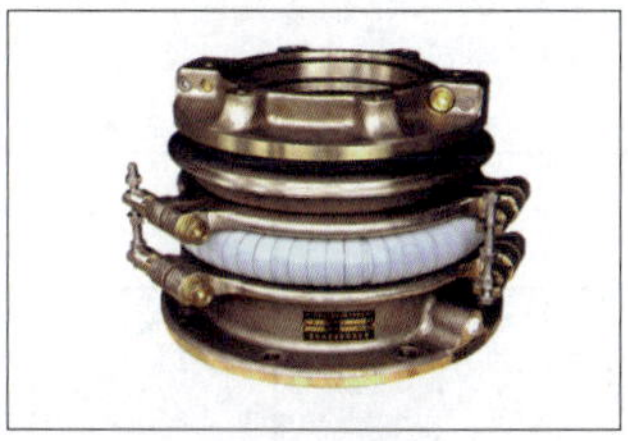

P 59

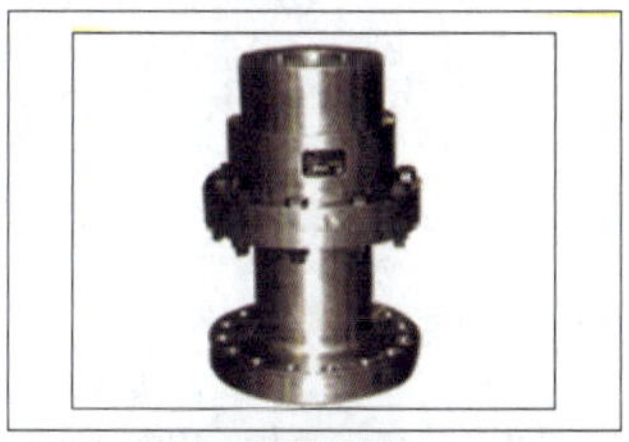

P 59

P 60

P 60

艉轴一端连接螺旋桨，另一端连接齿轮箱或者连轴节再与发动机相连，大型船舶尾轴安装在两个轴承上，一个叫艉轴承，也就是船体与水接触的部分，另外一个叫前轴承，与机舱相接。前后两个轴承之间是尾轴舱，基本上是密闭的，不会有任何气压。船体的密封是依靠安装在前后轴承旁边的密封环来实现的。密封环是一圈密闭的橡胶环，套在轴上。一般前后轴承都有几道密封环，两个密封环之间用油填充，该油来自重力油柜，它可以平衡水的压力，而且油可以润滑密封环，减少橡胶环的磨损速度。如果艉密封漏水了，水压力进入两道密封环之间，引起重力油柜的油位升高，监测报警系统会报警，船员就知道艉密封出问题了；前密封与机舱相连，很少存在进水问题，但如果前密封环损坏了，密封油漏出，引起重力油柜的油位下降，监控系统报警，船员就知道前密封出问题了。

国外有荷兰 IHC 尾轴密封及轴承有限公司、日本 Kobe Steel 公司、神户制钢所和中越华株式会社、德国 HDW、德国 BINDUSTRIETECHNIK GMBH、瑞典 CEDERVALL 等公司。国内从事船舶尾轴及密封研制企业主要有东台船用配件有限公司、武汉船用机械有限责任公司、东台市海鹏船舶配件厂、无锡伏尔康科技有限公司、上海仁发合成材料有限公司、鞍山三友工程塑料有限公司、江苏远洋船舶设备有限公司等。其中最早从事船舶轴舵系成套产品设计与制造的大型专业公司是东台船用配件有限公司，二十多年来，该公司研发中心一直立足于船舶轴舵系配套产品的开发与研究，先后取得 18 项国家专利，其中剖分式油润滑艉轴密封装置、滚动式中间轴承、浮动式双端面隔舱密封装置等产品填补了国内空白。多年来，研发中心还先后与中国船舶重工集团公司第七〇一所、上海船舶设计院、七〇八研究所、上海交大等科研院所合作，联合开发了潜艇用艉轴密封装置、水面舰艇用艉轴密封装置、大比压中间轴承、接地装置、盘车装置等多项具有国内领先水平的产品并自主研制了舰船用舵杆密封，SMA-II 型、SMC 型水润滑尾轴密封装置等创新型船用轴舵系产品，研发中心拥有多项产品的自主知识产权。该公司现已发展成集大型铸钢、铸铜、轴舵系产品设计制造于一体的现代化集团企业，成为中国船舶工业集团联营企业，是海装、总后、武警指定的军方产品配套企业，也是国内外最主要的船舶轴舵系产品总成、船用铸钢件、船用锚、船用铸铜件等产品配套供应基地之一。

生产单位：上海仁发合成材料有限公司

地址：上海市嘉定区南翔镇老翔黄路 208 号　邮编：201802　邮箱：shrenfa@126.com
电话：021-69122426 69896606 69121900　传真：021-69122426

公司是专业研发、生产船用高分子轴承材料的私营企业，产品获发明专利（专利号：200410067752.6），企业获得IOS9001-2008 质量管理体系证书。职工技术素质高，生产设备齐全，工艺精湛，并具有独特的检测装置。严格按上海市企业标准（Q/VCXTI-2011）生产、检验，产品性能优良、质量可靠，公司可提供产品研发、生产、加工及现场安装一条龙服务。产品已在国内外各类船舶（包括军舰）上广泛使用。

产品技术参数：

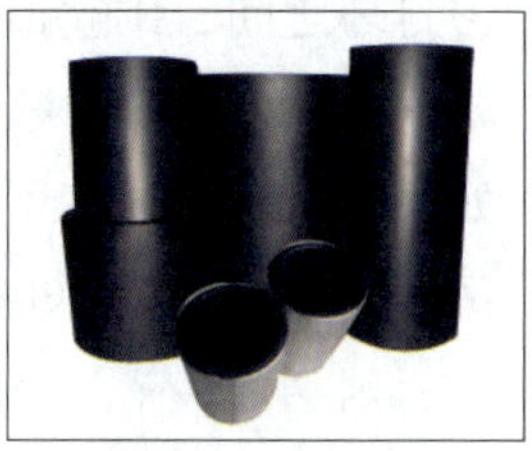

序号	项目			单位	技术指标	证书	技术要求
1	压缩应力			N/mm²	≥ 120	“申龙”SL-IIIA 型船用轴承，主要用于艉轴承、舵轴承，取得 CCS、LR、BV、DNV GL、NK、ABS、KR、RINA、ZY（渔检）等船级社证书	与同类产品相比，其压缩强度、压缩模量高，摩擦系数小，主要技术性能均达到国际先进水平 产品规格： 圆筒形： 外径 50~1140mm 长度 1 200mm 圆柱形： 外径 50~300mm 板材： 厚度 10~60mm
2	压缩模量			N/mm²	≥ 1 500		
3	吸水（油）率（V）	海水		%	≤ 3		
		油			≤ 0.1		
4	耐温性	压缩应力		N/mm²	≥ 96		
		压缩模量			≥ 1 200		
5	耐海水性	压缩应力		N/mm²	≥ 96		
		压缩模量			≥ 1 200		
6	热膨胀系数			1/℃	≤ 10×10⁻⁵		
7	摩擦磨损						
	摩擦系数		水		< 0.20		
			油		< 0.10		
	磨痕宽度		水	mm	< 5.0		
			油	mm	< 2.5		
8	硬度			邵氏 D	≥ 65		
9	冲击强度（无缺口）			KJ/m²	≥ 90		
10	密度			g/cm³	1.15~1.18		
11	极限 PV 值			MPa · m/s	> 2.5		

生产单位：大连船舶重工集团舵轴有限公司

地址：辽宁省大连市海防街 1 号　邮编：116021　电话：0411-84483403　传真：0411-84482687
网址：www.dsic.cn　联系人：顾红星　段亚斌　邮箱：guhongxing@yahoo.com.cn　db2512@163.com

大连船舶重工集团舵轴有限公司是目前国内规模最大、设备最先进、技术实力最强的集船舶舵系和轴系产品设计、制造、安装和技术服务一体的专业化制造基地。年生产舵系和轴系产品 150 船套，为中船集团所属各大船厂配套服务。还具有各种便携式加工设备、轴桨安装工作车、船用卷板机、船用舾装件、船用甲板机械设备等的开发制造能力。

产品技术参数：

型号	基本参数	产品特点	实现功能	选型优势	执行标准
船用铸钢件产品艉球、挂舵臂、艉管前铸件、舵叶上下铸件、锚唇等	质量：3~200t 最大外形尺寸： 15 000mm × 10 000mm × 4 000mm	可满足各种超大型船舶使用，提供整船套铸件打包服务	船体结构用铸钢件	质量好、严格保证供货期、对挂舵臂铸件提供内部隔板焊接成品化供货，艉管前铸件与钢管焊接成品化供货	符合 CCS、LR、DNV GL、ABS、NK、BV、KS、RS 等船级社规范
轴舵系成套产品	轴舵系基本直径： ϕ200~1 200mm。 舵叶质量：5~200t 船舶载重 t 位： 8 000~400 000DWT	轴舵系部件（含上舵承，液压螺栓，液压螺母等）设计、制作、内场研配预装及船上安装调试一条龙打包服务	轴系将主机的功率传递到推进器，并将推进器的推力传递到船体，使船舶运动。舵系控制船舶航行方向	既可单独选配零部件，也可成套订货，负责主机、轴舵系打包安装服务，对零部件制作及最终安装质量负责	
艉滚筒	安全工作负载： 5 000~8 000kN 工作直径： ϕ2 500~5 000mm 长度：3 000~8 000mm	根据需方工程船使用要求设计、制作、安装调试	海洋工程船尾部拖拽用滚筒	按需方需求提供设计、制作及船上安装调试、技术服务一体的打包服务	满足 IMO、ISO、SOLAS、IACS 规范
新型船用直梯、斜梯	直梯宽：300/350/400mm 直梯长 :800~6 000mm 斜梯宽：600/700mm 倾斜角 θ： 60°、55°、50° 斜梯高度：500~6 500mm	该产品采用了带钢滚压、冲压、突起拉伸和旋铆等薄板加工组装成型技术，使产品整体结构设计新颖合理，外形美观大方，质量轻、强度高，质量安全可靠	通舱用爬梯，机舱内甲板之间通道用斜梯	1）该产品与传统工艺制作的船用梯相比，设计承载强度要略高一点，而质量减轻 1/3 左右。2）表面喷塑处理，无焊缝和疤痕，简洁美观，光顺平滑并且耐腐蚀。3）体积小，便于储存、搬运，船上安装也非常方便	本企业标准
DZ-3 电动倒角机、QZ-3 气动倒角机	倒角半径 R3 最小可加工板厚 6mm 最小可加工孔径 30mm 机身质量：2.5kg 外形尺寸： 60mm × 120mm × 130 mm	为推行最新国际船舶建造 PSPC 表面处理与涂装标准而研制。该机轻便灵巧，更换刀板、维护管理都非常方便	用于钢板及结构件棱边，特别适用于肋骨工艺孔、人孔等自由边倒 R 角	采用了进口日本原装刀板铣削加工，非常耐用，极大地提高了工作效率	GB3883.1-2005 手持式电动工具安全通用要求
可调坞墩	最大承载：200t 升降高度：46mm 总重：250kg 最大外形尺寸： 1 210mm × 445mm × 520 mm	为船厂坞内造船而设计研制，其结构简洁新颖，轻巧实用，便于操作和维护管理	坞内造船支撑船体用	当船体与坞墩支撑接触面处需要施工时，可以方便地调低可调坞墩的活动垫箱，移开坞墩，进行施工	

生产单位：苏州笃耐特密封材料进出口有限公司 DONIT Gasket Sheets

地址：中国苏州工业园区苏州大道西 8 号中银惠龙大厦 1904 室　邮编：215021

电话：+86 (0)512 659 535 29　网站：www.donit.eu　邮箱：info@donit.eu

我们提供最佳解决方案，助您攻克密封领域的一切挑战。我们凭借对客户需求的了解、我们的优质产品、在应用设计领域的专业知识，以及由客户推动创新，做到了这一点。

TESNIT® BA-U 是一种通用性无石棉垫片材料，几乎能够为任何需求提供解决方案，适用于食品工业、气体供应、饮水供给、压缩机、泵机和一般用途。

产品技术参数：

笃耐特垫片

TESNIT®	DONIFLEX®	GRAFILIT®	DONIFLON	MICALIT
纤维板	纤维增强型石墨板	石墨板	PTFE 板	耐高温材料

技术数据 厚度为 2mm 的产品的常规值			
密度	DIN 28090-2	g/cm^3	1.7
压缩率	ASTM F36J	%	11
回弹率	ASTM F36J	%	60
拉伸强度	ASTM F152	MPa	10
抗应力性能	DIN 52913		
16 h, 50 MPa, 175 ° C		MPa	27
16 h, 50 MPa, 300 ° C		MPa	23
比泄漏率	DIN 3535-6	mg/(s·m)	0.05
厚度增长率	ASTM F146		
机油 IRM 903, 5 h, 150 ° C		%	2
ASTM 燃料 B, 5 h, 23 ° C		%	5
压缩模量	DIN 28090-2		
室温：ε_{KSW}		%	9.5
高温：$\varepsilon_{WSW/200°C}$		%	16.1
蠕变松弛百分比	DIN 28090-2		
室温：ε_{KSW}		%	4.7
高温：$\varepsilon_{WSW/200°C}$		%	0.8
最高工作条件			
峰值温度		° C/° F	350/662
持续温度		° C/° F	250/482
含有蒸汽		° C/° F	200/392
压力		bar/psi	100/1 450

生产单位：无锡市宏源弹性器材有限公司

地址：江苏省无锡市滨湖区太湖镇雪浪双新经济园　邮编：214125　电话：0510-85190326 85190626
传真：0510-85190626　邮箱：sales@dpflex.com

无锡市宏源弹性器材有限公司已通过 ISO9001:2008 和 GJB9001B-2009 质量管理体系认证。公司独立自主先后成功研制 GG 系列钢丝绳隔振器、CW 系列舰船抗冲击型轴系端面密封装置、GT 系列低频隔振缓（抗）冲装置等各种振动、冲击控制类产品和舰船用设备。产品和科技成果已广泛用于车载、舰载、机载和核工程等军工科技领域以及核电、运输车辆、路轨交通、桥梁、人防和建筑工程等民用工业领域。

产品技术参数：

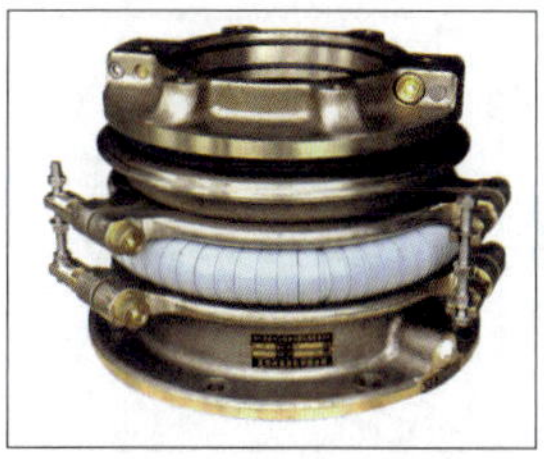
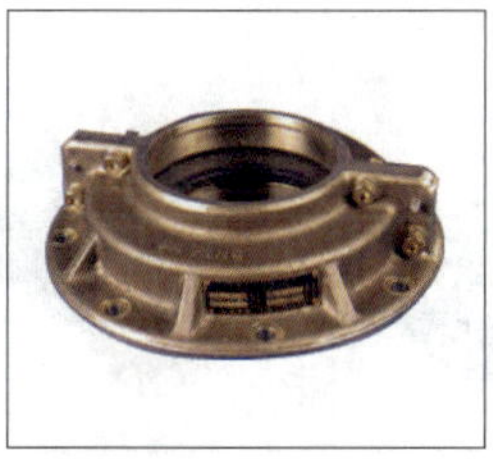

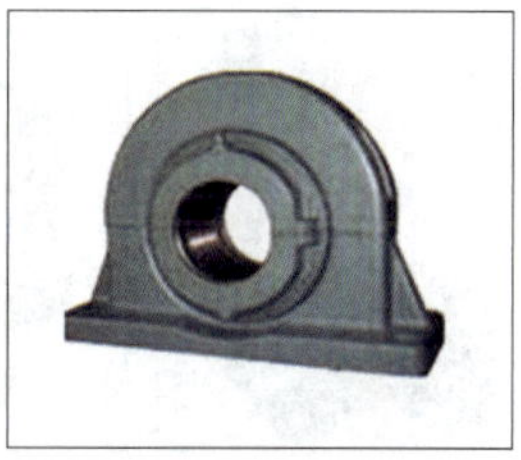
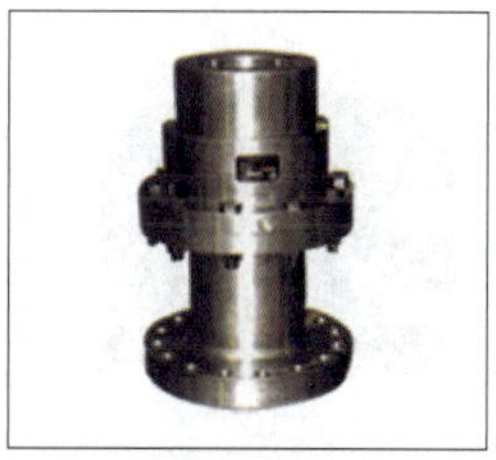

型号	基本参数	产品特点	选型优势	执行标准
深海平台用全回转—伸缩式轴系端面密封装置	1）水密封摩擦副采用硬质合金烧结技术、可靠性高、耐摩擦寿命长；2）外压式结构设计，适用于深海平台动力定位用轴系的水密封需求，节省海洋平台内舱结构空间；3）动力定位轴系可在本装置内自由伸缩，适应海洋平台动力定位系统的操作功能需要；4）高强度结构设计，可适应深海平台的深水压要求（耐水压 ≥ 1MPa）；5）具备防泥沙、海藻、渔网等功能	深海平台用全回转－伸缩式轴系端面密封装置用于海洋工程水上平台动力定位系统推进轴系水密封。主要由主端面水密封摩擦副、可调辅助端面水密封摩擦副和分压式辅助径向水密封摩擦副等水密封结构组成。在传动轴回转或轴向伸缩移动过程中，本产品的各水密封摩擦副的密封状态保持不变，使推进轴系在全回转或伸缩状态下保持可靠的水密封性能。利用防护罩和滤沙圈防止海水中的渔网、泥沙和各类杂物危害本装置，维护推进轴的平稳运行和系统水密封性能的可靠性。抗海水腐蚀性能好，结构耐压强度高，使用寿命长	1）根据轴系外径（如果轴系带轴套，应以轴套外径为准）和应用部位结构要求设计 2)在选用该系列产品时，应充分考虑在本设备周围预留维修人员足够的操作空间 3）可根据用户要求设计不同的艉管接口型式	GB/T 25018—2010《船艉轴水润滑密封装置》
CWM 系列船舶艉轴抗冲击型端面密封装置	1）适用轴径：ф110~550mm 2）轴向、径向可补偿位移量范围：≤ 20mm 3）可充气密封用空气压力：0.3~0.5MPa 4）冷却水压力：0.01~0.30MPa 5)水泄漏量(每 100mm 轴径）≤ 1.5L/h 6）运转时结构表面温度：≤ 65℃ 7）耐海水腐蚀，与船舶同寿命	CWM 系列船舶艉轴抗冲击型端面密封装置采用 Ω 型弹性补偿体作为本装置轴向和径向的动态位移随机补偿机构，确保本装置在遇到外来大冲击干扰时避免由于船体或轴系的变形而可能产生的卡轴现象。可拆卸式静、动端面密封摩擦副作为水密封主体，耐磨损且易更换，对轴系无磨损，可在船舶不进坞的情况下进行水上维修作业，更换、维修密封件方便，节省了大量的人力、物力和财力，提高了船舶的在航率。设备寿命长，结构紧凑，密封性能可靠，无需附加润滑系统。目前，国内外造船界已广泛采用	1）根据轴系外径（如果轴系带轴套，应以轴套外径为准）和应用部位结构要求选择相应型号规格 2）设计部门在选用 CWM 系列产品时，应充分考虑在本设备周围预留维修人员足够的操作空间 3）如果用户设计的轴径结构另有要求，我公司可按照要求另行设计，表格中的尺寸仅供参考 4）可根据用户要求设计不同的艉管接口型式	GJB4000—2000《舰船通用规范》； GJB2479—95《舰船艉轴管密封装置通用规范》； GJB150—86《军用装备实验室环境试验方法》； GB/T 25018—2010《船艉轴水润滑密封装置》

生产单位：东台市海兴船舶设备有限公司

地址：江苏省东台市范公工业园　邮编：224200　电话：0515-85452858　85452855

传真：0515-85452856　85452859　邮箱：hp001@hpcbkj.com　联系人：王亚东　13305111716

公司系专业设计、制造、加工各类船舶艉轴、舵轴及其配套产品(油润滑、水润滑艉轴密封装置，艉管白合金轴承、橡胶轴承、高分子聚合尼龙轴承，中间轴承，上、下舵承，隔舱传动装置、填料函),油水分离器、压力水柜、热水柜、净水器、消音器等船舶配套产品的专业厂家。产品获中国船级社 CCS 检验认可， 根据客户要求还可提供 DNV GL、LR、ABS 等船级社认可证书。

产品技术参数:

船舶轴系滑动式中间轴承是依据 GB/T14364—93 标准设计制造，广泛应用于我国新建的出口船及国内大小船舶推进器的中间支承。 适用范围：线速度 1.5~8m/s；单位压力≤ 0.6MPa; 滑油温度 65℃；冷却水量 0.5~7t/h

类型	结构形式	轴径范围	设计选用参数
A	单油楔滑动式附上瓦	80~220	作为中小型船舶靠近艉管处或经计算有负荷压力的中间轴承
B	多油楔滑动式	250~800	作为大型船舶轴系中间轴承
C	多油楔滑动式附上瓦	250~800	作为大型船舶靠近艉管处或经计算有负荷压力的中间轴承
高分子聚合尼龙		一、高分子聚合尼龙（以下简称“聚龙”）轴承材料是一种共聚体高分子材料，具备滑动轴承所有的通用性，适用于开式润滑系统和闭式润滑系统，随着使用领域的不同使用不同的润滑介质，可满足各种环境的需求。 世界知名公司原料与先进的生产工艺及新技术的组合，成就了聚龙轴承的高抗磨损性、多用途性和稳固性。给船东、船行、船厂带来了显著的经济效益，为船用轴承材料的国产化带来更大的社会效益。 本公司丰富的实践经验与技术力量将随时为广大的用户提供有关聚龙轴承使用过程中各方面的技术咨询服务 二、轴承的应用：聚龙轴承优于传统轴承材料，主要表现于优良的物理、化学、机械性能于一身。高机械性能，良好的抗磨损性、抗冲击载荷，良好的自润滑性，低摩擦系数，宽工作温度范围，低水胀系数无油胀，较高的 PV 值，适用各种润滑剂（油、水、油脂），良好的化学稳定性，对人体无毒害，由于具有良好的综合机械性能，故使聚龙轴承在船舶领域得到了广泛的应用，如：艉管轴承(水润滑、油润滑)，舵系轴承(水润滑、油脂润滑)，中间轴承(油润滑)，可变调距螺旋桨、调距滑块、甲板机械等（油润滑、油脂润滑）	
油润滑艉轴密封装置		艉轴直径范围 Ø50~Ø1 150mm；艉轴耐磨衬套外径 Ø70~Ø1 250mm；滑油工作压力 1~2bar；滑油工作温度：-25~+110℃；艉轴耐磨衬套线速度≤ 7m/s；平均泄漏量 5~30ml/h	

民用船舶设计配套产品选型手册

Product Type Selection Relating Civil Ship Design

（2020 版）

第二章

甲板机械

舵机

P 62

P 62

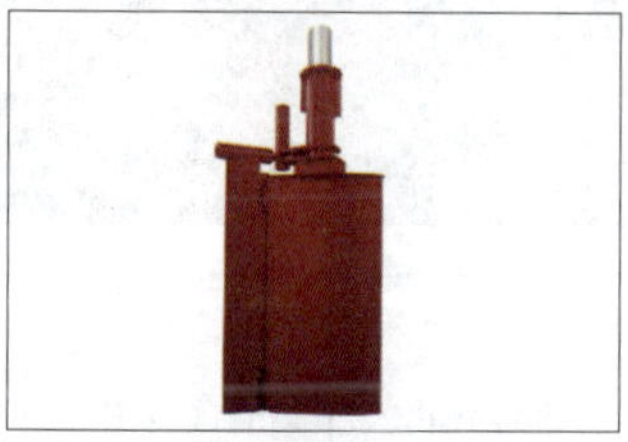

P 63

P 63

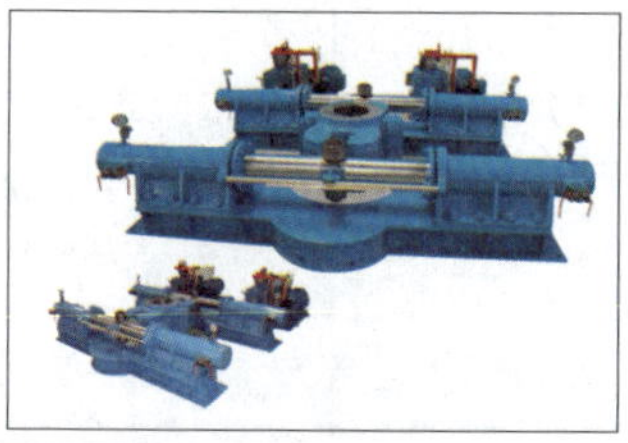

P 64

P 64

国内船舶市场中舵机技术主要采用引进许可证合作生产、自主研制、合资生产三种方式。目前，国内生产舵机的企业主要有南京中船绿洲机器有限公司、武汉船用机械有限责任公司、浙江万通重工有限公司、无锡德林船舶设备有限公司、南京航海仪器二厂有限公司、南京贝德船用（液压）设备有限公司等 10 多家，而且部分企业在设计生产船用舵机产品的同时，还设计生产其他船用甲板机械产品，比如船用吊机、绞车、锚机以及船舶环保设备等。

随着中国造船业快速发展，国内主要舵机生产企业在技术和产品方面都取得了较大发展。南京中船绿洲机器有限公司完成 160 吨米以下转叶式舵机的系列化设计，已掌握了 4~160 吨米转叶式舵机的核心技术，成功生产了国内首台最大的工作扭矩为 900kN□m 的 HD 型舵机，对转叶式舵机的密封技术和泵站的设计进行改进，完成了推舵装置和泵站的标准化设计，该公司 4~90 吨米产品得到中国、挪威、法国、德国等国船级社认可，成为国内独家拥有转叶式舵机自主知识产权和多项专利，并已形成批量生产能力的企业；武汉船用机械有限公司先后与日本、法国、丹麦等国的世界著名厂商建立合作关系，通过以许可证贸易为主的多种方式，引进甲板机械、舱室机械、舵机、可调桨、侧向推进器和喷水推进装置等船舶配套产品的先进制造技术。在舵机方面，该公司主要从日本川崎引进技术生产往复式舵机，目前已具备了为 388 000t 的矿砂船提供舵机能力，生产了 5600kN·m 的往复式舵机，是目前国内最大的舵机，可为 388 000t 的矿砂船配套。浙江万通重工有限公司自主研发 YDCI-4500、YDC1-530、YDC1 4B550 的单舵四缸驱动闭式液压机已产品化，其中 YDC1-4B550 型液压舵机，主要为 30 000t 级船舶配套，其舵杆只传递扭矩而不承受弯矩和径向载荷，使船舶航行更加平稳，安全性大大提高。此外，该公司也完成了 YDC1-4B800 型液压舵机的自主研发，可为 50 000t 船舶配套；大连重工・起重集团华锐铸钢公司浇注成功毛重 160t 的超大型船用挂臂舵，为 320 000tVLCC 船配套。

总之，中国舵机绝大部分采用液压传动，800kN·m 规格以下的往复式液压舵机与国际先进水平相当，液压舵机的自动控制技术、自动检测、报警技术，符合《国际海上人命安全公约》（SOLAS）要求的自动隔离技术和两套液压动力装置互为备用技术等都达到了国际先进水平。但大型往复式舵机和回转式舵机与国外先进水平相比差距比较大。舵机大型化的技术难点在于电液系统中的各种元器件，如阀组、泵等。另外大型回转式舵机的漏油问题、密封技术尚有待进一步研究。

生产单位：南京航海仪器二厂有限公司

地址：江苏省南京市江宁区滨江经济开发区长兴大街 908 号 电话：025-83320419 83319187
传真：025-83324738 邮箱：njhye@njhye.com 网址：www.njhye.com 联系人：黄育青

南京航海仪器二厂有限公司（原南京东昇船用设备有限责任公司）创建于 1958 年，是甲板机械产品的专业生产厂家，也是中国船舶工业行业协会、国家农业部、交通部的定点生产厂家。公司是南京市“工业企业管理优秀单位”。2011 年被认定为国家级高新技术企业。主要生产各种规格的液压舵机、起锚机、绞车、绞盘、起重机、客滚船跳板系统、工程船液压系统、舱口盖液压系统、单臂救助艇 / 筏降放装置、自由降落式救生艇降落装置等。产品广泛应用于工程船、海军舰船、油轮、豪华邮轮、集装箱船、散货轮、LPG、LNG、化学品船、渔船、高速客船、滚装船等各种船舶。

产品技术参数：

型号	基本参数	产品特点	实现功能	选型优势	执行标准	有无专利	持有证书
DYCh 系列 拨叉【摆缸】式液压舵机	3~2 500kN·m	高可靠性 和安全性	优良的舵 执行机构	自主知识产权 结构紧凑 集成化高	ISOSOLAS	发明专利一项 实用新型专利 二项	CCS ABS BV NK LRS RINA DNV GL
HD 系列 转叶式液压舵机	8~1500kN·m	高可靠性 和安全性	优良的舵 执行机构	体积小 受力合理 自带上舵承	ISOSOLAS		
DK1、DK10 系列 舵机自动舵连接系统	AC220V、DC24V、400W 温度 0~50℃湿度 90%~95%	高可靠性 和安全性	优良的舵 执行机构	有多路可靠报警与 机舱监控台接口和 黑匣子 485 接口	ISOSOLAS	软件知识产权 一项	
DMA、YMA 系列锚机	Φ 12.5~76	高可靠性 和安全性	优良的舵 执行机构		ISOSOLAS		
DMA、YMA 系列绞车	5~500kN	高可靠性 和安全性	优良的舵 执行机构		ISOSOLAS	发明专利二项 实用新型专利 四项	

生产单位：DELIN 德林船舶 无锡德林船舶设备有限公司（无锡海联舰船附件有限公司）

地址：江苏省无锡市锡山区锡港东路 8 号　邮编：214191　电话：0510-68915004（国内业务）
0510-81213575（国际业务）　传真：0510-83772065　邮箱：mail@wxdelin.net（国内业务）
网址：www.wxdelin.net　联系人：周佩金　15902197439

公司立足于军品、民品及外贸三大市场，从事多种船用机、电、液产品的设计开发、生产和服务，其中高海况小艇收放装置、转叶式液压舵机、气调保鲜装置、襟翼舵、空气舵、减摇鳍、减摇水舱、液压门等产品。2012 年，公司先后通过了 ISO9001：2008 和 GJB9001B—2009 质量体系认证、保密认证、高新技术企业认定。公司创建的研发机构被认定为无锡市船舶设备工程技术研究中心，现已获得 10 多项发明和实用新型专利授权。依靠良好的企业理念，完善的质量体系，雄厚的技术力量，精良的加工设备和可靠的产品质量，竭诚为新老客户服务。

产品技术参数：

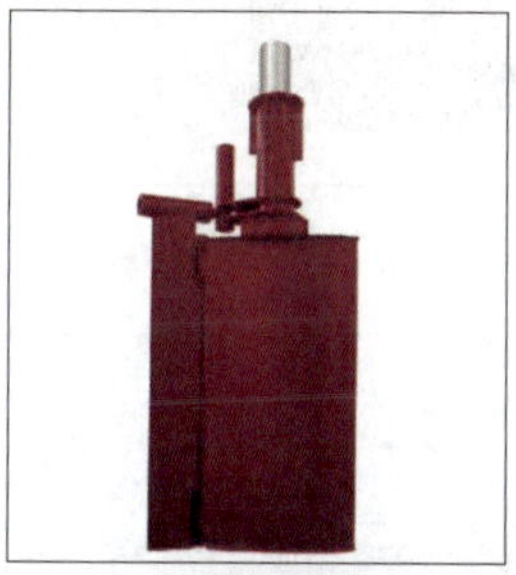

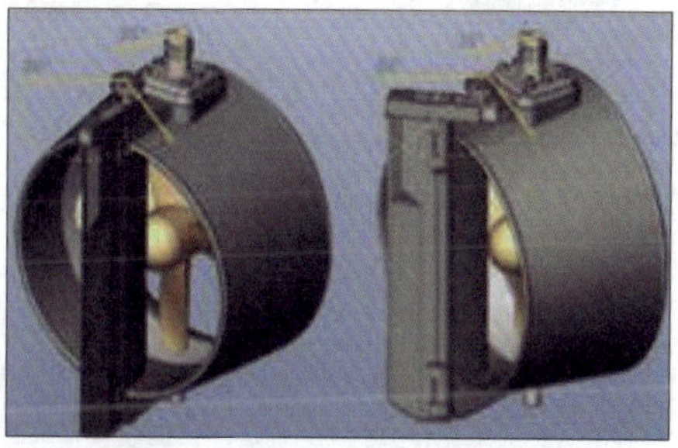

项目	襟翼舵		鱼尾舵	
对船舶航速的影响	最大舵角时，使舵总阻力增加 1.5%		最大舵角时，使舵总阻力增加 1.5%~1.8%	
水动力特性	升力系数是常规舵的 1.5~1.8 倍		升力系数是常规舵的 1.3~1.6 倍	
操作特性	回转试验，回转直径		下降 30%~45%	下降 25%~27%
	Z 型试验	Ta	下降 22%	下降 33%
		T	下降 65%	下降 69%
		P	下降 89%	下降 66%
		E	下降 32%	下降 45%
	回转试验，剩余角速度 Ro		下降 40%	下降 65%
	消航舵效试验 t4		下降 68	下降 60%
导管襟翼舵	襟翼舵主要由导管、襟翼、舵杆、连接套筒、传动机构、上密封组件。下油封组件、上下舵承等组成。主要安装形式有悬挂式和双支点式，由于导管襟翼舵在提高舵效，改善船舶操作性能等方面有着明显的效果，在船舶远洋及江海工程方面已得到广泛的认可和运用。导管的运用使推进系统更加优越并且有效的增加了推力，同时也保证了螺旋桨的安全性。在冰区航行的船舶采用这种结构不但保证了船舶本身的安全性，而且提高了船舶的操作性能		高升力鱼尾舵能提高船舶的操纵性能、结构简单、舵效高	
特性	提高螺旋桨推进效率、提高了船舶的操纵性能、增加船舶的推进力、减少震动、保护桨叶以防受损。降低操作损耗。导管襟翼舵目前主要运用于供给船、钓鱼船、搜救船、拖船、挖泥船等		改善船舶运营的安全性、改善船舶的应舵性能和回转性能、升力系数是传统的 1.3~1.6 倍、结构简单，易于维护、减少船舶的操舵次数	
空气舵	概况：空气舵舵叶结构为钛和金骨架与铝合金肋板及铝合金蒙皮混合琉接结构，舵叶两端上下舵轴为铸钢。舵轴与舵叶顶之间采用铰制螺栓连接，舵叶蒙皮与钛合金骨架、铝合金肋板之间以及钛合金骨架与铝合金肋板之间都采用琉连接型式		特性：钛合金与铝合金混合琉接结构、要求加工制造精度高、加工制造工艺复杂。主要为气垫船等对重量、强度要求高等要求较高的高性能船舶、地效翼船等海洋与航空结合的产品上	

生产单位：南京贝德船用（液压）设备有限公司 BLEAD 贝德

地址：江苏省南京市新港经济技术开发区恒通大道 9 号　邮编：210038　电话：025-85757701
传真：025-85757702　网址：www.blead.com.cn　联系人：徐晨　13951899754

南京贝德船用（液压）设备有限公司专业从事船用液压设备的设计、制造、销售、安装。主要产品有：各类船用液压舵机、液压锚机、液压绞车、船用工程设备液压控制系统、舱口盖及液压控制系统，可提供各类船级社证书。

产品技术参数：

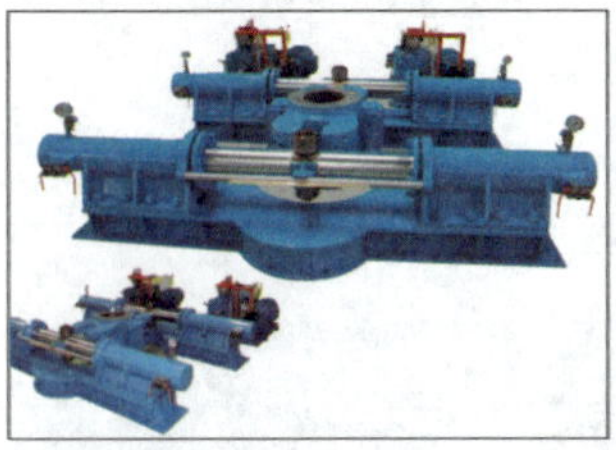
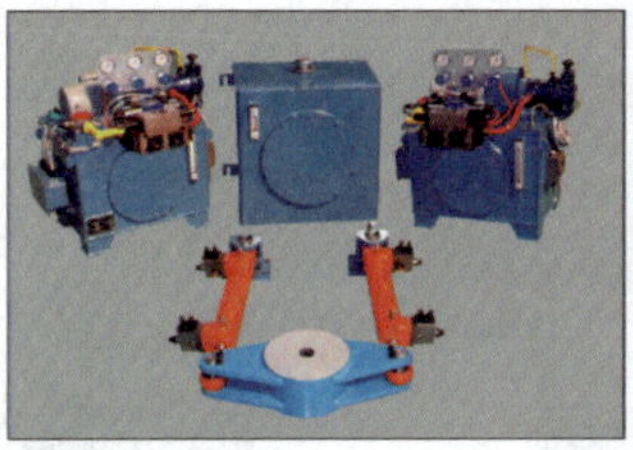

型号	基本参数	产品特点	实现功能	选型优势	执行标准	持有证书
双缸单柱塞式拨叉舵机	公称扭矩：10~500kN·m 舵数：1~2 转舵时间：12s、20s、28s	本系列拨叉式电动液压舵机主要由一台拨叉式推舵机构、两台油泵电机动力柜、一只储备油箱组成，广泛用于内河急流航区、非急流航区、海船	用于内河急流航区时，16kN·m 以下舵机另增加一只蓄能器或一套手动应急泵用于应急操舵，16kN·m 以上舵机另增加一套直流电机泵组应急，以满足 CCS 规范应急要求	结构简单，安装方便，负载扭矩特性好	《钢质海船入级规范 2009》 《钢质内河船舶建造规范 2009》 《CB/T 3130—1998 液压舵机试验方法》	CCS ABS BV NK RINA DNV GL LR KR
四缸双柱塞式拨叉舵机	公称扭矩：320~1 000kN·m 舵数：1 转舵时间：28s	本系列往复拨叉式电动液压舵机主要由两台往复拨叉式推舵机构、两台油泵电机动力柜、一只储备油箱组成；控制方式有电控、泵控，能与任何形式的自动操舵仪和随动操舵仪配合使用。广泛应用于大型海船、油船、液化气船、化学品船等安全性要求较高的船舶	根据用户要求，两台推舵机构可同时使用也可单独使用，如一台失效，可将有故障的推舵机构隔离，从而保证操舵	安装方便，安全性高，可实现大扭矩，舵杆不受弯矩	《钢质海船入级规范 2009》 《CB/T 3130—1998 液压舵机试验方法》	
摆缸式液压舵机	公称扭矩：6.3~500kN·m 舵数：1~2 转舵时间：12s、20s、28s	本系列摆缸式电动液压舵机主要包括一套由两只活塞式油缸组成的推舵机构、两只油泵动力组、一只储备油箱组成；控制方式有手动换向阀直控、电控、泵控，广泛适用于内河及海洋的各种船舶	用于内河急流航区时另增加一套应急泵或一只，蓄压器或一套直流电机泵以满足 CCS 规范要求	安全性高，安装方便，成本较低，控制方式选择灵活，应用广泛	《钢质海船入级规范 2009》 《钢质内河船舶建造规范 2009》 《CB/T 3130—1998 液压舵机试验方法》	
转叶式液压舵机	公称扭矩：25~1 000kN·m 舵数：1~2 转舵时间：20s、28s	本系列转叶式电动液压舵机主要由转叶式推舵机构、两只油泵电机组、一只储备油箱组成；控制方式有电控、泵控，能与任何形式的自动操舵仪和随动操舵仪配合使用，广泛应用于非急流航区、海船	通常用于单舵，便于实现操舵功能	结构紧凑，安装方便，转舵角可达 ±65°	《钢质海船入级规范 2009》 《钢质内河船舶建造规范 2009》 《CB/T 3130—1998 液压舵机试验方法》	
舱口盖及液压系统	舱口盖形式：平移、折叠式 系统压力：16~28MPa 舱口盖数量：按用户需求	本系列舱口盖液压系统根据舱口盖的开舱方式可分为平移式和折叠式，结构简单，操作方便，液压控制可分为串联与并联，广泛应用于大型散货船、集装箱船	通过手动换向阀机旁操作，动力源一般为两台电机泵组互为备用	结构简单，操作方便，造价便宜，安全可靠	《CB/T 3812—1998 船用舱口盖液压缸》	

锚泊机械

P 66

P 67

P 68

P 69

P 71

P 72

目前，国内锚泊机械科研和制造单位主要有上海船用设备研究所、南京中船绿洲机器有限公司、武汉船用机械有限责任公司、中船华南船舶机械有限公司、淮安远航船用设备制造有限公司、浙江万通重工有限公司、大连北方船舶辅机有限公司、上海振华重工（集团）股份有限公司、泰兴市东方海工设备有限公司等。上海船舶设备研究所成功研制了船舶与海洋平台用新型深水液压定位锚装置，该装置由定位锚绞车、主液压机组、制动装置液压机组、钢索空间导向轮系、电气控制系统（含操纵台、电控箱）等组成，采用阀控和泵控相结合的电液比例控制、控制软件结构化设计和液压系统节能设计等新技术和新方法，使用先导式电液比例方向阀和液压盘式制动系统等，是集大负载承载、高精度控制、多重防护、节能等先进技术于一体的产品，达到国际先进水平。此外，该所还是船舶标准化归口管理单位和国际标准化组织 ISO/TC8/SC4 秘书处和主席单位，代表中国参加国际标准化组织（ISO）和国际电工委员会（IEC）的有关活动，通过 GB/T19001、GJB/Z9001 质量体系认证。南京中船绿洲机器有限公司，自主开发研制工程船用的锚机、绞车、拖缆机、舷梯绞车等，生产的锚绞机主要引进德国 hatlapa 的技术，自主研发了国内最大 850kN 拉力的液压桥架绞车和 1 100kN 变频电动变幅绞车，技术性能在中国起重类绞车中处于领先地位；武汉船用机械有限公司液压驱动锚绞机械主要引进日本的专利技术进行生产，低压型、中高压型起锚机和绞车技术来自日本 IHI 公司，高压型起锚机和绞车的技术来自日本 KHI 公司，电动型锚绞机械主要引进法国 BLM 公司的专利技术进行生产。目前，该公司已具备为 388 000t 的矿砂船提供锚绞机能力，研制成功三用工作船 250t 大型低压拖缆机并实现批量接单，打破了该产品长期被国外厂商垄断的局面。

就科研成果而言，国内已具备研制 117mm 链径超大型锚绞机能力，可用于 VLCC、超大型矿砂船、超大型集装箱船的锚泊定位；研制出 1 100kN 变频电动变幅绞车、1 500kN 大型双卷筒拖缆机以及为 2 500t 起重船、20 000t 半潜船和 8 500m^3 挖泥船配套的锚绞机；自主研发了海洋平台起重机、深水液压定位锚装置已广泛应用于国内海洋平台、FPSO 船上，达到国际先进地位水平；自主研发了国内最大 850kN 拉力的液压桥架绞车等。总之，国内中小型锚泊机械研制已接近国际先进水平，比如国内 Φ62mm 规格以下的中小规格锚机的技术水平与国际产品水平相差不大，甚至达到或超过国外同类产品水平。但是在大规格锚泊机械产品方面，与国外还存在一定的差距，如大型和深海锚泊机械的液压系统技术、密封技术以及系泊绞车恒张力控制技术等方面差距明显。

生产单位：上海振华重工（集团）股份有限公司

地址：上海市东方路 3261 号　邮编：200125　电话：021-31191666
传真：021-58399555　网址：www.zpmc.com

上海振华重工（集团）股份有限公司（ZPMC）是重型装备制造行业的知名企业，为国有控股 A、B 股上市公司，控股方为世界 500 强之一的中国交通建设股份有限公司。公司总部设在上海，并在上海本地及南通、江阴等地设有 8 个生产基地。公司厉行自主创新，曾获国家科技进步一等奖。建有国家级企业技术中心和博士后工作站。现有 2 400 名从事机、电、液设计研发的工程技术人员，获得国家和市级科技成果奖 50 余项。

产品技术参数：

型号	基本参数	实现功能	持有证书
移船定位锚机	额定拉力：110t（中间层） 重载额定速度：15m/min（中间层） 容绳量：ϕ76/2 200 m 自由抛锚速度：125m/min 控制形式：恒张力控制	功能性配置： 排绳器、水阻尼制动器、 双速减速箱、离合器、棘轮等	ABS 认证
移船定位锚机	额定拉力：110 t（中间层） 重载额定速度：30m/min（中间层） 容绳量：ϕ76/2 500 m 自由抛锚速度：180 m/min 控制形式：恒张力控制	功能性配置： 排绳器、水阻尼制动器、双速减速箱、离合器、棘轮、绳槽、开式齿轮自动润滑系统等	ABS 认证
拖缆绞车	额定拉力：170 t（第 1 层） 重载额定速度：20 m/min（第 1 层） 容绳量：ϕ76.2/7 000m 钢丝绳 ϕ203/1 800m 尼龙绳 1 800 m 钢丝绳	功能性配置： 电动排绳器、开式齿轮自润滑系统等	LR 认证
移船定位锚机	额定拉力 :90 t（第 1 层） 重载额定速度 :12 m/min（第 1 层） 容绳量：ϕ60/1 500 m 自由抛锚速度：180 m/min 控制模式：恒张力控	功能性配置： 排绳器、水阻尼制动器、离合器、绳槽等	ABS 认证
托管架绞车	额定拉力：45 t（最外层） 额定速度：10 m/min（最外层） 容绳量：ϕ44/700 m 控制形式：恒张力控制	功能性配置： 排绳器、棘轮、绳槽等	

生产单位：武汉船用机械有限责任公司 WMMP

地址：湖北省武汉市青山区武东街九号 邮编：430084 电话：027-68867027 传真：027-68867461

邮箱：whcj@wmmp.com.cn 网址：www.wmmp.com.cn 联系人：张雷 13607174037

公司是中国船舶配套企业的旗舰，具备为各型远洋船舶集成配套的能力，产品包括锚机、系泊绞车、舵机、甲板起重机、主推调距桨及轴系装置、侧向推进器、喷水推进装置等，满足 CCS、LR、ABS、DNV GL、BV、NK、KR、RINA 等各大船级社规范要求，用户遍及世界各大著名船东，目前国内三大主力船型（VLCC、散货船和集装箱船）最大吨位船舶的甲板机械主要由武汉船机配套。

产品技术参数：

型号	基本参数	产品特点	实现功能	选型优势	执行标准	持有证书	自填
IDM 系列中压电液型混合锚绞机	K48~122 链径；5~32T 系泊绞车	适用于各类船舶 最高系统压力 8.33MPa	起锚、抛锚；收缆、放缆、系泊	操作灵活 3 档无级变速 泵组可互为备用	符合 ISO、SOLAS、IACS 规范或标准及各大船级社规范要求	可取 CCS、ABS、DNV GL、BV、LR、NK、KR 等船级社证书	
IDM 系列中压电液系泊绞车	5~32T 系泊绞车	适用于各类船舶 最高系统压力 8.33MPa	收缆、放缆、系泊	操作灵活 3 档无级变速 泵组可互为备用	符合 ISO、SOLAS、IACS 规范或标准及各大船级社规范要求	可取 CCS 船级社证书	
IDH 系列高压电液型混合锚绞机	K48~122 链径；5~32T 系泊绞车	适用于各类船舶 最高系统压力 18.5MPa	起锚、抛锚；收缆、放缆、系泊	操作灵活 3 档无级变速 泵组可互为备用	符合 ISO、SOLAS、IACS 规范或标准及各大船级社规范要求	可取 CCS、ABS、DNV GL、BV、LR、NK、KR 等船级社证书	
IDH 系列高压电液系泊绞车	5~32T 系泊绞车	适用于各类船舶 最高系统压力 18.5MPa	收缆、放缆、系泊	操作灵活 3 档无级变速 泵组可互为备用	符合 ISO、SOLAS、IACS 规范或标准及各大船级社规范要求	可取 CCS 船级社证书	
KDH 系列高压电液型混合锚绞机	K48~122 链径；5~32T 系泊绞车	适用于各类船舶 最高系统压力 24.5MPa	起锚、抛锚；收缆、放缆、系泊	操作简单、结构紧凑、占用空间小	符合 ISO、SOLAS、IACS 规范或标准及各大船级社规范要求	可取 CCS、ABS、DNV GL、BV、LR、NK、KR 等船级社证书	与 KAWASAKI 联合生产
KDH 系列高压电液系泊绞车	5~32T 系泊绞车	适用于各类船舶 最高系统压力 24.5MPa	收缆、放缆、系泊	操作简单、结构紧凑、占用空间小	符合 ISO、SOLAS、IACS 规范或标准及各大船级社规范要求	可取 CCS 船级社证书	与 KAWASAKI 联合生产
WED 系列电动型混合锚绞机	K48~122 链径；5~32T 系泊绞车	适用于各类船舶 变频调速 可带自动张紧	起锚、抛锚；收缆、放缆、系泊	可无级变速 低速操作性能优异 节能环保	符合 ISO、SOLAS、IACS 规范或标准及各大船级社规范要求	可取 CCS、ABS、DNV GL、BV、LR、NK、KR 等船级社证书	
WED 系列电动系泊绞车	5~32T 系泊绞车	适用于各类船舶 变频调速 可带自动张紧	收缆、放缆、系泊	可无级变速 低速操作性能优异 节能环保	符合 ISO、SOLAS、IACS 规范或标准及各大船级社规范要求	可取 CCS 船级社证书	
滚轮闸刀止链器	K48~122 链径	适用于各类船舶 可支持 80% 锚链破断力	锚泊	使用操作方便	符合 ISO、SOLAS、IACS 规范或标准及各大船级社规范要求	可取 CCS、ABS、DNV GL、BV、NK、KR 等船级社证书	
舌型闸刀止链器	K48~122 链径	适用于各类船舶 可支持 80% 锚链破断力	锚泊	使用操作方便	符合 ISO、SOLAS、IACS 规范或标准及各大船级社规范要求		

生产单位：南通力威机械有限公司

地址：江苏省如皋市东部工业区兴源大道 6 号　电话：0513-87268999　87268666
传真：0513-87268998　联系人：娄兴建　网址：www.ntlw.com　邮箱：info@ntlw.com

南通力威机械有限公司是一家集研发、制造、销售、服务于一体的生产各种海工及船舶用绞车的专业公司，同时生产大型甲板起重机专用绞车、各种船舶、平台下水用摩擦绞车；船坞引船系统及立式绞盘。公司通过了 ISO:9001—2000 质量管理体系认证，相关产品获得了 CCS、ABS、LR、DNV、BV 等中外船级社认证。与 ROLLS-ROYCE、MacGREGOR 等世界顶级配套商合作，为国内外多家大中型船企配套生产了大型系泊绞车、拖拽绞车、锚绞机。公司以尖端的技术、优质的产品质量、强大的售后服务体系而深得用户的信赖。

产品照片：

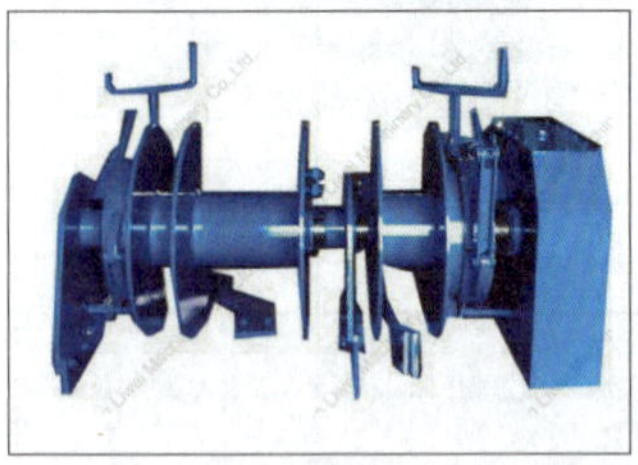

主营产品	大拖力海洋工程专用绞车
	多功能支持船起抛锚拖带绞车
	海上风电作业平台定位绞车
	海上石油作业平台定位绞车
	海洋工程船用起重、起货绞车
	海洋工程船用移船绞车
	商船系列锚绞机
船级社证书	CCS、ABS、LR、DNV、BV 等中外船级社认证

生产单位：上海国靖机械设备有限公司

地址：上海市嘉定区外冈镇工业东区朱戴路 1888 号　邮编：201806　邮箱：info@shanghai-sec.com
电话：021-6957/7924　传真：021-6957/7912　联系人：王晶

上海国靖机械设备有限公司为荷兰 Central Industry Group（简称 CIG）集团子公司，专业生产集团内姊妹公司 Ship' s Equipment Centre Groningen BV(简称 SEC-Groningen)旗下的 SEC 锚绞机和 SEC Ship's Equipment Centre Bremen GmbH & Co.KG(简称 SEC-Bremen）旗下的 SEC 集装箱船用绑扎件及 SEC Pool® 锚。SEC-Groningen 专业生产锚绞机 120 余年，SEC-Bremen 专业生产绑扎件数 10 年，可以提供符合所有船级社规范的产品，在世界各主要港口设有服务站，为全球用户提供及时的配件补给和技术服务。

产品技术参数：

产品名称	产品介绍	特点
SEC Ten Horn 锚绞机	有组合式和分体式 2 种类型，组合式最大锚链直径可达到 81mm，分体式最大锚链直径可达到 117mm，以满足不同客户的需求 组合式锚绞机的泵和齿轮箱组合在一起，结构简单，安装方便，其驱动方式主要有电动驱动、液压驱动、电液组合驱动以及变频驱动四种，也可根据特殊需要定制	（1）电液组合驱动设计紧凑，链轮和卷绳轮实现无级调速，无须单独的液压泵站和液压管路，安装更方便快捷，易保养，维护成本低； （2）变频驱动代表了最先进的抛锚和系泊技术，噪声小，不使用液压油，减少维护需要，更环保，链轮和卷绳轮实现无极调速，可实现便携式遥控，节约 30%~50% 能源，配备警报功能的监测系统
SEC HHP Pool® 锚	用高强度钢板焊接成的大抓力锚开发设计的，是世界上质量最高，也是造型最漂亮的锚，大量用于要求船速快的集装箱船和要求美观的游艇 公司现有先进的伊萨钢板切割设备、LR 认证的专业锚拉力试验设施和完善的质量控制体系	（1）重量轻：同等重量下，抓力是普通锚的 2 倍； （2）超平衡性：在抛锚和起锚过程中，锚始终处于平衡状态，起锚时，锚爪和海底容易脱离，且锚爪始终保持垂直，嵌入锚穴，防止锚和船体碰擦； （3）锚冠板大：可快速、安全地起锚
SEC 集装箱船用绑扎件	是世界三大集装箱船用绑扎件的供应商之一，全部采用德国设计，拥有丰富的设计经验，材料都是高强度的合金铸钢、钢板及合金锻件 公司现有先进的德国专业闪光对焊机，能够保证绑扎杆焊接的严格质量要求，有成熟的质量控制流程及完善的材料试验、产品试验设施	SEC 全自动锁是一个新的革命性的集装箱绑扎用锁。与其他锁具相比，具有以下优势： （1）自动锁紧或解锁，不需要码头工人在船上进行任何操作； （2）结构简单，操作及维护方便； （3）不受低温、冰霜等任何外界因素影响

生产单位：大连北方船舶辅机有限公司

地址：辽宁省大连市普湾新区渤海街 6 号　邮编：116200　电话：0411-83112394
传真：0411-83112769　邮箱：dalianbeifang@126.com　网址：www.dbcb.com.cn

大连北方船舶辅机有限公司是中国船舶工业总公司的联营企业，大连船舶工业公司（集团）成员厂，是生产船用甲板机械、船坞引船系统及滑道等船厂专用设备。产品质量符合国家标准及船标、军标。可以按用户要求，申请 CCS、DNV GL、ABS、LR、KR 等中外船级社的船检。公司通过中国船级社 ISO9001 质量管理体系认证，产品质量稳定可靠。

产品技术参数：

  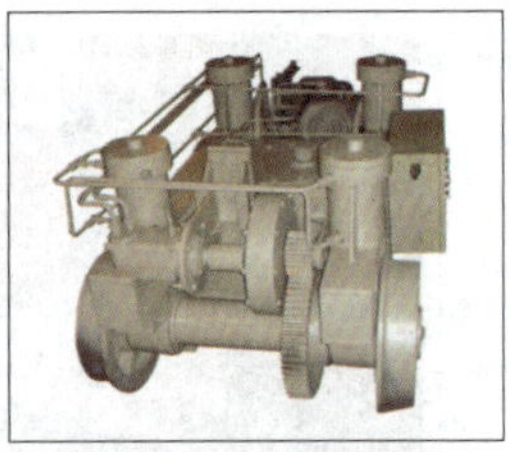  

型号	基本参数	产品特点	实现功能	选型优势	执行标准	持有证书
电动（液压）起锚机	锚链直径 φ11~120mm 锚链速度≥ 9m/min	是确保船舶安全的不可缺少一种设备。并且品种多，适用大、中、小船舶。操作安全可靠。可供用户选用	适用于各种船舶起、放锚及船舶定位。采用电控及主令进行控制。防护等级 IP56	产品均可以通用各类船舶及海洋工程；通用各种船厂船坞、船台及码头工程	产品均采用 GB/T4447—08 GB/T4446—95 GB/T25015—10 GB/T4445—94 GB/T4555—95 GB/T12932—10 GB/T554—96 GB11869—07 GB7389—87 GB10106—88 GB10105—88 CB58—83 CB435—05 CB3883—99 等国标、船标、军标。 通过中国船级社 ISO9001 质量管理体系认证	CCS DNV GL ABS LR KR
电动（液压）组合起锚机	锚链直径 φ11~120mm 锚链速度≥ 9m/min					
电动（液压）绞车	额定拉力 10~2 000kN 额定速度≥ 9m/min					
电动（液压）系缆绞盘	额定拉力 10~500kN 额定速度≥ 9m/min	拉力大、速度稳、贮绳量大。可以实现多台绞车联动和单动，达到引船目的	适用于各种船厂船坞引船、船台船舶上墩下水作业			
电动（液压）摩擦式绞车	额定拉力 50~2 000kN 额定速度≤ 12m/min，可按用户要求。					
船坞引船系统	2~500 000t 引船系统所有设备					
电动（液压）回转吊机	安全负载 10~100kN 起升速度 0.9 ~0.33 m/s	操作安全可靠，灵活方便	适用于各种船舶作业			
导缆器、带缆桩、系船桩、导缆滚轮	250~2 000kN 带缆桩、系船桩及各种导缆器、导缆滚轮	承载力大、安全可靠，操作方便	适用于各种船舶及码头			

生产单位：浙江万通重工有限公司

地址：浙江省台州市滨海工业园区海昌路 680 号　邮编：318000　电话：0576-82728816
传真：0576-82728877　邮箱：wtjs@wantongship.com
网址：www.wantongship.com　联系人：俞钟喜

公司专业从事船用甲板机械生产与销售，是浙江省同行业中规模最大的企业之一。目前，形成了锚机、系泊绞车、舵机、起重机、舱口盖、工程船舶特种甲板产品为主的产品系列，可提供 ZC、CCS、BV、LR、DNV GL、NK、ABS、RINA 等船用产品证书。

产品技术参数：

产品名称	基本参数	产品特点	实现功能	选型优势	执行标准	有无专利	持有证书
锚机	ϕ22~100 锚链直径	结构合理，操作方便，且具有高可靠性和安全性	可靠的船舶起、抛锚	双轴锚机的刹车机构具有高速执行优势	ISO、SOLAS	有实用新型专利二项	CCS BV LR NK ABS DNV GL RINA ZC
系泊绞车	5~300kN	结构合理，操作方便，且具有高可靠性和安全性	可靠的船舶系泊		ISO、SOLAS	有实用新型专利一项	
舵机	8~1 200kN · m	结构合理，操作方便，且具有高可靠性和安全性	可靠的船舶转向	四缸、闭式、纯扭矩驱动舵机有效提升大型船舶舵系的可靠性	ISO、SOLAS		
起重机（克令吊）	0.98~45t	结构合理，操作方便，且具有高可靠性和安全性	可靠的起吊重物		ISO、SOLAS	申请实用新型专利二项	
工程绞车	300t 以下	结构合理，操作方便，且具有高可靠性和安全性			ISO、SOLAS	申请实用新型专利一项	

生产单位：泰兴市东方海工设备有限公司

电话：0523-87690959/87685579 传真：0523-87681984 联系人：封燕 13815992899
邮箱：txdf@vip.163.com 网址：www.txeast.com

泰兴市东方海工设备有限公司（原泰兴市石机东盛船舶配套有限公司）是中石油泰兴石油机械总公司的所属企业，近年来在各界人士的关怀和支持下与七〇八研究所、上船院、上海佳豪等多家船舶科研单位建立了技术合作关系，专业生产甲板机械与舾装件。我公司专业生产甲板机械与舾装件已有15年的历史，产品先后配套于科学考察船、海军舰船、货轮、油轮、工程船舶等，赢得广大用户的一致好评。

产品技术参数：

产品的基本参数：

1）1 200kN 电动横移绞车 （系泊类，绞吸挖泥船用）；外形尺寸（长 × 宽 × 高）：5 000mm × 4 900mm × 3 410mm

2）250kN × 2 液压吊锤绞车 （起重类，打桩船用）；外形尺寸（长 × 宽 × 高）：4 810mm × 3 280mm × 2 695mm

此绞车带内胀式离合器，主要特性：防溜桩，刹车制动可靠

3）400kN × 2 电动主起升绞车（采用进口簧笆式卷筒）（起重类，起重船用）；

外形尺寸（长 × 宽 × 高）：5 800mm × 3 650mm × 3 550mm

4）900kN 电动起桥绞车 （起重类，绞吸挖泥船用）；外形尺寸（长 × 宽 × 高）：4 300mm × 4 500mm × 3 300mm

5）Φ68 液压组合锚机 （系泊类）（耙吸式挖泥船用）；外形尺寸（长 × 宽 × 高）：5 280mm × 3 050mm × 2 450mm

6）1 275kN 特种液压绞车 （耙吸式挖泥船用）；外形尺寸（长 × 宽 × 高）：3 600mm × 2 250mm × 2 475mm

型号	产品特点	实现功能	选型优势	执行标准	有无专利	持有证书
绞车锚机	液压绞车类锚机性能上具有安全性好、效率高、起动扭矩大、低速稳定性好、操作可靠等特点，能适应各种恶劣环境的工作；电动类绞车锚机性能上具有安全性好、效率高、操作灵活、制动灵敏可靠等特点，能适应各种恶劣环境的工作	通过 PLC、远程控制阀等来实现设备的远距离控制	通用性高、结构紧凑、体积小能量大、绕绳量大、操作方便、整机外形更美观	按各船级社标准规范；符合 ISO9001：2000 体系认证	有；油缸下置式液压刹车	CCS BV NK LR ABS

船用吊机

P 74

P 75

P 77

P 78

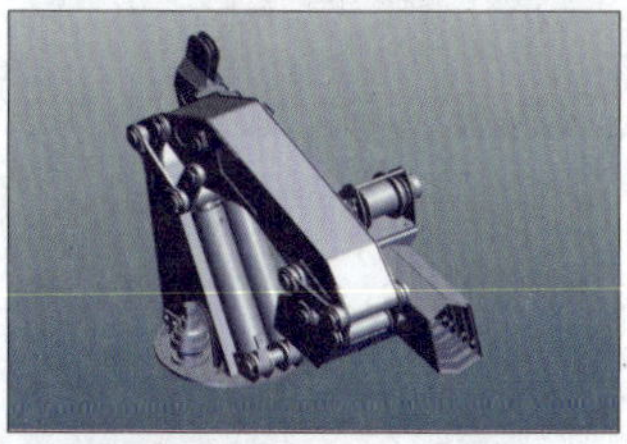

P 79

P 80

船用起重机是在海上环境中执行运输作业的一种特殊起重机，主要用于舰船间货物的运输转移、海上补给、水下作业设备的投放与回收等重要任务。目前，国内主要有中船华南船舶机械有限公司、武汉船用机械有限责任公司、南京中船绿洲机器有限公司、南通政田船舶机械有限公司、中铁武桥重工股份有限公司等 10 多家。在大型船用吊机方面，目前国内厂家主要靠引进国外技术合作生产。如南京中船绿洲机器有限公司引进瑞典赫格隆（Hugglunds）公司技术生产 L 型、LS 型、GL 型、GP 型等液压回转起重机，武汉船用机械有限责任公司引进法国 BLM 公司技术生产电动回转型起重机，引进日本石川岛播磨重工（IHI）技术生产高压 H 型和中压 M 型液压回转起重机；中船华南船舶机械有限公司引进挪威 hydrlift&Normarine AS 公司技术生产电动液压起重机，南通政田船舶机械有限公司引进日本三菱重工技术生产的政田 – 三菱品牌船用液压起重机等。除上述引进技术生产的大型船用吊机外，国内本土化生产的中小型船用吊机，液压及电气控制等核心部分多从国外直接进口，缺乏自主开发和创新能力，国内多数企业以生产钢结构为主，产值只占整机的 30%~40%。

在研发成果方面，中船华南船舶机械有限公司成功开发了船用液压门座式起重机、带波浪补偿的近海起重机、船用货物起重机等产品；在海洋工程配套市场方面，自主设计生产了为 4 000t 深水铺管船配套的多功能管子装卸起重机，已占国内海洋平台起重机和 FPSO 船用起重机市场份额 90%，产品先后打入了韩国、新加坡等市场；武汉船用机械有限公司通过与国内高等院校、科研院所的技术合作和交流，先后开发了港口机械、焊接材料、冶金设备等系列产品；目前，公司的研发投入占年销售收入的 5% ~8% 以上；南京中船绿洲机器有限公司与瑞典麦基嘉（Macgreor）船用吊机公司合作生产的回转起重机，设计起重量为 2~350t，变幅距离为 2~42m，获得了世界各国船级社认可；浙江万通重工有限公司自主研发 YDCI–4500、YDC1–530、YDC1–4B550 的单舵四缸驱动闭式液压机已产品化；研制开发的 200kN 绞车、70 锚机等系列新产品也通过 CCS 型式认可。南通政田船舶机械有限公司引进三菱重工成套船用液压起重机技术、生产管理和售后服务体系，并从三菱重工引进所有关键零部件，拥有国际先进的加工设备，全面实现高效自动化生产，生产 30t、36t 系列船用液压起重机，自此三菱重工船用吊机在中国实现了本土化生产。总之，与国外技术相比，国内船用吊机的质量稳定性较差，起吊能力、起升速度和悬臂伸距均比较小。

生产单位：上海豪鹰机械设备有限公司 / 江苏豪鹰重工科技有限公司

上海地址：上海浦东周市路 416 号　　工厂地址：江苏常熟古里工业园
网址：www.haoyogroup.com　　邮件：senry@haoyogroup.com
电话：021-20969070　　手机：郭经理　18149723280

上海豪鹰机械设备有限公司（HAOYO）是一家专业致力于生产与提供装卸设备的企业，公司主营直臂液压起重机，伸缩液压起重机，半折叠液压起重机，全折叠液压起重机，船用遥控抓斗，电动液压抓斗等船用起重、装卸设备。我们有创新的设计团队，严格的生产团队，专业的安装和售后团队。我们一直努力为广大船厂、船东提供更优质的产品和服务，欢迎广大新老客户来电咨询！

HAOYO is the global leading manufacturer of marine handling equipment. Our products including:

A: Marine Crane -- Knuckle Boom Crane, Foldable Boom Crane, Telescopic Boom Crane, Stiff Boom Crane.

B: Grab Bucket -- Remote Control Grab, Motor Hydraulic Grab

Our team:

Sales & Design department is to create the right type for the customer' s unique requirement. Work staffs in workshop are to ensure the strong structure and good perform in every detail. Hydraulic department chooses the stable and high quality system to insure the product in good condition.

Customer satisfaction is the first priority for us.

Welcome to receive your require !

直臂液压起重机

伸缩液压起重机

半折叠液压起重机

全折叠液压起重机

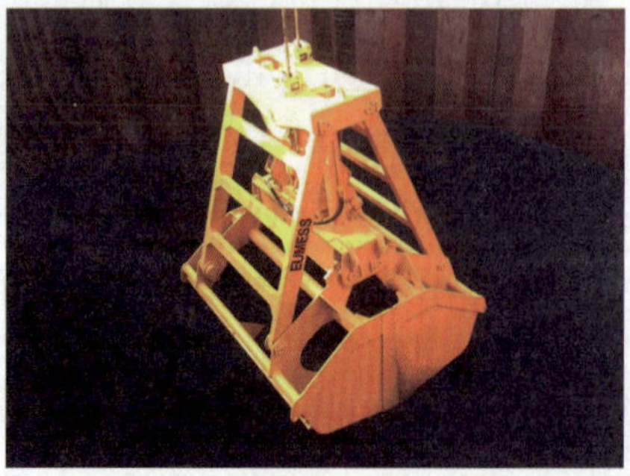

无线遥控抓斗

电动液压抓斗

生产单位：武桥重工集团股份有限公司

地址：湖北省武汉经济技术开发区沌口路 777 号　邮编：430056　电话：027-84797579
联系人：刘国平　传真：027-84797578　84797670　网址：www.wqzg.net.cn

武桥重工集团股份有限公司（原中铁大桥局武汉桥机厂），现已成为集设计、制造、安装、施工、检测、服务为一体的科技管理型公司，年钢结构生产能力 150 000t、大型机械产品生产能力 150 台套。公司专注于海洋工程装备（各类浮式起重机、铺管船作业吊机、海洋平台起重机、甲板起重机、重型打桩机）、超大型特种起重设备（大型平板车、轮胎式门机、造船用起重机）、桥梁工程装备、铁路专用设备以及桥梁和建筑工程钢结构的研发、制造和安装。

产品技术参数：

产品名称	主要参数
400t 全回转吊机	起重机尾部回转半径小于 11.2m。起重机的最大起重力矩为 400t×28m（固定尾吊）/350t×28m（全回转吊），最大起升高度为水面上 68m（水面下 5m）；拖航时起重机的吊臂搁放在船头方向的专用支架上。起重机转盘以上部件（含滚轮）重量约 895t，其他辅助重量为 113t，总重量约 1008t（不含筒体）。尾部配重设定为 400t，当吊重小于 200t 时不需要调载
2×1 200t 双臂架变幅式船用起重机	2×1 200t 双臂架变幅式起重机的额定起重量为 2 400t，配有 4 只各为 600t 吊力的主钩，2 只副钩，主钩有效起升高度达 88m，副钩达 110m。电气系统运用单机变频技术和 probus 总线系统，驱动 22 台电机，总功率达 2 256kW，先进的控制技术，采用双闭环回路，使得吊臂变幅同步精度达到 0.1 度，四个 600t 的吊钩吊重试验提升 80 米高钩了之间的高度误差仅为 0.24m
3200t 双臂架变幅式船用起重机	本起重机为 3 200t 双臂架变幅式起重船起重机，单臂架额定起重量 1 600t，双臂架额定起重量 2×1 600t；每座臂架配置 800t 主钩 2 只，100t 副钩 1 只，主、副钩呈纵向直线布置；主钩最大起升高度 100m，副钩最大起升高度 120m；每座单臂架配置一组双联变幅卷扬机、二组双联主钩卷扬机、一组双联副钩卷扬机、两台索具钩卷扬机和两台稳索卷扬机；起重和变幅均采用交流变频电动机驱动，并具有同步调平控制
1 200t 双体风电安装船	该起重机为 1 200t 双体风电安装自航船配套用起重机，并配备 400t 全回转吊机。专门用于 1.5MW 以上的双体风电基础施工、风机整体或散拼安装 主要参数： 主吊机最大吊重：1 000t 回转吊变幅 / 回转：25°　~78°　/0°　~360° 主吊机起升速度：0.0~3.0m/min；主吊机起升高度：78m 回转吊起重量：400t（主钩，15min）、80t（副钩，15min）
长江抛石工作船 25t 船用抓斗门式起重机	本起重机主要由门式钢结构、起重小车、折臂机构、司机室、抓斗及其他附属装置组成。起重小车的支承轨道及走行齿条布置在主梁内腹板的上方。门式钢结构由双梁箱型主梁、箱型刚性支腿及马鞍等组成。同时该起重机各机构的驱动：支持及开闭、起重小车运行、司机室行走均采用变频控制；整机采用 PLC 集中控制 该起重机抓斗容积 4 m³，最大起重量为 25t（含抓斗），起重机支柱跨度 14.4m ，最大起升速度 20m/min ，最大行走速度 50m/min

生产单位：辽宁弘达机械制造有限公司

联系方式：0429-2886613 2286635　联系人：倪四钰

辽宁弘达机械制造有限公司（原名葫芦岛弘达船舶配套机械制造有限公司，2012年10月更名）是一家集自主研发、设计、生产、销售、售后为一体的船舶配套产品及矿山设备专业生产厂家。主要产品有：船用小吊、火星熄灭器、钢质门、船舶舾装件、箱柜、厨房设备、白钢制品、木制品、甲板电缆箱、筒型加热器、弃锚器、船用阀门、船用电器、船舶分段、甲板机械、矿山安全救援设备、冶金矿山机械、钢质结构件等多种产品。企业技术力量雄厚，生产设备、设施配套齐全，检测手段完善，产品质量可靠。2007年起获得了国内权威认证机构新时代认证中心颁发的的ISO9001质量管理体系认证证书。

产品技术参数：

船用小吊主要技术参数表

产品名称	安全工作负荷（t）	回转半径（m）	回转方式	回转角度（°）	起升高度（m）	起升速度（m/min）
0.2t 气动垃圾吊	0.2	1.06	手动	≤ 360	30	6~8
0.25t 帆缆舱便携吊	0.25	1.0	手动	≤ 360	20	无
0.4t 气动引水员梯吊	0.4	2.5	无	无	25	6~8
0.5t 苏伊士运河灯吊	0.5	3.0	手动	≤ 360	20	0~10
0.5t 燃油管吊	0.5	2.5	手动	≤ 360	22	0~15
0.9t 电动软管吊	0.9	3.6	手动	≤ 360	25	0~10
1.5t 电动回转吊	1.5	3.6	电动	≤ 360	25	0~10
2.5t 杂货吊	2.5	3.6	电动	≤ 360	25	0~10
3t 平移吊	3	8.5			25	0~10
4t×7.5m 液压燃油管吊	4	7.5	电动	≤ 360	25	0~10
5t 伙食吊	5	20.2	电动	≤ 360	25	0~10

火星熄灭器主要技术参数表

TYPE	DN	D（mm）	A（mm）	B（mm）	L（mm）	W（mm）
SF-100	100	350	510	80	1 220	~60
SF-125	125	400	570	80	1 510	~130
SF-150	150	490	630	100	1 800	~200
SF-200	200	600	900	125	2 000	~300
SF-250	250	700	920	125	2 350	~360
SF-300	300	800	1 020	150	2 600	~420
SF-350	350	880	1 170	150	2 850	~540
SF-400	400	950	1 250	150	3 150	~570
SF-450	450	1 100	1 450	180	3 440	~685

生产单位：江阴市安海船舶设备有限公司

地址：江苏省江阴市南闸镇白玉路 815 号　邮编：214405　邮箱：x.feng@vip.163.com
电话：0510-86173220　传真：0510-86185220　网址：www.jyssm.com

江阴市安海船舶设备有限公司位于风景秀丽、交通便捷的古城要塞——江阴，公司是制造和贸易为一体的综合性股份有限公司，以从事 30 多年起吊设备经验的工程师为技术龙头，有高级工程师和工程师若干。作业厂房 4 000m^2，设备齐全。产品结构合理，管理体系优良。公司所生产的各类船用吊杆、吊机、机舱起重设备，已广泛应用于国内外船舶，并与国内各船厂保持良好的长期技术合作和业务关系。公司兼营船舶设备的国内国际贸易及代理业务。

公司本着严格企业管理，狠抓产品质量的原则，产品已通过各大船级社的工厂认可。公司还可以根据客户的要求进行自行或联合设计和生产，提供优质完善的售后服务。

公司的理念是：公司所追求的长期的战略合作伙伴关系是公司的生产基础。

公司的目标是：长期的战略合作伙伴关系的建立可以产生信任、信任和随之而来的忠诚的商业合作态度和长期共赢的远景。

对配套产品的质量保证能力以及历史质量状况：船舶配套产品均受到各大船厂和国内外船东的好评，产品信誉良好，公司恪守诚信“用户至上、质量第一、服务周到”的宗旨；产品已取得 CCS、LR、DNV GL、BV、ABS、NK、RINA、RS 等船级社产品认证及产品证书。

产品技术参数：

生产单位：上海海浪船舶设备有限公司

地址：上海市浦东新区联明路 398 号　邮编：200123　电话：021-58412858 58418383
传真：021-58415088　网址：www. sh-hlcbsb.net　邮箱：shhlcbsb @ yahoo.com.cn　联系人：夏苇

公司集设计、开发、研制、经营为一体，专门从事大型货舱盖、船用起重设备、调查船设备、集装箱紧固及绑扎设备、车辆绑扎设备等的生产和销售，公司产品获得 CCS、LR、ABS、DNV GL、NK、KR、RINA、BV 等证书。

公司先后成功开发伸缩臂吊机、电动液压吊、电动克林吊、大型甲板液压起重机、电动液压起重机、吊杆式起重机等，同时在大型货舱盖及其开闭装置（液压折叠式、滚翻式、背载式、侧移式等）开展设计、制造、安装、调试直至交货使用的一条龙服务。

产品技术参数：

起重机选型型式	现已生产的最大规格	持有证书
液压起重机	50t × 27m 液压起重机： 起升负荷：50t；工作半径：最大 27m，最小 5.5m 起升速度：（满载）15 m/min，（轻载）27 m/min 功率：250kW	CCS ABS DNV NK BV RINA 等
吊杆式起重机	30t × 17m/24m 吊杆式起重机： 安全工作负荷：30 t；吊杆长度：17 ~24m NK 起升速度：（满载）0~8m/min，（轻载）16m/min	
液压伸缩吊	100t × 5m 液压三节伸缩式起重机：起升负荷：100t；最大工作半径：5m/100t, 25m/6t 起升速度：3 m/min（100t），20 m/min（6t）；功率：95kW	
电动悬臂吊	28t × 19m 电动悬臂吊： 安全工作负荷：28t；工作半径：最大 19m，最小 3m 起升速度：1.9m/min；总功率：31kW	

舱盖选型类型	各种规格批量生产（以下仅是典型的品种规格）	持有证书
1 800TEU 集装箱货舱盖	吊离式	CCS、LR、ABS DNV GL、NK BV、RINA ZC
52 000DWT 散货船货舱盖	液压折叠式	
16 000DWT 散货船货舱盖	滚翻式	
120 000t 改装船货舱盖	平侧移式	
7 500t 货船货舱盖	背载液压折叠混合式	

集装箱紧固件类型	型式	持有证书
燕尾槽底座及圆型底座	AAC/ABC/ACC，45°/55° AV	CCS LR ABS DNV GL NK BV RINA 等
插孔式底座及埋入式底座	AD/AE/AF/AG/AH/AI	
舱底方孔底座 突出式 / 埋入式	AS/AT/AU/2AU/AM/AP/2AP	
转锁及半自动转锁	BA/BB/BC/BO/BE/BF	
堆锥、安全锥及自动锥	DA/DB/DC/DE/DF/DG/DKI/DKS	
支撑件	GA/GB/GC/GE	
眼环燕板	ZA/ZA	
船用眼环	D3/D5/D7.5/D10	
桥型连接器	CA/CB/CD 等	
转锁	BB/BD/BE 等	
张紧器、绑扎杆	XA/YA 等	

生产单位：江阴泓康机械制造有限公司

地址：江苏省江阴市经济开发区石庄园区华特西路 26 号　　邮编：214400
电话：0510-86163550 86660305 86660307 86660309　　传真：0510-86163579
邮箱：tangqiwen@yeah.net　　网址：www.jxcmm.com

江阴泓康机械制造有限公司坐落于江南经济发达城市江阴市，公司占地面积近 50 000m^2，现有职工 120 人，技术人员 23 人。公司在国内大连、上海、广州以及国外新加坡、意大利设有办事处。

公司从事船舶配套行业 17 年，一直为国内各主要船厂船东提供优质的船用起重设备，产品出口东南亚、美国、欧洲。产品严格按照各船级社规范要求设计、制造、检验。工厂已获得中国 CCS 船级社工厂认可，美国 ABS 船级社工厂认可，通过了 ISO900J:2000 质量管理体系认证。生产的产品通过 CCS、GL、LR、ABS、BV、RINA、NK 等国家的船级社产品证书，目前公司年产各类船用克令吊，机舱行车 300 余套。

公司将继续不懈地为中国的船舶市场提供优质的产品和完善的服务。感谢国内船厂和船东多年来对泓康的支持。

产品系列图片：

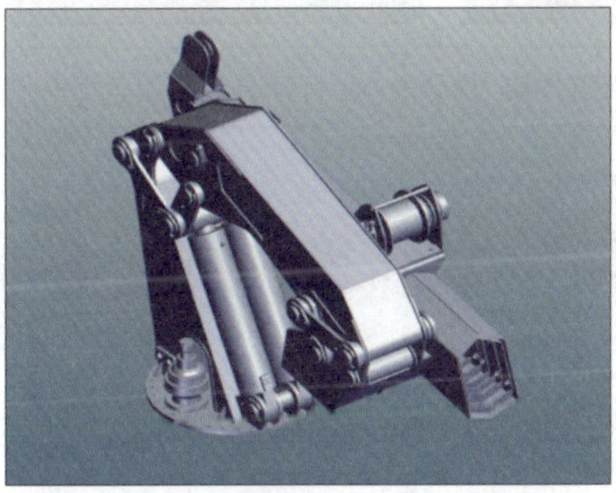
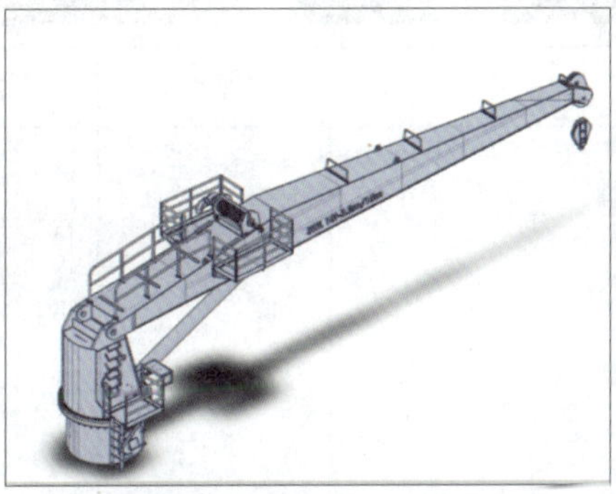
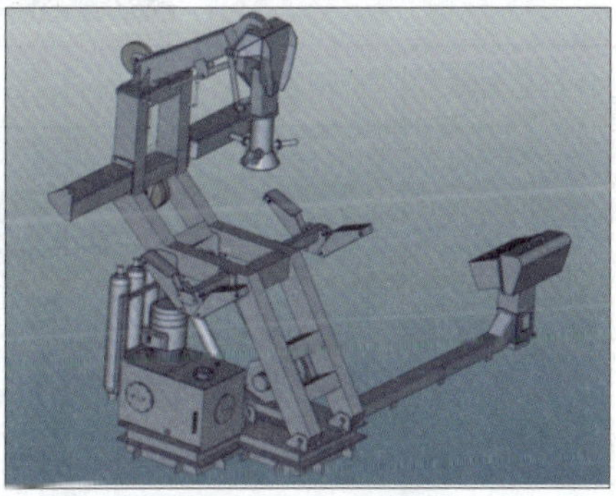

生产单位：江苏政田重工股份有限公司

地址：江苏省南通市港闸区黄海路 118 号 邮编：226005 电话：0513-85306822 13706292015
传真：0513-85306811 邮箱：nt@masada.cn 网址：www.masada.cn

江苏政田重工股份有限公司为中外合资企业，地处江苏省南通市港闸经济开发区，总投资 3 亿元人民币，占地 70 000m^2，专业生产“江苏政田—三菱”船用克令吊、船用电动、液压锚机和绞车、船用舵机等船舶配套机械产品。

公司作为日本三菱重工业株式会社在中国唯一生产三菱重工船用克令吊、船用锚机和绞车、船用舵机等的企业，全面引进三菱重工成套技术、管理和全球售后服务网络，专业生产“三菱—政田”船舶配套产品。

产品技术参数：

产品名称	主要参数	产品特点	实现功能	选型优势	执行标准	持有证书
船用起重机（克令吊）	规格： 30t × 22m 30t × 24m 30t × 26m 30t × 28m 30t × 30m 36t × 26m 36t × 28m 36t × 30m	安全性高； 操作简单、可靠； 吊载准确、迅速； 液压系统设计先进； 驾驶室舒适； 关键件进口； 配件价低； 维修方便快捷	在没有码头吊的港口进行货物吊装，以及在没有码头的情况下，进行中间过泊、装载	关键部件从国外进口； 操作控制上更简单、便捷、可靠； 吊载综合效率高； 售后服务方便快捷； 配件价格低； 反应迅速	各船级社标准 日本 JIS 标准	ABS BV CCS DNV GL LR NK KR RINA
电动、液压舵机	SFC 型（226~844kN · m） SFT 型（706~1 726kN · m） DFT 型（510~1 687kN · m）	高可信赖性和耐久性； 优秀的应答性； 简单的机侧操舵； 简易的维修和保养； 采用两个相同的液压系统	舵机是保持或改变船舶航向，保证安全航行的重要设备	关键部件从国外进口； 配件价格低； 维修和保养简便； 操舵和运转可靠性高； 售后服务快捷； 反应迅速	满足各船级社的规范要求； 符合 IMO、ISO、SOLAS、IACS 规范或标准	
电动、液压锚机	链径：Φ19~107mm 工作负载： 17.2~543.8kN 过载拉力： 25.8~815.7kN	安全性高； 结构紧凑； 操作简单可靠； 电动、液压控制方式齐全； 系统稳定性好； 符合无石棉规定	起、抛锚	关键部件从国外进口； 配件价格低； 系统稳定； 操作简便； 维修和保养简便； 售后服务方便快捷	满足各船级社的规范要求	
电动、液压绞车	拉力：10~2 000kN		抛锚、系泊、拖拽、起货、定位			
电动、液压拖缆机	拉力：≥ 400kN		拖拽			
电动、液压系缆绞盘	额定拉力：10~300kN		系泊			

船用舱口盖

P 82

P 83

P 84

P 84

P 86

P 86

目前，国内舱口盖的生产主要是采用引进欧洲或日本技术。主要企业有上海德瑞斯华海船用设备有限公司（TTS 华海）、南通中远船舶钢结构有限公司、浙江鹰鹏船舶设备制造有限公司、江南德瑞斯（南通）船用设备制造有限公司、上海科得威船舶技术工程有限公司、上海湃海船用设备有限公司、江苏海特船舶科技有限公司等。其中 TTS 华海是国内舱口盖行业的领头羊，主要引进挪威 TTS 的技术，其设计和制造的舱口盖、滚装设备得到了世界主要船级社的认可，已具备了设计、制造 10 000TEU 以上超大型集装箱船、300 000t 级以上 VLOC 等超大型船舶舱口盖系统的能力，技术达到当代国际先进水平，成为世界船东名录中推荐的设备供应商和用户信得过的船舶配套企业。南通中远船舶钢结构有限公司与世界舱盖第一品牌的芬兰麦基嘉公司合作，引入了舱盖生产线，已具备了制造全系列舱盖产品等。浙江鹰鹏船舶设备制造有限公司，主要从事船舶救生艇起降设备、船用舱盖、船用电缆、船用电机、船用灯具等船舶设备生产的综合型企业，生产的舱口盖有启闭式、滚动式、拉链式和吊离式。其中滚动式的开舱速度为 4.65m/min，启闭式采用液压驱动，开启舱盖板时间约为 5min；该公司 2001 年成立了产品开发中心和专业检测中心，引进了各类检测设备，保证了产品的质量，生产的各类船用系列产品获得 CCS、ZC、ZY、 LR、BV、ABS、DNV GL 船级社认可，目前已形成了船用舱盖生产线五条，年产舱盖 15 000t 以上规模。上海科得威船舶技术工程有限公司生产各类型多用途货船、散货船和集装箱船不同形式的钢质舱口盖，如折叠式舱口盖、侧移式舱口盖、吊离式舱口盖等。同时，还生产各类型滚装船的跳板、艏门、艉门、侧门、舱壁门、活动内坡道等滚装设备以及码头通道设备，为国内外客户提供从方案解决、技术设计、设备配套直至安装指导、现场调试和售后服务、备件供应等全方位的技术支持和服务。

总之，国内产品技术与国外相比，差距主要体现在焊接变形的控制和外观上。因舱口盖的结构形式较多，其单件的质量和面积较大，焊接工作量也很大，顶板平整度及总体尺度的精度也很高，弯曲变形和收缩变形的控制是制造的难点，掌握相应的变形控制技术就等于掌握了船用舱口盖制高点。

生产单位：江苏海特船舶科技有限公司 HIGH TECH 海特

地址：江苏省南通市崇川区崇川路 58 号 2 号楼 905 室　邮编：226000　电话：0513–55016886
传真：0513–55016881　邮箱：postmaster@htechcn.net　网址：www.htechcn.net
联系人：赵金陵　13914191685

公司提供可靠的船舶货物通道设备和整体工程解决方案，为每一个客户提供至高无上的服务。产品包括船舶舱口盖、滚装船跳板、舷侧门、舱壁门、升降平台等。拥有国内知名的钢结构制造厂，专业的技术团队，信誉好质量高服务优，创国内一流品牌。

产品技术参数：

型号	产品介绍	技术特点	设计理念	关键部件
折叠式舱口盖	折叠式舱口盖的盖板之间用铰链连接，主动盖板通过一对铰臂和端铰链与甲板相连。从动盖板端部两侧设置滚轮。液压驱动开启，主动盖板绕端铰链轴旋转，并将从动盖板的滚轮拉上轨道，直至两块盖板相互折叠，收藏于舱口端部之外，舱口围板的面板之上	折叠式盖板尺寸大、强度高、附件少、不易损坏，适宜装载各种甲板货；横接缝无需压紧器，滚轮无需顶升装置，液压驱动操作简单可靠；收藏长度和高度适应性大，同时适用于露天甲板和中间甲板；优先采用单对折叠，对于足够收藏位置或较长舱口，可采用多块折叠；普遍用于干散货船、多用途船、冷藏船及木材运输船	在满足船级社规范和施工合理性的前提下，将设计重量精确在最理想的范围内；高标准实体工厂制造，保证质量，功能安全可靠；三维软件建模设计、结构及其重心稳性控制更加准确直观；追求最高性价比的产品设计及采购	双块折叠与多块折叠 驱动装置与滚轮装置 压紧装置与支撑装置 限位装置与密封装置 强度计算与重量评估
单拉式舱口盖	单拉翻滚式舱口盖的各盖板之间链条或连杆连接，单块盖板长度小，两侧有行走滚轮，可在舱口围水平板的轨道上滚动行走。在舱口盖前后有存放舱盖的空间。当舱盖开启时，先水平运动，然后翻滚竖立，最后收藏在舱口前后的导板内	舱盖小巧灵活，维护方便； 盖板块数无限制，适合于货舱开口纵向较大的情况		驱动装置与滚轮装置 压紧装置与支撑装置 限位装置与密封装置 强度计算与重量评估
侧移式舱口盖	侧移式舱口盖通常由一块或两块盖板组成，盖板设有滚轮顶升装置，导轨和驱动装置。盖板水平侧移，收藏于舱口侧部外导架处	舱口围低，开启省力，适合于较大较重的盖板；盖板块数少，结构简单，启闭可靠，操作方便，保养容易；广泛应用于船宽较大的大型散货船和矿谷油三用船等		驱动装置与滚轮装置 压紧装置与支撑装置 限位装置与密封装置 强度计算与重量评估
吊离式舱口盖	吊离式舱口盖的各盖板之间无连接装置和传动装置，通过盖板上的起吊眼板或集装箱起吊箱角，由船吊、岸吊配合吊具或集装箱吊架直接将盖板吊离	简单可靠、无驱动装置，造价便宜、维修保养方便；盖板块数无限制，适合于各种长度及各层甲板舱口；广泛应用于集装箱船露天甲板和多用途船中间甲板等具备起吊设备的船舶		压紧装置与支撑装置 限位装置与密封装置 强度计算与重量评估
舱口盖行车	舱口盖行车专门用于船舶货舱舱口盖的起吊和堆放，由液压油缸或起吊钩完成垂向升降舱盖板，液压马达或进口钢丝绳驱动行车的行走滚轮在舱口围上纵向运行，将盖板重叠堆放在收藏位置。同时配有辅吊来实现杂货起吊功能。此行车功能齐全，完全独立操作	使用方便，可操作性强，无需岸吊，适用于多种码头；对盖板块数无限制，适合于各种长度及各层甲板舱口；广泛应用于多用途船中间甲板等		驱动装置与滚轮装置 起吊装置与限位装置 强度计算与重量评估
滚装船通道设备	滚装设备是滚装船上的专用通道设备。货物装卸使用带轮的装载工具，通过船上的滚装通道开进开出。滚装设备使滚装船形成畅通的水平装卸通道，不依赖码头起重设备，单靠车辆开上开下，达到非常高的装卸效率，将陆路与水路运输连接起来，实现门到门运输	使用方便，可操作性强； 安全系数高，自动化程度高		自动紧锁装置 限位装置与密封装置

生产单位：上海科得威船舶技术工程有限公司

地址：上海浦东向城路 58 号东方国际科技大厦 23C　邮编：200122　电话：021-68406398
邮箱：info@goodway.sh.cn　网址：www.goodway.sh.cn　联系人：徐先生

上海科得威是一家致力于为国内外客户提供全套船舶货物通道设备和相关解决方案的专业技术工程公司，经营范围包括各类型多用途货船、散货船和集装箱船不同形式的钢质舱口盖，各类型滚装船的跳板、艏门、艉门、侧门、舱壁门、活动内坡道等滚装设备以及码头通道设备；为国内外客户提供从方案解决、技术设计、设备配套直至安装指导、现场调试和售后服务、备件供应等全方位的技术支持和服务。

产品技术参数：

型号	基本参数	产品特点	实现功能	选型优势	执行标准	有无专利	持有证书	质量体系	服务网络
钢质舱口盖	定制	液压折叠式 液压侧移式 单拉式（液压或电动） 或其他	风雨密； 满足波浪，集装箱或一般货物载荷	高可靠性，低维护性	符合各大船级社、IMO、ISO、SOLAS、IACS 规范或标准		各大船级社	DNV ISO9001 认证	提供全球质保服务
滚装设备	定制	液压驱动，PLC 控制	风雨密、水密或气密； 满足波浪、货物或车辆载荷	高可靠性，低维护性		一项实用新型专利	各大船级社		
海工船设备	定制	液压驱动，PLC 控制	风雨密、水密或气密； 满足波浪或特殊设备载荷需要	高可靠性，低维护性		一项实用新型专利	各大船级社		

生产单位：浙江鹰鹏船舶设备制造有限公司

地址：浙江省温岭市东浦工业区　邮编：317500　电话：0576-86877722　传真：0576-86877358
邮箱：info@zjyingpeng.com　网址：www.zjyingpeng.com

公司创建于2000年，总面积为8万多平方米，产品有船用舱口盖、克令吊、船用救生设备、船用电缆和船用电机。产品获得中国船级社（CCS）、法国船级社（BV）等世界船级社的质量认可；通过了ISO9001：2008质量管理体系认证。公司已成为浙江省船用设备生产的综合性企业和省船舶设备行业的龙头企业。

产品技术参数：

舱口盖

型号	基本参数	产品特点	产品功能	执行标准	持有证书
钢制舱口盖	定制	液压折叠式、液压侧移式	风雨密、工作平稳、可靠、无噪音	《钢质海船入级规范》等船级社规范	各大船级社认证

重力倒臂式吊艇架

型号	负载（kN）	艇长度（m）	宽度（mm）	高度（mm）
LYP40	40	5~6	2 736	5 000
LYP65	65	6.5~7	2 830	5 680

救生艇绞车

型号	工作负荷（kN）	起升负荷（kN）	起升速度（m/min）	下放绳速（m/min）	钢索直径（mm）
DJB25	25	20	10	≤ 78	12.5
DJB40	40	20	10	≤ 78	15.5
DJB50	50	27	10.3	≤ 78	18
DJB63	63	30	10~12	≤ 78	18

生产单位：上海德瑞斯华海船用设备有限公司

地址：上海市周家嘴路 3255 号 18 楼　邮编：200093
电话：021-65398257　传真：021-65397400　邮箱：info@tts-huahai.com

上海德瑞斯华海船用设备有限公司（简称 TTS 华海）是一家专业从事船用舱口盖、滚装系统、甲板机械等设备设计、配套和制造的合资公司。TTS 华海注重技术研发与创新，已获 4 项国家专利，掌握大型及超大型集装箱船、大型及超大型散货船舱口盖设计的最新技术，具备设计 16 000TEU 以上超大型集装箱船、400 000t 级以上大型矿砂船等高技术船舶舱口盖系统的能力。

产品技术参数：

主要产品					
名称	型号	主要参数			
舱口盖	侧移式	/	/	/	/
	折叠式	/	/	/	/
	多块折叠式	/	/	/	/
	吊离式	/	/	/	/
	背载式	/	/	/	/
滚装通道	艏门	/	/	/	/
	艏跳板	/	/	/	/
	艉跳板	/	/	/	/
	艉斜跳板	/	/	/	/
	舷侧跳板	/	/	/	/
	活动坡道	/	/	/	/
	坡道盖	/	/	/	/
	活动甲板	/	/	/	/
	内部门	/	/	/	/
	外部门	/	/	/	/
锚绞机	中央液压驱动锚绞机	工作压力 250bar	承受最大压力 270bar	锚机额定拉力范围为：80~900kN	绞车额定拉力范围为：80~420kN
	整体式液压锚绞机	/	/	/	/
	电动锚绞机	/	/	锚机拉力范围为：80~900kN	绞车拉力范围为：80~420kN
公司所有产品能取得所有船级社的证书					

生产单位：辻产业重机（江苏）有限公司

地址：江苏省张家港市大新镇渡泾港东侧 电话：0512-58713111 传真：0512-58713170
邮编：215636 联系人：汪洋 18915516898 何鹏 0512-82568196 网址：www.tsuji-hi.com.cn

辻产业重机（江苏）有限公司坐落于长江畔的江苏省张家港市，成立于 2003 年。公司拥有严谨的日本质量管理体系，以及精益求精的中国制造团队。“Tsuji”由日本辻家族于 1888 年在日本重要造船基地佐世保市建立，是日本著名的船舶及海洋工程配套企业。2010 年，中国企业五百强之一的江苏丰立集团，全资收购辻产业重机（江苏）有限公司，以及日本辻产业所属“TSUJI”品牌和所有船用吊机和舱口盖和设计和建造技术。“TSUJI”成为中国本土品牌，重组后的辻产业重机（江苏）有限公司保留了原有的日本技术、质量和管理团队、采购渠道和售后服务网络。公司致力于为船东建造一系列高质量的商业船只、克令吊和甲板机械。

产品技术参数：

产品种类：克令吊、舱口盖　船级证书：ABS、DNV GL、BV、LR

克令吊	规格		3024	3026	3028	3030	3526	3528
	上卷负荷		30/18/6T				35/12/6T	
	上卷速度		19/26/56（m/min）				19/38/48（m/min）	
	下卷速度		48（m/min）				39（m/min）	
	俯仰速度（s）		52	55	63	63	63	
	回转速度		0.75（r/min）	0.6（r/min）			0.6（r/min）	
	工作半径（m）	最大	24	26	28	30	26	28
		最小	3.5	3.5	4	5	4.5	5
	回转角度		360° 无限制					
	扬程		35m					
	液压泵组		Self-contained					
	液压马达类型	上卷	Axial piston motor					
		俯仰	Axial piston motor					
		回转	Axial piston motor					
	电动机		AC 170KW,ED40%,1set				AC 200KW,ED40%,1set	
	电源	主电源	AC 440V,60Hz，3ϕ					
		照明和室内取暖	AC 220V,60Hz，1ϕ					
	设计条件		Heel Max.5° +Trim Max.2°					
	总重量		45t	45t	45t	45t	50t	50t
舱口盖	主要产品		折叠式舱口盖、吊离式舱口盖、侧移式舱口盖					
			Car Deck，RO-RO Equipment 等设备，可满足客户多种需求					

船用电梯

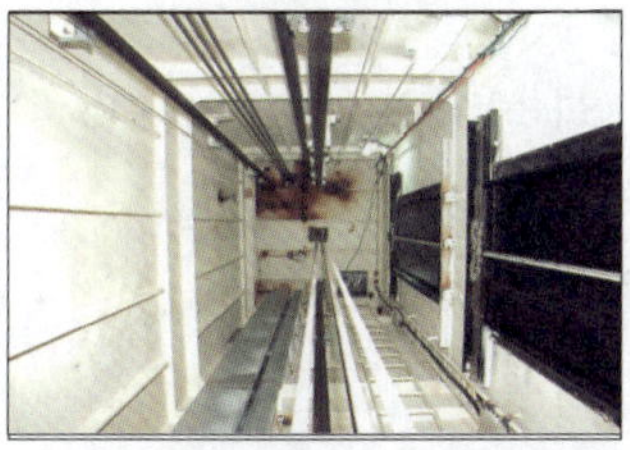
P 88

P 89

P 89

P 90

P 91

P 91

我国的船用电梯起步较晚，技术发展速度较慢。上海船舶设备研究所和上海船厂等单位，率先为我国用于船舶上运输货物的电梯升降机进行了富有成效的工作。近几年发展起来的我国船用货物电梯升降机主要有以下几型：船用升降机、船用货物升降机、船用厨房升降梯、船用载货电梯等。现在由于船用电梯市场销量较小，对电梯可靠性的要求极高，且准入门坎也相对较高，因此电梯品牌较少且基本都是国外品牌一统天下。我国初期的船用载货电梯基本上采用双速电机驱动，采用手动门、轿外控制，因为不容许载人，因此轿内没有控制器，速度一般为 0.63m/s。21 世纪初，我国开发出船用乘客电梯，规格为 500~1 500kg，采用有机房或无机房驱动，电机采用变频控制，电梯加速度减小，平层精度提高，提高了人员的舒适度，速度一般为 1m/s。轿厢大都采用不锈钢包覆，有防摇扶手、安全逃生口、合适的照明通风、应急按钮和电话，包括安全钳等断绳安全保护和过载、超速、超摇保护等。轿内控制器以及自动控制门、电气控制部分基本能满足船用条件。

目前，国内生产船用电梯的研究所和企业主要有上海船舶设备研究所、中国船舶重工集团公司第七一三研究所海神电梯公司、苏州东南电梯有限公司和上海德圣米高电梯有限公司等。国内船用电梯生产用的曳引机、变频器、电器元件都采用进口品牌，其他部件大都采购国内名厂品牌，船用电梯标准又与美国、俄罗斯以及 ISO 标准相接轨，因而船用电梯性能与德国、日本、韩国等先进电梯水平接近。

上海船舶设备研究所的船用电梯研究部门从事国内船用客、货电梯及船用升降机的研究与生产，研制成功我国首座船用电梯试验塔，不仅填补国内的空白，还达到国际先进水平，拥有自主知识产权。七一三研究所海神电梯公司成功研制了舰载和民用船舶客运、货运电梯。目前，该公司的电梯产品分为舰用电梯和民船用电梯两类，舰用电梯按用途分为舰用载客电梯、舰用载货电梯、舰用提升设备三类，适用于海洋舰艇。内河船舶电梯有 CHSMK 载客电梯、CHSMG 观光电梯、HSMH 载货电梯三类，适用于航行在包含长江在内的内河基本航行条件下的旅游观光船、货运船；苏州东南电梯有限公司生产的船用电梯适用于航行内陆河流内的观光邮轮，远洋大型邮轮、远洋大型集装箱船、远洋大型运输船和水域上的大型建筑物；上海德圣米高公司生产的船用无机房电梯采用德国的控制系统和永磁同步曳引机，部件具有防爆、防水、防腐蚀的特性。

生产单位：广州广船国际电梯有限公司

地址：广东省广州市荔湾区芳村大道南40号内　邮编：510382　电话：020-81890820　81890696
传真：020-81890596　销售服务中心地址：广东省广州市海珠区革新路138号　邮编：510250
电话：020-84310786　84375554　传真：020-84379396　邮箱：gdgsie@163.com

公司系广州广船国际股份有限公司属下子公司，通过国际ISO9001质量体系认证。秉承多年制造船用电梯经验，可生产符合各类标准的船用电梯及陆上各类型电梯，满足顾客的使用要求，依托广船国际雄厚的资金和先进的技术，形成独立的现代化经营和管理体系。

产品技术参数：

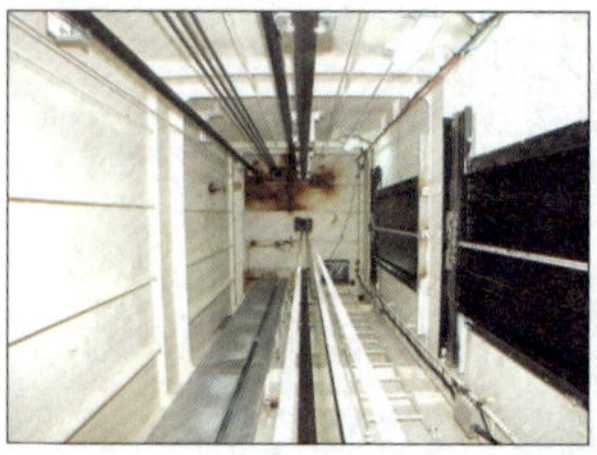

型号	基本参数	产品特点	实现功能	选型优势	执行标准	持有证书
船用乘客电梯 AbP1000/1.0	1 400×1 600×2 200 三相五线制， 380V，50Hz	适应海上环境，变频调速集选控制，以运送乘客为主，装修以人为本，使人感觉乘坐环境舒适和优雅	标准配置	全自动集选控制	按国标、船标、国军标生产	持有中国船级社认证证书
船用客货电梯 CbP1000/0.63	1 100×1 350×2 200 三相五线制， 380V，50Hz	适应海上环境，变频调速集选控制，以运送物品为主，可以搭乘乘客	标准配置，从装卸物品考虑，配置关门延时功能	全自动集选控制	按国标、船标、国军标生产	持有中国船级社认证证书

生产单位：中国船舶重工集团公司第七一三研究所海神电梯公司

地址：河南省郑州市京广中路 126 号　邮编：450015　电话 / 传真：0371-67132155
邮箱：hsdt713@126.com　网址：www.713hs.com　联系人：杜荣宝　13523588093

公司隶属于中国船舶重工集团公司（CSIC）第七一三研究所，成立于 1985 年，是国家最早研发、制造船用电梯的企业之一，现拥有工程师、高级工程师职称的技术人员 80 余人，拥有年制造、安装 3 000 台陆用和 500 台船用电梯的能力。

产品技术参数：

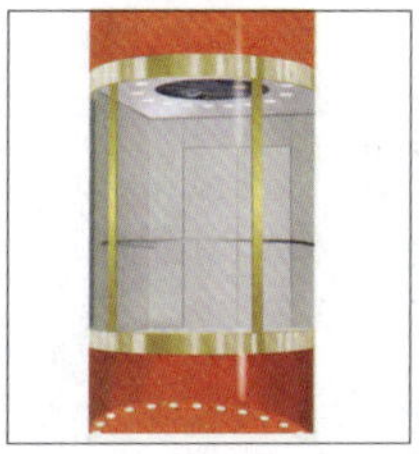

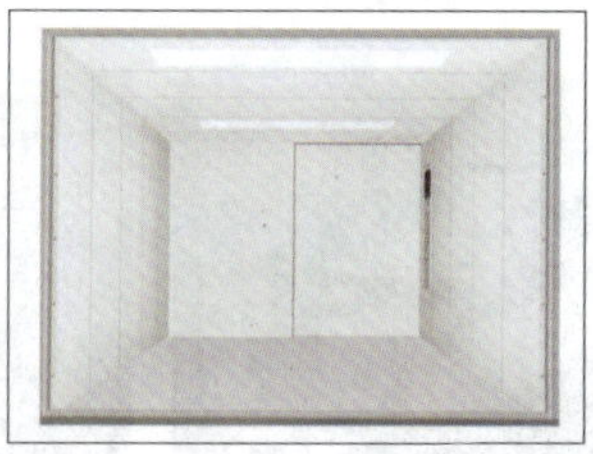

<table>
<tr><th>型号</th><th>基本参数</th><th>产品特点</th><th>实现功能</th><th>选型优势</th><th>执行标准</th><th>持有证书</th></tr>
<tr><td>船用乘客电梯
HSK（C）系列</td><td>额定载重：
320~1 600kg
额定速度：
0.5~1.0m/s</td><td rowspan="5">环境适应性：
1）空气温度：
在 −10~45℃范围内
2）空气湿度：
相对湿度：95% 并有凝露
3）周围介质：盐雾、霉菌
4）电梯投入使用条件：横摇 ±10° 以内，周期 10s；纵摇 ±7.5° 以内，周期 7s，在此条件下电梯可以正常载客运行，超过此条件不可载客。
5）电梯设备不损坏条件：横摇 ±22.5° 以内，周期 10s，纵摇 ±7.5° 以内，周期 7s。
安全性：电梯有多重安全保护措施，符合欧洲电梯标准及船级社的标准规范。主要有：超速保护，门机电联锁保护，底坑缓冲保护，端站保护，超载保护，电梯火警功能，电梯运行时间监控，超摇摆保护，轿内通讯报警系统，轿内临时应急照明，应急逃生窗</td><td rowspan="5">产品装船后功能：除一系列的安全功能外，还有很多的其他功能，主要有：全集选自动控制，轿厢照明通风系统，到站响铃，电梯门防夹人保护，自动开关门，自动返回撤离层，锁梯功能，层站数字式显示，满载直驶，电梯异常输出报警，外界异常信号输入</td><td rowspan="5">电梯有无机房均可，有机房时机房位置不受严格限制。
整机系统通过严格的高低温设计、三防设计、抗摇摆设计及电磁兼容性设计，性能更加稳定可靠</td><td rowspan="5">GB7588—2003
CB/T 3878—2011
CB/T 3567—2011
《船舶与海上设施起重设备规范》
GB25194—2010
同时满足 IMO、ISO 组织的各项最新规范和公约</td><td rowspan="5">CCS</td></tr>
<tr><td>船用观光电梯
HSG（C）系列</td><td>额定载重：
630~1600kg
额定速度：
0.5~1.0m/s</td></tr>
<tr><td>船用载货电梯
HSH（C）系列</td><td>额定载重：
100~1 600kg
额定速度：
0.3~1.0m/s</td></tr>
<tr><td>船用餐梯
HSW（C）系列</td><td>额定载重：
100~300kg
额定速度：
0.3~0.5m/s</td></tr>
<tr><td>船员电梯
HSC（C）系列</td><td>额定载重：
320~1 000kg
额定速度：
0.5~1.0m/s</td></tr>
</table>

生产单位：浙江联合电梯有限公司 LHEC

地址：浙江省湖州市南浔经济开发区织浔大道 68 号　联系人：王琪冰　电话：13567224246

浙江联合电梯有限公司位于中国电梯产业园——浙江湖州，是一家集电梯销售、制造、研发、维保服务于一体的综合性科技型企业，是国家高新技术企业。公司主导产品为特种电梯、曳引电梯、液压电梯、自动扶梯等特种升降产品，目前是“国家防爆南阳防爆电气研究所联合研发中心”“煤炭科学研究总院特种电梯研发中心”。产品远销 30 多个国家和地区，建立了完善的全球维保服务网络体系。

未来，联合将继续秉持用户至上的宗旨，以诚信、合作、进取之心，汇聚各方资源及成长性力量，持续科技创新产品促进企业整体进步发展，并以专而特、特而精、精而强的战略发展模式，努力把联合电梯打造成百年联合。

产品技术参数：

  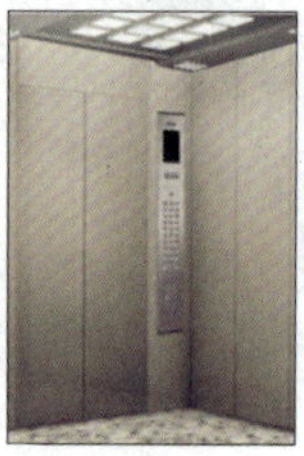

型号	测定载重量（kg）	测定速度（m/s）	控制方式	围井尺寸（mm）		底坑深度（mm）	功率（kW）
				B1	L1		
UCY10	100~150	0.35/0.37	PLC 控制	1 300	950	0	3.5
UCY10	200~250			1 400	1 050	600	
UCY10	630	0.5/1.75	一体化控制（VVVF）变频调速	1 600	1 350	800	6
UCY10	1 000			3 050	2 360	1 400	13
UCY10				3 050	2 860		
UCY10	1 500			3 050 3 650	2 860 2 860		19
UCY10							
UCY10	2 000						22
1500							

生产单位：上海德圣米高电梯有限公司

地址：上海奉贤区奉城工业园区南奉公路 199 号　电话：021–57521268
传真：021–57512556　邮箱：info@shdesheng.com

德圣米高是一家集各类电梯研发、制造、安装和维修保养于一身的综合型科技创新型企业，占有中国特种电梯高端市场 40% 的份额，在全国 19 个省市设有分支机构。DSMC 的产品种类全面，不但包括乘客电梯、观光电梯、载货电梯、病床电梯等普通电梯，而且还有防爆电梯、船用电梯、港口机械电梯、石油平台电梯、大 t 位载货电梯、防粉尘电梯和斜行电梯等诸多在国内具有绝对领先优势的特种电梯。

产品技术参数：

型号	基本参数	持有证书
船用电梯	德圣米高和中船集团七〇四研究所共同研制开发的船用无机房乘客电梯获国家发明专利，可在船舶左右摇摆 ±15 度，前后摇摆 ±5 度的情况下正常运行。同时具有抗潮湿、耐腐蚀、防电磁干扰等先进功能	CCS、BV、ABS、LR 等船级社认证
石油平台电梯	石油平台电梯兼具防爆功能和船用电梯功能两大特性，为您提供特殊场合的特殊需求，帮助您提高工作效率，降低维护成本	

载重量	速度	轿厢尺寸	轿厢高度	轿门			井道尺寸	底坑深度	顶层高度
（kg）	（m/s）	（W×D）（mm）	（mm）	方式	宽度（mm）	贯通	（W×D）（mm）	（mm）	（mm）
800	1.0~1.75	1 400×1 300	2 100	中分	800	否	2 000×2 000	1 600	4 000
1 000	1.0~1.75	1 600×1 450	2 100	中分	900	否	2 200×2 200	1 600	4 200

生产单位：东南电梯股份有限公司

网址：www.dndt.net　联系人：吴陶均　13816398482　021-51002775

东南电梯具备完善的电梯特种行业生产、安装资质，产品通过了ISO9001国际质量认证、ISO14000环境认证、ISO18000职业健康认证。符合国家标准GB7588-2003，同时符合EN81国际标准体系。东南电梯全面导入全球领先的、具有世界级水平的研发技术创新机制与体系，逐步实现“产品多元化、多层次化”。东南电梯在交通类中的船用电梯拥有独占的技术专利。

产品技术参数：

参数 / 型号		船用曳引乘客电梯 TKJC	船用曳引人货电梯 THJC	船用曳引客梯 TKJC	船用液压观光电梯 TGYC	船用液压人货电梯 THYC	船用曳引杂货电梯 TWJC
载重量（kg）		300~1 000	500~5 000	300~1 000	500~1 000	500~10 000	100~500
运行速度（m/s）		0.25~1.0	0.25~1.0	0.25~1.0	0.25~1.0	0.25~0.5	0.4
提升高度（m）		40	40	20	20	20	20
控制方式		集选	集选	集选	集选	集选	集选
满足环境条件	环境空气湿度	-25~45℃	-25~45℃	-25~45℃	-25~45℃	-25~45℃	-25~45℃
	空气相对湿度	95%	95%	95%	95%	95%	95%
	凝露、盐雾、霉菌、油雾	能满足	能满足	能满足	能满足	能满足	能满足
满足航行条件	横摆及周期	±10°　×10s	±10°　×10s	±10°　×10s	±10°　×10s	±10°　×10s	±10°　×10s
	纵摆及周期	±5°　×7s	±5°　×7s	±5°　×7s	±5°　×7s	±5°　×7s	±5°　×7s
存放条件	横摆	±30°	±30°	±30°	±30°	±30°	±30°
	纵摆	±10°	±10°	±10°	±10°	±10°	±10°

产品特点	实现功能	选型优势	执行标准
环境空气温度 -10～+50℃ 空气相对湿度为95%并有凝露周围介质中有盐雾 船舶在风浪中可能产生的围井（井道）扭曲变形 船舶横摇 ±10° 横摇周期10s，纵摇 ±5° 纵摇周期7s 船舶的上下垂荡应A＜3.8m，周期10s， A=3.8~0.01（L-250） 安全性	装船后功能体现；与其他产品配套功能体现	采用船用控制柜，其防护等级为IP55，控制柜并做2500V耐压实验，通过船检试验，船上均使用船用电缆进行布线； 船用控制箱各带电部分与接地装置之间的绝缘电阻冷态不小于20M欧姆； 船用电梯随行电缆、限速器钢丝绳采取防止晃动特殊处理； 船用电梯轿厢和配重各装一套限速器和安全钳； 船员电梯设有轿厢被困人员专用逃生出口； 船上安装电梯的空间小，机房布置难度大，我公司可根据船上具体要求，灵活布置； 曳引驱动：上置式、下置式、旁置式； 液压驱动：无机房； 液压船用电梯机房布置灵活，适用船上空间小，无固定机房的要求，距井道20m内任意位置均可； 船用电梯关键部件均采用进口元件； 根据船顶层高度受限的特点，生产的船用液压电梯顶层高度最低可达2800mm（君子兰号顶层高度为2800mm）满足使用要求	GB/T3567--1993 船用乘客电梯 GB/T3878—1999 船用载货电梯 参照ISO8383 船用电梯特殊要求 中国船级社《船舶与海上设施起重设备规范》-（2001） GB 7588—2003 电梯制造与安装安全规范 GB/T 10058-2009 梯技术条件JB 21240—2007 液压电梯 JG 135—2000 杂物电梯 符合IMO、ISO、SOLAS、IACS规范或标准

侧推器

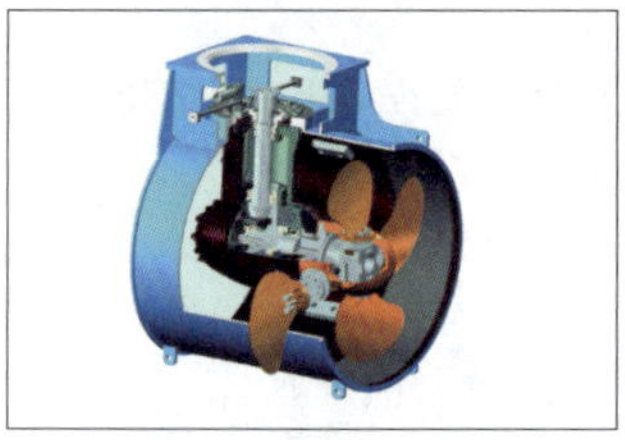
P 94

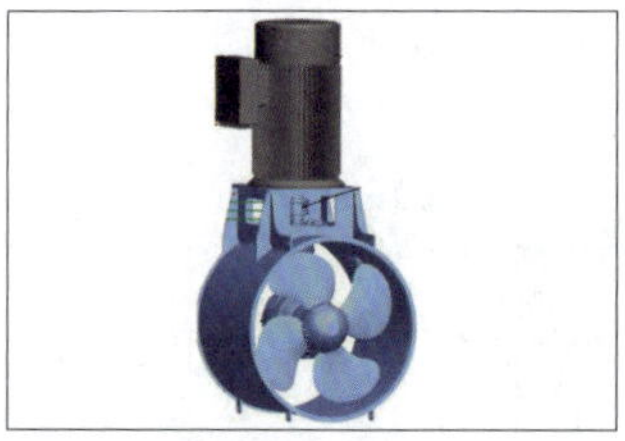
P 94

P 95

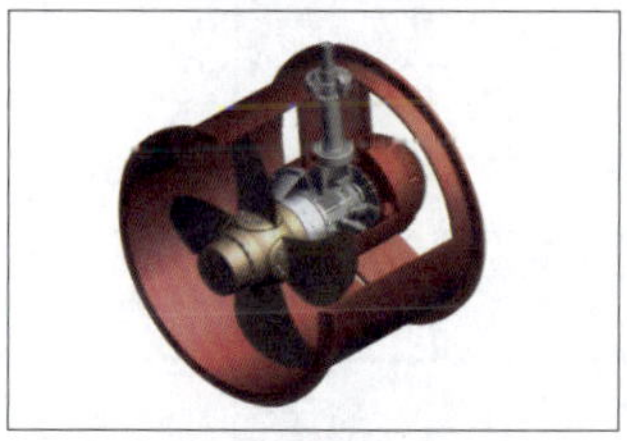
P 95

P 96

P 96

侧推器也叫横向舵、横向喷流舵，它装设于船首、尾部较低处，以便于在船舶低速航行时和布置在船尾部的常规舵协作以完成转向操作，以及当船舶停车或后退时能获得较好的控向性能，侧推器的轴向与船舶舯剖面相垂直，位于船首底部者称艏侧推器，装于船尾者为艉侧推器。由于船尾有螺旋桨和舵设备，因此艉侧推器的安装工艺复杂、成本相对较高，故船舶安装侧推器多数布置在首部。目前，一些有特殊用途的船舶（ 如工程船、滚装船、集装箱船和客渡船等）为提高自动操纵的能力，安装了侧推器。

船舶侧推器是一种应用较为广泛的船舶动力系统产品，国外主要企业有瑞典 KAMEWA、日本川崎重工公司的 KT 系列侧推装置、日本 NAKASHIMA 公司的 TCN 系列侧推装置、英国 Rolls Royce 侧推器、加拿大 JASTRAM 等。国内有武汉船用机械有限公司、苏州船用动力系统股份有限公司、浙江汉力士船用推进系统股份有限公司、无锡东方长风船用推进器有限公司等。其中，武汉船用机械有限公司引进日本川崎重工技术，生产桨叶直径为 720~2 000mm，最大输入功率 75~1 150kW、公称推力 12.5~165kN 侧向推进器；苏州船用动力系统股份有限公司引进瑞典 KAMEWA 公司主推可调桨、可变螺距和定螺距侧向推进器产品技术和德国肖特尔（SCHOTTEL）公司舵桨产品技术上，并在消化吸收的基础上加以适应性改进和提高。现已成为国内生产舰、船用特种推进器产量、品种、规格最多最全，生产历史最长的专业公司，在国内造船界和部队系统享有一定的知名度；汉力士侧推器适用于各种类型的船舶，可由柴油机或电动机驱动；无锡东方长风船用推进器有限公司是设计、研发、生产制造船用全回转推进装置的专业公司，设计及生产各种单桨、导管桨、对转桨、导管对转桨等不同型式推进器的舵桨产品，功率范围 44kW（60hp）~3 000kW（4 080hp），广泛应用于渡轮、拖轮、工程船及各种操纵性能要求较高的民用和军用船舶。

生产单位：武汉川崎船用机械有限公司

地址：武汉市青山区武东路 43 号　邮编：430084　电话：027-86410135　传真：027-86410136/7
网址：www.wkm.net.cn　邮箱：zhang_wb@wkm.net.cn　联系人：张文斌

武汉川崎船用机械有限公司（WKM）是由武汉船用机械有限责任公司（WMMP）和日本川崎重工业株式会社（KHI）于 1995 年共同投资创建的一家合资企业，利用川崎专有知识产权和生产管理模式，专业生产侧向推进器。

产品技术参数：

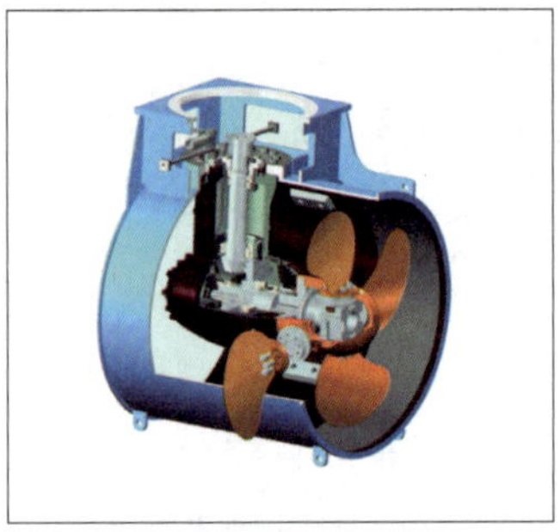

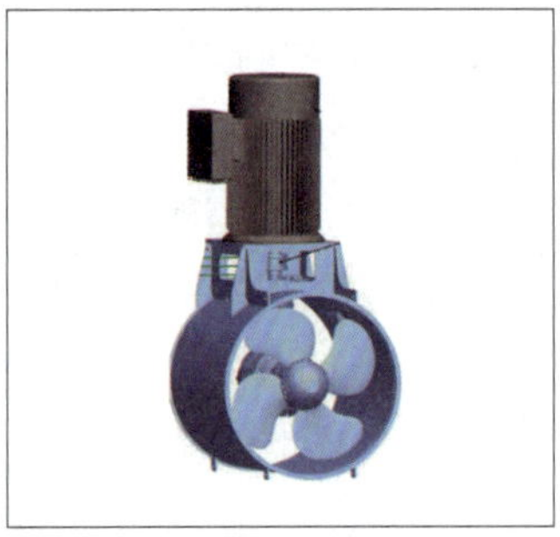

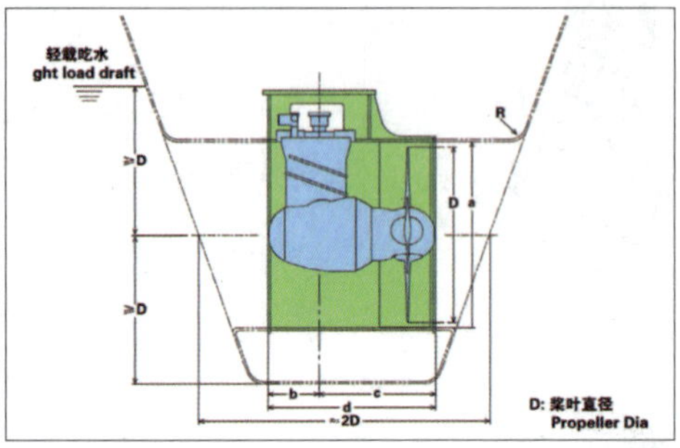

		KT-32B3	KT-55B3	KT-72B3	KT-88B3	KT-105B3	KT-130B3	KT-157B3	KT-187B3	KT-219B3	KT-255B3
选型参数	螺旋桨直径（mm）	1 000	1 300	1 450	1 650	1 800	2 000	2 200	2 400	2 600	2 850
	最大输入功率（kW）	320	550	700	920	1 070	1 350	1 600	1 850	2 200	2 700
	推力（kN）	46	77	99	129	151	189	226	262	311	380
	转速（60Hz）（r/min）	1 750			1 160					880	
	转速（50Hz）（r/min）	1 450						980		735	
	a,mm	1 060	1 377	1 536	1 747	1 903	2 114	2 324	2 534	2 744	3 004
	b,mm	335	375	390	475	475	515	585	620	655	715
	c,mm	710	790	860	1 075	1 075	1 170	1 295	1 420	1 540	1 670
	d,mm	1 045	1 165	1 250	1 550	1 550	1 685	1 880	2 040	2 195	2 385
产品特点											
选型优势		1）结构紧凑；2）两舷平衡性能高；3）低振动，低噪音；4）侧斜式桨叶、在立柱上采取防涡流对策、扩大桨叶叶梢与导管内壁的间隙以及加大桨叶与立柱之间的空间等新技术的采用，减少了船舶的振动及噪音；5）易于安装导管及更换桨叶									
执行标准		1）GB、JIS; 2）IMO、ISO、SOLAS、IACS									
各种专利		USA: PUS4474533、PUS4470364; GERMANY: PDE3205216、PDE3239767; JAPAN: U1762376、U1605764、U1634196、U1897508									
船级社认证		ABS、BV、DNV GL、CCS、LR、KR、NK、RINA 等									
产品功能		1）离靠岸；2）动力定位									

生产单位：江苏华阳重工科技股份有限公司

地址：江苏省东台市经济开发区振兴路 16-1 号　电话：0515-85320109　85238109
传真：0515-85312028　85286309　总经理：丁郁华 13901416309　副总经理：丁晓阳 13770093331
邮箱：dtxycp@sina.com 网址：www.dtxycp.com

公司主要从事船舶轴系、舵系成套设备及起重机械的生产制造，集船舶及海洋工程设备科研、开发、制造于一体，系中国船舶工业联营企业、国家高新技术企业、国家三级保密单位，是江苏省军工学会常务理事单位。具有 300 000 t 以下船舶轴、舵系成套设备配套能力和特种起重设备 320 t 以下资质。

产品技术参数：

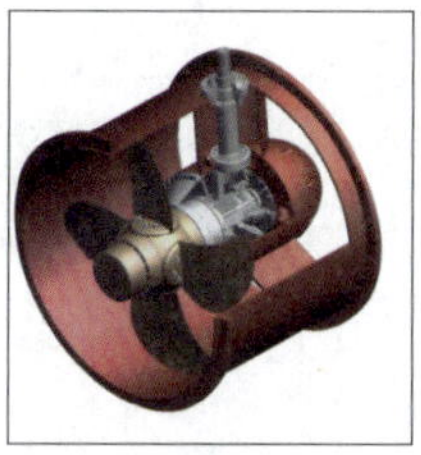
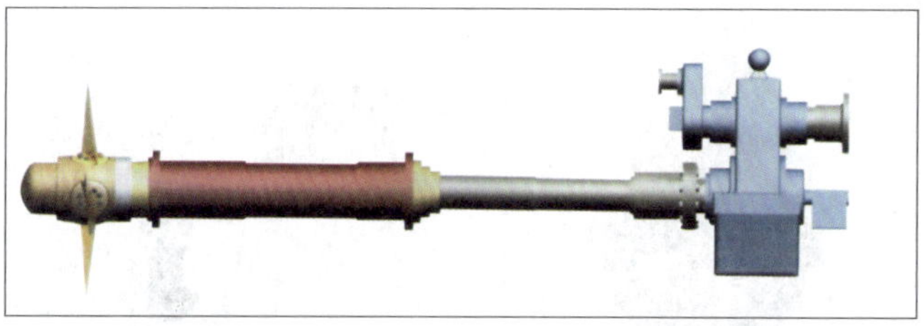

高性能襟翼舵

1	舵面积系数	1.6%~3.7%
2	平衡系数	0.31~0.37
3	舵翼比	0.23
4	转角比	100°　/45°　、80°　/35°
5	舵面积	根据传播要素而定

可调桨

型号	桨毂型式	桨毂直径（mm）	桨叶最大直径（mm）	最大功率（kW）
HYCP38	A、B	380	1 500	850
HYCP45	A、B	450	1 800	930
HYCP53	A、B	530	2 150	1 300
HYCP57	B、C	570	2 280	2 500
HYCP63	B、C	630	2 520	3 000
HYCP72	B、C	720	2 900	5 000
HYCP79	B、C	790	3 150	6 000
HYCP85	B、C	850	3 400	8 000
HYCP92	B、C	920	3 700	11 000
HYCP105	C	1 050	4 200	＞1 500
HYCP110	C	1 100	4 500	
HYCP121	C	1 210	4 850	
HYCP135	C	1 350	5 300	

侧推

型号	螺旋桨直径（mm）	最大功率（kW）	最大拖力（kN）	螺旋桨型式
HYSP60	600	20~75	16	固定桨
HYSP90	900	75~210	33	固定桨
HYSP110	1 100	200~330	46	固定桨、调距桨
HYSP130	1 300	310~470	66	固定桨、调距桨
HYSP165	1 650	450~760	108	固定桨、调距桨
HYSP185	1 850	720~1 020	132	固定桨、调距桨
HYSP200	2 000	980~1 270	165	固定桨、调距桨
HYSP225	2 250	1 200~1 550	235	固定桨、调距桨
HYSP250	2 500	1 450~2 100	326	固定桨、调距桨
HYSP275	2 750	2 060~2 480	378	固定桨、调距桨
HYSP300	3 000	2 300~2 930	462	固定桨、调距桨

生产单位：苏州金业船用机械厂

地址：江苏省苏州市高新区浒关镇桑园路 2 号　邮编：215151　电话：0512-66722459 66726973
传真：0512-66721533　邮箱：szjinyetjm@126.com　tjm@szjinye.cn　网址：www.szjinye.cn
联系人：汤建明 13806213381　胡昆 13776065838

苏州金业船用机械厂(简称SJMP)是国内专业生产船用推进器的专业厂商之一，公司主要产品有：船用侧推装置系列(CP及FP)，全回转舵桨系列(RP)。该厂技术实力雄厚，一整套科学的管理方法及大批高级工程师是产品质量的有力保证，从产品的原材料购买到产品的加工生产、测试检验及安装调试进行全面的监控及跟踪，并定期调查客户的使用情况，根据客户反馈的信息制定相应的改进措施，不断提高产品的质量，尽最大努力让客户满意。

产品技术参数：

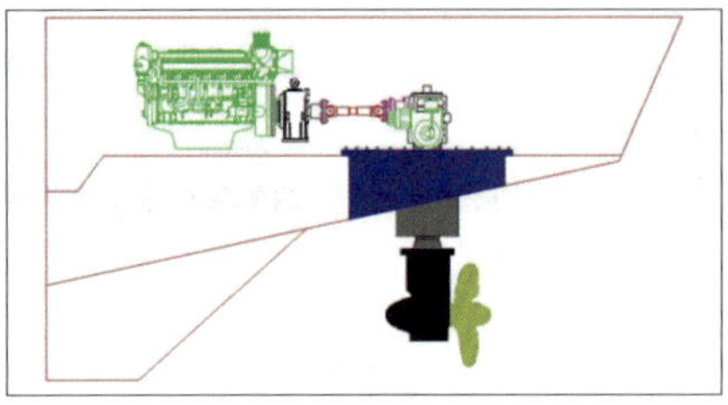
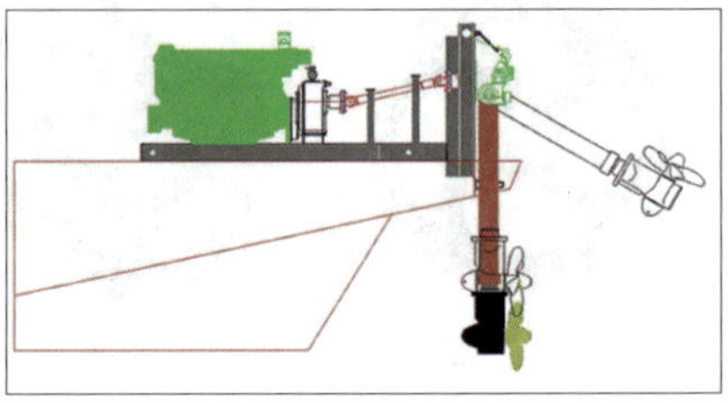

产品	基本参数	产品特点	实现功能	选型优势	执行标准	有无专利	持有证书
定螺距船用侧向推进器(FP)	功率:45~1050 kW 螺旋桨直径: 500~2 000 mm 推力:≤ 150 kN	采用变频技术实现推力大小和方向的改变，结构简单，维修方便，启动电流小	实现船舶横向移动； 实现动力定位	改善船舶的操纵性能	满足ISO9001及船级社最新规范	采用德国技术	CCS BV LR ABS RINA 等
变螺距船用侧向推进器(CP)	功率:100~1 050 kW 螺旋桨直径: 1 100~2 000 mm 推力:≤ 150 kN	采用液压技术改变桨叶螺旋角实现推力大小和方向的改变，操纵方便灵活	实现船舶横向移动； 实现动力定位	改善船舶的操纵性能	满足ISO9001及船级社最新规范	采用瑞典技术	
船用全回转舵桨井式安装(RP)	功率:100~900 kW 螺旋桨直径: 700~1 800 mm	结构紧凑、占用空间小，安装强度高	不改变主机运转方向，船舶可以前进或后退	不需要装舵可以改变船舶航行方向	满足ISO9001及船级社最新规范	采用德国技术	
船用全回转舵桨甲板机组型(RP)	功率:100~900 kW 螺旋桨直径: 700~1 800 mm	可以借助机械或液压的装置调节螺旋桨吃水，使船舶在吃水变化时都能获得最大推力；维修时可把舵桨翘出水面	不改变主机运转方向，船舶可以前进或后退	不需要装舵可以改变船舶航行方向	满足ISO9001及船级社最新规范	采用德国技术	

小甲板机械

P 98

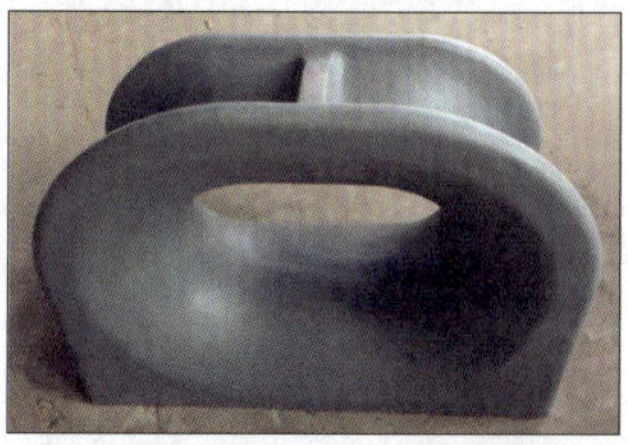

P 99

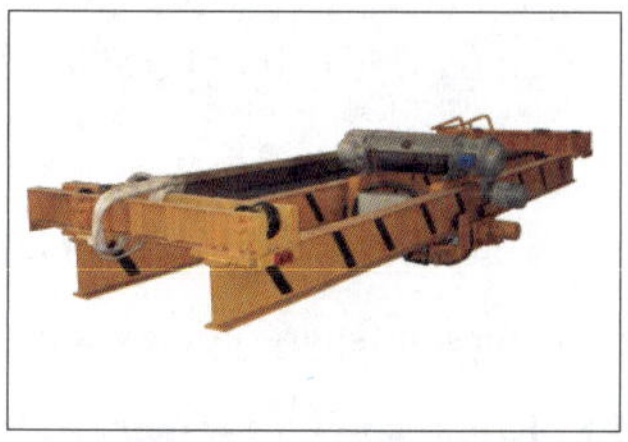

P 101

P 104

P 105

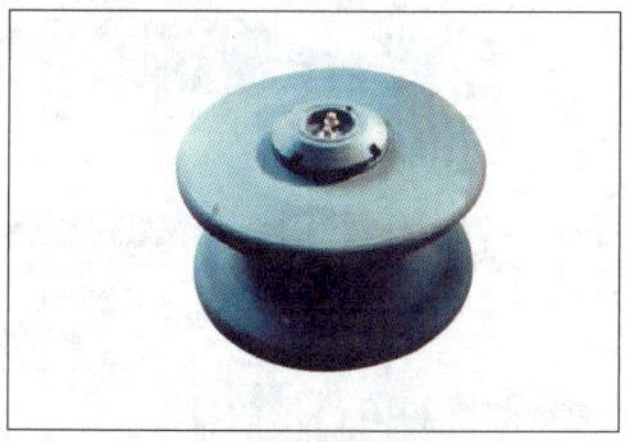

P 106

小甲板机械主要包括导缆器、带缆桩、系缆柱、导缆滚轮等多种设备。导缆器可改变缆索方向而不损坏缆索，安装在船舶甲板上，在船舶靠泊时使用；带缆桩带有一个或两个短柱，固定在船舶甲板上，用以系缚和操作缆索的固定结构。目前，国内主要企业有姜堰市曙光通用机械厂、泰兴市同心船舶机械制造有限公司、江苏新大陆船舶设备有限公司、泰州恒舟船舶设备有限公司、姜堰市振洋船舶机械设备厂、姜堰市海洋船舶设备制造有限公司等。姜堰市曙光通用机械厂通过了ISO9001:2000产品质量管理体认证，现有导缆滚轮、滚柱导缆器等十大系列1 000多种产品支撑满足全国通用机械的发展和需求；泰兴市同心船舶机械制造有限公司主要生产船用带缆桩、导缆器、导缆钳、卷车、绞车吊装、舷梯、绞车人孔盖、门窗、制锚器、掣链器、百叶窗、风管、通风附件、压力容器、供电和供水单元等多种船用系列配套产品；江苏新大陆船舶设备有限公司主要生产船用舷梯、门、窗、盖、系泊设备、卫生单元、直升机移动机库等，其中系泊设备包括导缆孔、系缆桩、导缆滚轮等小甲板机械；泰州恒舟船舶设备有限公司研制各类船用钢板滚轮、舾装设备、系泊设备、船用集装箱紧固件、绑扎件的专业厂家，所生产的产品有船用导缆滚轮、导链滚轮、导缆孔、系缆桩、制链器、滚柱导缆器、羊角滚轮导缆器，弃锚器、人孔盖、舱口盖、集装箱紧固件、舷梯等品种，是国内首先利用自身技术开发生产机械设备产品的企业；姜堰市振洋船舶机械设备厂主要产品有导缆滚轮、导链滚轮、滚柱导缆器、滚轮导缆器、系缆桩（带缆桩）、码头桩、导缆钳、导缆孔、弃链器、弃锚器、掣链器、人孔盖、船用卷车等，产品广泛配套于国内各大船厂，同时外销日本、韩国、意大利、新加坡等国家和地区；姜堰市海洋船舶设备制造有限公司是一家专业制造各类船用系泊设备（导缆滚轮、导链滚轮、滚柱导缆器、滚轮导缆器、系缆桩、码头桩、导缆钳、导缆孔、弃链器、弃锚器、掣链器、人孔盖、舱口盖、油舱盖、货舱盖等）及其他船舶舾装件的企业，所生产的产品品种齐全，质量可靠，广泛应用于国内各大船厂制造的各类船舶，同时还外销日本、韩国、西班牙、意大利等国家。

生产单位：德瑞斯博海机械设备（大连）有限公司

地址：大连市 甘井子区 大连湾 苏家 北海工业园　网址：www.ttsgroup.com　邮箱：sg@tts-bohai.com
电话：0411-87112670　售后服务　邮箱：service@tts-bohai.com　电话：0411-8711 2690

德瑞斯博海机械设备（大连）有限公司成立于 2005 年，由世界船舶行业领先的大连船舶重工和世界船舶配套产业领先的 TTS 集团共同出资组建而成。公司位于美丽的滨城大连，其得天独厚的地理位置也为公司的未来创造了无限的发展空间。

目前，公司的主要产品涵盖了各类船用吊机（包括钢丝绳/液压缸变幅的重吊、货物吊、软管吊、伙食吊、服务吊、艇架等）、普通海工吊、升沉补偿海工吊和钻井设备的制造，我们是 Hydralift、Norlift、O&K、Krupp 和 LMG 船用吊机的专业制造商。同时公司拥有经验丰富的服务队伍，并借助于 TTS 集团遍布全球 50 多个主要港口城市的服务网点，为广大船东提供有效而迅速的服务保障。

德瑞斯博海（大连）有限公司致力于为船厂和船东提供世界一流的优质产品和设计解决方案以及增值的服务，为您超越竞争对手，在成功的道路上助一臂之力。

TTS Bohai Machinery （Dalian） Co.,Ltd. established in 2005, TTS Bohai is a joint venture company ,which invested by world shipbuilding industry leader—Dalian New Shipbuilding Heavy Industries Co.,Ltd and world marine equipment industry leader —TTS Group. Company is located in the beautiful coastal city—Dalian China, her unique geographical position brings infinitive development opportunities for the future of the company

At present, the main products of the company covers all kinds of Marine crane （including wire rope/hydraulic cylinder luffing heavy lift crane, cargo crane, hose crane, provision crane, and rescue boat davit, etc）, the common offshore crane, active heave compensation offshore and drilling equipment. We are the original maker of Hydralift, Norlift, O&K, Krupp and LMG crane. At the same time the company has experienced service team, and by the TTS group world network around fifty main port cities, TTS Bohai guarantee the efficient and prompt service for all ship owners.

TTS Bohai Machinery （Dalian） Co., Ltd is committed to provide first-class quality product & design solutions and value-added service for shipyards and shipowners. For you outperform competition, TTS Bohai will contribute our all the effort.

TTS – the best choice.

生产单位：江苏扬帆船舶设备有限公司

地址：江苏省泰兴市张桥镇工业园区同源路 1 号　　邮编：225451
电话：0523-87562354　　传真：0523-87571770
Email: jsyf@vip.163.com

江苏扬帆船舶设备有限公司位于享有“银杏之乡”美誉的滨江城市——泰兴市。占地面积 20 000m^2，公司现有正式员工近 80 人，其中各类专业技术职称人员 50 人，高中级职称人员 30 人。通过了 ISO9001：2008 质量体系认证。近年来公司荣获泰兴市“十佳企业”“泰州市质量合格企业”“泰州市重合同守信用企业”等称号。

公司主要从事船舶通风、关闭、系泊、梯杆四大类标准及非标产品的设计与制造，公司已获得 BV、DNV•GL 工厂认可，相关产品获得 DNV•GL、ABS、BV、NK、LR、CCS 等产品证书。其中涡轮增压机组进气盖装置和气动百叶窗获得实用新型专利证书，专利号为：ZL2015 21058484.1、ZL 2015 2 1058527.6。

公司技术力量雄厚，制造设备精良，检测手段完善。生产工人中已取得 CCS 焊工资格证书的有 10 人，取得 GL 焊工资格证书的有 5 人，其余工人均具有多年的工作经验。公司遵循“靠质量求生存，靠信誉求发展”的方针，一如既往地坚持我们的品质，为广大用户提供更好的产品和服务！

扬帆公司坚持“科技高起点、品牌高层次、质量高品质、员工高素质、管理高要求”的“五高”发展理念；以“追求卓越、与时俱进”为企业精神；秉承“产品高品质、服务高效率、不断提高顾客满意度”的质量方针；坚守“品牌创造价值”的观念，使扬帆船舶设备迅速成为同行中的佼佼者。

生产单位：大连朝胜自动化有限公司

地址：大连旅顺口区北海街道兴海路 511 号　邮编：116000　邮箱：cxd@chaosheng-china.com
电话 / 传真：0411-86257129　手机：13909843175　联系人：才晓丁　网址：www.chaosheng-china.com

大连朝胜自动化有限公司成立于 2001 年，2005 年通过 ISO9001:2000 认证。公司具有较强的海洋铺管设备研发能力，能根据用户要求设计制造全套机械设备及控制系统。对于海洋铺管的工艺、流程、运行状态等有较深刻的理解。完成的项目及设备实用性强、运行稳定、操作方便、可控性高、寿命长，是海上铺管设备的专业制造商。公司产品均经过严格的出厂检验并实行三包，竭诚希望与广大用户建立良好的合作关系。

产品技术参数：

名称		最大张紧力（kN）	管道夹持力（kN）	夹持管径（mm）	最大倾斜角	最高速度（m/min）	系统最高压力（MPa）	总功率（kW）	外形尺寸 长 × 宽 × 高（mm × mm × mm）	重量	用途
张紧器	50T	500	550	101~1 524	5°	放管：27 收管：12	20	180	6 000 × 2 428 × 5 110	52	用于海底铺管作业
	75T	750	800	101~1 524	5°	放管：28 收管：22	20	520	7 123 × 2 428 × 5 120	78	

名称		卷筒负载（kW）	绳速（m/min）	钢索规格直径（mm）	容绳量（m）	最高工作压力（MPa）	刹车开启压力（MPa）	功率（kW）	用途
AR 绞车	50T	500	收：0~9　放：0~27	52	500	21	7	264	与张紧器配套使用，紧急情况弃管和收管
	75T	750	收：0~12　放：0~27	60	510	21	7	400	

名称	工作张力（kN）	夹持范围（mm）	工作速度（m/min）	随动速度（m/min）	工作压力（MPa）	功率（kW）	用途
9T 布揽机	90	20~300	0~17	0~105	0~20	15	用于海底铺电缆作业

名称	张力	卷筒负载（kN）	绳速（m/min）	脐带规格直径（mm）	容绳量（m）	最高工作压力（MPa）	刹车开启压力（MPa）	功率（kW）	用途
脐带绞车	6T	60	收：0~10　放：0~20	102	200	14	2	22	与挖沟机配套，为挖沟机提供电源

名称	张力	卷筒负载（kN）	绳速（m/min）	电缆规格直径（mm）	容绳量（m）	最高工作压力（MPa）	刹车开启压力（MPa）	功率（kW）	用途
双筒电缆绞车	4T	40	收：0~10 放：0~20	64	2x300	18	2	15	与挖沟机配套，为挖沟机提供电源

产品名称	产品编号	公称拉力（kN）	公称速度（m/min）	电机功率（kW）	外形尺寸（mm × mm × mm）	重量（kg）	备注	用途
10t 绞车	CS7D100	100	15	22	2 390 × 1 785 × 985	7 000	可以配备储绳绞车	移船绞车，拖拉绞车，定位绞车
15t 绞车	CS7D150	150	10	30	3 150 × 2 000 × 1 180	8 000		
20t 绞车	CS7D200	200	10	45	3 580 × 3 355 × 1 280	9 500		
30t 绞车	CS7D300	300	12	110	3 150 × 2 000 × 1 180	13 000		
40t 绞车	CS7D400	400	9	63	3 580 × 3 355 × 1 280	16 000		
50t 绞车	CS7D500	500	9	75	3 150 × 2 000 × 1 180	20 000		
60t 摩擦绞车	CS7D600	600	9	132	6 000 × 3 500 × 1 800	25 000		
200t 摩擦绞车	JHHG-200ZSMC	2 000	9	200	10 150 × 2 400 × 3 180	80 000		
我们可以根据客户的具体要求，设计、生产其他规格的产品								

生产单位：江阴市远通船舶机械有限公司

地址：江苏省江阴市夏港街道普惠路 33 号 邮编：214442 电话 / 传真：0510-86163818
邮箱：jiangyinyuantong@sina.com 网址：www.jyytcb.com 联系人：周小虎 13915243609

公司专业生产船舶配套产品，有着多年的生产制造经验，并赢得了全国大中小船厂的信任。主要生产船用电动行车（双梁、单梁），手动行车 0.5~10t、20t、30t，回转杂物吊、油管吊、电动围转起重机，液压回转起重机（电动、手动）及其船用非标产品舾装件，设计制造产品得到国内外船级社认可，CCS、ABS、LR、DNV、BV 等国家认可证书，并通过质量管理体系认证 GB/TISO9001-2000。本公司有一套健全的生产管理、供货合同管理和质量管理制度，具有可靠完善的调试和检测手段。

产品技术参数：

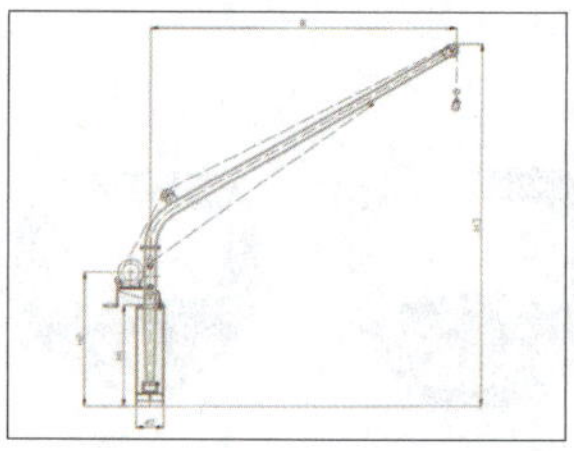

型号	基本参数	产品特点	实现功能	选型优势	执行标准	持有证书	自填
船用起重机械设备产品	外观尺寸： 1）双梁 A 型长 7.8m × 2.2m 2）单梁按用户要求设计出图配套 3）杂物吊、油管吊、灯吊、气动吊、平移吊、电动回转重机、液压回转重机等（按用户要求设计出图配套） 控制电压： 1）380V，50Hz 2）440V，60Hz 设计符合《船舶及海上设施起重设备规范》达到船级社审图认可	本产品适用于船上横倾≤ 5° 纵倾≤ 2° 具有限位报警功能、安全性能可靠，使用时按照起重机规范操作，可达到起重设备的寿命长并且安全，无危险	装船后达到海船的可靠性、良好运作，无任何不良情况返诉。体现了该产品的制作质量性能完好	起重设备机械产品，按规范严格要求自我，不达标准的产品一律不准出厂，调试整装严格，多次试验运作。宁可留厂一天调试，不准留病机出厂修理。相比同类产品，有严格的质量保证，诚信服务	符合 IMO、ISO、SOLAS、IACS 规范或标准	CCS、LR、DNV、BS、BV 等船级社证书	目前正在进行船用甲板双梁门吊为 20t，跨 21m 高 17m 船检要求 ABS 新型项目

生产单位：泰州华东船舶设备有限公司

地址：江苏省泰州市姜堰区沈高镇官庄邮政局对面　邮箱：cpc@vip.163.com
联系人：汤润涛 13505267565　电话：0523-88662544　传真：0523-88666860
网址：www.hdship.shipe.cn　www.donghuaship.com

泰州华东船舶设备有限公司（原泰州东华船舶设备有限公司）位于京剧艺术大师梅兰芳的故乡——江苏省泰州市。东与新兴港口城市南通市交接、西与古城扬州市毗邻，居我国经济发达、工业基础雄厚的长江三角洲开发区。

主要产品有：船用门把手、系泊设备（导缆滚轮、导链滚轮、滚柱导缆器、滚轮导缆器、系缆桩－带缆桩、码头桩、导缆钳、导缆孔、弃链器、弃锚器、掣链器）、舾装件（船用门、船用窗、船用盖、船用梯等）等。产品品种齐全，质量优良。广泛配套于国内各大船厂，同时外销日本、韩国、意大利、新加坡等国家和地区。

主要产品：

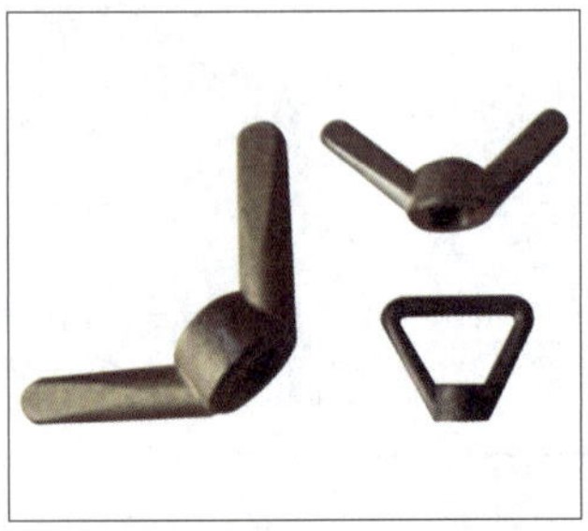

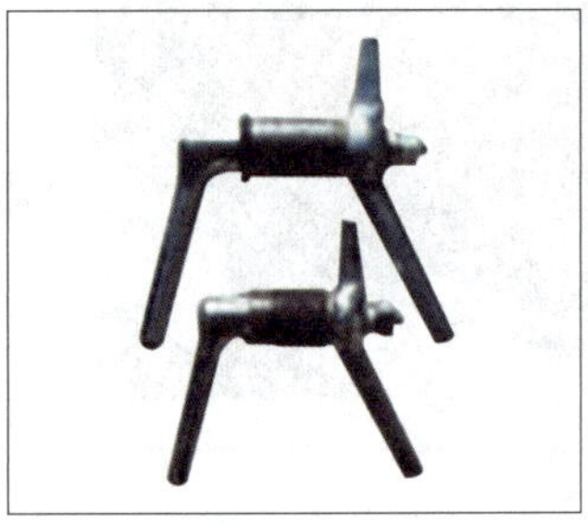
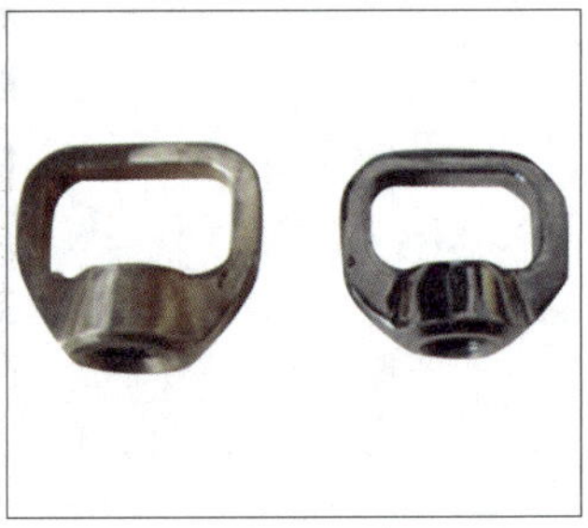

系泊系列	· 导缆滚轮－韩式导缆滚轮－德式导缆滚轮 · 导链滚轮 · 导缆器－圣劳伦斯导缆器－工程船导缆器 · 滚柱导缆器－德式滚柱导缆器 · 滚轮导缆器－羊角滚轮导缆器－羊角单滚轮导缆器－双滚轮导缆器－水平滚轮导缆器 · 导缆钳－滚轮导缆钳 · 导缆孔－巴拿马导缆孔 · 带缆桩－十字形带缆桩－通风式带缆桩－系缆桩－带缆柱－系缆柱 · 德式带缆桩－德式系缆桩－美式带缆桩－美式系缆桩 · 螺旋弃链器－锚链弃链器－螺旋锚链弃链器 · 弃锚器－螺旋弃锚器－插门式弃锚器 · 锚链止链器 · 掣链器（制链器）－螺旋掣链器－滚轮闸刀掣链器－铸钢闸刀掣链器 · 系泊羊角 · 掣链钩 · 掣锚索 · 锚链舱眼环
舱盖系列	· 人孔盖－埋入式人孔盖－圆形人孔盖 · 舱口盖－水密舱口盖－快速启闭舱口盖－快速启闭水密舱口盖－铝质舱口盖－钢质舱口盖－液压折叠式舱口盖－滚动式舱口盖－钢质防火水密舱口盖－耐压式舱口盖 · 油舱盖－水密油舱盖－转动式油舱盖

生产单位：博世力士乐 Rexroth Bosch Group

大 型 项 目：薛曙明 18910757070 邮箱：Shuming.Xue@boschrexroth.com.cn
陈伯扬 13925025731 邮箱：Edmond.Chan@boschrexroth.com.hk
造波机及舱内设备：刘伟乐 13922295413 邮箱：Wl.Lau@boschrexroth.com.hk
甲 板 机 械：朱 毅 13818525436 邮箱：Yi.Zhu4@boschrexroth.com.cn
船 舶 柴 油 机：张彦伟 13910773112 邮箱：Yanwei.Zhang@boschrexroth.com.cn
海 工 装 备：王 奎 18019026613 邮箱：Kui.Wang@boschrexroth.com.cn
网 址：www.boschrexroth.com.cn

博世力士乐根据多年丰富的船舶及工程经验，为中国海洋工程提供优质的液压产品、全方位的技术支持和完善的解决方案并提供全球范围内的服务，为你的海洋之旅保驾护航！

产品技术参数：

工程船舶
绞吸挖泥船、耙吸挖泥船、反铲挖泥船、打桩船、开体泥驳、补给系统等
（提供液压动力站、油缸、阀组及全套的控制与驱动系统）

甲板机械及其他船舶控制系统
绞车（锚机）、吊机、舱口盖、舵机、货油泵、螺旋推进器、减摇鳍、主推进燃油喷射系统等
（提供液压动力站、油缸、阀组、全套系统和元件）

产品技术参数：

深海技术
深海采矿机械、深海液压打桩锤、深海安装单元、深海工程机器人
（提供液压动力站、液压马达、控制阀、液压油缸等）

海工装备
钻杆补偿系统、立管补偿系统、隔水管补偿系统、天车补偿、主动补偿吊机、直升机起降平台、吊机基座补偿平台等（提供被动和主动波浪补偿系统和运动控制的全套解决方案）

产品技术参数：

造波机
耐波性和操纵性水池、海洋工程水池、拖曳水池、水槽、海岸和港口工程水池等
（提供全套的波谱计算、控制与驱动系统）

船舶海事行业部分推荐元件：

A4CSG pump

A11/20 VO pump

A10/15 VSO pump

A2FM motor

A6VM motor

M4 mobile block

HICWB winch control block

CA motor

CB motor

Sub sea valve block
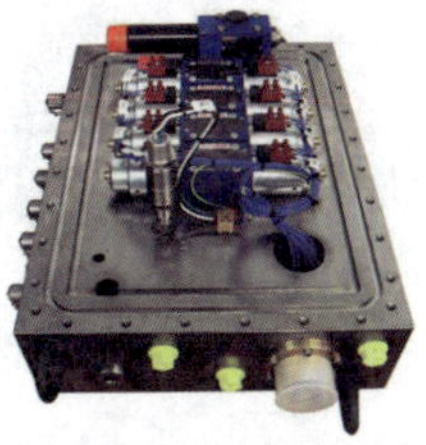

DSE winch control block

Servo motor

生产单位：姜堰市曙光通用机械厂

地址：江苏省姜堰市桥头镇邮局向北 40 米　邮编：225511　电话：0523-88781142　传真：0523-88781149
邮箱：huizi1665@sina.com　网址：www.jysgjx.com　联系人：李先生　15052849899

姜堰市曙光通用机械厂是一家专业致力于通用机械制造的现代化企业，集科研、生产、供销于一体。公司目前拥有专业的工程技术人员，国际先进的专业软件，设施科学的生产管理，产品达到标准、安全、卓越的目标。获得 ISO9001:2000 产品质量管理体认证。现有导缆滚轮、滚柱导缆器等十大系列 1 000 多种产品，支撑满足全国通用机械的发展和需求。

产品技术参数：

		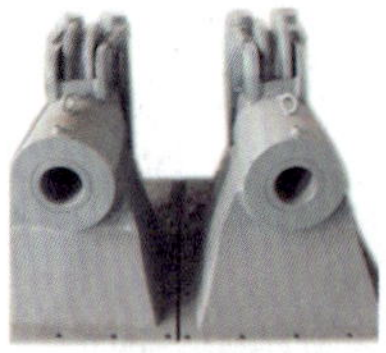	
		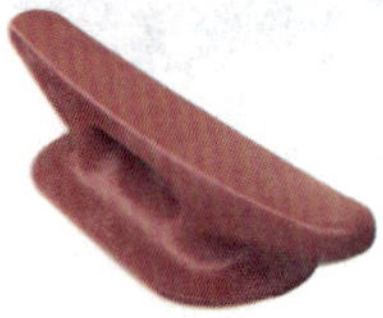	

民用船舶设计配套产品选型手册

Product Type Selection Relating Civil Ship Design

（2020 版）

第三章

舱室机械

船用泵

P 110

P 111

P 112

P 113

P 114

P 114

现代船舶动力装置、液料装卸、安全保障、生活服务和其他专用系统以及特种和辅助装置中，都需要有一定品种和数量的泵来主导或辅佐工作。尤其是离心泵、混流泵、轴流泵、旋涡泵、潜水泵、自吸泵等动力泵，依据船舶吨位和功能的不同而不同，其数量占全船用泵总数 60%~80%，这类动力泵的泵体和叶轮等主要零部件，大多是采用铜合金材料制造。对于海水泵，在材料选择和匹配方面具有特殊要求。过流部件一般采用铜合金、不锈钢等抗腐蚀材料。而且双相不锈钢及钛合金等材料的应用也将成为一种趋势。

目前，船舶动力泵最广泛采用的一种密封机构就是机械密封，然而这种机械密封也是船舶动力泵，尤其是输送舷外海水的通海动力泵的主要运行故障源之一。因此，国外很多船舶采用无泄漏泵（主要包括磁力泵和屏蔽泵）取代机械密封泵，不仅可以作为主机和各种辅机的海水冷却泵，而且可以作为燃油泵和热水循环泵等，并在实践中证明了这种良好的取代效果。而国内船舶上，磁力泵和屏蔽泵的应用还没有得到推广，主要是技术上的原因和对无泄漏泵的综合技术经济指标分析不够充分的原因。当然，采用磁力泵和屏蔽泵来作为舰船的通海海水泵，在技术上仍有一定的难度需要去研究和克服，尤其是承受高内压力的潜艇用通海海水泵，其技术尚需突破。舰船用泵正在向低噪声、无泄漏、高精度、高参数、安全性、可靠性等趋势发展。

在市场上，泵在船舶上广泛运用，在动力、生活、安全及液货装卸方面大量使用离心泵、螺杆泵、轴流泵等。一条货船有 20~50 台各类泵，其数量占船舶机械的 20%~30%，功耗占全船的 5%~15%，价值占全船的 2%~4%。国内船舶包括军船的泵基本是国内品牌，出口船主要还是国外品牌，特种泵如货油泵、大功率磁力泵、屏蔽泵等在技术上与国外有差距。泵的发展最重要的就是自动控制技术、自动调速技术及计算机集中监控技术与传统的机械泵相结合。当然新型密封、耐腐蚀、减震降噪、叶轮与泵提留道等泵本身的技术发展，我们也要投入力量，缩小与国外先进水平的差距。主要企业有江苏振华泵业制造有限公司制造的喷射泵、手摇泵、离心泵、漩涡泵、淡水泵、应急消防泵等；河北恒盛实业股份有限公司主要制造 KCB 型齿轮泵、YCB 型齿轮泵、3G 型三螺杆泵、CLH 系列船用立式离心泵等。

生产单位：张家港市太平洋泵业制造有限公司 洁冠 JIEGUAN

地址：江苏省张家港经济开发区棋杆路 1-2 号 邮编：215600 网址：www.pacificoceanpump.com
电话：0512-58269316 58990203 传真：0512-56991900
联系人：刘竹君 13806222720 邮箱：lzjtpy@sina.com

船用、消防水泵生产资质：中国船级社“质量管理体系认证证书”、“船用水泵型式认可证书”；英国船级社“产品检验证书”；中国渔业船舶检验局“船用产品型式认可证书”；美国船级社“产品检验证书”；法国船级社“工厂型式认可证书”；日本船级社“产品检验证书”；德国船级社“产品检验证书”；公安部消防产品合格评定中心“中国国家强制性产品认证证书”；中国国家标准化管理委员会“采用国际标准产品标志证书”；江苏省技术监督局“全国工业品生产许可证书”、“计量合格确认证书”。

产品技术参数：

产品图	型号	基本参数	产品特点	型式认可批准号	执行标准	船检形式
	JGGC-G 中压系列立式多级离心泵	流量：8~50 m³/h 压力：0.7~8MPa 材质：HT/QT/304/316L 不锈钢	体积小、扬程高、节能、环保、耐腐蚀、使用寿命长	NP10A01559 NP10A03431 NP12A00982	GB/T16907-2014 GB/T10832-2008 GB/T3216-2016 GB/T7060-2008 JB/T4297-2008 GB/T191-2008	CCS BV DNVGL ABS NK LR KR RINA
	JGGC 系列立式多级离心泵	流量：0.9~240 m³/h 压力：0.5~2 MPa 材质：HT/QT/304/316L 不锈钢	体积小、扬程高、节能、环保、耐腐蚀、使用寿命长	NP10A01559 NP10A03431 NP12A00982		
	CISG 系列管道泵	流量：2~1200 m³/h 压力：0.15~0.8MPa 材质：HT/QT/304/316L	体积小、扬程高、节能、环保、耐腐蚀、使用寿命长	NP11A02936		

生产单位：天台县海洋泵阀有限公司

地址：浙江省天台县街头镇

电话：0576–83037033　　传真：0576–83037066

邮箱：zjhybf@126.com　　网址：www.zjhybf.com

本公司是股份合作企业，位于浙江省东南的5A级风景区天台山，是浙江省船舶行业协会会员，天台县诚信企业。始创于2004年，现有固定资产500余万元。公司长期与科研院所合作开发泵类产品。质量管理体系符合体系标准：GB/T19001：2016/ISO9001：2015。建有《GB/T3216—2016》标准的水泵试验台，经上海市质量监督技术研究院检验合格，水泵制造和检测设备齐全。注册商标“舟涌”。消防泵产品是根据中华人民共和国国家标准《GB6245-2006》设计制造，产品经国家消防装备质量监督检验中心检验。船用产品是按《国际消防安全系统规则》《钢质海船入级规范》《船舶与海上设施法定检验规则》《远洋渔船法定检验技术规则》《钢质远洋渔船建造规范》的有关规定研制，设计图纸和技术文件报经中国船级社和国家渔船检验局审查批准，并获CCS和ZY产品型式认可，由验船师检验发证出厂。

产品技术参数：

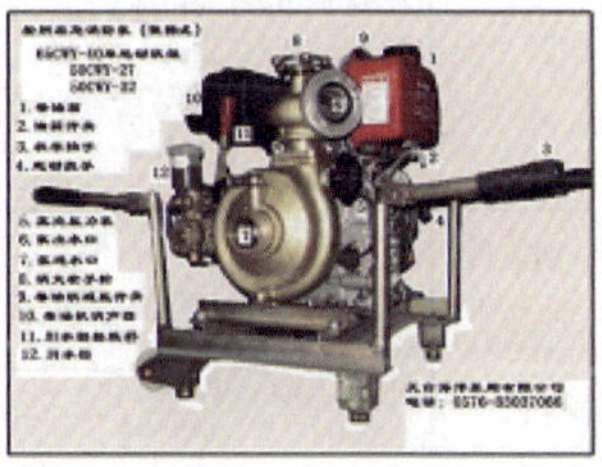

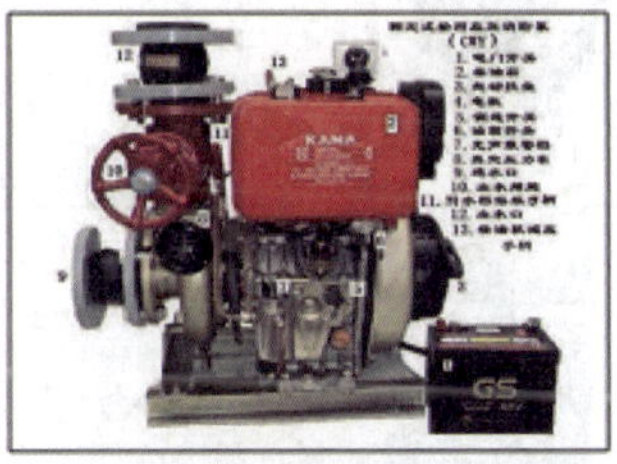

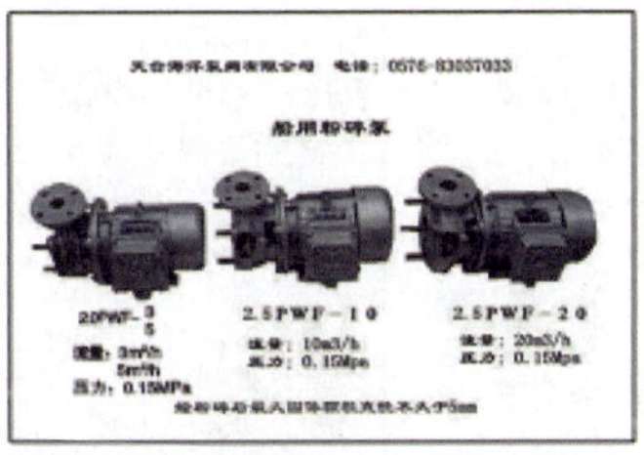

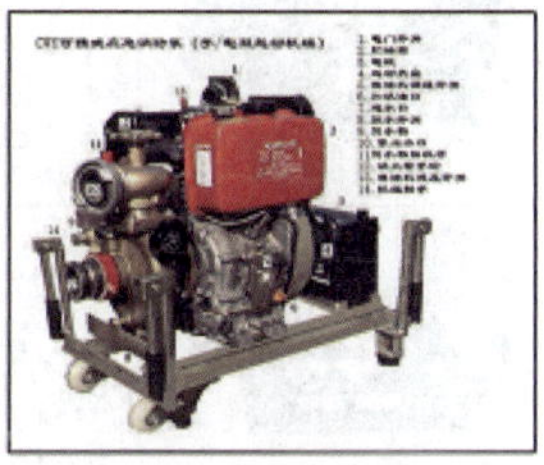

陆用消防泵：
汽油机JBQ5.0/15
汽油机JBQ4.1/10
柴油机JBC3.6/9

产品型号	基本参数	应用范围	产品特点、优势	证书
船用应急消防泵 50CWY－$\frac{27}{32}$	流量：25m³/h 扬程：32m	应用于交通船、渔船、海工船等	以柴油机为动力，有移动式和固定式机组，适用各类船舶	CCS、ZY
船用应急消防泵 65CWY－40	流量：30m³/h 扬程：40m	应用于交通船、渔船、海工船等	以柴油机为动力，有移动式和固定式机组，适用各类船舶	
船用粉碎泵 2.0PWF－$\frac{3}{5}$	流量：3m³/h 5m³/h 压力：0.15MPa	应用于交通船、渔船、海工船等	生活污水中污物的粉碎和抽送，经循环粉碎后固体污物直径小于5mm	
船用粉碎泵 2.0PWF－10	流量：10m³/h 压力：0.15MPa	应用于交通船、渔船、海工船等	生活污水中污物的粉碎和抽送，经循环粉碎后固体污物直径小于5mm	
船用粉碎泵 2.0PWF－20	流量：20m³/h 压力：0.15MPa	应用于交通船、渔船、海工船等	生活污水中污物的粉碎和抽送，经循环粉碎后固体污物直径小于5mm	

生产单位：山东壮发泵业股份有限公司

地址：山东省荣成市人和镇沙窝岛 电话：0631-7461177
邮箱：zhuangfasb@126.com 网址：www.zhuangfapump.com

山东壮发泵业股份有限公司创建于1966年，1998年改制为股份制企业。本公司是一家集船用泵类产品及其它船用产品的设计、研发、制造、检测、营销和服务于一体的专业企业。其主导产品有：柴油机配套机带水泵、油泵，船用水泵、油泵，船用生活污水处理装置、船用生活海、淡水压力柜和油水分离装置等，产品注册商标为“靖海”牌。公司一直坚持诚信为本、用户至上、质量求高、服务第一的理念，规范管理，创新发展，合作共赢。

山东壮发泵业股份有限公司通过了ISO9001质量体系认证，并获得CCS、ZY、BV、RS等船级社认证。

产品图	产品型号及用途	性能范围	产品图	产品型号及用途	性能范围
	ZFCW系列卧式离心泵，适用于船舶淡水和海水冷却用、卫生用泵等方面及工业和城市供水、排水。	流量：5~2 000m³/h 扬程：4~200m 功率：0.55~1 000kW		ZFCY系列应急消防泵主要用于船舶应急消防和其它排水之用。	流量：20~100m³/h 扬程：25~75m 功率：2.8~30kW
	CWZ系列卧式自吸离心泵，适用于船舶压载舱底泵、冷却泵及消防泵等。同时亦适合工厂、矿山和农业灌溉等使用。	流量：5~2000m³/h 扬程：4~200m 功率：0.55~1 000kW		ZFCW系列船用生活污水粉碎消毒设备主要用于船舶粪便及生活污水的储存和粉碎。	容积：0.3~2.0m³ 适用人数：18~65人 功率：2.2~4kW
	ZFCL系列立式离心泵适用于输送船舶压载舱底水、消防、冷却及卫生用水，也可用于供暖及空调系列冷却水循环，水厂供水，管道增压，农田灌溉和工业用水的输送。	流量：5~800m³/h 扬程：12~180m 功率：0.75~450kW		ZFCWM系列船用生活污水处理装置采用MBR膜分离和微生物降解原理进行设计，用于处理船舶生活污水。排放水指标符合IMO MPEC.227(64)决议。	适用人数：10~400 平均液力负荷： 0.7~30m³/d
	CLZ系列立式自吸离心泵适用于舱底压载，消防泵以及海、淡水冷却和卫生用泵。	流量：5~800m³/h 扬程：12~180m 功率：0.75~450kW		YLG、ZYG、ZYG（S）系列压力水柜适用于船舶及钻井平台上，为生活用淡水管系和海水管系，提供生活用水和清洗用水。	容积：0.12~5m³ 设计压力：0.5~0.7MPa 工作压力：0.4MPa
	ZFWF系列粉碎泵可用于生活污水中污物的粉碎及抽送，也适用于重油低温凝结粉碎。	流量：2~35m³/h 扬程：5~16m 功率：1.5~4kW		ZFYB系列吸鱼泵采用机械化作业，减少了人员，降低了劳动强度，提高了生产效率，是相关渔船捕捞的理想机械设备。	输送能力：40~350t/h 扬程：6~10m 功率：15~75KW
	CP（T）系列喷射泵主要用于舰船排疏水系统作排疏水设备用，也可用于环保、化工、水利、建材等行业进行抽排海淡水、混合液体、输送粉体等。	流量：5~200m³/h 排压：0.05~0.2MPa 吸高：2~7m 工作水压力： 0.2~1.0MPa		KCB系列齿轮泵应用范围：在输油系统中可用作输油、增压泵；在燃油系统中可用作输送、加压、喷射的燃油泵；在工业领域中，均可作润滑油泵用。	流量：1.1~800m³/h 排压：0.28~1.45MPa 功率：1.1~250kW

单位：莱斯特瑞兹机械（太仓）有限公司　Leistritz

中国总部：
地址：江苏太仓南郊新城福州路 33 号 2 号楼　邮编：215411　网址：www.leistritz-china.cn
邮箱：pumps@Leistritz-china.cn　电话：+86-512-53206060　传真：+86-512-53206061
上海分公司：
地址：上海市浙江中路 400 号 902 室　邮编：200001
电话：+86-21-63523268　传真：+86-21-63523138

德国雷士螺杆泵及系统：

总部坐落于德国纽伦堡的德国雷士泵，螺杆泵的历史可追溯到 1924 年。最新技术和严谨的质量管理体系是雷士螺杆泵可靠性及高效性的基础，这也令雷士螺杆泵为全球所熟知。应用广泛的雷士螺杆泵能够满足所有的市场需求。

产品技术参数：

	L2 双螺杆	L3 三螺杆	L4 双螺杆（双轴流）	L5 五螺杆	LPG 螺杆泵成撬系统
		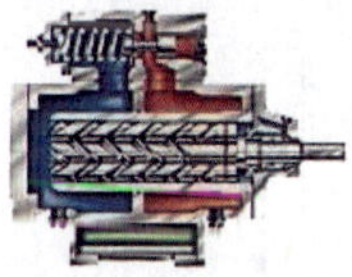	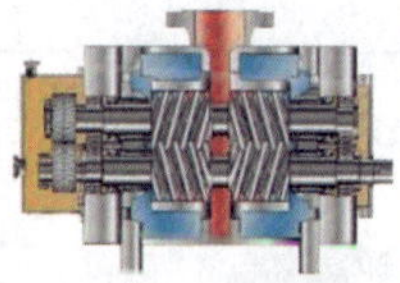	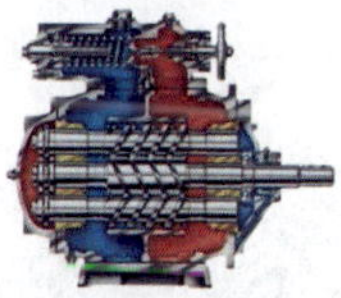	
泵系列 船舶应用	舵轮系统 燃料油模块 机舱泵 主机润滑系统 齿轮润滑系统 重油分离系统 过滤系统 货油泵系统	舵轮系统 可调桨系统 燃料油模块 机舱泵 主机润滑系统 齿轮润滑系统 重油分离系统 过滤系统 甲板机械润滑和液压系统 绞缆机、锚机、吊机等	货油泵系统 原油 沥青 各种油品 各种化学品介质	货油泵系统 沥青 各种油品 各种化学品介质 主机润滑系统 输送润滑油	多项混输系统 最大含气率 100% 生产水泵 电脱泵 注水泵 注聚泵 原油外输泵
最大流量	900m³/h	700m³/h	5 000m³/h	1 700m³/h	5 000m³/h
最大压差	16bar	280bar	150bar	10bar	150bar
黏度	100 000cst	15 000cst	150 000cst	100 000cst	150 000cst
最大温度	280℃	280℃	350℃	280℃	350℃

生产单位：天津市瑞德螺杆泵制造技术有限公司

地址：天津市华苑产业园区（环外）海泰华科二路 2 号　邮编：300384　联系人：赵阳
联系电话：022-23805066　服务热线：400-0123-350　联系邮箱：yang.zhao@psgdover.com

瑞德™是美国百士吉泵业集团（PSG®）成员，总部位于中国，是全球公认的螺杆泵制造商。瑞德是美国都福集团麾下美国百士吉泵业集团中的运营公司。百士吉位于美国伊利诺州的 Oakbrook Terrace，拥有一系列领先的泵技术并在美国、德国、法国、意大利、印度和中东拥有世界一流的工厂。百士吉领先的基础设施、知识基础和智慧使我们的产品性能和创新得到有效保证。瑞德的总部位于中国天津，我们的运行设施包括研发、质控、工程设计以及我们自己的制造车间和专业的测试设施。瑞德提供多种螺杆泵和系统技术。

我们拥有的智慧、产能和产品质量将满足您所处行业的需求。我们持有的船级社证书有 LR 证书、CCS 证书，也可以提供船级社颁发的出厂检验的产品合格证书。应用范围：货油泵扫舱泵、沥青泵、压载泵、增压泵、滑油泵、燃油泵，常见的船型有油船、沥青船、化学品船、趸船。

产品技术参数：

主要产品种类	双螺杆泵	三螺杆泵
主要产品参数	双螺杆泵性能参数： 流量：$1m^3/h$ 至 3 000m^3/h 最大压差：60bar 最高温度：350℃	三螺杆泵性能参数： 流量：2L/min 至 3 600L/min 最大压差：70bar 最高温度：200℃

2HC 系列

2VM 系列

2HM 系列

3PF 系列

生产单位：代斯米泵业技术（苏州）有限公司 DESMI

地址：苏州工业园区唯亭镇葑亭大道 740 号　邮编：215122　电话：0512-62740400
传真：0512-62740467　邮箱：edq@desmi.com　联系人：秦发华　13626193213

代斯米泵业技术（苏州）有限公司（简称 DPTS）成立于 2005 年 7 月，是代斯米集团的全资子公司。2005 年 10 月，代斯米苏州工厂的第一台泵下线。2007 年，这个数字已经达到了 5 000 台，其中包括全系列立式离心泵产品。此后，卧式 S 型泵项目和应用于高黏度液体的全系统 Rotan 泵产品开始在中国工厂生产。如今，代斯米苏州在中国的核心业务分为船舶及海洋工程、工业及公用事业、溢油回收、局部消防系统及压载水处理系统。

产品技术参数：

型号	基本参数	产品特点	实现功能	选型优势
DSL 管道离心泵	流量范围：最高可达 4 000 m^3/h， 压力范围：最高可达 539kPa	紧凑型设计， 带加长联轴器		用作冷却水泵、压载泵、消防泵、舱底泵，介质可以是淡水或是海水。泵流量可达 400 m^3/h
NSL 管道离心泵	流量范围：最高可达 1 800 m^3/h， 压力范围：最高可达 2.2MPa	加长联轴器， 刚性直联设计		用作冷却水泵、压载泵、消防泵、舱底泵，介质可以是淡水或是海水。泵流量可达 400 m^3/h
S 型卧式自吸泵	流量范围：最高可达 400 m^3/h， 压力范围：最高可达 1.5MPa			泵本身能够排空吸入管线中的空气实现自吸，最大吸高为 8.5 m
DESWELL 深井液下多级离心泵 DESBOOST 单级离心泵 DESCARGO 多级增压泵	流量范围：最高可达 1 000 m^3/h， 温度范围：−104~+180℃	深井货舱泵	用于 LPG/LEG、化学品输送	DESBOOST 单级泵和 DESCARGO 多级泵与 DESWELL 泵串联，给管路中的货物增压。有立式泵也有卧式泵。卧式泵配有底座和弹性联轴器
DESLUBE 潜没式润滑油泵	流量范围：80~1 000 m^3/h，	潜没式深井泵	专为大型二冲程发动机的主引擎润滑油供给而设计	排放口与圆顶法兰相联，由此使泵无需再悬挂在储油罐上。适用于对可靠性和灵活性要求较高的场合。当润滑油的压力下降，DESLUBE 会将流量提升，以降低主引擎停机和严重受损的风险
ROTAN®GP 内齿轮泵	流量范围：最高可达 50 m^3/h， 黏度范围：最高可达 7 500 cst， 温度：最高可达 150 ℃	所有的 ROTAN® 泵的差压最高达 16 bar，真空自吸时最高达 0.8 bar		铸铁泵，用于干净无颗粒的液体和干净的油
BWTS 压载水处理设备	压力系统过滤器处理能力范围：75~3 000 m^3/h， 紫外线单元每个单元每小时处理压载水量达 100 m^3，附加臭氧喷射		在排放过程中处理压载水，解决压载舱内有害细菌的再生和增长	安装简单、占地空间小、操作简单、无需添加化学剂，过滤、紫外线、臭氧多重处理，压载水处理高效低能耗
OptiSaveTM 船舶节能设备	泵的能耗节省高达 80%		提高泵的效能，充分利用泵的性能以满足实际需求	DESMI OptiSaveTM 控制系统和变频驱动器
FineFogTM 船用消防设备	固定式局部水基灭火系统		根据 SOLAS 公约要求设计，具有高效火情抑制和冷却的效果	应用了 M5 水雾喷头，这使得产品在整个生命周期中更加安全和易于操作。此喷头已通过许多全方位测试，并在很多真实案例中证明了其工作效率

生产单位：黄山工业泵制造有限公司

地址：安徽省黄山市屯溪区九龙工业园九龙大道 5 号
电话：0559-2567733　邮箱：hbyx@huangbeng.com　网址：www.huangbeng.com

黄山工业泵制造有限公司创建于 1996 年，是专业从事双、三、单螺杆泵研发、设计、制造、销售和服务的高新技术企业。目前公司主要提供单螺杆泵、双螺杆泵和三螺杆泵三大类产品，共有 20 多个系列、500 多个品种，并创立“黄泵”和“RSP”螺杆泵专业品牌。RSP 黄泵一直致力于为船舶行业用户提供优质可靠的螺杆泵产品和服务，立足于产品研发和质量控制，在机舱滑油 / 燃油泵、扫仓泵、甲板液压泵、货油泵等应用上，为越来越多的用户带来更多的效益。

RSP 黄泵可以提供各大主要船级社船检，包括 ABS、DNV、BV、CCS、LR、KR、NK、RINA 等。

产品技术参数：

产品图	产品型号及应用	性能范围
	HSN 系列通用型三螺杆泵，适用于燃油、滑油、柴油等多个工况	流量：5~5 300L/min 压力：最大 4.0MPa 介质黏度：3~1 500 cst 温度：最大 150℃
	HAC 系列三螺杆泵，适用于机舱燃油系统和滑油系统用泵	流量：10~1 000L/min 压力：最大 1.6MPa 介质黏度：0.6~1 500 cst 温度：最大 150℃
	HSE 系列高压三螺杆泵，适用于船舶甲板液压设备	流量：20~430L/min 压力：最大 16MPa 介质黏度：3~760 cst 温度：最大 120℃
	HW(G) 系列双螺杆泵，大流量货油泵	流量：10~1 500m^3/h 压力：最大 2.5MPa 介质黏度：2~100 000 cst 温度：最大 450℃
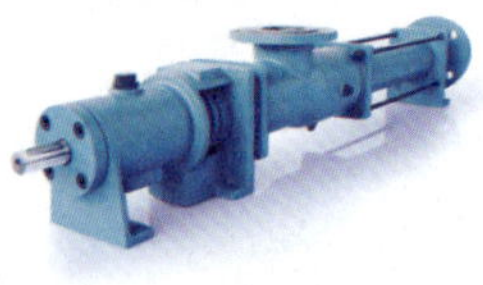	HDN 系列单螺杆泵， 适用于污泥污水处理	流量：0.2~180m^3/h 压力：最大 2.4MPa 介质黏度：1~1 000 000 cst 温度：最大 120℃

船用阀门

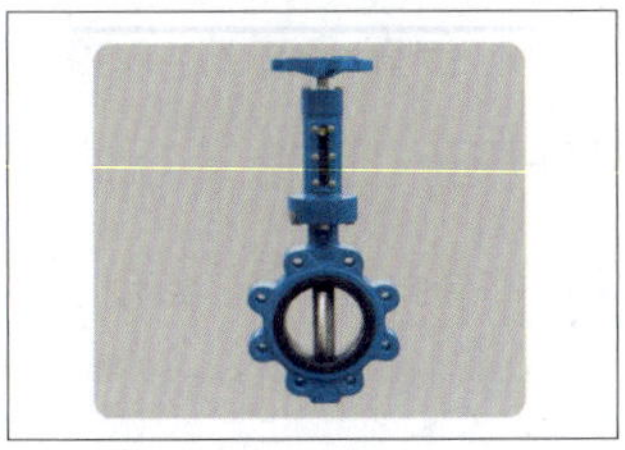

P 117

P 119

P 120

P 121

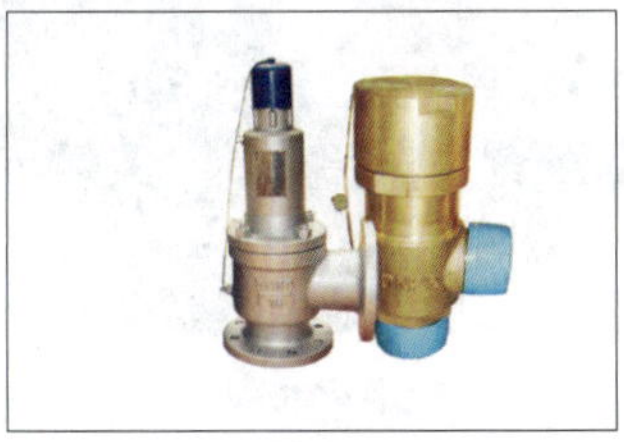

P 125

P 126

船用阀门是满足船舶环境条件，用于控制船舶管路内流体的压力、流量和流动方向的设备，船上阀门数量可用巨大来描述，介质不同、压力不同、规格不同、品种不同，在系统中起截止、分流、止回、安全保护等作用。目前，德国、美国是世界上船用阀门出口最多的国家，它们对阀门的设计技术研究起步早、技术成熟、重视程度高，研究机构较多，仅美国就有近 30 个研究所，一般为公司所属。例如 RockWell 公司有一个十分完善的科研与测试基地，能对产品进行热态、动态、耐磨、抗震、防火和可靠性等多方面的性能测试。随着有限元法和计算机辅助设计广泛应用，阀门的结构设计更趋于合理，国外阀门的控制方式也有很大发展。除一般手动、机动、电动、气动、液压、电液连动、气液连动、自动控制的阀门品种不断增多，并有进一步发展的趋势。随着各类成套设备、工艺流程和性能的改善，国外阀门的系列品种还在不断增加，近年来出现了不少新品种阀门。如：紧急切断阀、快速开关阀、防火阀、防静电阀、减温减压阀、蝶型止回阀等多种新式阀门。

我国阀门生产厂家众多，基本上能满足国内船舶的需求，但性能和质量与国外品牌有差距。引进日本等技术后，消化、吸收、并自主开发了一批阀门，已经可以随船出口。特种阀门、大规格阀门尚依赖进口。就截止阀而言，厂家比较多，连接尺寸也大多不统一。比如以 JB / T2203 – 1999《截止阀结构长度》为主的通用类。目前国内大多数安全阀生产厂家均按本标准设计生产。产品规格不全，单闸板截止阀最大公称通径为 DN1 200，双闸板截止阀最大公称通径 DN1 500。根据企业生产的截止阀规格及掌握的资料来看，目前角式截止阀公称通径最小为 DN15，Z 型直通式截止阀公称通径达到 DN2 000。上海船舶设备研究所、大连船用阀门厂等联手展开了大型船舶阀门遥控系统的研制，已开发出了具有自主知识产权的阀门遥控系统，实现了阀门开关控制和阀门开度状态的实时监测。已在数条油轮上安装使用，取得了一定的经济效益和社会效益。

总之，国内船用阀门行业缺乏对高性能参数、高温参数的动态模拟试验手段和测试设备，由于机械工业落后，机械加工精度低，我国船用阀门主要面临的问题是“三漏”（漏水、漏油、漏气）现象，尤其是海水系统的阀门问题更为严重。国内产品普遍存在着寿命短、质量差等不足，自动化程度、阀门控制精度、稳定性和安全性等与进口阀门存在较大的差距。

生产单位：维都利阀门有限公司

地址：浙江省温州市空港新区兴宇路 20 号　电话：0577-86926666　传真：0577-86926789
邮箱：weidouli@163.com　网址：http://www.weidouli.com

维都利阀门有限公司是一家集研发、生产、销售稀有贵金属材料特材合金阀门的国家级高新技术企业。始创于 1989 年，是国家创新基金、火炬计划项目承担单位。公司拥有省级特种合金阀门研发中心，是目前国内专业的特材合金阀门制造企业。公司的主导产品包括：20 号合金、Inconel 英科镍合金、钛和钛合金、锆合金、镍及镍合金、Hastelloy 哈氏合金、Monel 蒙乃尔合金、镍铝青铜、904L、双相钢、钽材等特殊材料阀门及不锈钢阀门。多年来，一直致力于为客户解决强腐蚀耐苛刻工况使用阀门的方案，优质的服务和信誉得到客户的广泛赞誉和信赖。

产品技术参数：

产品技术指标检测：

壁厚检测

手提式光谱仪测试

直读式光谱仪定性分析

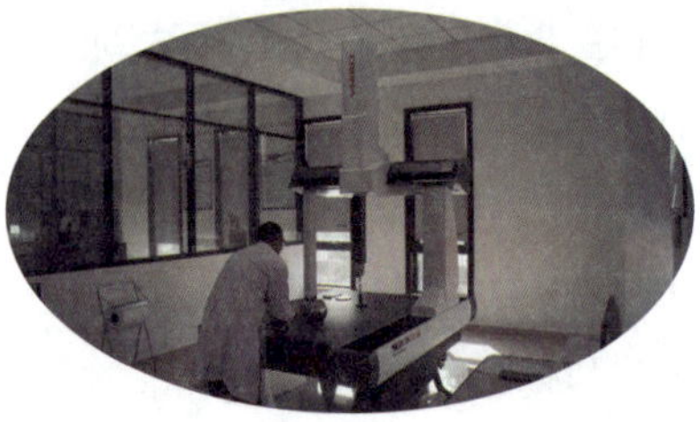
三坐标精度检测

无损检测

密封性能及强度检测

精诚合作 Cooperate sincerely　共创双赢 Create win win

生产单位：丹阳中核苏阀蝶阀有限公司

地址：江苏省丹阳市司徒镇全州老 312 国道西侧　邮编：212309
电话：0511-86550575　86550572　传真：0511-86529101
邮箱：dysufa@chinasufa.com　网址：www.dysufa.com　联系人：李惠聪　13905294588

丹阳中核苏阀蝶阀有限公司是在 2003 年以中核苏阀科技实业股份有限公司和原丹阳通达阀门厂为主建立的一家专业生产蝶阀和蝶型止回阀的合资企业。公司占地面积 9 324m^2，建筑面积 5 229m^2，固定资产 1 200 万元，机械加工、检测设备齐全。主要产品为中心型蝶阀（对夹式、单夹式、法兰式），双偏心蝶阀（对夹式、单夹式、法兰式），高性能耐腐蚀蝶阀（对夹式、单夹式、法兰式），金属硬密封蝶阀（对夹式、单夹式、法兰式）和蝶型止回阀。公司通过 LRQA 的 ISO9001：2008 质量管理体系认证，通过 LRQA 审核获得欧共体（CE）认证证书，获得 TSG 制造许可证，通过 LR、ABS、BV、CCS、NK、DNV GL 等船级社型式认可，可以根据用户的需要提供以上船级社产品质量检验证书。

产品技术参数：

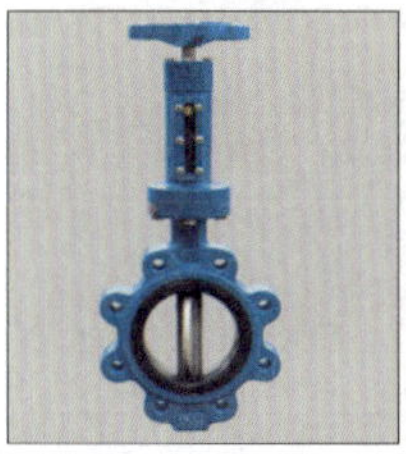

型号	基本参数	产品特点	实现功能	选型优势	执行标准	自填
船用中线对夹式蝶阀；船用中线凸耳式蝶阀	DN50–DN1200	淡水、海水、空气、原油、成品油（−23~150℃）	小型轻便，容易拆装及维修，并可以在任意位置安装	90 度回转开启迅速；流量特性趋于直线，调节性能最佳	设计标准：GB/T3036−94 API609 JIS 标准	由介质的温度选择密封圈的材质。适用压力：PN0.6MPa/PN1.0MPa/PN1.6MPa/150LB
船用中线全衬胶法兰式蝶阀			安装方便，立式、卧式安装均可	阀座法兰密封面采用两道 O 形圈加一道真空带与管道法兰连接，达到良好的密封效果		
船用偏心型蝶阀（对夹式、法兰式、凸耳式）			设计合理，容易拆装及维修	阀板、O 型圈、阀板、转轴等材质可更换，适用多种介质和不同温度	设计标准：GB/T3037−94 API609 JIS 标准	由介质的温度选择密封圈的材质。适用压力：PN0.6MPa/PN1.0MPa/PN1.6MPa/150LB/300LB
船用双偏心耐腐蚀蝶阀（对夹式、法兰式、凸耳式）		成品油、含有酸碱等耐腐蚀性液体（含酸碱成分应不大于 40%）（−196~180℃）	结构简单紧凑，重量轻，90 度旋转，开关迅速，可适用于多种介质	采用先进的“Z”型密封结构，达到完全密封，气体试验泄漏为零	设计标准：API609	零件材料可根据使用介质进行更改。适用实用压力：PN0.6MPa/PN1.0MPa/PN1.6MPa/150LB/300LB
金属密封蝶阀（对夹式、法兰式、凸耳式）		成品油、蒸汽及含酸、碱成分的液体（−196~540℃）	体积小，质量轻，启闭迅速	该阀门具有防火功能	设计标准：JB/T8527 API609	零件材料可根据使用介质进行更改。适用压力：PN0.6MPa/PN1.0MPa/PN1.6MPa/150LB/300LB
对夹式蝶形止回阀		海水、淡水、原油及成品油（−23~150℃）	体积小，质量轻，结构紧凑，维修方便，阀体结构长度尺寸小，刚性好，阀瓣关闭快速，水锤压力小，使用寿命长，可靠性高	达到完全密封，水压试验泄漏为零	设计标准：JB/T8937	水平管线上安装时，转轴应垂直于水平面，在垂直管线上安装时流体方向应自下而上
硬密封蝶形止回阀		海水、淡水、原油及成品油（−50~500℃）		阀板采用对偶板上两个扭力弹簧的设计，可使阀板自行速闭；该阀门具有防火功能	设计标准：JB/T8937 API594 API6D	
对夹式全衬胶蝶形止回阀	DN50–DN500	海水、淡水和油路（−23~150℃）		阀板采用对偶板上两个扭力弹簧的设计，可使阀板自行速闭；阀门为全弹性密封	设计标准：JB/T8937	

生产单位：大连祥瑞阀门制造有限公司

地址：辽宁省大连甘井子区辛逢街 12 号　邮编：116031　网址：www.dl-xiangrui.com
电话：400-0411-448　0411-86735038　传真：0411-86735468　邮箱：xiangrui@dl-xiangrui.com

大连祥瑞阀门制造有限公司是生产各种高中压阀门的专业厂家。本厂主要产品有闸阀、截止阀、止回阀、球阀、截止止回阀、蝶阀、板式止回阀、疏水阀、快关阀、消防阀、止回喷冲阀、疏水阀组、减压阀组、管路附件等。其主要性能参数为：公称压力 PN0.5-32MPa, 公称通径 DN8~300mm, 使用温度 -253~695 ^{0}C，主要材料为碳钢、合金钢、青铜和不锈钢以及其他特殊材料。适用介质为水、蒸汽、油品、海水和硝酸、醋酸、氨等腐蚀性介质。设计采用美国 ANSI、API、MSS, 英国 BS, 日本 JIS 以及国家 GB 标准和部标 JB、HG 等国内外标准进行阀门的设计、制造，按 ISO9001:2015 国际质量保证体系组织生产检验。产品广泛应用于石油、化工、冶金、机械、造船、电力、轻纺、制药等领域。

产品技术参数：

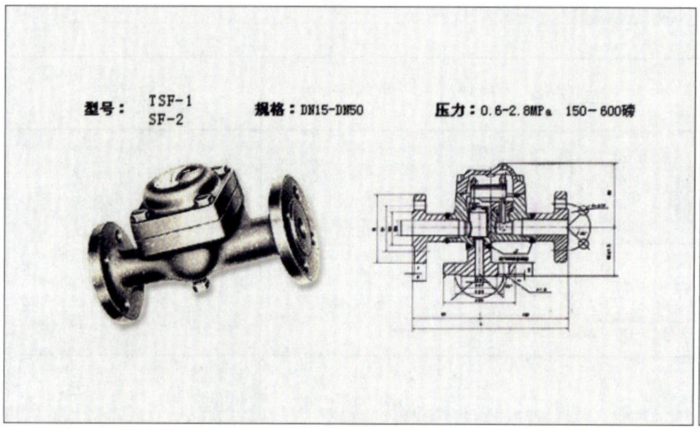

商品名称： 双金属疏水阀

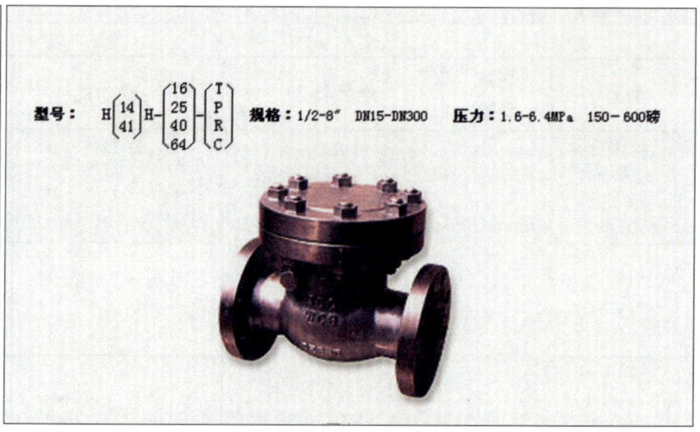

商品名称： 法兰止回阀

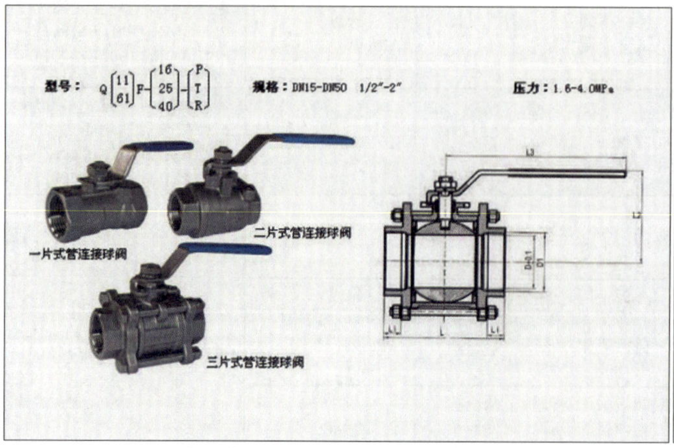

商品名称： 内螺纹承插焊球阀

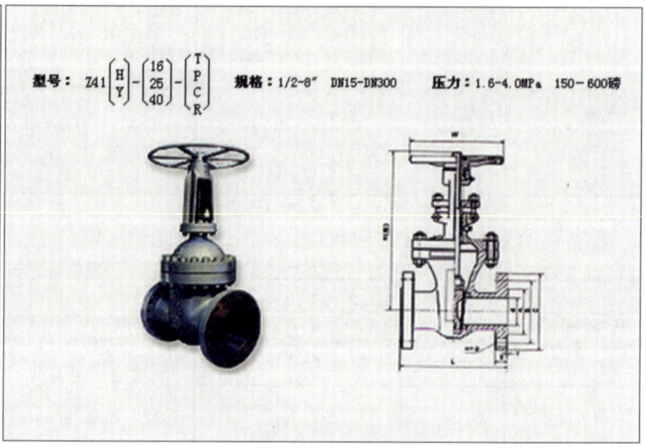

商品名称： 闸阀

生产单位：靖江市奥威船用阀门厂

地址：江苏靖江孤山南路 999 号　电话：0523-84569899
厂长　宋坤：13801429312　副厂长　宋琴：13812390608　副厂长　宋小琴：13515168053

靖江市奥威船用阀门厂创建于 2000 年，系中国船舶联营企业，江苏省名优企业，中国船舶工业阀门定点生产企业。工厂位于江苏省靖江市孤山镇孤山南路 999 号，注册资金 1 000 万(人民币)。工厂占地面积 20 000m^2，固定资产 5 000 多万元，职工 162 人，配备专业技术人员 8 人、检验人员 10 人。拥有各类先进设备 200 多套，装备精良的现代化技术中心，检测中心，信息管理体系，严密的质量管理体系 。

我厂专业生产船用阀门、船用空气管头及管系附件，产品有 ISO, GB, CB, JIS 标准 30 多个系统，1 000 余种规格，品种有 DN3~900mm, PN0.1~25MPa 铸钢，铸铁，铸铜，球铁和不锈钢等各种材质的蝶阀，闸阀，截止阀，快关阀，通海阀，空气管头。操作方式有：手动，电动，液动，气动及距离遥控装置。我厂先后取得了 CCS, LR, BV, ABS, DNV（GL）, KR, NK、RINA 等国际船级社认可，为了国防事业和工厂的进一步发展，我厂又上新台阶，开始军品生产，目前已通过国家保密局的保密认证，2014 年 8 月份开始贯彻军标，并于 2014 年年底取得军标资格认证。

产品技术参数：

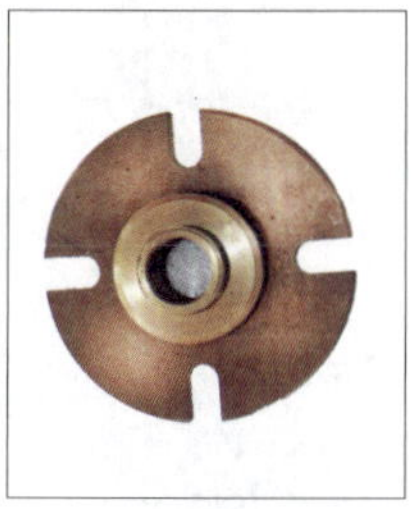

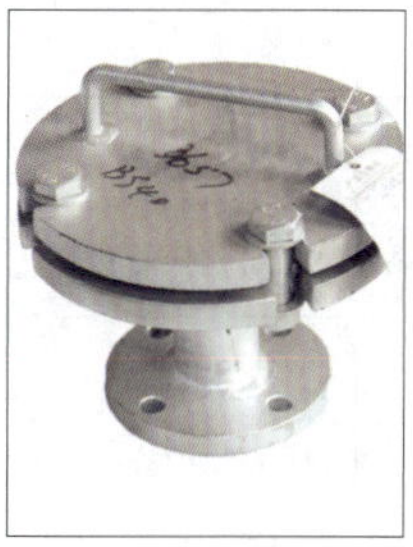

生产单位：上海沪东造船阀门有限公司

地址：上海市崇明县长兴江南大道 2177 号　邮编：201913　电话：021-56856888　传真：021-56858501
邮箱：hdmv@hdmv.com.cn　网址：www.hdmv.com.cn　联系人：施志昌　021-56858803

公司的主导产品是船用阀门和船用柴油机阀门，品种众多，规格齐全。公司组织标准化生产，产品涵盖国标（GB）、部标（CB）、外贸标准（CBM）、企业标准（HD）等各种标准，共 200 多个大类，型号规格达 10 000 多种。还能按日本标准（JIS）和国际标准（ISO）或德国标准（DIN）生产各种口径的阀门。可根据用户需要提供 CCS、LR、ABS、DNV GL、BV、NK、RS、RINA、KR 等世界知名船级社的产品检验证书。

产品技术参数：

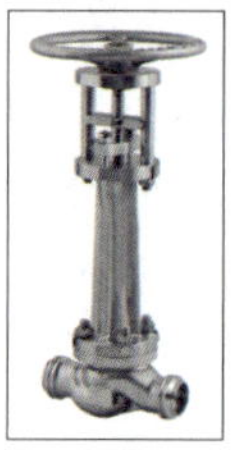

型号	基本参数	产品特点	实现功能	选型优势	执行标准	持有证书	自填
中心蝶阀 HD531	PN6~16 DN40~800	适用：海水、燃油、空气，小于 170℃	可手动操纵，配以气、液、电驱动装置可实现遥控操纵	操纵轻巧 性能可靠	结构尺寸按 GB/T11698，法兰尺寸按 GB/T2501 ASME　B16.10	CCS LR ABS DNV GL BV NK RS RINA KR	有对夹、法兰、双法兰等形式
偏心蝶阀 HDMV100	PN6~25 DN80~1600	适用：海水、燃油、空气，小于 170℃	可手动操纵，配以气、液、电驱动装置可实现遥控操纵	操纵轻巧 性能可靠 维修方便			有对夹、法兰、双法兰等形式和硬密封形式
快关阀 HDMV15	PN6~16 DN15~250	适用：海水、燃油、空气	可以实现管路介质的快速切断	动作可靠 节能环保			另有铸钢、青铜、手动各类快关阀
安全阀 HDSV03	DN20~200	适用：海水、燃油	根据设定压力，实现管路的超压保护	调校准确 性能可靠			另有 HDMV29 蒸汽、HDMV69 空气等形式
减压阀 HDMV21	4~30/2~8 DN15~200	适用：水、空气	根据需要设定减压范围	减压效果好 压力稳定			另有 HDMV02 蒸汽、HDMV45 水减压阀等形式
稳压阀 HDMV31	PN10 DN25~250	适用：海水、燃油	可使管路压力保持稳定	稳压效果好			
疏水阀 HDJV22	PN10 DN15~200	适用：蒸汽，小于 250℃	及时排放蒸汽凝结水	节能高效 使用寿命长			
超低温截止阀 HDLV01	DN20~250	适用：液化天然气，-196℃	液化天然气 LNG 管路中的切断和节流	性能可靠 适用 -196 ℃超低温介质			

生产单位：浙江海信阀门股份有限公司 HAIXING

地址：浙江省永嘉县乌牛镇东蒙工业区　　网址：www.haixing.com
电话：0577-67307977　0577-57680095　传真：0577-67307939　　邮箱：fjy@haixing.Com

浙江海信阀门股份有限公司是中国海星海事电气集团控股企业，在江苏海欣船用阀门有限公司基础上股份改制组建而成。公司生产以GB、CB、CBM、JIS、API为标准的产品，主要有蝶阀、截止阀、闸阀、球阀、安全阀、船用附件等舰船阀门。公司拥有精密先进的加工中心、数控车床、立车、铸钢生产线和树脂砂处理铸铁生产流水线全套设备及整套材料的检测仪器等生产设施，为客户的生产服务和产品质量的可靠性提供了有力的保障。企业严格按照IS09001国际质量体系的标准导入管理和运营，公司分别获得了中国船级社“CCS”、渔业船舶检验局“ZY”、德国船级社“GL”、法国船级社“BV”、美国船级社“ABS”、挪威船级社“DNV”、英国船级社“LR”及日本“NK”、意大利“RINA”等多方国家的产品认证和工厂型式认可。与国内外的各个船厂建立了长期业务合作关系，产品质量和服务深受业内客户的信任和好评。

产品技术参数：

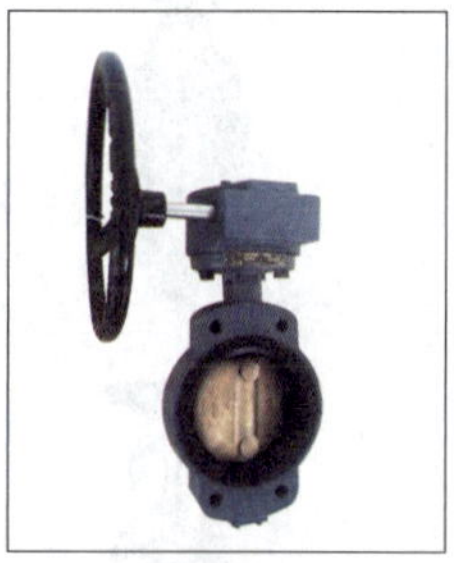

型号	基本参数	产品特点	连接形式	执行标准	驱动形式	持有证书
双偏心蝶阀	1.0MPa DN50-DN800	适用于海水、淡水、燃油、温度不高于70度的原油	法兰式、对夹式	GB/T3037-1994	手动 液动 气动 电动	
中线蝶阀	1.0MPa DN50-DN800	适用于海水、淡水、燃油、温度不高于70度的原油	法兰式、对夹式	GB/T3036-1994	手动 液动 气动 电动	
速闭阀	DN15-DN150	适用于燃油、具有紧急时能快速切断的功能	法兰式	GB/T5744-2008	手动 手动	
美标球阀	150-300LB DN15-DN300	适用于海水、淡水、燃油、温度低于170度的无腐蚀介质	法兰式	API608	手动 气动 电动	CCS、GL、BV、ABS、DNV、LR、NK、RINA、ZY
空气减压阀	1.0-3.0MPa DN15-DN32	适用于压缩空气等无毒无腐蚀气体	螺纹连接	CB/T3656-1994		
日标阀门	5-25K DN15-DN400	适用于JIS标准船舶及海洋平台等管路	法兰式	JIS	手动 液动 气动 电动	
国标阀门	1.0-4.0MPa DN6-DN800	适用于各类船舶及海洋平台等管路	法兰式	GB	手动 液动 气动 电动	

生产单位：浙江船工阀门有限公司

地址：浙江省永嘉县东瓯张堡北路舟山路口 邮编：325105 电话：0577–67312853 67315853
传真：0577–67379258 网址：www.chuangong.com 邮箱：webmaster@chuangong.com
总经理：13605777736（杨章松）

公司是有着20多年专业生产船用阀门历史的重点行业，现有生产品种含300多个系列1 000多种规格，“船工牌”船用阀门1991年经中船总公司许可生产（证号XK261040020），2004年经中国船级社质量体系认证。产品均经“CCS”“ZC”“ZY”“BV”型式认可检验出厂。作为中国船阀行业的老牌企业，公司将用精良的设备和先进的检测手段来确保产品质量，产品深受江南造船集团、沪东中华造船集团、外高桥造船有限公司、马尾造船集团、广船国际、广州黄埔集团、浙江扬帆造船集团、韩国重工集团等国内外用户的广泛好评。

产品技术参数：

产品名称	标准型号规格	口径	持证 / 功能	产品名称	标准型号规格	口径	持证 / 功能
截止阀	GB/T 584 GB/T 587 GB/T 590	20~250mm	CCS BV ZC ZY 适用海水、淡水、燃油管路，根据介质选择材质要求	闸阀	CB/T 465 CB/T 466 CB/T 467	50~500mm	CCS BV ZC ZY 适用海水、淡水、燃油管路，根据介质选择材质要求
截止止回阀	GB/T 585 GB/T 588 GB/T 591	20~250mm		安全阀	CB 304	10~50mm	
截止阀箱	GB/T 1854 GB/T 1855 GB/T 1856	40~250mm		呼吸阀	CB/T 692	80~150mm	
通海阀	GB/T 2029 GB/T 2030	50~500mm		蝶阀	GB/T 3036 GB/T 3037	50~1 200mm	
快关阀	GB/T 5744	15~250mm		防浪阀	CB/T 3475 CB/T 3477	50~150mm	

生产单位：江苏海达船用阀业有限公司

地址：江苏省姜堰市溱潼镇工业园区　邮编：225508　电话：0523-88619737　传真：0523-88616019
邮箱：chenfan@hida.com.cn　网址：www.hida.com.cn　联系人：田江　13814456688

江苏海达船用阀业有限公司生产的产品为通径 DN6~1 000mm，公称压力为 0.1~16MPa 的各种材质的船用阀门及管系附件。并已通过 ISO9001：2008 质量体系认证及中国船级社质量评估，产品获得 CCS、ABS、LR、BV、NK、DNV GL、RINA、KR 等各国船级社认证。

产品技术参数：

型号	基本参数	产品特点	持有证书	技术要求
CB304-92 法兰直角安全阀	安全阀的型式规定如下： B 型——法兰连接尺寸按 GB569 的直角安全阀； BS 型——法兰连接尺寸按 GB2501 的直角安全阀	本标准产品适用于介质为淡水、海水及温度不高于 220℃蒸汽的船舶管路	CCS、ABS、LR、BV、NK、DNV GL、RINA、KR	1）安全阀的阀体、阀盖材料为 HT200，阀盘材料为 ZQSn10-2，阀杆材料为 QAl9-2，弹簧材料为 60Si2Mn。 2）BS 型安全阀的结构长度按 GB11698。 3）安全阀试验技术要求按 GB*3021。 4）其他技术要求、试验方法和检验规则按 GB600

公称通径 DN	工作压力 p（MPa）	结果尺寸（mm）		阀体壁厚 δ	法兰连接尺寸（mm）							质量（kg）
		H	L		D	D1	D2	d0	b	n 个	Th	
25	0.1~0.3	174	80	7	105	73	56	13	14	4	M12	5.50
	> 0.3~0.6											5.53
	> 0.6~0.9											5.58
32	0.1~0.3	200	85		115	83	64	15	15	6	M14	6.27
	> 0.3~0.6											6.33
	> 0.6~0.9											6.39
40	0.1~0.3	210	90	8	125	93	74		16			8.06
	> 0.3~0.6											8.18
	> 0.6~0.9											8.22
50	0.1~0.3	252	95		135	103	84			8		11.50
	> 0.3~0.6											11.63
	> 0.6~0.9											11.73
	> 0.9~1.6											12.13
65	0.1~0.3	316	115	9	155	123	104		15			17.47
	> 0.3~0.6											17.87
	> 0.6~0.9											19.33
80	0.1~0.3	348	125		170	138	118					22.30
	> 0.3~0.6											23.60
	> 0.6~0.9											24.40

生产单位：大连船用阀门有限公司

地址：辽宁省大连市高新园区七贤岭望贤街 16 号　邮编：116023
电话：0411–39753000　传真：0411–39753111
邮箱：dmv@dlvalve.com　网址：www.valve.cn　www.dlvalve.com

大连船用阀门有限公司是国内船用阀门的专业生产厂，“大阀人”是船用阀门的研制开发、生产调试的行家里手。这是一个团结的集体，一个富有战斗力、挑战力的集体，“质量第一，顾客满意，追求最佳，永无止境”是“大阀人”不懈的追求；“建成世界一流的，现代化的船用阀门生产试验基地”是“大阀人”的奋斗目标。

产品技术参数：

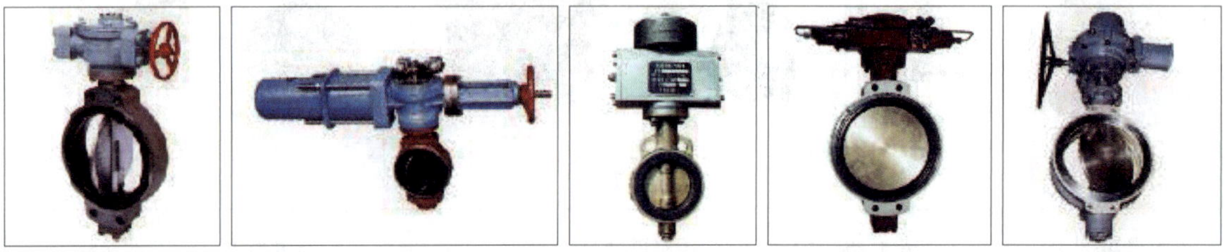

型号	公称压力	阀体材料	适用介质	连接形式	工作温度	规格	驱动形式
双偏心电动蝶阀	PN0.5~1.6MPa；5~16K	铸铁、铸钢、铸不锈钢、铸铜	海水、淡水、原油、成品油等	对夹式、法兰式	−10~170℃	DN80~900	遥控
金属密封（防火）蝶阀	PN01.0~1.6MPa	铸钢、铸不锈钢	原油、成品油、含有酸碱等腐蚀性液体（含酸碱成分≤ 40%）	法兰式	≤ 350℃	DN80~750	遥控、手动
蝶形止回阀	PN1.0~1.6MPa	铸铁、铸钢、铸不锈钢、铸铜	海水、淡水、原油、成品油及含腐蚀性液体	对夹式、法兰式	−50~170℃	DN65~800	
双偏心电动蝶阀	PN0.5~1.6MPa；5~16K	铸铁、铸钢、铸不锈钢、铸铜	海水、淡水、原油、成品油等	对夹式、法兰式	−10~170℃	DN80~800	手动
双偏心液动蝶阀	PN0.5~1.6MPa；5~16K	铸铁、铸钢、铸不锈钢、铸铜	海水、淡水、原油、成品油等	对夹式、法兰式	−10~170℃	DN80~900	遥控

生产单位：浙江精嘉阀门有限公司

地址：浙江省永嘉县瓯北镇东瓯工业区 邮编：325102 电话：0577-67987112 传真：0577-67987114
邮箱：cy@cn-jingjia.com 网址：www.cn-jingjia.com 联系人：金宗朝 13587732298

公司已建立企业技术研究开发中心、计算机控制测试中心、喷涂流水线系统。自行研制全自动蝶阀及球阀产品寿命试验机。公司是中国船舶行业船用自控蝶阀及船用自控球阀标准主编单位、船用液化石油气安全阀标准独家主编单位。主要产品有截止阀、截止止回阀、蝶阀、球阀、闸阀、快关阀、通海阀、过滤器等阀门及附件。产品全部按国标 GB、部标 CB、美标 API 及日标 JIS 生产，主要用于大型船舶及海工项目。

产品技术参数：

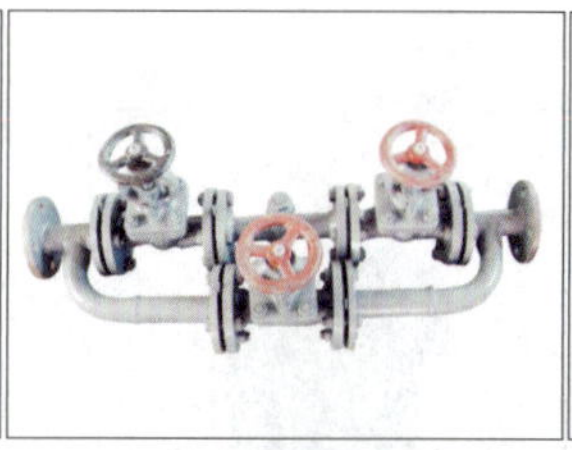
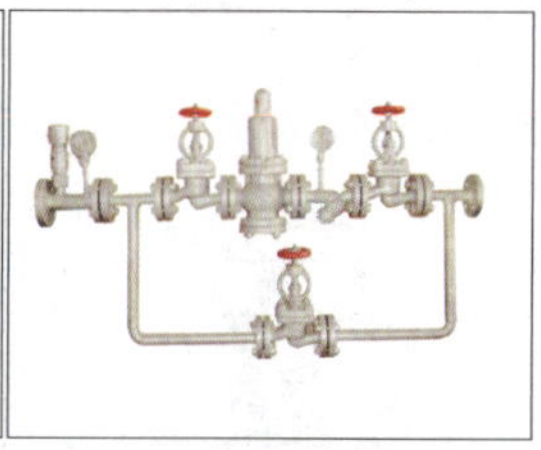

型号	基本参数	产品特点	实现功能	执行标准	有无专利	持有证书	自填
安全阀	DN10~300	适用淡水、海水、蒸汽及液化气管路	当管路压力高于设计压力时，阀门自动开启，排放压力	CB304-92 GB/T12243-2005	专利号：ZL102020256098.4	CCS、TS、ABS、LR、DNV GL	根据介质温度选择合适的密封面材质
气动紧急切断阀	DN50~300	广泛适用于燃气、氨气、液化气或弱腐蚀性气体贮罐的安全保护阀门	安装在液氨、燃气储罐/管道出口处，紧急时能够快速切断的阀门，利用电磁阀来控制阀门的开启、关闭。	QDQ421F-25	专利号：ZL201020256111.6	CCS、TS、ABS	切断阀装有低熔点（易熔合金）的塞子，在出现事故时因温度升增高易熔化泄压来迅速关闭贮罐的出入口，保证贮罐系统的安全
液化气截止阀	DN15~300	适用于液化气等气体介质管路的阀门	具有启闭功能，能调节流量	GB/T12235 J41F-25		CCS、TS、ABS、LR、DNV GL	由介质的温度选择密封圈的材质
球阀	DN15~500	适用于海水、淡水、滑油、燃油和液化气等	具有启闭功能，能调节流量	GB/T122357 Q41F	专利号：ZL201220256039.7		
双偏心蝶阀	DN50~1 000	淡水、海水、空气和温度不高于70度的原油	具有启闭功能，能调节流量	GB/T3037-94			由介质的温度选择合适的密封圈材质，可手动、电动、气动、液动控制，可实现远程摇控
中心线型蝶阀	DN50~500	淡水、海水、空气和温度不高于70度的原油	具有启闭功能，能调节流量	GB/T3036-94			
三偏心硬密封蝶阀	DN50~1 200	用于燃油、沥青等温度较高的介质	具有启闭功能，能调节流量	JB/T8527	专利号：ZL201020256055.6		
美标阀门	DN15~600	用于燃油、滑油、淡水、海水、空气等船舶管路及海工平台等管路及井口装置	具有启闭功能，能调节流量	API6D API609 BS1873			由介质的温度选择合适的密封圈材质，可手动、电动、气动、液动控制，可实现远程摇控

生产单位：南通沪航船舶机械制造有限公司

地址：江苏省南通市刘桥镇新联西工业园区 邮编：226363 邮箱：nantonghuhang@163.com
电话：0513-86840998 传真：0513-86840598 网址：www.nthhship.com

南通沪航船舶机械制造有限公司是生产船用阀门及附件的专业企业，长期为造船、电站、军工产品配套。技术力量较强，设备齐全，检测手段完善，计量工作达标，管理水平不断提高，经济效益逐年增长。主要产品有船用液位计、气动快关阀、速闭阀控制箱、液位开关、疏水阀组、粗水滤器、泥箱、喷水器、振动器、管路清洗泵站、压力水柜等。产品获得“NK”“LR”“ABS”“CCS”“DNV”“GL”“BV”等船级社的检验认证，大量用于各大船厂各类型船舶上，深受用户欢迎。公司通过了 ISO9001：2008 国际质量体系认证。

产品技术参数：

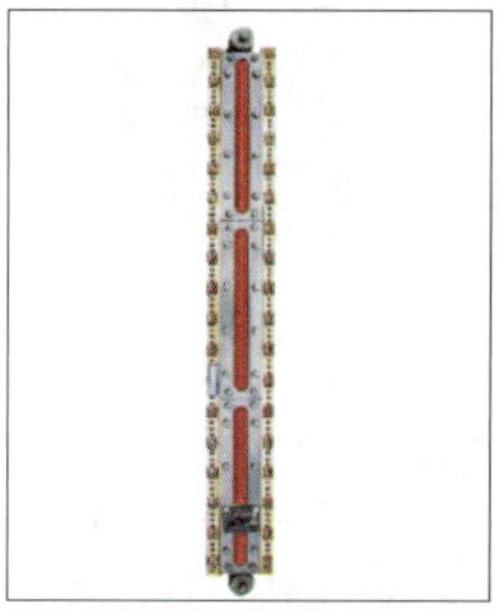

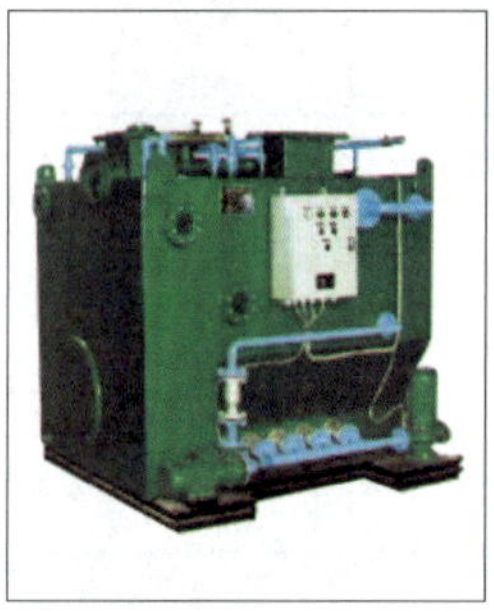

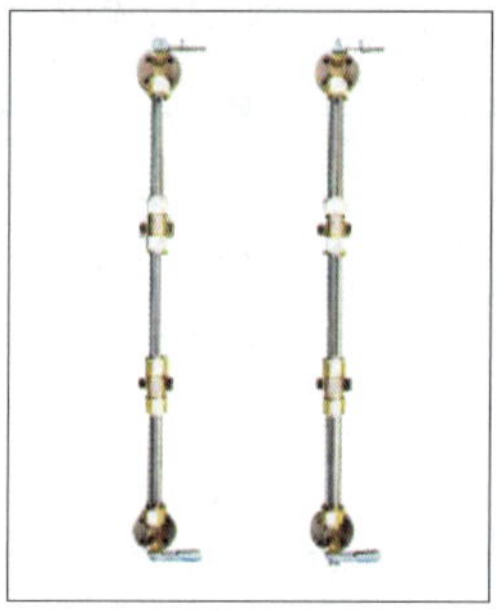

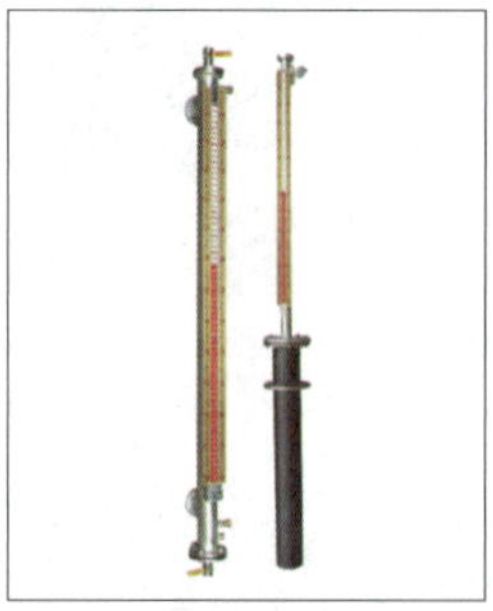

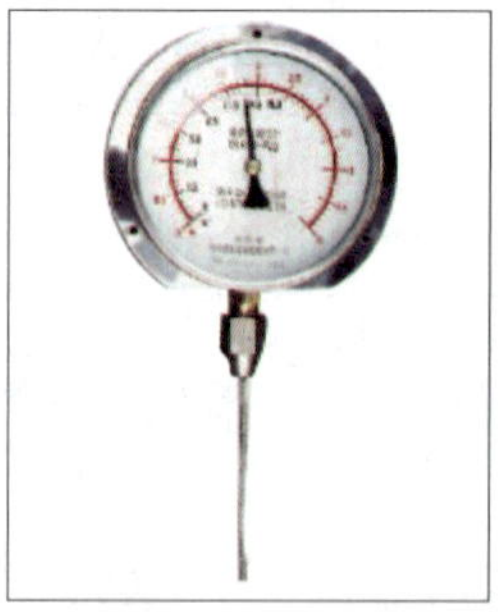

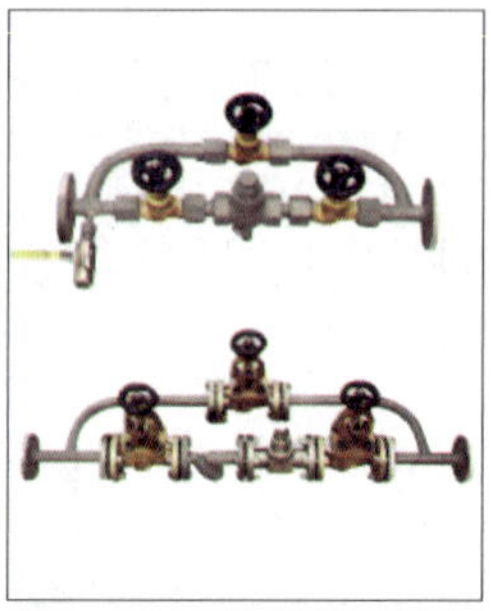

船用空压机

P 128

P 129

P 129

P 130

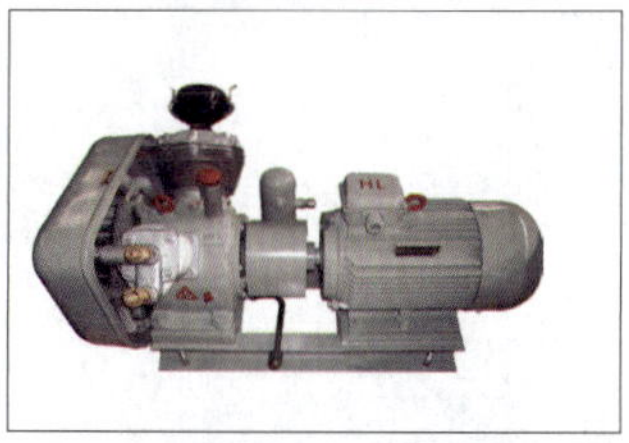

P 131

P 132

空气压缩机简称空压机，是将原动机（通常是电动机）的机械能转换成气体压力能的装置，是压缩空气的气压发生装置，是船舶的重要辅助机械。船舶一般备有 2 台同型空压机，要求其总排气量应能在 1 小时内充满空气瓶，充气压力为 2.5~3MPa，贮气量可连续供主机启动 12 次。空压机若不能正常工作，将直接影响船舶的正常航行，甚至危及船舶安全。船用型空气压缩机一般采用活塞往复式结构，随着现代船舶工业的飞速发展，新型、高速、高级压比、高排气终压和高排气温度的空气压缩机越来越得到广泛的应用。例如，在以柴油机为主要动力的船舶中，压缩机提供的压缩空气主要用于启动柴油机，在军用舰船中的另一用途是发射鱼雷和装弹，在潜艇上则用于控制潜艇的沉浮等。船用型空气压缩机级压比一般大于 4，排气终压大于 19.6MPa，排气温度大于 200℃，甚至达到 220℃。目前，世界知名的品牌主要有阿特拉斯科普柯、英格索兰、寿力、复盛、日立、艾高、博莱特等。国内主要企业有姜堰市顺天空压机制造有限公司、宁波天力空压机有限公司、宁波昊成机械制造有限公司、上海盛怡压缩机有限公司、泰州市海光机械制造实业有限公司、南京压缩机股份有限公司等。其中，姜堰市顺天空压机制造有限公司是船用压缩机专业制造厂家，以生产船用低、中、高压空气压缩机为主；宁波天力空压机有限公司生产的低、中、高压三大系列的空气压缩机有 30 余种规格；宁波昊成机械制造有限公司能为用户提供排气压力从 2~35MPa（20~350kg），排气量从 0.3~10m^3/min。产品有单列、立式、扇型、KB 等系列多级压缩压缩机，已广泛应用于中型柴油机启动、军工船舶、交通等领域，上海盛怡压缩机有限公司引进德国 GHH-RAND 公司先进技术，联合开发了世界一流水平，与欧美市场同步的德莱奥兰电动移动螺杆压缩机，其产品开发设计、生产、制造到销售服务，严格采用 ISO9001 质量管理体系，面向全球零部件采购的战略，保证了每一台机器的高质、高效、可靠以及技术先进性，使其具有比同类产品更加优异的性价比。

生产单位：江苏恒达动力科技发展股份有限公司

地址：南京市江宁区淳化街道胜利河路 118 号　　邮编：211122
电话：025-52729339　　邮箱：Jshd_118@163.com
网址：www.jsxhengda.com　　销售经理：高文丰（17625905969）

公司成立于 2011 年 1 月 26 日，注册资本 2 000 万元。公司占地面积 55 亩，其中包括 20 000m^2 的四幢现代化标准厂房。公司现有员工 136 人。公司下属两个子公司一个事业部主要致力于小型中高压高端空压机、无油中高压高端空压机以及各类型船用空压机及后处理设备的研发生产，相关产品均广销国内外。目前我们的主要产品包括远程脉冲混合动力水炮和舰载大排量高压空气压缩机、高品质船用空压机。企业产品技术主要为自主研发，产品也将面向全国的消防、警务、海事、化工、煤矿等各个领域的市场推广运用。

公司与中国科学院下属北京中清能研究所、中国航空科技集团公司第四研究院第四十一研究所、合肥通用机械研究院、山西太原 785 军工厂进行战略合作并成立了动力研究院，目前正致力于军用压缩机的应用开发和远程脉冲混合动力水炮的设计与研发生产。

风冷型小排量机型

风冷型中等排量机型

水冷型单缸机型

水冷型双缸机型

舰船用高压空气压缩机

产品技术参数：

序号	型号	排出压力（MPa）	排量（m^3/h）	轴功率（kW）	额定转速（r/min）	气缸布置	冷却方式
1	JSHD13L	3.0	10.5	2.3	1 170	V式双缸 2级压缩	风冷
			13.3	2.9	1 450		
			17	3.8	1 750		
2	JSHD18L	3.0	14.3	3.2	1 170		
			18	3.8	1 450		
			22	4.8	1 750		
3	JSHD25L	3.0	20	4.2	1 170		
			24.5	5.4	1 450		
			30.5	6.4	1 750		
4	JSHD32L	3.0	25	5.6	1 170		
			31.5	6.8	1 450		
			38	8.2	1 750		
5	JSHD42/30	3.0	42	6.8	680		
6	JSHD60/30	3.0	60	10.5	620	W式三缸 2级压缩	
7	JSHD72/30	3.0	72	14	760		
8	JSHD96/30	3.0	96	17.5	790		
9	JSHD120/30	3.0	120	20.5	735		
10	JSHD54/70	7.0	54	14	735	W式三缸 3级压缩	
11	JSHD60	3.0	54	13	970	立式 单缸 2级压缩	水冷
			68	14.5	1 170		
			84	18	1 470		
12	JSHD110	3.0	91	20	970		
			110	24	1 170		
13	JSHD120	3.0	105	21	970	立式 双缸 2级压缩	
			125	26	1 170		
			160	34	1 470		
14	JSHD220	3.0	191	41	970		
			230	48.5	1 170		

生产单位：泰州市海光机械制造实业有限公司

地址：江苏省泰州市江洲南路 115 号　邮编：225300　电话：0523-86882910　传真：0523-86887781
邮箱：tzhgjx@163.com　网址：www.tzhgjx.com

公司位于泰州海陵城区，专业生产军、民舰船用空气压缩机，主要产品有高压系列：工作压力 15~23 MPa，排气量 16~110m³/h；中压系列：工作压力 1~3MPa，排气量 5~325m³/h，可根据用户各类用途设计制造，可实现自动化控制。产品通过了中国（CCS）、法国（BV），日本（NK）船级社认可。取得了 GB/TI9001—2008 质量管理体系认证证书，产品远销欧美、东南亚、港台地区，在船舶行业享有盛誉。

产品技术参数：

产品型号	额定转速（r/min）	额定压力（MPa）	容积流量（m³/h）	电机功率（kW）	电压 / 频率（V/Hz）	冷却方式	机组质量（kg）	机组外形尺寸 长（mm）× 宽（mm）× 高（mm）	用途及特点
HC-274A	980	3.0	215	45	380/50	水冷	1700	1 950×990×1 300	结构紧凑，冷却器设计先进。工作可靠，寿命长。适用于大型船舶主机启动
	1 190		260	55	440/60				
	1 480		325	75	380/50				
HC-273A	980	3.0	180	45	380/50	水冷	1700	1 950×990×1 300	
	1 190		210	45	440/60				
	1 480		260	55	380/50				
HC-265A	730	3.0	137	37	380/50	水冷	1400	1 870×1 080×1 155	冷却完善，工作可靠。适用于中型船舶主机启动
	870		170	45	440/60				
	980		190	45	380/50				
HC-265B	730	3.0	120	30	380/50	水冷	1350	1 870×1 080×1 155	
	890		148	37	440/60				
	980		165	37	380/50				
HC-264A	730	3.0	110	30	380/50	水冷	1300	1 870×1 080×1 155	
	870		130	30	440/60				
	980		145	37	380/50				
VH-63	900	3.0	54	15	440/60	水冷	520	1 400×780×950	90°，V型。震动小，噪音低。适用于中、小型船舶主机启动
	1 000		60	15	380/50				
	1 200		72	18.5	440/60				
	1 500		90	22	380/50				
VLH-53	900	3.0	45	11	380/50 440/60	风冷	450	1 350×750×920	
	1 000		50	15					
	1 200		60	15					
	1 500		74	18.5					
VLH-43	900	3.0	23	7.5	380/50 440/60	风冷	330	1 250×660×850	
	1 000		26	7.5					
	1 200		32	7.5					
	1 500		40	11					
LHC-33	1 200	3.0	14.5	5.5	380/50 440/60	风冷	240	910×500×840	适用于大型船舶应急补充气源
	1 500		18.5	5.5					

生产单位：阿特拉斯·科普柯压缩机技术中国总部 Atlas Copco

地址：上海市浦东新区金桥出口加工区金穗路 1100 号 T72-2　邮编：201206
电话：021-61082388　传真：021-61082375　邮箱：cn.info.CT@cn.atlascopco.com
网址：www.atlascopco.com.cn

阿特拉斯·科普柯船用空气系统专为严酷的船用环境打造，向船只提供可靠的启动、工作和仪表空气系统。船用空气系统可专为用户定制且完全符合船用标准。对于各类船只，全系列的产品范围使安装、维护和能耗的费用降到最低。有着全球服务网络及地方专业知识，阿特拉斯·科普柯船用空气系统赋予您强大的运输能力。

产品技术参数：

型号	基本参数	产品特点	选型优势	执行标准	持有证书
LT5-20 启动空压机	流量 9.1~71m³/h 压力 30bar 电制 50/60Hz 活塞式风冷	适用于各类船型，50℃船用高温环境	可靠性高，优化的效率，安装灵活方便，节约空间，耐久运行，运行维护成本低	采用国外先进标准，通过 ISO9001 质量管理体系认证，ISO14001 环境管理体系认证，符合各船级社规范	CCS LLR DNV GL BV ABS RINA RMRS KR NK
LT5-20 应急空压机	流量 11.2~71m³/h 压力 30bar 柴油驱动 活塞式风冷	适用于各类船型，50℃船用高温环境	可靠性高，优化的效率，安装灵活方便，节约空间，耐久运行，运行维护成本低	采用国外先进标准，通过 ISO9001 质量管理体系认证，ISO14001 环境管理体系认证，符合各船级社规范	
LT25-125 启动空压机	流量 55~398m³/h 压力 30bar 电制 50/60Hz 活塞式水冷	适用于各类船型，60℃船用高温环境	高效和高可靠性，占地面积少，易于安装，运行噪音低，使用寿命长，运行维护成本低	采用国外先进标准，通过 ISO9001 质量管理体系认证，ISO14001 环境管理体系认证，符合各船级社规范	
MAS GA5-90 工作空压机	流量 30~870m³/h 压力：7.4~12.5bar 电制 50/60Hz 螺杆式风冷 / 水冷	适用于各类船型，海工项目，55℃船用高温环境	环境适应性强，操作方便，节能，运行成本低，坚固耐用，易于维护	采用国外先进标准，通过 ISO9001 质量管理体系认证，ISO14001 环境管理体系认证，符合各船级社规范	
MAS GA110-355+ 工作空压机	流量 868~2 797m³/h 压力 6~14bar 电制 50/60Hz 螺杆式水冷	适用于大型船舶，海工项目，散料系统，45℃船用高温环境	优化的节能设计，占地小，流量大，安装灵活方便，操作方便，易于维护	采用国外先进标准，通过 ISO9001 质量管理体系认证，ISO14001 环境管理体系认证，符合各船级社规范	
FX1-21 冷冻式干燥器	流量 25.2~4 450m³/h 最大压力 13~16bar 电制 50/60Hz 风冷式 压力露点 5℃	适用于各类船型	设计简单可靠，高效节能，排气露点稳定，维护量工作量少	采用国外先进标准，通过 ISO9001 质量管理体系认证，ISO14001 环境管理体系认证	无
CD7-300+ 吸附式干燥器	流量 24.1~1 296m³/h 最大压力 8~16bar 电制 50/60Hz 露点降 40/70℃	适用于各类船型	持久耐用，节能，成本效益高，易于安装，操作运行简单	采用国外先进标准，通过 ISO9001 质量管理体系认证，ISO14001 环境管理体系认证	无

生产单位：南京压缩机股份有限公司

地址：江苏省南京市江宁区滨江开发区锦文路 21 号　邮编：211178　电话：025-52415588　52411128
销售电话：025-52443826　52474003　联系人：周允武　13951690758
邮箱：zhouyunwu@163.com　nyxs@jsmail.com.cn　网址：www.nanjing-compressor.com

南京压缩机股份有限公司始建于 1956 年，2010 年 9 月从中华门迁至滨江开发区新址。公司为省级高新技术企业，拥有省级技术中心和先进的数控加工中心，具有多项发明专利，ISO9001 和 GJB 质量管理体系证书，并有各船级社认证证书、军民品生产许可证、压力容器设计和制造许可证等。公司船用压缩机产品和船舶自动化及船用配电设备产品主要用于船舶、军工等行业，也广泛应用于机械、电子、交通、石油、化工和电力等部门，并出口东南亚、非洲、南美、东欧等国家。

产品技术参数：

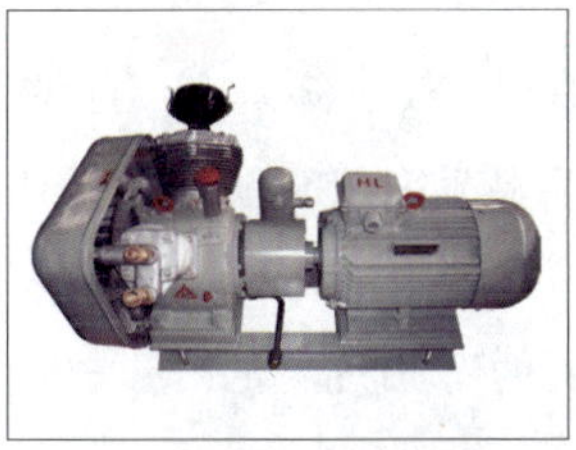

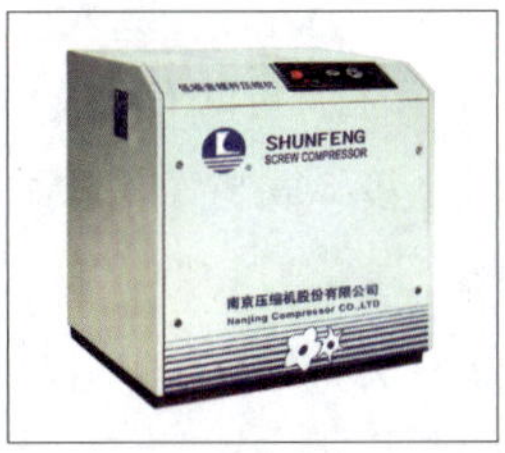

船用风冷压缩机技术参数 Technical Data 1

型号 Model	排气压力 Pressure(MPa)	容积流量 Capacity (m^3/h)	轴功率 Power required (kW)
WP18L	3	12	2.8
		14.3	3.2
		18	3.8
		22	4.8
WP25L	3	16.5	3.6
		20	4.2
		24.5	5.4
		30.5	6.4
WP32L	3	20.6	4.7
		25	5.6
		31.5	6.8
		38	8.2
WP80L	3	48	9
		53.5	10
		64	13
		80	15
WP100L	3	59	12
		66	13.4
		78	16
		99	20
WP120L	3	72	14.4
		81	16
		98	19
		121	24
WP150L	3	90	18
		100	20
		117	23
		150	30
WP250L	3	135	26.4
		150	29.4
		180	37
		225	44
WP300L	3	180	33.6
		200	37.5
		240	44
		300	56

船用水冷压缩机技术参数 Technical Data 2

型号 Model	排气压力 Pressure (MPa)	容积流量 Capacity (m^3/h)	轴功率 Power required(kW)
WP60	3	50	11
		54	13
		68	15
		84	18.5
WP110	3	81	17.7
		91	20
		110	24
WP135	3	106	21
		118	23.5
		142	28.5
WP160	3	126	24.5
		141	28
		170	34
WP185	3	145	28
		162	31.5
		195	39
WP220	3	174	38.4
		191	41
		230	48.5
WP270	3	223	42.5
		248	47
		300	57
WP320	3	264	50.5
		294	56.5
		355	68
WP370	3	308	57.5
		344	65
		415	78

生产单位：泰州市顺天空压机制造有限公司
泰州市海昊船舶装备有限公司

空压机地址：江苏泰州姜堰区通扬工业园区 电话：0523-88011998 传真：0523-88010588
救生设备地址：江苏省泰州市姜堰经济开发区富民创业园 电话：0523-88081888 传真：0523-88081098
空压机网址：www.jsshuntian.cn 空压机邮箱：jyst688@163.com
救生设备网址：www.haihao.cc 救生设备邮箱：Taizhouhaihao@163.com
联系人：黄先生 13775790599 18606100166

泰州市顺天空压机制造有限公司是船用压缩机专业制造厂家，以生产船用低、中、高压空气压缩机为主。顺天产品自成系列、规格齐全、品质优良，可满足不同客户的需求及不同场合的需要，同时还具有对非标产品的开发和生产能力，以满足客户对特殊场合对产品的特殊要求。

泰州市海昊船舶装备有限公司是生产海上安全救生设备的专业企业。主要产品有：救生艇绞车、救助艇绞车、自由降落式救助艇装置、重力倒臂式吊艇架、手动回转救生筏降放装置、单臂救助艇/筏降放装置、单臂救生筏/艇降放装置兼伙食吊、电动（气动）舷梯绞车及配套的救生救助艇。

公司一如既往地坚持“顾客满意为宗旨，科技进步为先导，向社会提供高可靠、高适应性、低消耗的优质产品”的质量方针。

部分产品图片：

空压机

CZF-10/10 气罐机组

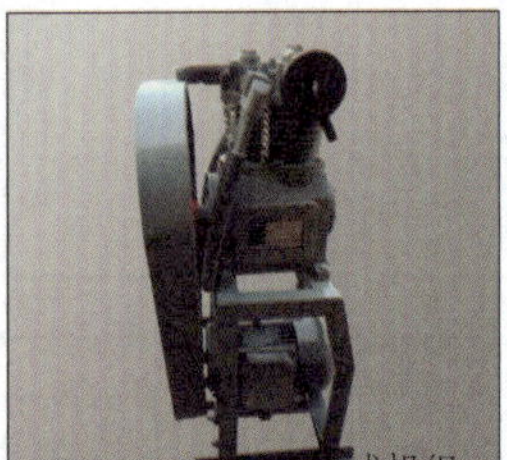
CZF-20.4/3-C 立式机组

CZF-33 直联机组

CVF-43 直联机组

1-0.27/150 机组

CVF-53 皮带机组

CVF-43 皮带机组

CWF-60/30 皮带机组

CZ-0.43/60 机组

CZF-20.4/3-C 直联机组

救生设备

绞车

绞车

绞车

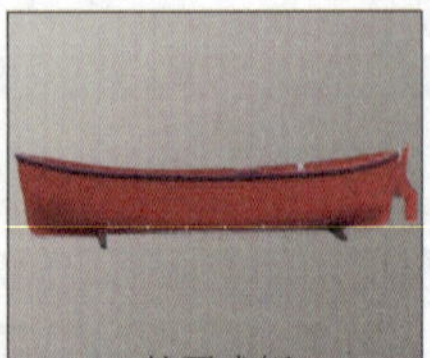
敞开式艇

筏吊

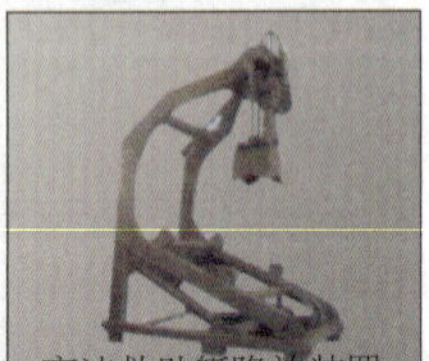
高速救助艇降放装置

自由降落式救生艇
降放装置

封闭式艇

封闭式艇

封闭式艇

21KN 救生筏降落装置

船舶污水处理装置

P 134

P 135

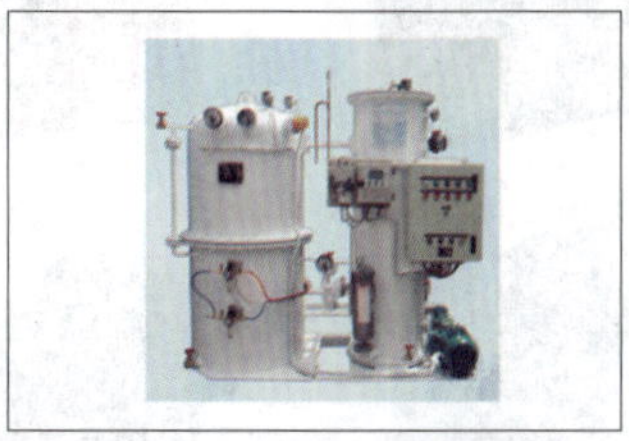

P 136

P 137

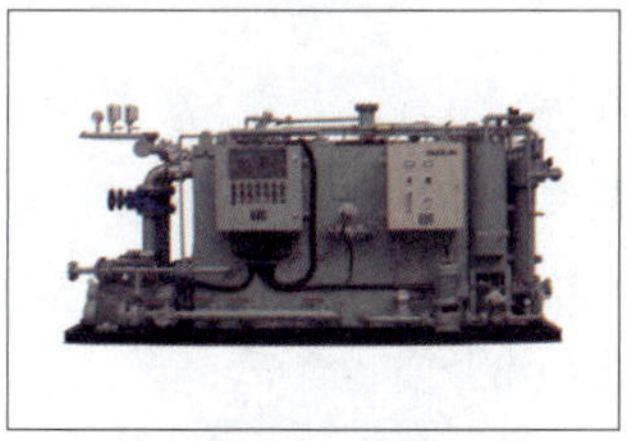

P 138

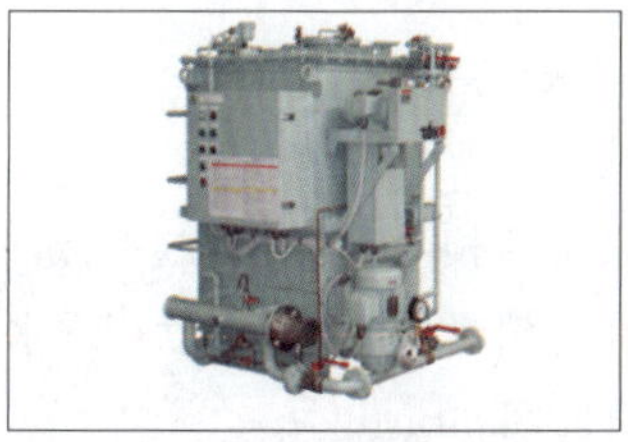

P 139

目前，国内生活污水处理技术主要包括：以WCH、WCX型装置为代表的污水储存、粉碎消毒等物化法工艺技术；以WCB、WCV型装置为代表的污水生物好氧-氧化-重力沉淀工艺技术。国外主要有：英国Hamworthy公司以生化法为原理的ST型装置；丹麦Altlas公司以物化法为原理的AWW装置；美国以电解法为原理的OMNIPURE污水处理装置。

上海船舶设备研究所长期从事生活污水、油污水等防污技术研究和设备开发应用业务，技术处于国际先进水平。产品主要有MBR系列序批式膜法生活污水处理装置、CYZ型油污水处理装置等；南京中船绿洲机器有限公司引进英国哈姆沃西公司技术生产的ST系列船用生活污水处理装置，产品获得中国船检、欧盟EC认证、美国海岸警备队、英国劳氏船级社等许多国家船检部门的认可，80%用于出口船舶；该公司生产的船用、陆用油水分离器处理的油污水达到了国际排放标准；江苏南极机械有限责任公司，是以泰兴船舶机械厂为核心企业组建而成，主要致力于船舶机械及环保机械的设计、生产、制造、加工和服务。根据《国际防污染公约》要求自主开发出WCMBR船舶用膜法生活污水处理装置，通过了美国ABS、日本NK、英国LR、法国BV、挪威DNV、德国GL、意大利RINA等国家船级社的认可；武汉中舟机械制造有限公司是一家集开发、设计、制造、销售及服务为一体的专业船舶配套产品生产企业，主要生产船用生活污水处理装置、舱底水分离器、船用组装式空调、冷藏装置等，长期与七〇一研究所、七〇八研究所、上海船舶设计院、长江船舶设计院展开技术合作，不断致力于产品的开发研究，注重新产品的研发工作，公司研制生产的船用生活污水处理装置采用了目前国际最新技术，技术性能在国内同类产品中具有领先地位。公司研制的“15ppm*舱底水分离器”项目获得国家创新基金支持90万元，是武汉市获批的中小企业中获得的项目扶持金额最多的企业之一。

总之，国内船舶污水处理产品技术指标已达到国际标准MEPC107（49），产品质量已接近国外先进技术水平。但在装置体积、处理污水种类和使用性能方面还存在一些不足，国内产品在膜过滤元件和吸附过滤元件的使用周期和加工制造水平方面尚有差距。

*注：1ppm=1×10^{-6}

生产单位：武汉中舟环保设备股份有限公司

地址：武汉东湖新技术开发区高新四路 29 号　　邮编：430205
电话：027-65609239 65609668　　传真：027-65609616
邮箱：service@whzzhb.com　　网址：www.whzzhb.com

武汉中舟环保设备股份有限公司位于中国光谷—武汉船舶配套工业园区内，是一家以自主科技创新为企业宗旨、集研发、设计、制造、销售及服务为一体的高科技船舶环保设备制造企业，是国内船舶水污染防治环保设备行业的领先企业。

我们紧随国际海事组织（IMO）海上防污染规范的提升步伐，不断推出满足 IMO 新标准的系列船舶环保产品。拥有船用生活污水处理装置、舱底水分离器、船用焚烧炉等全系列的产品线，可承接海洋平台及各类舰船的环保工程。

产品系列图片：

所有产品均符合 GB/T19001-2008/ISO9001:2008 质量管理体系标准，均通过世界各主要船级社检验：CCS、BV、DNV、ABS 等。

1. 舱底水分离器

YSZ 系列 15ppm 舱底水分离满足 IMO.MEPC107(49) 规范。

该装置用于各类船舶舱底不含泥沙的油水混合液体的油水分离，处理能力 0.1~5m^3/h。其排放水含油量低于 15ppm。除拥有世界主要船级社证书外，还拥有 USCG 证书。

2. 生活污水处理装置

根据最新 MEPC.227(64) 决议进行设计、测试和生产。规格从适合 20 人到 600 人，分别满足船舶及海洋工程要求。

WCBx-C 系列生活污水处理装置采用接触氧化、MBR 膜过滤和紫外线消毒杀菌相结合的方法，处理来自船舶厕所等处的生活污水。装置由四个水密的腔室组成。这四个腔室分别为污水柜、 级接触氧化柜、二级接触氧化柜、MBR 膜柜。耐腐蚀性强，能适用于海水冲洗厕所。

3. 压力水柜

压力水柜适用于各类船舶海水或淡水管系的供水系统，集压力水柜、水泵、阀门管理于一体，单位模块化，结构紧凑，安装维修方便。

容积 0.2~2.5m^3

4. 热水柜

适用于一切具有蒸气源或 AC 380V/50Hz,AC 440V/60Hz 电源的各类船舶上，经本装蒸汽或电加热后产生热水供船员生活之用。

容积 0.2~2.5m^3

5. 反渗透海水淡化装置

本装置是利用高压使海水通过渗透膜逆向渗透产生淡水的一种设备。可以安装于船舶、平台等海洋设备。有如下特点:

□ 设备结构紧凑，体积小，安装简单。
□ 简单人机界面操作，性能可靠，清洗维修容易
□ 设备工作温度范围大
□ 产水量可按用户要求任意设计。

6. 淡水舱保鲜装置

淡水舱保鲜装置是将储水柜中的水流动起来，定期循环，在循环的过程中进行净化、消毒处理。确保饮用水水源的净化，提高船舶饮用水储存时间和质量。

生产单位：阿法拉伐（上海）技术有限公司

邮箱：chinainfo@alfalaval.com　网址：www.alfalaval.com.cn　电话：021-53858000

阿法拉伐于20世纪50年代首次进入中国。公司于1984年在北京设立了第一个办事处。随后，公司进一步扩张，分别在上海、成都、北京、广州、大连以及香港分别设立了销售公司和办事处，确定了200多个授权经销商。如今，公司可提供船舶用油处理、冷却与加热、环境保护、储罐清洁和海水脱盐、压载水处理系统等多方面的解决方案。同时，公司一直坚守上述工艺的精髓——稳步简化工艺，使之更为可靠、更具经济性。

产品技术参数：

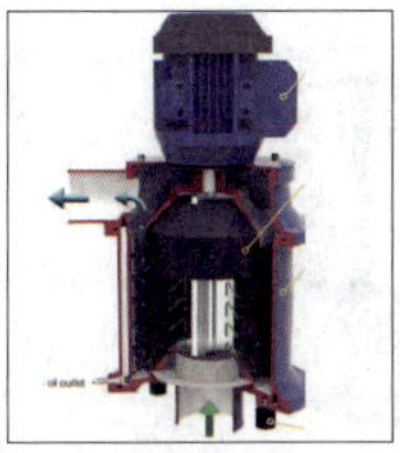

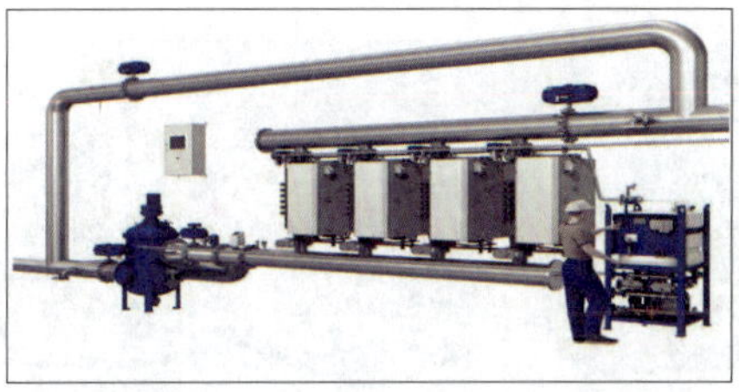
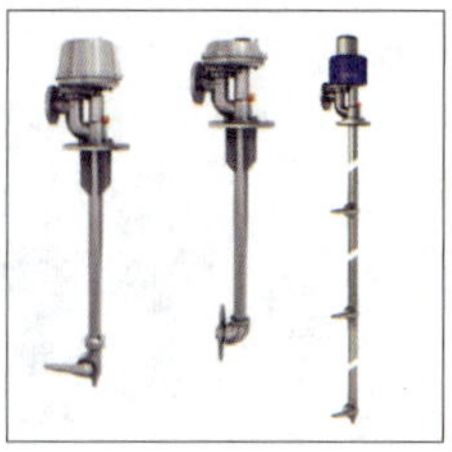

型号	基本参数	产品特点	实现功能
小型甲板安装式清洗设备	工作压力：7~12Pa 处理量：30~110m^3/h 工作压力：5~12Pa 处理量：7~90m^3/h	采用了具备内置速度调节功能的磁滞离合器；可供单喷嘴、双喷嘴以及多喷嘴等各种版本；与货物接触部位采用不锈钢材质；防滑移，不带轴封，可防泄漏；适用于游轮、散货轮与浮式生产储油轮；入水腔采用镀锌钢或环氧树脂涂层钢；落水管采用镀锌钢或不锈钢，清洗头采用铜材或不锈钢	阿法拉伐 Gunclean Toftejorg140gn 165系列设备属第二代强力储罐清洗设备，专为满足最严格的储罐清洗要求而开发，用于油轮与散货轮的单喷嘴储罐清洗设备。它的程序可调为快洗、充分清洗和强力清洗等多种模式
PureVent	适用于40~150m^3/h油烟排放工况条件下的清洁处理	适用于40~150m^3/h油烟排放工况条件下的清洁处理，分离效率高达98~99.9%；可确保发动机曲轴箱内压力稳定；体积仅为30L；每隔16000小时或5年（以先到时间为准）才需进行一次彻底维护	它采用了离心分离技术，可以分离出曲轴箱排气中所含的油滴与烟尘，能进一步减少发动机废气排放。而PureVent外壳内侧所收集到的油可当作润滑油循环使用，或供船上的废物焚烧炉使用。适用于曲轴箱气与其他含油烟雾排放； PureVent系统能够清除油雾，保护环境，同时又不会对发动机性能造成负面影响，事实上，PureVent系统能够将收集到的油作为润滑循环使用，有利于减少总体油料消耗量
PureBilge	处理量： 2 500~5 000m^3/h	自动化连续运行；可处理各种舱底油污、废水和极少的废渣产生，生命周期成本低廉；经过优化设计的转鼓以及防浮化Xlrator盘片口防篡发型“SafetyBox”，处理监控记录系统可选；紧凑的即插即用设计	PureBilge系统是一种高效、高性价比的舱底油污水处理系统，采用了高速离心分离技术，可适用于风浪环境下并针对棘手的油污水乳化液进行全自动一体化操作。采用了非化学处理方式，与通过采用过滤器与静态聚结器的解决方案相比，基本上无需进行维护
Pureballast2.0压载水处理系统	处理量： 250~3 000m^3/h	采用模块化组件设计，灵活而节约空间精简化电气系统，能源利用效率高；提供防爆（Ex）型产品，适用存在爆炸风险的环境绿色运行，不添加任何化学药剂、也不会产生任何有毒残留或其他安全隐患；不会延缓压载水收时间，或对压载水控制系统产生干扰；采用自动化清洗技术，采用全自动化设计与遥控技术，操作便捷易行	PureBallast系统采用了独特的非化学处理技术，能够清除压舱水中通常混有的虫卵、孢以及浮游幼虫等各种微生物。这样就能从根本上消除因在全球不同水域进行压载水排放而带来的微生物入侵风险 PureBallast系统了高级氧化专利技术（AOT），可生成能够分解微生物和其他有机污染物的自由基，属于高效的非化学处理方案，不会对环境造成二次污染

生产单位：武汉兴大机电设备制造有限公司

地址：湖北省武汉市汉南经济开发区华顶工业园 C18 栋（武汉市汉南经济开发区） 邮编：430090
电话：027-84735822 84735833 传真：027-84735833 转 2006 邮箱：wuhanxingda@126.com
联系人：汪俊 18602708354

武汉兴大机电设备制造有限公司成立于 1992 年，主要从事 ZYFM 系列船用油水分离器、WCMBR、WFCB 系列生活污水处理装置、XDSC（CYJ）不锈钢超滤净水器、XGZJ（JBFL）系列型高效组合净水器、（组合式）压力水柜、（组合式）蒸汽 - 电加热水柜等船舶设备的生产，是集技术开发、产品生产及工程安装为一体的企业。公司已经通过 ISO9001：2008 质量管理体系认证，可提供 CCS、ZY、BV、ABS 等多种船检证书。

产品技术参数：

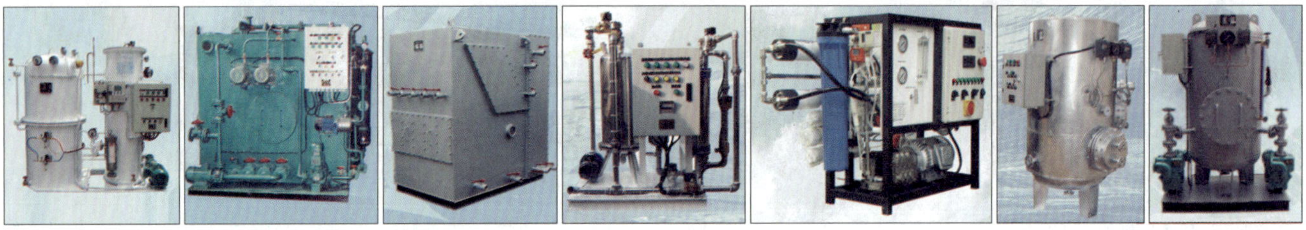

型号	基本参数	产品特点	选型优势	执行标准	持有证书
ZYFM 系列舱底水分离器	ZYFM 系列舱底水分离器处理范围 0.25,0.5,1.0,2.0,3.0,5.0 (m^3/h)	处理范围从 0.25~5m^3/h。满足油污水排放标准小于 15mg/L 的要求	ZYFM 系列舱底水分离器是一种新型真空微滤式油水分离装置	符合国际海事组织 IMO-MEPC107(49) 的规定，能满足我国政府规定的	产品可提供 CCS、ZY、BV、ABS 等多种船检证书
WCMBR 型船用膜法生活污水处理装置	WCMBR 系列生活污水处理装置适应人数 6~600（人）	采用生物接触氧化和 MBR 膜法处理船舶生活污水，并通过紫外线消毒处理，处理后的水符合 IMO.MEPC.159（55）决议	尺寸合理，结构紧凑，起动运转灵活	符合联合国国际海事组织，海洋环境保护协会委员 IMO. MEPC.159（55）决议	产品可提供 CCS、ZY、BV、ABS 等多种船检证书
XGZJ(JBFL) 系列型高效组合净水器	XGZJ（JBFL）系列型高效组合净水器额定制水量 0.5~40(m^3/h)	是将原水净化成生活饮用水的新型设备，具有处理效果好，性能可靠、操作、维修方便等特点	有自动、手动型两种供用户选择，是目前经济实用性能稳定的新型制水装置	XGZJ 系列净水器各项性能指标均能达到或超过监测标准	产品可提供 CCS 船检证书
XDSC(CYJ) 不锈钢超滤净水器	XDSC（CYJ）系列不锈钢超滤净水器额定制水量 1~20（m^3/h）	采用三级处理方式，一级为多层砂滤，二级为精滤，三级为膜滤，具有出水水质好性能可靠操作简单等优点	是将原水（取自江河、湖泊、池塘的水）净化成生活饮用水的新型设备	达到瓶装饮用水卫生标准	产品可提供 CCS 船检证书
ZFS(HDZF) 系列蒸馏式海水淡化装置	ZFS（HDZF）系列蒸馏式海水淡化装置成品水产量 1.5~25(m^3/d)	具有结构紧凑、运行可靠、易维护、自动化程度高、成品水水质高（含盐量低于 10mg/L）等特点	是一种以低品位废热（例如柴油机缸套冷却水等）为热源，采用真空低温沸腾原理的蒸馏式制淡装置	ZFS(HDZF) 系列海水淡化装置的各项性能指标符合 GB5749《生活饮用水卫生标准》	产品可提供 CCS 船检证书
船用蒸汽电加热水柜系列 ZDRG0.12,0.2, 0.3,0.5,1.0，1.5 m	ZDRG 系列电蒸汽加热热水柜	适用于一切具有蒸汽源 AC380Hz 或 AC440V、60Hz 电源的各类船舶上生产热水		CB/T3686-1995	产品可提供 CCS、ZY、BV、ABS 等多种船检证书
ZYG 系列组装式压力水柜	ZYG-0.12，0.2，0.2，0.5，1.0，1.5，2.0 七种规格	适用于各类船舶淡水管系及海水管系的供水系统	本系列组装式压力水柜集压力水柜、水泵、阀门、管道于一体，采用立式水泵或卧式水泵供用户选择		产品可提供 CCS、ZY、BV、ABS 等多种船检证书

生产单位：上海势久船舶设备有限公司 Shijiu

地址：上海浦东民生路 600 号　邮编：200135　邮箱：shijiumarine@126.com
工厂：上海市浦东新区东塘路 776 号（上海）　盐城胜利桥工业园（江苏）
电话：021-58854164-12　021-58856638-2522　传真：021-58854614-11　021-68536550

上海势久船舶设备有限公司是从上海船舶运输科学研究所环保产品部转制而成的企业。从 20 世纪 70 年代开始即在国内率先从事船用环保水处理设备的开发、研制和系列产品的生产。产品曾多次获得“上海市科技成果”“上海市优秀新产品”“上海市优质产品” 等奖项。仅转制至今的几年间已有数千台环保水处理装置广泛用于远洋、沿海、内河运输船舶和港口、石油平台等各种作业船舶上以及工矿企业、电厂、码头、部队等陆上水处理工程中。

产品技术参数：

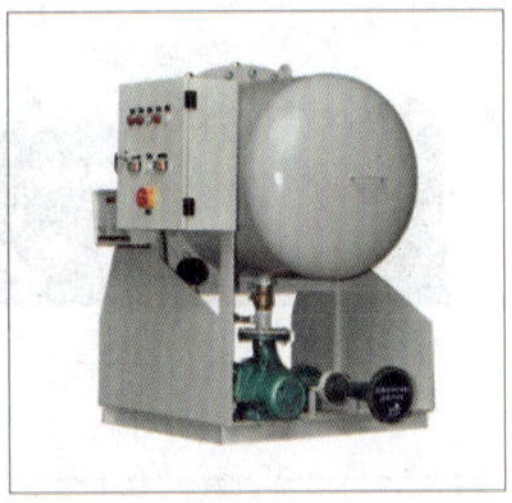
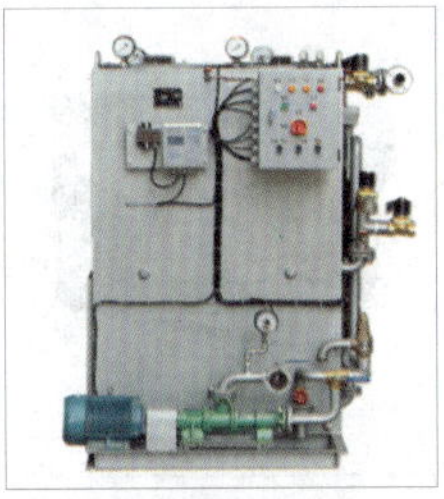

CYFE 油水分离器

规格		CYFE-0.1	YFE-0.25	CYFE-0.5	CYFE-1	CYFE-2	CYFE-3	CYFE-5
处理能力 m³ /h		0.1	0.25	0.5	1	2	3	5
排放标准 mg/l		<10						
外形尺寸	长 (mm)	450	600	700	800	900	1 000	1 100
	宽 (mm)	300	450	550	650	750	850	950
	高 (mm)	850	1 250	1 300	1 350	1 650	1 750	1 900

生活污水处理装置

规格		CSWB-10	CSWB-20	CSWB-30	CSWB-40	CSWB-60	CSWB-80	CSWB-100	CSWB-120	CSWB-150	CSWB-200
处理量（m³/d）		0.8	1.6	2.4	3.2	4.8	6.4	8	9.6	12	16
外形尺寸	长 (mm)	1 400	1 400	1 700	2 100	2 500	3 000	3 500	4 000	4 300	4 900
	宽 (mm)	1 100	1 300	1 400	1 400	1 500	1 700	1 700	1 700	1 800	2 000
	高 (mm)	1 600	1 800	1 800	1 800	1 900	1 900	2 000	2 000	2 100	2 100

造水机

型号		BHD-5	BHD-10	BHD-20	BHD-30	BHD-40	BHD-50
产淡水量（m³/D）		1~6	6~12	15~22	25~35	35~45	45~55
外形尺寸	长 (mm)	1 058	1 367	1 635	1 854	1 854	1 854
	宽 (mm)	1 125	1 510	1 510	1 842	2 612	2 612
	高 (mm)	1 246	1 630	1 630	1 980	2 500	2 500

生产单位：江苏南极机械有限责任公司

地址：江苏省泰兴市泰兴镇工业园区（大生）中园路 1 号　邮编：225400
电话：0523-87590811　87590818　传真：0523-87686463　邮箱：nj@jsnj.com

公司主要从事舰船用生活污水处理装置、船用舱底水分离器、船舶压载水管理系统、中间轴承、液压螺栓、液压螺母、液压联轴节、压力水柜、热水柜、空调、冷藏装置等产品的研制生产和轴系、舵系的成套打包供货服务。产品已覆盖全国各大中船厂，得到广大用户的肯定，获得国内外船级社的认可，拥有发明和实用新型专利等自主知识产权。生活污水处理装置领取了 USCG 和 EC 证书。

产品技术参数：

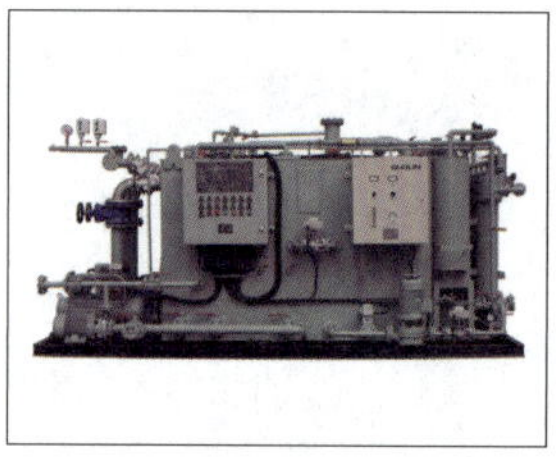

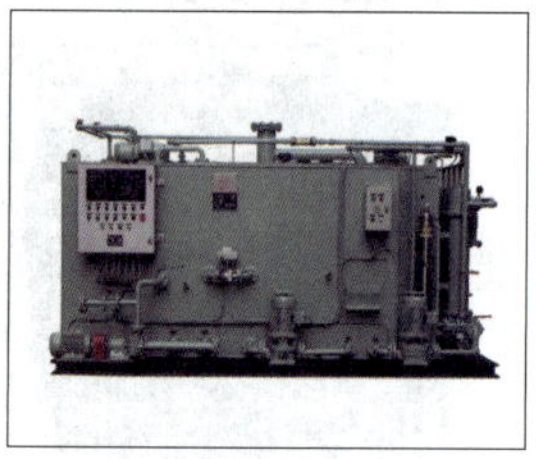

产品名称	特点	选型优势
WCMBR 型船用膜法生活污水处理	联合国国际海事组织、海洋环境保护委员大会于 2006 年 10 月 13 日正式通过了 IMO.MEPC.159（55）决议。该决议对“MARPOL73/78 国际防污公约”附则Ⅳ有关船舶生活污水处理的要求作了全新的诠释，从 2010 年 1 月 1 日起凡吊装新老船舶的生活污水处理，必须满足“新公约”的排放指标要求	本公司在引领国内船用生活污水处理装置专业产品 20 年后的今天，已成功开发了新一代的“序批式膜法”生活污水处理装置，并于 2007 年 5 月通过了由中国船级社组织的系列产品型式认可试验，以及盐水试验、倾斜试验和零负荷试验等全部试验。本装置将船上产生的生活污水容纳在收集缓冲柜内用粉碎泵进行粉碎，然后泵入序批柜内进行“送料—曝气—沉淀—排水—休闲”一体化的程序控制处理，再经过膜法（MBR）渗透处理萃取污水中的滤过水，最后用臭氧消毒，全面达到 IMO.MEPC.159（55）决议所规定的排放标准。排放水如再稍加处理可以达到“中水回用”的要求，由于用了 MBR 处理工艺可以使污泥排放周期延长，可达到“零排放”的要求。本装置采用“膜法”设计，比传统陆用“内置膜”设计更适应船舶的特殊工作条件，便于维修、拆装和保养。装置采用 PLC 自动控制，适合 24h 无人机舱，也可用于真空收集的浓缩污水，由于水力负荷相对较小，膜法更能适应
真空收集系统	真空收集系统是由真空马桶、灰水阀、真空收集装置等组成，在此系统中生活污水不再依靠重力，而是由真空将污水通过真空管道抽至真空收集装置，污水再由真空收集装置转驳至生活污水处理装置，处理达到国际排放要求后排至舷外。因此真空管道管径小，布置灵活	管系内的真空是由水喷射器产生和维持的，由一个安装在真空收集装置上的离心式污水泵将柜内的污水泵入喷射器，然后与从便器处抽来的污水一同又回入柜内，如此循环。污水同时作为喷射器的工作水，喷射器上装有一止回阀，用于真空收集装置与真空管系的隔离，该止回阀仅当喷射器工作时打开

生产单位：重庆大晃康达环保技术有限公司

地址：重庆市北部新区星光大道 72 号天王星 A 座 2F　邮编：401121　电话：023-61867658
传真：023-61867780　网址：www.kangdaep.com　邮箱：lixy430@yahoo.com.cn
联系人：李小鹰 13320350234

重庆大晃康达环保技术有限公司是日本大晃机械工业株式会社与重庆康达环保股份有限公司共同投资在中国组建的合资公司，公司生产和经销的船用产品主要有：满足 MEPC159(55) 要求的 SBH/C 系列船舶污水处理装置，满足 MEPC107(49) 要求的 USH/C 型系列船用舱底水油水分离器、HS-1 型船用灰水柜、ZFYS 型船用厨房隔油器。

产品技术参数：

污水处理装置

10-50 油水分离器

05 油水分离器

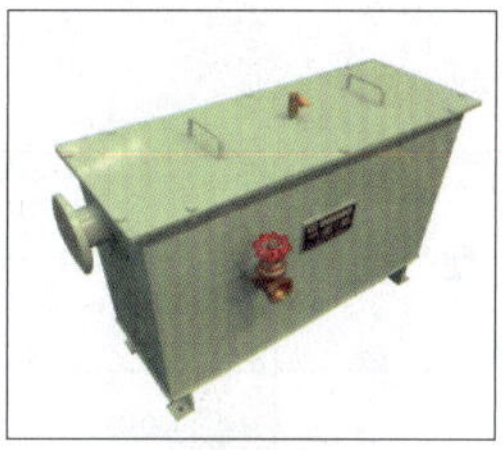
厨房隔油器

灰水处理柜

型号	基本参数	产品特点	实现功能	选型优势	执行标准	有无专利	持有证书	自填
SBH/C 系列船舶污水处理装置 SBH/C-15 SBH/C-25 SBH/C-40 SBH/C-65	型号 乘员人数 SBH/C-15 15 人 SBH/C-25 25 人 SBH/C-40 40 人 SBH/C-65 65 人	a. 菌种自动生成，无须活性污泥培养菌种 b. 全自动运行，无须专人管理 c. 无毒、无臭、无二次污染 d. 运行成本非常低	装船后功能完全满足设计和规范要求	结构紧凑，体积小，安装维护简便	满足 MEPC159(55) 要求的 SBH 系列船舶污水处理装置	本公司以上产品的全套技术系从日本大晃以技术转让方式获得	已获得国际海事组织（IMO），中国船级社(CCS)，欧洲海事组织（MED），美国海岸警卫队 (USCG)，日本（MOT）等船级社证书	为客户提供最佳船舶环保工程设计方案，提供最优的船舶环保设备。执行长期或定点服务合同
USH/C 型系列船用舱底水油水分离器 USH/C-05 USH/C-10 USH/C-20 USH/C-30 USH/C-50	型号处理量 m^3/h USH/C-05 0.5 USH/C-10 1.0 USH/C-20 2.0 USH/C-30 3.0 USH/C-50 5.0	a. 高性能处理乳化液的聚凝器寿命大幅提高 b. 适应 USCG 要求配置安全阀 c. 更换和维护聚凝器简便 d. 油份浓度计加自动关闭装置可自动检测、自动报警、自动关闭，并可储存显示 18 个月的数据	装船后功能完全满足设计和规范要求	单筒式机型，节省空间，全自动运行，大口径自动排油阀轻松排除高黏度油	满足 MEPC107(49) 要求的 USH 型系列船用舱底水油水分离器		已获得国际海事组织（IMO），中国船级社(CCS)，欧洲海事组织（MED），美国海岸警卫队 (USCG)，日本（MOT）等船级社证书	负责技术支持和操作人员的培训，供应备品备件，为客户提供售前和售后的顶级服务

生产单位：台州海百纳船舶设备科技有限公司

HBN 台州海百纳船舶设备科技有限公司

地址：浙江省天台县工人东路 799 号　邮编：317200　电话：0576-83989118　传真：0576-83989599
邮箱：haibainags@163.com　网址：www.zjhbn.com　联系人：夏桂生　13968595118

公司主要从事船舶设备的开发与生产，是集技术开发、产品制造及市场营销为一体的高新技术企业，具有丰富的专业生产经验和科研开发能力，开发生产了一系列体积小、质量轻、技术含量高的优质船用产品。主要产品有：符合国际海事组织 IMO.MEPC.107（49）决议要求的 HBN 系列 15ppm 舱底水分离器，符合国际海事组织 IMO.MEPC.159（55）决议要求的 HBN 系列船用生活污水处理装置，符合 IMO.MEPC.76（40）和 MEPC.93（45）决议要求的 HBN 系列船用焚烧炉以及 HBN 系列船用海水淡化装置等产品。

产品技术参数：

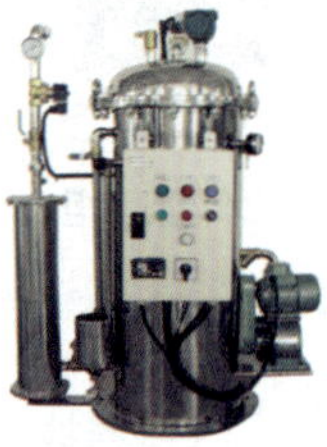

型号	排量（m^3/h）	压力 MPa		总功率（kW）	温控方式	排油方式
		正常	设计			
HBN-0.1	0.1	0.07	0.3	0.36	自动 / 手动	自动 / 手动
HBN-0.25	0.25	0.07	0.3	0.45	自动 / 手动	自动 / 手动
HBN-0.5	0.5	0.07	0.3	0.5	自动 / 手动	自动 / 手动
HBN-1.0	1	0.07	0.3	2.0	自动 / 手动	自动 / 手动
HBN-2.0	2	0.12	0.3	3.5	自动 / 手动	自动 / 手动

产品特点：

（1）分离精度和处理效率高；
（2）适用于处理来自船舶机器处所舱底的一切油性污染物，包括船上有可能携带的各种油品及其呈乳化液形式出现的混合物；
（3）流出物含油量超过 15ppm 时，自动关闭，停止舷外排放；
（4）报警装置具有记录日期、时间和报警状态以及舱底水分离器运行状态的功能。记录装置储存记录至少 18 个月，并能显示和打印官方检查所要求的报告书；
（5）舱底水报警装置的响应时间，即从送至报警装置的样品发生变化至显示器显示正确的响应所需要的时间不超过 5 秒；
（6）总响应时间从排出物含油量超过 15ppm 起至阻止舷外排放的自动关停装置开动所需要的时间在任何情况下不超过 20 秒；
（7）自动化程度高，操作简便，无需反复冲洗；
（8）体积小、质量轻、安装方便。

实现功能：

（1）分离精度方面优势：本项目产品的油水分离精度可达到 0~5ppm，而其他产品精度均在 10~15ppm；
（2）使用维护周期方面的优势：本项目产品使用的过滤单元更换周期可达 5~6 年，且期间并不需要进行反冲洗，其他产品滤料更换周期一般为 3~5 个月（针对膜分离技术产品）及 5~12 个月（针对活性碳、滤布技术产品），而且使用期间还需要对其进行加药反清洗（加次氯酸钠）；
（3）产品的成本优势：本项目产品所使用滤料成本较低，而采用膜技术产品的成本很高，同时使用活性炭等技术的成本也高于本公司的产品；
（4）产品结构优势：本项目产品体积小，结构简单，安装维修简便，操作方便，而其他公司产品体积较大，结构复杂，操作繁琐，不便维修。

典型技术	本公司产品	YWC 系列	YSFQ- 系列	聚结技术
乳化油处理效果	优	好	一般	差
滤芯使用寿命	≥ 1 年	3~6 个月	6 个月左右	≤ 1 年
系统操作	简单	特别复杂	简单	简单
运行成本	低	高	高	低
发冲洗	无需分冲洗	频繁洗和定期化学冲洗	定期反洗	无需分冲洗
体积	较小	大	较大	较大
质量（kg）	450	2 260	1 600	1 600

船用焚烧炉

船用焚烧炉主要用于焚烧船舶上的固体垃圾和污油。由三大部分组成：焚烧炉主体、带加热器污油柜 、烟气风机。焚烧炉主体包括燃烧室、燃烧器、控制面板及内置附件；污油柜部分包括加热器、电加热器或蒸汽加热，热油加热、污油循环泵、液位计等；烟气风机部分包括烟气风机、风门调节器和膨胀节。目前已经有几十种国内外研制的焚烧炉产品投入使用或即将投入使用。大致可以概括为 5 种类型：处理废油和固态废料的焚烧炉；处理废油和污泥污水的焚烧炉；处理废油、污泥污水和固态废料的综合焚烧炉；既能处理废料又能回收焚烧热量的焚烧炉，又称锅炉联合设备；兼具有惰性气体发生器功能的焚烧炉。国外企业主要有英国 Hamworthy、丹麦阿特拉斯 Altlas、日本 JMT 日本海洋技术公司、挪威 TeamTec 公司等。我国从 1978 年开始研制船用焚烧炉，到目前为止，已经研制成功几种常用规格的船用焚烧炉，在规格、种类、技术水平和产品功能上也达到了国际水平。国内企业主要有南京中船绿洲机器有限公司、武汉中舟机械制造有限公司、上海征洋船舶设备技术有限公司、上海汉盛船舶技术有限公司等。南京中船绿洲机器有限公司引进挪威 TeamTec 公司技术合作生产的产品 OG(S)、GS 系列船用焚烧炉技术水准目前处于国际领先地位，该产品可焚烧污油、污水污泥和塑料、纸板、罐头盒、食品废弃物等生活垃圾，是各种船舶、海上平台防止污染的重要设备，与其他类型焚烧炉相比，该设备具有以下不可替代的优点：该设备热容量大、整体尺寸小、性能安全可靠、废弃物经焚烧后排出的烟气无色、无异味，残剩微量灰渣无毒、无菌，不会因此造成二次污染。整个焚烧炉为可拆卸结构，易于安装和维修。该焚烧炉符合 MARPOL73/78 公约附则 V 和 VI 及 IMO.MEPC.76(40) 决议，获得欧盟 EC 认证及 USCG 证书，已得到中国、挪威、德国、美国、英国等船级社或船检局认可；上海征洋船舶设备技术有限公司属于高新技术企业，主要产品除焚烧炉外，还有紫外线消毒器，饮水处理装置，全自动软水处理装置等；上海汉盛船舶技术有限公司致力于船舶设备配套行业中的高端产品的开发，目前已成功开发的产品包括板式 / 壳管式海水淡化装置、反渗透装置、焚烧炉、紫外线消毒器、水矿化过滤器等，多为国内领先产品。同时，公司与外方合作为客户提供排油监控、油水分离器、生活污水处理装置等环保设备。

P 142

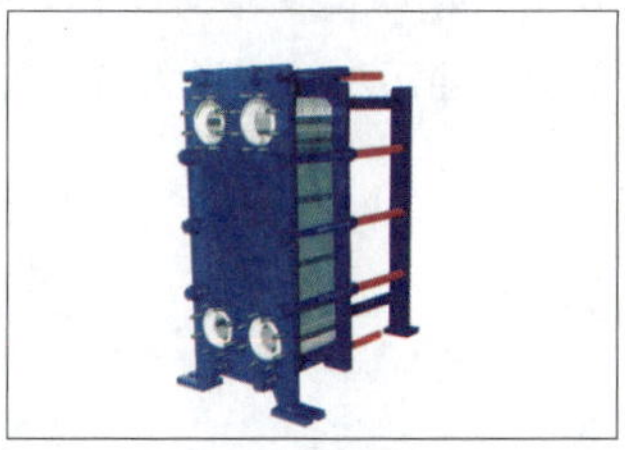

P 142

P 143

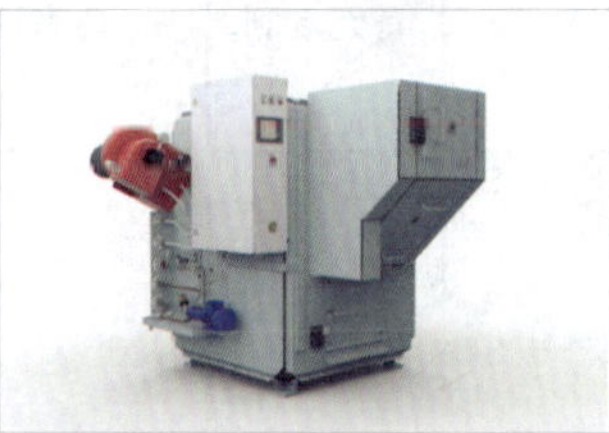

P 143

P 143

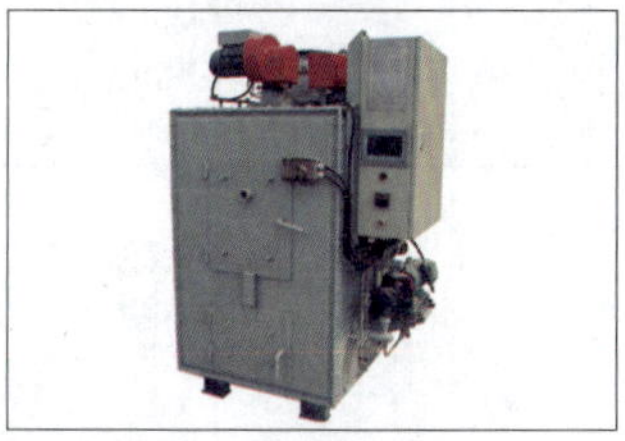

P 144

生产单位：南京中船绿洲环保有限公司

地址：南京市中华门外新建　邮编：210039　电话：025-86721480　传真：025-86721689
邮箱：luzhou@nj-lzep.com　网址：www.nj-lzep.com　联系人：陈纪赛　孙振国

南京中船绿洲环保有限公司隶属于中国船舶工业集团。公司不断吸收、引进世界先进技术，先后与英国、挪威、丹麦、意大利、加拿大等国家以及与江苏省环境科学研究院、东南大学等国内著名院校进行技术合作，部分产品达到世界先进水平。船用产品符合行业最新规范，并获得IMO、EC、CCS、DNV GL、ABS等多家船级社的认可。在工程及设备方面有着雄厚的设计、制造和施工能力，主要生产经营船用生活污水处理设备及工程系统；焚烧炉设备及工程系统；油污水处理设备及工程系统；海水淡化设备、中央冷却器系统。

产品技术参数：

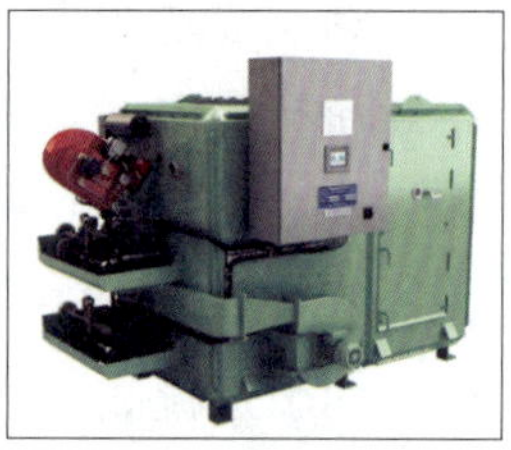
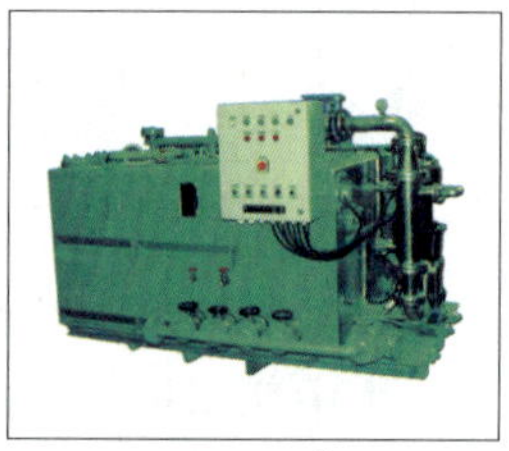

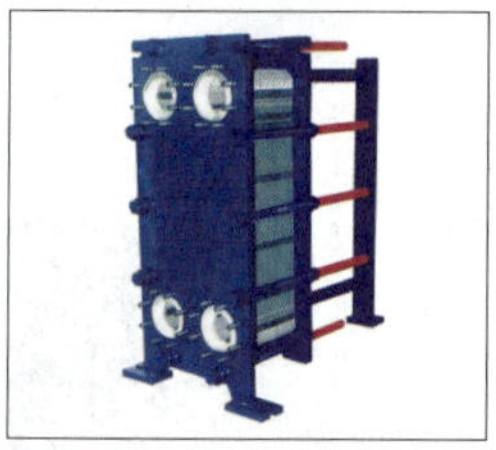

型号	基本参数	产品特点	实现功能	选型优势	执行标准	有无专利	持有证书
焚烧炉 OG /GS 系列	满足热容量：210~1 200kW/h	自动程度高，操作方便	处理船上产生的污油和固体垃圾	引进国外技术，自动化程度高	IMO.MEPC.76(40)， IMO.MEPC.93(45) IMO.MEPC.176(58) ISO9001 GJB2001	有	CCS ABS DNV GL IMO 等
生活污水处理 STC1−20	适用船员：10~300 人	自动程度高，操作方便	处理船上产生的生活污水	采用无机膜处理，性能可靠稳定．	IMO・MEPC.159(55) ISO9001 GJB2001	有	CCS ABS DNV GL IMO 等
海水淡化装置 BZF−5−30 AFGU 1E/S 1−50	造水量：1~50t/ 天	自动程度高，操作方便	提供船上所需的淡水	提供板式和管壳式两种方式	GB1397−2008 ISO9001 GJB2001	有	CCS ABS DNV GL IMO 等
油水分离器 YZF−Z−0.25−5	处理量：$0.25\sim5m^3/h$	自动程度高，操作方便	处理船上产生的油污水	压力式和滤料处理方式	IMO.MEPC.107(49) ISO9001 GJB2001	有	CCS ABS DNV GL IMO 等

生产单位：汉盛（上海）海洋装备技术股份有限公司 HANSUN

地址：上海市浦东新区张衡路 1000 弄 60 号楼　邮编：201203　网址：www.hansun-marine.com
电话：021-50793367　传真：021-50793370

汉盛（上海）海洋装备技术股份有限公司长期致力于船舶配套设备及海洋工程装备的研发、设计、生产与销售。汉盛拥有一支技术精湛、经验丰富的专业研发团队，并以不同的方式与国内外相关机构合作研发，现已获得多项国家专利，相关产品已获得国际主要船级社认证。凭借先进的技术、可靠的质量、放心的服务，汉盛产品得到国内外客户的高度认可和信赖。

产品技术参数：

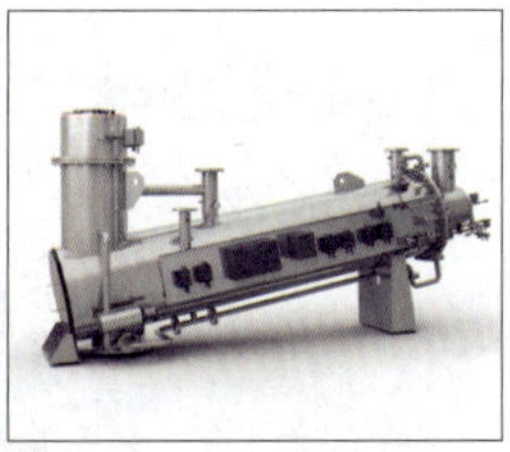

型号	产品特点	选型优势	执行标准	有无专利	持有证书
板式造水机	设计简洁、安装灵活；蒸发器和冷凝器采用高标准钛板	兼容多种加热方式标准化部件、易于维护	GB 5749-2006 生活饮用水卫生标准； GB 16409-1996 板式换热器； CB/T 1036-2008 船用板式冷却器	实用新型专利：ZL200720144164.7 一种带有蒸汽供热单元的板式海水淡化造水机	无需船级社证书
反渗透海水淡化装置	模拟图实时显示工作状态；一键自动控制；高标准的反渗透膜降低运营成本	灵活的设计可以满足多种需要，包括商船、军船、工程驳船、海洋平台、岛屿和岸基设施；定期加药反冲洗功能使设备工作状态稳定	GB 5749-2006 生活饮用水卫生标准； GB/T19249-2003 反渗透标准； CB/T3753-1995 反渗透海水淡化装置	实用新型专利：ZL200820060642.0 一种反渗透海水淡化装置	无需船级社证书
污水处理设备	内部腔室防腐涂层；延长使用寿命；程序化控制	可选双风机；可与真空装置直接连接；多种流量范围可选	IMO.MEPC.159(55)	实用新型专利：ZL200820060639.9 生活污水处理装置	DNV(EC) CCS RS
焚烧炉	人机对话界面方便操作；循环泵搅动污油使燃烧效率最大化	可选用气动不间断送料器；三种可选加热源：电加热、蒸汽加热、热油加热；工作状态实时监控	IMO.MEPC.76(40)	实用新型专利：ZL200720144177.4；ZL200810043599.1 实用新型专利：ZL201020132415.1 实用新型专利：ZL201020265351.2	DNV(EC) CCS ABS RS USCG
油水分离器	全自动运行；设计简洁；低维护保养；自动监控；自吸功能；连续运行情况报告；海工涂层标准	船用或海工平台使用；可根据客户要求布置优化安装布置；遥控监控	IMO.MEPC.107(49)	实用新型专利：ZL200820060641.6 一种船用油水分离装置； 发明专利：ZL201010141083.8 一种全自动液位自修正式油水分离器	ABS CANADA CCS USCG BV EC
惰性气体发生器	安装在燃烧嘴的涡流板可以达到涡流火焰控制；实时监控并且自动调节惰性气体中的氧含量	应用负荷跟踪技术调节与控制空燃比	SOLAS 公约 II-2 章第四条 5.5 惰性气体系统； MSC/Circ.677 通函《关于阻止火焰进入油船液货舱装置的设计、试验及安装的修订标准》； MSC98(73)《国际消防安全规则》第十五章：惰性气体系统； CCS 钢制海船入级规范 2009 第 6 篇第四章 惰性气体系统； CB 1169-1986 油船惰性气体系统技术条件； CB/T 3609-93 惰性气体系统安装及效用实验质量要求	实用新型专利：ZL201020289554.5 船用惰性气体发生器系统甲板水封 实用新型专利：ZL201020290241.1 船用惰性气体发生器系统充式压力真空平衡器 实用新型专利受理：201220465884.4 一种直燃式高压输出型船用惰性气体发生器	CCS

生产单位：上海卓创热能设备有限公司

地址：上海市嘉定区马陆镇开发区 电话：021-66367757 传真：021-59157308
联系人：何小姐 18021032757 邮箱：zcshanghai88@126.com 网址：www..zcshanghai.com

上海卓创热能设备有限公司专业从事船用垃圾焚烧炉系统设备、热能利用设备及智能控制系统的生产、销售。船用焚烧炉已获得中国船级社（CCS）、欧盟 EC 等颁发的型式认可证书。 自 2004 年创办之初，公司即以“品质卓越、开拓创新；持续改进、顾客满意”为企业宗旨，以顾客的需求为中心，实现公司对顾客的承诺。

产品技术参数：

型号	热容量（kcal/h）	炉膛容积（m^3）	最大处理量		电功耗（kW）	本体尺寸 L×W×H（mm×mm×mm）	布置尺寸 L×W（mm×mm）	质量（kg）	烟道 DN
			油泥（L/h）	固体（kg/h）（kg/炉）					
ZCF18	18×10^4	0.25	25	10（30）	12.5	1 020×1 020×1 885	2 400×1 750	1 860	200
ZCF36	36×10^4	0.55	45	20（60）	12.5	1 200×1 200×2 210	2 600×2 300	2 100	250
ZCF40	40×10^4	0.55	50	20（60）	12.5	1 200×1 200×2 210	2 600×2 300	2 100	250
ZCF50	50×10^4	0.72	63	30（90）	17.5	1 300×1 300×2 220	2 600×2 300	3 500	300
ZCF60	60×10^4	1.1	75	43（120）	17.5	2 145×1 533×2 230	3 600×2 300	4 300	300

船用空调

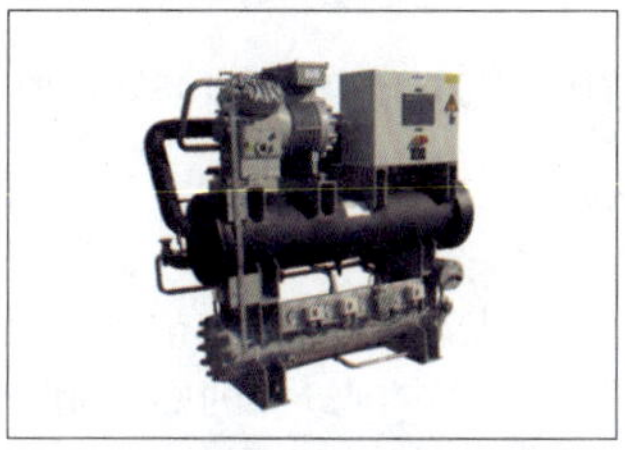
P 146

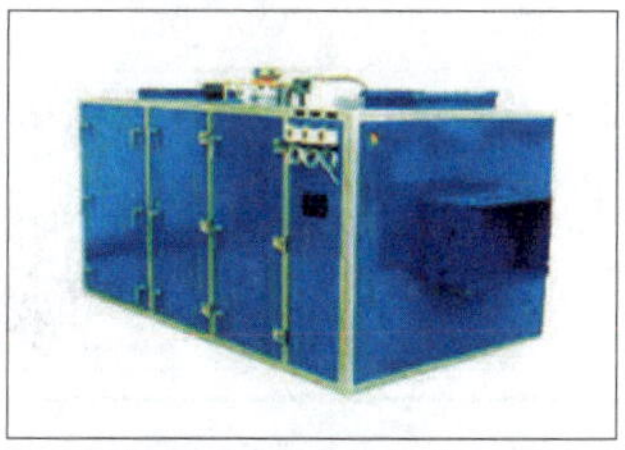
P 148

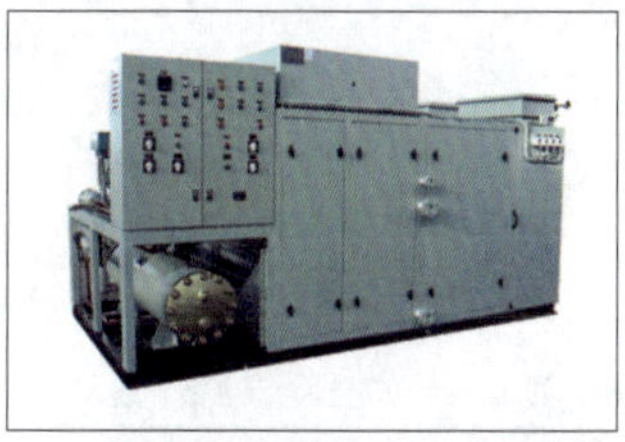
P 149

P 150

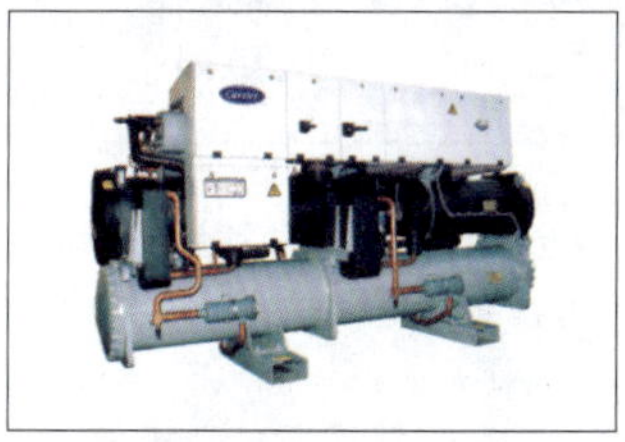
P 151

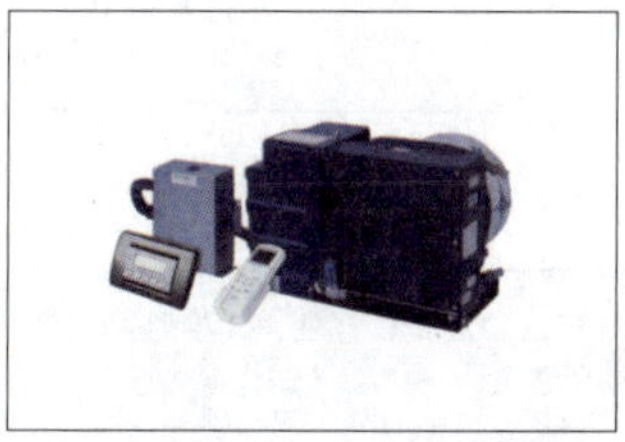
P 152

船舶空调装置作为船舶重要辅助设备之一，其状态的好坏直接关系到船员和旅客的生活和工作环境，也是相关仪表正常工作不可缺少的条件之一。由于国内产品在质量、可靠性及服务网点等方面的不足，使得大量的出口船舶优先选择国外品牌产品，市场受阻导致国内企业研发投入不足，进一步削弱了它们在国际市场上的竞争力。为改变这一现状，在“十二五”期间，我国船舶空调装置需要在质量、服务网络、品牌创建等方面作进一步的努力，方能获得跨越式的发展，为实现造船强国奠定基础。与此同时，随着海上石油平台的大规模兴建，研究适用于海洋环境下的船用空调对于改善海上的生产、生活环境和提高船舶质量也有着重要的意义。

目前，国外生产船舶制冷与空调装置以欧美国家、日本、韩国为主，著名企业主要有：美国约克（York）Marine 公司和开利（Carrier）公司、韩国爱海尔（Hi air）公司、德国比泽尔（Bitzer）公司、荷兰荷普曼工程有限公司（H&H）及 Stork 公司、瑞典 Flakt 公司、挪威 Aeron 公司、德国 NK 公司和 ROM 公司、新加坡 Viking 公司等。在我国，除外资品牌占据大部分市场外，也有一些船用空调生产企业，但实力有限，主要研发和制造企业有七〇四研究所、江苏兆胜科技有限公司、江苏永昇空调有限公司、江苏沪江特种空调公司等。国内船用空调厂商的主要市场是在国内商用船舶和军舰项目上，其主要优势是价格低，国内服务便利。由于船厂生产国内船舶选用进口设备时不但不能享受退税政策，而且还要支付进口关税，进口空调通风设备在价格上更加缺乏竞争力，所以国外厂商很少参与此市场的竞争。另外，对于国内军舰项目，由于国家安全因素等原因，一向为国外厂商所不能涉足。对于出口商船，国内一般企业较难进入这些市场，主要原因是国际航运船舶需要全球性的服务网络保证系统的安全运行，国内厂商由于各种原因无法健全该服务网络。而国外船东对国内设备质量的认同感不强，导致国内厂商无法进入造船设备厂商表。

在技术方面，国外船舶空调装置产品基本上均采用数控加工和模块化技术，空调制冷设备普遍采用变风量技术和变流量技术，制冷设备已全面适用无氟制冷工质，使得产品具有振动和噪声低，稳定性好，自动化、信息化水平高等优点。国内制造企业普遍存在加工自动化程度低、可靠性差、维修率高、智能和信息化水平低等问题。特别是国内船舶上还大量采用定风量、末端温度不可控的空调系统，导致能源浪费大，而且制冷工质尚未全面实现环保化等。

生产单位：江苏兆胜空调有限公司

地址：江苏省泰兴市通江路 18-28 号　邮编：225441　邮箱：sales@josun.cn　网址：www.josun.cn
电话：0523-87592868 87598759　传真：0523-87592899

公司主要从事船用空调、冷水机组、特种冷却设备、风机等产品的设计、开发、生产和服务，并承担冷暖通风系统工程的设计和安装。公司占地总面积 135 000 多平方米，拥有职工总数近千名，资产总额 6.35 亿元，2013 年销售收入达 6.92 亿元。公司产品广泛应用于海军、空军、陆军、二炮、公安、海洋工程、民用船舶等领域，是中国最大的船用制冷系统集成及服务供应商。所有产品均通过了 CCS、DNV GL、LR、NK、BV、ABS、RINA 等十大国际船级社认可。

产品技术参数：

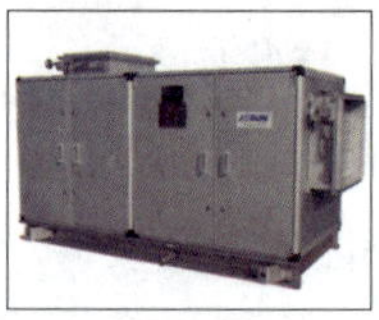

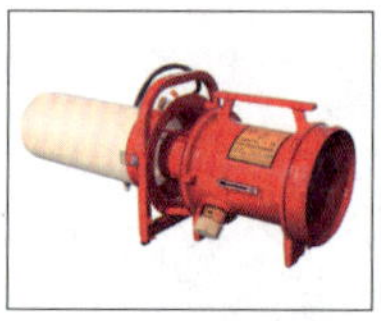

产品名称	基本参数	产品特点及优势
空调器	●风量：2 200~25 000m³/h ●机外静压：800~1 500Pa ●制热量：35~302kW ●制冷量：23~302kW	●机组特点：低噪音设计、运行可靠、功能齐全 ●制冷介质：制冷剂 (R 134a 、R 404A、R 407C、R22) 或冷媒水 ●制热介质：蒸汽，热水，热油，电加热　●加湿介质：蒸汽，淡水 ●保护功能：电源保护、过热、过载、防冻、过滤网堵塞等
组装式空调装置	●风量：2 200~25 000 m³/h ●制热量：35~302kW ●制冷量：23~320kW ●制冷剂：R 134a 、R 404A、R 407C、R22	●机组特点：运行可靠、耐腐蚀、保护功能齐全　●压缩机：活塞式或螺杆式 / 开启式或半封闭式 ●压缩机数量：单台或多台　●能量调节：多级可选 ●冷却方式：水冷或风冷 ●水冷冷凝器：高效耐腐蚀，换热管 HAL77-2、B10、B30 可选 ●风冷冷凝器：铜管铜翅片、内肋高效管 ●保护功能：高压、低压、油压（油位）、低水压（水量）、缺相、过电压、欠电压、过热、过载等
冷水机组	●制冷量：23~1 800kW ●制冷剂：R 134a 、R 404A、R 407C、R22	●机组特点：运行可靠、耐腐蚀、保护功能齐全　●压缩机：活塞式或螺杆式 / 开启式或半封闭式 ●压缩机数量：单台或多台　●能量调节：多级可选 ●冷却方式：水冷或风冷 ●水冷冷凝器：高效耐腐蚀，换热管 HAL77-2、B10、B30 可选 ●风冷冷凝器：铜管铜翅片、内肋高效管 ●保护功能：高压、低压、油压（油位）、低水压（水量）、防冻、缺相、过电压、欠电压、过热、过载等
组装式冷藏装置	●制冷量：2~96kW ●制冷剂：R 134a 、R 404A、R22	●机组特点：运行可靠、耐腐蚀、保护功能齐全，可用于一机多库或单机单库 ●压缩机：开启式或半封闭式活塞压缩机　●压缩机数量：单台或多台 ●能量调节：有级调节　●冷却方式：水冷或风冷 ●水冷冷凝器：高效耐腐蚀，换热管 HAL77-2、B10、B30 可选 ●风冷冷凝器：铜管铜翅片、内肋高效管 ●保护功能：高压、低压、油压、低水压（水量）、缺相、过电压、欠电压、过热、过载等
轴流风机	●风量：1 200~200 000m³/h ●全压：160~980Pa ●电机功率：0.25~90kW ●叶轮外径：ø200~ø1 800mm	● 产品特点：电动机置于机壳内，机壳有整体式和开启式两种。采用 机翼型叶片、流量系数和压力系数高、效率高、噪声低、可逆转 ●防爆风机可制成管道式和甲板式两种，隔爆等级最高可达 Exd Ⅱ CT5
离心风机	●风量：400~29 000m³/h ●全压：200~2 030Pa ●电机功率：0.37~55kW	●产品特点：结构紧凑、体积小、质量轻、消耗功率小、噪声低、防腐性能高 ●防爆风机可制成直接式和隔舱式两种，最高隔爆等级可达 Exd Ⅱ CT5
立柜式空调	●风量：600~10000 m³/h ●制热量：3~58kW ●制冷量：2~55kW	●机组特点：低噪音设计，运行可靠、耐腐蚀、保护功能齐全、体积小、质量轻 ●制冷剂：R 134a 、R 404A、R 407C、R22　●压缩机：涡旋式或活塞式 ●冷却方式：水冷或风冷 ●水冷冷凝器：高效耐腐蚀，换热管 HAL77-2、B10、B30 可选 ●风冷冷凝器：铜管铜翅片、内肋高效管 ●保护功能：高压、低压、低水压（水量）、缺相、过电压、欠电压过载、电加热超温等 ●制热方式：热水、蒸汽、电加热、热泵
低硫油冷却系统	●采用 PLC 控制冷水机组、水泵和水油换热系统，确保工况稳定 ●根据负荷变化，能够实现压缩机的能量调节。同时配置热气旁通，能够长期在低负荷工况下正常运行，确保出油温度精度不超过 2℃ /min ●安装和调试简便易行，适合现场施工和加装改造	
防火风闸	●能够有效地阻挡水气、烟雾渗入，确保海上环境下正常工作；　●特别适用于舰船、海上平台和地下工程等潮湿环境 ●根据客户要求可提供手动、电动、气动防火风闸。特殊使用环境可提供防爆电动、气动防火风闸。可实现就近和远程控制	
通风附件	●主要产品：螺旋风管系列，船用防火风闸，布风器、散流器、通风 栅、抽风头、出风头、消音静压器等各种通风附件，以及水密盖、百叶窗、通风筒等各种船装产品	

生产单位：AL-KO 爱科空气处理技术（苏州）有限公司

地址：江苏省太仓市经济开发区青岛西路 5 号 (215400)
传真：0512-53996669　电话：0512-53996666　网址：www.al-ko.cn

爱科空气处理技术(苏州)有限公司，是德国爱科集团在中国的独资企业，是具有多年经验的专业空气处理系统集成商。产品包括组合式空调机组、新风机组、空气净化机组及各种节能型空气净化设备以及家用型空气净化器。

产品技术参数：

序号	产品信息	确认内容
1	主要产品种类	爱科船用空调主要产品为 AT4 系列，为了能够更好的适应和应对海上恶劣潮湿的空气环境，爱科 AT4 空调箱可灵活采用不同的材料，以便保证箱体的防腐蚀性能，具体又可分为：内外面板采用镀锌钢加粉末喷涂、内外面板采用不锈钢 304、内外面板采用不锈钢 316L、外板镀锌钢加粉末喷涂和内板采用不锈钢 304、外板采用镀锌钢加粉末喷涂和内板采用不锈钢 316L
2	主要产品参数	爱科拥有最专业的非标选型软件 Klim@soft，拥有最强大最专业的生产团队，使得爱科船用空调箱可处理的风量范围为 1 000m^3/h~80 000m^3/h，能够满足船上各种空调需求
3	主要技术规格	爱科的非标选型软件 Klim@soft，可帮助设计师为每条船量身定制空调箱，机组规格尺寸从 08×08 到 49×32 都可进行设计和生产。这样灵活非标化的设计在满足客户空调需求的基础上，使得空调箱占地面积最小化。在船上空间比较紧凑的情况下，爱科船用空调非标化的设计特点可帮助客户节省更多空间用于其它设备的摆放和安装，实现客户空间利用最大化 
4	持有的船级社证书	爱科品牌为德国独资品牌，虽未持有船级社相关认证，但爱科是专业的空调箱生产厂家。爱科空调机组在满足欧标 EN1886 的基础上满足 GB14294-2008 的标准。并获得以下标准认证：欧洲通风协会 Eurovent、德语区 VDI6022、ISO9001、ISO14001 的权威认证。且爱科是目前国内唯一一家经过 Eurovent 认证，能为客户提供同德国同品质产品的空调箱生产商 

船用项目业绩一览表

序号	地点	项目名称	设备类型
1	浙江	宁波五洲船厂	AT4
2	江苏	福州马尾造船厂	AT4
3	江西	江西同方船厂	AT4
4	江苏	诺凯青山船厂	AT4
5	江苏	诺凯沪东船厂	AT4
6	江苏	挪威江苏船厂	AT4
7	湖北	挪威武昌船厂	AT4
8	上海	英得艾斯(上海)冷冻空调有限公司	AT4
9	江苏	诺凯暖通系统(昆山)有限公司	AT4
10	江苏	海英荷普曼船舶设备(常熟)有限公司	AT4
11	上海	安融能源技术(上海)有限公司	AT4

生产单位：泰兴市海威船舶设备有限公司

地址：江苏省泰兴市十里甸十里街 88 号城东工业园　邮编：225400
电话：0523-87568226　传真：0523-87551991　联系人：丁新龙 13961080159
邮箱：sales@txhwcb.com　网址：www.txhwcb.com

泰兴市海威船舶设备有限公司位于江苏省泰兴市。公司技术力量雄厚，现已拥有一批中高级技术职称人员，聘请有关专家担任企业顾问。公司以“创立品牌产品意识，产品质量第一”为原则，严格按照 ISO9000 国际质量体系标准，采用现代化科学管理制度，精心的设计和严格的质量控制，制造出品质优良的制冷设备和附件。公司的主要产品有：舰船用空调系列、冷水机组系列、冷藏机组系列、舰船用挡火闸系列、各类舾装件各种通风附件等。

产品技术参数：

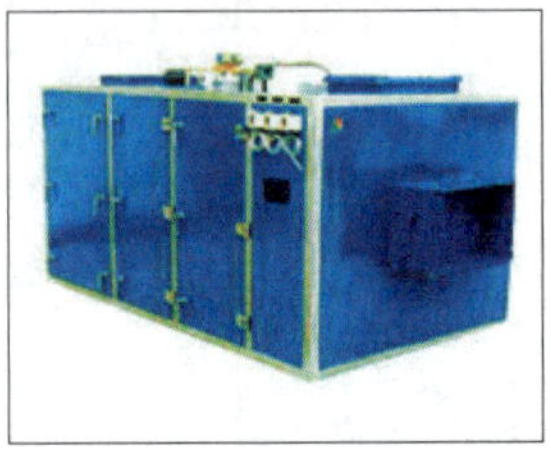
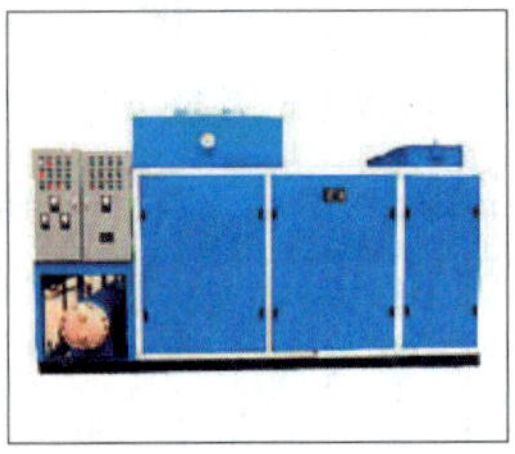

型号	基本参数	产品特点
直接式船用空调器	本机组主要由蒸发器、加热器、风机、膨胀阀等组成，该设备出厂前已经压力试验、真空试验及运转试验，只需安装后接上必须的管路及接通电源即可投入使用。设计、制造、验收均按“CCS”规范及“舰规”等有关标准执行。可根据用户需要设计制造特殊规格的本系列产品	直接式船用空调器系对船舶温、湿度进行直接处理的装置，具有设计新颖、操作方便、运行稳定、安全可靠、维护保养便利等特点，可广泛用于各种类型客船、货船、舰船及海上石油平台等场所
组装式船用空调机	组装式船用空调机装置系统船舶空调系统核心设备，对舱内空气的温、湿度进行直接调节，具有设计新颖、操作方便、运行稳定，安全可靠、维护保养便利等特点，广泛用于各种类型客船、货船、舰艇及海上石油平台等场所。舰船用组装式空调装置主要由空气过滤器、空气冷却器、船用离心风机、压缩机、船用高效冷凝器、供液电磁阀、热力膨胀阀、电（蒸汽）加热器、电气控制箱、仪表箱等组成。出风箱和混合箱随机组配套使用，其接管开口位置和尺寸根据用户要求制造。该装置各部件均已由制造厂组装完成，并已完成制冷系统压力试验、真空试验，且已注入足量的制冷剂	船厂安装：在吊装时必须注意不能碰坏管系及装置的各部件，空调机箱体由薄钢板制成，吊装时应使用吊架，壁面用木板作保护衬垫，不使箱体损坏。船厂只需安装冷凝器冷却水管路上的进出水阀、进出水温度计。将电源电缆接入电气控制箱中的电源接线柱上，并敷报警线路等。装置上的泄水口接管至空调装置甲板落水孔，接管水封必须大于 100~150mm
立柜式船用空调机	立柜式船用空调机属水冷直接蒸发式空气调节组。本空调机由制冷压缩机、冷凝器、干燥过滤器、空气冷却器、风机、电加热器、空气过滤器、自控元件及电气元件等部件组成。该装置各部件均已由制造厂组装完成，并已完成制冷系统压力试验、真空试验，且已注入足量的制冷剂	船厂安装部分：在吊装本设备时必须注意不能碰坏管系及装置的各部件，空调机箱体由薄钢板制成，吊装时应使用吊架，壁面用木板作保护衬垫，不使箱体损坏。底座及上部螺孔与船工上基座螺孔尺寸现配。机组底座与基座之间用 25mm 厚硬木板作保护衬垫；船厂安装冷凝器的进出水管及空调机泄水管；将电源电缆接入柜式船用空调机组电源开关盒内即可

生产单位：江苏永昇空调有限公司

地址：江苏省泰兴市江平北路 58–68 号 邮编：225400 电话：0523–87681538 82918816
传真：0523–87682208 邮箱：sale@yongsheng.com.cn 网址：www.yongsheng.com.cn
联系人：林国银 13905266523 18652365588

江苏永昇空调有限公司成立于 1988 年，研制生产了中国首台舰船用组装式空调装置，公司生产销售舰船用冷水机组、舰船用压缩冷凝机组、舰船用组装式空调装置、舰船用组装式冷藏装置、舰船用风冷防爆空调、舰船用立柜式空调机、舰船用风（水）冷分体式空调、弹药库特种空调装置、舰船用风机盘管、船舶电气产品等。承接各类船舶空调工程、机械通风工程、冷库工程的设计及施工、提供各种空调设备及系统工程附件、船用舾装件等。

产品技术参数：

	1）舰船用冷水机组 能量范围：23.2~1300kW 高效传热管，具有高效冷凝、防腐功能；能量自动调节，保证最佳工况和节能状态；系统保护齐全，确保安全运转
	2）舰船用组装式空调装置 能量范围：23.2~232kW 船用高效离心风机，运转可靠、噪音低；高效传热管，具有高效冷凝、防腐功能；铝合金框架结构，更坚固、更耐腐、更美观、更易于检修；模糊自控系统，人机对话、操作更简便
	3）舰船用组装式冷藏装置 能量范围：2.3~23.2kW 结构紧凑，操作灵活；可同时定时融霜，确保高效冷冻；系统保护功能齐全，确保安全运转
	4）舰船用风冷式空调装置 能量范围：23.2~232kW 船用高效离心风机，运行可靠，噪音低；高效传热管，高效冷凝，防腐；不锈钢箱体结构，更坚固、更耐腐；PLC 程序控制，操作更简便、更安全，只需接通电源，机组即可运行，使用方便
	5）舰船用柜式空调机 能量范围：2.3~40kW 精巧机身设计；低噪音机体设计；活动隔离网；结构紧凑坚固
	6）舰船用风冷分体空调机 能量范围：3.5~232kW 船用高效离心风机，运行可靠，噪音低；高效传热，高效冷凝；防腐触摸屏控制，操作更简便、更安全，只需接通电源，机组即可运行，使用方便
	7）舰船用高低温冷风机 能量范围：930~5 800W 高效传热技术，体积小巧；特殊防腐材料，经久耐用；定时自动融霜，确保高效冷冻；承水盘加宽加长，承水性能好；进口品牌电机及风机，防护等级高
	8）舰船用中央空调器 能量范围：23.2~232kW 船用双进风低噪音离心风机加独特的消音设施，运转宁静可靠；加湿量自动无级调节；独特的保温密封结构，能量无泄漏
	9）舰船用风机盘管 能量范围：1 735~9 500W 模压成型、外形精巧；凝结水盘加宽加长设计，承水性能优越；低噪声风机，运行宁静可靠

生产单位：朋定船用空调（上海）有限公司 JAC

地址：上海市嘉定区宝园二路 377 号　电话：021-59987825　手机：13916640816
传真：021- 59549738-836　邮箱：sales@jac-sg.com

朋定船用空调（上海）有限公司是一家从事船用空调、冷藏、通风系统设计和生产的专业公司，位于中国上海市嘉定区金宝工业园区。公司隶属于新加坡 UNION 船业集团，拥有自己的船用设备生产线和试验装备，并在新加坡、韩国成立了合作研发机构，公司产品以“JAC”作为品牌，其核心产品在本厂生产，配件由严格的监督管理下的供应商提供。公司依托 UNION 船业，在全球范围开设了代理或售后服务中心。无论您的船在哪里，都能享受 24h 无节假日全球维护服务。

产品技术参数：

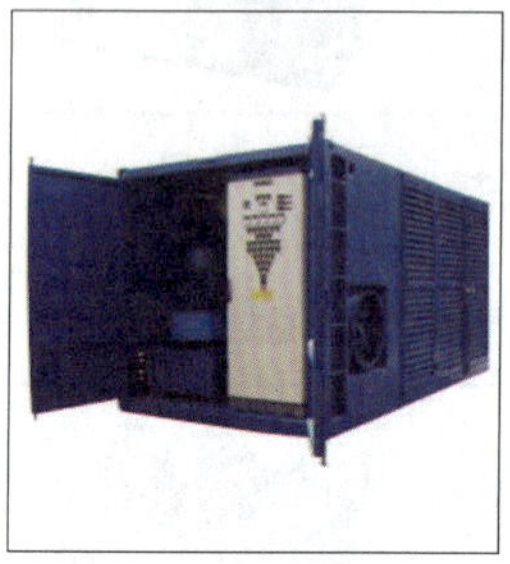
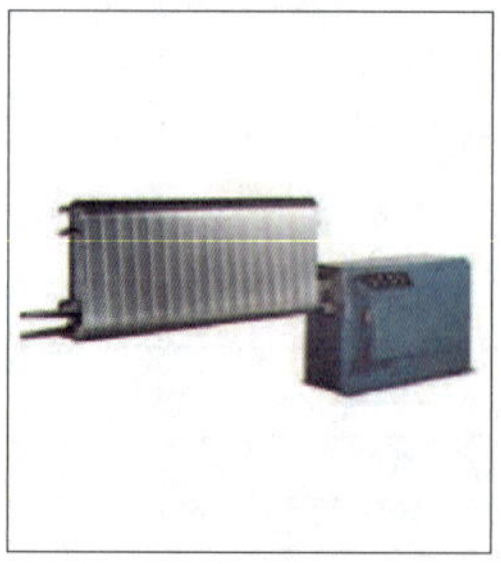
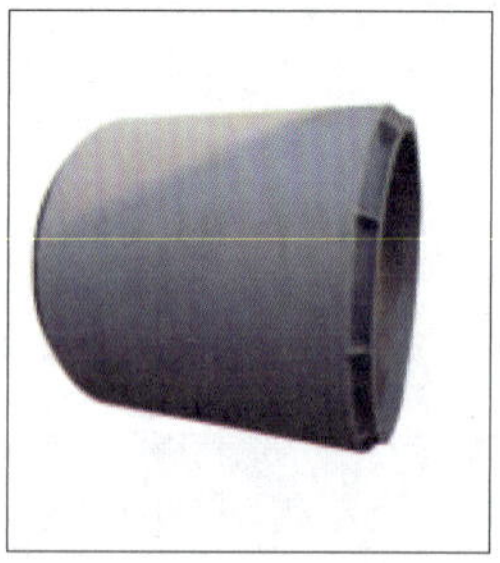

技术数据	
单元式空调机	3.5~70 kW
冷藏机组	1.4~6.5 kW
空气处理机组	67~247 kW
冷水机组	103~342 kW
集中式空调机	71~171 kW
电源	AC 3Φ 440V 60Hz/380V 50Hz
制冷剂	R404A/R407C/R134A

生产单位：上海恺达国际贸易有限公司

地址：上海市中华路 567 号 7 楼　邮编：200010　电话：021-63185528　传真：021-63185399
邮箱：info@cadarmarine.com　网址：www.cadarmarine.com　联系人：顾于林

上海恺达国际贸易有限公司作为开利船用空调的经销商，为船舶和海洋工程行业提供 HVAC 系统解决方案。可提供系统集成、项目管理、设备安装、开机调试等服务。公司也是开利公司全球维修服务网点之一，可提供船用空调冷藏设备的维修和备件等相关服务。

产品技术参数：

水冷冷水机组

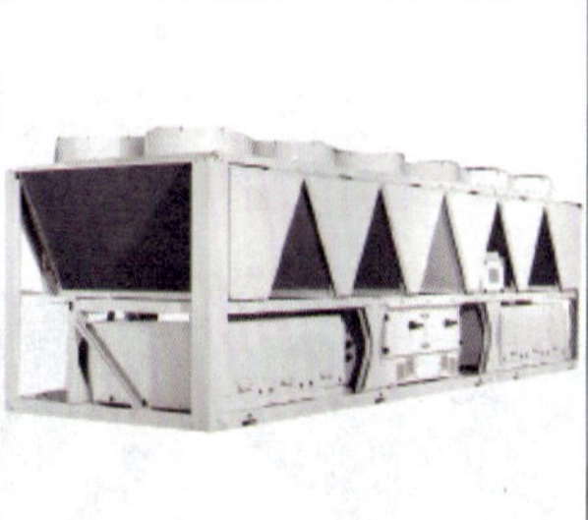
风冷冷水机组

水冷压缩冷凝机组

风冷压缩冷凝机组

水冷立柜式空调

组装式空调器

组合空调机组

风机盘管

产品种类	冷量
水冷冷水机组 30HXC/Y 系列	241~1 392kW
风冷冷水机组 30XA 系列	265~1 740kW
水冷压缩冷凝机组 90Y 系列	12~490kW
风冷压缩冷凝机组 38AH 系列	123~390kW
水冷立柜式空调 90MA 系列	10.5~35kW
组装式空调器 50TC 系列	17.5~96kW

产品种类	风量
组合空调机组 39CBF(I) 系列	2 000~60 000m^3/h
风机盘管 42CE 系列	340~2 380m^3/h

生产单位：中山诺普电器有限公司

地址：广东省中山市东升镇东成路 151 号　邮编：528400　邮箱：jackie@lope.com.hk
电话：0760-22736288　传真：0760-22736222　网址：www.cnlope.com

中山诺普电器有限公司成立于 2004 年，专业从事船用空调的开发与生产。2010 年之前产品全部出口，销往美国、南美、中东、澳洲、东南亚等国家和地区。自 2010 年底开始拓展国内市场至今，诺普美人鱼 MarinAire 系列产品，已被太阳鸟、海斯比、松辽（7814）、英辉（南方）、江龙、毅宏、翰盛、杰腾、宝达、民华、美斯、琛龙、美蓝等知名品牌的国内生产厂家批量使用，产品已获得 CCS 认证以及五项国家专利证书，公司列为中国海监、海关等船的定点供应商，并获得“质量品牌示范单位”称号。

产品技术参数：

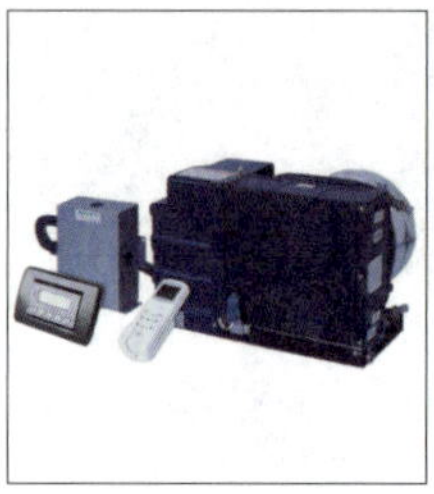

产品名称	基本参数	产品特点及优势	专利获取	船级社认证
船用空调整体机	· 风量：250~1 500m³/h · 制热量：6 500~37 000Btu* · 制冷量：6 000~36 000Btu	· 机组特点：风量大、能效高、质量轻、低启动电流、出风口可以旋转 90 度、不锈钢钣金、防腐防锈镍铜换热器、配备 LOPE 独有的 D-Smart 控制器 · 制冷介质：制冷剂 R410a、R22 · 保护功能：高压保护、运行保护、过热保护、传感器保护等	所有产品均有相应专利证书	CCS
船用空调分体机	· 风量：420~1 500m³/h · 制热量：19 000~37 000Btu · 制冷量：18 000~36 000Btu · 制冷剂：R410a	· 机组特点：风量大、能效高、质量轻、低启动电流、出风口可以旋转 90 度、不锈钢钣金、防腐防锈镍铜换热器、1 台主机可以配置 1 ~ 3 台舱内机、配备 LOPE 独有的 D-Smart 控制器 · 制冷介质：制冷剂 R410a · 保护功能：高压保护、运行保护、过热保护、传感器保护等		
冷水机组	· 制冷量：36 000~90 000Btu · 制冷剂：R410a、R22	· 机组特点：不锈钢钣金、采用“高效罐”冷冻式换热器，防冻裂、采用防腐防锈镍铜换热器、PLC 模块控制，单台自动控制，多重保护、一套主机可以配套几个或几十个舱内机、特有的抽屉式设计，便于拆装和维修 · 冷却方式：水冷 · 保护功能：高压、低压、过冷保护		
风机盘管	· 制冷量：9 000~48 000Btu · 制热量：10 000~49 000Btu · 功率：150~296W	落地式风机盘管：易安装，性能好、冷凝水不易泄露 四出风风机盘管：适用于吊顶安装的水冷末端产品。船舶在横摇摆 30 度、纵向摇摆 30 度水不会溢出 卧式暗装风机盘管：特制的不锈钢双层防露水盘，有效防止冷凝水溢出		
船用变频空调	· 风量：850m³/h · 制热量：16 500Btu · 制冷量：16 000Btu	机组特点：国内首创 48V 直流变频船用空调、专为无发电机的船设计、采用直流供电方式（太阳能 / 电池组）、配备 LOPE 独有的 D-Smart 控制器		

*注：英热单位：1Btu=1055.06J

船舶海水淡化装置

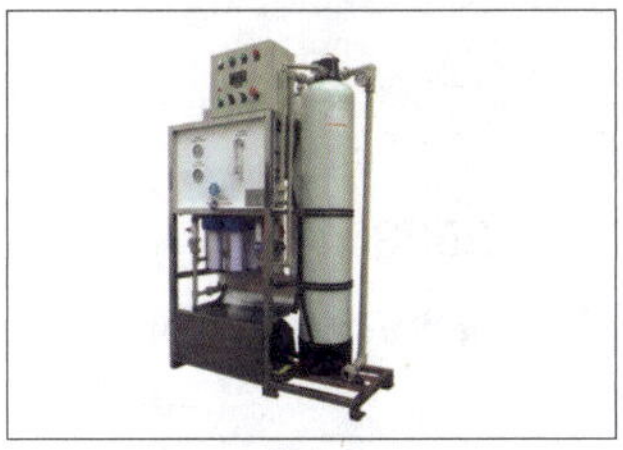
P 154

P 154

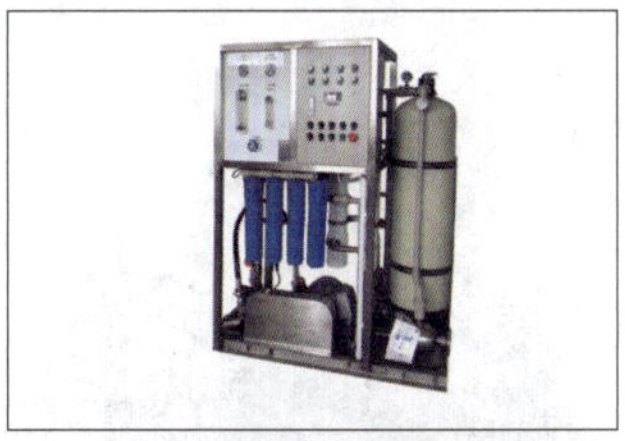
P 155

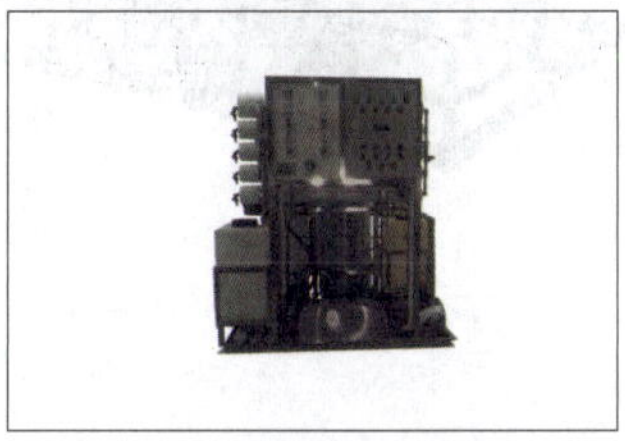
P 155

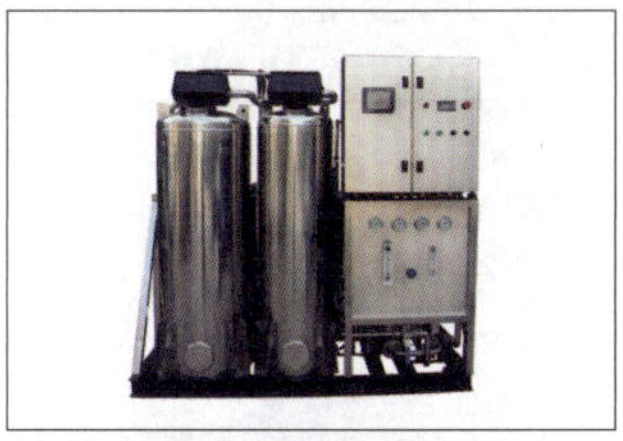
P 156

P 156

海水淡化是将海水溶液中的溶解盐分（溶质）与纯水（溶剂）分离的过程。从 1950 年代开始发展至今，已形成蒸馏法、膜法两大实用海水淡化技术。其中蒸馏法是利用水的液、汽相变规律，通过水分子吸热汽化，汽水分离和二次蒸汽放热冷凝，从海水中分离出淡水。蒸馏法的最常用形式是多级闪发蒸馏 (MSF) 和沸腾蒸发。而膜法目前的主要形式是反渗透法。反渗透淡化是一种仿生（细胞膜）的膜分离技术，水分子借压力与自然渗透反道而行。反渗透淡化原理是将海水加压到超过自然渗透压即 5.5~6.2MPa，使海水中的水分子（溶剂）透过半透膜分离溶解矿物质而取得淡水。

在国内，船用海水淡化技术已有相当的基础，国外有的产品，国内也有，只是规格少点，但能够开发。如何利用这些基础，提高国内的研发手段和水平是努力的目标。随着科技的发展，目前国内采用传统的质能平衡算法研发过程和手段显然已是相当落后，这种方法忽略流体在设备内的过程变化把积分计算简化为算术计算，研发中只考虑初值和终值，忽略了过程变化，是种经验设计，俗称“黑盒子”设计。由于 pro/e 等三维建模软件和 fluent 数值分析软件的普及和我们从事该领域长期的经验积累已使得改变这种研发手段成为可能。建设新的海水淡化技术研发平台，将会使得我们能够实现产品的快速设计和产品的最优化；对产品的功能进行较正确的前期评估和预测；对产品运行过程和故障产生进行仿真重现。

南京中船绿洲机器有限公司研制出国内首台船舶用热力压缩式海水淡化装置科研样机，掌握了该型设备整机设计技术；在“多级闪发蒸馏海水淡化关键技术研究”和“新型高效船用喷射膨胀蒸汽压缩制冷技术研究”方面，突破了相关设备设计的数值计算方法、主要部件研制和中间试验等关键技术；上海船舶设备研究所生产的蒸馏法海水淡化装置，最高的淡水产量为 55 立方米 / 天，性能指标达到国际水平；江苏南极机械有限责任公司生产的 RO 反渗透海水淡化装置适用于各类船舶、海上钻井平台等。

总之，在海水淡化装置方面，国内企业主要采用反渗透法进行海水淡化，基本完成了船用多级闪蒸装置的研发，性能指标接近国际上同类产品水平。但国内海水淡化装置在板式换热元件的换热效率、板片材料厚度、密封技术及单机容量等方面还落后于国际先进水平，生产的反渗透海水淡化装置均以选型加总装为主，未掌握反渗透膜的制备、高压泵等核心技术。

生产单位：珠海市江河海水处理科技股份有限公司

地址：珠海市高新区金鼎科技工业园金恒二路 12 号　　邮编：519085
电话：0756-3225828/888　　传真：0756-3225835
网址：www.waterjhh.com　　邮箱：jianghehai@vip.163.com

江河海股份成立于 2002 年，是国内首家海水淡化上市公司；国内最具竞争力的从事海水、苦咸水淡化、纯净水、超纯水设备等水处理设备制造及相关工程项目设计施工的专业化高新技术企业。

江河海拥有 30 多项技术专利和两项发明专利。目前我们设计的产品已广泛应用于沿海岛屿、海洋工程、钻井平台、舰艇渔船、内陆缺水地区以及工业领域的生产用水处理，我司的产品先后被 600t 级至 10 000t 级的近百艘国家公务执法船以及科考船所选用，是中国水产、中石油、中海油、中石化、中交集团、中科院等企业的优质合作伙伴。

产品技术参数：

JHH-FSHB-5

JHH-FSHB-20

JHH-FSHB-50

产品名称	型号 / 产水量	外形尺寸	产品特点	选型优势	执行标准
反渗透式海水淡化装置	JHH-FSHB-5 5m³/d	1 080mm × 440mm × 1 600mm	1、无添加任何化学剂，可直接饮用，甘甜醇美。 2、有效除海水中有机盐、重金属离子、有机物细菌和病菌等有害万分。 3、操作简单，使用维护方便；开机即可供水。 4、采用国际品牌海水淡化专用 RO 高压泵和高低压保护装置，确保设备安全运行。 5、采用全多动多路组合阀，实现全自动大流量正反冲洗。	1、高压泵特殊处理，防止过快腐蚀损坏； 2、阀门经过特别设计，操作简化，防止误操作导致设备憋压爆管； 3、设备清洗时，清洗系统自动停止，防止无水损伤高压泵。	《国家生活饮用水水质标准》GB5749-2006 《反渗透海水淡化装置》CB-T3753-95
	JHH-FSHB-10 10m³/d	1 350mm × 650mm × 1 850mm			
	JHH-FSHB-20 20m³/d	1 400mm × 650mm × 2 200mm			
	JHH-FSHB-50 50m³/d	3 000mm × 2 000mm × 2 300mm			
	JHH-FSHB-120 120m³/d	6 000mm × 2 500mm × 2 400mm			

生产单位：珠海市中船水处理设备有限公司

地址：广东省珠海市桂花北路 205 号桂花工业村 6 栋一楼 A 区
电话：0756-8283358 传真： 0759-8283359 联系人： 刘仁跃 13926931097
网址：www.zhzcwater.com 邮箱：zhzcwater@163.com

公司致力于船舶行业水处理设备的研究和开发，主要产品有：船用海水淡化机、 船用净水器、船用矿化器、紫外线杀菌系统。产品已广泛应用于钻井平台驳船、远洋船舶、科考船、远洋渔船、海监船、渔政船等各种行业，受到了广大用户的一致好评。

产品技术参数：

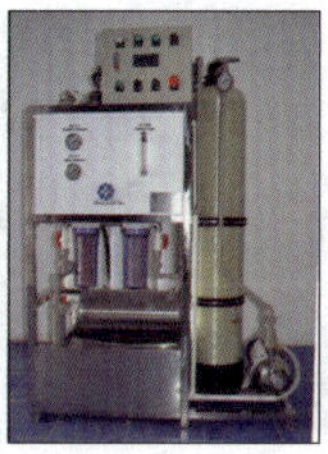

型号	基本型号	产品特点	实现功能	选型优势	执行标准	持有证书
船用净水器	C-PW20 ZC-PW30 ZC-PW40 ZC-PW50 ZC-PW60 ZC-PW70 ZC-PW80	本公司大中型海水淡化设备，采用世界最先进的能量回收系统和 DANFOSS 超级双相不锈钢泵	该装置采用三级过滤：一级过滤采用多介质过滤器，能有效去除水的铁锈和悬浮物，二级过滤采用优质椰壳活性碳和 KDF 滤料，有效吸附水中的异味、有机污染物、余氯，改善水的口感，三级过滤采用微孔精密过滤器，过滤精度达 3um, 彻底过滤掉一切悬浮杂质，并防止前级过滤器返碳，最后经紫外线杀菌器杀灭水中的细菌、大肠杆菌和病毒，得到洁净无菌的饮用水	市场上最小，最轻的泵 / 发动机之一； 无需预防性维护； 寿命长，Danfoss 提供 8 000 小时的免维护运行质保； APP 泵和 APM 发动机的所有部件都是由耐腐蚀性材料制成； 效率高； 高效电机节约了运行成本	GB5749-2006《生活饮用水标准》	CCS
船用海水淡化机	ZC-FSHB/SW 产品型号按淡水产量从每天 0.5t 到每天 100t，都可生产	采用反渗透分离技术进行海水淡化脱盐，该技术是迄今国际上公认的最先进的海水淡化技术		可在常温（5~40℃）下进行操作，产水优，能耗少，成本低； 体积小，质量轻，占地省，安装方便； 核心部件采用国外一流产品相配套，采用国际最佳品质的、美国进口的海水淡化反渗透膜，脱盐率高、性能稳定、安全可靠； 膜壳采用国内最好品牌——乐普膜壳； 预处理装置采用多路阀技术，避免频繁清洗及环境污染； 操作简单，维护方便，只要有电和海水，启动后立即产出淡水	CBT3751—1995	CCS

生产单位：常州市飞华船用设备有限公司

地址：江苏省常州市横山桥镇 邮编：213119 电话：0519-88602365 88608828 传真：0519-88609065
邮箱：feihua365@126.com 网址：www.czfeihua.com 联系人：方益飞 13801500865

常州市飞华船用设备有限公司是中国船舶工业行业协会、中国渔船渔机行业协会会员单位，专业从事海水淡化、舰船饮用水处理、紫外线消毒器等船用水处理产品的开发、制造，也是目前国内唯一的同时具备制造真空蒸发式和反渗透式两种海水淡化装置能力的企业。

产品技术参数：

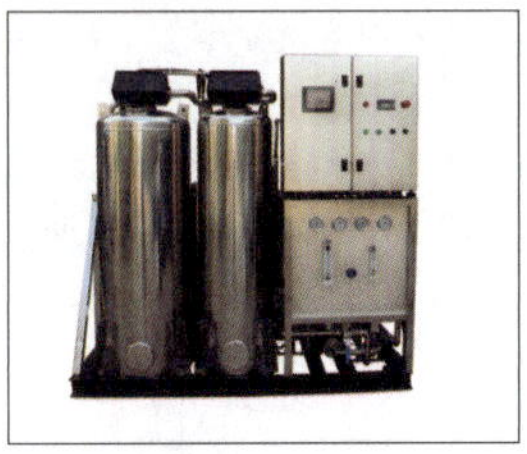

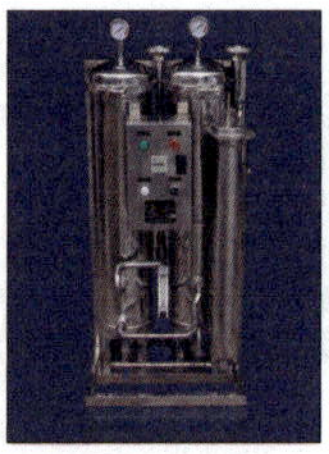

型号	基本参数	产品特点	实现功能	选型优势	执行标准	持有证书
反渗透海水淡化装置 系列号：FHSW1.5~200	额定产淡水量： 1.5~200t/天（24h）	满足船用要求	从海水中制取淡水	设计完善 流程合理 使用可靠	船标	CCS ZY
饮水处理装置 系列号：JX-300~30B	额定产淡水量： 0.3~30t/h	满足船用要求，防护等级可以满足 IP56 或防爆等级	对船舶淡水舱储存淡水进行过滤、吸附和紫外线消毒，出水符合 GB5749-2006《生活饮用水卫生标准》	体积小巧 设计完善 流程合理 使用可靠	国标，目前我公司参与了该产品新的国标的制定	CCS ZY
矿化滤器 系列号：JX-0.5~20K	额定产淡水量： 0.5~20t/h	满足船用要求	对蒸发式造水机制取的淡水（蒸馏水）进行过滤、活化并调节 PH 值，出水符合 GB5749-2006《生活饮用水卫生标准》	外观美观 使用可靠		工厂 合格证
紫外线消毒器（UV 消毒柜） 系列号：JX-0.5~30UV	额定产淡水量： 0.5~30t/h	满足船用要求	利用波长为 253.7nm 的紫外线对淡水或海水进行杀菌消毒，出水符合 GB5749-2006《生活饮用水卫生标准》	具备强大的设计、开发、加工能力，产品可靠、完善	国标	CCS ZY

船用锅炉

P 158

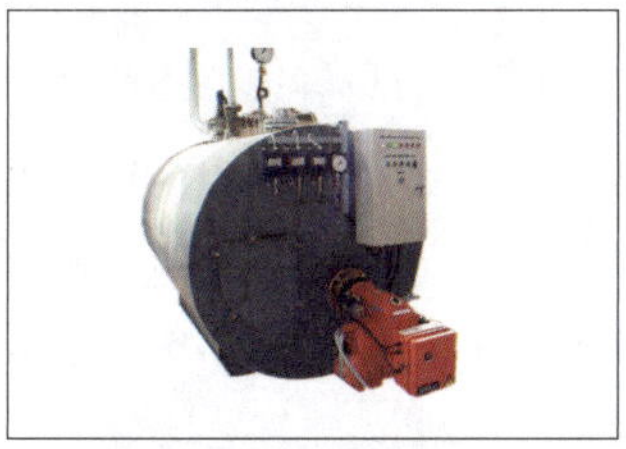

P 160

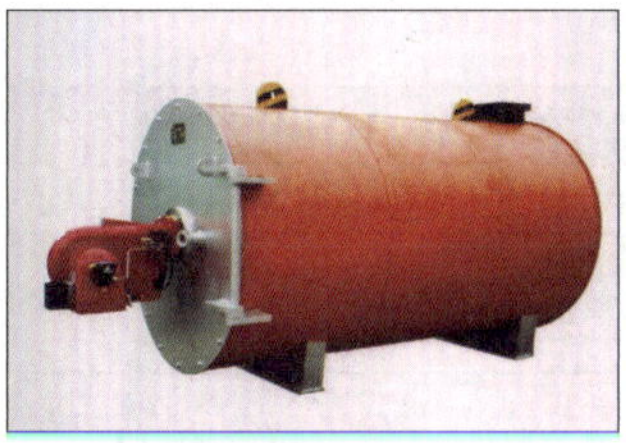

P 161

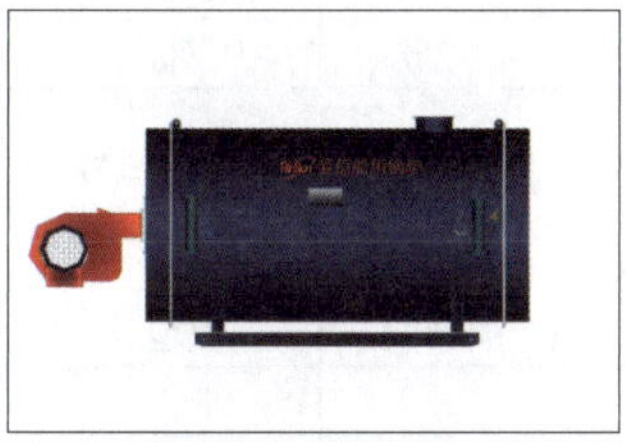

P 163

P 164

P 164

船用锅炉是决定船舶航运安全稳定的重要因素。在现代船舶中主要以柴油机作为船舶推进的主要动力输出装置，燃烧设备以提供良好的燃烧条件，以求能把燃料的化学能最大限度地释放出来并将其转化为热能，这主要取决于船用锅炉及相关配套设备。船用锅炉系统包括锅炉本体、检测装置、控制装置、执行机构。控制装置保证整个锅炉安全可靠地运行。在锅炉工作过程中应进行监测、报警、控制。除此以外，为保证锅炉运行的安全，应对锅炉水位、汽压等重要参数进行监测及超限报警处理。确保水位和汽压有多重保护，避免锅炉发生重大事故。国外主要厂家有丹麦 Aalborg、瑞典 Alfalaval、日本 ASUKA、日本 MIURA 等公司。国内有欧堡工业（青岛）有限公司、张家港格林沙洲锅炉有限公司、扎克（青岛）船用锅炉有限公司、无锡威力特船用锅炉有限公司、大连船用锅炉厂、武汉爱信热能系统有限公司、九江海天设备制造有限公司、青岛凯能锅炉设备有限公司、江阴市三杰实业有限公司 、上海四诚热能设备有限公司等。 其中，欧堡工业（青岛）有限公司是丹麦欧堡公司于 1995 年在青岛设立的一家外商独资企业，主要经营船用辅锅炉的全套设备、热交换器、压力容器和相关设备及零配件的工程、设计，生产销售及服务。1999 年投入 300 万美元，建成生产大型船用锅炉的船用锅炉生产基地；2005 年投入 200 万美元，新建厂房 3 000m^2，可生产重达 150t 超大型船用锅炉；2008 年，投资 200 万美元新增设备，开始从荷兰引进热油锅炉的技术并生产；张家港格林沙洲锅炉有限公司 1989 年到 2001 年与欧堡公司合作十二年，期间共向欧堡公司提供船用锅炉 300 多台套，2003 年与日本三菱重工共同开发制造 25t/h 和 35t/h 及以上蒸发量的大型船用燃油蒸汽锅炉；扎克（青岛）船用锅炉有限公司是德国扎克公司 SAACKE GmbH 与青岛机械工业总公司共同投资创建的合资企业，其中德方控股 86.1%。公司位于青岛经济技术开发区机械工业园，主要产品为船用锅炉及其配套的其他相关船用产品，无锡威力特船用锅炉有限公司是由无锡威力特燃烧设备有限公司和无锡陈氏燃烧设备有限公司共同出资组办，船用产品有：LFL 型船用废气锅炉系列、LSK 型船用燃油锅炉、LYF 型船用燃油、废气组合式锅炉系列、热载体导热油锅炉系列等。

生产单位：克雷登热能设备（浙江）有限公司

制造基地：杭州经济技术开发区 19 号大街 309 号　网址：www.kldthermal.com
销售地址：上海市延安西路 1228 弄 2 号嘉利大厦 25 楼 IJ 室　邮编：200052
电话：021-62269160-806　传真：021-62269160-803
邮箱：jhqian@kldthermal.com　联系人：钱锦华

克雷登热能设备(浙江)有限公司是一家注册于杭州经济技术开发区的外商独资企业。公司于 2003 年 5 月营业，注册资金 580 万美元，主要生产美国 Clayton（克雷登）品牌蒸汽发生器（锅炉）以及各类热能领域的高科技节能产品，具有国家特种设备 A 级锅炉设计、生产制造、安装维修许可证，以及美国工程师协会（ASME），挪威船级社 (DNV)、美国船级社 (ABS)、中国船级社 (CCS)、FM 全球公司等各种资格认证。工厂取得的质量管理体系认证有：国家 ISO9001、ISO14001、OHSAS18001 体系认证，公司目前在中国北京、上海、杭州等地设有多个办事处，在全球 48 个国家设有船用设备港口售后服务点。

产品规格：E系列蒸汽发生器·逆流换热强制循环技术 ·安全无爆炸隐患

E系列产品基础参数

型号		E-154	E-304	E-604	E-764	E-904	E-1204	E-1504	E-2284	E-3844
额定蒸发量kg/h（1.0MPa 20℃给水）		2 000	4 000	8 000	10 000	12 000	15 000	20 000	30 000	50 000
设计蒸汽压力		常规：0.4~2.5MPa 非标设计：2.5~35.0 MPa（可产过热蒸汽，最高为550℃）								
设计热效率	燃油	93%	92%	92%	93%	93%	92%	92%	92%	93%
	燃气	93%	92%	92%	93%	92%	92%	92%	92%	93%
负荷比例调节		20%~100%线性比例调节								
外形尺寸（mm）	长	2 540	2 720	3 080	3 600	3 830	4 500	4 800	5 500	6 600
	宽	2 240	2 240	3 250	2 200	2 410	3 180	3 200	3 400	3 800
	高	3 170	3 480	5 310	5 490	6 060	6 900	6 900	7 500	10 400
运行质量 t		4.5	5.86	9.9	15.2	15.9	27.8	28.7	31.8	62

产品图片：

克雷登E系列蒸汽发生器（锅炉）

立式盘管逆流换热结构图

克雷登废气余热锅炉结构图

生产单位：无锡威力特船用锅炉有限公司

地址：江苏省无锡市惠山区洛社镇新钱路 21 号　邮箱：weilit@263.net
电话：0510-83830118　传真：0510-83830118　网址：http://www.weilit.cn

无锡威力特船用锅炉有限公司的前身为无锡威力特燃烧设备有限公司，始建于 1989 年，公司专业生产船用和舰用辅锅炉、燃烧器、焚烧炉、锅炉控制系统、船用锅炉辅件等三大类 16 个系列的产品。公司具备完善的设计、制造、服务的管理体系；具有强大的开发、研制锅炉类产品的能力，可根据客户的需求定制各类产品。

公司质量管理体系已通过 GJB9001B、GB/T19001、CCSR9001 质量管理体系认证，并通过了海军装备承制单位二方认证。能设计、制造满足 CCS、GL、LR、BV、DNV、ABS、NK、KR、RMRS、RINA 等船级社规范要求的产品。

2016 年公司以全新的面貌，以科技创新、质量第一、顾客至上的理念，满腔真诚服务于顾客，为顾客提供高品质的产品。

选型产品型号：

船用锅炉	船用辅锅炉	LSK 型船用燃油锅炉
		LYF 型船用燃油 / 废气组合锅炉
		2WY、3WY 型卧式燃油锅炉
		LFL 型船用废气锅炉
		LRS 型船用燃油热水锅炉
		RZQ 型热油蒸汽发生器
	船用热油炉	LRY 型船用立式燃油热油炉
		WRY 型船用卧式燃油热油炉
		LRF 型立式废气热油炉
		WRF 卧式废气热油炉
	船用锅炉辅件	YZ 型液位自动监控仪
		5812Q44 型船用辅锅炉微启式安全阀
燃烧器 / 控制箱		C 型轻柴油燃烧器
		Z 型重油燃烧器
		Y_K 型控制箱
船用焚烧炉		FSL 型船用焚烧炉

生产单位：青岛凯能锅炉设备有限公司

地址：山东省青岛市胶州阜安工业园中环路 268 号 邮编：266300 电话：0532-82298318 82298328
邮箱：info@kaineng.cn 网址：www.kaineng.cn

青岛凯能锅炉设备有限公司位于青岛市胶州阜安工业园，公司地理位置优越，水陆交通便利，紧邻青岛港。公司是国内专业化生产针形管、H 型鳍片管、船用锅炉和船用压力容器的企业。公司的质量管理体系取得了法国 BV(必维国际检验集团) 的 ISO9001:2008 质量管理体系证书。公司已获得美国船级社（ABS）、法国船级社（BV）、中国船级社（CCS）、挪威（DNV）、德国（GL）、英国船级社（LR）等多家船级社的工厂认可。

产品技术参数：

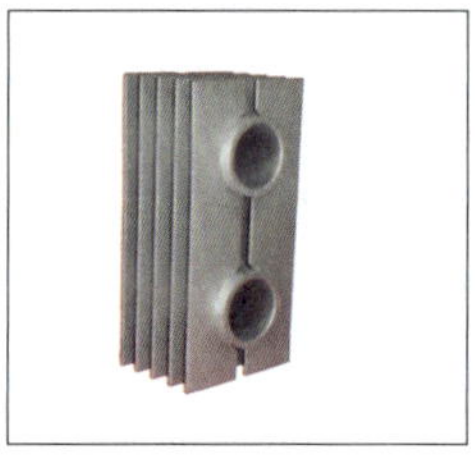

型号	基本参数	产品特点	实现功能	选型优势	执行标准	持有证书
LSK0.5~50t/h 立式针形管锅炉	结构小，质量轻，热效率高，产汽量大，适合于 10 000t 级及数 10 000t 级货 / 油轮各类船舶装配需求	多年来该型锅炉装船数千台运行良好，设计合理，使用安全可靠，自动化程度高，操作方便，寿命长	该型锅炉装船后经过长期远洋运行安全可靠，符合国际海洋安全环保公约管理规定，满足无人机舱管理需求，得到船东的好评	与同类锅炉相比主要特点，锅炉结构紧凑，尺寸小，操作程序自动化高，升汽快，清灰方便等优点	CB ISO	ABS BV CCS DNV GL LR
LYZ0.5~6.0t/h 型立式螺纹管锅炉	结构紧凑，质量轻，传热面大，热效率高，满足各类船舶装配需求	烟气传热采用螺纹管传热原理，结构合理，安全可靠，自动化程度高，操作方便，深受用户好评		该锅炉结构与 LSK 系列除制造工艺上有区别以外，其他优点相同		
ZYS0.5~5.0t/h 型立式针形管组合锅炉	燃油部分与废气部分组合一起，结构合理，节能减排，自动化高，符合无人机舱管理条件	该锅炉适应于货轮及杂货轮等用汽量少的船舶，安全可靠，节约燃料，深受用户好评	燃油 / 废气组合式锅炉使用合理，船舶航行中充分利用柴油机烟气，节省燃料、减少航运成本	该燃油 / 废气组合锅炉同单燃油锅炉，单废锅炉相比，占用空间少，省工省料，成本低，管理方便等优点		
LZY0.5~5.0t/h 型立式螺纹管组合锅炉	燃油与废气传热部件采用螺纹管，换热面大热效率高，节能减排，自动化程度高，符合无人机舱管理条件					
LFK0.5~5.0t/h 型针形管 / 鳍片管废气经济器	废气经济器采用了针形管 / 鳍片管结构，扩展了受热面，吸热量大、热效率高、质量轻、应用范围广	传热件采用针形管 / 鳍片管结构合理，适应于大、中型中、低速柴油机，节能减排，管理方便，安全可靠	废气经济器在船舶航行中充分利用柴油机烟气热量，具有节能环保等优点	针形管 / 鳍片管废气经济器比光管经济器传热面扩大 5~7 倍，具有体积小，质量轻等优点		

生产单位：上海四诚热能设备有限公司

地址：上海市闸北区永和路 90 号 邮编：200072 电话：021-66302539 传真：021-56030654
邮箱：shanghaisicheng@126.com 联系人：徐惠和 4008888704

上海四诚热能设备有限公司是中船重工集团公司第七〇四研究所直属控股的国内合资企业，经营范围：机电设备、燃油（气、电）热水炉，船用锅炉、真空负压炉、空气源热泵、太阳能等、暖通设备，燃气器具、厨房设备、中西厨具、油烟集气罩及通排风系统设计、制造、安装、维修、销售（凡涉及许可证经营项目凭许可证经营），在中央空调、暖风系统专业领域内从事技术咨询、技术开发、技术转让及技术服务“四技”相关服务，并拥有科技经营证书。

产品技术参数：

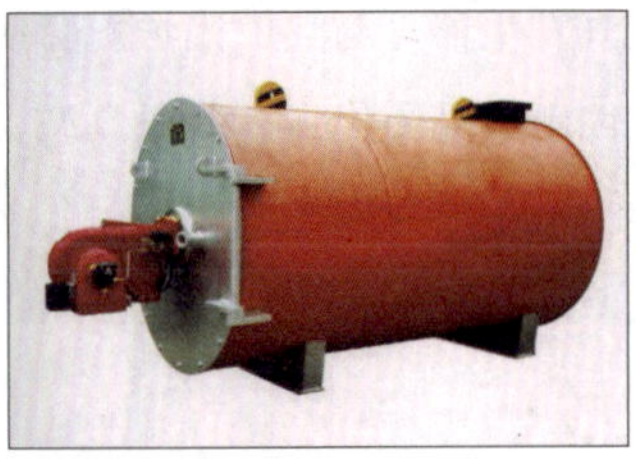

YY(Q)L(W)型船用(CCS)立式(卧式)燃油(气)炉技术参数
Technical parameter of YY(Q)L(W)type ship (CCS) vertical (horizontal)oil(gas)fuel furnace

		YY(Q)L(W)-230 Y(Q)	YY(Q)L(W)-350 Y(Q)	YY(Q)L(W)-600 Y(Q)	YY(Q)L(W)-850 Y(Q)	YY(Q)L(W)-1200 Y(Q)	YY(Q)L(W)-1500 Y(Q)	YY(Q)L(W)-1800 Y(Q)	YY(Q)L(W)-2400 Y(Q)	YY(Q)L(W)-3000 Y(Q)	YY(Q)L(W)-3500 Y(Q)	YY(Q)L(W)-4000 Y(Q)	YY(Q)L(W)-4600 Y(Q)
额定热功率 Rated thermal power	kW	230	350	600	850	1 200	1 500	1 800	2 400	3 000	3 500	4 000	4 600
	kcal/h*	20	30	50	75	100	125	150	200	250	300	350	400
设计压力 MPa Design pressure MPa		1.0											
介质最高工作温度℃ Max.work temperature of medium℃		340											
热效率 % ≥ Thermal efficiency% ≥		75	75	80	80	80	80	80	80	80	80	80	80
介质循环 m^3/h Cycle amount of medium m^3/h		32	40	58~80	80	100	100	100	160	200	200	200	300
配管口径 DN Diameter of matched pipe/mm		80	80	100	100	125	125	125	150	150	150	250	250
适用燃料 Suitable fuel		轻重、重油、液化石油气、天然气 Light oil ,heavy oil,liquefied petroleum gas,natural gas,artificial gas											

*注：1kcal=4.1868kJ

生产单位：常州市锅炉设备有限公司

地址：江苏省常州市横林镇西工业园
电话：0519-88786718 88786758 88786708 传真：0519-88786718 88786708
邮箱：czguolu@163.com 网址：www.cgl.cn

常州市锅炉设备有限公司（创建于1979年）是国内规模较大的设计、制造热载体炉、蒸汽锅炉、船用锅炉、压力容器等的现代化企业。公司取得国家质量监督检验总局颁发的B级锅炉制造许可证和A2级三类压力容器制造许可证，以及美国ASME“U”和“S”钢印。同时公司拥有CCS、BV、KR、NK等船级社工厂认可证书。

公司地处长江三角洲经济发达的常州市东部横林镇（长虹东路168号），是江苏省科技厅确认的高新技术企业，拥有16项国家专利，我公司“常锅”品牌系列产品包括：船用热油锅炉（燃油热油锅炉、废气热油锅炉）、船用蒸汽锅炉（燃油锅炉、废气锅炉、燃油废气组合锅炉）、蒸汽发生器（与热油锅炉配套使用）、热交换器、加热盘管及热油系统附件等全套产品。我们始终不渝的以诚信经营、技术创新、品质优良、服务真诚、价格合理等全方位的优势来赢得广泛的市场。公司将竭诚为国内外的客户提供高质量的产品和一流的产品售后技术服务。公司质量方针：精心设计制作、产品安全可靠、坚持不断改进、确保顾客满意。节能、环保、安全、高效是常锅公司追求的目标！

产品安装总图：

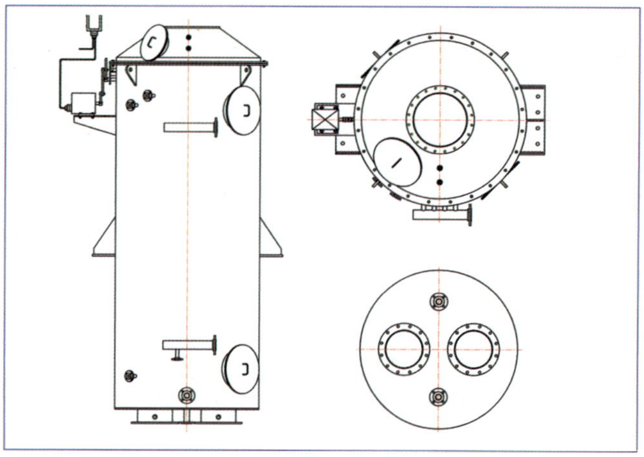

立式燃油、燃气蒸汽锅炉

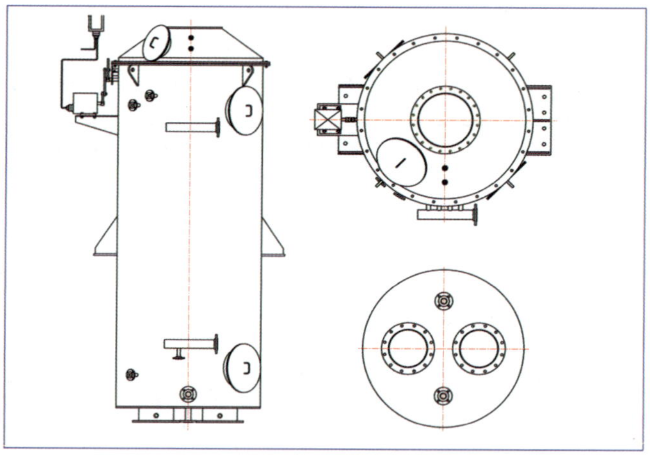

立式废气导热油锅炉

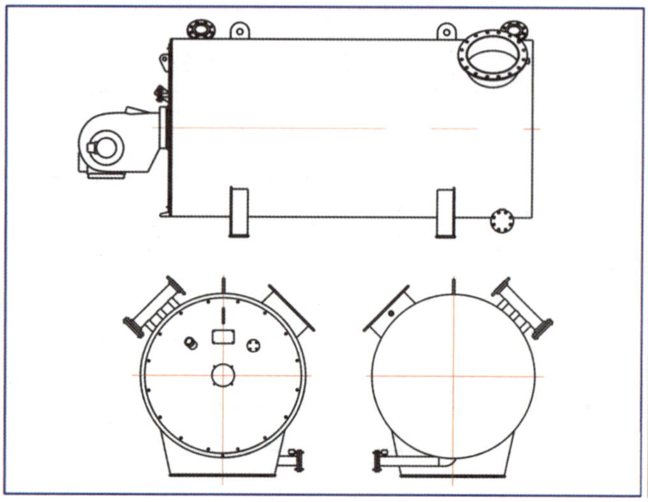

卧式燃油、燃气导热油锅炉

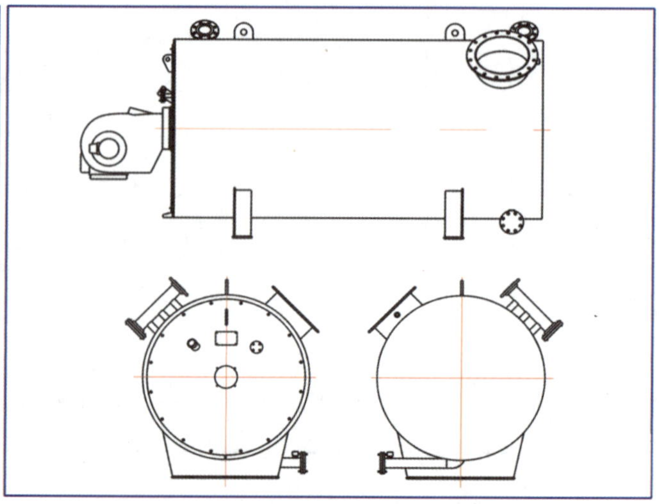

卧式燃油、燃气蒸汽锅炉

生产单位：武汉爱信热能系统有限公司 爱信船用锅炉 Airsun Marine Boiler Ai-Sun®

地址：湖北省武汉市武昌区石牌岭路 118 号 邮编：430070 电话：027–87872061（62/63）

传真：027–87872010 联系人：王爱新 13907190477

邮箱：airsungl@163.com 网址：www.airsun.cc

武汉爱信热能系统有限公司是专业从事船用锅炉研发、生产、销售和服务的高新技术企业，秉承“诚、信、实、技、合作、创造”的经营理念，不断实践创新、创造差异、开拓进取，将市场定位于军品、民品、出口船三大船舶市场；产品定位于热水、蒸汽、热油三大系列加热集成系统，并取得相关产品专利，其中尤以燃油热水锅炉、柴油机尾气和缸套水废热利用及应用集成技术在业内独树一帜！

产品技术参数：

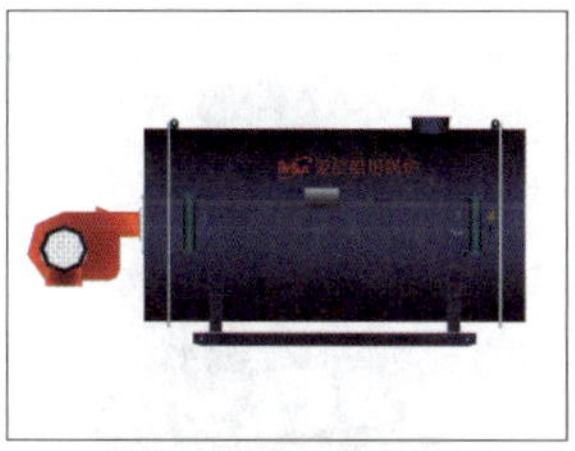

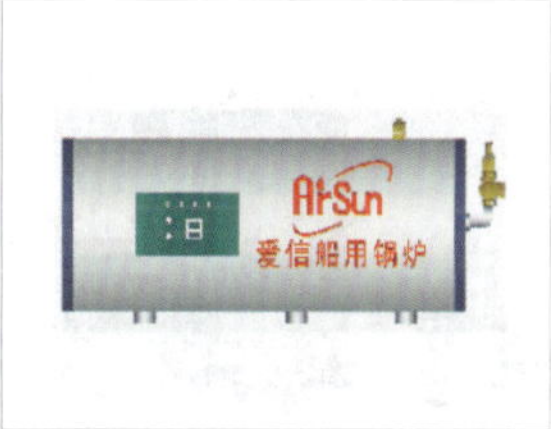

型号	基本参数	产品特点	实现功能	选型优势	执行标准	有无专利
热水系列： 1）燃油热水炉 2）废气热水炉 3）双热源热水炉 4）缸套水废热回收单元 5）电热水炉	1）热功率：0.041~4.2MW； 2）循环水量（Δt=10℃）3.5~360m³/h; 3）燃料：轻／重柴油／油电两用或电加热／废气余热／缸套水余热／岸接蒸汽等	1）立／卧式，单回路／多回路结构； 2）立／卧式，内外三通型、消音灭火型结构； 3）燃油（蒸汽／缸套水）／电辅型、燃油／废气型、热水源（蒸汽源）／油辅型等多种结构； 4）废热回收单功能型、废热回收／冷却双功能型； 5）可量身订制	满足以 85~115℃热水为热介质的各种船舶采暖、空调、生活热水、及各类舱室和水、油、渣柜等防冻保温加热用途	1）多种热源组合或集成，满足节能性、季节性或岸接蒸汽互换； 2）外型小巧，装机尺寸易选择，也可根据客户需求及空间要求量身订制； 3）拥有节能集成系统及智能化控制系统； 4）具有良好的可靠性、安全性、便捷的操作性能； 5）废气排气管侧进和底进可量身定制	产品质量严格按照 CCS、GJB 和相关国外船级社质量体系和标准生产、制造，提供 CCS、军检或其他国外船级社证书	制造技术方面已拥有 2 项具有自主知识产权的专利技术，全球首发的多热源节能集成技术
蒸汽系列： 1）燃油蒸汽炉 2）废气蒸汽炉 3）燃油／废气组合式蒸汽炉 4）电蒸汽发生器	1）蒸发量：0.1~20t； 2）压力：0.5/0.7/1.25MPa； 3、燃料：轻／重柴油／油电两用或电加热／废气余热／缸套水余热／岸接蒸汽等	1）立式紧缩式布置，全水冷胆炉；卧式三回程／二回程； 2）立式紧缩式布置，内置烟管“水包火”密封结构； 3）组合式布置、结构紧凑，燃油和废气能单独或同时使用； 4）可量身订制	满足以 0.7MPa 额定温度 170℃的蒸汽为热介质的各种船舶采暖、空调、生活热水及各类舱室和水、油、渣柜等保温加热			
热油系列： 1）燃油热油炉 2）废气热油炉 3）双热源热油炉	1）功率：0.116~4.65MW；2）燃料：轻／重柴油／油电两用或电加热／废气余热等	1）立／卧式结构，能在较低运行压力下获得 350℃工作温度； 2）废气为主，燃油为辅，能根据出油温度自动调节烟气流量，维持稳定热负荷； 3）可量身订制	满足以 350℃以下导热油为热介质间接循环加热的各种船舶采暖、空调、生活热水及各类舱室和水、油、渣柜等保温加热			
节能集成系统 1）缸套水废热回收系统 2）烟气废热回收系统 3）烟气／缸套水／其他热源集成系统	将柴油机烟气余热和缸套水余热分别利用锅炉热能和换热技术，统一转化为一定温度的热水／燃油／蒸汽三种介质，并通过集成管路和控制集成技术，自然或强制动力循环，供不同的终端热用户	1）缸套水废热回收单元系统； 2）缸套水／电辅（油辅）双热源热水炉系统； 3）缸套水废热回收与冷却单元系统； 4）废气热水炉（蒸汽炉／热油炉）系统； 5）缸套水／废气双热源热水加热集成系统； 6）缸套水／废气／燃油（蒸汽）三种热源热水加热集成系统	1）以缸套水废热回收为独立热水热源，满足 60~80℃用热工况加热； 2）主机烟气转换成一定温度的热水／燃油／蒸汽	1）极大的利用柴油机烟气余热和缸套水余热，极大的减少烟气排放； 2）极大提高客户经济效益，实现节能减排		

生产单位：九江海天设备制造有限公司

地址：江西省九江市九瑞大道 79 号 邮编：332000 电话：0792-8369097 传真：0792-8369096
邮箱：shenghongf@163.com 联系人：沈红锋 13507927996 吴永胜 13970259680.

九江海天设备制造有限公司是由九江船用机械厂改制而成的国有独资公司，隶属于中国船舶工业集团公司（CCSC）公司。公司主要从事锅炉、船用水泥罐、尾滚筒、空气瓶、加减压舱等“九州”品牌产品的设计、制造、安装业务。已取得 GB/T19001-2000 标准质量体系认证证书；取得了国家 A1 及 A2 级压力容器、A5 级医用氧舱、B 级直流锅炉及 A 级锅炉的设计和制造许可证；船用空气瓶等系列产品取得了英国 LR、DNV GL、意大利 RINA、美国 ABS、法国 BV 和中国 CCS 等船级社资格认可。

产品技术参数：

型号	基本参数	产品特点	实现功能	选型优势	有无专利	持有证书
LT 系列蒸汽锅炉（0.5~10t） EO 系列蒸汽锅炉（0.5~3t） 针形管锅炉（0.2~5t） 热水锅炉	见电子版样本	环境适应性 安全性 使用方法 性能特点	装船后功能体现与其他产品配套功能体现	LT 和 EO 系列锅炉具有体积小、质量轻、升汽快、节能、环保、安全无爆炸危险、自动化程度高、安装方便等	EO 系列锅炉是引进美国专利技术。LT 系列是自主开发系列锅炉	CCS 产品形式认可及其他国家的船级社产品认可

型号 名称	LHSO.12-0.4/95/70	LHSO.23-0.4/95/70-YD	LHSO.46-0.4/95/70-YD
额定工作压力（MPa）	0.4	0.4	0.4
输出热功率（kW）	120	230	460
循环水量（t/h）	4	8	12
燃料种类	轻柴油 / 重油 / 天然气		
燃料消耗量（kg/h）	10.8	21.5	43.3
热效率（%）	89.3	89.3	89.3
电机功率（kW）	0.75	0.75	0.75
电制	380V/50Hz	380V/50Hz	380V/50Hz
烟囱直径（mm）	ϕ180	ϕ220	ϕ250
上 / 下排污口	DN32/DN25	DN25/DN32	DN25/DN32
出水 / 回水口	DN32	DN50	DN65
生活水进 / 出口		DN25	DN25
质量（干重 kg）	1 000	1 200	1 260
外形尺寸（长 × 宽 × 高）mm × mm × mm	1 500 × 900 × 1 650	1 700 × 1 200 × 2 305	2 280 × 1 280 × 2 480

型号	E0-33	EO-60	LT2	LT3
总长（mm）	1 430	1 660	2 200	2 500
总宽（mm）	850	1 300	1 200	1 450
设备高度（mm）	1 780	1 875	2 300	2 910
相当蒸发量（kg/h）	517	938	2 000	3 000
额定蒸汽压力 (MPa)	0.69/1.0/1.50		0.7/1.0/1.50	
热效率	＞ 85%	＞ 82%	⩾ 89%	⩾ 89%
电机功率（kW）	2.2	5.5	13	18.5
质量（kg）	610	1 120	2 550	3 550
蒸汽出口	DN32	DN50	DN80	DN80
安全阀排放口	DN25	DN25	DN50	DN50
进水口	DN32	DN40	DN50	DN50
总排污口	DN20	DN25	DN25	DN25
回油出口	DN8	DN10	DN10	DN10
进油口	DN10	DN10	DN20	DN20
烟囱直径	DN300	DN380	DN550	DN550

船用风机

P 166

P 167

P 168

P 169

P 170

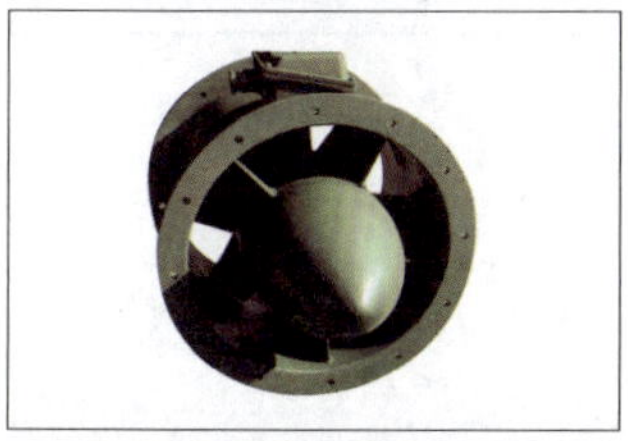

P 170

船用专业风机结构通常为轴流通风机、离心通风机，风机材质通常要求耐腐蚀、防水等。目前，船用风机主要有船用防爆风机、低噪声船用风机、船用空调风机、船用制冷风机等类型。国外主要厂家和产品有日本 NISHISHIBA 通风机、日本 TAIKO KIKAI 双轴旋转式鼓风机、挪威 UNITOR 通风机、荷兰 WINEL 通风机、德国 WITT&SOHN 公司的 IGW 轴流式和径向式通风机、通风机导管等。国内企业有青岛海纳特船舶设备有限公司公司生产的 JCL（CLQ）、JCZ（CZ）、CBL、CBZ 等系列舰、船用离心、轴流通风机，防爆离心、轴流通风机分别获得了 CCS 型式认可证书和国家防爆检验部门证书，并取得了防爆电气生产许可证；青岛海顺风船舶设备有限公司生产舰、船用通风机、通用风机、管路附件、船用散热器等产品；青岛金田风机有限公司具有独立开发、设计、制造各类风机，产品广泛用于石油化工、电力机械、船舶等多个领域；青岛风机厂船用风机系列包括：JCL（CLQ）、JCZ（CZ）；CBL、CBZ 等系列舰船用离心通风机，舰船用轴流通风机；舰船用防爆离心通风机，舰船用防爆轴流通风机，分别获得了 CCS 型式认可证书和国家防爆检验部门证书；浙江聚英风机工业有限公司是一家专业设计和制造各种风机、风冷、净化设备的科技型风机厂，主要产品有离心风机、轴流风机、屋顶风机、排烟风机、混流风机、斜流风机、管道风机、防爆风机、防腐风机、冷却风机等。

生产单位：青岛金田风机制造有限公司

地址：山东省青岛市四方区周口路 310 号　邮编：266100　电话：400053277　传真：0532-84011078
邮箱：qdjtfj@126.com　网址：www.jintianfan.com　联系人：姜亮 13156397517　颜春 18661632557

青岛金田风机制造有限公司位于青岛四方区，东临崂山风景区，西临青岛流亭国际机场，交通便利，地理位置优越。是从事船用通风机、通风筒、舾装件；陆用通风机、消声器等产品设计、生产、销售和技术服务为一体的专业化公司。公司生产的 JCL（CLQ）、JCZ（CZ）、CBL、CBZ 等系列舰、船用离心、轴流通风机分别获得了 CSS 型式认可证书，并符合 ABS、BV、DNV GL、KR、LR、NK、RINA 船级社船舶规范的要求。

产品技术参数：

	型号名称： JCL- 舰船用离心风机系列 应用范围： 舱室通风 执行标准： GB/111864-2008
	型号名称： JCZ- 舰船用轴流风机系列 应用范围： 舱室通风 执行标准： GB/111864-2008
	型号名称： CBL- 防爆离心舰船用风机系列 应用范围： 舱室通风 执行标准： GB/111864-2008
	型号名称： CGDL- 舰船低噪音离心风机 应用范围： 舱室通风 执行标准： GB/111864-2008
	型号名称： CWZ- 舰船用小风机系列 应用范围： 舱室通风 执行标准： GB/111864-200

生产单位：巴克约根森风机（宁波）有限公司

地址：浙江省宁波市镇海北欧工业园区东辉路 179 号　邮编：315221　电话：0574-86306780
传真：0574-86306782　邮箱：rs@barker.com.cn　网址：www.barker.com.cn
联系人：孙艺　18667860642

Barker Jørgensen A/S 1919 年成立于丹麦首都哥本哈根，是世界上较早致力于风机研究开发和制造的企业，所生产的风机广泛应用于能源、化工、航运、食品加工、环境保护等领域。

产品技术参数：

型号	基本参数	产品特点	实现功能	选型优势	执行标准	有无专利	持有证书
HN-高效率系列	叶轮直径 800~2 000mm；风量 2 000~25 0000m³/min；风压 100~2 700Psi	高效、节能	通常用于船用锅炉，通风，引风	效率高，节能效果突出	符合 IMO、ISO、SOLAS、IACS 规范或标准	多项丹麦专利	ABS、CCS 等各项船级社认证证书
VB - 物料输送系列	叶轮直径 260~950mm；风量 100~45 000m³/min；风压 50~1 800Psi	震动小，维护成本低	通常用于船用物料输送	耐腐蚀，耐氧化，耐高温	符合 IMO、ISO、SOLAS、IACS 规范或标准	多项丹麦专利	ABS、CCS 等各项船级社认证证书
HT-高压系列风机	叶轮直径 370~750mm；风量 100~5 000m³/min；风压 100~1 600Psi	低噪，精密	通常用于船用高压系列风机	噪音低，高压	符合 IMO、ISO、SOLAS、IACS 规范或标准	多项丹麦专利	ABS、CCS 等各项船级社认证证书
其他系列离心风机	叶轮直径 200~2 000mm；风量 100~250 000m³/min；风压 100~2 700Psi	根据客户特殊要求特别定制	用于船用各类离心风机应用	适用范围广，品牌过硬，中高端	符合 IMO、ISO、SOLAS、IACS 规范或标准	多项丹麦专利	ABS、CCS 等各项船级社认证证书

生产单位：青岛风机厂有限公司

地址：山东省青岛市高新区岙东路上马段 1-16 号　邮编：266114　电话：0532-66871812
传真：0532-66870198　邮箱：public@qdfan.com　网址：www.qdfan.com　联系人：宋成奎　13061389285

青岛风机厂有限公司是中国船舶工业总公司最早定点生产船用风机的企业和联营配套船用通风机的地方企业，是中国通用机械风机行业协会会员单位，属国家中二型企业，具有研究、开发、设计和生产各种高质量风机的能力。

产品技术参数：

风机型式	风机规格型号	实现功能	执行标准	持有证书
船用轴流通风机	CZ-20~CZ-140	用于各舱室的通风换气	GB/T11864	CCS ABS LR NK KR DNV GL RINA BV 等 多国船级社
船用轴流通风机	CZF-30~CZF-140	用于各舱室的通风换气	GB/T11864	
船用轴流通风机	CLZ1-J~CLZ14-J	用于各舱室的通风换气	GB/T11864	
船用小型轴流通风机	CWZ-200~CWZ-300	用于各舱室的通风换气	GB/T11864	
船用轴流通风机	CDZ-25~CDZ-80	用于各舱室的通风换气	GB/T11864	
船用防爆轴流通风机	CBZ-30~CBZ-140 I、II、III、IV、V 型	用于各舱室的通风换气	GB11800、GB3836	
船用离心通风机	CLQ-15~CLQ-58	用于各舱室的通风换气	GB/T11865	
船用离心通风机	CQ2-J~CQ25-J	用于各舱室的通风换气	GB/T11865	
船用小型离心通风机	CWL-100~CWL-200	用于各舱室的通风换气	GB/T11865	
船用离心通风机	CGDL-20-2~CGDL-80-6	用于各舱室的通风换气	GB/T11865	
船用离心通风机	JCDL-S-15~JCDL-S-58	用于各舱室的通风换气	GB/T11865	
船用防爆离心通风机	CBGD-20-2~CBGD-80-6	用于各舱室的通风换气	GB/T11865	

生产单位：青岛海纳特船舶设备制造有限公司

地址：山东省青岛市城阳区玉皇岭工业园 邮编：266107 电话：0532-87876600 传真：0532-87876700
邮箱：info@henet.com.cn 网址：www.henet.com.cn 联系人：刘绍林 13806398829

公司成立于 2000 年，注册资金 500 万元，生产船用通风机、船用菌形通风筒、船用散热器。公司占地面积 13 333 平方米，建筑面积 10 000 多平方米，各型产品年产量超过 18 000 台。防爆风机取得了 EXdIIBT4、EXdIICT4—EXdIICT6 的防爆证书。公司通过 ISO9001:2000 质量管理体系认证。产品由中国船级社监督检验并颁发“CCS”船检证书，并通过了 BV、NK、ABS、DNV GL、RINA、LR 等国外船级社标准，能满足各种舰船使用要求。

产品技术参数：

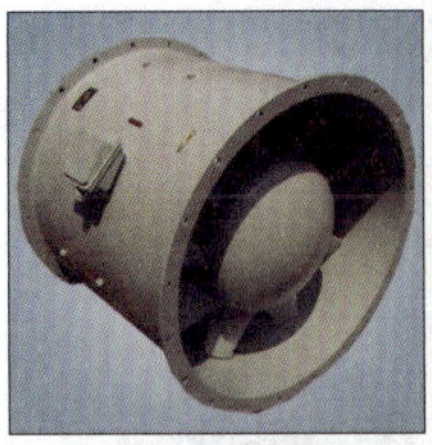
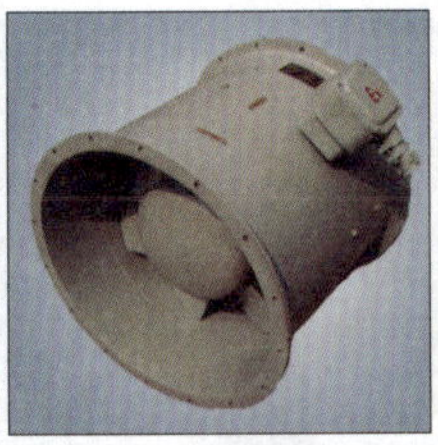

序号	轴流通风机系列	规格范围	流量范围	全压范围	功率范围	环境适应性	执行标准
1	JCZ 系列	JCZ-20—JCZ-140	600~138 000m³/h	85~1 200Pa	0.25~45kW	符合舰船用通风机基本技术条件	执行国标 GB/T11864-2008
2	CZF 系列	CZF-30—CZF-140	900~114 000m³/h	110~1 035Pa	0.25~30kW	符合舰船用通风机基本技术条件	执行国标 GB/T11864-2008
3	CDZ 系列	CDZ25-2—CDZ80-6	1800~27 000m³/h	55~425Pa	0.25~4kW	符合舰船用通风机基本技术条件	执行国标 GB/T11864-2008
4	CLZ 系列	CLZ1-J—CLZ14-J	1600~25 000m³/h	200~1 100Pa	0.25~15kW	符合舰船用通风机基本技术条件	执行国标 GB/T11864-2008
5	CWZ 系列	CWZ200D(G)—CWZ280 D(G)	450~2 210m³/h	35~300Pa	功率：0.25~15kW	符合舰船用通风机基本技术条件	执行国标 GB/T11864-2008
序号	离心通风机系列	规格范围	流量范围	全压范围	功率范围	环境适应性	执行标准
1	JCL 系列	JCL-15—JCL58	300~24 000m³/h	220~2 640Pa	0.55~22kW	符合舰船用通风机基本技术条件	执行国标 GB/T11865-2008
2	CGDL 系列	CGDL20-2 CGDL80-6	400~24 000m³/h	235~3 320Pa	0.37~15kW	符合舰船用通风机基本技术条件	执行国标 GB/T11865-2008
3	CXL 系列	CXL100D(G)—CXL200 D(G)	110~2 250m³/h	90~2 343Pa	0.06~2.2kW	符合舰船用通风机基本技术条件	执行国标 GB/T11865-2008
4	CQ 系列	CQ2-J—CQ25-J	500~12 000m³/h	590~4 410Pa	0.37~18.5kW	符合舰船用通风机基本技术条件	执行国标 GB/T11865-2008
序号	防爆通风机系列	规格范围	流量范围	全压范围	功率范围	环境适应性	执行标准
1	CBZ 轴流防爆系列	CBZ-30—CBZ-140	1 000~13 800m³/h	150~1 220Pa	0.75~45kW	符合舰船用通风机基本技术条件	执行国标 GB/T11800-2008
2	CBL 离心防爆系列	CBL-15—CBL-58	500~21 000m³/h	240~2 635Pa	0.75~22kW	符合舰船用通风机基本技术条件	执行国标 GB/T11799-2008
3	CBL 高压离心防爆系列	CBL-63—CBL-75	3 400~8 000m³/h	9 960~14 000Pa	22~45kW	符合舰船用通风机基本技术条件	执行国标 GB/T11799-2008
4	CBGD 离心防爆系列	CBGD20-2—CBGD80-6	400~24 000m³/h	220~2 860Pa	0.55~15kW	符合舰船用通风机基本技术条件	执行国标 GB/T11799-2008
序号	水力驱动风机系列	规格范围	流量范围	静压范围	进水压力范围	环境适应性	执行标准
1	CSZ 水驱轴流系列	CSZ-300—CSZ-380	3 000~10 000m³/h	260~1 020Pa	0.2~0.7MPa	符合舰船用通风机基本技术条件	执行船标 CB/T3938-2000
2	CSL 水驱离心系列	CSL-240—CSL-260	2 000~6 000m³/h	920~1 500Pa	0.2~0.7MPa	符合舰船用通风机基本技术条件	执行船标 CB/T3938-2000
序号	船用菌形通风筒系列					环境适应性	执行标准
1	FTA,B,C,D,E,F 型 船用通风筒					适应于安装在各类露天甲板作通风之用	执行船标 CB/T295-2000

生产单位：青岛海顺风船舶设备有限公司

地址：山东省青岛市城阳区青大工业园 8 号路北　邮箱：qdhaishunfeng@163.com
网址：www.haishunfeng.com　总经理：崔明鹍 18653267977　副总经理：张 波 18653260188
销售部：0532-87730866　技术部：0532-87020277　传真：0532-87730977

青岛海顺风船舶设备有限公司是生产舰、船用通风机、通用风机、管路附件、船用散热器等产品的专业化公司，技术力量雄厚、生产工艺先进、检测设备齐全、专业化程度高，产品能满足用户的各种需求。公司已通过 ISO9001:2000 质量体系认证。

产品均按国家标准、船用标准组织生产制造及检验，产品已通过中国船级社（CCS）型式认可，产品符合 GL、BV、ABS、DNV、NK、LR、RINA、RS 规范的要求，并取得证书。

公司生产的舰、船用离心、轴通流通风机、防爆风机达到 30 多个品种，160 多个规格，经专家鉴定，达到国内先进水平。产品具有效率高、噪声低、运转平稳等特点，十几年来得到用户广泛好评。

产品技术参数：

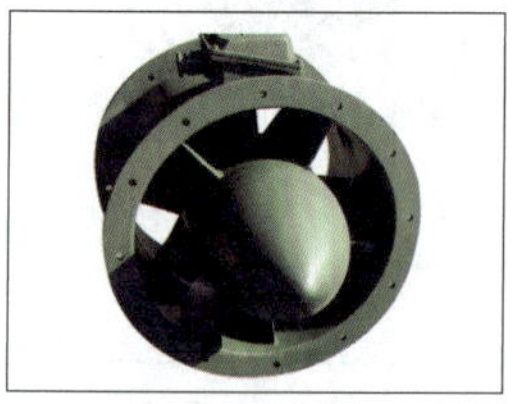

风机型式	风机规格型号	实现功能	执行标准	持有证书
船用轴流通风机	JCZ-20~JCZ-140	用于各舱室通风换气	GB/T11864-2008	CCS ABS BV DNV GL LR KR RINA RS 等
船用轴流通风机	CZF-30~CZF-140	用于各舱室通风换气	GB/T11864-2008	
船用轴流通风机	CLZ1~CLZ15	用于各舱室通风换气	GB/T11864-2008	
船用小型轴流通风机	CWZ-200~CWZ-280	用于各舱室通风换气	GB/T11864-2008	
船用防爆轴流通风机	CBZ-30~CBZ-140 Ⅰ、Ⅱ、Ⅳ、Ⅴ	用于各舱室通风换气	GB/T11800-2008	
船用离心通风机	JCL-15~JCL-58	用于各舱室通风换气	GB/T11865-2008	
船用离心通风机	CQ2-J~CQ24-J	用于各舱室通风换气	GB/T11865-2008	
船用离心通风机	CGDL-20-2~CGDL-80-6	用于各舱室通风换气	GB/T11865-2008	
船用离心通风机	CWL-100D~CWL-200G	用于各舱室通风换气	GB/T11865-2008	
船用防爆离心通风机	CBL-15~CBL-90 Ⅰ、Ⅱ型	用于各舱室通风换气	GB/T11799-2008	
船用水力驱动风机	CSZ-300、CSZ-380	用于各舱室通风换气		
船用水力驱动风机	CSL-240、CSL-260	用于各舱室通风换气		

船用净油装置

P 172

P 172

P 173

P 173

P 174

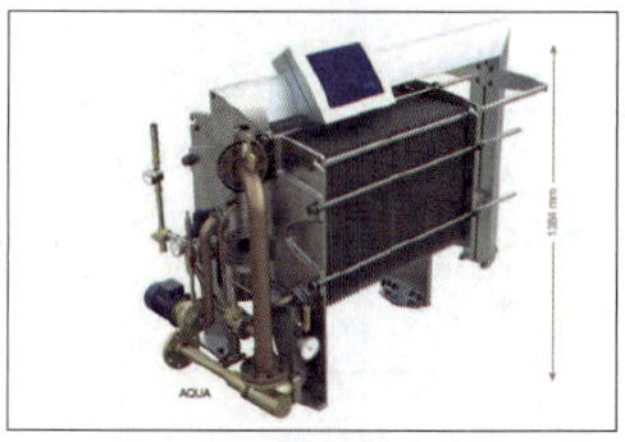

P 174

船舶燃油净化系统是保证船舶动力装置正常工作的前提条件，分油机又是燃油净化系统的重要设备之一。在现代船舶燃油净化系统中，国际知名设备卫斯弗里亚分油机 Westfalia Separator 公司占据着主导地位，还有瑞典 ALFA LAVAL 的 MOATTI 润滑油自清滤器，德国 STAUFF 吸油滤器、过滤器、滤芯及过滤设备，英国 THAMES 的滤清器配件、德国大治 -IKL 分离机及滤油器装置等。国内重庆中润滤油机制造（集团）有限公司引进德国先进的真空滤油机生产技术，使整机基本国产化，主要产品有透平油净油机、多功能油再生净油机等；重庆通瑞过滤设备制造有限公司是一家专业开发、研制、生产各种油系列净化设备的高新技术企业，产品有 ZJA 系列绝缘油高效双级真空滤油机、ZJB\ZJB-T 系列高效真空滤油机、ZJC 系列汽轮机透平油专用滤油机等十大系列百多个品种；重庆邦杰净油设备制造有限公司是一家专业开发、研制、生产油净化的高新技术企业，产品主要用于电力、石油、化工、船舶等各类企业，该公司可根据不同客户的特殊需求，提供具有针对性的解决方案。主要产品有绝缘油滤油机、透平油滤油机、煤油滤油机、柴油滤油机；无锡市康威环能设备有限公司主导产品或项目有船用设备、环保设备、工程成套等，其中主机燃油供油单元和双机组合分离机单元获得了“江苏省名牌产品”的光荣称号。为满足市场的需求，公司又开发了具有自主知识产权的自清滤器，并达到了国际领先的技术水准。公司采用参股和合作的方式投入到离心机、锅炉、大功率柴油机的制造和生产。

生产单位：南通航海机械集团有限公司

地址：江苏南通港闸经济开发区永兴路 6 号　邮编：226003　电话：0513-83518129
传真：0513-83521081　邮箱：nthj@vip.163.com　网址：www.nnmc.com.cn　联系人：吴建　于可

南通航海机械集团有限公司是按现代管理模式组建的新型船舶配套企业集团。公司始建于 1973 年，经过近 40 余年发展壮大，已发展成为自行设计、开发、制造各类过滤器、阀门遥控装置、船用模块、液压类等多种以船用配套产品为主的企业集团。公司拥有各种设备 210 多台，占地 12 万 m^2，生产用房 4.4 万 m^2。公司通过 GJB9001A：2001、ISO9001:2000 军品和民品质量管理体系认证。产品通过各大船级社的产品检验，获得用户好评。我们愿与国内外客户真诚合作，共创辉煌。

产品技术参数：

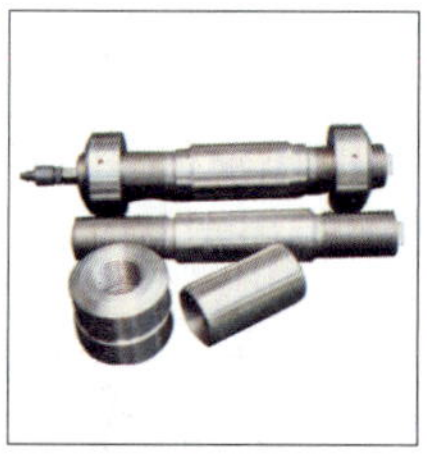

型号	基本参数	产品特点	实现功能	选型优势	执行标准	持有证书
ZFL 全自动反冲洗过滤器	通径：DN50~400； 流量：0~580m^3/h； 过滤精度：10~50μm； 质量：172~1 750kg	全自动化操作，可实现船舶机舱无人监管；过滤能力大、连续工作、自动清洗过滤杂质	适用于燃油、润滑油等液体介质的过滤	产品符合各船级社要求，具有国际先进水平	CB/T 3493 船用自动清洗滤器技术条件	CCS ABS DNV GL NK 等
SBL 半自动油滤器	通径：DN50~400； 流量：0~320m^3/h； 过滤精度：10~2 000μm； 质量：172~1 750kg	具有半自动清洗功能	适用于燃油、润滑油等液体介质的过滤	产品符合各船级社要求		
DPL、SPL 单双筒网片式油滤器	通径：DN15~200； 流量：0~320m^3/h； 过滤精度：10~2 000μm； 工作压力：≤ 0.8MPa	过滤面积大，原始压降低，清洗周期长	适用于润滑油等液体介质的过滤	产品符合各船级社要求	CB/T 3025 船用柴油机网片式油滤器	
JP 液压紧配螺栓	直径：ϕ38~ϕ138	具有装拆方便，无需冷冻或敲击，对连接件无损伤，螺栓可反复使用	用于承受大扭矩的法兰连接件中，替代普通的过盈配合螺栓	产品符合各船级社要求		
DYDZ 独立式液压顶推支撑	液压缸直径：DN200； 安装长度：475mm； 预紧力：22kN（7bar）； 最大支撑力：127（40bar）/82（26bar）kN； 电制：24V DC	可实现全自动操作，无需外接液压源，可实现独立连续工作	降低主机产生的固有频率，从而降低主机振动所产生的影响，液压顶推支撑相对于主机的热膨胀以及船舶装载所产生的变形是柔性的	符合 MAN B&W 最新主机规范要求		符合 MAN B&W 最新主机规范要求蓄能器提供 DNV GL 船检证书等
船用阀门遥控系统		多种形式和控制方式可选，包括液动、电动、气动、电液式	对压载水、舱底水、燃油、消防等系统的阀门进行远程遥控	产品质量可靠，技术成熟，适用范围广，已在多类船型配套	企业标准	CCS ABS DNV GL NK 等
CRGD 船用柴油机燃油供应系统组合单元	流量：根据柴油机燃油消耗量确定；燃油黏度：≤ 700cst/50℃； 输出压力：0.6~1.4MPa； 压缩空气：0.4~0.7MPa	模块化设计	该产品是一种加压的供油系统，可为柴油机提供合适压力、黏度、流量的燃油，可实现轻、重油的转换，保证柴油机工作需求	产品符合各船级社要求		
LKG 冷冻式压缩空气干燥器	处理空气量：0.25~100Nm^3/min； 进气温度：3~55℃； 进气压力：≤ 1.0MPa	体积小，外形美观，能耗低	除去压缩空气中水分	产品符合各船级社要求		

生产单位：中船重工第七〇七研究所九江分部

地址：江西九江市前进西 105 号　邮编：332007　电话：0792-8254072 8253642 8250919
传真：0792-8252653　网址：www.jj707.com

中国船舶重工集团公司第七〇七研究所九江分部始建于1960年，专业从事船舶自动操纵控制、船舶测速、油液污染控制、液压阀件等系统及装备的研究设计、试验与制造，拥有国家级船舶导航产品技术检测中心、省级重点实验室和省级工程技术研究中心各一个，具备完善的质量体系认证，已通过了 ISO9001 质量体系认证和中国船级社体系认证。

产品技术参数：

型号	基本参数	产品特点	实现功能	执行标准	有无专利
高精密滤油器	质量：5~200kg 流量：10~2 000L/min 过滤精度：精于 3 μm 保证低黏度燃油中水分含量 ≤ 100ppm 保证透平油中水分含量 ≤ 300ppm	通过对高性能滤材、新工艺的研发，使得该产品与国内外同类产品相比，性能得到极大提高，在相同流量下初始压降降低了 20 %，而纳污容量提高了 30%	关键技术： 1) 自主研发的新型过滤材料及工艺配方。通过环保材料在滤芯单元上的应用，以及在过滤器结构上采取支撑骨架重复利用的方式，可以大幅降低滤芯金属骨架的使用，符合过滤技术的低耗材发展方向 2) 独特的滤芯制作工艺保证了产品性能稳定、可靠	JB/T20080-2006 液压滤芯技术条件 ISO 2943 滤芯材料与液压介质的相容性检验 ISO/DIS 3724 流动疲劳强度 ISO 16889 滤芯多次通过试验 ISO 2942 滤芯结构完整性检验（气泡试验） ISO 3723 滤芯额定轴向载荷检验 ISO 2941 滤芯抗破裂性检验 ISO 3968 流量特性曲线	
油水分离装置	质量：100~200kg 流量：50~100L/min 过滤精度：精于 3 μm 流量：10~400L/min 额定压力：2.5MPa 除水：≤ 100 ppm	一种过滤精度高、除水效率高、移动方便、操作简单的高精度油水分离过滤装置	关键技术： 采用高效的聚结分离元件保证油水分离，通过过滤与分离技术的结合，达到了油液净化的效果		
油液污染自维护监控装置	质量：200kg 设计压力：1.0MPa 设计流量：50~600L/min 污染度监测精度：0.1ISO 等级 过滤精度：3 μm	集油液污染度在线监测传感器、控制单元和体外循环过滤装置于一体，实现了油液污染度的在线监测和自动维护	关键技术： 1）污染控制装置采用自主研制的高精滤油器，具有过滤精度高，纳污容量大等优点 2）针对油液的污染现状，通过对油液污染度、含水量等各参数的在线监测信号的采集、识别、判断，提出构造分布式环境下油液状态在线监测网络，将自动控制技术引入到油液污染控制领域，提出了基于三线值法和聚类分析相结合的数学判据方法，应用油液污染状态诊断工具远程诊断和控制系统中的油液净化设备，保证系统油液维持在正常范围内运行		ZL2007 201145427
高精度高黏度滤油小车	质量：50~200kg 流量：10~200L/min 过滤精度：精于 3 μm 适用黏度：最大可达 1 000cst	一种过滤精度高，纳污力强，出口压力高，高扬程、移动方便、操作简单的移动式高黏度润滑油过滤装置	关键技术： 采用自研的高效过滤材料实现固体杂质的有效过滤，具有过滤精度高，纳污容量大，使用寿命长等优点		ZL2010 20149780.3

生产单位：阿法拉伐（上海）技术有限公司

邮箱：chinainfo@alfalaval.com　网址：www.alfalaval.com.cn　电话：021-53858000

阿法拉伐于20世纪50年代首次进入中国。公司于1984年在北京设立了第一个办事处。随后，公司进一步扩张，分别在上海、成都、北京、广州、大连以及香港分别设立了销售公司和办事处，确定了200多个授权经销商，如今，公司可提供船舶用油处理、冷却与加热、环境保护、储罐清洁和海水脱盐、压载水处理系统等多方面的解决方案。同时，公司一直坚守上述工艺的精髓——稳步简化工艺，使之更为可靠、更具经济性。

产品技术参数：

 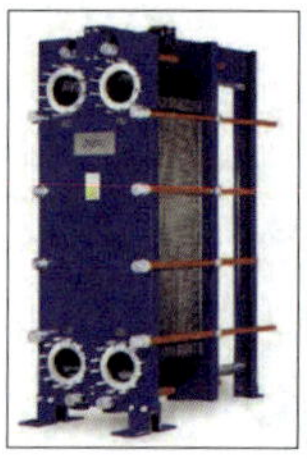   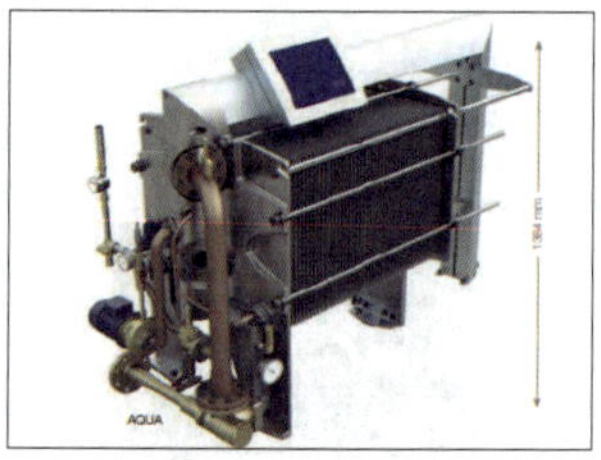

型号	产品特点	实现功能
S型分离机	采用了Alcap技术特别适用于对燃油及其他各类高密度油料进行分离处理	适用于各种燃油与润滑油（Alcap）适用于最高密度可达1010kg/m^3的燃油；燃油处理黏度可达700cst/50℃（可按要求提高）；污泥排量与油料损耗极少采用油料水线分监测器进行全程监测
P型分离机	设计用于对润滑油和船用柴油等低密度稳定均质油料进行处理	适用于润滑油、蒸馏油与船用柴油； 适用于量最高密度达991kg/m^3的燃油；燃油处理黏度可达600cst/50℃（可按要求提高）；污泥排量与油料损耗较少
供油单元模块（FCM）	基于紧凑的模块化设计，可以根据任何发动机或机舱布局进行配置，并且完全自动化的，带有自动维护功能	简单灵活的安装；模块化供应；轻松操作所有组件；面板同时融合了控制和监视功能；从DO模式到HFO模式的转换； 可根据清洁度、压力、温度、黏度和流速来处理重油实现远程控制
自动化全流式滤器	密封的滑油回路，这同时保证了油品和环境，它可以防止外部污染物进入系统，也可以阻止油料溢出或发生泄漏	它紧凑、轻型并且占地极小。通过在过滤器上维持恒定的低压降和连续的自动反向冲洗功能，为发动提供可靠保护。反向冲洗过程中所用的清油能够循环利用，从而减少了污泥排量，节能节耗效果显著
垫片式板式换热器	最理想的冷却效率 最理想的热交换工况表现 易于安装，运动成本低 维护间隔时间长，维护成本低 长寿设计的粘合型垫片与夹式垫片，可以在苛刻的作业环境下使用	阿法拉伐的垫片式板式换热器是船舶主动力系统的理想冷却解决方案
AQUA海水淡化器	三合一板式技术（蒸发、分离、冷凝）；泵容量仅为其他海水淡化器的一半；泵与管道体积更小，减少投资；安装占地面积极小；易于维护，维护间隔周期较长；浸润部件采用钛材料；生成淡水盐度低于2ppm	阿法拉伐公司的AQUA海水淡化器是淡水制造技术领域的一次重大飞跃。由于AQUA海水淡化器的海水用量仅为其他海水淡化器的一半，因此泵容量及其能耗也可相应减小一半。采用了先进的板式技术，它的特点是只需使用一种钛板在同一板组内就能完成整个蒸馏工艺。AQUA海水淡化器的安装与维护都十分便捷，而且通常可通过增加板组提高其处理能力

船用热交换器

P 177

P 178

P 180

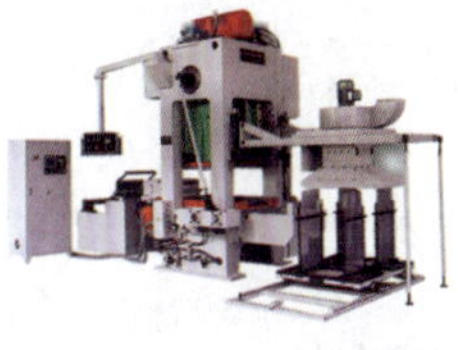
P 181

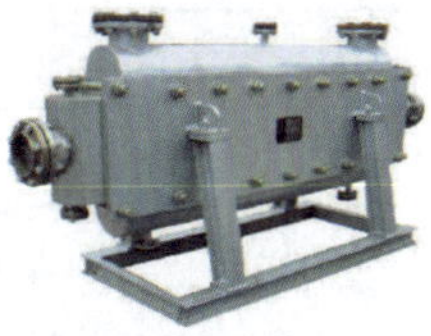
P 182

P 182

热交换器在我国石油化工、炼油、冶金、轻工、制药、食物等行业应用极为普遍，占全部工艺设备投资的 40%~60%。近年来，能源与材料用途的不断扩大，大大地推动了高效节能热交换器的发展。国外著名厂家有 ALFA LAVAL、英国 ELECTROCATALYTIC 热交换器清洁装置、新加坡 GOLTENS 热交换器、韩国 KYUNG DONG 散热器、日本 NICHIYO 片式热交换器、意大利 RIZZI ENERGY 加热燃油用翅板式换热器等，比如日阪的板式热交换器普遍使用于油船、LNG 船、集装箱船、汽车专用运输船以及豪华客船等各种类型的船舶。船舶用板式热交换器包括：对主机使用的润滑油进行冷却的“润滑油冷却器”，对供给船内所需电力的发电机进行冷却的“发电机冷却用冷却水冷却器”，对循环冷却机房主副机类的清水进行集中冷却的“中央冷却器”等，它们在各自的领域里都起着不可替代的重要作用。国内有南通市申通机械厂、南通交通机械有限公司、山西汾西热能工程有限公司、兰州兰石换热设备有限责任公司、湖北迪峰换热器有限公司、广州热尔热工设备有限公司、中德合资巨元瀚洋公司等，其中，南通市申通机械厂是中船物资总公司定点生产各种船用热交换器及压力容器的专业科研、生产厂家，2006 年 3 月取得舰（船）艇热交换器、消音器、滤器等军工产品生产认证，拥有国防科工委颁发的武器装备科研生产许可证。2008 年 12 月通过总装备部装备承制单位资格认证审核，并率先在南通地区成功地通过了 ABS、BV、DNV GL、CCS、LR、KR 等船级社工厂型式认可，可以自主设计、生产各类船用换热器；南通海利源船舶设备工程有限公司专业从事舰船用热交换器及海水滤器的设计、开发、生产、服务及船舶锅炉维修服务；巨元瀚洋公司在换热器热工设计、结构设计、工艺流程设计、防腐设计、抗结垢设计等方面的研发达到了国际水平，部分专项研究已位于世界前列。

生产单位：扬州派斯特换热设备有限公司

地址：江苏省苏州市相城区阳澄湖东路 99 号百购商业广场 C 幢东单元 5 楼
电话：0512-67543315-215　　传真：0512-62923577
联系人：臧烁　　网址：www.yzpanstar.com

扬州派斯特换热设备有限公司是由国际知名流体设备制造商 BELTECNO 公司和中国换热器专用设备制造商太平洋集团共同投资成立的跨国公司。专业致力于各类换热器的研发、生产制造及销售。

派斯特主要有以可拆式板式热交换器、全焊接板式热交换器、板框式全焊接热交换器、半焊接式板式热交换器、集成式板式热交换器机组、移动能源站、烟羽脱白浆液冷却器、空气热交换器、船舶专用冷却器为主的九大系列一百余种产品。公司每年投入大量的资金用于产品及新技术的开发，保证派斯特的产品能够时刻适应市场的需求。

派斯特技术研发中心本着依靠提升产品技术水平拉动生产力的原则，精益求精，不断的研发创新，优化产品性能，提高产品 核心竞争力，至今已取得发明专利和实用新型专利二十余项。

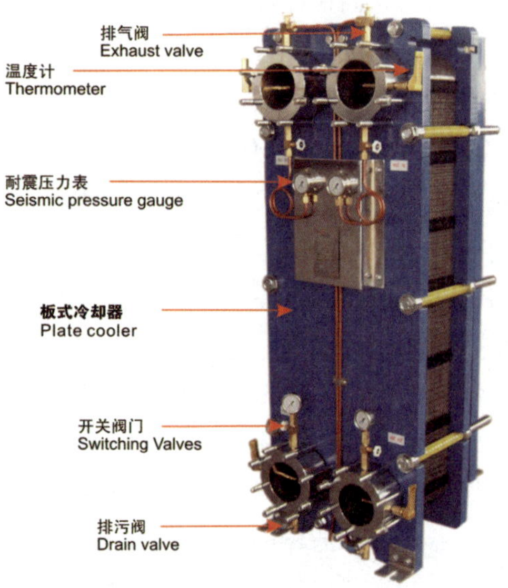

温度表&压力表
现场显示温度压力，方便观测、耐震。

开关阀门
质量有保证、方便维修。

排气阀
排除系统微泡。

排污阀
排除系统杂质。

ThermometerPressure gauge
Live shows temperature and pressure, to facilitate observation, earthquake-resistant.

Switching Valves
Quality assurance, ease of maintenance.

Exhaust valve
Troubleshooting system microbubbles.

Drain valve
Exclude the system of impurities.

产品名称	派斯特船舶专用板式冷却器 / 热交换器
产品类型	板式换热器
船级社认证	CCS
产品说明	中央冷却器、缸套水冷却器、发动机冷却器、主机冷却器、循环水冷却器、海水预热器、余热回收装置、海水淡化主机、空调加热器、燃料油预热、船用润滑油、液压油、齿轮油、柴油等各种油类冷却都会用到板式换热器。 板式冷却器是船舶轮机中广泛应用的不可缺少的重要设备之一。 派斯特船舶专用板式冷却器是针对船舶行业的工况要求而开发出的更高效、更安全可靠的板式冷却器，目前已在船舶轮机中得到广泛应用。

产品技术参数：

压力范围	最大处理量	最小处理量	组装面积范围	温度大体范围	最大接口	最小接口	热负荷	板片厚度
不大于 2.5MPa	1500m^3/h	1m^3/h	800m^2	-50~180℃	DN450	DN32	10MW	0.5~0.8mm

生产单位：四平市巨元瀚洋板式换热器有限公司 THT巨元

地址：吉林省四平市南环西路 5 号 THT 工业园　　邮编：136000
电话：0434-3265841　　传真：0434-3266778
网址：www.tht.cn

四平市巨元瀚洋板式换热器有限公司 (THT 巨元) 是专业提供换热节能设备、系统解决方案的服务供应商，主要从事 THT 品牌热交换产品的设计、研发、制造、服务和销售。

THT 巨元创建于 1986 年，是板式换热器和换热机组国家标准的起草单位，取得了质量、健康和环境体系的“三标一体”认证、美国 ASME 认证、中国民用核安全设备设计和制造许可证等八大体系认证；板式换热器产品顺利的通过了美国空调供热制冷协会（AHRI）认证。获得了中核集团、中石油、中石化、华电集团、娃哈哈等众多著名企业合格供应商准入资质；是中国海监船战略合作伙伴和“华龙一”号主要换热器供应商。THT 巨元以 8 大族群 100 余种换热产品为载体，为军工、核能、生物质能、电力、石油、化工、冶金、船舶、集中供暖、空调制冷、食品饮料、海水淡化、分布式能源等行业提供个性化、专业化的解决方案，目前已积累 200000 以上的应用案例。

THT 的换热设备作为船舶上的滑油冷却器、淡水冷却器、中央冷却器、柴油机冷却器、缸套水冷却器等主要设备，被广泛的应用在油轮、液化气船、集装箱船、散货船和工程船上，在船舶的航行过程中起到重要的作用。高腐蚀性，易结垢的海水运行条件考验了 THT 换热设备的耐腐蚀性和高性能，长时间持续的运行考验了 THT 换热设备的安全和稳定。

可拆式板式换热器

板式换热器属于间壁式换热器，其具有传热效率高、阻力损失小、结构紧凑、温度控制灵敏、操作弹性大、装拆方便、使用寿命长等特点，是目前最先进的高效节能换热设备。板式换热器主要用于加热、冷却、蒸发、冷凝、杀菌消毒、热力回收等场合。

半焊式板式换热器

半焊式板式换热器是用两张板片沿密封槽采用激光焊焊接成板片对，把板片对用密封垫密封，以叠加的形式夹装在固定压紧板、活动压紧板中间的一种换热器。THT 半焊式板式换热器，采用当今世界上最先进的焊接变形小、残余应力小、质量高等优势的激光焊接技术焊接，具有传热效率高、使用寿命长、便于检修等特点，适用于冷却和化学处理，是替代管壳式及全焊式板式换热器的合理的选择，特别是适用于氨类冷却剂的蒸发和冷凝，以及腐蚀性液体的化学处理工艺。主要应用于氨气制冷、硫酸、烧碱、石化、冶金、机械、制药、食品等工业领域。

全焊式板式换热器

THT 公司依靠雄厚的技术实力和多年板式换热器开发的经验，成功研制了全焊式宽通道板式换热器。全焊式宽通道板式换热器已经成功应用在酒精、氧化铝等行业，运行适用工艺介质如发酵醪、糖化醪、氢氧化铝浆料等，其具有传热效率高、使用寿命长、便于检修的特点，并在相关工艺过程中取代了螺旋板式换热器。

集成式换热产品

THT 系列板式换热机组是集成了板式换热器、循环泵、补水泵、温度计、压力表、各种传感器、管路和阀门及工控于一体的成套区域供热控制设备，并加装了补水系统、稳压系统、变频流量控制系统、热量计量及网络通讯控制系统。THT 公司站在行业技术前沿的高度把大量用户现场的水泵、阀门选择以及电气控制的现场调试工作同 THT 领先的技术、丰富的经验和标准化模块设计相结合，在选配机组配件，如水泵、阀门及工控等工作上，统筹兼顾，为用户量身定做更适合用户工况、性能优良的成套换热机组。包括工控在内，机组整机出厂，用户只需现场安装五根管线及一根电源线到机组的电控箱，即可调试运行该机组。

生产单位：湖北迪峰换热器有限公司

地址：湖北省大冶市大冶大道 268 号　电话：0714-8762884
邮箱：sale@hdefon.com　网址：www.hbdefon.com

湖北迪峰换热器有限公司是一家有着悠久历史的专注于工业设备换热器的公司。公司设计制造的换热器荣获“中国名牌产品”称号，是国内外客户信赖的重要的供应商和合作伙伴。公司位于湖北省大冶市，距离武汉市仅 100 千米，濒临长江，物流便利。产品广泛应用于石油、化工、船舶、舰艇、电力、冶金、食品、空气工业等领域，并在每个领域都取得了骄人的业绩。公司总资产 4.2 亿元，并正在推动工厂升级，拟投资 6 亿元兴建占地达 500 亩的专业换热器产业园。购买吸收创新国内外优秀的关于工业设备换热器的技术、设计、工艺、软件，实现产品技术水平、质量水平、服务水平的世界一流，为股东、客户、员工、社会创造价值，回报各方支持。

产品技术参数：

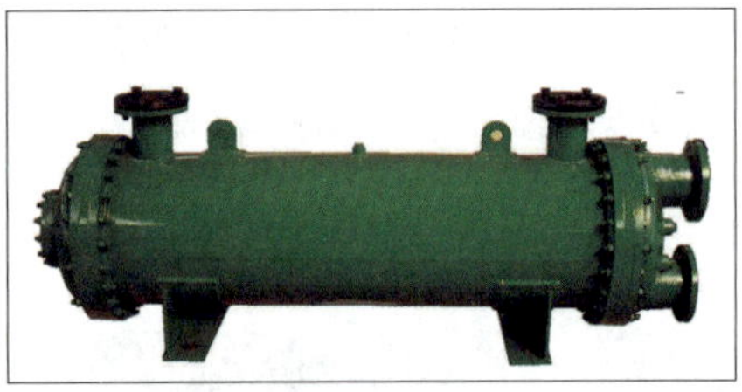
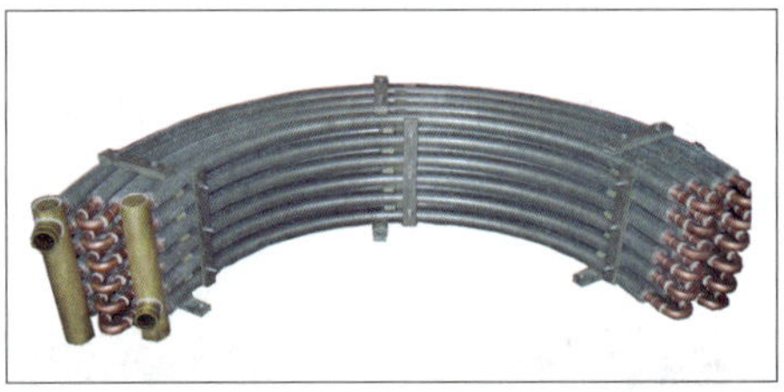

型号	基本参数	产品特点	实现功能	执行标准	有无专利	持有证书
1. 管壳式换热器 2. 翅片式换热器 3. 板式换热器 4. 板翅式换热器	依照客户要求	1）系统压力、温度或流量自动控制，智能化、自动化程度高、易于操作 2）可远程监视，也可进行手动与自动的相互切换 3）无人职守型机组还可实现现场无需值班人员，由远程直接监控 4）机组布局合理，结构紧凑，占地面积小，节省基建投资，安装、维护方便，适用于各种供热场合和供热要求	传热效果好，不宜结垢，具有自清洁能力，维修方便，占地面积小	符合 IMO、ISO、SOLAS、IACS 规范或标准	发明专利 2 利 软件著作专利 1 项 实用新型专利 15 项 外观设计专利 4 项	CCS

生产单位：广州热尔热工设备有限公司

地址：广东省广州市白云区太和镇龙归第二工业区 73 号　邮编：510440
电话：020–86099023　传真：020–86099578

广州热尔热工设备有限公司（前身广州力和换热设备有限公司）（REER 热尔、LEAHO 力和）是由一支多年从事换热设备研究、设计、制造、经营、管理的专业团体组成，集研发、制造、销售、服务于一体的大型生产企业。公司于 1988 年建厂投产，原为广州龙归换热器总厂，1997 年改为广州力和换热设备有限公司，2006 年改制后成为广州热尔热工设备有限公司。产品打破了国际知名公司的垄断，是中国第一家将自己品牌的产品应用到海上采油平台和油轮的企业。 公司已经通过中国船级社 CCS 认证。

产品技术参数：

型号	基本参数	产品特点	实现功能	选型优势	执行标准	持有证书
1）板式换热器 2）螺旋板换热器 3）容积式热交换器 4）换热器机组	依照客户要求定制	传热效率高、运行可靠性强、有效回收低温热、阻力小	传热效果好、不宜结垢、具有自清洁能力、维修方便、占地面积小	1）产品品种多、规格全，能提供单板面积 0.04~3m² 各种规格的产品 2）有模具设计能力，有压机制造车间，可根据您的特殊需求生产产品 3）有全国最大的板式换热器压机，可满足客户的各种需要	通过 ISO9001 质量管理体系认证、CCS 中国船级社认证	通过 CCS 中国船级社认证，有生产船用换热器的丰富经验

生产单位：山西汾西热能工程有限公司

地址：山西太原和平北路 131 号 邮编：030027 电话：0351-6529835 传真：0351-6529837
邮箱：lij@sxftec.cn 网址：www.sxftec.com 联系人：李俊 13834154123

山西汾西热能工程有限公司隶属于中国船舶重工集团公司山西汾西重工有限责任公司。公司主要生产船用板式换热器、柴油机用冷却器、发电机用冷却器、换热单元。公司通过了中国船级社（CCS）ISO9001 质量体系认证和产品型式认证，专注于热交换领域，专心为船舶、能源、化工等行业用户提供全球技术支持和现场服务。

产品技术参数：

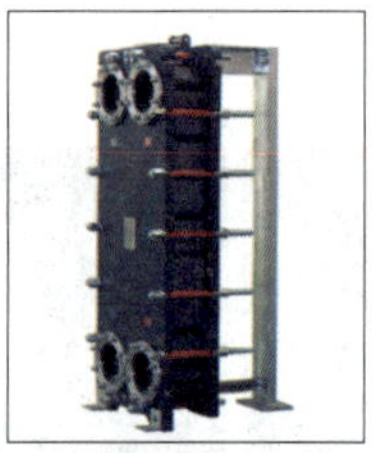

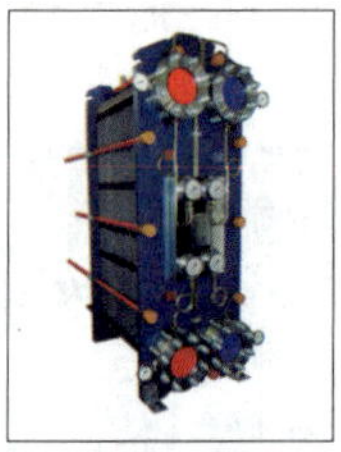

型号	产品特点	实现功能	选型优势	执行标准	持有证书
船用板式换热器	可拆式，接口直径范围 DN32~500，板片采用钛板、不锈钢等材质，最大工作压力 25MPa，最大工作温度 220℃，单板有效换热面积 0.03~2.64 m²，现拥有 60 余种适合各种工况参数，波纹角度，深浅各异的板片模具，单台换热器最大换热面积可达 2 000 m²	具有传热系数高、热回收率高、污垢程度低、液体滞留量少、占用空间小、质量轻、易清洗检修等优点。热回收率可高达 90% 以上。板式换热器广泛应用于船舶、冶金、化工、食品加工、市政供热、暖通、电力等领域	拥有美国著名热力学软件 ASPEN，国际领先水平。中央海水冷却器根据工况设计，研制出专用高效板型，具有独特的波纹布局和精巧的导流区，传热系数达到 6000W/（m²·K）以上，阻力降 0.5bar 以下，不易结垢；主机滑油冷却器面向客户设计，研制出专用的不等截面板型，使介质获得了较高的板间流速形成紊流，既提高了板片的传热能力又有效地降低了滑油侧阻力	产品采用紧凑设计，结构合理，便于操作，维护；最高设计压力 2.5MPa; 可依据客户工况要求进行流程组合；产品符合 GB16409、GB/T1036 及船级社产品检验相关规范	CCS LR DNV GL NK 等
空气冷却器	整体穿片式全胀接结构，结构紧凑，换热性能好，气侧阻力小，使用寿命长； 芯组部分采用框架结构，抗振性能好，维修清洗方便	将电机内部产生的高温空气降低到合理范围之内。将柴油机增压空气温度调节到最佳状态	针对用户的不同需求，我们在不断研发新片型，为客户提供最佳产品。我们已经对大型电机研制过 20 余型空冷器，形成系列化产品 针对特定产品，通过风洞试验装置进行热工性能验证	产品符合 JB/T2728.1-2008 和 GB/T2497-2008 及船级社产品检验相关规范	CCS LR DNV GL NK 等
纯水冷却装置	纯水冷却装置用电阻率极高的纯水做冷却介质，既高效率的实现了系统降温，又保证了最佳的可靠性，是大型电力变流器最理想的降温散热方案。用户只需连接内水管路、外水管路、补水系统及电源即可正常工作	将大型电力变流器工作时产生的热量带出，降低柜体内温度，保证变流器正常工作	散热方面，可根据客户要求，计算选型，为客户提供最好的解决方案，结构上可按照客户提供的空间尺寸，选择最佳的搭配选型，在最大的空间限度内，提供可靠，抗震的结构布局，使产品在极端条件下依旧可以正常运行，提供可靠、安全、稳定的散热降温设备	JB5833-91 电力设备用纯水冷却装置 DL/T 1010.5-2006 密闭式水冷装置	振动试验检测报告

生产单位：南通市申通机械厂

地址：江苏省南通市外环北路 692 号　电话：0513-85556600（总机）
邮箱：ntdingyan@163.com　st@nt-st.com　网址：www.nt-st.com

南通市申通机械是中船物资总公司定点生产各种船用热交换器及压力容器的专业科研、生产厂家。下设南通宏正特种设备制造有限公司、南通兴东生产基地。现由中国人民解放军海军驻上海地区舰炮系统军事代表室直接归口管理。经营范围：热交换器、压力容器、消音器、滤器等船用配件。

产品技术参数：

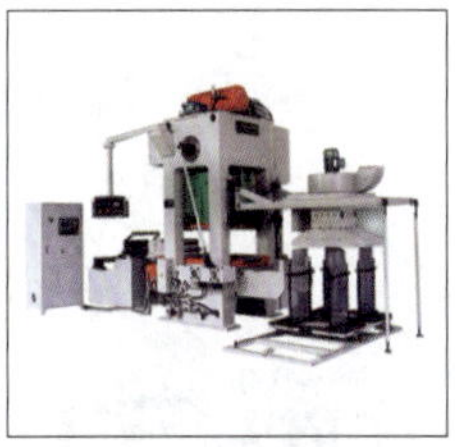

基本参数	产品特点	实现功能	执行标准	持有证书
按客户要求设计制造	●传热效率高。专利技术，强化传热 ●质量可靠。军工品质，精益求精 ●服务一流。全面、及时、终生的服务 ●外型紧凑、占地面积小、维修清洗方便等优点	冷却器用于滑油或淡水系统冷却等场合。冷凝器用于冷凝多余蒸汽、制冷剂等。加热器用于加热滑油、燃油、缸套水、海水等	CB/T1036-1997 CB/T3517-92 GJB9001A-2001 和 GB/T19000-2000	ABS、BV、DNV GL、CCS、LR、KR 等船级社

生产单位：兰州兰石换热设备有限责任公司

地址：上海市浦东新区板泉路 2000 弄 6 号 601 室　邮编：200123　电话：021-61345068
传真：021-61345066　邮箱：LS-Schmidt@163.com　网址：www.lsphe.com

兰州兰石换热设备有限责任公司是中国最早生产板式换热器的企业，也是中国一家专门从事板式换热器研发、设计、生产和服务的企业。总部坐落在兰州市，在上海和秦皇岛拥有分基地，在北京、成都、上海、新疆、贵阳等地设有销售网络公司。公司技术实力雄厚，设备齐全，拥有国内最大的 30 000t 压机，产品型号最多，单台可达 4 000 平方米，是中国装机最大的企业，公司拥有各类资质，如 CCS、BV、核电设计、制造证、军工证等，是中国唯一一家核电产品供应商，公司生产规模宏大，年产量可达 3 000 多台，40 多万平方米。公司在 1965 年便生产了国内第一台板式冷却器，是国内最早在船舶及海洋工程上从事板式换热器研究及应用的厂家，其产品广泛应用于舰船及海洋工程上。公司是国内一家具有核电站核岛用板式冷却器设计及制造资质的厂家。

产品技术参数：

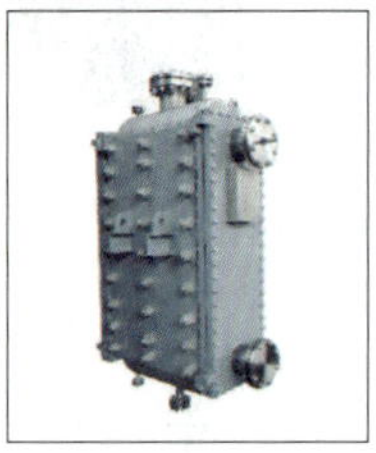

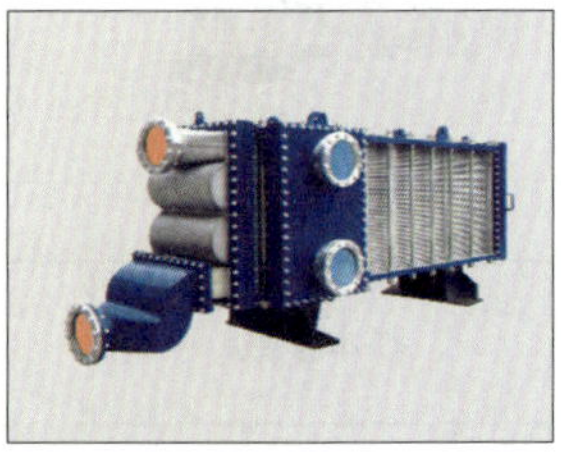

型号	基本参数	产品特点	实现功能	选型优势	执行标准	持有证书
板式换热器 规格： 接管： DN32~550mm 单片面积： 0.032~3.6m²/ 片	按照用户使用要求，提供优化选型计算	板式换热器是液—液、液—汽进行热交换的理想设备，其安全系数高、产品技术成熟、性能稳定	可用于舰船中央冷却器，滑油冷却器，高温水冷却器、回油冷却器、洗舱水加热器、蒸汽加热器等需要冷热交换的场合	传热效果好，不宜结垢，具有自清洁能力，维修方便，占地面积小	NBT47004-2009，GJB9001B,ISO9001：2008 符合 IMO、ISO、SOLAS、IACS 规范或标准	CCS DNV GL BV LR NK KR 等

船用空气瓶

P 184

P 184

P 185

P 186

P 186

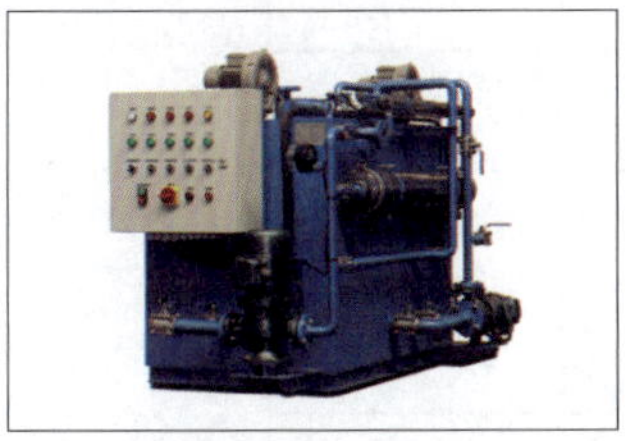
P 186

船用空气瓶是船舶上常见的压力容器，设备工作压力大都在3MPa以下，虽然压力不算太高，但因为设计生产厂家众多而且各厂的设计能力和生产工艺水平也参差不齐。对于高压空气瓶，它是潜艇空气保障系统的一个重要设备，其质量关系到舰船的生命力、战斗力和船员的生命安全。目前，国内主要厂家有：靖江市江洋船舶设备制造有限公司、江苏永泰压力容器有限公司、江苏江海船舶设备制造有限公司、九江海天设备制造有限公司、靖江市华舟船舶设备制造有限公司等。其中，江苏永泰压力容器有限公司是主要生产军用低、中、高压空气瓶等产品，多次配套于海军核潜艇、打捞救生艇等，产品质量符合军检标准，成为国家军用标准《潜艇用高压空气瓶通用技术规范》的主要编制单位之一；江苏江海船舶设备制造有限公司是各类舰船配套设备的专业生产厂家，该公司船用空气瓶通过CCS、ABS、DNV GL等多国船舶社认可，适用于贮存压缩空气，供舰船主、辅机的起动以及供鸣放气笛之用，也可用作气动设备的气源；九江海天设备制造有限公司主要经营船用空气瓶、压力容器等产品；靖江市华舟船舶设备制造有限公司主要生产船用空气瓶、压力水柜、热水柜、消音器、防火风阀、速闭阀控制箱、船用通风附件等。

生产单位：靖江市江洋船舶设备制造有限公司
（江苏天时船舶机械制造有限公司）

地址：江苏省靖江市新港工业园敦义港（生产地址：如皋市江安镇胜利桥北）
电话：0523-84253758　传真：0523-8425366　邮箱：chq@jiangyang-china.com
联系人：陈海清 13801425925　邮编：214518　网址：www.jiangyang-china.com

公司成立于 1997 年。公司占地 30 000m²，建筑面积 20 000m²，其中标准车间 15 000m²，固定资产 5 000 余万元，员工 200 余人，其中各类工程技术人员 50 余人。公司各类生产，检测设备齐全，已形成年产量 3 亿元的生产规模。

公司主要产品：船用空气瓶，压力柜，热水柜，泡沫灭火装置，干粉罐，散料罐，（火星熄灭）消音器，快关阀控制箱等。空气瓶等压力容器的制造获 ISO9001：2008 质量管理体系认证，并有 CCS、DNV、GL、LR、ABS、BV、NK、KR、RINA、PRS、RS 等船级社工厂认可或产品认可。

产品技术参数：

空气瓶

组装式压力柜

热水柜

快关阀控制箱

压力式泡沫灭火装置（立式，卧式）

平衡式泡沫灭火装置

干粉罐

序号	产品系列	系列简介	获得证书
1	船用空气瓶	船用Ⅱ，Ⅲ级空气瓶，可提供立式，卧式碳钢或不锈钢多种材质。同时可生产氮气瓶，（液化天然气，氮气）缓冲罐，（海工）散料罐等	CCS DNV GL LR ABS BV NK KR RINA PRS RS
2	压力水柜	各规格海水，淡水，饮用水，消防水，喷淋水压力柜。可组装成单元供货	
3	热水柜	各规格电，蒸汽加热水柜。可组装成单元供货。可定制滑油，燃油加热柜，缸套水，洗舱水加热器等同类产品	
4	快关阀控制箱	燃油快关阀气动控制箱，舵桨气动控制箱，百叶窗气动控制箱，防火阀气动控制箱等	
5	压力式泡沫灭火装置	各规格立式卧式碳钢或不锈钢压力式泡沫比例混合装置，用于甲板或直升机平台泡沫灭火	
6	平衡式泡沫灭火装置	各规格碳钢或不锈钢平衡式泡沫比例混合装置，用于甲板或化学品货区泡沫灭火	
7	干粉罐	为船用干粉灭火系统配套。是散装液化气体运输船灭火系统的重要装备	
8	（火星熄灭）消音器	消音量 15~50dB 的各规格消音器。火星熄灭器 CCS 型式认可	

生产单位：江苏江海船舶设备制造有限公司

地址：江苏省如皋市江安镇新宁路 068 号　邮编：214500　电话：0513-87951733　87958055
传真：0513-87951816　联系人：陆九斤　13615172378

公司是各类舰船配套设备的专业生产厂家，具有 30 多年的历史，目前已形成了船用空气瓶、压力水柜、消音器、滤器以及部分通风、关闭、系泊系列舾装件的设计生产能力。在广大用户中享有较高的信誉，通过 CCS、ABS、DNV GL、KR、CR、RINA、BV、NK 等船级社认证。

产品技术参数：

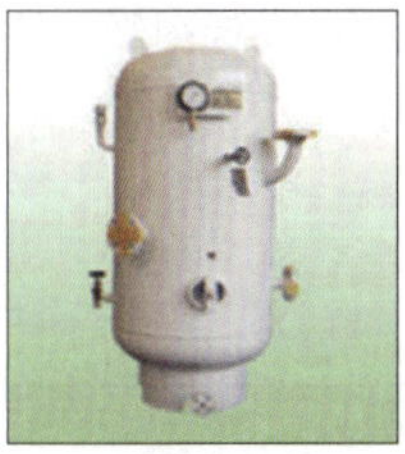 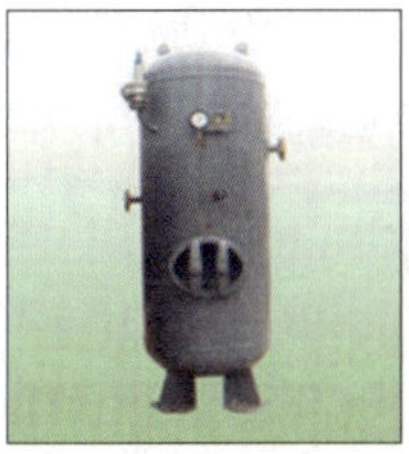    

型号	产品特点	持有证书
船用空气瓶	船用Ⅱ Ⅲ级空气瓶，主要用于储存压缩空气，供船舶主、辅机气动及其他杂用	CCS ABS DNV GL KR CR RINA BV NK
压力柜	用于海水管系中提供压力水，可根据用户要求组成单元供货	
热水柜	用于蒸汽、电或其他加热油灯为热媒加热淡水装置，供应船员生活热水，可组成单元供货	
气动快关阀控制箱	可对船舶各燃或日用燃油实行气动远程遥控操作，关闭阀门，切断油路，在火紧急情况下，有效地防止火灾蔓延，避免重大损失	

生产单位：靖江市东星船舶设备厂

地址：江苏省靖江市西来镇建新桥西首　电话：0523–84236968　传真：0523–84231788
网址：www.jjdxcb.net　邮箱 : jjdxcb@163.com

靖江市东星船舶设备厂地处长江下游，位于靖江市西来镇建新桥西首。公司创建于 2003 年 3 月，法人代表：王胜银。工厂现有厂房面积 8 000m^2，职工 50 余人。主要生产船用空气瓶、压力水柜、热水柜、消音器、速闭阀控制箱、船用舾装件等，建厂以来所生产的产品均获得各船级社、设计院及船厂的认可，得到船东的好评。

本厂于 2008 年 8 月取得 BV 船级社工厂认可证书，于 2009 年 6 月获得 GL 船级社认可，2010 年 12 月获得 2008 版质量管理体系认证证书，2011 年 8 月获得 ABS 认可证书，2012 年 5 月取得 LR 船级社认可证书及各船级社的工艺评定证书，2012 年 7 月取得 ZY 船级社认可证书同时取得了 CCS 工厂认可证书。

我厂以“用户至尊，信誉为本，以新竞争，质量取胜”为宗旨，与设计院建有长期合作协议，有领先的设计图纸，精良的生产设备，先进的生产工艺，完善的检验手段，快速有效的售后服务。保证产品质量领先，用户满意。

产品技术参数：

组装式压力水柜		立式空气瓶		热井模块	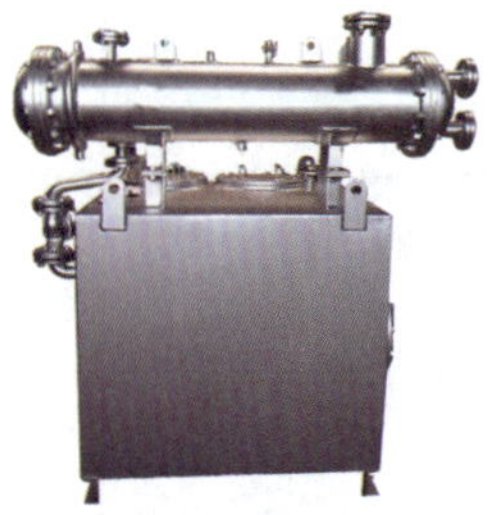
速闭阀控制箱		卧式空气瓶		消音器	
蒸－电加热两用热水柜		组装式压力水柜		生活污水处理装置	

船舶压载水处理装置

P 188

P 189

P 190

P 190

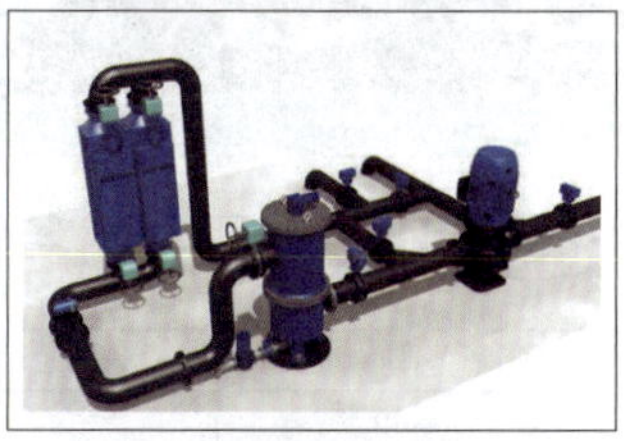
P 191

P 191

船舶压载水的无控制排放可能会对海洋生态系统、社会经济和公众健康造成危害。为了更有效地控制船舶压载水传播有害水生物和病原体，国际海事组织（IMO）于2004年通过了《国际船舶压载水和沉积物控制和管理公约》，自2009年开始生效，规定所有新建船舶必须安装压载水处理装置，并对现有船舶追溯实施。我国最早被IMO组织与UNDP（联合国发展计划署）、GEF（全球环保基金）选择为全球压载水项目管理的六个实施国之一。中国船级社在2006年也出版了《船舶压载水管理计划编制指南》。远洋船舶压载水的物理净化处理技术已作为“十一五”国家科技支撑计划重点项目。

目前，国外船舶压载水处理系统的开发商主要有：瑞典Alfa Laval公司与Wallenius Water AB公司联合研制的PurBallast处理系统，采用过滤和紫外线照射技术；挪威Ocean Saver公司的Ocean Saver系统，采用过滤、空穴、惰气及电解混合技术；韩国Techcross公司研制的Electro—CleanTM压载水处理系统，采用通过海水直接电解产生NaClO的杀菌方式来处理压载水；美国NEI公司研发的VOS(Venturi oxygen stripping，文氏管脱氧）压载水处理系统，采用物理方法进行压载水的技术处理；日本日立（Hitachi）公司研制开发“Clear Ballast”处理系统，结合絮凝与磁力分选技术压载净化；另外还有德国RWO海水处理技术公司开发研制Clean Ballast处理系统，德国Hamann Evonik Degussa开发研制的SEDNA系统、荷兰Greenship Sedino处理系统等。国内船舶压载水处理技术的研发已取得突破，已有三个压载水处理设备得到IMO组织的最终认可，它们分别是青岛海德威科技有限公司研发的Ocean Guard™船舶压载水处理系统（BWMS），通过过滤、海水电解及中和优化等设计，达到高效、经济、大容量处理水的目的；青岛双瑞海洋环境工程股份有限公司自主研发生产的Balclor™处理系统，采用过滤＋电催化＋自由羟基技术；中远集团与清华大学研制“海盾”压载水处理系统，采用过滤＋旋流分离＋紫外照射处理技术。此外，我国还有几个厂家正在研发试验压载水处理系统。如大连海事大学研发的羟基自由基处理船舶压载水系统，每小时能生产200t羟基溶液，可在排放压载水的过程中杀灭海洋生物，杀灭时间少于5s，杀灭率超过99%，其总体指标达到国际领先水平，已获美国、日本、英国的发明专利；南通海景船舶压载水处理系统股份有限公司自主研制的海景船舶压载水处理系统，严格按照国际海事组织（IMO）最新规范要求已顺利通过中国船级社、挪威船级社、英国劳氏船级社及意大利船级社等现场监视的型式认可——陆基试验，已经进入为期6个月的实船试验阶段。

生产单位：九江精密测试技术研究所

联系人：郑 宇　　手机：13617924562　　电话 / 传真：0792-8373076
邮箱：327y@163.com　　网址：http://jjjmcs.cssc.net.cn

九江精密测试技术研究所是中国船舶工业集团公司（CSSC）旗下从事精密测试、精密加工和精密测量及污水处理的综合科研机构，目前有 92 800m^2 的科研区，总建筑面积 30 000m^2，全所的资产总值 2.71 亿元，置有 1 600 余台计量、测试、加工、计算机等设备。

瓦锡兰 AQUARIUS□ EC 压载水管理系统是九江精密测试技术研究所通过许可生产方式，从瓦锡兰公司引进的电解原理压载水管理系统。该系统通过支路电解技术产生的活性物质（最大浓度 10ppm），对压载水中生物进行有效杀灭。处理效果满足 IMO《国际船舶压载水和沉积物控制与管理公约》的 D-2 标准及 USCG 压载水标准要求。

海博士 OceandDoctor□ 压载水管理系统是九江精密测试技术研究所自主研发并拥有完全知识产权的紫外原理压载水管理系统。该系统采用“过滤 + 紫外照射 + 光催化氧化”协同技术（AOT），对压载水中生物进行有效杀灭。处理效果满足 IMO《国际船舶压载水和沉积物控制与管理公约》的 D-2 标准及 USCG 压载水标准要求。

持有的船级社证书：

产品技术参数：

瓦锡兰（Aquarius□ EC）电解压载水管理系统

系统型号	处理流量范围（m^3/h）	功率（最大 / 额定）kW
AQ-750-EC	550~750	61 / 48
AQ-850-EC	750~850	71 / 56
AQ-1000-EC	850~1 000	86 / 69
AQ-1200-EC	1 000~1 200	111 / 87
AQ-1500-EC	1 200~1 500	123 / 97
AQ-2000-EC	1 500~2 000	168 / 127
AQ-2400-EC	2 000~2 400	216 / 160
AQ-3000-EC	2 400~3 000	265 / 194
AQ-3300-EC	3 000~3 300	320 / 234

海博士（OceanDoctor□）压载水管理系统

系统型号	处理流量范围（m^3/h）	功率（kW）
HBS-50	30~60	4
HBS-150	90~165	8
HBS-250	150~275	12
HBS-350	210~385	16
HBS-500	300~550	21
HBS-650	390~715	27
HBS-750	450~825	29
HBS-800	480~880	31
HBS-1000	600~1 100	35
HBS-1300	780~1 410	55
HBS-1600	960~1 760	63
HBS-2000	1 200~2 200	70

生产单位：合德海洋科技（大连）有限公司

地址：辽宁省大连市中山区人民路时代广场 A 座 40 层 10 号 邮箱：aotc@aotc.cn 网址：www.aotc.cn
联系人：潘斌华 18621893852 电话：0411–82866333 传真：0411–824523556

合德海洋科技（大连）有限公司是集技术与产品研发、设计、生产、销售和系统集成于一体的高新科技企业。公司拥有强大的管理团队、科研技术团队及国内外船舶设计建造的权威人士组成的顾问团队。主要从事“船舶压载水管理系统项目”的研发、设计及升级，力争研制出实用高效的压载水管理系统设备，用健全的服务体系和全面的服务网络满足国内外用户的需求，保卫我们蓝色的海洋。“合盈八方 德济四海”，让志同道合的有识之士携手并进，共创明日的辉煌！

产品技术参数：

AHEAD®–BWMS Water Mangement System
AHEAD®–BWMS 船舶压载水管理系统

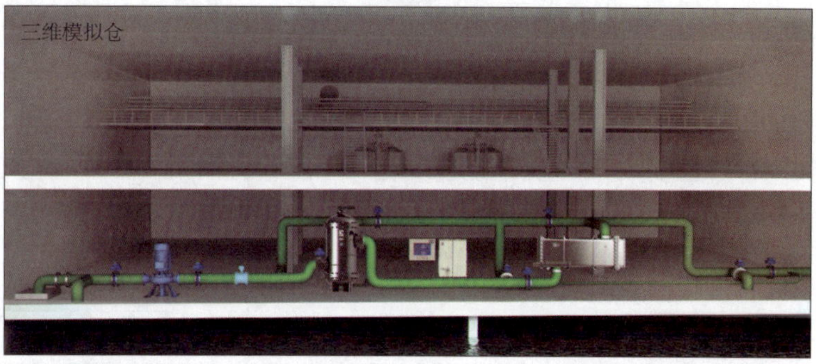

处理能力	供电电压	过滤精度	设计压力	工作压力
350~5 000m³/h	AC220~460V	45 μm	6kg/cm³	2~4kg/cm²

型号	处理水量（m³/h）	总功率（kW）	质量（kg）	外形尺寸（m×m×m）	性能特点
AHEAD– Ⅰ	350	15.2	800	2.63×1.5×2.13	1. 采用自主知识产权的双反洗过滤与矩阵高强紫外杀菌技术，物理处理法，绿色环保 2. 适用于各种水域环境，满足不同航程需求 3. 与同类产品相比省电节能，维护成本低，沉积物少，节约清仓费用和时间 4. 独家采用可视远程维修，省时高效 5. 全新售后服务模式，保障船舶航行 10 年无忧
AHEAD– Ⅱ	500	17.6	900	2.72×1.6×2.2	
AHEAD– Ⅲ	600	21.6	1 100	2.94×1.85×2.3	
AHEAD– Ⅳ	800	26.4	1 400	3.26×2.2×2.4	
AHEAD– Ⅴ	1 000	29.6	1 550	3.4×2.4×2.46	
AHEAD– Ⅵ	1 200	32.8	1 700	3.72×2.7×2.65	
AHEAD– Ⅶ	1 500	35.2	1 900	3.72×2.7×2.85	

生产单位：青岛双瑞海洋环境工程股份有限公司

地址：山东省青岛市崂山区株洲路 149-1 号　邮编：266101　电话：0532-68725831
传真：0532-68725001　邮箱：guoy@sunrui.net　网址：www.sunrui.net

青岛双瑞公司的 BALCLOR™ 船舶压载水管理系统（BalClor™ BWMS）是国内第一套取得 IMO 最终认可的、自主研发并具有完全自主知识产权的压载水处理设备，已经先后取得了 CCS 型式认可、BV 工厂认证、DNV GL 型式认可和 NK 上船认证，以优异的性能得到了广大船东、船厂的青睐。

产品技术参数：

型号	额定处理量 (m^3/h)	电解海水量 (m^3/h)	所需功率 (AC kVA)	外形尺寸	
				过滤器 (L×W×H) (mm×mm×mm)	电解单元 (L×W×H) (mm×mm×mm)
BC-300	100~400	6	15	815×805×1 805	1 500×950×1 955
BC-500	401~600	6	25	895×860×1 905	1 700×1 600×2 322
BC-1000	601~1 200	12	50	1 060×1 015×2 475	1 700×1 600×2 344
BC-1500	1 201~1 700	20	75	1 270×1 185×2 615	2 200×1 800×2 573
BC-2000	1 701~2 200	20	100	1 380×1 290×2 905	2 200×1 800×2 807
BC-2500	2 201~2 700	36	125	1 480×1 385×3 395	2 450×2 350×3 035
BC-3000	2 701~3 200	36	150	1 480×1 385×3 395	2 450×2 350×3 035
BC-3500	3 201~3 700	36	175	1 540×1 510×3 585	2 800×2 100×3 035
BC-4000	3 701~4 200	36	200	1 540×1 510×3 585	2 800×2 100×3 035
BC-5000	4 201~5 200	45	250	1 990×1 710×3 860	2 950×2 500×3 150

生产单位：青岛海德威科技有限公司

地址：山东省青岛市株洲路 177 号惠特工业城 A 区 5 号楼 4 层　网址：www.headwaytech.com
电话：0532-83107818　传真：0532-83107816　邮箱：sales@headwaytech.com

青岛海德威科技有限公司是一家以科技创新为宗旨的高新技术企业，专业研发、生产、销售高端船舶配套产品，并提供全球范围专业售后服务。公司总部设立于中国青岛，在青岛高科技园建立了独立的研发中心和生产基地。海洋卫士™船舶压载水处理系统是海德威自主研发生产的高端船配产品，是世界上第一个获得 DNV 型式认可的非欧洲品牌，是全球唯一同时拥有 CCS 和 DNV 两种型式认可的产品。目前，海洋卫士™凭借其科技含量高、结构紧凑、体积小、功耗低等优势得到了广大船东和船厂的青睐。

产品技术参数：

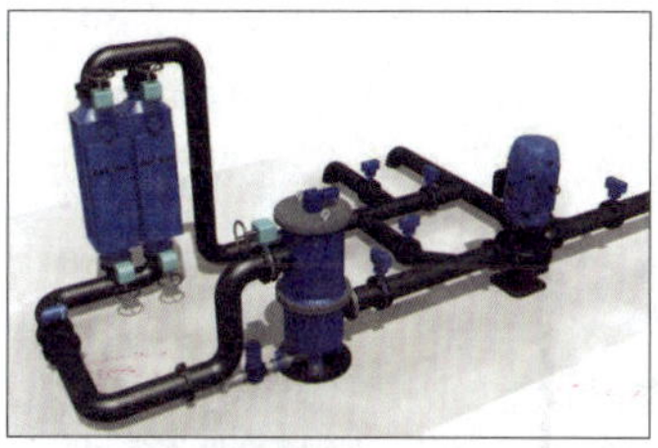

型号	处理能力（m³/h）	额定处理能力（m³/h）	功率(kW)	系统尺寸（mm×mm×mm）	选型优势	持有证书
HMT-100	30~120	100	2	370×380×1 400	【电催化高级氧化技术 AEOP】电催化高级氧化技术，产生的羟基自由基在几纳秒内消失，高效杀菌，对不同细菌、病毒及休眠中的卵和藻类均有极强的链式杀灭效果（广谱性杀菌），灭活过程在处理单元内部完成，产生的 TRO 浓度控制在 2ppm，从而可以实现对压载舱原有水的深度处理 【对船体没有任何腐蚀】海洋卫士™压载水处理系统，产生的羟基自由基在几纳秒内消失，灭活过程在处理单元内部完成，产生的 TRO 浓度控制在 2ppm，经过长期使用证明了系统的安全性，处理的水对船体没有任何腐蚀 【满足标准】排水满足美国加州要求 【模块化设计，高质量备件】结构紧凑、体积小、安装简便、易维护。适合安装在内部结构不同的各种大小船舶上，各部件均采用高质量材质和配件，使用年限长 【适用范围广】既适用于海水，也适用于淡水，保证压载水排放时对周围海域的环境没有危害 【节能】海洋卫士™系统运行成本低，处理量 1000m³/h 的设备，能耗仅约 17kW 【防爆】拥有防爆认证，可以安装在油轮、液化气船的泵房内 【仅需一次处理】整个过程仅需进水处理，无需出水处理，从而适合所有船舶压载水排水系统	DNV GL CCS
HMT-200	80~250	200	3.5	510×380×1 400		
HMT-300	150~350	300	5	510×380×1 735		
HMT-500	300~550	500	7	569×416×1 815		
HMT-600	350~750	600	10	600×470×1 900		
HMT-800	400~950	800	13.5	620×470×1 900		
HMT-1000	600~1 200	1000	17	640×570×2 100		
HMT-1200	800~1 400	1200	20	730×570×2 100		
HMT-1500	1 000~1 700	1500	25	730×620×2 200		
HMT-2000	1 500~2 300	2000	33.5	880×620×2 200		
HMT-2500	2 000~2 800	2500	42	1 030×640×2 210		
HMT-3000	2 200~3 500	3 000	50	1 460×620×2 200		
HMT-6000	4 500~6 500	6 000	100	1 460×1 240×2 200		
HMT-9000	6 500~10 000	9 000	150	2 060×1 280×2 210		

生产单位：帕克德环保技术有限公司 PACT marine

地址：上海市鲁班路 700 号 5 楼　电话：021-53019081　传真：021-53018771
网址：www.pactmarine.com　邮箱：BWT@pactmarine.com

帕克德环保技术有限公司 PACT Environmental Technology Co., Ltd. 是一家专注于工业纯水处理、工业废水处理、船舶水处理、海洋工程水处理以及水资源再生利用等水处理领域工程和技术研发的高端技术企业，旗下拥有陆用水处理事业部和海洋工程水处理事业部。成立至今，已完成 200 多个大型工程、若干设备成套项目，95% 的客户来自世界五百强公司，业绩遍布全球各地。 作为一家全球知名的跨国公司，在美国、中东、香港、韩国、东南亚、欧洲等国家和地区拥有分支机构和代表处。

帕克德海净 ™ 压载水管理系统 PACT marine™ BWMS 采用以色列 40 μ m 自清洗过滤和中压紫外技术，处理效果好，性能稳定，对船舶、船员无危害，不产生二次污染。为客户提供完美的 200~4 000 m^3/h 压载水处理解决方案。

产品技术参数：

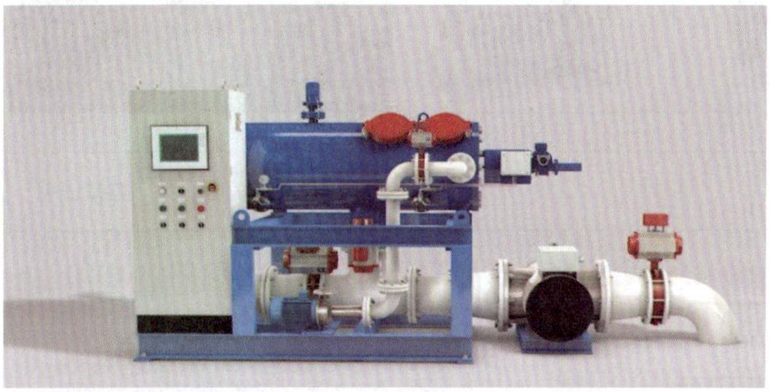
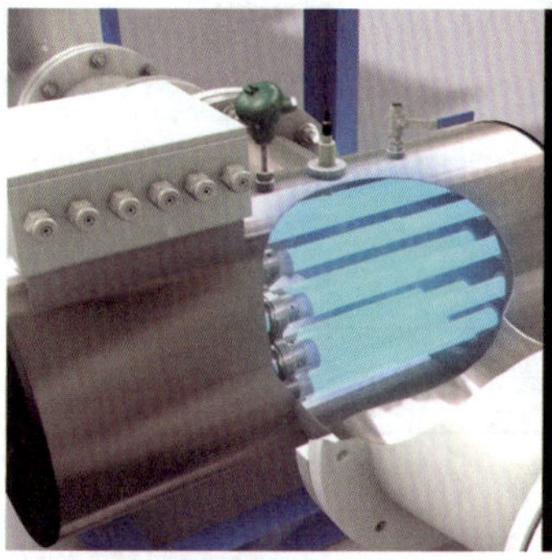
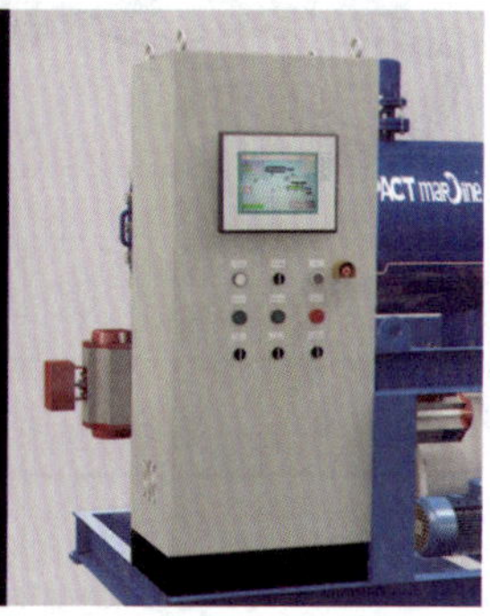
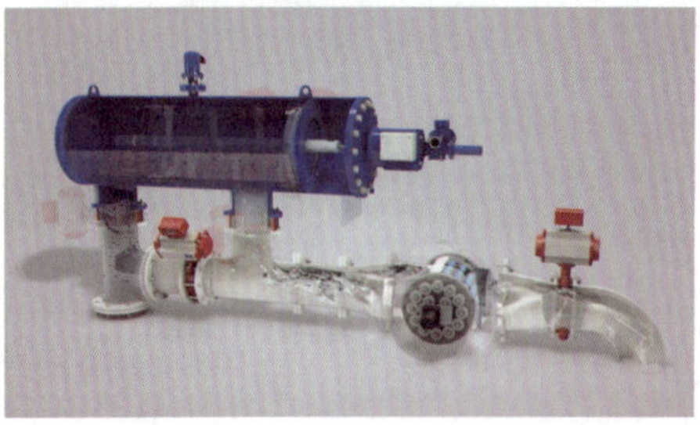

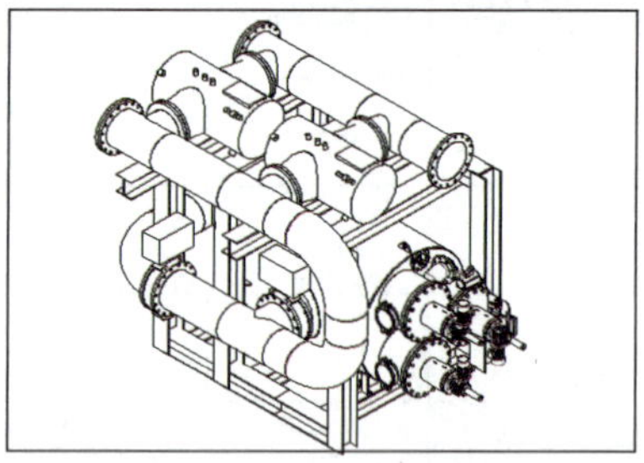

系统简单、性能稳定、满足更高标准				
产品型号	流量范围 (m^3/h)	尺寸（长 × 宽 × 高）（mm × mm × mm）		功率消耗 (kW)
		卧式	立式	
P-200	100~200	2 480 × 1 300 × 1 926	1 150 × 1 150 × 2 490	27/36
P-300	250~300	2 980 × 1 300 × 1 980	1 290 × 1 240 × 2 540	30/48
P-500	350~500	3 145 × 1 300 × 2 085	1 490 × 1 290 × 2 690	54/72
P-750	550~750	3 215 × 1 300 × 2 465	1 890 × 1 570 × 2 890	65/84
P-1000	800~1 000	3 515 × 1 300 × 2 465	2 140 × 1 740 × 3 050	75/108
P-1250	1 100~1 250	3 895 × 1 300 × 2 465	2 290 × 1 790 × 3 110	103/132
P-1500~p-4000	1 250~4 000	通过以上单元组合实现		

民用船舶设计配套产品选型手册

Product Type Selection Relating Civil Ship Design

（2020 版）

第四章

通信导航系统

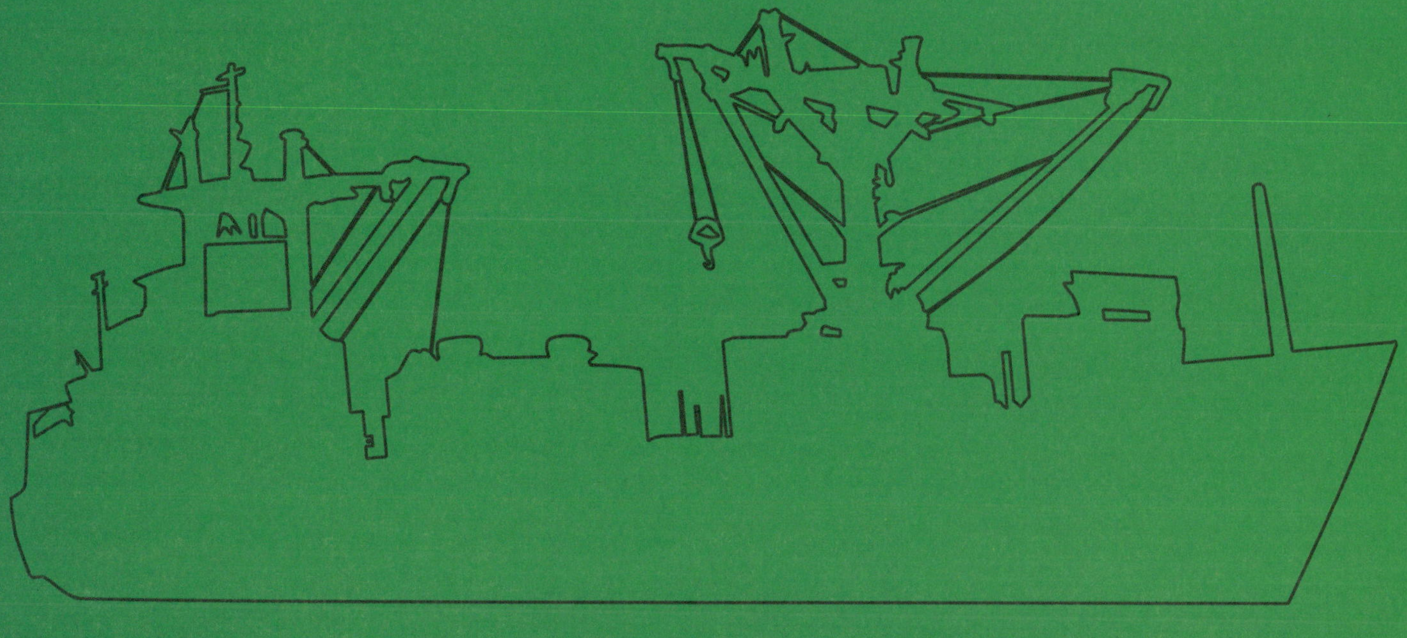

船舶通导设备

P 195

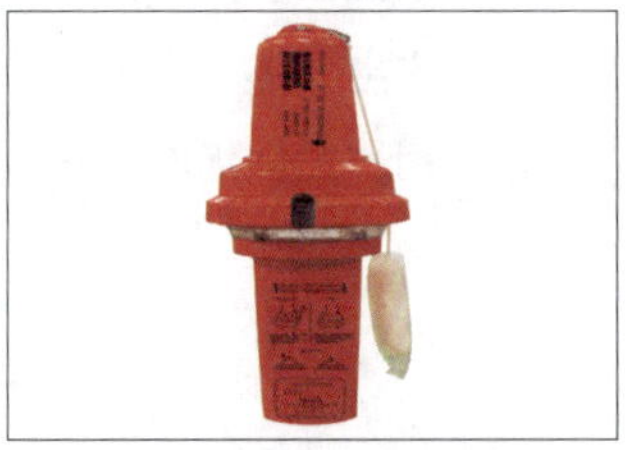

P 197

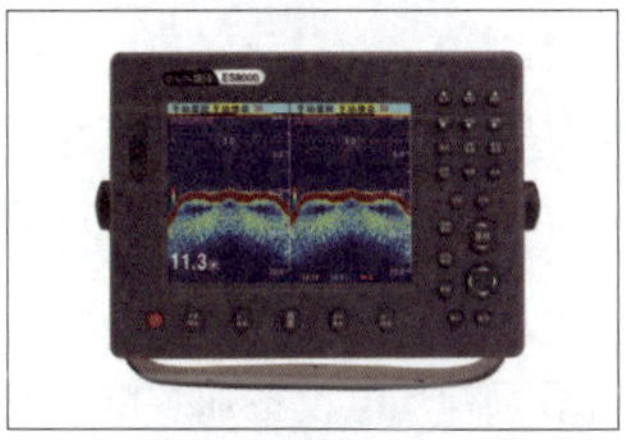

P 198

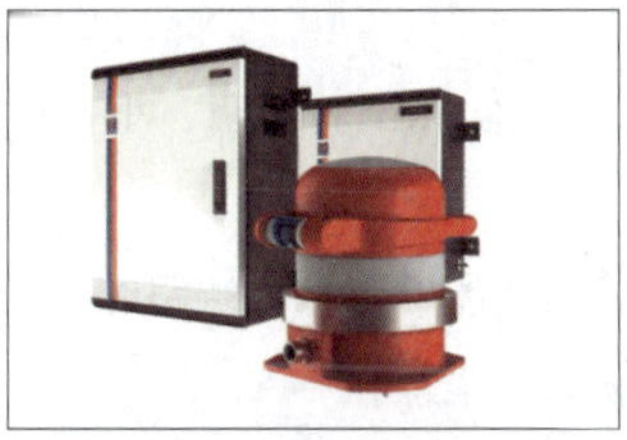

P 199

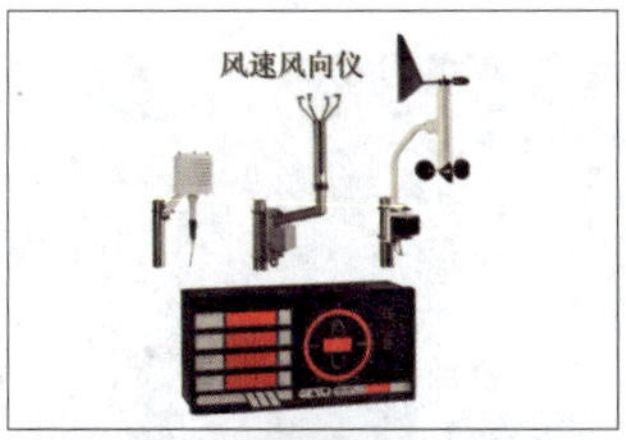

P 200

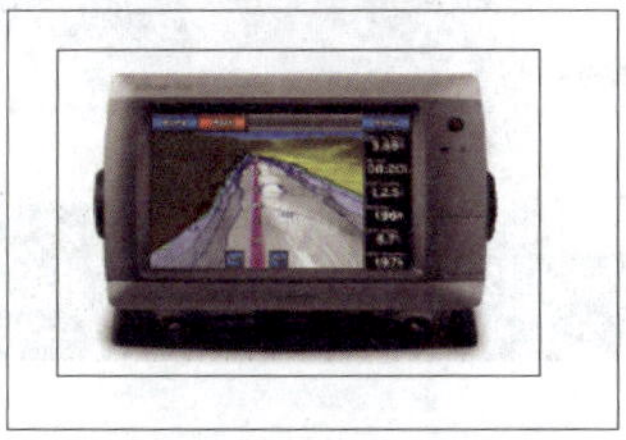

P 205

船舶通信与导航主要内容包括：GMDSS 系统、地面频率通信系统、卫星通信系统、海上安全信息系统、搜救雷达应答器及船用天线、船用磁罗经、航海陀螺罗经等。国内科研院所及单位主要有大连海事大学、北京海兰信数据科技股份有限公司、大连海大航运科技有限公司、北京船舶通信导航公司 (BJMCN) 等。

大连海事大学“船舶通信导航技术”团队是船舶导航系统国家工程研究中心，研究方向集中在为水上交通安全服务具有知识产权的船舶通信导航技术，包括水上交通安全信息系统、卫星导航接受机技术、卫星导航和海事卫星通信天线技术。这些技术在国内处于领先水平。

北京海兰信数据科技股份有限公司的海兰信 4kW 雷达产品（HLG 1102），技术和日本 FURUNO 产品相当，运行在 X 波段频率范围的导航雷达，小型罩天线，发射脉冲功率不超过 4kW，该雷达采用了在数字信号处理、网络和图像显示方面的最新先进技术，技术和质量水平达到目前同样模型距离的所有雷达类型；大连海大航运科技有限公司“船舶电子海图 / 江图导航仪”（Electronic Chart Navigator,ECN) 是大连海大航运科技有限公司专为中小型海轮、江轮研制的新一代（系列）船用导航设备。它以国际标准化的电子海图显示与信息系统(ECDIS) 为可视化信息平台，可集成 GPS、AIS、雷达、CDMA 等多种导航 / 通信设备，能够综合处理水上地理信息、本船航行状态信息、目标船动态信息、航行环境信息、具有完善的船舶导航、避碰辅助和航行管理功能。

北京船舶通信导航公司作为国内移动卫星通信服务领域的骨干企业，凭借着海事卫星通信系统为海陆空提供全球、全天候、全方位通信业务的独特优势，以领先的技术，将海事卫星通信服务拓展到交通行业及社会的各个领域，同时也日益成为陆地及各行各业遇险、安全、应急、搜救等通信的重要保障。提供的海事卫星通信业务涵盖海事卫星体系内的所有系统：三代星传统业务系列 Inmarsat-B/C/M/ Mini-M/M4/F；四代星移动宽带多媒体业务系列 BGAN / Fleet Broadband / Swift Broadband/SPS/ GSPS。在中国国际海事展展会中展示了最新的宽带海用通信（FB）业务及产品、海事应用解决方案、海事手机及船员电话业务及产品、船岸双向预付语音业务以及开发的船舶导航、定位跟踪、船岸视频等应用方案，同时以视频方式展示了多年来应用海事卫星解决突发事件、保障船舶通信安全的实例，吸引了大量用户关注，同时也利用这一平台寻找到很多潜在的合作伙伴，进行探讨和交流。

生产单位：上海鹰觉科技有限公司

地址：上海市杨浦区国权路 98 号 906 室

电话：021-55828313　　传真：021-65025303

网址：www.eaglesense.cn　　邮箱：market@eaglesense.cn

上海鹰觉科技有限公司是一家立足于信息感知领域的高新技术企业，汇聚了一批有着共同追求、理想、目标和志趣的科技创新领军人才，组建了一支专业化技术队伍，努力探索，不断创新，在信息感知领域具有精湛技术和丰富经验；基于多年积累的海量真实场景的试验数据，开发出了具有自主知识产权的核心技术，形成了以雷达光电一体、主被动结合、技术先进、性能优良、质量可靠、应用领域广泛的多元联合感知系统为代表的系列产品，为各类用户提供优质可靠的产品和服务。

舰船多元联合感知系统：

舰船多元联合感知系统以雷达、光电设备、雷达目标综合处理机、显控设备等为核心设备，以 AIS 和卫星定位等为辅助设备，加装各种稳定系统、校准系统、海图导航系统组合而成。

该系统能在各种复杂环境条件下，准确检测、跟踪、识别区域水面和低空目标；实时感知区域水面和低空异常情况，及时发出告警；可同时对海上和低空低慢小目标进行远程监视；为区域水面和低空安全监视、海洋执法等处置行动，提供目标指示和引导。

该系统可独立工作，也可根据船上现有设备情况，利用原有雷达加装光电设备或利用原有光电设备加装雷达或利用原有雷达和光电设备加装雷达目标综合处理机来实现系统升级，从而提高对海上目标的综合探测识别能力。

系统特点：

（1）低慢小目标检测跟踪能力强：对海上 0.1/0.4/1.0/10m^2 雷达标和模拟木质八爪船实际试验表明，小目标检测跟踪能力强；

（2）抗干扰能力强：在复杂航道目标遮挡、融合、交叉等干扰环境下，对小目标仍然能够有效检测跟踪；

（3）跟踪稳定性强：目标航迹平均寿命明显提高，对海上小渔船能够长时间连续稳定跟踪；

（4）性价比好：采用自主专利小目标核心算法和软件化雷达技术，可靠性高，性价比好。

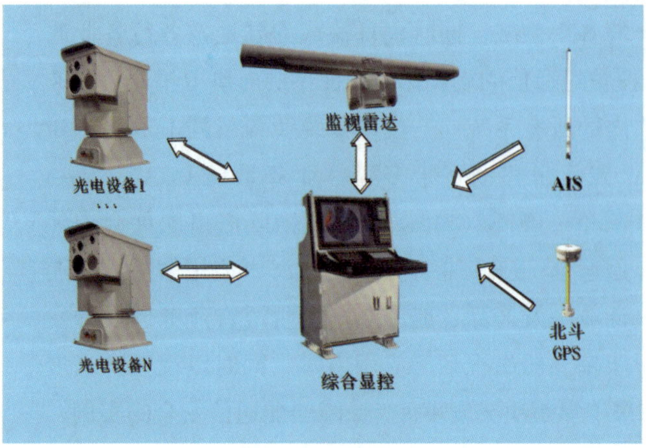

系统组网框架构图

实船设备部署情况

生产单位：JRC 结雅希（上海）贸易有限公司

地址：上海浦东大道 138 号永华大厦 19 楼 C 座　邮编：200120　邮箱：sales@jrc-cn.com
电话：021-20240607/08/09/10　传真：021-20240611　网址：www.jrc-cn.com

日本无线株式会社（JRC）创立于 1915 年，是全球有着最长海事电子领域历史的公司之一。公司为航行安全提供可靠与先进的海事通信、船舶导航与声纳设备。

产品技术参数：

JMA-922B

JMA-7110

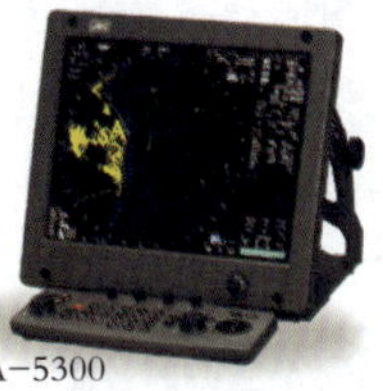
JMA-5300

JMA-5200

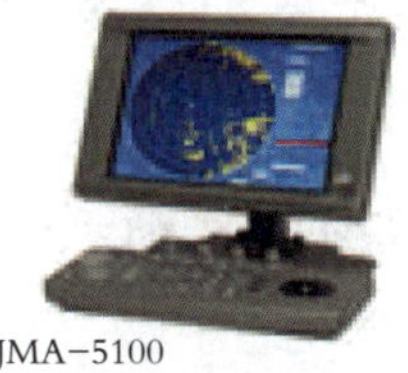
JMA-5100

船用海图雷达（Chart RADAR）	JMA-922B-6XA	JMA-922B-9XA	JMA-923B-7XA	JMA-923B-9XA	JMA-932B-SA	JMA-933B-SA
符合 IMO compliant	√	√	√	√	√	√
Unit type 单元类型	2-unit type		3-unit type		2-unit type	3-unit type
Performance monitor 性能监视器	NJU-85				NJU-84	
Frequency 波段 / 输出功率	X-band				S-band	

船用雷达（RADAR）	JMA-7110-6XA	JMA-7110-6XAH	JMA-7122-6XA	JMA-7122-9XA	JMA-7122-6XAH	JMA-7123-7XA	JMA-7123-9XA	JMA-7132 SA	JMA-7133-SA
符合 IMO compliant	√	√	√	√	√	√	√	√	√
Unit type 单元类型	2-unit type					3-unit type		2-unit type	3-unit type
Performance monitor 性能监视器	NJU-85							NJU-84	
Frequency 波段 / 输出功率	X-band							S-band	

设备种类	船用雷达（RADAR）			
型号	JMA-5212-4	JMA-5212-6	JMA-5222-7	JMA-5222-9
符合 IMO compliant	√	√	√	√
Power supply (voltage) 电源供给（电压）	24V DC (21.6V to 31.2V DC)1)AC100-120/220-240V (50/60Hz,1 ϕ)			
Power consumption (at max wind load) 电能消耗（最大风速）	600W		680W	

设备种类	船用雷达（RADAR）					
型号	JMA-5312-6	JMA-5312-6HS	JMA-5322-7	JMA-5322-9	JMA-5322-6HS	JMA-5332-12
符合 IMO compliant	√	√	√	√	√	√
Power supply (voltage) 电源供给（电压）	DC 21.6 – 31.2V					
Power consumption (max wind) 电能消耗（最大风速）	620W			700W		

船用雷达（RADAR）	JMA-5104	JMA-5106	JMA-5110
Display format 显示器类型	Raster scanner PPI format		
Display unit NWZ-146 显示器单元	LCD 显示器分辨率	10.4 inch color 640 × 480 pixel (VGA)	
	Installation cable 安装线	5m (between the processor and the display unit)	
Screen display information 屏显信息	Range scale, fixed range graduated interval, motion mode/direction mode, interface rejection, target expansion, course time, pulse width, ships course & direction, guard zone function display, STC/FTC mode (auto/manual), tuning display (including tuning mode), ships positioning display (Lat/Long), EBL1/EBL2 values (3-digit dispaly), VRM1/VRM2 values (3-digit display), cursor value (direction, distance, Lat, Long), status displays.		

生产单位：青岛奥森海洋装备公司 AoSen

地址：山东省青岛市浙江路 28 号　　邮编：266001
电话：0532-82885249　　传真：0532-82885249

青岛奥森海洋装备公司隶属于山东省科学院海洋仪器仪表研究所，主要从事数字气象仪、气象系统及海洋调查工具的研究、开发和生产，相关产品均占据一定的国内市场份额。

公司研发的 XZC2-2 系列数字气象仪广泛地应用于船舶、海洋平台、海岛、机场及地面台站，该仪器主要用来测量风速、风向、温湿度及大气压力等气象要素。XZC2-2H 型气象系统采用 ARM9 构架，具备丰富的接口，可采集各种水文、气象参数，同时可根据用户的需求定制相应功能模块，可视化图形动态界面使用户操作更加方便。海洋调查工具可为海洋科学研究、海洋资源开发、海洋工程建设、海洋环境保护提供基础资料和科学依据。

自动气象站——XZC2-2H 型气象系统标准配置表

自动气象站

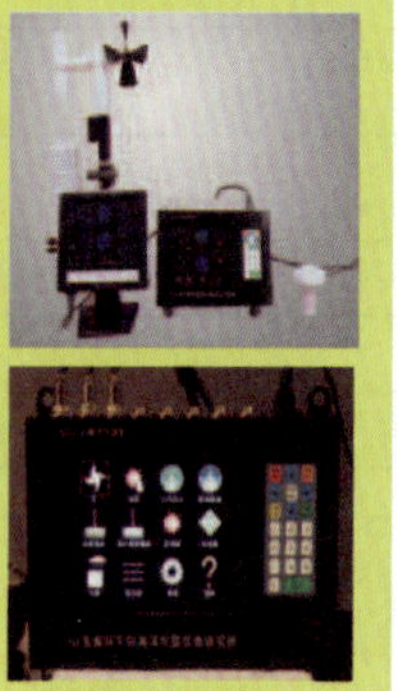

XZC2-2H

XZC2-2H 型气象系统标准配置包括风、温、湿、压气象四要素传感器，用户可通过下表选型。

序号	名称	型号	输出形式	技术参数
1	风传感器	XZC2-2	RS485 或者模拟	1. 风速：测量范围 0~70m/s；准确度为 ±（0.5+0.05V）m/s 2. 风向：测量范围 0~360°；准确度 ±5°；分辨率 5° 其中 V 代表实际风速
		XFC2-2C	RS485	1. 风速：测量范围 0~70m/s；分辨率为 0.1m/s，启动风速小于 0.5m/s 2. 风向：测量范围 0~360°；准确度 ±1°；分辨率 1°
		05106	模拟	1. 风速：测量范围 0~100m/s；分辨率为 0.1m/s，启动风速小于 0.5m/s 2. 风向：测量范围 0~360°；准确度 ±3°；分辨率 3°
2	温湿度传感器	XZC2-2	RS485 或模拟	1. 干球温度测量范围：−30℃~45℃，准确度 ±0.2℃；分辨力 0.1℃ 2. 湿球温度测量范围：0℃~45℃，准确度 ±0.2℃；分辨力 0.1℃ 3. 湿度测量范围：30%~100%RH
		HMP155	RS485 或模拟	1. 相对湿度测量：量程为 30%~100%RH，准确度为 ±%1 2. 温度测量：量程为 −80~60℃，准确度为 ±0.12℃
3	气压传感器	XQF4	RS485 或 RS232	测量范围：800~1 100hPa，准确度 ±1hPa

主要性能：
1）接口丰富，可配接多达十几种气象、水文传感器，允许用户根据需要组建气象站系统，公司提供必要的设计和技术支持工作。各类传感器配备不超过 70 米船用专用电缆
2）可接 DGPS、北斗卫星、VDR、计程仪、罗经、电子海图等通信导航设备
3）具有大容量存储功能，可存储 20 年以上的数据；具有 SD 卡、网络及 USB 接口；具有大风报警功能
4）供电要求 AC220V，50Hz；整机功耗不超过 15W

海洋调查工具

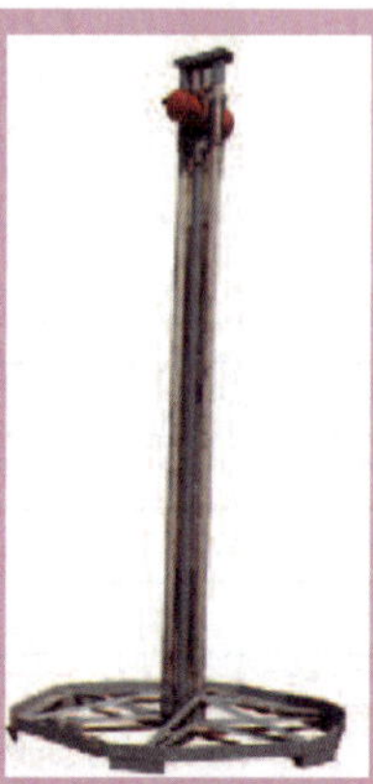

振动取样器

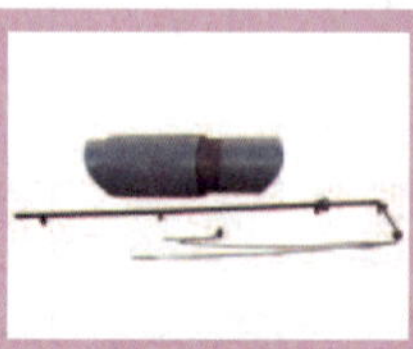

重力取样器

手摇绞车

箱式采水器

海水水色计

卡盖式采水器

抓斗采泥器

不锈钢箱式采泥器

计数器

网底管

多管取样器

生产单位：天津海洋数码科技有限公司

地址：天津市塘沽区新港二号路 26 号 2 楼　电话：022-25709007
邮箱：tjhysm@126.com　联系人：李孟山　18622201189

公司是三荣无线电通信、VSAT、卫星电视、导航仪器在中国授权的两个技术中心之一，拥有 30 年的通信、导航从业经验，深刻理解各型船舶特点和标准要求，为设计、建造单位提供各种解决方案及系统设计图。

产品技术参数：

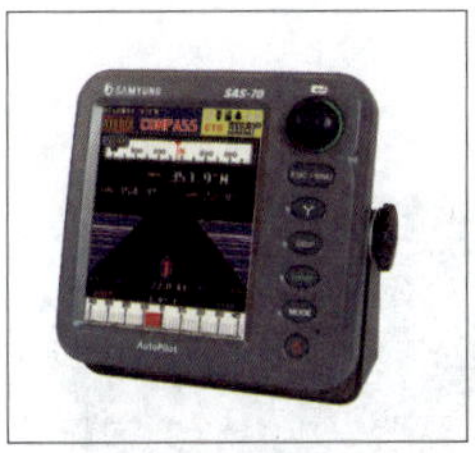

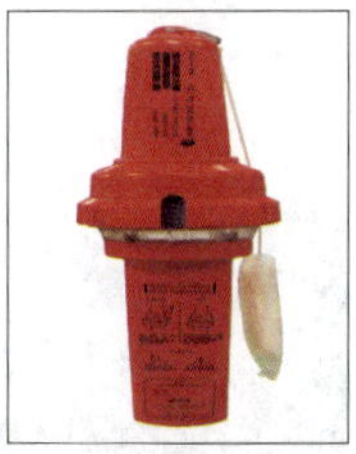

产品名称	主要参数
无线电通信设备	MF/HF DSC 设备：SRG-1150DN、SRG-1250DN、SRG-3150DN 卫通 C 站 /SSAS/LRIT 设备：FELCOM-15、FELCOM-16 甚高频 VHF/DSC 设备：STR-6000A、STR-6000D 双向无线电话设备：STV-160 卫星无线电示位标设备：SEP-406、SEP-500 雷达应答器设备：SAR-9 AIS 设备：SI-30A、SI-30B
通用通信设备	VSAT 设备：用于各种船舶的宽带、高速数据、图像、语音等卫星通信，可以实现船舶上网 INMARSAT FB 设备：用于各种船舶的语音、数据卫星通信 通用对讲机设备：用于船舶工作人员间及相邻船舶间的语音通信 通用单边带设备：用于远距离船舶间及与陆地之间的语音通信 气象传真接收机设备：SFAX-500
船内通信及广播电视装置	卫星电视天线设备：自动跟踪卫星，用于船舶接收卫星广播的电视节目，根据不同船舶性质提供不同解决方案
导航仪器	雷达设备：SMR-3700 、SMR-7200 卫星定位仪 GPS 设备：SPR-1400、NAVIS 800S、N800、N560 等
普航仪器	测深仪 型号：SES-2000/200kHz 三合一海图仪 型号：NAVIS 800FS、NF800、NF560 等
其他设备仪器	自动操舵装置：AP-50、AP-70 等 吃水装载测量装置：用于需要测量吃水深度或装载质量的船舶 挖泥船挖深定位装置：挖泥船集成控制系统、挖深定位系统、专用仪器仪表系统 挖泥船用传感器：挖深、定位、产量、排压、泥泵真空度、液位、温度等传感器 潮位、波浪、气象、能见度测量装置

生产单位：南通赛洋电子有限公司

地址：江苏省南通市桃园路 8 号中南世纪城 17 幢 501 室　邮编：226019　网址：www.ova.com.cn
电话：0513-68199190　68199192　传真：0513-68199333　邮箱：saiyang@ova.com.cn
联系人：周海琴　13776901690

公司主要从事船用无线电通信导航设备的研发、制造和销售，是集科、工、贸于一体的高新技术企业。主要产品有：超声波换能器、AIS 避碰导航仪、电子海图系统、测深仪、鱼探仪等。公司已通过 CCS 、ISO9000 质量认证，AIS、电子海图、测深仪均已获 CCS 型式认可证书。

产品技术参数：

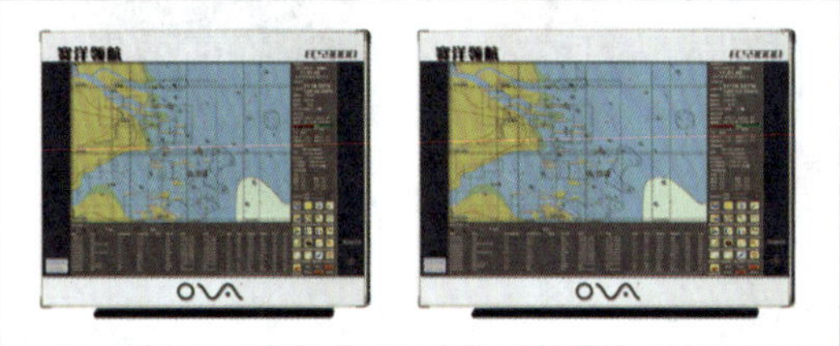

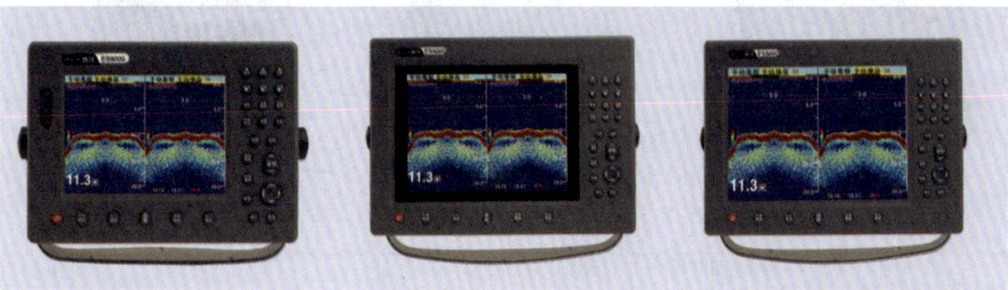

型号	基本参数	产品特点	实现功能	选型优势	执行标准
回声测深仪 ES9000 系列	屏幕尺寸：6、8、10、12 英尺可选 电源：DC24V 发射功率：300W、600W 测量精度：0.1m 频率：200KHz	DSP 信号处理 采用先进高精度 DSP 数字信号处理技术 首创超低盲区 能探测 0.2m 超低水位 高分辨率显示 分辨率最高达 800×600 真彩 TFT 液晶 宇航全天候专业液晶显示屏，适合阳光下和夜间航行；256 种丰富时尚回波色彩 配色模式多样 8 种配色模式，适应各种显示环境 独立通道控制 双通道增益完全独立控制 SD 卡外部升级 具有外部 SD 卡快速升级接口，程序快速升级；深度报警功能 浅水及深水任意深度报警	可探测水底深度并对危险水深及时做出报警可输出 0183 语句	独立通道控制，测量精度高，可到 0.1m 屏幕分辨率高、回波色彩丰富 SD 卡快速外部升级	符合 MSC.74(69) 附件 4：A.224(Ⅶ) 决议的修正——《回声测深仪设备的标准》的要求；持有船级社认证证书
电子海图系统 ECS 9000 系列	屏幕尺寸：17、22 英寸可选 电源：DC24V 屏幕分辨率：1280×1024、1680×1050 支持海图：S57、S63 加密 航行记录：≥ 12h 串口：3 个 RS232（NEMA0183） GPS：内置 USB 接口：3 个	支持 S57、S63 加密海图；可加载或卸载海图数据库，海图支持海图更新；可任意位置海图显示；海图放大 / 缩小 / 漫游 / 保持本船中心； 多种海图显示模式（基础、标准及其他）； 航行过程保持监视，并显示本船位置、船向、船速等，给出指示与报警，实现避碰、防搁浅； 可存储并回放最近 12 小时内每分钟本船的实际航行过程； 实时接收各种导航传感的信息，包括 GPS、AIS、罗经、测深仪、记程仪等，并综合处理； 可设计、修改、删除本船航线；距离与方位测量； 专业设计，全铝工艺，支持嵌入式安装，美观时尚、精致、坚固耐用	采用标准 S57 海图，准确无误综合处理 GPS、AIS、测深仪、罗经、计程仪，实现避碰、安全导航	功能强大 操作简便 外观精美 方便实用	符合中国海事局《电子海图系统（ECS）功能、性能和测试要求》（暂行）中的 A 级设备要求；持有船级社认证证书

生产单位：北京海兰信数据科技股份有限公司【股票代码：300065】

地址：北京市海淀区清华科技园科技大厦 C 座 1902 室　邮编：100084　电话：010-82158018

销售热线：010-82150082　传真：010-82150083　网址：www.highlander.com.cn

海兰信　航海电气与海洋防务信息化产品整体解决方案提供商

领先源于持续创新

Leadership through Persistency in Innovation

贡献海洋、献身国防

全球服务网：海兰信拥有 70 多个服务网点，遍布欧洲、美国、加拿大、印度等全球 30 多个国家和地区，服务区域覆盖面广，及时且高效。

欢迎关注海兰信官方微信平台

选型产品展示：

智慧桥·综合导航系统（INS）

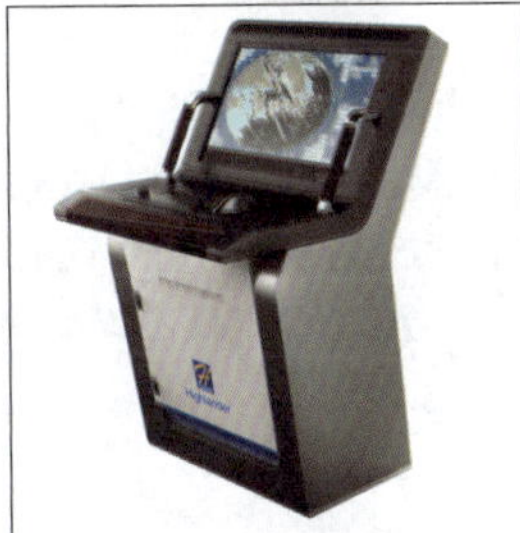

雷达（CHART RADAR）

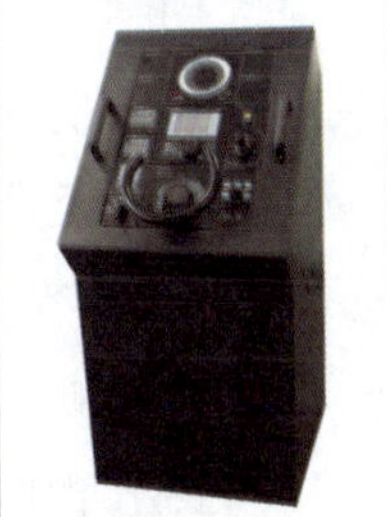

船舶操舵仪（SCS）

船载航行数据记录仪（VDR）

类型	产品种类	
船舶通信导航系统	导航	• 智慧桥·综合导航系统 INTELLIGENT BRIDGE • 电子海图显示与信息系统 HLD-ECDIS 100（CCS/EC） • 桥楼航行值班报警系统 HLD-BNWAS 600（CCS/EC） • 雷达 HLD-RADAR 800/800C（CCS/EC） • 船载航行数据记录仪 HLD-VDR 600（CCS）
	通信	• 中高频电台 HLD-6300 MF/HF（CCS/EC） • 海事卫星迷你 C 站 HLD-6110 MINI-C（CCS/EC） • 甚高频电台 HLD-6222 VHF（CCS/EC）
	罗经自动舵	• 船用陀螺罗经 HLD-GC 100（CCS） • 航迹控制系统 HLD-TCS 600（CCS/EC） • 船舶操舵仪 HLD-SC 200（CCS/EC） • 舵角指示系统 HLD-RAIS 100（CCS/EC）
	其他通导设备	• 自动舵 OT-SC 600 • A 类甚高频 +DSC OT-VR 1000（ZY） • 雷达应答器 OT-RS 1000 • 双向无线电话 OT-TW 1000（ZY/CCS） • 电子海图（海事局版） OT-ECS 1000（CCS） • 全球定位仪 GPS OT-GPS 1000（CCS） • AIS 自动识别系统（B 类） OT-AIS 100（ZY/CCS） • 海鸟雷达 OT-BR 1000 • 应急卫星示位标 OT-EB 1000（ZY/CCS） • AIS 应答器 OT-AS 1000（ZY/CCS） • 航行警告接收机 OT-NR 1000（ZY/CCS） • 10 寸显示海图导航仪 OT-ECS 1010 • AIS 自动识别系统（A 类） OT-AIS 1000
船舶远程监控管理系统	该系统能够将船舶的航行信息、机舱信息、视频信息及货物信息实时向岸端进行传输，方便岸端管理人员管理其航行于世界各大洋的船舶，曾圆满完成“神舟七号”至“神舟十号”载人航天飞行海上应急搜救保障任务。目前已是中国交通运输部救助打捞局的基础平台，并应用于台塑集团、中远集团、中海油等大型航运企业及其他政府部门	
小目标雷达监控系统	该系统是以雷达和综合光电观察设备为主动探测感知端，配合 AIS、北斗等收发设备，结合船舶身份识别数据库等管理信息源，通过网络链接实现对整个海域的态势认知，从而为决策支持、行动部署提供高度融合的实时信息。该系统能对海上极小目标（RCS ≥ 0.1m^2）、以及海上污染物进行准确探测、识别和跟踪，还能通过多信息源融合技术，将各类信息融合，实现信息互补、信息校验、信息统一等功能，目前已应用于多种类型船舶。系统可扩展形成以下系列产品： • 极小目标探测雷达 HLD-STTD 1000 • 海浪探测雷达 HLD-AWHC 1000 • 溢油探测雷达 HLD-AOSD 1000 • 综合光电观察设备 HLD-ITV 1000	

生产单位：大连陆海电子系统有限公司 Landsea

地址：大连市高新技术产业园区亿阳路三丰大厦 C 座 1805 室　　邮编：116023
电话：0411-84754811-8903　　传真：0411-84754300
邮箱：qust@maritech.cn　　网址：Http://www.maritech.cn

大连陆海电子系统有限公司成立于 1999 年 9 月，是大连陆海科技股份有限公司（新三板股票代码：430458）的全资子公司，2007 年通过 ISO9001 认证，是 CCS 中国船级社质量认证公司。公司总部设立于大连，分支机构有：天津办事处、烟台办事处、青岛办事处、福州办事处、广州办事处、上海办事处。

公司主营业务：科考船、教学船、公务船、商船、海工、教学实验室等，通信、导航、控制系统设备的代理销售与维修服务。我司拥有一批专业的技术与营销人员，为客户提供优质、合理的集成配置方案；工程人员精通各类设备的调试与维修工作。承诺全天 24 小时提供技术支持，及时准确的解决用户的各类问题。

产品信息：

我司是TOKYO KEIKI (TKC)、COBHAM（Sea Tel、SAILOR）、CONSILIUM、SPERRY、NAVICO（SIMRADE）、NHE（OKI）、SKIPPER、CASSENS&PLATH、DEIF、INTELLIAN、烽火科技等品牌的一级代理商及服务商；同时是TRANSAS、FURUNO、JRC、ANSCHUTZ 等品牌的授权经销商。

产品种类：

磁罗经

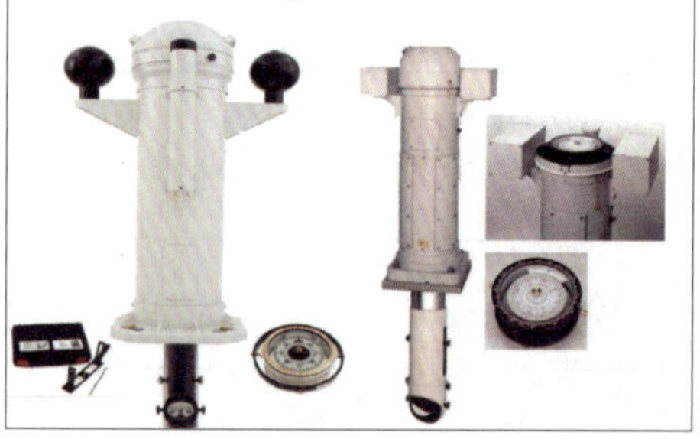

自动舵

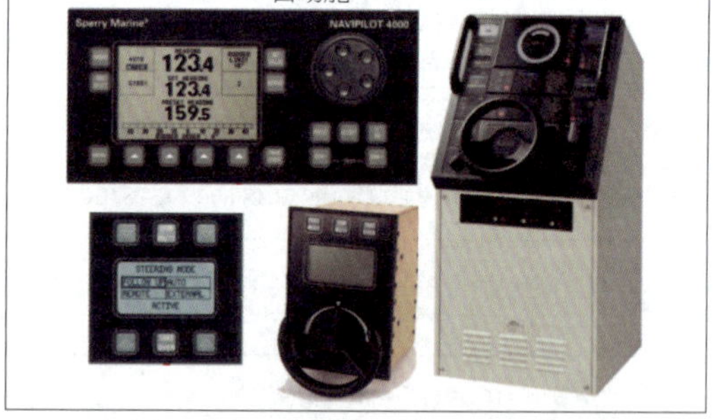

电罗经

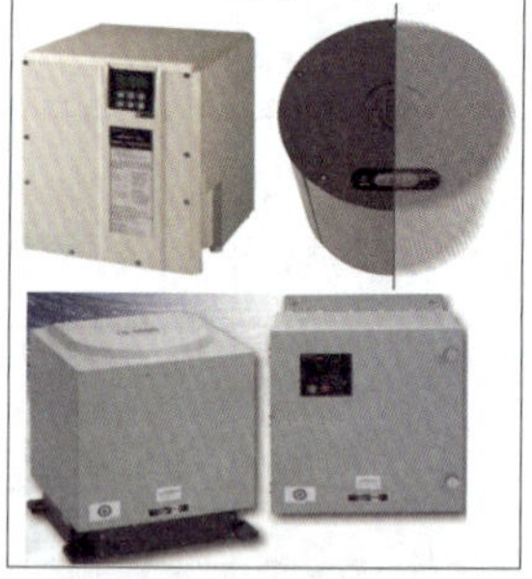

光纤陀螺罗经

风速风向仪

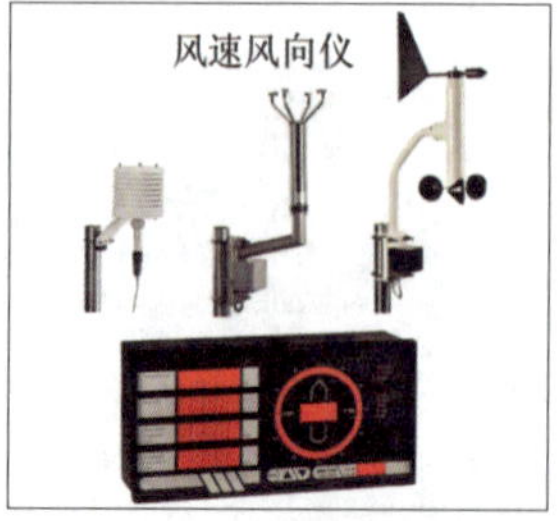

内部通信系统

气象传真接收机

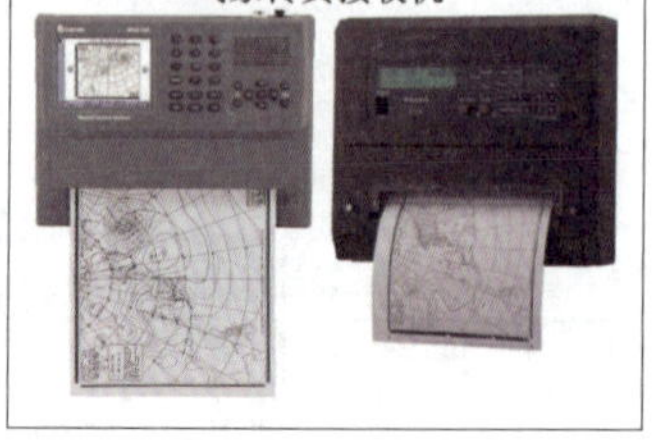

舵角指示器

GMDSS (VHF, MF/HF, Inmarsat-C)

直升机指引信标

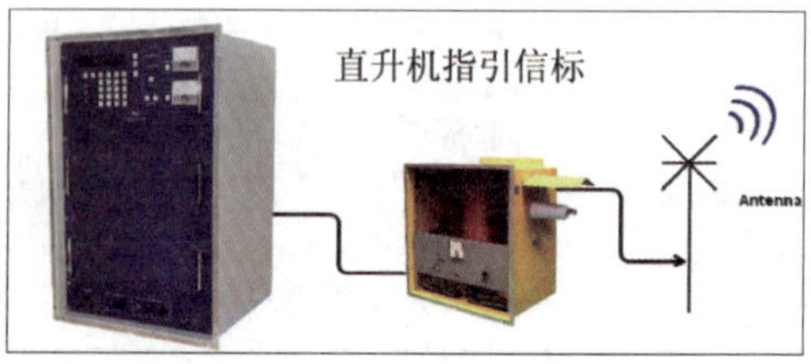

产品种类:

电子海图
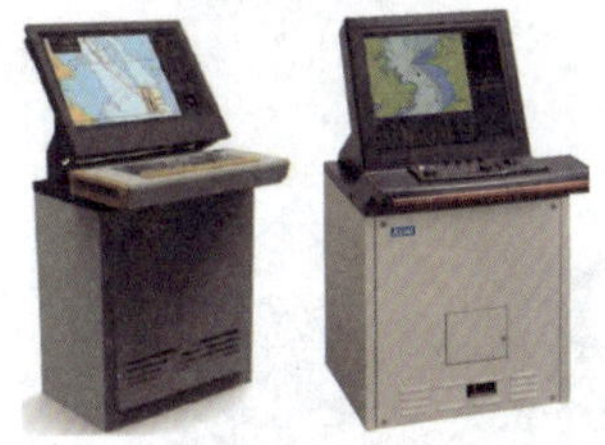

雷达
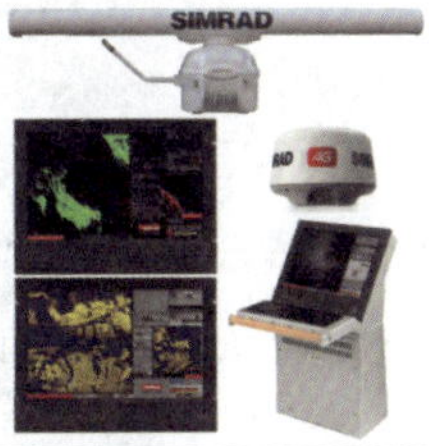

测深仪
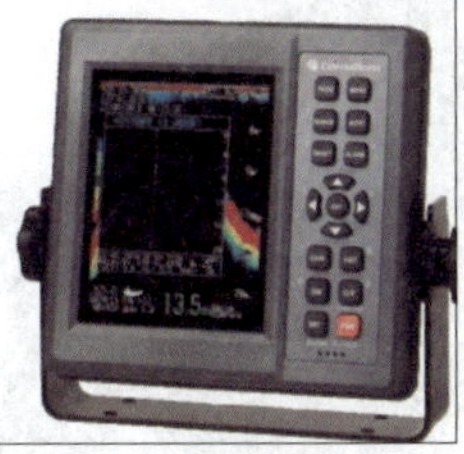

子母钟

计程仪

GPS

AIS

Navtex
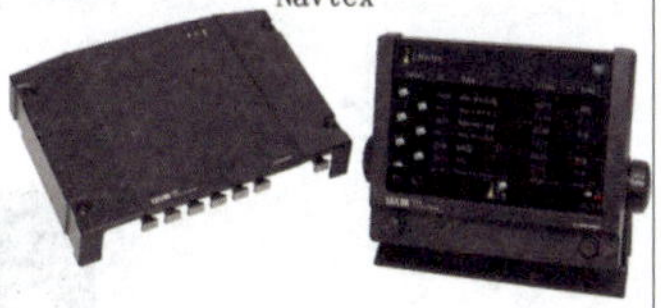

卫星通讯终端

VSAT TVRO

VSAT/FBB

CONNING

铱星电话

头戴式无线通话器
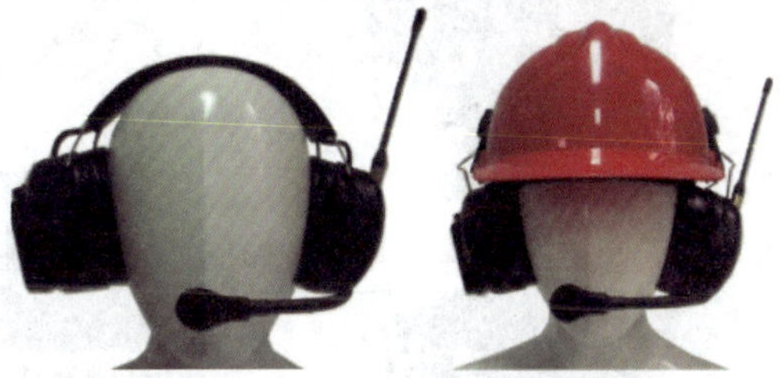

EPIRB

SART

双向无线电话
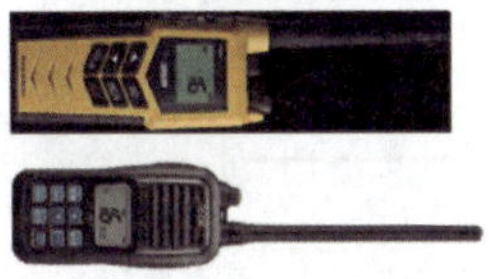

VDR

声波炮：

声波炮

操作界面

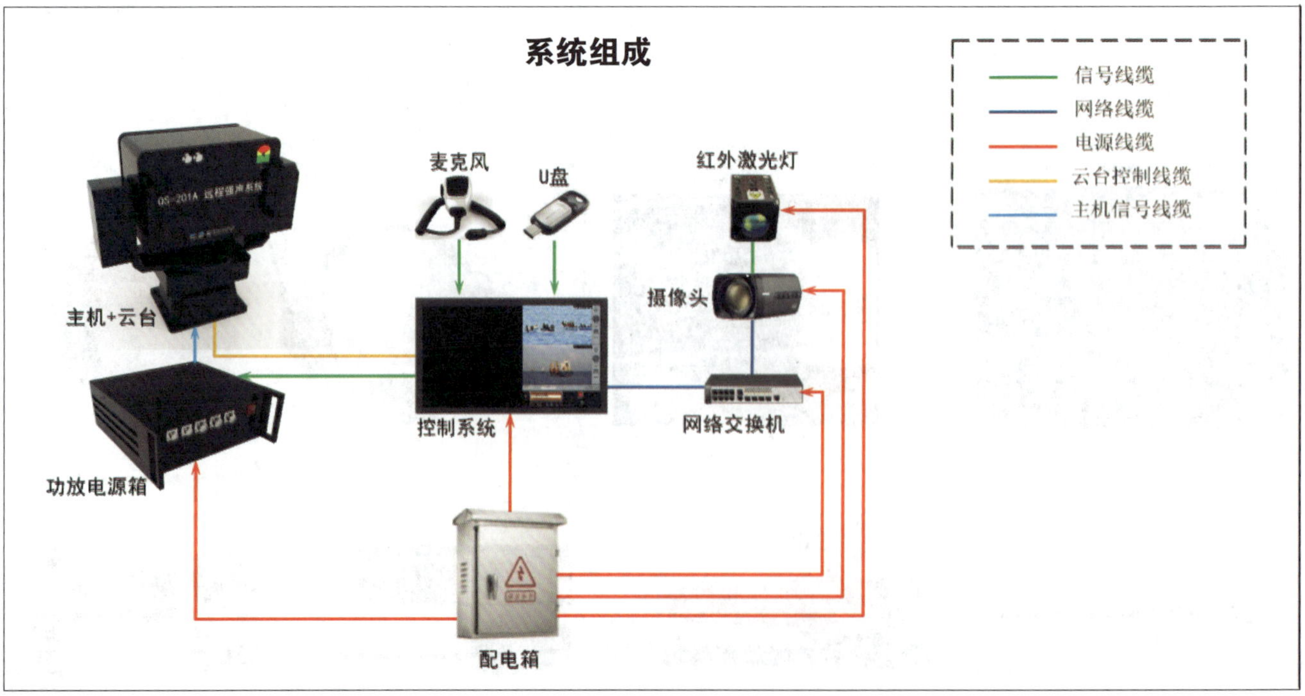
系统组成
信号线缆
网络线缆
电源线缆
云台控制线缆
主机信号线缆
麦克风
U盘
红外激光灯
摄像头
主机+云台
控制系统
网络交换机
功放电源箱
配电箱

生产单位：大连航科信息技术有限公司

电话：0411-84753110、84753108　　传真：0411-84753093
邮箱：dlhk_ecdis@163.com　　网址：www.dlhk-ecdis.com

“航科信息”是专业从事电子海图显示与信息系统为核心的集海上信息化管理及船舶导航产品的研发、销售及服务为一体的企业，长期以来致力于为交通航运领域提供优质的信息技术产品开发和信息技术服务。

产品技术参数：船级社证书

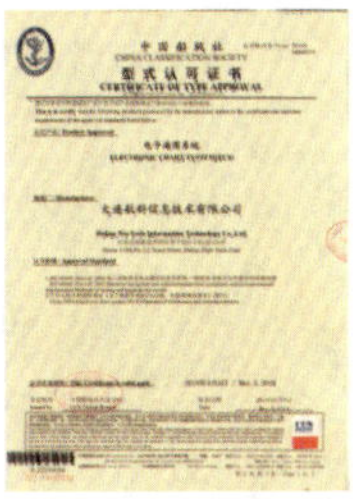
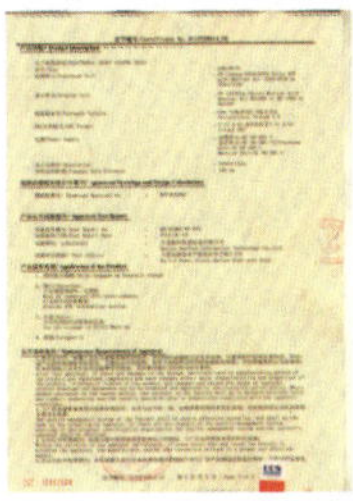
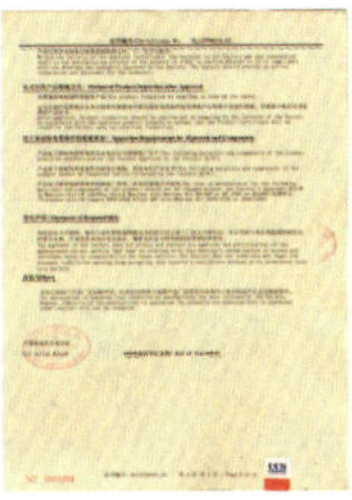

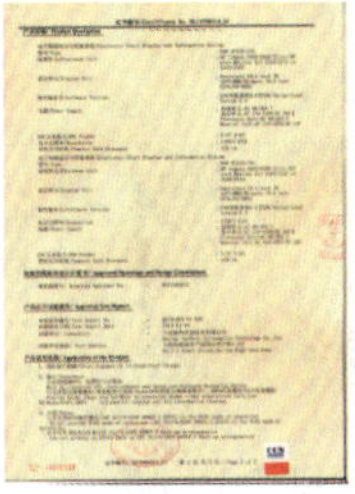
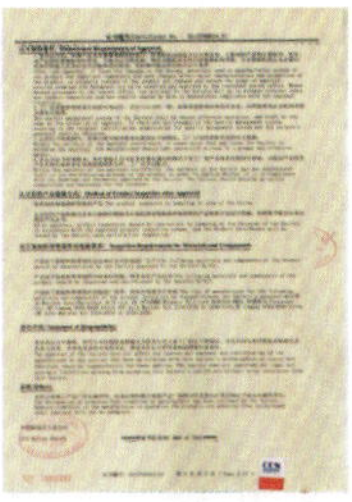

产品种类	电子海图系统（ECS）	电子海图显示与信息系统（ECDIS）
产品参数	●型号：EAR-HF19 I 型、EAR-HF19 II 型 ●主控制器：HP EliteDesk 800 G1 SFF/ i3-4160/500G HDD/4GB ●显示器：HP LA1951G 19 吋液晶 ●随机键盘、光电鼠标 （可配嵌式入键盘和轨迹球鼠标，另收费） ●符合 S-57、S-52、S-63 标准和规范 ●必连接 GPS、AIS、罗经 ●外形尺寸：显示器：347 × 580 × 414（mm × mm × mm） 主控制器：338 × 379 × 100（mm × mm × mm） ●电源：110V－220VAC ●符合 ECS 标准，适用国内航行船舶	●型号：EAR ECDIS-191 型、EAR ECDIS-192 型 ●主控制器：HP EliteDesk 800 G1 TWR（SFF）/ i3-4160/500G HDD/4GB ●显示器：R19L300 工业显示器 /1 280 × 1 024 ●随机键盘、光电鼠标 （可配嵌式入键盘和轨迹球鼠标，另收费） ●符合 S-57、S-52、S-63 标准和规范 ●必连接 GPS、AIS、罗经、计程仪；可接 ARPA、雷达、测深仪等 ●外形尺寸：显示器 483mm × 75mm × 444mm 主控制器：458mm × 231mm × 320mm ●电源：110V－220VAC ●符合 ECDIS 标准，适用国内和国际航行船舶
技术规格	（1）海图显示与控制（中文显示界面、海图自动拼接、海图放大 / 缩小 / 漫游、画面回退、画面记忆、海图显示方式控制、海图背景控制，北向上或任意方向向上显示海图）； （2）导航（本船及其真运动矢量实时标绘、本船航迹记录与再现、偏航报警、方位报警、距离报警）； （3）AIS 功能（AIS 目标信息获取与动态标绘、AIS 目标信息查询、接收 AIS 短信、多目标自动跟踪及 CPA 计算与报警、选定目标的信息显示 / CPA 距离圈标绘）； （4）航行管理（计划航线设计、方位 / 距离计算、船位查询 / 推算、航程统计、走锚监视、航迹记录）； （5）海图改正（海图临时标绘、数据光盘更新）	（1）海图显示与控制（中文显示界面、海图自动拼接、海图放大 / 缩小 / 漫游、画面回退、画面记忆、海图显示方式控制、海图背景控制，北向上或任意方向向上显示海图）； （2）导航（本船及其真运动矢量实时标绘、本船航迹记录与再现、偏航报警、方位报警、距离报警）； （3）AIS 功能（AIS 目标信息获取与动态标绘、AIS 目标信息查询、接收 AIS 短信、多目标自动跟踪及 CPA 计算与报警、选定目标的信息显示 / CPA 距离圈标绘）； （4）航行管理（计划航线设计、方位 / 距离计算、船位查询 / 推算、航程统计、走锚监视、航迹记录）； （5）支持 ARPA 目标和 AIS 目标融合、雷达图像叠加； 海图改正（海图临时标绘、数据光盘更新）

生产单位：厦门欣翔航运电子有限公司

地址：福建省厦门市湖里区枋钟路 2370 号（金山财富广场 5 号楼）六楼　邮编：361015
电话：0592-2619898　传真：0592-2619900　邮箱：sales@sunshine-marine.com

厦门欣翔航运电子有限公司是一家专营船用通信导航、GMDSS 系统设备、安全救生设备的国内合资企业，已获得 ISO9001 质量管理体系认证，是中国船级社（CCS）认可无线电专业检测机构。公司多年来致力于引进世界一流的通导设备，并提供技术服务，工程施工，为各类游艇、商船、工作船、巡逻艇、高速船、远洋渔船等提供全船配套方案，目前系英国 Raymarine（雷松）航海电子公司和 McMurdo（马克默多）安全救生设备厂商在中国地区的独家总代理和授权技术服务中心。

产品技术参数：

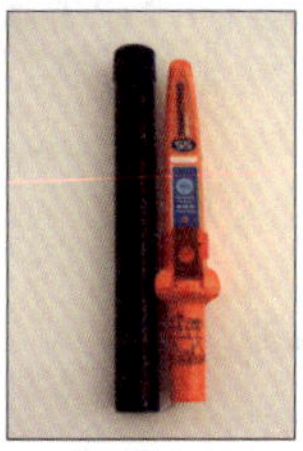
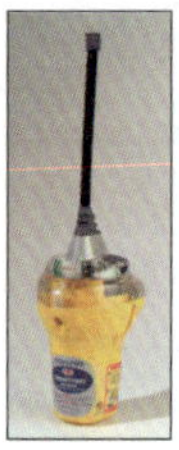

型号	基本参数	产品特点	实现功能	选型优势	执行标准	持有证书
S4 搜救雷达应答器	尺寸： 283mm × 101mm × 90mm 质量：530g 电源： 标配 11.5/5.5V 锂电池 流量：标配锂电池	环境适应性： 贮存温度： -30~+65℃ 安全性：IEC 60945(2002)	用于船舶遇险时，发射信号给周围船舶的雷达，使得周围船舶发现遇险船的位置	国际知名品牌 性能优异 坚固可靠 性价比高	符合 IMO、SOLAS、FCC 相关规范	EC CCS
S5 AIS 应答器	尺寸： 390mm × 150mm × 80mm 质量：940g 电源：标配 6V 锂电池 流量：标配锂电池	环境适应性： 贮存温度： -30~+70℃ 安全性：IEC 60945(2002)	用于船舶遇险时，发射求救信号给周围船舶的 AIS 设备，使得周围船舶发现遇险船的位置	国际知名品牌 性能优异 坚固可靠 性价比高	符合 IMO、SOLAS、FCC 相关规范	EC CCS
E5 应急卫星示位标	尺寸： 435mm × 150mm × 134mm 质量：2 130g 电源：标配 9V 锂电池 流量：标配锂电池	环境适应性： 贮存温度： -30~+70℃ 安全性：IEC 60945(2002)	用于船舶遇险时，自动发射信号给海事卫星，海事卫星再把信号转发给附近的岸台，岸台再通知遇险船附近的船舶向遇险船提供救助	国际知名品牌 性能优异 坚固可靠 性价比高	符合 IMO、SOLAS、FCC 相关规范	EC CCS
R5 双向无线电话	尺寸： 320mm × 70mm × 45mm 质量：340g 电源：标配 9V 锂电池 流量：标配锂电池	环境适应性： 贮存温度： -30~ +70℃ 安全性：IEC 60945(2002)	船舶遇险时，用于与周围船舶之间的通话	国际知名品牌 性能优异 坚固可靠 性价比高	符合 IMO、SOLAS、FCC 相关规范	EC CCS

生产单位： **上海荣德电子科技有限公司**

地址：上海市徐汇区田林路 192 号怡虹科技园三期 702 室　邮编：200233　电话：021-60737291/7
传真：021-60737299　邮箱：hf.tu@rongtec.com　网址：www.rongtec.com　联系人：方平　13764366858

公司是海事电子专业服务商，专业从事船用通信导航设备、无线电通信系统、船用卫星电视系统、卫星双向通信系统以及船用视频监控系统 (CCTV)。作为美国 GARMIN 总代理、日本 ICOM 海事机总代理、韩国 Intellian 总代理、英国 OCEAN SIGNAL 总代理、西班牙 SATLINK 总代理、FLIR 热成像代理、美国 HUMMINBIRD 代理和意大利 GLOMEX 代理，全权负责中国区的销售、技术支持和售后服务。

产品技术参数：

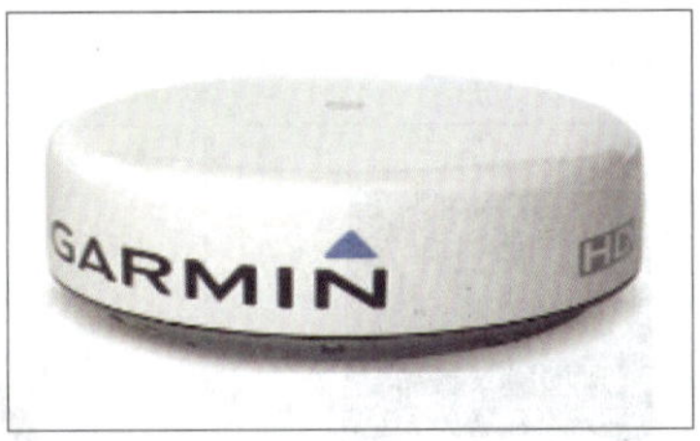

型号	品牌	产品特点
GPSMAP720S 多功能导航一体机	GARMIN	GPSMAP720 是独立的触摸屏海图仪，7 英寸（17.78cm）显示屏，GPSMAP720S，所有的信息都只需要用手指轻轻触摸即可，并预装了全世界电子底图和可以加入附加地图数据，另外，GPSMAP 720S 可以连接雷达和通过 NMEA2000 连接外部传感器，GPSMAP720S 内置全世界电子底图，高灵敏度 GPS 接收提供优越的卫星跟踪和快速的初始定位时间，GPSMAP720S 可以通过可选 GXM™ 51 卫星接收器、天线（另售）接收北美州图形天气数据。通过触摸控制，GPSMAP720S 触摸屏操作无论你是改变航向或查看一些信息都非常方便。屏幕可以在白天或黑夜自动来调整适合的亮度，坚固的宽屏幕的显示和防水性能。GPSMAP720S 内置雷达接口，可组成 GARMIN 海事雷达系统。即插即用安装方式为您以后的雷达扩展提供的便利的安装以及提供组成电源、量程、高解析目标雷达
GMR18HD	GARMIN	18HD 高清晰数字信号处理提供高清雷达图像和优越的性能，18 英寸、4kW 高清晰雷达可扫描最大量程 36 米，最小量程 12 米。水平天线波数宽度 5°，垂直波数宽度 25°，可在恶劣的环境与天气中更好的扫描目标。当连接船艏向传感器时，GMR18HD 提供 MARPA 目标跟踪功能，实现追踪目标方位、航向、速度和预计最近接近点。另外 GMR18HD 具有独立的信号处理，提供更精确、易懂的信号特征。GMR18HD 可使用 GARMIN 网络线缆与 GARMIN 组成网络，100 兆位即插即用网络，实现双站同时显示高清雷达图像
GPSMAP5012	GARMIN	12.1 寸全触摸显示屏，可连接各种传感器、引擎输出和 GARMIN 数字式仪表显示各种航行数据，可显示传统的海图信息还可以显示水上和水下三维立体数据，7 级防水，支持 AIS\DSC
GPSMAP585	GARMIN	GPSMAP 585 为 Garmin 专为亚洲渔民所设计的船用 GPS 导航器，精巧的外型，简易的安装方式，兼具嵌入整合与携行的使用性能。内建高感度的 GPS 模块及 NMEA 0183 连接接口，提供媲美专业等级航海仪器的功能。所有操作只要透过 5 英寸高彩度屏幕及专为航海设计的按键，即可轻松完成 Garmin GPSMAP 585 同时内建双频、500 瓦 (RMS) 的渔探模块，只要选购合适的渔探头，即可窥探 1500 尺深的海底世界，让你捕鱼无往不利 5 英寸 WQVGA 高彩度屏幕；高感度 GPS 接收功能；两组 NMEA 0183 连接接口；简易操作接口；内建声纳模块 GSAPMAP 585 内建 SD 卡扩充插槽，可搭配选购的 Garmin g2 海图，以查看更为详细的图资来辅助航行。g2 版本海图除了提供基本海图、潮汐站信息、洋流方向、水深轮廓与 IALA 符号，还包括进阶的图形显示方式

生产单位：上海埃威航空电子有限公司

埃威航电 ADVANCED AVIONICS

地址：上海市徐汇区桂平路 555 号 47 号楼　邮编：200233　电话：021-64956229 64953791

传真：021-64855258　邮箱：customerservice@shav.cn　网址：www.shav.cn

上海埃威航空电子有限公司成立于 2005 年，隶属于中国航空无线电电子研究所，是集科研、开发、设计、生产、销售与服务于一体的高科技企业。经过 12 年发展，构建了海空一体化智能制造的企业特色。埃威航电通过了 ISO9001 质量管理体系认证，并具备信息系统集成及服务三级资质，是中国卫星导航定位协会理事单位、上海卫星导航联盟理事单位、中国航海学会救助打捞专业委员会及中国航海学会单位会员。公司主要的航海电子产品均已取得了中国船级社 CCS 认证证书，并为上海地区首批三家获得中国渔业船舶检验局的渔检证书的企业之一。同时，埃威航电还获得了多项国家重点新产品，拥有 30 多项专利技术。

产品技术参数：

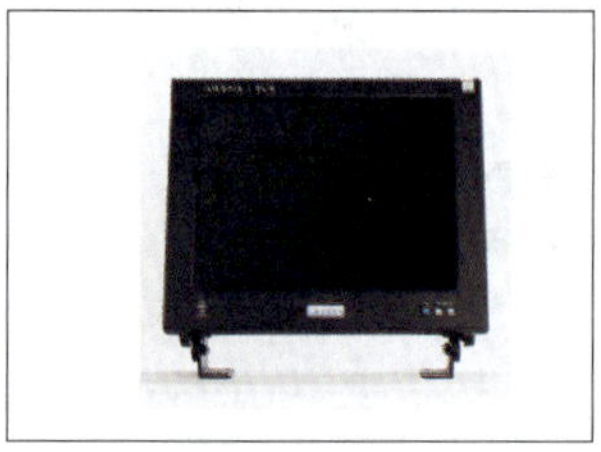

产品名称	产品特点	选型优势	技术规格
新一代船用全球自动识别系统 A10	符合 AISclass-A 船载设备标准，全面支持 AIS 功能； RS422 串行接口，符合 IEC61162 标准； 18-36VDC 供电； 最大瞬时功耗小于 40W，平均功耗不超过 10W； 主机和接线盒采用一体化设计，方便工程安装； 收发中文短消息功能（专利）； 高清 TFT 显示屏，矢量电子海图显示船只动态； 中文 / 英文两种显示界面，可自动切换； 人机界面友好，操作方便简捷	世界首创收发中文短信息功能（专利）； 采用软件无线电技术	工作频段：156.025~162.025MHZ 频道带宽：25KHZ/12.5KHZ 发射功率：12.5W/2W 接收灵敏度：≤ -110dbM 调制方式：GMSK VHF 天线连接器：SL16 阻抗：50Ω 频率稳定度：≤ ±5PPM
新一代船载 B 级自动识别系统 CA312	大尺寸 12 寸屏液晶显示； 兼容 IHO-S-57 数据格式，海图可定期更新； 具有潮汐、日历、航行资料等查询功能； 具有开关机记录功能； 具有测距功能； 具有偏航报警，会遇报警、到达报警走锚报警和桥梁报警等功能； 具有航点、航线、罗盘、MOB 等多种导航方式； 支持手写、拼音、笔画、字母等多种输入法； 提供 RS422/RS232 接口，兼容多种船载传感器接入； 内置 BDS/GPS 定位模块，提供 NMEA-0183 标准定数据接口； 内置 B 级 AIS 辅助导航设备，具有 AIS 船位显示、避碰、短报文通信等功能，提供 IEC61162 标准 AIS 数据接口； 具有船队组队功能、支持脱离船队报警和船只闯入报警功能； 使用 12-36VDC 宽范围电压供电； 支持差分定位功能； 支持扩展北斗短报文功能	使用全新一代海图显示驱动引擎； 采用软件无线电技术。	详细规格 通讯接口：RS422X2 RS232X2 传输协议：符合 IEC6112/NMEA-0183 功能指标 海图格式：IHO257 支持设备：AIS、GPS、罗泾测深仪、计程仪 轨迹记录：12H 航点：100000 个 航线：1000 条 CPU:1.33GHZ, 四核，22nm 系统：WIN10 储存容量：32GB，可扩展 内存：2GB
	符合中国海事局《国内航行船舶船载电子海图系统（ECS）功能、性能和测试要求（暂行）》中 A 级设备要求； 宽电压输入范围； 采用固态存储系统； 兼容 IHO S-57 和 IHO S-63 数据格式； 支持航线规划功能； 支持安全等深线、安全水深设置	模块化设计，方便维修； 可接收处理 AIS、GPS、北斗、罗经、测深仪、计程仪等多种设备的输入信息； 支持会遇报警、偏航报警、区域报警等报警功能	海图格式：IHO S-57 和 IHO S-63； 显示格式：IHO S-52； 存储航线：≥ 100 条； 存储航迹：≥ 40000 个航迹点； 数据接口：NMEA-0183，自定义等格式数据； 工作温度：-15℃ ~+55℃； 相对湿度：93%，无凝水；

普航仪器

普航仪器是船舶安全航行的重要设备，用来测定船位、航速、航向、方位和至目标的距离，避免搁浅、碰撞和迷航，使船舶沿预定航线到达目的地。运输船舶配备的基本导航仪器有磁罗经、陀螺罗经、自动操舵仪、计程仪、测深仪、航海雷达、无线电测向仪、无线电定位仪（如罗兰、奥米加、德卡）、卫星导航接收机和自动避碰系统，等等。鉴于普航仪器对船舶安全航行的重要性，国际海事组织对普航仪器的性能和装备标准都有专门规定。

目前罗经、测向仪、计程仪、测深仪、导航雷达在大中型海船上基本普及。先进的避碰雷达、卫星导航接收机、组合导航系统已开始装备在部分远洋船舶上，内河船舶也开始装备导航仪器。比如，长江轮船总公司所属船舶，除 675kW 以下的短途港务船外，均装有导航雷达。但是，普航仪器装备的水平差异很大。其特点是：远洋运输船队的装备水平比沿海运输船队高，海船装备水平比江船高；远洋船队普航仪器种类齐全，技术先进，更新周期短，沿海运输船舶大部分普航仪器是国产设备，约属 20 世纪 60 年代末 70 年代初的国际水平；内河船舶的普航仪器装备无论是数量还是质量至今仍非常落后，例如黑龙江水系，只有数艘船舶装有雷达。总的看来，运输船舶普航仪器装备只达到 20 世纪 70 年代初的国际水平，与先进国家相比尚有较大的差距。

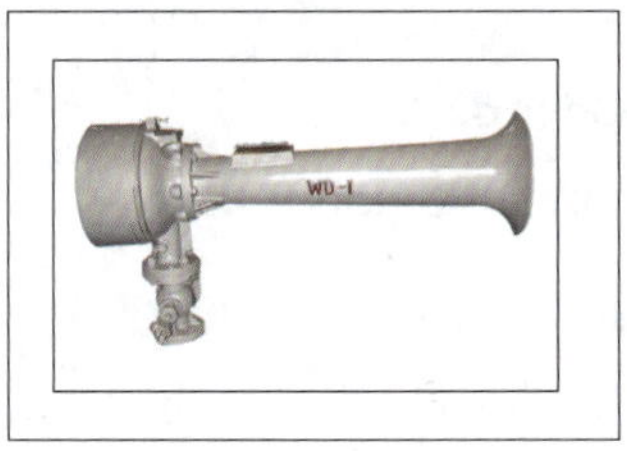

P 208

P 209

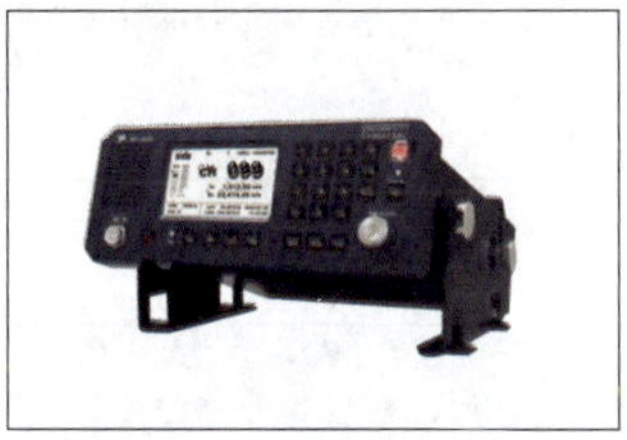

P 210

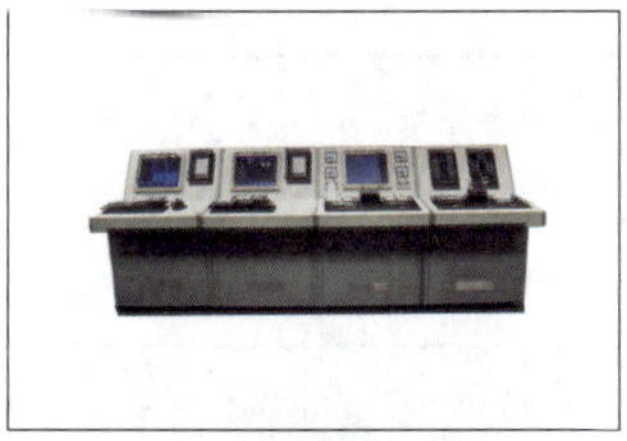

P 210

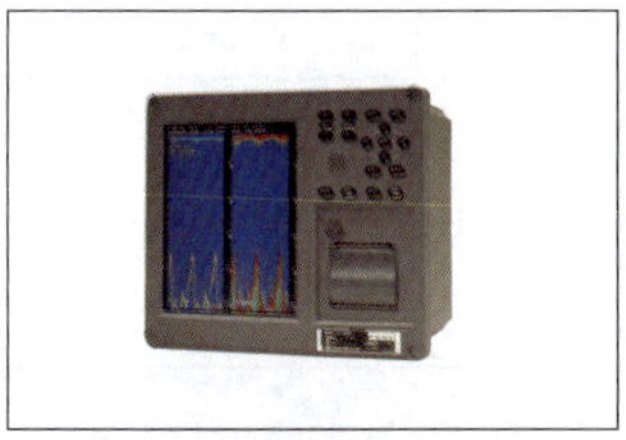

P 211

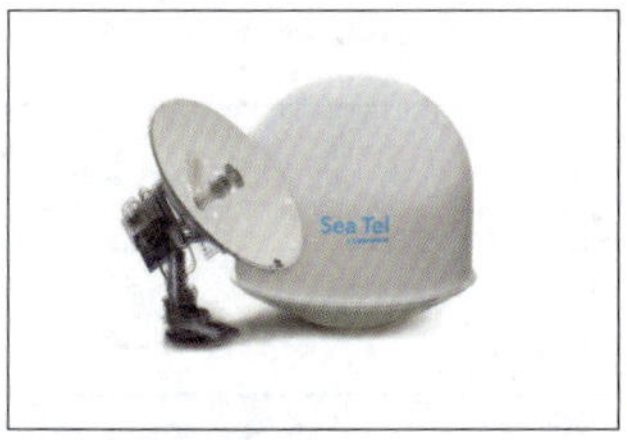

P 212

生产单位：泰州市远洋船用机械有限公司

地址：江苏省泰州市高港区许庄街道　电话：0523-86114626　传真：0523-86116220
联系人：唐昌林　13852863178　网址：www.yyship.com.cn　邮箱：tangchanglin@vip.163.com

泰州市远洋船用机械有限公司系华东船舶设备公司成员单位之一，江苏省船舶工业公司定点厂，已有多年生产历史，专门为造船业配套生产普航仪器、甲板机械、舾装、管路附件系列等产品，并承接船厂非标机械配件的生产及设计。经过多年努力开发经营，得到研究设计部门和广大用户的大力支持，生产规模日益扩大，产品性能可靠，并已经得到船检部门的认可。

产品技术参数：

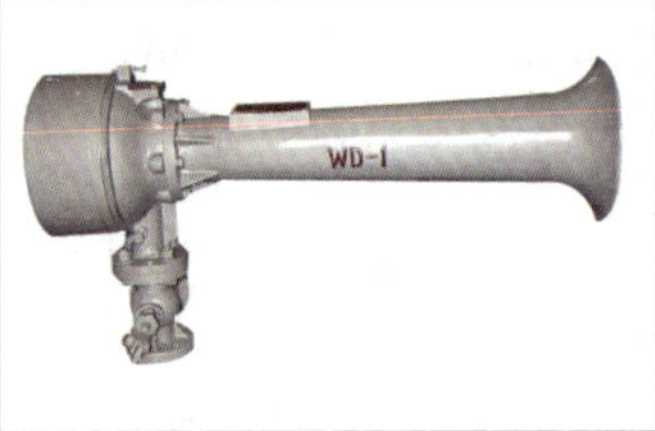

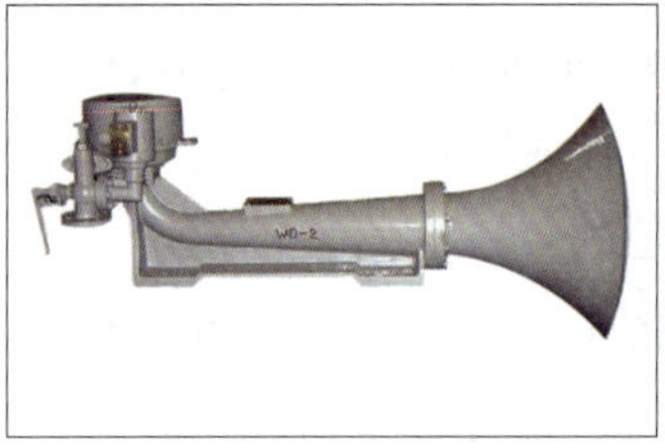

型号	船用雾笛 WD-1	船用雾笛 WD-2
电磁阀额定电压（AC/DC）	220、110、24	220、110、24
电磁阀消耗功率 (W)	45	45
公称通径 DN(mm)	25	25
额定压力 PN(MPa)	1.0	1.0
可听距离（海里）	1.0	1.5
声压级 (dB)	＞130	≥138
频率范围（Hz）	250~700	160
工作制	间断	间断
耗气量（m^3/s）	$< 8.3\times10^{-3}$	$\leq 8.3\times10^{-3}$
电热器电源电压（DC 或 AC）	220、110	220、110
电热器消耗功率（W）	＜250	＜250
执行标准	ISO GB	
持有证书	CCS	

生产单位：郁南县华杰西江船舶仪器有限公司

地址：广东省郁南县都城镇柳树塘路 2 巷 28 号　邮编：527199
联系人：张权科　13927124839　电话：0766-7592302　传真：0766-7593820
网址：www.dgxihang.com　邮箱：xijiang@gdxihang.com

公司是原中国船舶工业总公司联营企业，前身是军工企业。1978 年由广东军工、造船部门报中华人民共和国原六机部同意，指定由我公司进行专业化研制、生产船用雾航气笛，是全国最大的气笛研制和生产基地。产品畅销全国各船厂及东南亚各地。公司通过 ISO9001：2008 质量体系认证，制造的产品均经船舶检验部门认可，提供 CCS 中国船级社证书。

产品技术参数：

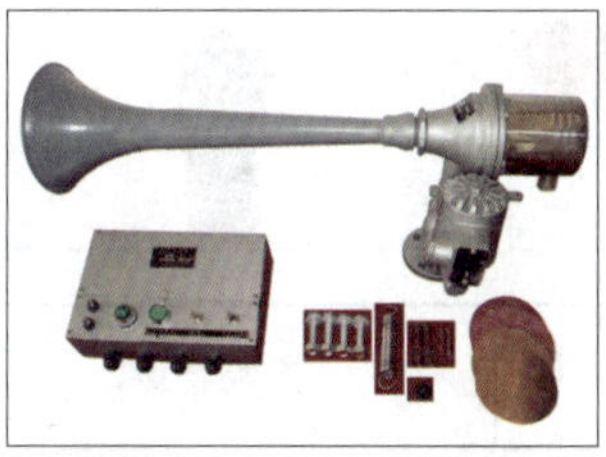
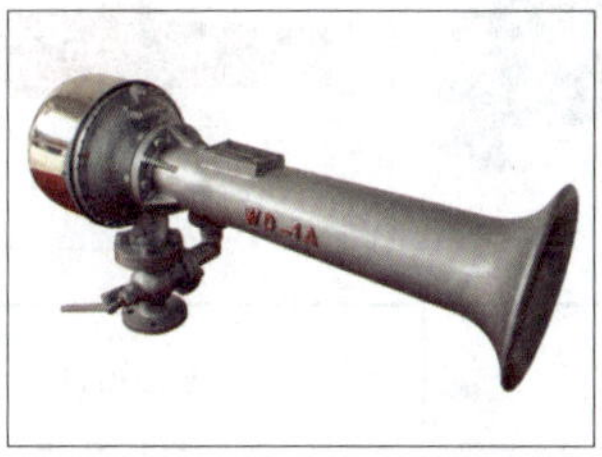
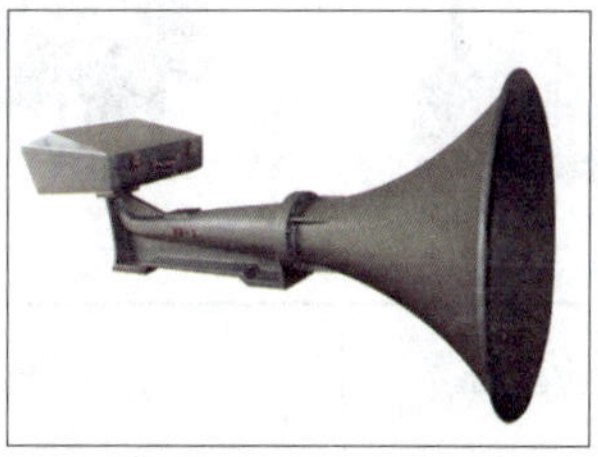

型号	执行标准	有无专利	持有证书	
1）WDK 型雾航笛自动控制器 2）WD 系列雾航气笛 3）HSD 系列活塞式电动笛	符合 IMO、ISO、SOLAS、IACS 规范或标准	HSD 系列活塞式电动笛获国家专利	所有产品均有中国船级社（CCS）产品证书，型式认可证书	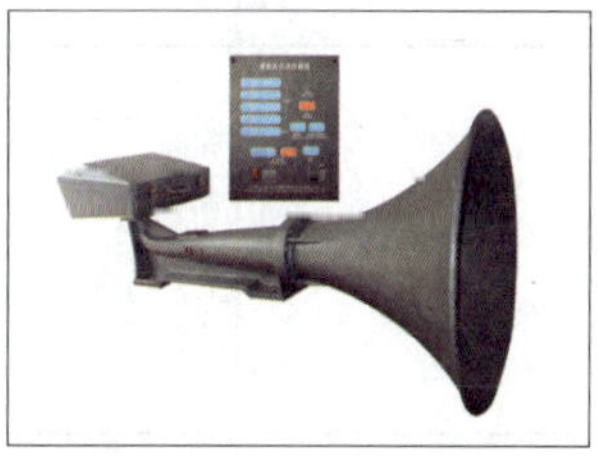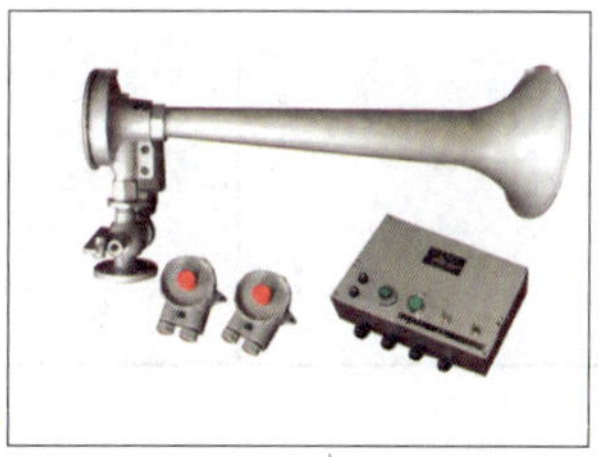

生产单位：中电科（宁波）海洋电子研究院有限公司
中国电子科技集团公司第三十六研究所

地址：浙江省宁波市国家高新区扬帆路研发园 B 区　邮箱：scb@jec.com.cn　网址：www.cetcmaritime.com
电话：0573-82797132 0573-82651653　传真：0573-82797201 0573-82651853

中国电子科技集团公司第三十六研究所为国家一类研究所，下属单位中电科（宁波）海洋电子研究院有限公司专业从事海洋电子产品研发、生产和销售。主要产品之一的卫星紧急无线电示位标，填补了我国在国际上无同类产品的空白。

产品技术参数：

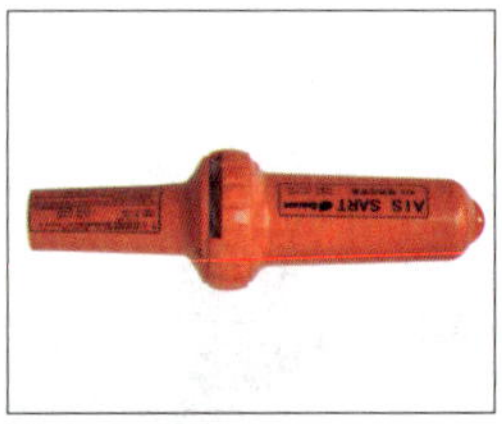

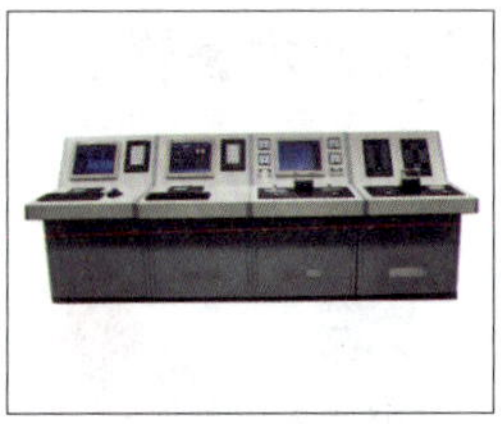

名称型号	产品概述	功能用途	产品特点	认证资质
卫星紧急无线电示位标 (VEP8)	示位标在船舶沉没后自浮于水面，并发射带有位置和身份信息的信号来指示其位置。信号由国际搜救卫星转发，覆盖全球任何区域	具备自动释放装置和自动激活开关，可自主工作，也可手动激活。船舶沉没后自动弹出，遇水激活并自浮于水面，便于搜救人员定位	超长工作寿命，可连续发射超过 400h；内置 GPS，定位精确及时；高增益天线，确保信号有效发送；超亮闪光灯，清晰指示遇险位置	获得国际搜救卫星组（COSPAS-SARSAT）、中国船级社（CCS）、中国渔检（ZY）等认证证书
中高频无线电装置 (HX3000)	拥有自主知识产权的船用通导设备；全面符合 IEC 61097-9 等国际规范；根据国际海事规则，A2~A4 海区作业的船舶必须安装该装置	SSB 话音；一键式遇险报警；6 个标准遇险信道同时值守；支持图形化气象预警信息显示；200 个用户信道，预设全部 ITU 信道；频率扫描；内置 GPS 模块；台面安装以及嵌入式安装	操作便捷、性能稳定可靠；6 路标准遇险信道同时值守，提高海事救援能力；6 路例行 DSC 信道同时值守，增强例行通信可靠性；功能、指标支持软件升级；支持主流自动天调	产品性能指标满足国际标准，并通过中国渔检局型式认可
雷达应答器 (ESR-06)	搜救雷达应答器（SART）是全球海上遇险和安全系统（GMDSS）中的寻位装置	通过搜救船或直升机的导航雷达探测脉冲作用，发射的信号能在搜救船或直升机的导航雷达荧光屏上显示出 SART 的确切位置；能使手持 SART 的幸存者或配备 SART 的遇险船、艇发现有搜救船或直升机在向其靠近	采用 X 波段小信号检波技术、波形产生技术、高效率电源转换实现低功耗，具有良好的电磁兼容性，技术成熟，性能可靠	产品性能指标满足 ITU-R M.628-2S、IEC-1097-1 国际标准，并通过 CCS 型式认可和中国渔检局型式认可
VDR 用示位标（自浮式数据保护单位）(VEP8V)	FFC 是船用黑匣子（VDR）的一部分，在船舶沉没后自浮于水面，并发射带有位置和身份信息的信号来指示其位置 信号由国际搜救卫星转发，覆盖全球任何区域	具备自动释放装置和自动激活开关，可自主工作，也可手动激活；内置 VDR 存储介质，船舶沉没后自动弹出，遇水激活并自浮于水面，便于搜救打捞	超长工作寿命，可连续发射超过 400h 创新免割线分离接头，可反复使用；紧凑化设计，世界最小的 VDR 用示位标	按照最新国际标准 MSC.333(90)-2012 设计即将获得国际搜救卫星组织（COSPAS-SARSAT）、中国船级社（CCS）认证证书
主机遥控系统 / 机舱监测报警系统 (VIR01-A/VIM6-A)	VIR01-A 主机遥控系统和 VIM6-A 机舱监测报警系统能远距离实现对主推进装置的控制和机舱设备运行状况的监测，改善轮机人员的工作条件	实现对主推进装置多种工况下的控制及保护，对机舱设备的工况实时监测，为船舶安全航行提供高品质控制和高可靠保障	采用模块化设计和先进组网技术，安装维护方便，具有自诊断功能和独立的主推进装置安保单元，人机交互友好，产品美观大方	产品符合《钢质海船入级规范（2012）》和《CB/T 3260-2008 船舶大功率主柴油机遥控装置》的相关要求和规定

生产单位：JRC 结雅希（上海）贸易有限公司

地址：上海浦东大道 138 号永华大厦 19 楼 C 座　邮编：200120　邮箱：sales@jrc-cn.com
电话：021-20240607/08/09/10　传真：021-20240611　网址：www.jrc-cn.com

日本无线株式会社（JRC）创立于 1915 年，是全球有着最长海事电子领域历史的公司之一。为航行安全提供可靠与先进的海事通信、船舶导航与声纳设备。

产品技术参数：

设备种类	船用测深仪 JFE-380

SPECIFICATIONS	
Display 显示单元	6.5" Color TFT LCD (640 × 480 pixels)
Frequency 频率	200kHz / 50kHz
Echo color 回波颜色	8 colors or 8 level monochrome
Digital depth 数字显示的深度	4 digit (0.1m)
Range 量程	10, 20, 50, 100, 200, 500, 800m
Depth accuracy 精度	±2.5%
Minimum sounding depth 最小测试深度	200kHz : 1.0m, 50kHz : 2m
Draft adjust 吃水校正	50m in 0.1m steps
TX pulse repetition rate 发射脉冲重复频率	171PRR (10, 20, 50m)
	86PRR (100, 200m)
	43PRR (500, 800m)
Presentation mode 显示模式	Standard, History, Docking
Time range of echo display 回波显示时间间隔	5, 10, 20, 30min
Auto function 自动功能	Gain, Range
Alarm function 报警功能	Depth, Power fail, System error
Preview function 预览功能	24hour
Transducer 传感器	200kHz : UT-200ND
	50kHz : UT-50MD
Power supply 电源	100~115/200~230VAC±15%, 50Hz/60Hz±5%
	24VDC (only use for power fail monitoring)
Power consumption 功耗	Less than 20W
Waterproofing 水密单元	Display unit : IPX5 jet proof
	Connection Box : IPX2 drip proof

设备种类	船用测深仪 JFE-680

SPECIFICATIONS	
Display 显示单元	10.4" Color TFT LCD(640x480 pixels)
Frequency 频率	200kHz / 50kHz
Echo color 回波颜色	8 colors or 8 level monochrome
Digital depth 数字显示的深度	4 digit (0.1m)
Range 量程	10, 20, 50, 100, 200, 500, 800m
Deopth accuracy 精度	±2.5%
Minimum sounding depth 最小测试深度	200kHz : 1.0m, 50kHz : 2m
Draft adjust 吃水校正	50m in 0.1m steps
TX pulse repetition rate 发射脉冲重复频率	171PRR(10, 20, 50m)
	86PRR (100, 200m)
	43PRR (500, 800m)
Presentation mode 显示模式	Standard, History, Docking
Time range of echo display 回波显示时间间隔	5, 10, 20, 30min
Auto function 自动功能	Gain, Range
Alarm function 报警功能	Depth, Power fail, System error
Preview function 预览功能	24hour
Transducer 传感器	200kHz : UT-200ND
	50kHz : UT-50MD
Power supply 电源	100~115/200~230VAC±15%, 50Hz/60Hz±5%
	24VDC(only use for power fail monitoring)
Power consumption 功耗	less than 50W
Waterproofing 水密单元	IPX2 drip proof

生产单位：深圳市南方新通技术有限公司 SNC

电话：0755-82122809　传真：0755-82122909
邮箱：support@szsnct.com　网址：www.szsnct.com

深圳市南方新通技术有限公司成立于 2011 年 5 月，注册于中国广东深圳市，注册资金 100 万元人民币。公司的主要业务是为船东、船厂等用户提供船用卫星通信 VSAT 系统、船用智能网络平台、船舶数字电视 IPTV 系统、船用数字式远程监控 CCTV 系统，公司提供从设计、制造、以及系统集成的整套服务。

公司还是美国 SEATEL 公司的授权代理商，以及亚洲区的技术服务商。不但销售 SEATEL 公司的全系列船用自动跟踪卫星天线产品，还负责为到中国航区的全球 SEA TEL 客户提供本地化的技术服务。

产品技术参数：

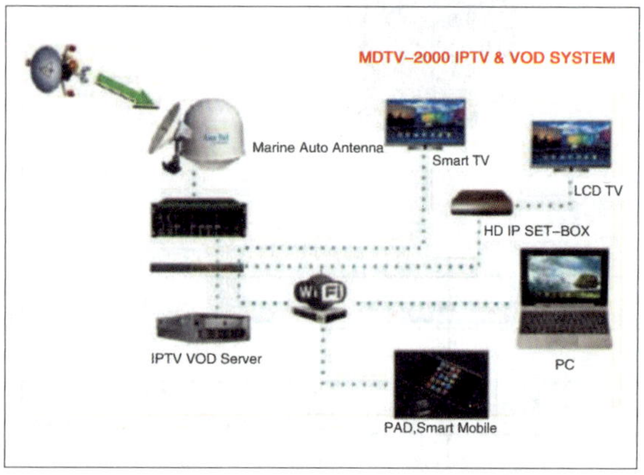

船用 IPTV 系统

数字时代的娱乐系统，支持网络传输的直播和点播系统
支持直播电视节目，时移电视，服务器存储的电影，电视剧，音乐节目点播
支持在线学习，培训，考核系统
系统最大支持超过 500 用户同时点播及收看直播电视节目
系统支持超过 100 个电视节目
系统支持机顶盒，电脑，平板电脑，手机接入 IPTV 系统点播、收看节目
用户个性化定制 IPTV 系统界面，安装简便，可远程维护

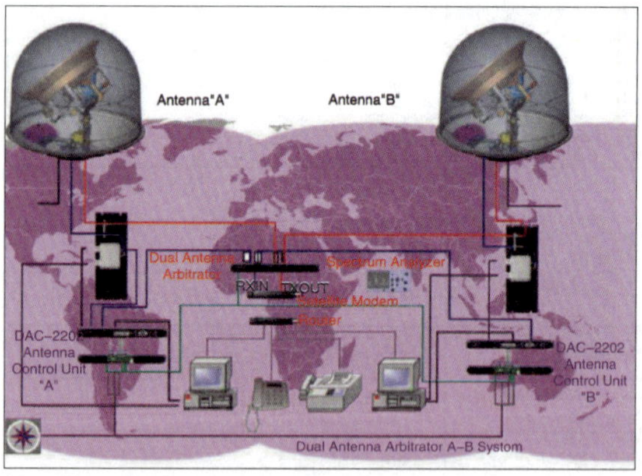

船用卫星宽带通信 VSAT 系统

全自动的全球漫游卫星宽带系统
单台 KU/C 波段天线 + FBB 备份 VSAT 系统，始终在线
双台 KU/C 波段天线 + FBB 备份 VSAT 系统，远程故障诊断，安全，可靠
支持互联网访问，语音传输，视频传输，远程办公接入
带宽从 512KB~6MB, 可选

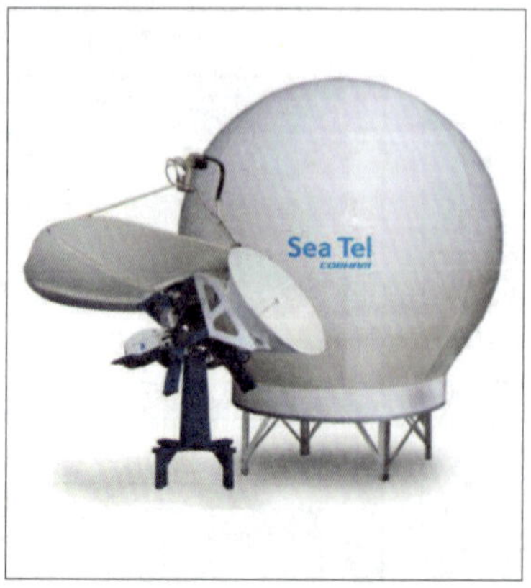

船用自动跟踪天线系统

全系列自动跟踪卫星天线，天线尺寸从 0.35~3.7m
天线工作波段从 KU, KA, C 波段
天线用于卫星电视接收，全球卫星节目尽在掌握
天线用于卫星宽带通信，建立稳定的卫星网络通信线路
全数字天线控制方式，远程监控天线工作状态，支持故障诊断及恢复

自动操舵装置

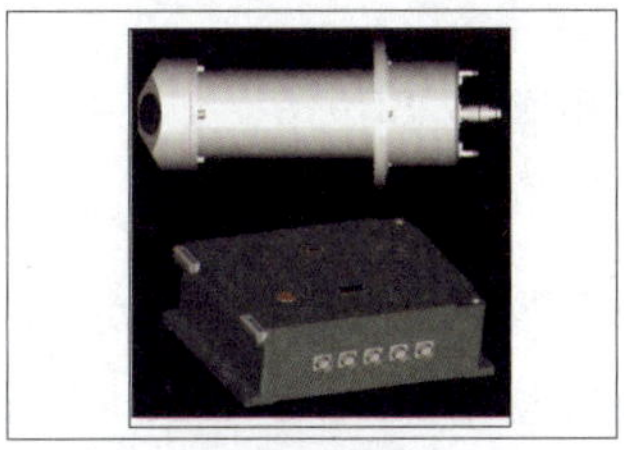

P 214

P 214

P 214

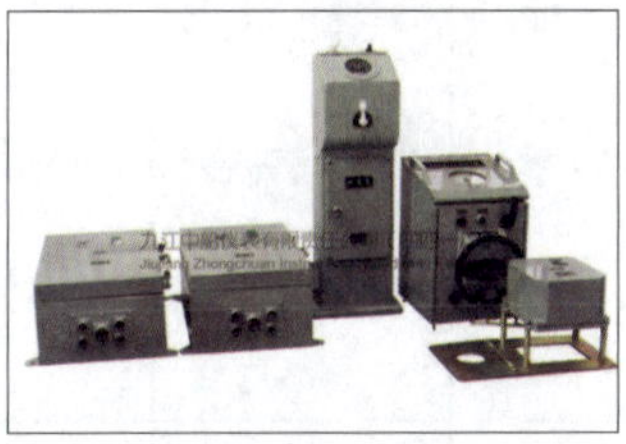

P 215

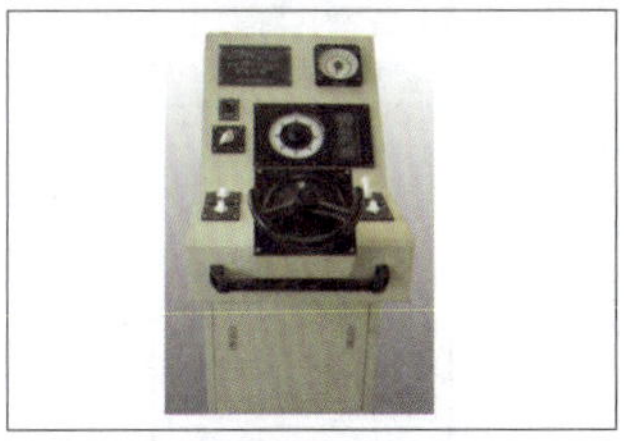

P 216

P 216

自动操舵装置是船舶的一种重要的导航设备，用来对船舶航向进行自动调节的装置。它通过陀螺罗经（或复示磁罗经）不断地把传送来的船舶实际航向与给定（希望）航向及舵角大小相比较，以获得相应的控制信号来控制舵机适当的转舵，使船舶自动保持在给定的航向上航行。它能够自动地、高精度地保持或改变船舶的航向，以保证船舶减小速度损失以缩短航行时间，从而节约燃料以延长船舶的航行半径，因此对远航的船舶具有重要的意义；它还能节省人力减轻劳动强度，这对于保持操作人员有旺盛的精力以保证船舶安全起着积极的作用。国内台州市椒江八达船用电器厂自主研发、生产电罗经自动操舵仪、磁罗经自动操舵仪、随动操舵仪、发电机自动启动装置、方位（航向）分罗经、船用机电一体化控制设备等；锦州航星电子电器有限公司涉及航海仪器、消防仪器、通信设备、真空设备、工业控制仪器仪表等领域，产品主要有：计程仪、自动操舵仪、随动操舵仪、主机传令钟、各类交直流舵角指示器、电铃声光报警器、滤波器等；锦州利达航海电器有限公司与大连海事大学、辽宁工业大学等高校有常年技术合作，公司主要产品有：航迹自适应操舵仪、航向自适应操舵仪、随动操舵仪、主机传令钟、机舱组合报警系统、电子鸣音器系列、电子报警器系列、舵角指示器系列以及驾控台等非标电器产品等，公司已通过 ISO9001 质量管理体系认证，产品均可提供 CCS 型式认可证书和产品检验证书。部分产品可提供欧盟 EC、英联邦 MCA、美国 ABS、俄罗斯 RS 工厂认可证书和产品检验证书。

生产单位：中船重工第七〇七研究所九江分部

地址：江西九江市前进西 105 号 邮编：332007 电话：0792-8254072 8253642 8250919
传真：0792-8252653 网址：www.jj707.com

中国船舶重工集团公司第七〇七研究所九江分部始建于1960年，专业从事船舶自动操纵控制、船舶测速、油液污染控制、液压阀件等系统及装备的研究设计、试验与制造。拥有国家级船舶导航产品技术检测中心、省级重点实验室和省级工程技术研究中心各一个，具备完善的质量体系认证，已通过了 ISO9001 体系认证和中国船级社体系认证。

产品技术参数：

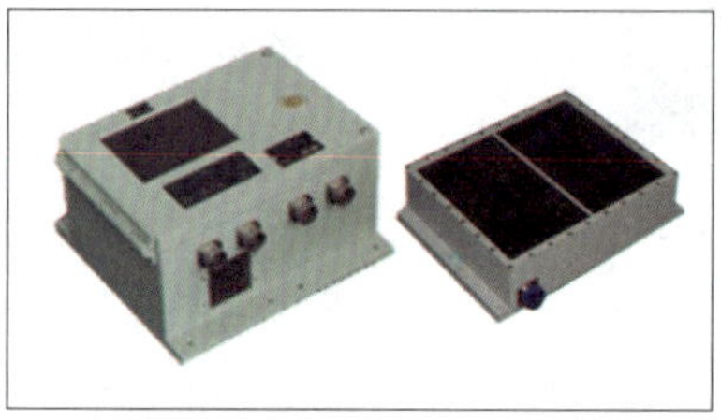

型号	基本参数	产品特点	实现功能	选型优势	执行标准	有无专利
自动操舵仪 HLD-AP1000	适用于普通电磁阀开关量控制的摆缸式舵机、转叶式舵机以及阀控式的川崎舵机 AC380V/50Hz 或 AC440V/60Hz 以及 DC24V	全数字化设计、采用 CAN 总线技术，系统扩展性强，可维护性强	具有自动、随动、简操、越控简操、桥翼 RFU 等五种操舵方式、自动操舵方式分为：航向自适应控制、舵迹控制、转向半径控制、转向速率控制等四种	完全模块化设计。可以根据不同船舶的情况进行不同的模块组合及选配件，系统升级能力强。支持国际、国内所有标准的接口信息	具有 CCS 证书；符合：IEC60945、IEC61162、ISO11674 等国际规范	专利号 ZL2010 20131694.X
多普勒计程仪 SDP-2	测速范围： 纵向 ±40kn 横向 ±10kn 速度精度： ±0.1kn(≤10kn) ±1%(>10kn) 海底跟踪深度： 3~200m	换能器采用 JANUS 配置，补偿性好；信息发送全面兼容国际、国内多种标准	可提供对地、对水的双维速度，具有测深功能。信息发送和复示设备根据用户需求选配	模块化设计，通用性好； 换能器采用高性能单元，精度高、寿命长； 可分别提供对地速度和对水速度	按国标、船标、国军标生产，符合 IMO/SOLAS 规范或标准	
电磁计程仪 EML6	测速范围： -12~+40kn 速度精度： ±0.2kn 航程解算精度： <0.5%	基于电磁测速度原理，采用模块化设计，通用性好、精度高符合国军标和 CCS 船标。适用于军船、公务船等高速船舶	测量对水速度，进行航程累计，向导航和武备系统发送信息	传感器可安装在船底侧壁，满足高速船型特点；通过水门组闸阀进行系泊状态维护；支持国际、国内所有标准的接口信息	具有 CCS 证书；符合：IMO/SOLAS 规范或标准	

生产单位：九江中船仪表有限责任公司（四四一厂）

地址：江西省九江市十里大道 1039 号　邮编：332007　邮箱：sell1@cnjsic.com　电话：0792-8269992
传真：0792-8269445　联系人：陈谢锋 13970258088　网址：www.cnjsic.com

九江中船仪表有限责任公司（四四一厂）于 2006 年由原国防科工委批准组建，是中国船舶工业集团公司所属的大型综合性舰船导航仪器仪表重点生产企业。公司以自动操舵仪、陀螺罗经为代表的船舶导航设备和系统，以射流管电液伺服阀为核心元件的精密液压控制系统，以及以含油污水自动监测为代表的环保系统，在国内占有非常重要的位置，主要产品技术处于国内领先地位。

产品技术参数：

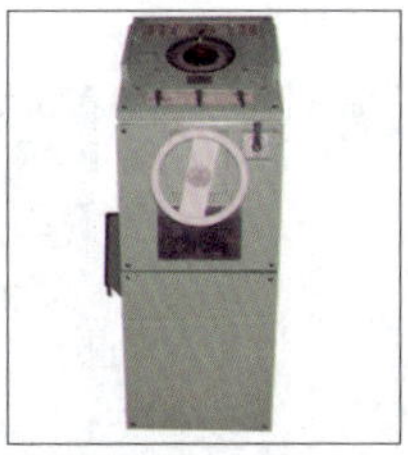

产品名称	功能特点	选型优势	执行标准	有无专利	持有证书
H/HLDOO5E-05 陀螺罗经	1）采用微机控制、小型一体化 2）能在大倾斜角度下正常工作 3）升温低、可靠性高、适应频繁机动 4）稳定时间短、剩余误差小、可以遥控启动罗经	本陀螺罗经与其他各种陀螺罗经相比，具有可靠性高、移定时间短、精度高、外型尺寸小、能输出多路模拟和数字接口	采用国内先进标准、符合钢质海船入级建造规范、SOLAS、及 IMO 要求。通过 ISO9001 质量体系认证	产品获得过实用新型、外观设计等专利	产品质量获得 CCS 船级认可
JY5303 随动操舵仪	适合于装有液压舵机的各类型船舶，用来操纵船舶航向，有“随动”及“简单”二种操纵方式，全部实行双通道	本操舵仪性能好，可靠性高，操纵灵活等优点，是中小型船舶配备的理想产品			
CP1105G 自动操舵仪	它是新一代国产船用陀螺罗经组合操舵仪，它把小型电控陀螺罗经与标准的双套全独立系统 PID 自动操舵仪有机的组合在一起，使船舶导航和操舵一体化、系列化、现代化，是现代化大中型船舶的理想设备	本操舵仪与其他各种操舵仪相比，具有可靠性高、报警系统完善，应急自动操舵，数字 VDR 接口等显著特点。它设有两套完全独立的控制通道，三种操纵方式，共二十几种工作状态，是目前国内最先进的组合式 PID 自动操舵仪之一			
CP1106H 组合操舵仪	1）自动操舵：通过设置工作参数使船艏自动跟踪所设置的航向 2）随动操舵：通过操舵手轮，使舵转到操舵手轮设置的角度 3）手动操舵：通过简操开关直接控制电磁阀操舵 4）电罗经、磁罗经均可进行自动操舵 5）自动操舵时具有可调的舵角限位功能 6）全数字化控制，具有转弯角数率显示功能 7）配备在电气上独立于操舵系统的舵角指示系统 8）可以和本厂罗经 HLD005E 组合，也可与其他国内外小型罗经配接	本操舵仪与其他各种操舵仪相比，实现数字化控制，可靠性高、报警功能完善，它设有两套完全独立操舵系统，三种操纵方式，可用电罗经和磁罗经进行自动操舵，并具备 VDR 通信接口，主操纵台可提供模块化组件以适应驾控台安装，是目前国内最先进的组合式自动操舵仪之一			

生产单位：中船航海科技有限责任公司

地址：上海市浦东新区金桥路 525-535 号　邮编：200136　电话：021-58713254/58713775
传真：021-58713798　网址：http://smif.cssc.net.cn 邮箱：18017812246@qq.com

中船航海科技有限责任公司隶属于中国船舶工业集团公司，是集团为了发展航海导航产业，将中国船舶系统工程研究院相关专业和上海航海仪器有限公司重组形成的该领域的旗舰企业，是我国导航自动化设备、机舱自动化和海洋信息化产品重要科研生产基地之一。 主要产品：驾控台系列、集控台系列、DH 系列电控罗经、DC-III 系列自动操舵仪、CF-III 系列复示磁罗经、磁罗经系列、RAI 系列舵角指示系统、地铁电动组合风阀、不锈钢非标制品、有色金属铸造产品等。

产品技术参数：

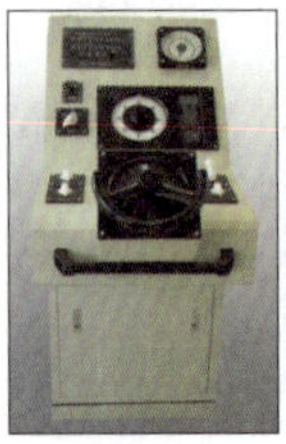

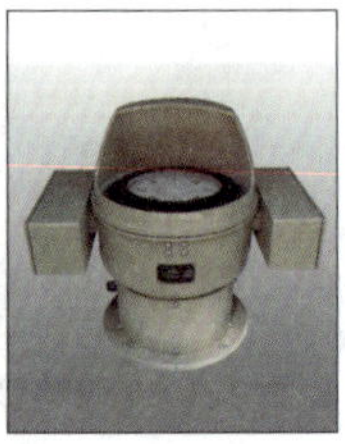

型号	基本参数	产品特点	实现功能	选型优势	持有证书
DC-III 型自动舵	适用于开关量电磁阀控制的舵机 AC380V/440V 50/60Hz AC220V 50/60Hz DC24V	·模块化设计安装布局灵活，操舵台外形可定制 ·舵机控制开关、接触器继电器等重要元器件采用施耐德等优质可靠产品。 ·全数字输入输出接口 ·采用自适应功能的模糊控制方法，操纵更平稳 ·有亲和力的人机交互界面	·控制方式：自动、随动、手动、应急、辅操 ·适用船型：单舵单机、单舵双机、双舵双机 ·集成舵机的报警 ·自动操舵状态下，实现电、磁罗经自动切换功能 ·系统维护升级便捷	·具有系统 1 和系统 2 双独立控制系统。系统故障时自动切换（热冗余），保证航行安全 ·支持双机双舵的异步运行 ·配套本公司自有电、磁罗经及舵角便于维护管理	CCS
DC-2GM 型自动舵	适用于开关量电磁阀控制的舵机 AC380V/440V 50/60Hz AC220V 50/60Hz DC24V	·模拟式自动舵 ·模块化设计安装布局灵活，操舵台外形可定制 ·舵机控制开关、接触器继电器等重要元器件采用施耐德等优质可靠产品 ·采用 PID 控制方法，操纵更平稳	·控制方式：自动、随动、手动、应急、辅操 ·适用船型：单舵单机、单舵双机 ·集成舵机的报警 ·实现电、磁罗经操自动舵功能 ·配套单面舵角指示器	·具有系统 1 和系统 2 双独立控制系统。系统故障时切换系统保证航行安全 ·集成度高，综合成本低 ·配套本公司自有电、磁罗经及舵角便于维护管理	BV CCS ZY
DH-IIG 型电罗经	AC220V 50/60Hz DC24V	·稳定可靠 ·操作简便 ·启动稳定快 ·精度高 ·仪器体积小，质量轻 ·检修方便	·采用电磁控制和电磁补偿的小型陀螺罗经，能自动快速找北，并能跟踪地理子午面，在船上用来持久地指示航向信息。适用于各类船舶和军辅船	·产品成熟、可靠性及市场占有率高、售后服务完善，维护及使用成本较低	BV CCS ZY
RAI900 型舵角指示器	AC220V 50/60Hz DC24V	·LED 模拟灯光带并结合数字显示舵角 ·精度高 ·接线简单，调整方便 ·全数字化电路，数字信号输出 ·抗干扰能力强，传输距离远	·将舵角角度信息准确实时地显示在需要的场所 ·整套装置应完成舵角角度的采集、数字化处理、数字化传输、显示（数字式和模拟光带显示）、控制（如显示器的亮度）等功能	·本系统没有传统自整角机式舵角存在指示误差和非线性误差及放大效应。也不会因电机卡死影响其他分显正常指示 ·调整快捷方便。可进行区域分段调整，减小平行四边形误差达到最精确的指示	CCS

民用船舶设计配套产品选型手册

Product Type Selection Relating Civil Ship Design

（2020版）

第五章

船舶电气及自动化

船舶自动化

P 219

P 220

P 222

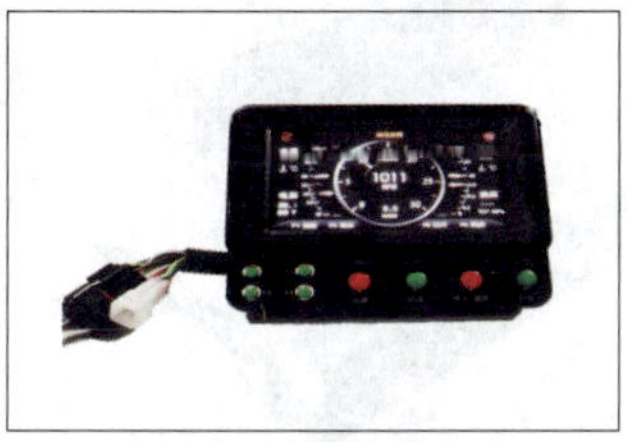
P 223

P 229

P 234

船舶自动化产品主要包括四个系列：主机遥控系统、机舱监测报警系统、阀门遥控系统和船舶综合管理平台。

主机遥控系统可以针对各种进口和国产的主机类型，提供用于低速机和中高速机的主机遥控系统。每款产品都根据配套主机的情况专门开发接口部分和设计控制策略，可以和主机很好地配套。另外，专门在主机遥控系统网关模块和安保模块上投入了大量的研发和测试工作，保证系统在恶劣海况和特殊情况下能够稳定工作，具有很高的可靠性和稳定性。

机舱监测报警系统采用目前国际知名品牌普遍采用的 16 位单片机、32 位单片机和 PLC 开发，采用模块化理念设计，系统安装调试周期短、维护方便，在系统毁坏时通过更换备用模块即可迅速完成维护。专为船舶机舱监测报警系统研发的模块可以更好地适应船舶环境，功能更贴近船舶。同时，通过采用通用化和标准化设计，系统模块均可以采用相同功能的国际知名品牌的 PCL 代替，为客户解决后顾之忧。

阀门遥控系统为中船重工远舟北京科技有限公司和七一三所、大连阀门厂、七二三所等单位联合研制，代表了国内的最先进水平。产品包括液压泵站、驱动头、电气控制系统和电液驱动装置等，产品在功能和性能上均达到进口同类产品水平。已在多艘船舶上进行了安装，系统可靠性高、故障率低、效果良好。

船舶综合管理平台系统可以对全船所有的静态和动态数据进行监控，包括船舶的图纸信息、维护信息、机舱监测报警信息等在内的几乎所有的船舶信息内容。通过船舶综合管理平台可以实时查看所需要的全船所有信息，为船舶的维护、保养和安全等提供参考。同时，系统具有船岸通信和远程指挥等功能，有助于实现现代化的船队管理和岸上指挥中心实现对船舶状态的实时监控及指挥。

此外，中船重工远舟北京科技有限公司也可以根据客户需要，完成例如液位遥测系统等多种船舶自动化系统的设计生产工作。远舟公司在北京和上海有人才和设施配备齐全的船舶自动化系统科研机构和生产厂，承担过多个船舶自动化相关的国家科研项目，并有多年的船舶自动化设备生产经验。

生产单位：郑州众智科技股份有限公司

地址：河南省郑州市高新技术开发区金梭路 28 号　　邮编：450001
电话：0371-67988888/67981888/67991553/67992951　　传真：0371-67992952
外贸直线：0371-67981000　　邮箱：sales@smartgen.cn　　官网：www.smartgen.com.cn

郑州众智科技股份有限公司成立于 1998 年，是新三板上市企业。专业从事发动机 / 发电机组智能控制、双电源切换开关及智能控制、发动机机体加热器、蓄电池充电器等相关产品的设计、研发、制造、销售和服务，是全球发电机组行业最具影响力的设备制造商之一。

公司船用产品先后通过中国船级社 CCS 和法国船级社 BV 认证。

远程监控模块

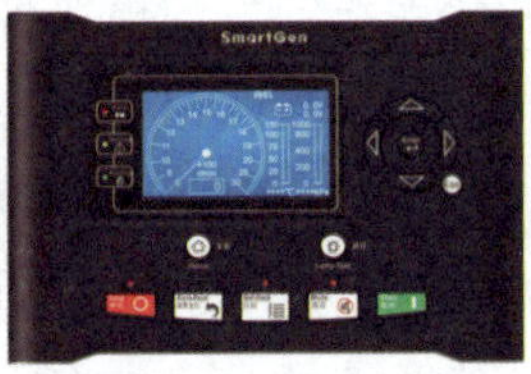

柴油发动机控制器

功率管理控制器

柴油发动机控制器

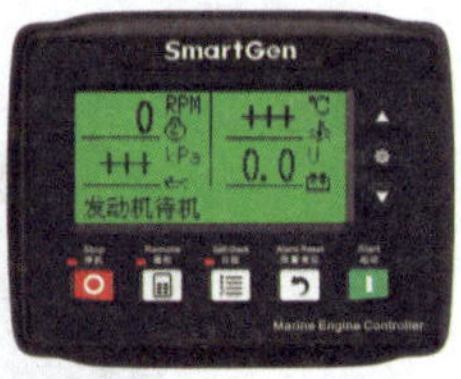

柴油发动机控制器

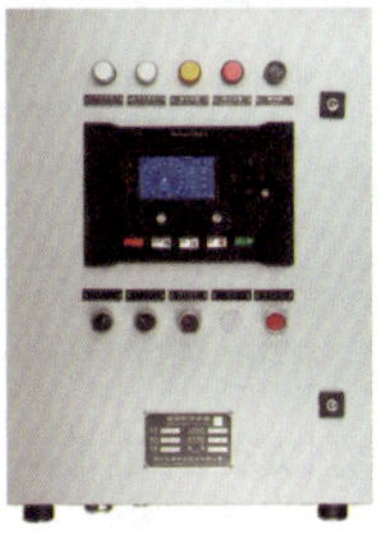

柴油机自起动控制箱

电子电位器

电量综合保护模块

模拟量输入模块

压力变送器

产品技术参数：

产品	产品特点	应用
HMC9000系列	具有CANBUS、RS485，用于具有J1939接口发动机；通过CAN总线可扩展输入、输出、安保以及远程监控模块	应用于船用应急机组、主推、主发机组
HMC6000A	通过CAN总线可以扩展输出、安保以及远程监控模块	应用于船用应急机组、主推、主发机组
HMC4000系列	通过CAN总线可以扩展输出、安保以及远程监控模块	应用于船用应急机组、主推、主发机组
HMC6功率管理控制器	船用功率管理控制器（PMS）	船用功率管理

生产单位：英泰驱动控制（沈阳）有限公司

地址：沈阳市浑南新区远航东路 15 号
联系人：满永奎
手机：13840388226
电话：024-23786568
传真：4008266163-69955
邮箱：sales@invertekdrives.cn
网址：www.invertekdrives.cn

英泰驱动控制（沈阳）有限公司是隶属于英国 Invertek Drives Ltd 的全资子公司，于 2003 年在沈阳成立英泰中国办事处，2005 年正式注册成立英泰驱动控制（沈阳）有限公司。公司经过十多年的发展，现已成为集变频器原器件采购，变频器半成品组装，变频器销售，变频器应用，及优秀的售后服务支持的一体化变频器供应商。英泰变频器中国区的销售及售后服务中心全心全意为客户提供电气传动项目、变频器应用的解决方案。

公司总部（Invertek Drives Ltd）位于英国威尔士。英泰公司致力于交流变频器的设计、制造、销售及应用，在全球的 80 多个国家设有服务中心。

英泰变频器产品技术参数：

类型	特点	控制方法	控制电机种类
ODP-2系列 	0.75~250kW 200-600V单项&三相输入 IP20，IP55和IP66防护等级 内置PLC功能 无传感器零速大转矩（200%） 150% 60秒和200% 4秒的过载能力 简单易用，14个基本的参数设置 支持蓝牙模块Optistick，实现快速参数复制。 插拔式控制端子，接线便捷。	V/F电压控制 能量优化V/F 无传感器矢量速度控制 无传感器矢量转矩控制 同步磁阻电机控制 无刷直流电机控制 闭环（编码器）速度控制 闭环（编码器）转矩控制 开环永磁电机矢量控制	感应电机（IM） 永磁电机（PM） 无刷直流电机（BLDC） 同步磁阻电机（SynRM）
ODE-3系列 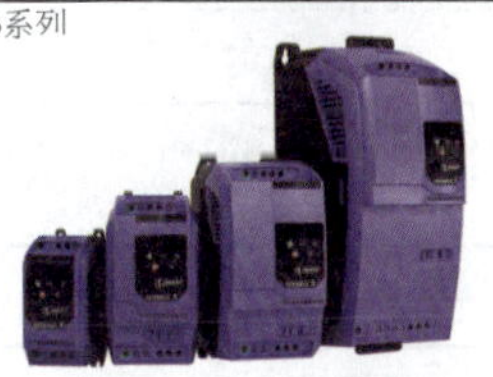	0.37kW到22kW的功率可选 调试简单 14个基本参数 宏应用 根据应用切换工业，风机或泵模式 内置PI控制 60秒150%和2.5秒175%的过载能力 内置EMC滤波器 内置Modbus和CAN通信 支持蓝牙连接PC	无传感器矢量控制 PM电机矢量控制 BLDC电机控制 同步磁阻电机	感应电机（IM） 永磁电机（PM） 无刷直流电机（BLDC） 同步磁阻电机（SynRM）
ECO 	0.75~250kW 能量优化设计 内置EMC滤波器 低噪音运行 避免共振 简单的参数设置 内置PID控制器 智能的HVAC系统 支持多种工业总线通信	ECO矢量电机控制技术 多种电机控制 精确地速度控制 独特的多泵控制策略	感应电机（IM） 永磁电机（PM） 无刷直流电机（BLDC） 同步磁阻电机（SynRM）
Elevator 	5段独立的S曲线 快速的楼层间运行，减少乘坐时间 高开关频率（最大32kHz），使电机平滑运行 专用的电机制动算法，确保安全平稳的制动 防回转（使用编码器） 外部UPS救援模式 内置PLC功能，适应各种控制系统 标准的Modbus RTU和CANopen通信 高达50℃下满载运行 符合SIL3标准	单独控制IM和PM电机 开环或者闭环控制标准的IM电机 开环或闭环控制PM电机	感应电机（IM） 永磁电机（PM） 无刷直流电机（BLDC） 同步磁阻电机（SynRM）
Compact 2 	结构紧凑，体积小 14个基本参数 快速接线端子 适合大多数应用的默认参数设置 根据应用切换工业，风机或泵模式 内置PI控制，宏应用 内置EMC滤波器 内置Modbus和CAN通信 支持蓝牙连接PC	无传感器矢量控制 PM电机矢量控制 BLDC电机控制 同步磁阻电机	感应电机（IM） 永磁电机（PM） 无刷直流电机（BLDC） 同步磁阻电机（SynRM）

生产单位：泰兴市热工仪表厂

地址：江苏省泰州市泰兴市广陵镇西街 24 号　　邮编：225462
电话：0523-87301555　　传真：0523-87301998
邮箱：txrgtech@163.com　　网址：www.cn-redstar.com
联系人：刘欣（18652662895）

泰兴市热工仪表厂创建于 1970 年，专业生产各种船用（温度、压力、液位）仪表、船用泵阀等产品。公司通过了 ISO9001：2015、GJB9001B-2009 质量管理体系认证，获得三级保密资格证书。船用产品已获得 CCS、DNV · GL、ABS、NK、LR、BV 船级社型式认可。

选型产品技术参数：

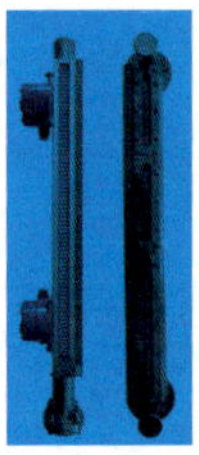

名称	型号	规格	船级社证书
压力表	YC-60 2.5级/YC-100 1.6级	量程0~6MPa（最大0~100MPa）	CCS
压力变送器	YSZK-01G-C	精度 ± 0.5%F.S. 防护等级 IP66	CCS、DNV · GL
温度计	WSS-411/WNG-11	量程0~500℃	CCS
温度变送器	WZPK-22I-C	精度 ± 0.5%F.S. 防护等级IP66	CCS、DNV · GL
磁性翻板液位计	UHZ-511(512、515)Z-C	精度 ± 10mm 工作压力1.0MPa	CCS、LR、DNV · GL、NK、ABS、BV
玻璃板液位计	ULB-3A(B)-C	工作压力0.2MPa	CCS、LR、DNV · GL、ABS、BV
自力式表盘液位计	HB-SPCG-150	精度 ± 1.5% F.S.	CCS、LR、DNV · GL
浮球液位控制器	UQK-01(02、03、652、651)-C	工作压力1.0 MPa	CCS、LR、DNV · GL、ABS、BV
喷射泵	CP15~200	流量15~200m^3/h	CCS
离心泵	CLH25~250	流量3~600m^3/h	CCS
自吸离心泵	CLZ40~125	流量5~200m^3/h	CCS
蝶阀	CS10050~CS10600	DN50~600	CCS
截止阀	AS/BS	DN15~300	CCS
截止止回阀	AS/BS/AQS/BQS	DN15~300	CCS
止回阀	AS/BS	DN15~150	CCS
闸阀	AS/BS	DN40~400	CCS
防浪阀	50~150	DN50~150	CCS

生产单位：泰兴市远达仪表有限公司

地址：江苏省泰州市泰兴市广陵镇育才路 88 号
邮编：225462
电话：0523-87301251
传真：0523-87302588
邮箱：ljy7301251@163.com
网址：www.txydyb.com
联系人：陆海涛（15094322588）

泰兴市远达仪表有限公司创建于 2001 年，专业生产各种船用（温度、压力、液位）仪表、船用仪器仪表等产品。公司通过了中国船级社质量管理体系认证，编号：CCSC16Q32448ROS。船用产品已获得 CCS、DNV·GL、ABS、NK、LR、BV 船级社型式认可，并于 2016 年获得中国海军武器装备资格证书。

选型产品技术参数：

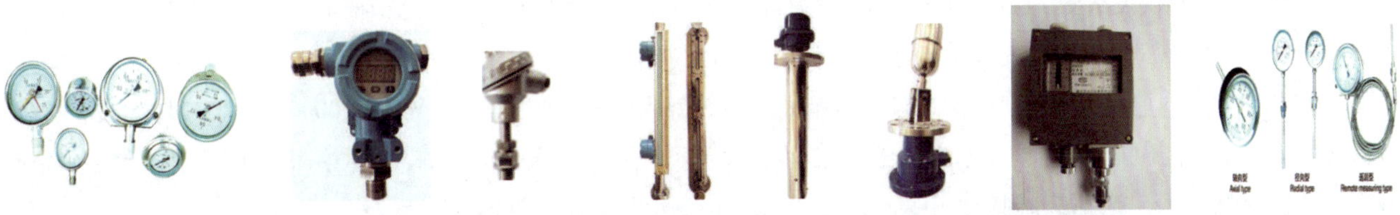

名称	型号	规格	船级社证书
压力表	YC-60 2.5级/YC-100 1.6级	量程0~6MPa（最大0~100MPa）	CCS
压力变送器	YSZK-01G-C	精度±0.5%F.S. 防护等级 IP66	CCS、DNV·GL
温度计	WSS-411/WNG-11	量程0~500℃	CCS
温度变送器	WZPK-22I-C	精度±0.5%F.S. 防护等级IP66	CCS、DNV·GL
磁性翻板液位计	UHZ-511(512、515)Z-C	精度±10mm 工作压力1.0MPa	CCS、LR、DNV·GL、NK、ABS、BV
玻璃板液位计	ULB-3A(B)-C	工作压力0.2MPa	CCS、LR、DNV·GL、ABS、BV
自力式表盘液位计	HB-SPCG-150	精度±1.5% F.S.	CCS、LR、DNV·GL
浮球液位控制器	UQK-01(02、03、652、651)-C	工作压力1.0 MPa	CCS、LR、DNV·GL、ABS、BV
蝶阀	CS10050~CS10600	DN50~600	CCS
截止阀	AS/BS	DN15~300	CCS
截止止回阀	AS/BS/AQS/BQS	DN15~300	CCS
止回阀	AS/BS	DN15~150	CCS
闸阀	AS/BS	DN40~400	CCS
防浪阀	50~150	DN50~150	CCS

生产单位：武汉向一众鑫科技发展有限公司

地址：武汉经济技术开发区莲湖路 8 号民营工业园　　邮编：430056
手机：18607119582　董经理　　电话：027-84395286
传真：027-87786686　　邮箱：wuhanxiangyi@163.com

武汉向一众鑫科技发展有限公司是一家专业生产、销售船用安装式仪表、数显表、船用多功能仪表、船用变压器等船用产品的厂家。我公司拥有专业的技术团队，完善有效的售后措施。所有产品严格按照工艺生产，以保证我公司的产品质量优良，让客户用得放心，用得安心。

本公司所有产品适用于船用配电、铁路机车、电力系统、石油化工、工矿、核电站、移动电站等高要求、环境恶劣场所。

本系列仪表为模拟显示直接作用电测量指示仪表，用于各种交直流输配电系统，控制屏及用电设备上测量交直流电流、电压、频率、功率、功率因数、绝缘电阻检测仪和同步表等。本公司生产的船用仪表为 144mm×144mm、96mm×96mm、72mm×72mm、48mm×48mm 方型仪表，110mm×110mm，80mm×80mm 方圆形广角度船用仪表。根据船舶等行业实际使用环境条件及要求，对仪表结构，材料，密封等方面进行设计和改进，仪表具有先进的电子技术，合理的结构，优良的质量，仪表造型美观，重量轻，具有抗机械力和环境气候能力。

本公司船用仪表、船用变压器已先后通过中国船级社 CCS 型式认可，证书编号：WH16T00062，WH17T00039。我们坚持以科技进步为动力，不断满足客户需求为己任。武汉向一众鑫科技发展有限公司秉承“质量第一，用户至上”的经营宗旨，真诚完善的售后服务，不断开拓和创新，由衷感谢各用户对本公司的支持和鼓励。

公司产品展示:

带背光舵角表

双路绝缘监测仪

船用变压器

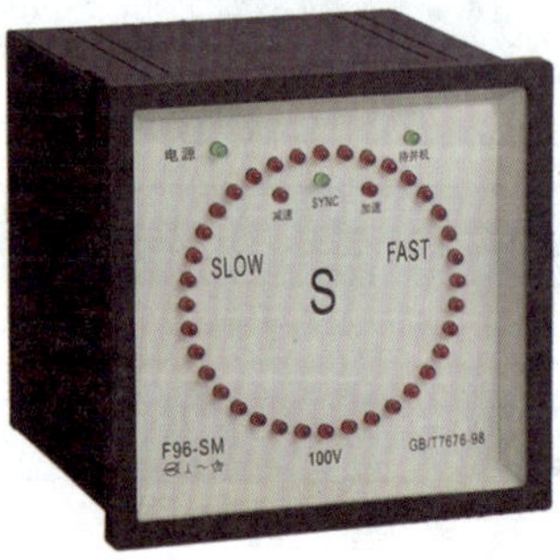

同步表

电压表

逆功率报警表

生产单位：上海耀通电子仪表有限公司

地址：上海崇明工业园区西门路号 699　　邮编：202150
总机：021-69625071　69625076　　销售：021-69626316　69625513
传真：021-69625721　邮箱：yzpch@126.com　　网址：www.yaotongsh.com

上海耀通电子仪表有限公司成立于 2000 年 4 月，位于上海崇明工业园区，是专业研发和制造与工程机械、重卡、客车、发动机、发电机、船机等使用领域配套各类仪表和传感器，以及相关汽车电子产品的 OEM 企业。公司现有厂房面积 6 500m^2，现年生产能力可达 30 万套。

目前国内客户主要包括三一、中联、徐工、福田、柳工、龙工、斗山、山推机械、山河智能、中国农机院、中国航天、上柴、北奔、科泰、雅柯斯、东风扬子江、申沃客车等国内外知名企业。

YT607F 系列仪表是我公司为船用开发的一款具有主机（YT607F-A）和副机（YT607F-B）通信功能的组合仪表。主机仪表具有转速，水温，电压，油温，油压及充电信号采集功能。副机通过 CAN 信号，同步显示主机内容。

仪表可以清晰显示发动机各种信息，同时诊断水温，油温，油压传感器短路和开路状态；仪表能够灵活设置转速，水温，电压，油温，油压的各项报警参数。

7 寸的 TFT 液晶可以直观显示信息，类似故障诊断等消息可以让维修保养人员清晰及时地获取发动机信息并快速做出诊断维修，解决问题。

仪表具有电源开关、停机、启动、复位、风浪、照明模式切换操作功能。

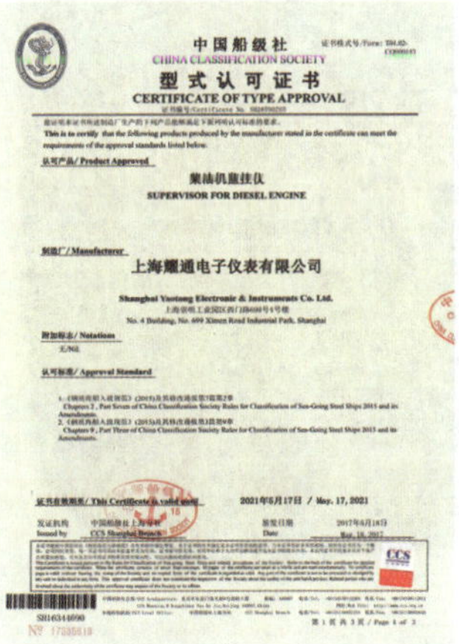

中国船级社
CHINA CLASSIFICATION SOCIETY
型式认可证书
CERTIFICATE OF TYPE APPROVAL

柴油机监控仪
SUPERVISOR FOR DIESEL ENGINE

上海耀通电子仪表有限公司

qualityaustria
Succeed with Quality
CERTIFICATE
质量管理体系认证证书

上海耀通电子仪表有限公司
中国上海市崇明工业园区西门路 699 号

质量管理体系
符合下列标准要求
ISO/TS 16949:2009
含产品设计

仪表的设计和生产

Page 1 / 1

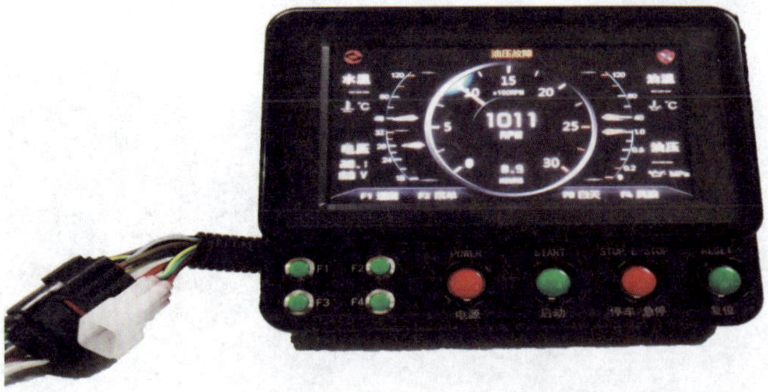

生产单位：北京森源东标电气有限公司

地址：北京市石景山区西井路甲 1 号　电话：010-51956655-816　传真：010-51956677
E-mail：sales@bjdbdq.com　网址：www.bjdbdq.com

北京森源东标电气有限公司是河南森源电气股份有限公司的控股子公司，坐落于北京市中关村高科技园区石景山园，是国家级高新技术企业、全国质量信用 AAA 企业、2011 年最佳投资企业、北京市纳税 A 级企业、全国电气行业最具影响力十大品牌，拥有国家发改委所批复的“中压大功率变频技术国家地方联合工程实验室”。公司产品广泛应用于船舶、海洋工程、港口码头、钢铁、电力、水务等行业。

东标电气专业提供船用变频器，公司生产的 DBMC 系列变频器主要用在船上的风机、海水泵、绞盘、舵桨驱动系统、船上的推进系统和物料泵等部分，公司在船舶岸电的项目中也获得了权威机构的认可，被中国航海学会和其它权威机构一致认为“总体技术国内领先，达到了国际先进水平”，并且公司在技术上拥有多项专利授权，为船用变频器的研发与生产奠定了坚实的基础。其船用变频器型号如下：

DBMC-690kVA~3 520kVA/690-SL（额定输出电压为 690V，冷却方式为水冷）

DBMC-4MVA~24MVA/3300-SL（额定输出电压为 3.3kV，冷却方式为水冷）

生产单位：斯莱顿电子有限公司

地址：天津市华苑产业园区竹苑路 6 号 E 座 401
电话：022-23078176/77/78　　传真：022-23078179
邮箱：slt@sealantern.com.cn　联系人：刘兴瑞　13502125763

天津市斯莱顿电子有限公司是一家集船舶电子设备和自动化控制设备的研发、制造及系统集成的高新技术企业。是以数字化、模块化、网络化技术为其科学研究、产品开发的生命主线。在英国劳氏船检局 LRQA ISO9001:2008 质量认证体系管理下，所生产的产品通过了 CCS、ABS、DNV GL、BV、NK、LR、KR、RS 等船级社的产品型式认可，斯莱顿已成为船舶自动化产品生产型企业最好的配套品牌之一，同时也是众多优秀客户的首选供应商。

选型产品

名称	代号	型号	产 品 展 厅	船级社认证
防海生物系统	MGPS	SLT-01C/D	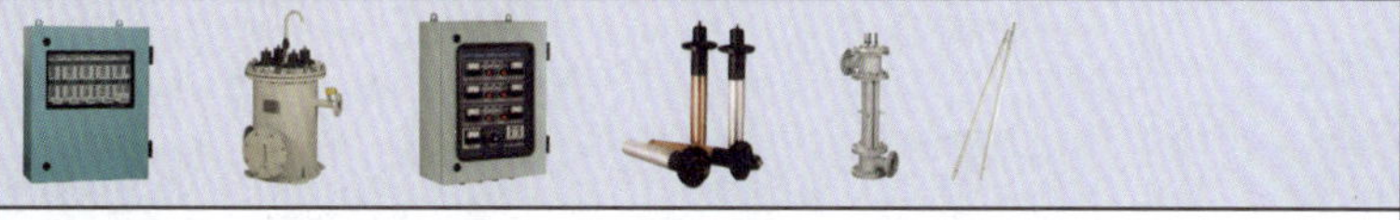	CCS、BV
船体外加电流阴极保护系统 / 轴接地	ICCP SGS	SLT-02A	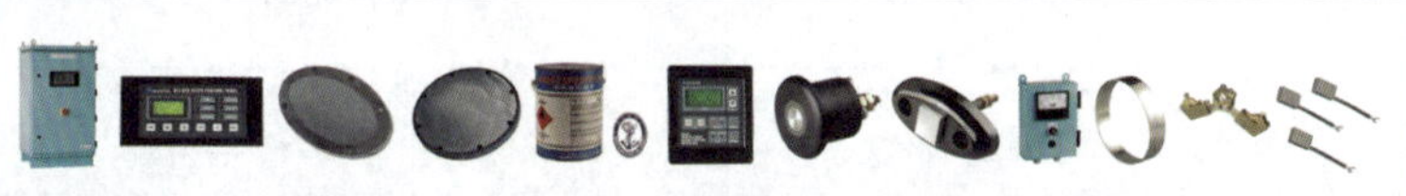	CCS、ABS、BV
综合测量、监测报警和控制系统	IGMACS	SLT-06B	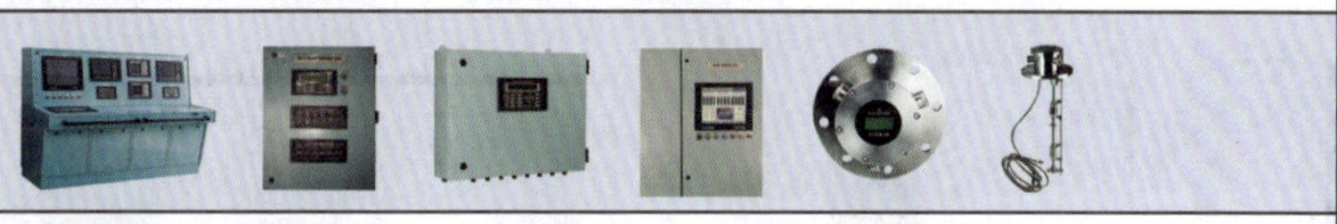	CCS、KR、BV
货舱浸水报警系统	WIAS	SLT-08C/D		CCS、LR、BV、DNV GL、ABS、NK、KR、RS、MED
溢流报警系统（高位、高高位报警系统）	OMAS	SLT-08H		CCS、KR
驾驶台航行值班报警系统	BNWAS	SLT-16C		CCS、DNV GL、RINA
船载航行数据记录仪	VDR SVDR	SLT-18C	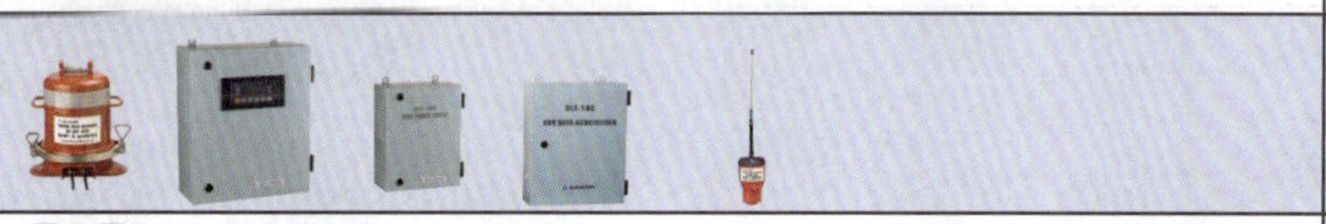	CCS、LR、EC、MED
岸基远程船舶油耗监测系统；风速 & 深度检测报警系统	TOCS WDMAS	SLT-21 SLT-11C		
船舶电站管理系统	PMA	SLT-66	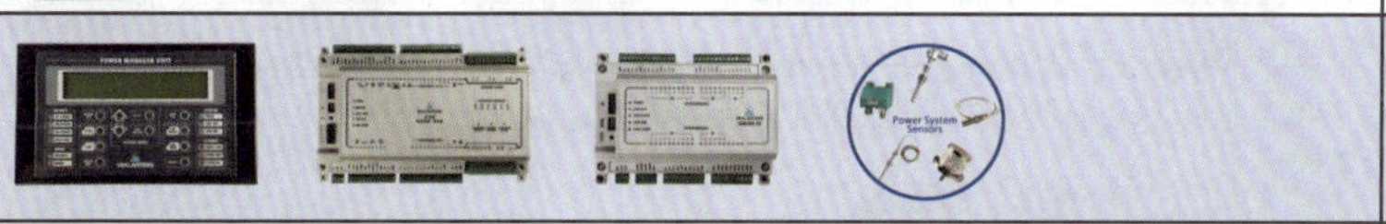	
智能双 CAN 总线采集模块及可编程模块	MODULE	CAN		成套系统内认证
船用温度、压力仪器仪表	SENSOR	SLT RT TC	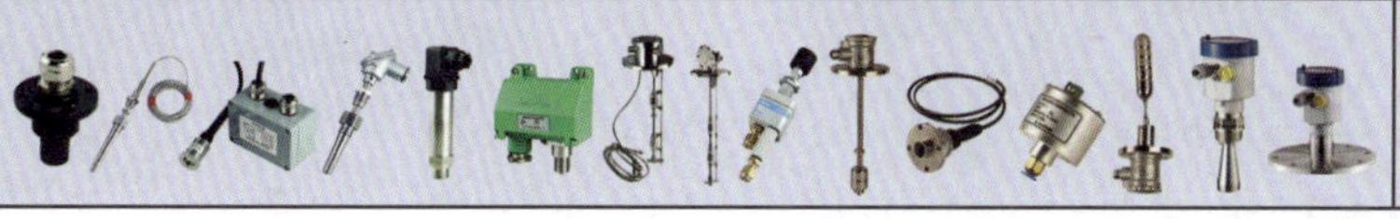	BV 工厂

生产单位：安奕极（北京）电源系统有限公司

AEG POWER SOLUTIONS

地址：北京亦庄经济技术开发区康定街 11 号康盛工业园 10 号　邮编：100176
电话：010-67803466　传真：010-67803819　网址：www.aegps.com.cn　邮箱：sales.china@aegps.com

安奕极电源系统有限公司（AEG Power Solutions）集团作为电力电子系统的供应商在全球范围内为所有工业电源系统和电源提供全面的解决方案，为电源转换和电源控制领域提供多元化的产品和服务组合。其拥有的两大互补型商务运作业务可再生能源解决方案（RES）和能源效率解决方案（EES）为全球客户提供服务。

可再生能源解决方案（RES）产品和服务组合，包括用于太阳能产业的系统和解决方案，如太阳能逆变器，监测和控制系统以及电源控制器。能源效率解决方案（EES）产品和服务组合包括高性能不间断电源设备（UPS），工业电源控制器和 DC(直流)转换器。由于其独特的专业技术，同时跨接交流和直流电源技术，并且跨越传统和可再生能源领域，安奕极电源系统（AEG Power Solutions）旨在为能源网络和智能电网创建创新解决方案。

产品技术参数：

Protect 8

Protect 8.31三相输入，单相输出：10kVA-120kVA
Protect 8.33三相输入，三相输出：10kVA-120kVA
400V AC输入
工业级、模块化UPS

Protect　8. 系列采用“搭积木”式的模块化设计以满足客户多样化的产品定制需求，提供灵活多变的产品防护等级和输入/输出电压等级，配置不同的电池种类和后备时间。
Protect8系列是真正的双变换在线式UPS，根据IFC　62040-3标准，归类于VFI-SS-111，仅在部分负载时仍能保持高效率。

Protect RCS

整流充电机和直流系统
SPRe-单相整流器输入：230Vac ± 10% (220V，240V)；
输出电压：24V，48V，110V；
输出电流：10A-100A
TPRe-三相整流器输入：400Vac ± 10% (380V，415V)；
输出电压：24V，48V，110V，125V，220V；
输出电流：25A-500A

Proctect　RCS直流系统是专为提高可靠性和电池充电能力所设计和开发的，是基于可控硅的整流器，它可以在为铅酸电池或镍镉电池充电的同时为直流负载供电；也可以在不带电池的情况下作为独立供电的直流电源使用。
Proctect RCS系列的产品可以为用户提供三种选择：
选择一：带有一套紧凑报警设备的标准系统
选择二：带一套基本选择，拥有丰富和完善的报警功能的系统
选择三：一整套扩展条件，拥有丰富和完善的报警功能的、可以满足客户特殊需求的定制系统。
整流器采用模块化设计的构造。选件设备如：配电板、硅链等安装在机柜内部的隔离区域。

生产单位：上海船舶运输科学研究所

地址：上海市民生路 600 号　邮编：200135　电话：021-58856638　传真：021-58858422
联系人：毛奇林　邮箱：mqlsssri@163.com　网址：www.sssri.com

上海船舶运输科学研究所拥有包括船舶运输控制系统国家工程研究中心和航运技术与国家安全重点实验室在内的一流研发实验基地及先进的科研试验手段，在舰船自动化、船舶水动力及海事技术、智能交通系统及交通信息化、环境影响评价及污染防治工程等研究领域内，研究开发及技术服务均处于国内领先地位。

产品技术参数：

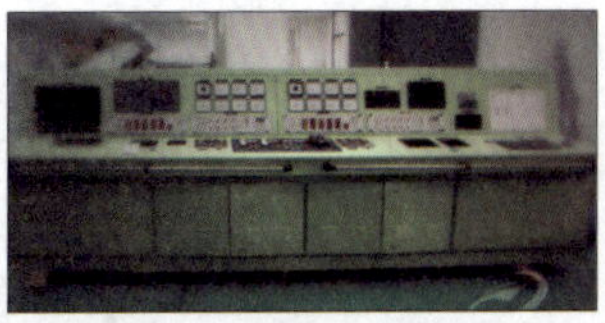

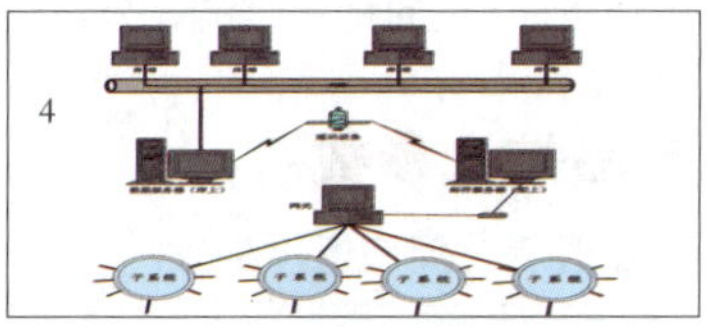
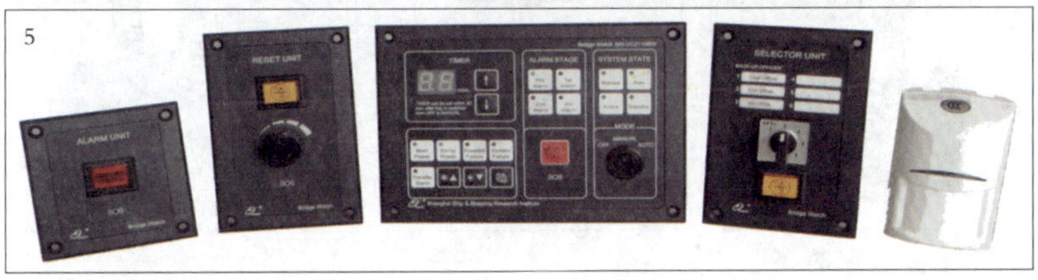
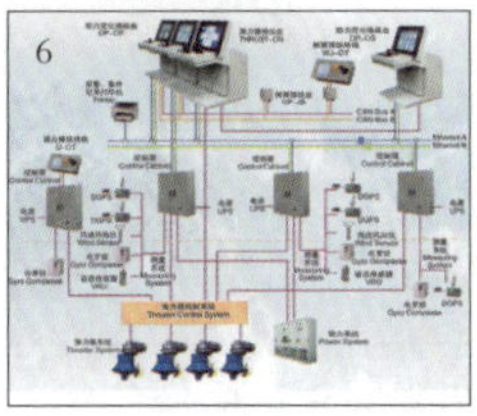
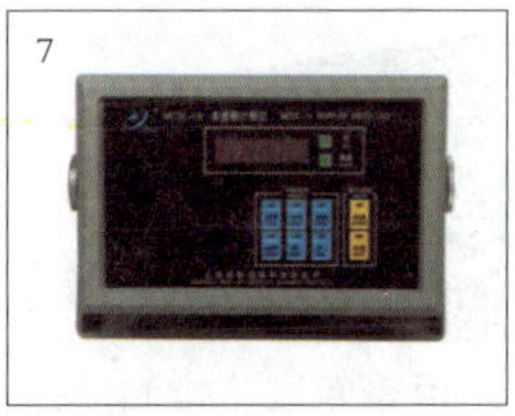

1. 主机遥控系统

SRI-VC2110RC 主机遥控系统通过双冗余 CAN 网互联，确保数据安全可靠传输。系统由控制面板、安全保护报警灯板、机旁控制箱、安保控制器箱及遥控控制箱等设备组成。

2. 船舶机舱监测报警系统以及集控台、驾控台

STI-VC2100MA 船舶机舱监测报警系统是基于 Lonworks 现场总线，集采集、控制、通信于一体的高可靠、高性能的船舶监控报警系统，具有标准化、模块化、系列化的设计特点。

3. 液货监测及阀门遥控系统

CFYR 液货监测及阀门遥控系统是把船舶货油舱（适用于油轮、化学品船等液货船）、压载舱、燃油舱、船体吃水、驳墙绕度（适用于浮船坞）高度等数据通过各类传感器现场测量，并由处理单元将采集到的信号进行转换和计算，最终在人机界面上显示实时的液位数据。

4. 船舶管理信息系统、船舶远程监控系统

STI VC2100IT 船舶管理信息系统是为了实现公司船队的远程监控与信息化管理，跟踪船舶航行动态，监控船舶设备运行状态，对相关数据进行集中处理、分析与管理，并定时发送到船公司，为公司信息化管理升级做好信息及技术储备。

5. 驾驶室航行值班报警系统

SRI-VC2110BW 驾驶室航行值班报警系统由操作单元、选择单元、控制单元、复位单元（挂壁式/嵌入式）和报警单元（挂壁式/嵌入式）等部分组成。各单元主要分布在驾驶室、船长室、值班舱室和公共位置。本系统符合 CCS《钢质海船入级规范》（2009 年）和修改通报，国际海事组织海上安全委员会 MSC.128(75) 决议和 IEC 62616 等有关标准要求。通过 CCS 型式认可试验。

6. 动力定位控制系统

SRI-VC2110DP 动力定位控制系统采用自动辨识技术，具有多种定位模式、低燃油消耗、快速响应、界面设计友好、人工操作方便、实船调试简单、配置灵活等特性。系统由模块组合而成，产品满足 CCS、DNV GL 规范 DP-1、DP-2、DP-3 附加标志的要求。

7. 多普勒计程仪

MCDL-1A 型多普勒计程仪系根据水声多普勒效应原理，采用先进的微机控制和数据处理技术开发的船舶助航仪器。计程仪各项性能指标满足 IEC 61023 和 MSC.96（72）关于“速度、距离测量和表示装置性能标准〔A 824(19) 决议〕修正案”的决议要求，设计、生产、服务符合中华人民共和国船舶检验局颁布的《船用电工电子产品型式试验规程》的有关要求。获得了中国船级社授予的船用产品型式认可书。

以上产品按国标、船标生产，符合 IMO、ISO、SOLAS、IACS 规范和标准，并持有 CCS、ABS、BV、劳氏等船级社认证证书。

生产单位：上海融德机电工程设备有限公司

地址：上海市浦东大道 1695 弄 1 号 邮编：200135 电话：021-68532791 68552225 传真：021-58212204
网址：www.rongded.com 邮箱：sale@rongded.com

上海融德机电工程设备有限公司是一家集科研、生产、工程为一体的民营高新技术企业，专门从事机电产品自动化控制设备及永磁联轴器及调速装置的研发、生产、销售及工程服务。公司成立于 1996 年，注册资金 1 000 万元，2003 年通过了 ISO 质量管理体系认证及法国船级社 BV 的工厂认证，2008 年成为中国船舶工业联营企业成员。融德（大连）机电工程设备有限公司成立于 2009 年，注册资金 4 000 万元，主要从事永磁联轴器及调速装置的研发、生产、销售及工程服务。经过将近 20 年的精心打造，公司建立了遍及全球的服务网点，铸就了世界一流品牌。

产品技术参数：

液位遥测、阀门遥控专家

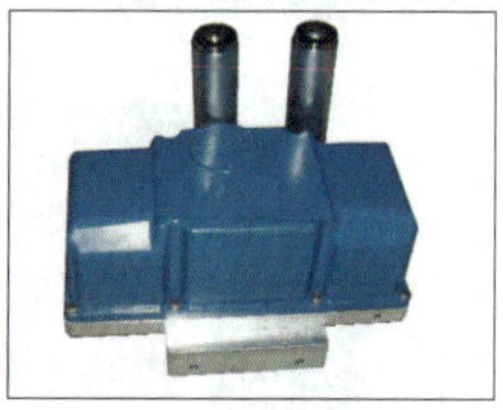

防污染专家（排油监控、阴极防护、防海生物、油水界面探测器等）

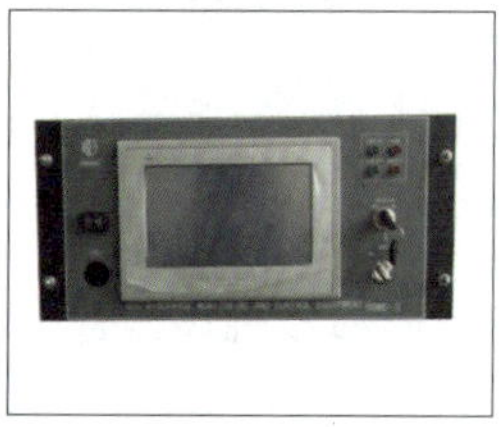
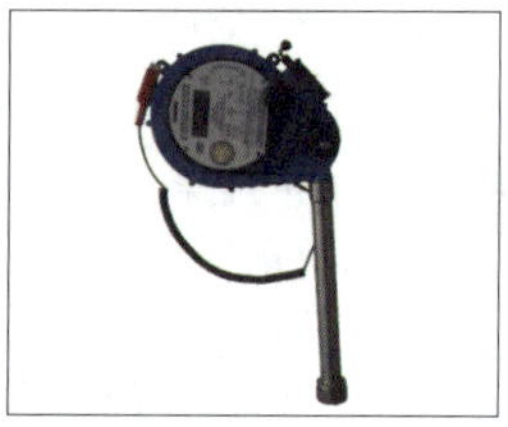

消防救生专家（压载舱/泵舱可燃气体监测、水雾系统、舱货抽烟等）

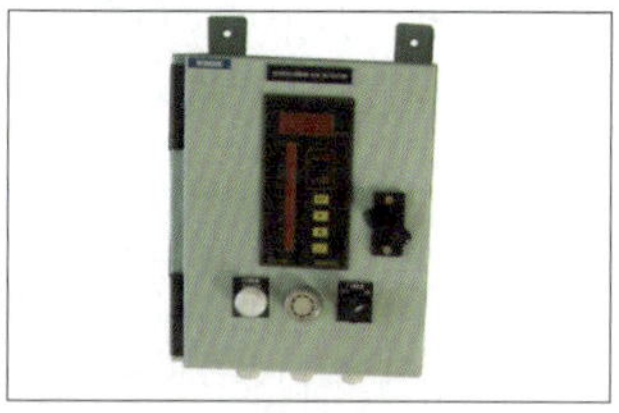

联轴器及节能装置

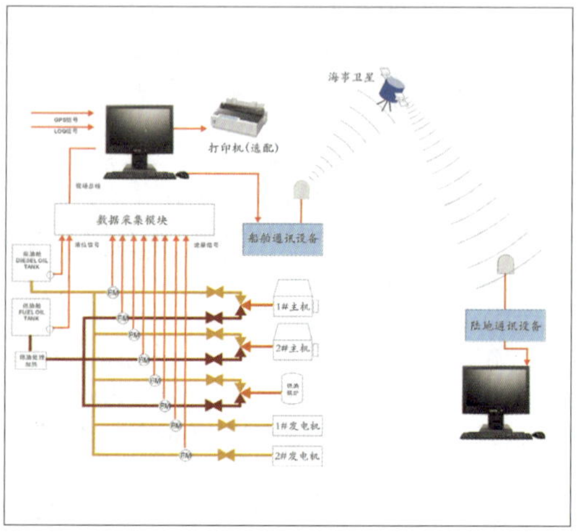

仪表、传感器、变送器、自动化集成商

生产单位：上海康比利仪表有限公司 COMPLEE®

地址：上海市松江科技园区彭丰路 790 号　邮编：201614　电话：021-57858468　传真：021-57858097

邮箱：mk@complee.com　网址：www.complee.com　联系人：李征帆　13761578881

上海康比利仪表有限公司是全国电工仪器仪表标准化技术委员会的成员之一，专业生产各种安装式电测量仪表、互感器等产品。公司通过了 ISO9001：2008 认证，获得 KEMA-KEUR 证书和 CE、CB 证书。船用仪表获得了 DNV.GL、CCS（GB/T7676-2017）证书。

产品技术参数：

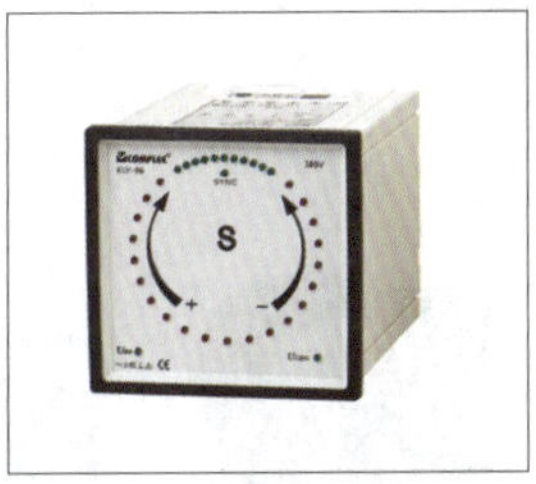
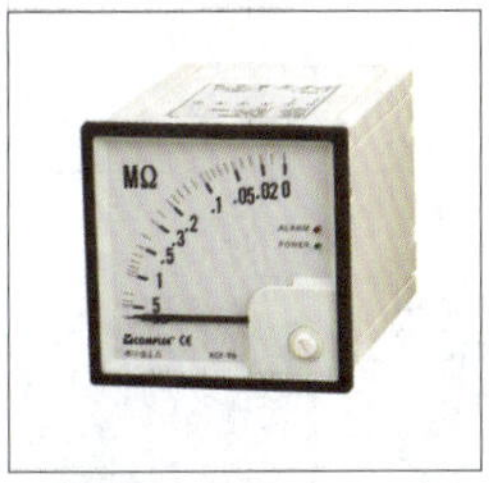
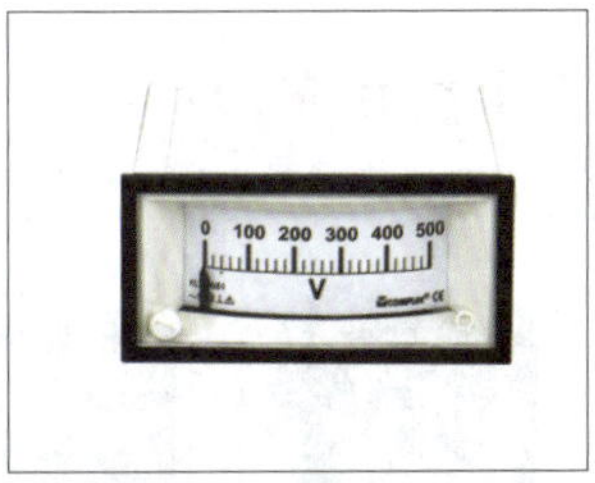

名称	指示角度	型号	规格	船级社证书
交流电流表	90°	KLY-T48A,KLY-T72A,KLY-T96A,KLY-T144A	直接：100mA~60A	DNV.GL、CCS(GB/T7676-2017)
			配电流互感器：X/1A,X/5A	DNV.GL、CCS(GB/T7676-2017)
整流型交流电流表	250°	KLY-L48A-G,KLY-L72A-G,KLY-L96A-G, KLY-L144A-G, KLY-L801A,KLY-L1101A	直接：100mA~20A	DNV.GL、CCS(GB/T7676-2017)
			配电流互感器：X/1A,X/5A	DNV.GL、CCS(GB/T7676-2017)
直流电流表	90°	KLY-C48A,KLY-C72A,KLY-C96A,KLY-C144A	直接：100uA~60A	DNV.GL、CCS(GB/T7676-2017)
			配外附分流器：X/75MV,X/60MV	DNV.GL、CCS(GB/T7676-2017)
	250°	KLY-C48A-G,KLY-C72A-G,KLY-C96A-G, KLY-C144A-G, KLY-C801A,KLY-C1101A	直接：100μA~60A	DNV.GL、CCS(GB/T7676-2017)
			配外附分流器：X/75MV,X/60MV	DNV.GL、CCS(GB/T7676-2017)
交流电压表	90°	KLY-T48V,KLY-T72V,KLY-T96V，KLY-T144V	直接：10~600V	DNV.GL、CCS(GB/T7676-2017)
			配电压互感器：X/100V,X/110V	DNV.GL、CCS(GB/T7676-2017)
整流型交流电压表	250°	KLY-L48V-G,KLY-L72V-G,KLY-L96V-G, KLY-L144V-G,KLY-L801V,KLY-L1101V	直接：10~600V	DNV.GL、CCS(GB/T7676-2017)
			配电压互感器：X/100V,X/110V	DNV.GL、CCS(GB/T7676-2017)
直流电压表	90°	KLY-C48V,KLY-C72V,KLY-C96V,KLY-C144V	直接：1~600V	DNV.GL、CCS(GB/T7676-2017)
	250°	KLY-C48V-G,KLY-C72V-G,KLY-C96V-G, KLY-C144V-GKLY-C801V,KLY-C1101V	直接：1~600V	DNV.GL、CCS(GB/T7676-2017)
频率表	90°	KLY-F48,KLY-F72,KLY-F96，KLY-F144,KLY-F80	45~55Hz　55~65Hz　350~450Hz	DNV.GL、CCS(GB/T7676-2017)
	250°	KLY-F48-G,KLY-F72-G,KLY-F96-G,KLY-F144-G,　KLY-F801,KLY-F1101		
功率因数表	90°	KLY-PF48,KLY-PF72,KLY-PF96,KLY-PF144, KLY-PF80	0.5~1.0~0.5	DNV.GL、CCS(GB/T7676-2017)
	250°	KLY-PF48-G,KLY-PF72-G,KLY-PF96-G,KLY-PF144-G,　KLY-PF801,KLY-PF1101	0.4~1.0~0.4	DNV.GL、CCS(GB/T7676-2017)
有功功率表	90°	KLY-W48,KLY-W72,KLY-W96,KLY-W144,KLY-W80	10~3 000kW	DNV.GL、CCS(GB/T7676-2017)
	250°	KLY-W48-G,KLY-W72-G,KLY-W96-G, KLY-W144-G, KLY-W801,KLY-W1101		DNV.GL、CCS(GB/T7676-2017)
无功功率表	90°	KLY-Var48,KLY-Var72,KLY-Var96,KLY-Var144,KLY-Var80	10~3 000kvar	DNV.GL、CCS(GB/T7676-2017)
	250°	KLY-Var48-G,KLY-Var72-G,KLY-Var96-G, KLY-Var144-G, KLY-Var801,KLY-Var1101		DNV.GL、CCS(GB/T7676-2017)
电网绝缘检测仪	/	KLY-NI96I,KLY-NI+KLY-C	AC 50~500V	DNV.GL、CCS(GB/T7676-2017)
同步表	/	KLY-S96,KLY-S72	DC24V,AC220/380V,AC240/415V, AC440/450V	DNV.GL、CCS(GB/T7676-2017)
累计时间表	/	KLY-H48，KLY-H72，KLY-H96	AC/DC 12V,24V,60V,100V,220V,380V	DNV.GL、CCS(GB/T7676-2017)
相序表	/	KLY-SI72，KLY-SI96	AC 110~250V,250~450V	DNV.GL、CCS(GB/T7676-2017)

生产单位：北京自动化控制设备厂

地址：北京市西城区德外大街 11 号　邮编：100088　网址：www.zikong.com.cn
电话：010-62021147 62016398　传真：010-62386107　联系人：甘林 18001123281

北京自动化控制设备厂专业从事船用和陆用安装式电测量仪表、自动化控制设备的研发与生产制造，主导产品包括舰船用仪表、安装式电工仪表、数字智能化仪表，是目前国内电测量仪表行业最大生产基地之一，在国内同行业享有“北有自控”的美誉。船用仪表 1992 年即通过中国船级社（CCS）产品型式认可，已形成多系列、多功能、模拟和数字指示兼备的研发、生产规模，船用 250 度广角度仪表引进了国外先进技术，机芯采用涨丝结构，转动部分无摩擦，工作可靠，较游丝结构机芯更具抗机械冲击性能，特别适用舰船使用条件需要。

产品技术参数：

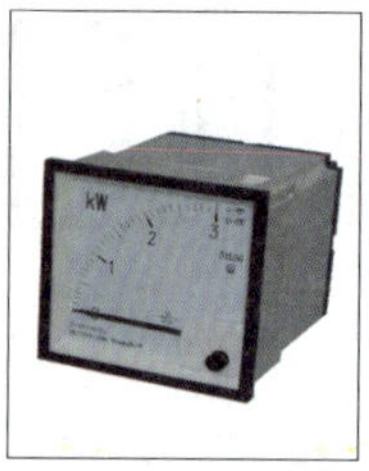

名称	型号	产品特点	执行标准	外形尺寸
船用广角度仪表（250 度转角）	45C/L9、63C/L19、51C/L5、61C/L14、11C/L19	磁电系涨丝支撑，转动部分无摩擦，工作可靠	GB/T7676-1998 CCS《钢制海船入级规范》	110mm × 110mm 80mm × 80mm 96mm × 96 mm 72mm × 72mm 144mm × 144mm
方型船用仪表（90 度转角）	51C/L5G、61C/L14G、51C/L6、61C/L13	磁电机芯统一测量机构，配集成化的变换电路，过载能力强	GB/T7676-1998 CCS《钢制海船入级规范》	96mm × 96mm 72mm × 72mm
同步表、同步指示器、带并车指令同步指示器	45T9-S、63T19-S、51T5-S、61T14-S、51L5-SD、51L5-SM	集同步指示与同期脉冲发送为一体的仪表，可适时发出开合闸指令，实现自动同步	GB/T7676-1998 CCS《钢制海船入级规范》	110mm × 110mm 80mm × 80mm 96mm × 96 mm 72mm × 72mm
变送仪表	51L5-A/V/W、61L14-A/V	具有电量变送器与指针仪表结合的功能 0~5V 4~20mA 输出	GB/T7676-1998 CCS《钢制海船入级规范》	96mm × 96mm 72mm × 72mm
交直流电网绝缘电阻监测仪	51L5-MΩ、 51L6(51L5G)- MΩ、 61L14-MΩ、 61L13(61L14G)-MΩ、 45L9-MΩ	连续监测 500V 以下非接地式交流配电系统中船舶壳体与电气回路之间的绝缘电阻	GB/T7676-1998 CCS《钢制海船入级规范》	110mm × 110mm 96mm × 96 mm 72mm × 72mm
方型船用双指针仪表	51C6D-A/V、51L6D-V、51L6D-Hz、51L6D- MΩ	仪表内部为两套独立的电表，用于测量两种相同或不同电量	GB/T7676-1998 CCS《钢制海船入级规范》	96mm × 96 mm
夜视仪表 累计时仪表	51C5-A/V-DG、 61C14-A/V-DG、 51L5-HC、61L14-HC、 45L9-HC、63L19-HC	附加照明光源，可为白、蓝、红或绿光。 通电开始计时，失电累计时保留，再通电后继续计时	GB/T7676-1998 CCS《钢制海船入级规范》	110mm × 110mm 80mm × 80mm 96mm × 96 mm 72mm × 72mm

生产单位：葫芦岛海通电气设备制造有限公司

地址：辽宁省葫芦岛市经济开发区葫芦岛军民产业园区　电话：0429-3073307
传真：0429-3073308　联系人：任薇　13898926787　邢莹莹　15104297585
邮箱：haitong.xing@qq.com

海通电气专业从事船用配电、自动化产品的设计研发与生产制造，产品包括主配电板、应急配电板、机舱/驾驶室集中控制台、充放电板、电工试验板、分电箱、起动器、遥控按钮盒等。海通电气拥有专业的设计及售后服务团队，旨在为用户提供专业、安全、高质的产品及售后服务。

海通电气加入了“国际船电服务协会（ISES）”，并与ABB的全球服务网络共同为用户提供优质的全球化服务，售后服务可覆盖全球各大港口。

产品技术参数：

产品名称	产品特点	实现功能	持有证书	售后服务
主配电板 应急配电板 机舱集中控制台 驾驶室集中控制台 充放电板 电工试验板 分电箱 起动器 遥控按钮盒	可根据客户要求量身定制，选用优质元器件品牌；与ABB合作的MD-190柜型，充分考虑了船上安全性及施工维修空间等多种因素，满足客户各种需求；配电板可配备手动、半自动、全自动类型电站管理系统，适用于各类船舶。	全船配电及自动化控制	ABS DNV-GL BV CCS RS	与ABB及ISES合作，建立全球售后服务网络

生产单位：江苏舾普泰克自动化科技有限公司

地址：江苏省镇江市京口区梦溪路 2 号　邮编：212003　电话：0511-85789083　传真：0511-84414425
邮箱：wz7078@163.com　网址：www.shiptek.com.cn　联系人：王镇 13003447078

舾普泰克致力于为客户提供船舶自动化系统整体解决方案，包括主机遥控系统、安保系统、全船监控系统、可调桨控制系统、全回转控制系统、侧推控制系统以及配电屏、启动器、各类控制台、航行灯控制装置、桥楼值班报警装置等船舶自动化产品。

产品技术参数：

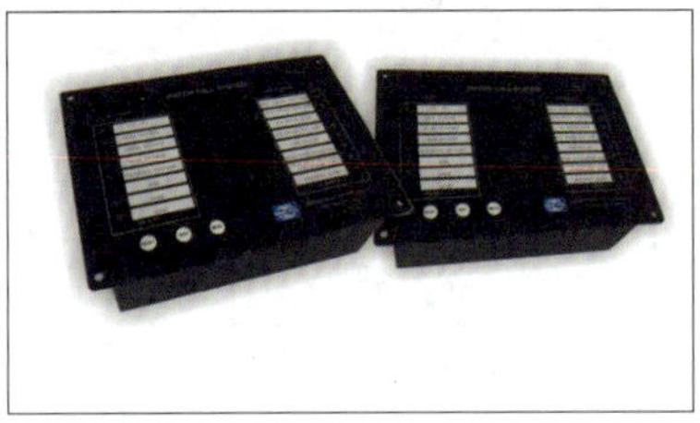

型号	基本参数	产品特点	实现功能	执行标准	持有证书
监测报警系统 DOC Shiptek -AS-I	电源：交流 AC230V，50Hz，直流 DC24V	兼容从几十点到上千点的物理量同时监测，报警上下限判断，支持混合信号、温度、压力、转速、开关量等，采用进口模块，采集稳定可靠，响应时间短，每通道独立设置延时报警，通信冗余，系统冗余，软件具有高可靠性，各种实时曲线图、柱状图、历史数据曲线图调用，报警和事件有多种状态，用户权限管理多通道群组功能，查找功能，人性化界面设计	机舱综合报警系统分为传感器，采集硬件和软件系统几部分。首先将大量的物理参数温度、压力、开关状态等数据通过传感器采集，然后远程传输到机舱控制室，然后通过采集硬件采样，不同采集硬件通过总线连接到上位计算机。当这些物理参数发生异常变化的时候，能够立即产生声光报警信号，同时直观的显示出报警的具体位置通道号等信息，使得船舶工作人员能够及时处理信息，保证船舶的安全行驶。通常，越庞大的船舶，其需要监测的物理量也越多。几万吨以上的船舶，需要监测几百个温度、压力、开关等状态。这些庞大的数据量，对于上位机的软件来说是一个巨大的挑战。通常报警系统需要兼容成百上千的数据点监测，这涉及到建立数据库，智能的判断报警状态等多种功能。另外，对于大量的报警信息，我们还需要建立历史数据库，如果出现问题，能够追溯历史数据，重现历史状态。这就给软件带来了更多的挑战	按照国家标准和主要船级社标准生产，符合 IMO、ISO、SOLAS、IACS 规范	DNV GL BV CCS NK LR ABS
延伸报警系统 Shiptek-YS-I	外型尺寸：w×H×D= 220mm×160mm×80mm 开孔：w×H= 192mm×142mm	采用大规模集成电路、模块化结构，结构简单、没有一个需要调节的元件，可靠性大为提高，报警信息 LED 闪烁显示，亮度可调，声光报警，消音复位功能，值班人员添加及选择功能，上位机信号延伸显示，RS485 双冗余通信，8 路组合报警通道，8 个值班人员选择通道，一主报警单元，副报警单元任选（超过 32 个需增加中继），报警延时可配置，电源：DC24V，工作温度：-5~50℃	机舱延伸报警系统是一种智能化的机舱延伸报警单元组合，可任意选择值班人员，并将机舱监控电脑的报警信息传递到生活区（轮机员起居室、电机员起居室、餐厅等舱室）。实现值班选择、延伸报警和声光报警等功能。报警输入和值班选择既可通过输入点输入也可通过 RS485 通信输入 嵌入式安装，报警输入、值班人选择的接入方式可选用硬点输入或通信，总线连接，联线方便，通信可靠，已在出口船上大量使用，产品质量已经受住市场的考验		

生产单位：武汉南华工业设备工程股份有限公司

地址：湖北省武汉市东湖高新技术开发区大学园路 25 号　邮编：430223
电话：027–87926967　传真：027–82926957　网址：www.whnhi.com　手机网址：m.whnhi.com

公司分设舰船电气事业部、舰船装饰事业部和港口事业部，共同打造“南华工业”品牌。

舰船电气事业部致力于成为舰船与海洋工程电气及控制设备、自动化及智能化系统集成以及调试与全球联保服务诚信优质提供商，研发、设计和制造的产品获得了 CCS、BV、ABS、DNV-GL、LR 及 RINA 等 IACS 主流船级社认可并核发相应证书。

舰船装饰事业部专注于舰船总体概念设计与优化、舰船家具与内外装饰工程设计、制作、安装、总包施工与服务。

港口事业部专注于港口物流管控一体自动化和智能化系统集成、智能楼宇、智能工厂等设计、制造、安装与服务，并提供合作保产运行支持。

产品技术参数：

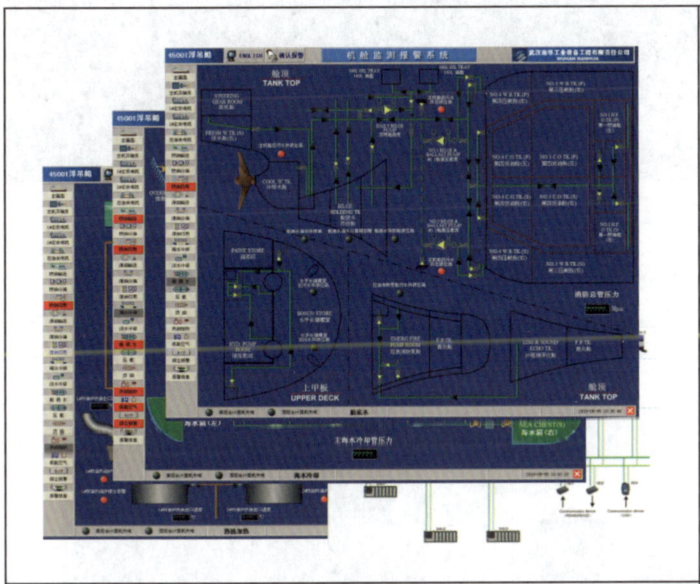

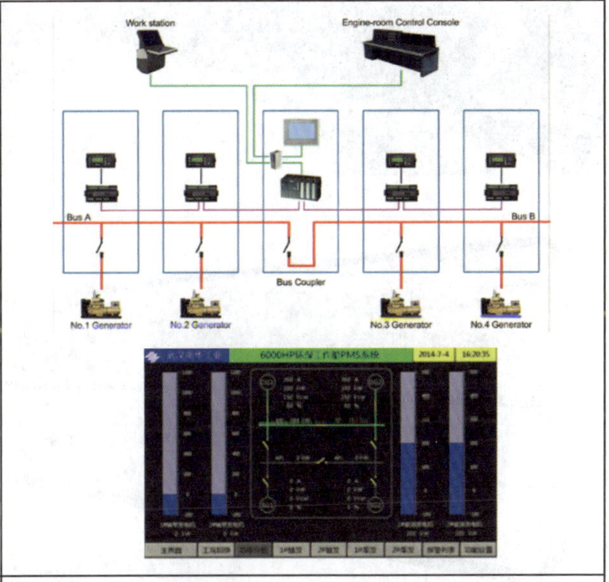

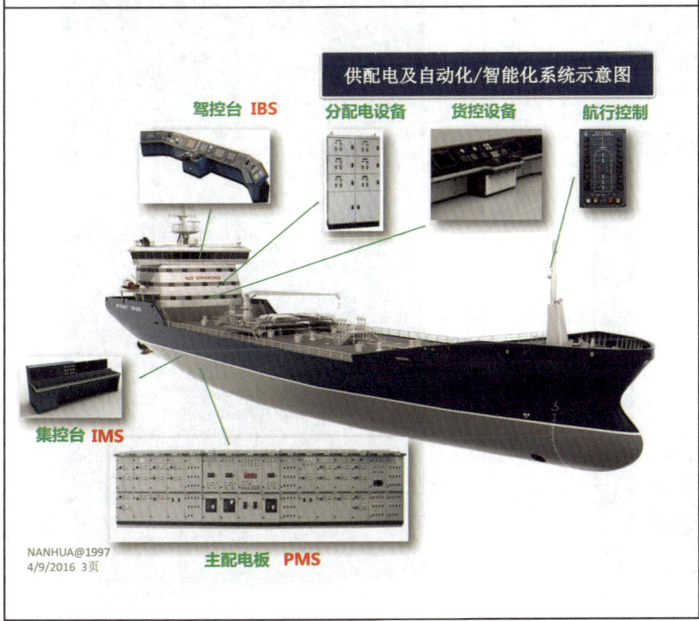

生产单位：上海金广电气有限公司

地址：上海市龙吴路 777 弄 9 号 101-102 室　电话：021-51098011　传真：021-51098022
网址：http://www.bianpinqi.net　QQ 号：1557598198

上海金广电气有限公司是一家为国内外广大用户提供船用工业自动化产品、自动化系统集成以及特殊技术解决方案和服务的技术公司。

公司为英威腾船用变频器核心代理商，产品有单传动 CHV190 起重专用型、多传动 GD800 系列。

产品图展示：

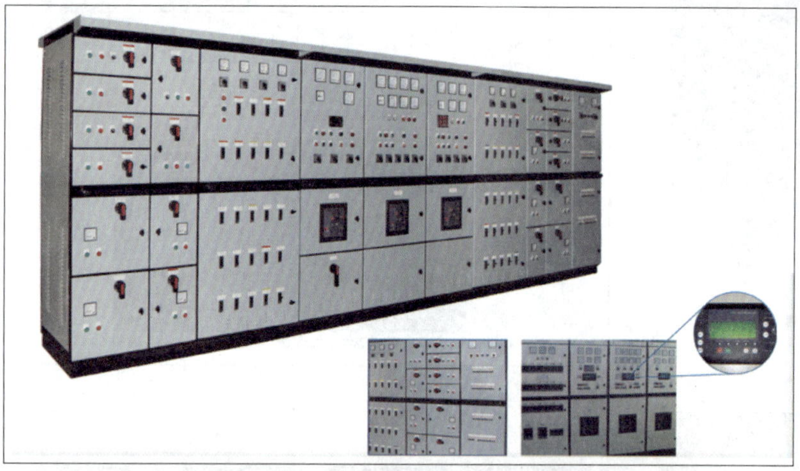

生产单位：羿弘科技（上海）有限公司

地址：上海市普陀区武宁路 19 号 1101 室　　电话：021-22818621
传真：021-22818631　　邮箱： info@greatecmarine.com

羿弘科技（上海）有限公司，是一家专注于船舶配载计算，监测和控制系统的公司。产品有：

智能船舶—安全系统：GREATEC 装载计算机 + HullMon 船体应力监测系统；

智能船舶—节能系统：FueslSaver 配载节油模块 + GREATEC 能效监测系统 + GREATEC 太阳能航行灯；

智能船舶—流体控制系统：GREATEC 温度压力控制系统 +GREATEC 阀门遥控液位遥测 + 防横倾系统；

智能船舶—船岸实时监测系统：GREATEC CCTV 闭路电视 +CargoMon 货油 +ShipMon 船舶状态岸基实时监测；

智能船舶—信息管理系统：GREATEC 船舶管理系统 + SAP 数据库 ERP 管理系统。

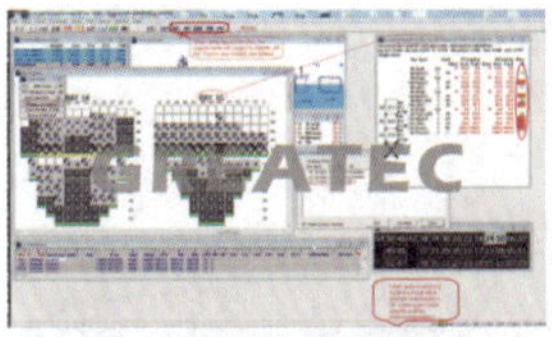

装载计算机

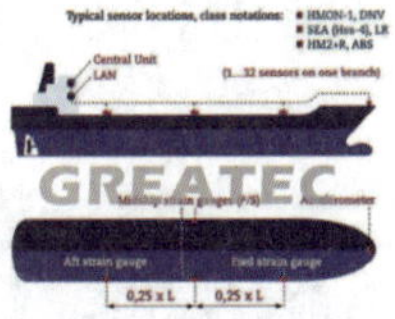

船体应力监测系统

太阳能船用灯

船用温控阀

阀门遥控系统

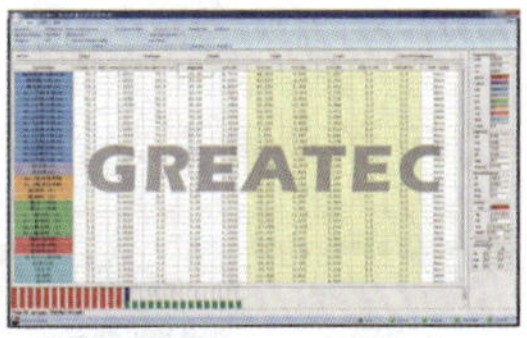

岸基实时监测系统

GREATEC 装载计算机

羿弘船舶自有品牌的装载计算机广泛用于各类船舶，本公司同时代理欧洲，日本，韩国等多家品牌，可根据客户需求提供合适的产品。公司专业团队有 20 年的行业经验，硬件涵盖所有船级社的型式认可证书，软件已获得 LR、DNV GL 型式认可，满足 MARPOL 和 SOLAS 的要求。

GREATEC 船体应力监测系统

羿弘船舶采用欧洲品牌 HULLMOS 的全套船用应力监测系统，可根据船舶要求提供并定制专业技术方案。产品精度高、稳定性好、实时监测船体应力，满足 LR、 DNV GL 等船级社规范要求。

GREATEC 太阳能船用灯（Solar Marine Light）

羿弘船舶自有品牌的太阳能船用灯包括 5 种颜色，其中白色，绿色，黄色和红色满足 IMO《1972 国际海上避碰规则》里面的相关要求作为航行信号灯使用，提供 CE 证书，满足 RoHS，IP68 要求。

GREATEC 船用温控阀（TCV）

羿弘船舶自有品牌的船用温控阀，可以提供 DN32 到 DN400 的三通电动或气动温控阀和 DN15 到 DN125 的两通自力式温控阀。控制器有 CE 证书，阀门可提供 CCS、DNV-GL、ABS、LR 等船级社证书。

GREATEC 阀门遥控系统 + 液位遥测 + 防横倾系统 （VRCS+TLGS+AHS）

羿弘船舶采用欧洲品牌的驱动头 + 传感器 + 水泵，成套提供阀门遥控液位遥测和防横倾集成系统，提供专业可靠的技术支持和服务。

CargoMon 货油 +Shipmon 船舶状态岸基实时监测系统

羿弘船舶根据船主需要，提供 CargoMon 货油近海或内河岸基实时监测系统，或 ShipMon 船舶全状态岸基实时监测系统。

生产单位：上海骏颉自动化设备有限公司

地址：上海市青浦区练塘镇盈天路 108 号 邮编：201715
电话：021-31089967 传真：021-31089961
邮箱：JunJie@j2auto.com 网址：www.j2auto.com 重要联系人姓名及手机：张松源（13918782922）

上海骏颉自动化设备有限公司是中国国内专业从事电源系统检测设备研发、制造型高新技术企业。主要产品有高低压干式负载箱、交 / 直流电源智能检测系统及发电机组控制周边配套产品。

本公司具有十几年的船用、军用、陆用干式高低压负载箱系列产品的研发、制造和服务经验。主要产品有电阻 / 电感一体负载箱系列、电阻 / 电感 / 电容一体负载箱系列、电阻负载箱系列、发电机组智能测试系统、发电机组全自动并联系统、发电机组全自动切换系统、电厂保安应急电源控制系统等。

公司拥有一支优秀的研发、管理、制造团队，对负载箱设计制造有着丰富的经验，产品采用了先进的软件及先进的生产工艺流程。我们的产品广泛应用于：海洋工程、船舶、能源、电力、金融、通信、国防、科研院所等领域。公司以“质量第一、服务客户”为宗旨，不断服务于海内外各领域，以创中国知名品牌为战略目标不断锐意进取。

公司产品展示:

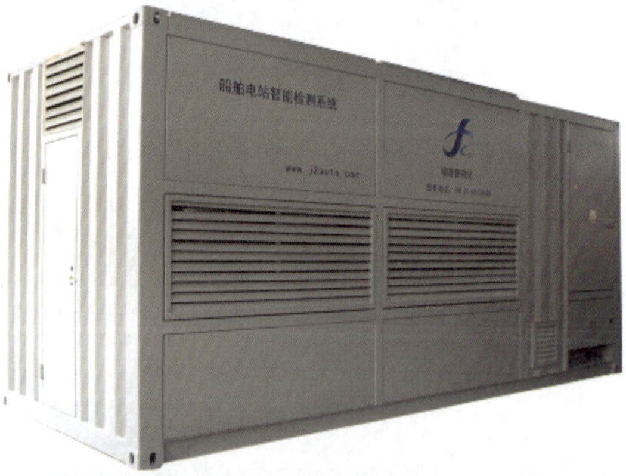

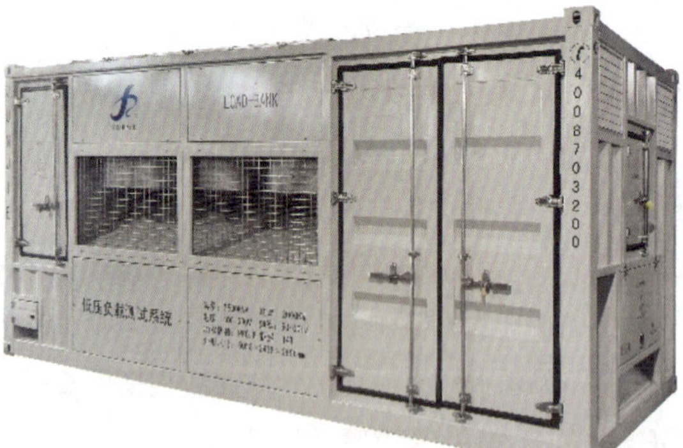

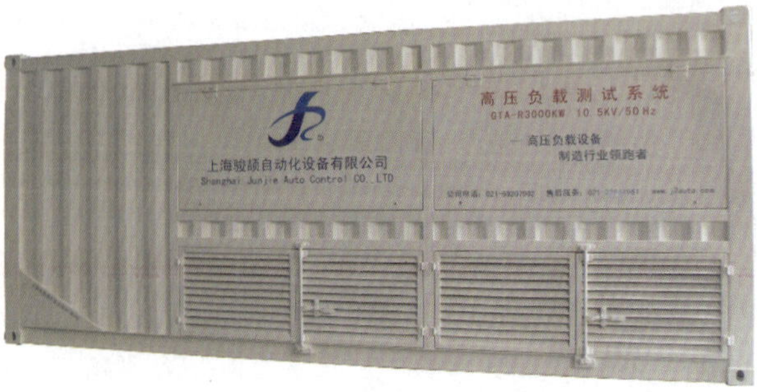

综合船桥系统

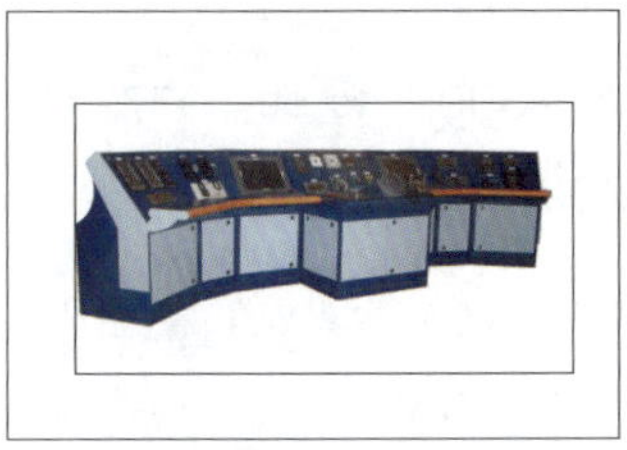

P 238

P 238

P 239

P 239

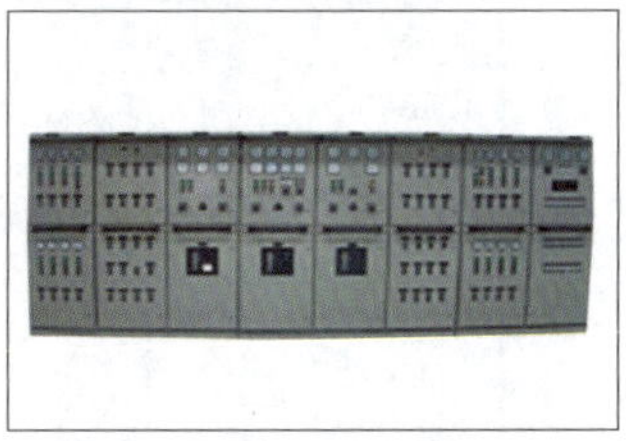

P 240

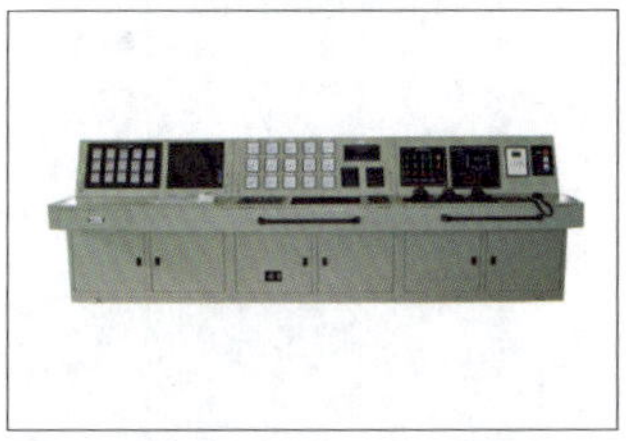

P 240

综合船桥系统（integrated bridge system）又称综合航行系统、自动化航行系统，是继综合导航系统问世之后发展的一种海上自动航行系统。它采用系统设计的方法，将船上各种导航、操作控制和雷达避碰等设备有机地组合。利用计算机、现代控制、信息处理等技术实现船舶航行的自动化。自 20 世纪 90 年代初，代表船舶导航自动化技术发展进入新阶段的综合船桥系统（IBS）崛起后，世界著名导航设备制造商在 IBS 新产品研制、升级换代以及市场开发方面纷纷倾注了极大的热情，投入了巨大的人力、财力、物力。国外主要品牌产品有德国 STN ATLAS 船用电子公司开发的 NACOS 4 型系统、德国 RAYTHEON 公司开发 Bridge Controll 型综合船桥系统、挪威 HITEC 船用自动化公司开发的 NaviNet 型综合船桥系统、日本古野公司开发 Voyager 型综合船桥系统、日本 JRC 公司开发 JRC 综合船桥系统、荷兰 IMTECH——UnMACS3000 型综合船桥系统等。其中 ATLAS 船用电子公司的 NACOS 4 型系统采用 Atlas Radarpilot 1000 系列雷达，显著改进了雷达和电子海图之间的数据交换，从而把所有基本的导航设备和传感器的功能综合在一起，能同时跟踪 50 个不同模式的目标。它采用自动视频增强（AVE）技术和自动清除扫描程序来消除杂乱回波，引入中央报警管理、自动航速控制、航行计划和综合操舵和航迹控制等功能，通过网络把 AIS（自动辨别系统）信号发送给所有导航显示器。同时，所有导航信息都通过一个单一的数据线路自动地转到 Atlas VDR-100 航行数据记录器中。采用 Atlas Multipilot 多功能工作站，它可通过把雷达图象叠加于电子海图来实现 ARPA 功能或 ECDIS 功能。

而国内为了跟踪国外综合船桥系统先进技术的发展，国内自 20 世纪 90 年代初开始，在综合船桥系统相关领域进行了广泛的研究，取得了一定的研究成果，并研制出实验样机。国内综合船桥系统及关联技术和产品研制和生产的研究院所和工厂主要集中在上海区域和湖北省以及天津的七〇七研究所，上海地区主要有：七一一研究所、上海船舶运输科学研究所、上海航仪总厂、华瑞公司、上海驷博公司、华泾公司等；湖北省主要有：七〇一研究所、七〇九研究所、七一二研究所、七二二研究所、七〇七研究所九江分部、武汉理工大学、华中科技大学、南华船舶设备公司等。国内有关研究所、高校研究人员对综合船桥系统做了不懈的努力，也有部分的装船产品。但是，从综合船桥系统整体技术水平上比较，目前国内的综合船桥系统产品还处于发展的初步阶段，还没有研制出具有市场竞争力的综合船桥系统化产品，而仅仅是集中在单一产品的开发上，综合程度不高。

生产单位：河南光彩电器有限公司 GCE

地址：河南省安阳市太行路三枪工业园区 邮编：455000 电话：0372-3159500 传真：0372-3159506
邮箱：jiwenli@aygcship.com 网址：www.gce.net.cn 联系人：李继文 13703724123

河南光彩电器有限公司是专业研制生产船舶电器设备和船舶自动化设备的高科技股份制企业。先后获得 CCS、BV、LR、ABS、DNV GL、NK、KR、RINA 等国际船级社的检测认可和 GL、CCS 自动化产品型式认可。公司具备 Schneider、ABB、Rexroth、Vanderleun 产品许可证生产。

产品技术参数：

<table>
<tr><th>型号</th><th>基本参数</th><th>产品特点</th><th>实现功能</th><th>选型优势</th><th>执行标准</th><th>持有证书</th></tr>
<tr><td>GCJK-1 “T” 型驾控台
GCJK-2 “弧” 型驾控台
GCJK-3 “山” 型驾控台
GCJK-4 单人值守驾控台</td><td>具体参数根据设计要求
驾控台前高 800mm
驾控台后高 1200mm
长度根据客户要求</td><td>满足环境条件要求
满足工作条件要求
方便操作
符合人机工程要求</td><td>集中控制
模块组合
布置合理
美观实用</td><td rowspan="5">可根据用户的实际需要进行专门的设计和定制；采用国际流行款式</td><td rowspan="5">按国标、船标、国军标生产
符合 IMO、ISO、SOLAS、IACS 规范或标准</td><td rowspan="5">获得 CCS、BV、LR、ABS、DNV GL、NK、KR、RINA 等国际船级社监测认可</td></tr>
<tr><td>GCJS-1
平面式前面维修
GCJS-2
钢琴式前面维修
GCJS-3
钢琴式前后维修</td><td>具体参数根据设计要求
监视台前高 800mm
监视台后高 1300mm
长度根据客户要求</td><td>满足环境条件要求
满足工作条件要求
方便操作
符合人机工程要求</td><td>集中控制
模块组合
布置合理
美观实用</td></tr>
<tr><td>GCHK-1
货控台设备客户供货
GCHK-2
货控台设备 GCE 配套</td><td>货控台前高 800mm
货控台后高 1300mm
长度根据客户要求</td><td>满足环境条件要求
满足工作条件要求
方便操作
符合人机工程要求</td><td>集中控制
模块组合
布置合理
美观实用</td></tr>
<tr><td>GCTW-1
两翼控制台满足 IP56 防护等级
GCTW-2
两翼控制台满足 IP23 防护等级</td><td>两翼台前高 800mm
两翼后高 1200mm
长度根据客户要求</td><td>满足环境条件要求
满足工作条件要求
方便操作
符合人机工程要求</td><td>集中控制
模块组合
布置合理
美观实用</td></tr>
<tr><td>GCCP-1
前舷仪表板，设备客户提供
GCCP-2
前舷仪表板，设备 GCE 提供</td><td>长度根据客户要求</td><td>满足环境条件要求
满足工作条件要求
方便视觉效果</td><td>集中控制
模块组合
布置合理
美观实用</td></tr>
</table>

生产单位：中国船舶重工集团公司第七〇七研究所

地址：天津市红桥区丁字沽一号路 268 号　电话：022-26557925　传真：022-26557922　邮编：300131

中国船舶重工集团公司第七〇七研究所致力于为客户提供高品质的航海仪器设备、完善的系统解决方案和优质的服务，主要产品有：综合船桥系统（IBS）、电子海图显示与信息系统（ECDIS）、电子海图系统（ECS）、桥楼航行值班报警系统（BNWAS）、综合信息显示处理系统（Conning）、航海罗经、磁罗经、自动操舵仪、计程仪、抗恶劣环境计算机、复示器等。电子海图显示与信息系统（ECDIS）、自动操舵仪、电子海图系统（ECS）和桥楼值班报警系统（BNWAS）等产品已通过中国船级社型式认可。

产品技术参数：

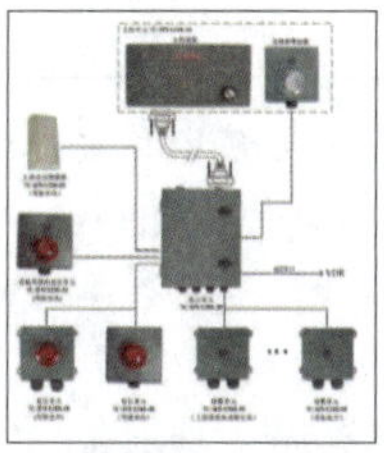

产品名称：综合船桥系统；产品系列号：IBS-1100
IBS-1100 型综合船桥系统充分利用计算机、网络和信息化等技术，将船舶导航控制、雷达避碰和安全管理等功能和设备进行系统化集成，最大限度的提高了导航和驾驶的工作效率和安全性，保证船舶航行的安全。系统通过局域网分享导航数据，某一操纵台信息发生变化，其他工作台自动更新；提供快捷信息服务，体现一人操作理念；信息层次清晰，操控方便快捷；多功能台集成 ECDIS、Radar 和 Conning 功能，可替代故障设备使用；双冗余网络连接设备，保证数据安全；针对不同的航行环境，提供白天、夜晚和黄昏三种模式；控制模块为专用设计，简单实用；故障报警、航行报警、安全报警通过局域网发送，统一管理，保障航行安全；提供相应的报警优先级和功能组管理；技术标准：符合 MSC.64(67)、MSC.252(83)、ISO8468、IEC 61209、IEC 61924 和 IEC 60945 等相关国际标准
产品名称：电子海图显示与信息系统（Electronic Chart Display and Information System, ECDIS）；产品系列号：E 系列
E 系列电子海图显示与信息系统（ECDIS）以电子海图系统为核心，通过对导航传感器信息的集成处理，可以在电子海图上快捷的完成航线设计和航行监控，并提供航海相关的各种信息。E 系列 ECDIS 提供一个面向用户的显示界面，操作快捷简便，可支持 C-Map、S-57 等多种电子海图格式，具有很好的兼容性。自动 / 手动的更新方式；集成 GPS、罗经、计程仪、测深仪、雷达、AIS 信息；集成港口信息、潮汐表、潮汐模型、航路指南等多种航海资料。与自动舵、Conning 设备自动通信；多时间间隔方式记录本船航行轨迹，支持导出航行轨迹点数据；显示雷达或 AIS 的目标信息；雷达图像与电子海图信息叠加显示；根据航行水域和用户操作习惯提供多种导航显示方式；避碰预警、偏航预警、走锚预警、危险船舶自动提醒四种报警模式；技术特点：符合 MSC.232(82)、A.694(17)、IEC 61174 和 IEC 60945 等相关国际标准，获得 CCS 证书
产品名称：多功能系统；产品系列号：M 系列
多功能系统集成了导航雷达、电子海图显示与信息系统和 Conning 三种系统功能，能够为船桥系统提供最佳的工作状态。多功能台的每种模式都遵循各自系统的操作规则，并可由船员自行定义默认操作模式。在多功能台上可向自动舵发布操作命令，并进行航迹控制，具有更好的操控性。Radar、Conning、ECIDS 无缝隙转换；提高系统冗余，保证船舶正常运行；提供快捷信息服务，实现一人操纵；白天、夜晚和黄昏三种显示模式；手动 / 自动录取目标 (Radar 模式)；雷达叠加显示海图信息 (Radar 模式)；海图叠加显示雷达信息 (ECDIS 模式)；航迹控制、入坞操作 (Conning 模式)；编制航行计划，检测航线 (ECDIS 模式)；符合 MSC.191(79)、MSC.128(75)、MSC.232(82)、A.694(17)、A.830(19)、IEC 62288、IEC 62388、IEC 61174 和 IEC 60945 等相关国际标准
产品名称：桥楼值班报警系统；产品系列号：7C-BWS300
7C-BWS300 型桥楼航行值班报警系统内嵌高速处理芯片，定时准确，双电源（24V DC、220V AC）供电并可实现电源间无缝切换，调光功能可满足夜航要求，运动传感器实现复位方式多样化，多种接口设计实现多种信号识别和信息通信。自动 / 手动模式；调光功能；四位计时显示；紧急呼叫功能；可实现工作状态的传输和记录；可识别来自自动舵多种类型接口信号（电平信号 / 通断信号 / 串口数据）；支持 VDR 报警信息发送；符合 MSC.128(75)、IEC 62616 和 IEC 60945 等相关国际标准，获得 CCS 证书
产品名称：电子海图系统；产品系列号：E 系列
E 系列电子海图系统(ECS)；将导航传感器信息进行集成处理，实现航线设计和航行监控，并提供显示航海相关的各种信息。ECS 提供一个面向用户的显示界面，各种功能一目了然，操作快捷简便，可支持 S-57 电子海图格式，保障船舶在国内河流或海域的顺利航行。根据不同航行水域环境要求定制 S-52 显示参数；根据航行水域和用户操作习惯提供多种导航显示方式；精准进行距离、方位等航海量算；避碰预警、偏航预警、走锚预警、危险船舶自动提醒四种报警模式；具有航线自动安全检查功能；自动 / 手动的更新方式；集成 GPS、罗经、计程仪、测深仪、雷达、AIS 信息；集成港口信息、潮汐表、潮汐模型、航路指南多种航海资料；实时显示本船航行状态，对实时航行情况进行报警；多时间间隔方式记录本船航行轨迹，支持导出航行轨迹点数据；显示雷达或 AIS 的目标信息；海图界面上编辑航路点、制定计划航线、计算航线长度、估算航行时间；在不同航行环境可选择多种显示模式；声光、图标、消息显示三种报警方式；符合中国海事局 (MSA)《电子海图系统（ECS）功能、性能和测试要求》，获得 CCS 证书

生产单位：南京云帆电气有限公司

地址：江苏省南京市江宁滨江经济技术开发区天成路 48 号 邮箱：zdc@vip.sina.com
电话：025-52415309 52429218 传真：025-5219454 联系人：倪彦斌 18905193208

公司专业生产各类船舶电控设备，创建于 1993 年，多年来为国内外 2 100 多艘船舶配套电控设备，取得了 CCS、ABS、BV、DNV GL、LR 等检验证书，监控系统、主机遥控等系统取得 DNV GL、CCS 等型式认可证书，产品获得广大客户一致认可和信赖。

产品技术参数：

产品名称 / 型号	规格、参数、性能
主配电板 / PCZA	适用于船舶电制为三相 50/60Hz,1 000V 以下船舶电站的发电机控制及电能分配。对发电机运行各种参数进行检测和控制，对越限参数进行报警、对短路、过载、逆功率、分级卸载进行保护，可实行自动并车、自动调频调载，发电机自动启动等功能。我们有手动、半自动、全自动三种方式的电站管理系统 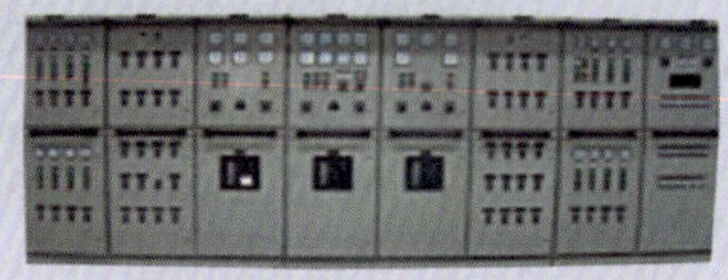
机舱监视台 / KCT	可对主机、发电机等机舱电气设备的运行参数和越限参数进行检测和显示、报警；可对舱柜液位、温度进行检测、显示和报警，装有船内通信设备，如电话、轮机员呼叫等可进行船内通信和联络。造型实用美观，结构合理，维修方便 
机舱检测报警系统 / IMAS 2000	对全船电气设备、舱柜液位、环境等进行检测、显示、报警和记录；集成轮机员呼叫系统、轮机员安全系统、航行桥楼值班系统等；可接受各种信号采集和各种总线通信；可以和 VDR、AIS 等系统通信；可进行远程通信，和岸站协调工作。我们有灯板型、总线型、PLC 型、微机型等多款系统 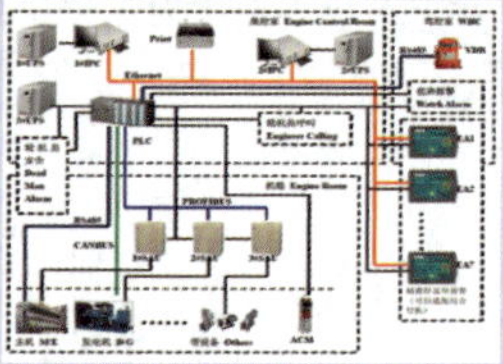
驾驶室控制台 / KJ	集中了雷达、航行灯、信号灯、雾笛、操舵仪、主机遥控、广播遥控台等导航、航行保障、操舵、主机监控和指挥通信的设备；方便驾驶人员操作。造型美观、台面布置合理。便于操作，符合人机工程要求 
主机遥控装置 / ECDQ	实现船舶主推进装置的远距离操控。可对柴油机加速、减速、起停进行控制，可对齿轮箱的换向进行控制。对柴油机、齿轮箱等的运行参数进行显示和越限参数进行报警。我们有电气混合式、纯电式、电机混合式等多款系统 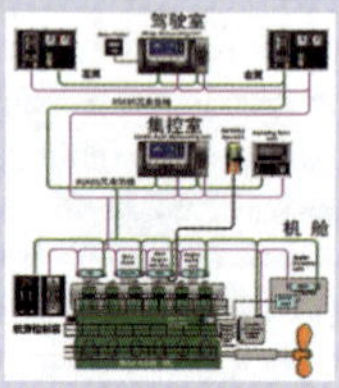
其他设备	全自动充放电板；变频控制柜，软起功器箱柜，自启动装置控制器；GCA/SGCA 硅流器；磁饱和充电机；机舱报警灯板系统；机舱组合报警灯柱；舱室浸水报警系统；CNB 逆变器；PD 系列分电箱；岸电箱；QC91、QCC1 系列磁力起动器；XHH 系列锚机，缆机控制箱；QXC 系列 Y- △起动器；XBJ 系列多点报警箱；KH、FX、SK 系列航行灯，信号灯，闪光灯控制箱；GK 系列汞氙灯控制箱；CZX 系列高低压插座箱；JXT 接线箱；DK7 系列火警按钮等

船用变压器

P 242

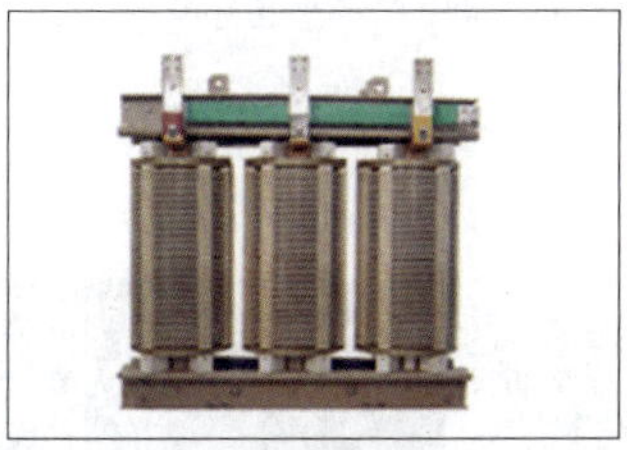

P 243

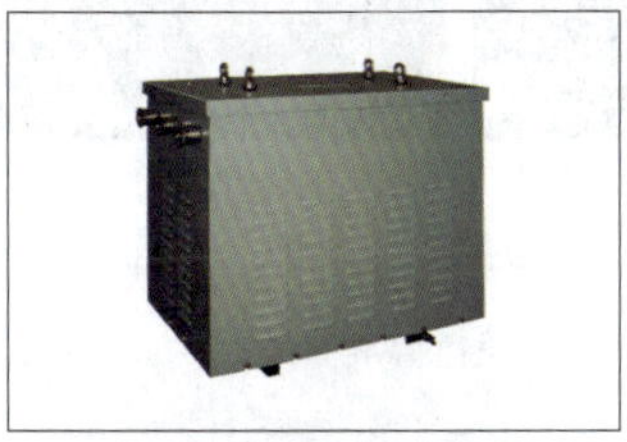

P 244

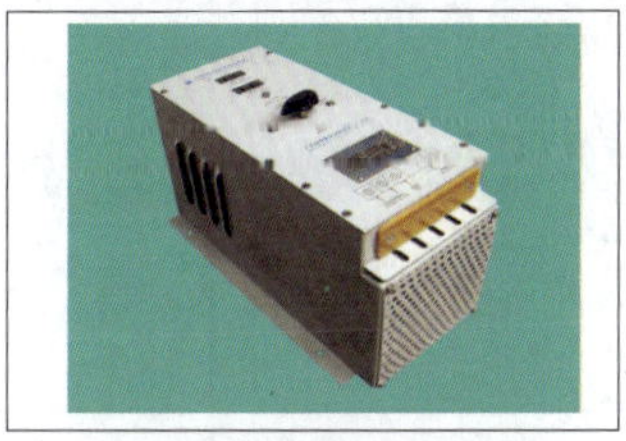

P 245

P 246

P 246

船用变压器用于船舶照明和配电，要求能防潮、防霉、防盐雾并能耐受强烈的冲击和震动。通常容量较小的多采用环氧树脂浇注式，较大的则采用干式开启式。用浇注式结构时，单相变压器多采用卷铁芯和短形绕组；三相则采用叠积式铁芯和圆形绕组。国内江苏精海变压器有限公司系专业生产变压器、调压器、电力变压器及特种变压器的中型高科技企业，也是中船集团船舶标准化促进工作委员会副主任委员会单位，主要产品“精海牌”35kV 级、25 000kVA 及以下油浸式电力变压器、树脂绝缘干式电力变压器、空气自冷干式电力变压器、预装式变电站、组合式变压器、船用变压器、海洋平台变压器、大功率直流电源及特种变压器等；泰州市海川电气制造有限公司是专业生产变压器类电气产品的股份制企业，主要产品为舰船用变压器、海洋工程变压器、船用小型控制变压器、启动自耦变压器及船用配电设备等，产品广泛应用于国内造船、海洋石油工程、船舶造机、配电、港口装备并出口越南、印度、阿联酋等新兴造船国家；武汉市云鹏特种变压器有限公司是国内船用变压器专业生产厂家之一，该公司集研发、制造、销售、系统技术服务于一体，主要产品有船用变压器、充电机、并联逆变器、船用恒流压充电电源、电抗器等系列。

生产单位：保定天威集团特变电气有限公司

地址：河北省保定市天威西路 2399 号 邮编：071056 电话：0312-3308070 传真：0312-3269270
联系人：邓建国 13785214523 邮箱：twtb03123308070@sina.com

保定天威集团特变电气有限公司是天威集团的全资子公司，承担着天威集团 330kV 级及以下电力变压器、船用变压器、铁路牵引变压器、风力发电用主变压器、箱式变电站、非晶合金变压器、干式变压器、整流变压器、电炉变压器等特种变压器和无功补偿装置的装配制造。产品行销全国，出口美国、意大利、法国、阿根廷、日本、厄瓜多尔、印度、埃塞俄比亚、缅甸、印度尼西亚等多个国家和地区。公司注册资金为 20 160 万元，总资产约 10 亿元，拥有先进的生产、试验设备，采用行业领先的三维设计制图，产品实现专业化、标准化。

产品技术参数：

干式变压器

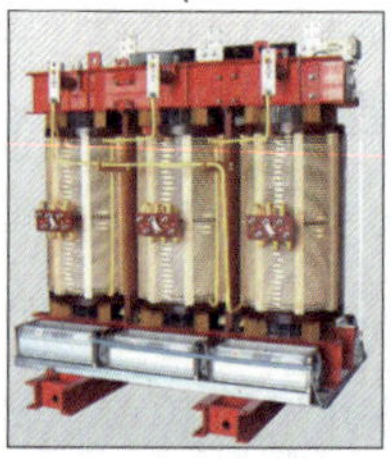
干式变压器

海上钻井平台船用变压器

磁悬浮变压器

整流变压器

型号	基本参数	产品特点	实现功能	执行标准	持有证书
油浸式船用变压器	A200310S38-56 Czssrz9-M-2500/6-10 A200310S62 Csrz9-8000/22	公司使用了高燃点油及创新的采用了一系列先进的设计技术手段，保证了该项目具有防水、防盐雾、防湿热、防霉菌、防震动冲击等特点	1）周密的电磁计算 2）可靠的电气性能 3）优良的机械性能具有良好的耐火安全性，运行起来更为安全可靠	在产品研究、设计、试制、试验过程中我们严格执行 IEC 及 GB 相关标准，生产过程中按照 ISO 9001：2000 质量管理体系要求进行全程质量控制	符合 CCS 规范并获得中国船级社的检测认证
干式变压器	3 630mm × 2 275mm × 2 400mm，重量为 9 155kg 4 325mm × 3 210mm × 2 700mm，重量为 20 400kg	防水、防盐雾、防湿热、防霉菌、防震动冲击损坏，耐火、安全		符合 CCS（中国船级社）规范 	船级社认证证书： QHP03250002-1 QHP03250002-2 QHP03250002-3 QHP03250002-4 QHP03250002-5 QHP03250002-6 QHP03250002-7

船用变压器技术说明：
公司自行研制开发了能够在海洋及恶劣气候环境条件下使用的 CSR 系列船用油浸式变压器
此系列的变压器具有防水、防盐雾、防湿热、防霉菌、防振动冲击损坏等特点，在船用变压器的设计过程中充分的考虑以下几点：
1）周密的电磁计算；
2）可靠的电气性能；
3）优良的机械性能
在产品研究、设计、试制、试验过程中严格执行 IEC 及 GB 相关标准，生产过程中按照 ISO 9001：2000 质量管理体系要求进行全程质量控制，符合 CCS 规范，并获得中国船级社的检测认证

生产单位：江苏海洋电器制造有限公司

公司地址：江苏泰州市姜堰龙溪工业园　邮编：225500　电话：0523-88790088　传真：0523-88799198
联系人：王忠海　邮箱：hywangzh@126.com　网址：www.hai-yang.com.cn

公司专业生产变压器和整流器两大类。变压器主要品种有船用变压器、舰用变压器、海洋平台变压器、并车电抗器。整流器主要品种有一般硅整流器和可控硅整流器，广泛应用于电解、电镀化工等行业。公司通过 CSQA 质量管理体系认证，证书号为 00509Q10168ROS。“永远争第一”是公司追求的目标，公司全体员工本着“质量第一、服务第一、顾客第一”的方针，竭诚为您提供最优质的产品与服务。

产品技术参数：

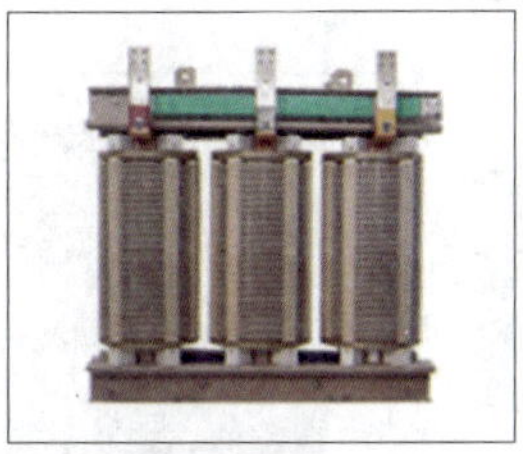

型号	额定容量（kVA）	空载损耗（W）	空载电流（%）	负载损耗（W）（75℃）	阻抗电压（%）（75℃）
CDGS	0.5	15	18	20	3.5
CDGS	1	20	16	30	3.3
CDGS	2	30	14	50	3.0
CDGS	3	40	12	65	3.0
CDGS	5	60	10	85	3.5
CDGD	5	65	12	100	2.5
CDGD	7.5	90	11	160	2.5
CDGD	10	95	11	190	2.5
CDGD	15	115	9	255	2.5
CDGD	20	145	8	300	2.2
CDGD	25	170	8	370	2.2
CDGD	30	250	7	435	2.2
CSDPSGD	3	60	13	90	3.5
CSDPSGD	5	95	11	135	3.5
CSDPSGD	10	140	10	250	3.5
CSDPSGD	16	175	8	365	3.5
CSDPSGD	20	200	7	440	3.5
CSDPSGD	25	240	6	460	3.5
CSDPSGD	30	280	5	535	3.5
CSDPSGD	40	290	4	580	3.5
CSDPSGD	50	290	3	920	3.5
CSDPSGD	63	340	3	1 050	3.5
CSDPSGD	80	390	2	1 150	3.5
CSDPSGD	100	460	2	1 540	3.5
CSDPSGD	125	520	2	1 830	3.5

生产单位：中电电气（江苏）股份有限公司

地址：江苏扬中市中电大道 188 号　邮编：212200　电话：0511–88223513
联系人：李振国　18626467451　邮箱：lizg@ceeg.cn　网址：www.ceeg.cn

公司多年从事电力设备产品的研究、开发、生产等。2007 年船用及海洋平台变压器通过了由江苏省经济贸易委员会委托，镇江市经济贸易委员会组织的新产品的鉴定会，与座专家一致认为公司研制的产品具有过载能力强、损耗低、噪声低、体积小、重量轻、安装方便等特点，其主要性能指标已达到国内领先水平。2009 年，公司开始研制船用水冷变压器，并于 2010 年获得首批 8 台 1 600kVA 的订单。公司船用（海洋平台）变压器、水冷变压器已通过 CCS、BV 船级社型式认可证书，并可提供包括 CCS、BV、ABS、DNV GL、LR、NK、KR 等在内的船检证书。

产品技术参数：

型号	额定容量（kVA）	空载损耗（W）	空载电流（%）	负载损耗（W）（75℃）	阻抗电压（%）（75℃）
CSD–3	3	80	14	105	3.5
CSD–5	5	110	12	165	3.5
CSD–10	10	160	11	288	3.5
CSD–16	16	210	10	370	3.5
CSD–20	20	230	8	480	3.5
CSD–25	25	250	7	528	3.5
CSD–30	30	280	6	600	3.5
CSD–40	40	290	5	680	3.5
CSD–50	50	300	4	1 045	3.5
CSD–63	63	340	4	1 250	3.5
CSD–80	80	420	3	1 450	3.5
CSD–100	100	510	3	1 840	3.5
CSD–125	125	520	2	1 930	3.5
CSD–160	160	580	2	2 170	3.5
CSD–200	200	650	2	2 780	3.5
CSD–250	250	890	1.9	3 400	4.0
CSD–300	300	1 350	1.8	3 900	4.0
CSD–400	400	1 450	1.8	4 800	4.0
CSD–500	500	1 650	1.7	6 210	4.0
CSD–630	630	1 800	1.6	6 700	4.0
CSD–800	800	1 900	1.6	7 240	4.5
CSD–1000	1 000	2 210	1.4	8 530	6.0
CSD–1250	1 250	2 500	1.3	13 800	4.5
CSD–1600	1 600	2 600	1.2	18 000	4.5
CSD–2000	2 000	2 900	1.1	22 000	6.0

生产单位：高要市远航电器有限公司

地址：广东省高要市南岸科德开发区青湾中路 邮编：526100

电话：0758–8360336 8360332 传真：0758–8360339 邮箱：gyfs@china.com 99669383@qq.com

网址：www.gyfs.com.cn 联系人：冼子枢 13602990299

公司专业生产船电产品已有 10 多年时间，主要为船厂建造的国内外各种类型船舶、舰艇进行配套，由于质量可靠、服务优良而深得用户好评。公司通过 CCS 质量管理体系认证，产品可提供各大船级社船检证书及军检证书。

产品技术参数：

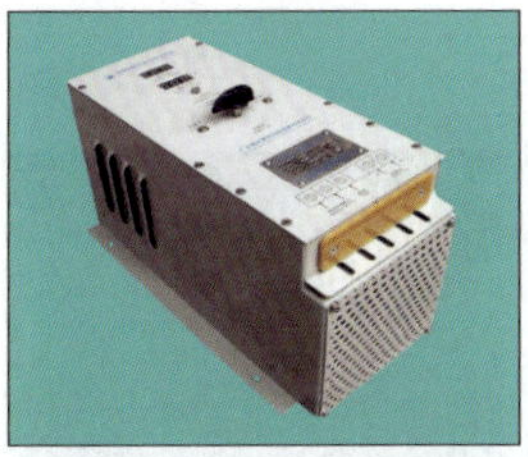
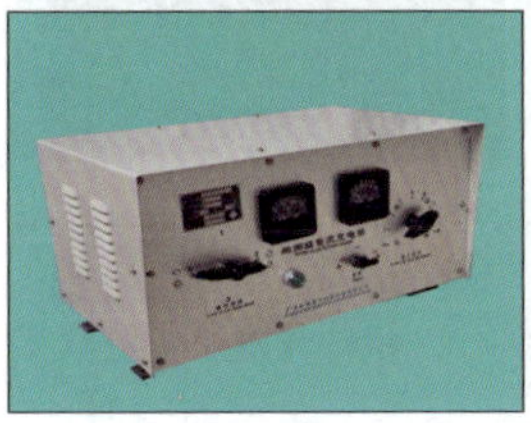

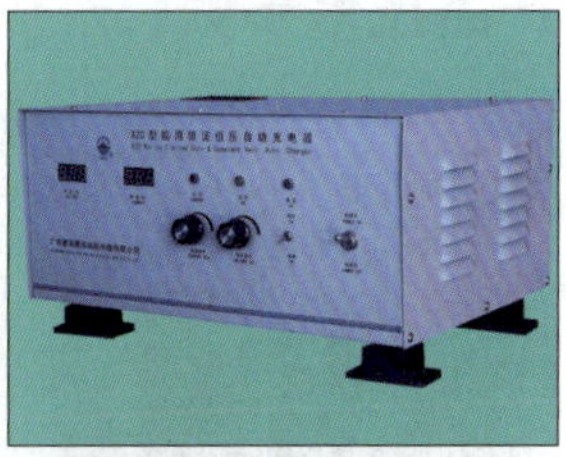

产品名称	型号规格	基本技术参数	
船用变压器	CDD（CDGD） CSD（CSGD） CSGDII CSGDIII （II、III 型为组合式变压器）	容量 (kVA)	1、2、3、5、7、5、10、15、20、22.5、30、30、35、40、50、63、70、75、80、90、100、105、120、150、160、180、200、225、300、350、400、500、600、700、800、1 000、1250、1 400、1 500、1 800、2 000、2 200、2 500、3 000
		输入电压（V）	3PH 380~690。 频率：50/60Hz
		输出电压（V）	3PH 220~690。 频率：50/60Hz
船用小型变压器	CXD CXK	容量 (VA)	50、63、100、160、200、250、300、400、500、630、800、1 000、1 250、1 600、2 000、2 500、3 000
		输入电压（V）	1PH110~450。 频率：50/60Hz
		输出电压（V）	1PH12~450。 频率：50/60Hz
船用充电器	XZC 型 （自动充电器） GCA 型 （硅整流充电器）	容量 (VA)	15、20、30、40、50、60、80、100、150、200、300
		输入电压（V）	AC1PH/3PH220、380
		输出电压（V）	DC6、12、24、36、48、72V、110、220、380
船用逆变器	CNB 型	容量 (VA)	200、300、400、500、600、800、1 000、1 200、1 500、2 000、3 000
		输入电压（V）	DC24
		输出电压（V）	AC1PH 220
船用直流稳压电源	CDW 型	容量 (VA)	20、30、40、50、60、80、100
		输入电压（V）	AC1PH/3PH 220、380
		输出电压（V）	DC 12、24、36、220
产品	防护等级：IP00、IP22、IP23、IP44、IP55。 绝缘等级：C、B、F、H。 工作方式：连续。冷却方式：空气自冷 / 风冷 执行标准：GB、CB、GJB、IEC 及相关船级社的标准和规范。符合 IMO、ISO、SOLAS、IACS 规范或标准 持有证书：CCS、ZY、BV、LR、NK、ABS、DNV GL 及军检等各大船级社的型式认可证书或产品证书		

生产单位：泰州海田电气制造有限公司

地址：江苏省泰州市海陵工业园泰安路 20 号　邮编：225300
电话：0523-86083912　传真：0523-86552855
邮箱：htdqzz@126.com　网址：www.htdqzz.com　联系人：秦金林 13905268138

泰州海田电气制造有限公司（原泰州市变压器厂）创建于 1958 年，是国内时间最早，品种最全的船用 / 海洋平台变压器生产厂家。生产的船用 / 海洋平台变压器具有损耗小、温升低、可靠性高、过载能力强、三防等特点，已取得多项国家专利，产品覆盖全国并出口 10 多个国家和地区。

产品技术参数：

型号	基本参数	产品特点	选型优势	执行标准	船级社认证
CDGS 船用变压器	0.5~10kVA	IP55、具有防水功能	可靠性高、过载能力强、噪音低、维护方便	CB/T1001 GB1094.11 IEC60076.11	CCS DNV GL LR ABS BV NK KR RS 等
CSD（CSGD）船用变压器	3~1 000kVA	IP23、IP44、损耗小，温升低，三防，抗震，安装方便	可靠性高、过载能力强、噪音低、维护方便		
CDGD 船用变压器	5~100kVA	IP23、IP44、损耗小，温升低，三防，抗震，安装方便	可靠性高、过载能力强、噪音低、维护方便		
CSGD Ⅱ 船用变压器	15~300kVA	3 只单相变压器组合成三相变压器	可靠性高、过载能力强、噪音低、维护方便、故障时可接 V/V 连续运行		
CSGD Ⅲ 船用变压器	15~300kVA	4 只单相变压器组合成三相变压器	可靠性极高、过载能力强、噪音低、维护方便		
CSCD 船用变压器	15~500kVA	线圈浇注式、机械强度高、短路能力强、外形美观	可靠性高、过载能力强、短路能力强、噪音低、维护方便		
CSSCFD 船用水冷变压器	630~8 000kVA	IP44、水冷式、具有温升低、外形美观、智能化	可靠性高、过载能力强，噪音低、智能化程度高		

船用配电设备

P 248

P 249

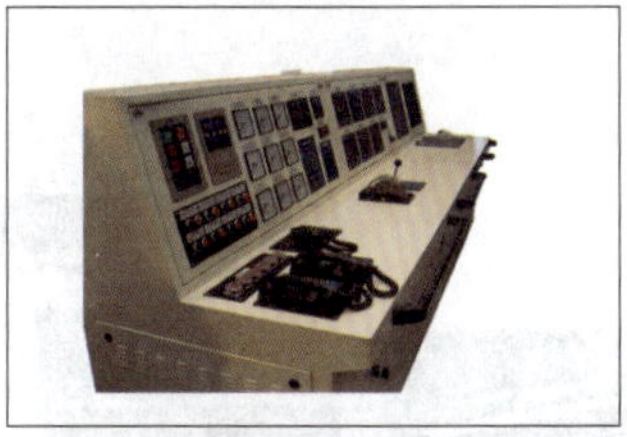

P 250

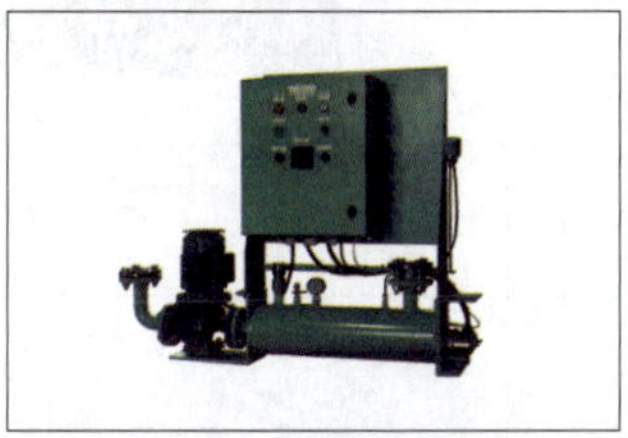

P 251

P 252

P 252

随着船舶的大型化，船舶的用电负荷急剧增加，传统的低压配电系统已不能胜任大型船舶的配电系统的要求。国际先进造船技术中，中高压电气系统以其安全、高效、经济的特点在大型船舶建造设计中得到广泛的应用，诸如一些大型集装箱船舶侧推器的中压电动机、变频控制装置和配电网络，电力推进船舶的中压发电、配电、用电设备和网络等。国外主要企业有瑞士 ABB 公司、英国罗・罗、德国西门子、日本 NICHIYO 和 NISHISHIBA 公司，丹麦 SEMCO MARITIME 公司等。国内南京恒迅电气控制设备有限公司与国内外电气公司及科研院所建立了紧密的合作关系，为船舶及海洋工程设计制造船用配电板、控制台等各种配电、控制设备；江苏东开电气有限责任公司为西门子公司低压配电设备（含船舶电气）授权合作伙伴，目前主要生产驾驶室集中控制台、机舱集中控制台、配电板、组合启动屏、直流屏岸电箱、中置柜、分电箱等中外船舶电气系统设备；镇江船舶电器有限责任公司（镇江船舶电器厂）专业配套如低压配电板、机舱控制台、桥楼控制台、各类控制箱柜、船用干式变压器、充电机/不间断电源等舰船用控配电设备，同时生产航行/信号灯控制器、雾笛控制器、应急车钟、组合声光报警系统等船舶助航设备，配套产品除了长期广泛地应用于国内商用和军用船舶以及近海工程，近年来更多地应用于出口船舶。

生产单位：镇江赛尔尼柯电器自动化有限公司

地址：江苏省镇江市丁卯开发区南纬二路南　邮编：212009　网址：www.saiernico.com
电话：0511-88883508/7237　传真：0511-88882561　邮箱：saiernico@saiernico.com
地址：上海市漕宝路 111 号 7 楼 716 室　电话：021-64753107
传真：021-64753634　邮箱：jinbao@saiernico.com
地址：Østergade 18，6500 Vojens（丹麦）　电话：+45 74 54 02 22
传真：+45 74 54 02 23　邮箱：info-europe@saiernico.com

SaierNico 创办于 1994 年，专业为船舶及海洋工程提供电气、自动化设备及其系统集成。现有电气设计人员 30 余人，自动化研发团队 50 余人，售后服务及质检人员 70 余人。公司占地面积 26 700m^2，配置了数控冲床、数控折弯机、数控剪板机、数控母排加工设备、机器人焊接设备等先进的生产设施和试验设备。公司的产品包括：船用低压配电板 / 中压配电板、挖泥船疏浚控制系统、机舱监测报警系统、阀门遥控系统、液位遥测系统、视频监控系统、远程无线传输系统、计算机网络、船舶综合信息管理系统、集成大功率变频驱动系统、桥楼控制台、机舱集控台、软起动器等各类电气、自动化产品。

产品技术参数：

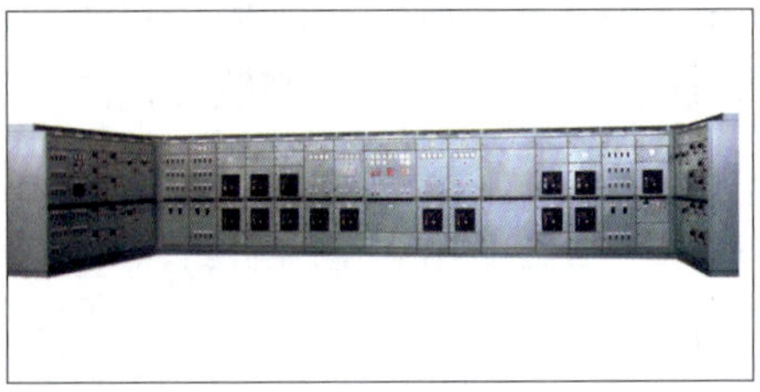  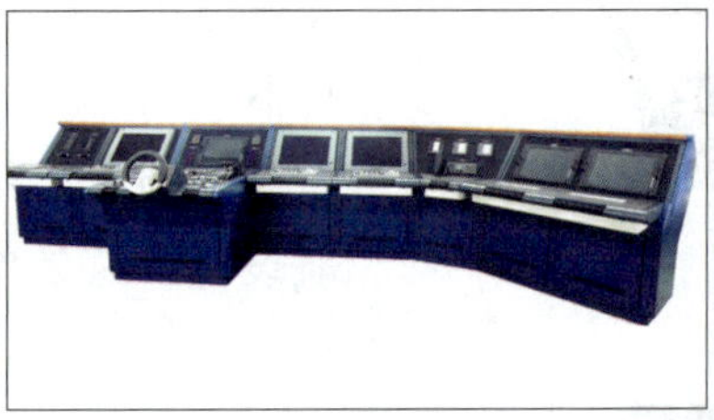 

型号	产品特点	实现功能	选型优势	执行标准	有无专利	持有证书
船用低压 / 中压配电板 机舱监测报警系统 视频监控系统 远程信息传输 挖泥船疏浚监控系统 船舶综合信息管理系统 桥楼控制台、集控台 变频控制、软起动器等	为客户量身定制 满足客户各种需求	全船电气配电控制； 全船报警监测及自动化控制	SaierNico 配电板可以根据客户需要选择元器件：主要有 Schneider、ABB、Mitsubishi 等品牌。 SaierNico 机舱监测报警系统与具有百年历史长期设计制造船舶自动化设备的荷兰 Eekels 合作开发，双方共同负责全球化服务。 全球化服务保证：ISES、欧洲 SaierNico、荷兰 Eekels、Schneider。 设计、生产能力强	IEC DNV GL BV ABS LR CCS RINA NK KR RS	拥有 20 多件发明、实用新型专利证书	持有多家船级社产品证书 国家强制性产品认证证书（CCC 证书） BV 工厂认证 CCS 工厂认证

生产单位：武汉西普欣电器设备有限公司

地址：湖北省武汉市江岸区丹水池街黄合村特 1 号胜强工业园内　邮编：430012　电话：027-82344463
传真：027-82325446　邮箱：rwhxpx@163.com　网址：www.shipxin.com　联系人：张建明 13971375988

武汉西普欣是具有 30 年船舶电气设备生产经验的专业制造商，技术骨干由原长航电子设备厂、长航江南电器设备厂及武昌航海电器设备厂的多名高级工程师、工程师和高级管理人员组成。同时，公司与多家大学、科研机构保持密切联系，具有可靠的技术实力和新产品开发能力。公司已通过 ISO9001:2008 质量体系认证。公司主要生产船用主配电板、应急配电板、驾驶室集中控制台（板）、机舱集中控制台等，具备全船电器配套能力。公司产品多年来已广泛用于海军、陆军、武警、海关、海洋石油平台、各类民用船舶，并用于多种出口船舶。

产品技术参数：

型号	基本参数	产品特点	实现功能	选型优势	执行标准	持有证书
自动电站主配电板 产品系列号：XPX-ZP	外观尺寸：单屏 2 000mm × 800mm × 600mm， 可多屏任意组合	环境适应性：适用于江河、沿海 安全性：满足标准及实际适用要求 使用方法：结构标准化、布置通用化、维修便利 性能特点：智能化、具有启动、运行、并车及自动化控制，可实现无人操作	装船后功能体现：电子控制系统集成化、元器件优先选用 CCS 认可产品，质量稳定 与其他产品配套功能体现：可与全船所有产品可靠连接	与传统产品或其他同类产品相比具有的优势：可实现无人操作、低碳节能	按国标、船标、国军标生产 符合 IMO、ISO、SOLAS、IACS 规范或标准	持有船级社认证证书：CCS、ZC、BV 及 LR、DNV GL、ABS 等
机舱 / 驾驶室集中控制台 产品系列号：XPX-JK	外观尺寸：单屏 1 000mm × 800mm × 600mm， 可多屏任意组合	环境适应性：适用于江河、沿海 安全性：满足标准及实际适用要求 使用方法：船舶航行全部设备集中一体，操作统一 性能特点：智能化、一体化、适用于大中型船舶	装船后功能体现：能实现对主机、辅机及各类机器的集中和远程控制 与其他产品配套功能体现：可与全船所有产品可靠连接	与传统产品或其他同类产品相比具有的优势：适用便利、低碳节能、安全性能提升	按国标、船标、国军标生产 符合 IMO、ISO、SOLAS、IACS 规范或标准	持有船级社认证证书：CCS、ZC、BV 及 LR、DNV GL、ABS 等
磁饱和稳压自动充电机及各类箱、柜 产品系列号：CZ－□－□/□－□	外观尺寸： 30A 以下 壁挂式 800mm × 600mm × 100mm 30A 以上 柜式 1 000mm × 600mm × 400mm	环境适应性：适用于江河、沿海、陆地等 安全性：满足标准及实际适用要求 使用方法：自动工作，自保护 性能特点：输出 12~18V、24~36V 范围内可调	装船后功能体现：使用便利、自动限流	与传统产品或其他同类产品相比具有的优势：采用磁放大器，具有良好的输出短路保护与恢复特性，对蓄电池及设备本身具有良好的保护性	按国标、船标、国军标生产 符合 IMO、ISO、SOLAS、IACS 规范或标准	持有船级社认证证书：CCS、ZC、BV 及 LR、DNV GL、ABS 等

生产单位： 湖北海力士电气有限公司

地址：湖北省黄冈市黄州（路口）工业园花园路3号　邮编：438000　联系人：吴乐元

电话：18071209305 0713-8483116-803　传真：0713-8483699

湖北海力士电气有限公司是一家具有十几年专业生产设计船用配套电控设备、陆用高低压成套电气设备的企业。目前公司拥有一批高素质的计算机CAD辅助设计、产品研发、制造和销售及售后服务的技术人员，始终坚持执行“质量第一，用户至上”的原则，并且通过了IS09001:2008标准质量管理体系认证。船用产品均通过CCS、BV、ZC、ZY检验出厂，并提供船检证书。

公司产品主要有：各种陆用成套配电及电气控制设备、各类船用配电柜（屏、板）、自动电站系统、驾控台、机舱监视（监控）台、全回转智能推进控制系统、应急配电板、充放电板、变频控制柜（箱）、软启动柜（箱）、液货检测控制系统、电工试验板、锚机控制箱、岸电箱、对外供电箱、分配电箱、磁力启动箱、报警箱、信号灯控制箱（板），港口机械设备控制系统，PLC与触摸屏、变频器控制系统、船用LNG双燃料安全监控记录仪。

产品技术参数：

产品型号

■主配电板：ZP“X”-HL　■应急配电板：YP“X”-HL　■充放电板：CF“X”-HL

■无线电充放电板：WF“X”-HL　■不间断电源箱：UPS“X”-HL　■驾驶室集中控制台：JK“X”-HL

■机舱监视台：JS“X”-HL　■其他控制台：KZ“X”-HL（“X”代表设计公司图纸号第一部分；“HL”代表海力士电气）。

■岸电箱

① 岸电箱　AJ　X-Y/Z

“X”代表岸电箱内开关本体电流，“Y”代表岸电箱额定电流，

“Z”为2表示单相，“Z”为3表示三相，“Z”为3N表示三相四线。

② 岸电接线箱　AX-□/3N，□代表岸电箱额定电流，3N表示三相四线。

■对外供电箱 PD5-□/□　前面□代表供电箱额定电流等级，后面□一般是2、3、3N等分别表示单相、三相、三相四线。

■变频器控制柜（箱）　BPQC91-□　□代表控制设备的功率等级。

■软启动控制柜（箱）　RQC91-□　□代表控制设备的功率等级。

■电工试验板　CDX-1　380V/220V/24V

■信号灯控制箱 FXU □-220　□代表信号灯路数，220表示电压等级（也可是24V）。

■航行信号灯/信号闪光灯控制器　HX-20　220V/24V

■液货检测控制台　FLY-01　AC220V/DC24V

■报警箱　BJ □-HL　AC220/DC24V　□表示报警点数量

■全回转智能推进控制系统　GCS801-ATS　AC220/DC24V

■分配电箱　PDx-y/z

其中：x=5是动力分电箱；x=6是照明分电箱；x=7是低压直流分电箱。

y是输出路数　z=3表示 三相输出　z=3L表示 三相漏电开关输出

z=2表示 两相输出　z=2P表示三相平衡，两相输出　z=2P4表示四极汇流排，两相输出

z=2PN表示三相四线制，两相输出　z=2PLN 表示 三相四线制，两相漏电开关输出。

■交流起动器

① 直接启动 QC91(QCC1)-X/Y

QC91表示二次线路不需降压，QCC1表示二次线路需要通过降压；

X-电流等级（20,40,60）Y=13是普通型；Y=14是自动/手动型；Y=23是 正反转型

② 其他启动方式 XQC91（XQCC1）-W -星三角降压起动器 W-功率等级；（带电流表为WA）

RQC91-W　-软启动器　W-功率等级；（带电流表为WA）

QC91-W/BP　-变频启动器　W-功率等级；（带电流表为WA）

QC91-W/ZB　-自偶降压启动器　W-功率等级。（带电流表为WA）

生产单位：上海高舟船舶有限公司

地址：上海市浦东大道 637 号 2106 室　邮编：200120　电话：021-68883198　68883138
传真：021-68883198　邮箱：info@sgzmarine.com　网址：www.sgzmarine.com
联系人：林涵宇　13636695559　顾庆余　13524966301

本公司致力于船舶电气和自动化设备的研制生产及造船配套，与众多造船厂、船东、设计院、科研机构、国内外船舶设备厂商及代理商保持长期、良好的合作关系。公司已通过了 ISO9001：2008 质量管理体系认证，产品先后获得 CCS、BV、DNV GL 等船级社的认证。

产品技术参数：

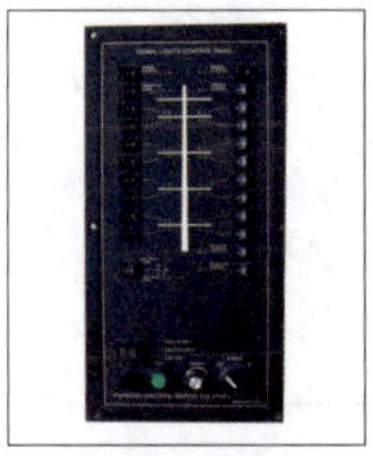
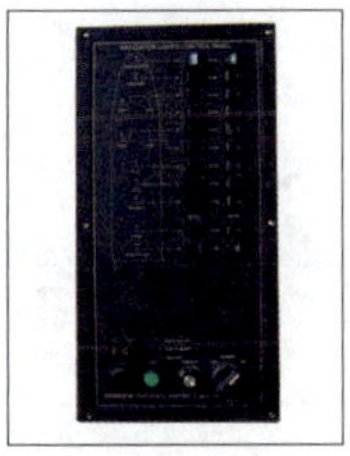
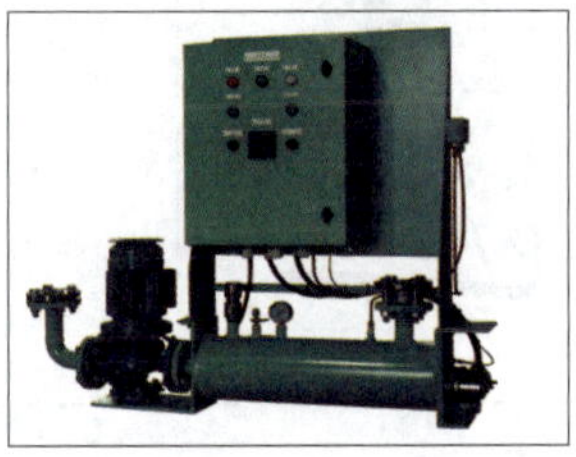
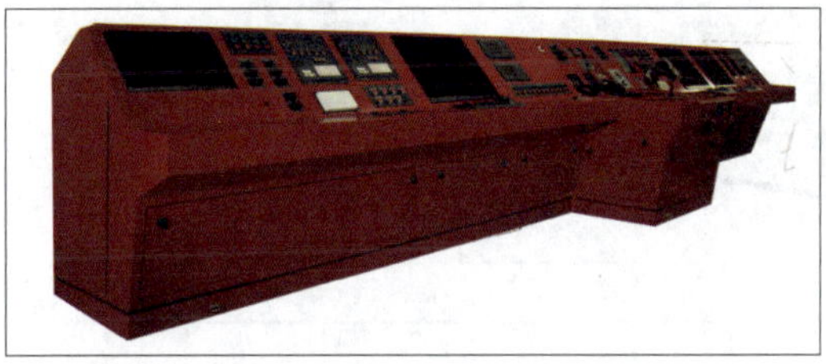

型号	基本参数	产品特点	实现功能	选型优势	执行标准	持有证书	自填内容
集控台	按订货技术要求		满足技术要求	优良	CCS 及其他船级社规范	CCS	发电机组缸套水预热装置为洋马公司配套，合作已六年多，总计已生产 500 余船套
配电板	按订货技术要求		满足技术要求	优良	CCS 及其他船级社规范	DNV GL	
分电箱	按订货技术要求		满足技术要求	优良	CCS 及其他船级社规范		
起动箱	按订货技术要求		满足技术要求	优良	CCS 及其他船级社规范		
充放电板	按订货技术要求		满足技术要求	优良	CCS 及其他船级社规范	CCS	
岸电箱	按订货技术要求		满足技术要求	优良	CCS 及其他船级社规范		
电工试验板	按订货技术要求		满足技术要求	优良	CCS 及其他船级社规范		
发电机组缸套水予热装置	AC440V/380V 24kW/30kW	安装使用方便	满足自动电站发电机组配套	优良		免检	
航行灯、信号灯控制器	按船型不同要求	箱体可全方位开启，航空插头连接便于检修。在主／应急电源失电情况下，仍能提供失电声光及延伸报警	功能齐全 RS485 串行接口在控制器内	优良	船级社规范 ,SOLAS 公约		

生产单位：常熟瑞特电气股份有限公司

地址：江苏省常熟市高新技术产业园苏州路 40 号　邮编：215500
电话：0512–52345677　传真：0512–52348186　网址：www.cn–ruite.com　邮箱：sz@cs–ruite.com

常熟瑞特电气股份有限公司位于江苏省常熟高新技术产业园，地处常熟市区北，依山傍水、交通便捷，是一家高新技术企业。公司专注于研发、设计和生产舰船电器、自动化设备以及船舶电力系统、自动化系统集成业务。公司占地 20 000m^2，科研生产用房 17 000m^2，拥有现代化的研发工具、先进的柔性加工生产线和齐全的试验、测试设备。

产品技术参数：

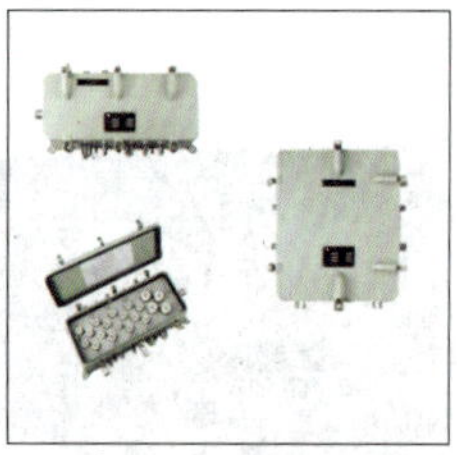

型号	基本参数	产品特点	实现功能	持有证书
PD 型分配电箱	最大工作电压： AC690V,50/60Hz 总电流大小分为： 160A,250A,400A 630A ,800A 防护等级：IP23 ,IP44	本系列分配电箱采用宝钢优质冷轧钢板弯制而成，内外表面均为橘纹亚光喷塑 箱门内嵌自成型密封材料，抗震动，密性高，箱门开启角度大于 90℃，装有自锁式止门器，门铰链为暗装式，门锁为防震锁扣，箱体内开关操作平面均设置有开启式防护盖板，设有开关分路标牌。箱内附有插图框，为接线图提供放置空间 箱体安装方式为壁挂式	用于船舶供电网络，向交流和直流负载设备分配电能，具有过载和短路保护功能	CCS LR DNV GL ABS BV NK
ZQP 型组合启动屏	额定工作电压： AC690V,AV440V,AC380V 额定工作频率：50/60Hz 电机功率： 0.37~900kW 防护等级：IP23 ,IP44 智能型组合起动屏采用 CNA 通信模式	组合起动屏结构紧凑，有效利用机舱空间 采用标准化结构方式，互换方便 各个起动单元之间间隔，每一起动单元均可独立工作，其中某一单元出现故障时，不会影响其他单元正常工作，单个检修无需切断其他起动器单元的电源 集中管理，维修方便 智能型组合起动屏可将电机运行状态，故障信息等向上位机发送并接受控制指令	适用于船舶电网中控制三相异步电机的起动、停止和运转，具有过载、短路、断相及欠压保护功能。通过配置智能控制模块的组合起动屏具有过载保护特性的远程设定、电机运行参数的远程发送，远程显示电机运行状态的功能	
KYJ1 型舰船铠装中压配电板	KYJ1–7.2/D 1250A 31.5KA KYJ1–12/J 160A 40KA	小型化，配电板单屏最小外形尺寸为：宽 650mm × 深 1 450mm × 高 2 200mm； 标准化，配电板能安装 ABB,SIEMENS,GE,Schneider,华电等中外断路器及综合保护装置； 抗振性，配电板关键部位减振设计，对主要元件进行定制； 安全性，屏间及本屏电气，机械安全联锁，弧光保护机构配电板的安全操作保障； 耐燃弧，配电板每屏的电缆室、手车室、母线室抗燃弧设计，高压室有独立的泄压通道； 铠装式，配电板电缆室、母线室、断路器完全独立，检修时互不影响； 易操作，停电后合母线室或电缆室接地开关，对地放电后可检修母线、发电机、电缆及设备； 前检修，二次控制室，二次电缆进出位置在配电板前面，折叠式小车，方便维修	保护功能：漏电、过载、短路、缺相保护等； 测量和显示功能：测量和显示接触器，手车，接地开关状态以及单线图等模拟显示功能； 控制功能：同对应的变压器屏完成变压器预充磁联锁功能	

船用电缆

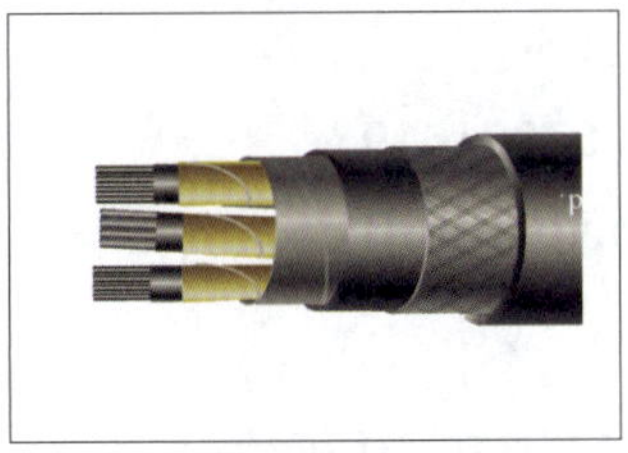

P 257

P 258

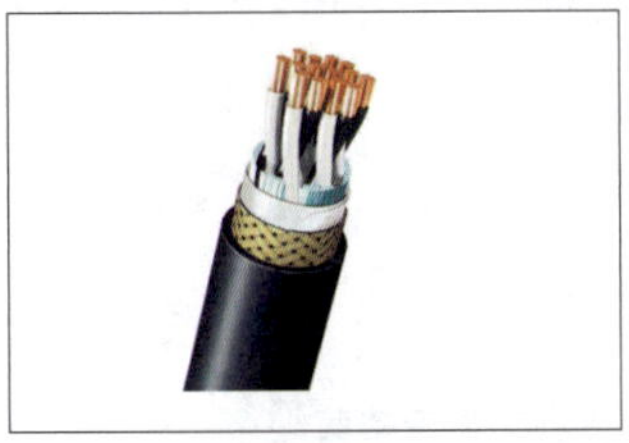

P 259

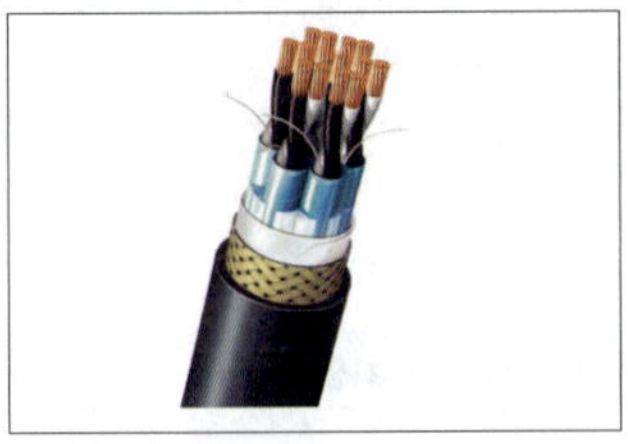

P 259

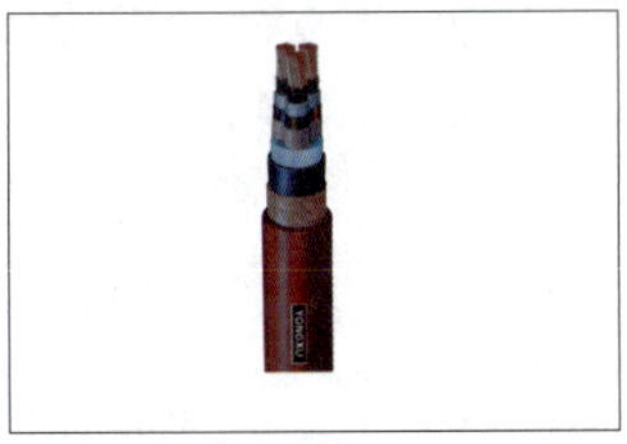

P 260

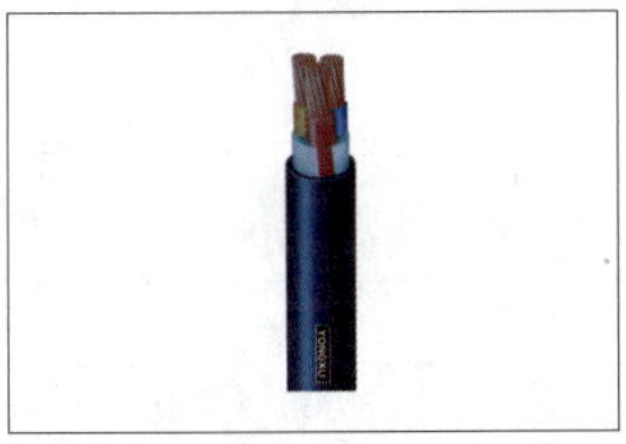

P 260

船用电缆是指专用于船舶及水上建筑中具有特殊要求的电缆，因为船舶的工作环境与其他行业相比较，具有很强的特殊性，所使用的电缆基本都是低烟、无卤、耐盐碱的特殊电缆。国外主要企业有法国 ALCTEL、美国 AMERCABLE 、美国 ANIXTER WIRE&CABLE、德国 BATT CABLES 、意大利 STECOM、韩国 KUKDONG 等。国内船用电缆市场竞争激烈，产业集中度相对较高，竞争企业主要集中于江苏（扬州）、上海一带。据统计，扬州船用电缆厂（现为江苏远洋东泽电缆集团有限公司）作为中国船用电缆的龙头老大，大约要占到整个市场份额的一半，集团 2009 年船用电缆的销售收入近 10 亿元人民币。排在第二的为法国 Nexans 在中国的独资企业“耐克森（中国）线缆有限公司”，大约占到 20% 左右的市场份额，余下的市场被江苏地区及周边其他企业瓜分。如常州八益电缆有限公司，以制造高品质特种电缆（船用电缆、仪表电缆、控制电缆、核电缆）为主；扬州市红旗电缆制造有限公司是一家集研发、生产与销售为一体的电线电缆专业性公司。总之，我国船用电线电缆行业经过几年的高速发展已形成相当的规模，但由于生产能力大于需求，出现供过于求的局面。而且技术含量都不是非常高，对于一些特殊需求还是很难满足，基于这种状况，特种电缆市场正脱颖而出，吸引着越来越多的人关注。随着人们对安全、环保的重视以及其他各种因素的影响，船用电缆等其他特殊应用的电缆越来越受到人们的欢迎。这些以热塑绝缘或交联聚乙烯绝缘的特种电缆具有质量小、体积小、低烟、无卤、防火等特性，所以容易安装、环保，而且安全防火。在发生火灾时，烟释放量、毒气释放量极低，无腐蚀性，能给人员逃生赢得宝贵的时间。

生产单位：武汉长盈通光电技术有限公司

地址：武汉市东湖新技术开发区高新五路 80 号 邮编：430205
电话：027-87981526 传真：027-87981619
邮箱：lichangsong@yoec.com.cn 网址：www.yoec.com.cn
联系人：李长松 13986177557

武汉长盈通光电技术有限公司位于中国•光谷武汉东湖高新开发区，公司致力于特种光纤、特种光器件、化学材料、机电设备和光电系统等产品的研发、生产和销售。

公司研发出满足舰船用低烟、无卤、阻燃光缆产品系列，可以提供满足不同需求的不同规格、不同应用环境的光缆，是目前国内唯一通过中国船级社（CCS）和挪威船级社（DNV）认证的船用光缆。

产品特点：

室内室外使用；具有较好的机械和环境特性，弯曲性能优异，适用于狭小空间布放；不锈钢的金属螺旋铠，抗压扁能力强，防啮齿类动物，防白蚁等；不锈钢的金属网编织，保证光缆的抗扭力；抗拉，抗压，耐冲击；双层 LSZH 护套防止光缆纵向渗水；采用紧套光纤，对光纤进行了关键性的保护，使光纤剥离出来后保护能力更强；无油膏的设计，更利于分纤，并避免垂直布防千万的油膏沉积问题；无金属加强芯，质量更轻，体积更小，更加柔软、灵活，敷设、接续更加方便；光缆阻燃通过 IEC60332-3Cat.A 规定的单根垂直燃烧试验。

光缆结构

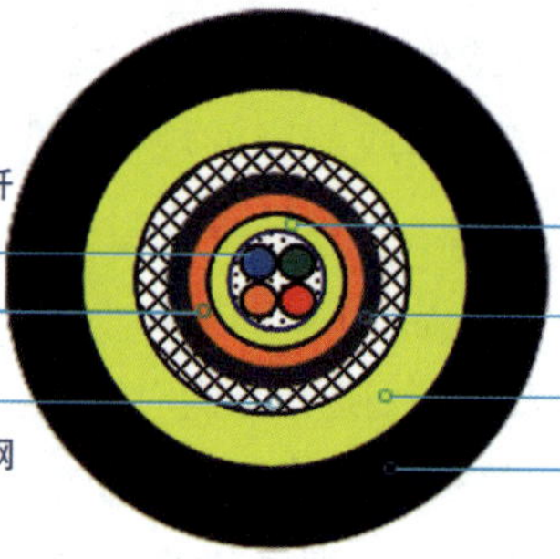

GYFJKZH 系列光缆性能表

光学特性

项目	单位	单模	多模	
纤芯/模态直径	μm	9.2±0.4μm@1 310nm 10.4±0.8μm@1 550nm	50±2.5μm	62.5±2.5μm
包层直径	μm	125±1μm	125±1μm	125±1μm
包层不圆度	%	≤0.7	≤1.0	≤1.0
芯-包同心度误差	μm	≤0.5	≤1.5	≤1.5
涂层直径	μm	245±5	245±7	245±7
外涂层-包层同芯度误差	μm	≤12.0	≤12.0	≤12.0
带宽	MHz.km		@850/1300nm ≥500/1 000MHz.km	@850/1 300nm ≥200/600MHz.km
最大衰减	dB/km	0.4dB/km@1 310nm 0.3dB/km@1 550nm	3.5dB/km@850nm 1.5dB/km@1 300nm	3.5dB/km@850nm 1.5dB/km@1 300nm

光缆机械及环境特性

光纤数量	光缆外径（mm）	光缆重量（kg/km）	抗拉强度N		弯曲半径（mm）		抗侧压（N/10cm）	抗冲击J
			短期	长期	动态	静态		
2-8	Φ8.0±0.30mm	75	2 000	2 500	20D	10D	3 000-5 000	10
10-18	Φ8.5±0.30mm	86.4	2 000	2 500	20D	10D	3 000-5 000	10
光缆使用温度范围（^{0}C）：-40~+85								

生产单位：远东电缆有限公司

地址：江苏省宜兴市高塍远东大道 8 号　邮编：214257
电话：0510-87243600　联系人：赵春丽　网址：http://www.fe-cable.com

远东电缆有限公司前身创建于 1985 年，地处长三角经济圈中心的千年陶都宜兴市，是中国综合实力位居前列的电线电缆制造企业，远东智慧能源股份有限公司（股票代码：600869）全资子公司。远东电缆荣获行业“全国质量奖”，是行业全国质量诚信企业，2018 年品牌价值达 655.88 亿元。产品广泛应用于智能电力、智慧交通、智慧能源、智能建设等领域，产销连续多年位居行业前茅服务客户涵盖国内外知名企业。远东电缆通过实施高端化、集成化、国际化战略，优化调整产业结构，不断提高质量和效益，努力把公司建设成为管理先进、技术密集、品牌卓著的国内一流、国际知名的电缆行业标杆，向着成为“全球线缆行业引领者”这一宏伟愿景不断前行。

产品技术参数：

<table>
<tr><th colspan="5">产品信息</th></tr>
<tr><td rowspan="4">额定电压 0.6/1kV 及以下船用电力电缆</td><td rowspan="4">产品特点及用途
船用电力电缆适用于河海各种船舶及海上石油平台等水上建筑动力、照明和一般控制装置
性能参数
1. 20℃时导体直流电阻应符合 GB/T 3956 标准规定
2. 燃烧试验：DA、DC 型电缆应符合 IEC 60332-1 标准中规定的单根垂直燃烧试验；SA、SC 型电缆应符合 IEC 60332-3 标准中规定的成束 A 类燃烧试验。
3. 浸水电容试验：试验后电容第 14 天的电容比第 1 天的电容增率不大于 15%，第 14 天的电容比第 7 天的电容增率不大于 5%
使用特性
额定电压 0.6/1kV；乙丙橡胶绝缘、交联聚乙烯绝缘电缆长期允许工作温度 90℃</td><td>电缆结构特性</td><td>电缆外径 D（mm）</td><td>敷设时最小弯曲半径（mm）</td></tr>
<tr><td>金属丝编织铠装型</td><td>任何值</td><td>6D</td></tr>
<tr><td rowspan="2">非铠装型</td><td>D ≤ 25</td><td>4D</td></tr>
<tr><td>D>25</td><td>6D</td></tr>
<tr><td rowspan="4">额定电压 150/250V 及以下船用控制的电缆</td><td rowspan="4">产品特点及用途
本产品广泛适用于各种船舶及海上石油平台等水上建筑物的控制和类似电缆
性能参数
1. 20℃时导体直流电阻应符合 GB/T 3956 标准规定
2. 燃烧试验：DA、DC 型电缆应符合 IEC 60332-1 标准中规定的单根垂直燃烧试验；SA、SC 型电缆应符合 IEC 60332-3 标准中规定的成束 A 类燃烧试验
3. 浸水电容试验：试验后电容第 14 天的电容比第 1 天的电容增率不大于 15%，第 14 天的电容比第 7 天的电容增率不大于 5%
使用特性
额定电压 150/250V；乙丙橡胶绝缘、交联聚乙烯绝缘电缆长期允许工作温度 90℃；聚氯乙烯绝缘电缆的长期允许工作温度为 70℃</td><td>电缆结构特性</td><td>电缆外径 D，mm</td><td>敷设时最小弯曲半径 mm</td></tr>
<tr><td>金属丝编织铠装型</td><td>任何值</td><td>6D</td></tr>
<tr><td rowspan="2">非铠装型</td><td>D ≤ 25</td><td>4D</td></tr>
<tr><td>D>25</td><td>6D</td></tr>
<tr><td rowspan="4">额定电压 150/250V 及以下船用仪表电缆</td><td rowspan="4">产品特点及用途
本产品广泛适用于各种船舶及海上建筑的通信、仪表和信号传输系统
性能参数
1. 20℃时导体直流电阻应符合 GB/T 3956 标准规定
2. 燃烧试验：DA、DC 型电缆应符合 IEC 60332-1 标准中规定的单根垂直燃烧试验；SA、SC 型电缆应符合 IEC 60332-3 标准中规定的成束 A 类燃烧试验
3. 浸水电容试验：试验后电容第 14 天的电容比第 1 天的电容增率不大于 15%，第 14 天的电容比第 7 天的电容增率不大于 5%
使用特性
额定电压 150/250V；乙丙橡胶绝缘、交联聚乙烯绝缘电缆长期允许工作温度 90℃；聚氯乙烯绝缘电缆的长期允许工作温度为 70℃</td><td>电缆结构特性</td><td>电缆外径 D，mm</td><td>敷设时最小弯曲半径 mm</td></tr>
<tr><td>金属丝编织铠装型</td><td>任何值</td><td>6D</td></tr>
<tr><td rowspan="2">非铠装型</td><td>D ≤ 25</td><td>4D</td></tr>
<tr><td>D>25</td><td>6D</td></tr>
</table>

生产单位：扬州光明电缆有限公司

地址：江苏省扬州市北郊菱塘工业区　电话：0514-84232148　80952312　传真：0514-84232138
邮箱：info@gmcable.com.cn　网址：www.gmcable.com.cn

扬州光明电缆有限公司系国家高新技术企业，是集研发生产销售船用电缆、舰船用电缆、海洋工程电缆、移动用特种电缆等系列电线电缆为一体的专业性线缆企业，拥有 20 多年的生产制造经验。研制生产的三大系列产品广泛应用于船舶、石油平台、港口机械等领域，为国内外各大船厂长期提供配套和服务，得到了广大用户的认可和青睐。

■关注光明

产品技术参数：

船用电力产品

产品名称	型号	规格	导体最高工作温度	额定电压
乙丙绝缘船用电力电缆	CEF、CEV、CEH、CEPJ、CEPF 系列 80、90、82、92、85、95、86、96、SA、NA、SC、NC（NSC）型	单芯：1~300mm^2；2 芯：1~120 mm^2；三芯：1~185 mm^2；4~37 芯：1~2.5 mm^2	90 ℃	0.6/1kV
交联聚乙烯绝缘船用电力电缆	CJV、CJPJ、CJPF 系列 80、90、82、92、85、95、86、96、SA、NA、SC、NC（NSC）型	单芯：1~300 mm^2；2 芯：1~120 mm^2；3 芯：1~185 mm^2；4~37 芯：1~2.5 mm^2	90 ℃	0.6/1kV
船用变频电缆	CBPJ、CBPE、CJ（VFD）、CE（VFD）系列，SA、NA、SC、NC（NSC）型	3 芯 2.5~185mm^2； 3+3 芯 主线芯 2.5~185mm^2； 地线芯 1.5~70 mm^2	90℃	0.6/1kV

船用通信产品

产品名称	型号	规格	导体最高工作温度	额定电压
乙丙绝缘船用通信电缆	CHEF、CHEV、CHEH、CHFPJ、CHEPF 系列 80、90、82、92、85、95、86、96、SA、NA、SC、NC（NSC）型	1~48 对：0.75~2.5 mm^2	90 ℃	150/250V
交联聚乙烯绝缘船用通信电缆	CHJV、CHJPJ、CHJPF 系列 80、90、82、92、85、95、86、96、SA、NA、SC、NC（NSC）型	1~48 对：0.75~2.5 mm^2	90 ℃	150/250V

海洋工程用钻井平台耐泥浆电缆产品

产品名称	型号	规格	导体最高工作温度	额定电压
乙丙绝缘耐泥浆电力电缆	P1/P8 RFOU、P1/P8 RFOU class 5	单芯：1~300mm^2；2 芯：1~120 mm^2；3 芯：1~185 mm^2（含 2+E）；4 芯：1~150 mm^2（含 3+E）；5~37 芯：1~2.5 mm^2	90 ℃	0.6/1kV
交联聚乙烯绝缘耐泥浆电力电缆	P1/P8 TFOU、P1/P8 TFOU class 5	单芯：1~300mm^2；2 芯：1~120 mm^2；3 芯：1~185 mm^2（含 2+E）；4 芯：1~150 mm^2（含 3+E）；5~37 芯：1~2.5 mm^2	90 ℃	0.6/1kV
乙丙绝缘（或交联聚乙烯绝缘）耐泥浆耐火电力电缆	P5/P12 BFOU、P5/P12 BFOU class 5	单芯：1~300mm^2；2 芯：1~120 mm^2；3 芯：1~185 mm^2（含 2+E）；4 芯：1~150 mm^2（含 3+E）5~37 芯：1~2.5 mm^2	90 ℃	0.6/1kV
乙丙绝缘耐泥浆通信电缆	S1/S5 RFOU(i)、S1/S5 RFOU(i) class 5	0.75、1、1.5、2.5mm^2(1~24 Pairs)、0.75、1、1.5、2.5mm^2(1~24 Triples	90 ℃	250V
乙丙绝缘耐泥浆通信电缆	S2/S6 RFOU(c)、S2/S6 RFOU(c) class 5	0.75、1、1.5、2.5mm^2(1~24 Pairs)、0.75、1、1.5、2.5mm^2(1~24 Triples)	90 ℃	250V
乙丙绝缘耐火耐泥浆通信电缆	S3/S7 BFOU(i)、S3/S7 BFOU(i) class 5	0.75、1、1.5、2.5mm^2(1~24 Pairs)、0.75、1、1.5、2.5mm^2(1~24 Triples)	90 ℃	250V

生产单位：山东中船线缆股份有限公司

地址：山东省荣成石岛工业园龙跃北路　电话：0631-7336069　传真：0631-73366008
邮箱：zcss@sdzcxl.cn　网址：www.sdzcxl.cn

主要产品有船用电力电缆、船用控制电缆和船用通信电缆、船用射频电缆、船用变频电缆、舰船用电力电缆、舰船用控制电缆、舰船用通信电缆、军用消磁电缆、NEK606 海工电缆、机车电缆、核电缆、矿用电缆、风能电缆、硅橡胶电缆、通用橡套软电缆、电焊机电缆、计算机电缆、变频电机专用电缆、防水橡套电缆等 20 多个大类，8 万多个型号规格电线电缆。产品按国际标准 (IEC) 、国家标准 (GB) 、军标 (GJB) 、美军标 (MIL) 、日本标准 (JIS) 、英国标准 (BS) 、德国标准 (DIN) 、挪威电工标准 (NEK) 、煤炭工业部标准 (MT) 、机械工业部标准 (JB) 、客户要求及企业标准生产。

产品技术参数：

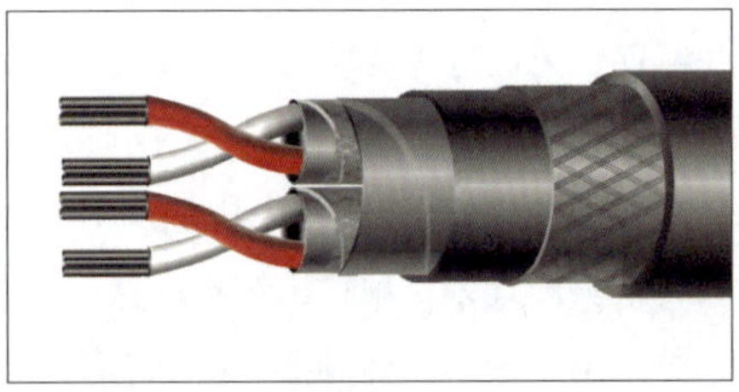
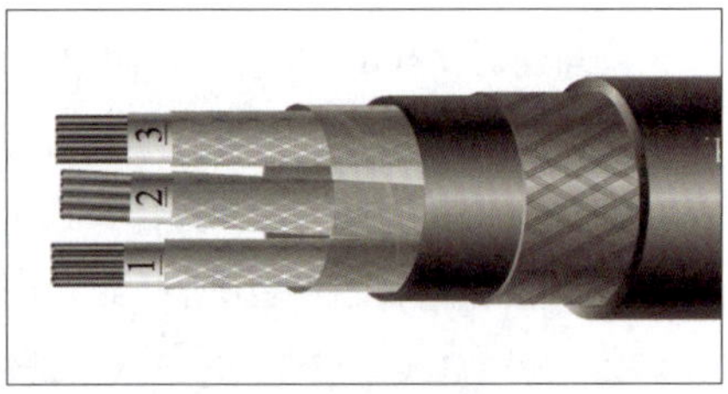

标称截面积（mm²）	20℃导体直流电阻（裸铜导体）（Ω/km）		20℃导体直流电阻（镀锡铜导体）（Ω/km）	
	第二类导体	第五类导体	第二类导体	第五类导体
1	≤ 18.1	≤ 19.5	≤ 18.2	≤ 20.0
1.5	≤ 12.1	≤ 13.3	≤ 12.2	≤ 13.7
2.5	≤ 7.41	≤ 7.98	≤ 7.56	≤ 8.21
4	≤ 4.61	≤ 4.95	≤ 4.70	≤ 5.09
6	≤ 3.08	≤ 3.30	≤ 3.11	≤ 3.39
10	≤ 1.83	≤ 1.91	≤ 1.84	≤ 1.95
16	≤ 1.15	≤ 1.21	≤ 1.16	≤ 1.24
25	≤ 0.727	≤ 0.780	≤ 0.734	≤ 0.795
35	≤ 0.524	≤ 0.554	≤ 0.529	≤ 0.565
50	≤ 0.387	≤ 0.386	≤ 0.391	≤ 0.393
70	≤ 0.268	≤ 0.272	≤ 0.270	≤ 0.277
95	≤ 0.193	≤ 0.206	≤ 0.195	≤ 0.210
120	≤ 0.153	≤ 0.161	≤ 0.154	≤ 0.164
150	≤ 0.124	≤ 0.129	≤ 0.126	≤ 0.132
185	≤ 0.0991	≤ 0.106	≤ 0.100	≤ 0.108
240	≤ 0.0754	≤ 0.0801	≤ 0.0762	≤ 0.0817
300	≤ 0.0601	≤ 0.0641	≤ 0.0607	≤ 0.0654

生产单位：威海市泓淋电子有限公司

地址：山东省威海市经技区浦东路 9~10 号　电话：0631-3678385　传真：0631-5984076
手机：18863132803　邮箱：zhy@honglincable.com　zhmzhmz@126.com　网址：www.hl-sc.com

威海市泓淋电子有限公司成立于 1997 年，是专业生产特种电缆、信号线、电源线等用各类电线电缆的专业化工厂。目前厂房面积 10 万 m^2，注册资金 2.75 亿人民币。公司于 2012 年开始从事特种电缆的生产，现有员工 1 700 多人，其中各类专业技术人员约 200 多人。主要产品有船用电力电缆、船用控制电缆、船用通信电缆、船用射频电缆、船用变频电缆、舰用电力电缆、舰用控制电缆、舰用通信电缆、军用消磁电缆、纵向水密性电缆、鱼雷线导专用导线、海工电缆、建筑电缆、工控电缆、港口机械专用电缆、起重器具专用电缆、机车电缆、矿用电缆、风能电缆、硅橡胶电缆、通用橡套软电缆、电焊机电缆、无线电装置用电缆、计算机电缆、变频电机专用电缆、防水橡套电缆、低压塑力缆、控制电缆、电源线等 20 多个大类，8 万多个型号规格电线电缆。

公司建有 1 400 多平方米检测中心，并配置了先进进口检验设备和高技能检测人员，成立了中国工程院雷清泉院士工作站，并与哈尔滨工业大学山东船舶技术研究院成立了联合技术中心，同时为中国科学院长春应用化学研究所联合试验室、四川大学高分子研究所联合实验室。主要研发成果有：威海市科学技术奖 2 项；威海市产学研合作创新示范工程项目 1 项；威海市科技发展计划 1 项；山东省科技发展计划 1 项；山东省信息产业两化融合项目 1 项；国家国际科技合作专项 1 项。公司自成立至今，连续多年被银行授予 AAA 级信用企业， 2008 年被认定为“山东省高新技术企业”，2008 年获批组建市级企业技术发中心和省级工程技术中心，2009 年被评为“山东省管理示范企业”， 2012 年通过省级企业技术中心和省级工程技术中心的验收。先后取得 CCS、ZY、ABS、KR、BV、CCC、UL、VDE、JQA、GB/T19001、GB/T14001、OHSAS18001、QC08000、TS16949、生产许可证等认证。

公司以“用心设计”为起点，“精心制造”为过程，为客户提供满意的产品；以“以诚服务”获取客户的信任；以“以特取胜”为目标生产高、新、特的特种电缆取胜市场不断创新。推行“家文化”充分激发每个员工的积极性和责任感，积极开拓、努力创新，以生产一流产品和提供一流服务为最终追求目标，与社会各界携手共进，共同打造泓淋特缆品牌美好的明天。

产品技术参数：

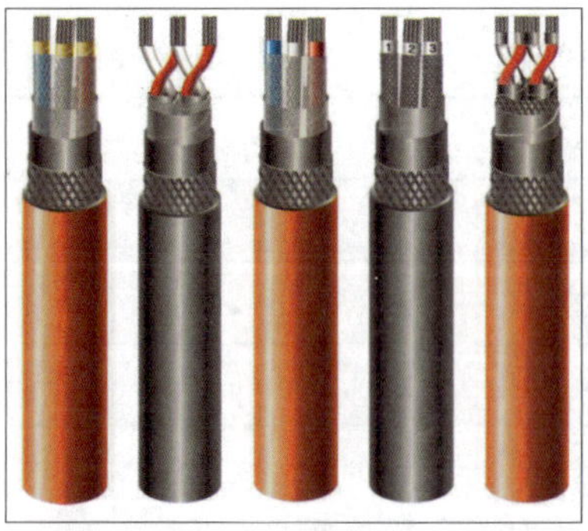

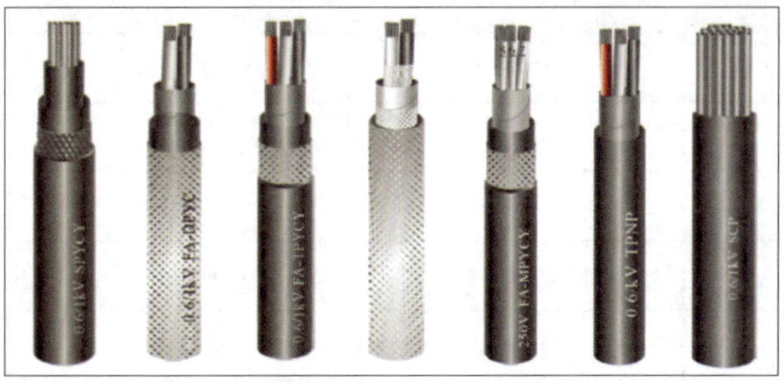

生产单位：中天科技装备电缆有限公司

地址：江苏省南通市经济技术开发区新开南路 19 号　邮编：226010　电话：0513-89059096
传真：0513-89059099　邮箱：zttic@chinaztt.com　网址：www.chinaztt.com
联系人：李萧　18761741867

中天科技装备电缆有限公司是中天科技股份有限公司旗下的全资子公司，专业从事装备电缆的研发和生产，拥有 20 000m² 塑料、橡皮电缆生产车间和最齐全检验设备，船用电缆、海工电缆已通过了 ABS、DNV GL、CCS、BV、LR、KR、NK 以及 RINA 的工厂型式认可和产品认可。

产品技术参数：

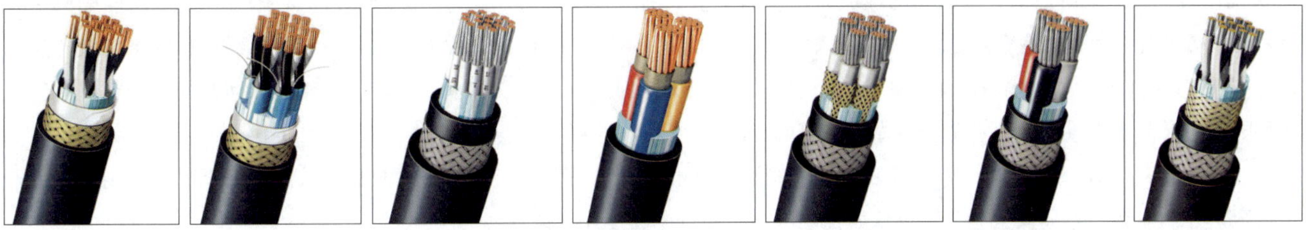

型号	规格	产品特点	实现功能	执行标准	持有证书
IEC 标准船用电力电缆	0.5~400 mm²	阻燃、耐火、无卤、低烟、低毒、耐低温	低压电力电缆为最高电压 0.6/1kV 的电力、照明及控制回路设计； 此系列电缆适用于各类商业船舶	IEC60092-3 系列标准	ABS、DNV GL、CCS、BV、LR、KR、NK、RINA
IEC 标准船用控制 / 通信 / 仪表电缆	0.5~2.5 mm²	阻燃、耐火、无卤、低烟、低毒、耐低温	通信电缆为 150/250V 通信及仪表回路设计； 此系列电缆适用于各类商业船舶	IEC60092-3 系列标准	ABS、DNV GL、CCS、BV、LR、KR、NK、RINA
JIS 标准船用电力电缆	1.5~300 mm²	阻燃、耐火、耐低温	低压电力电缆为最高电压 0.6/1kV 的电力、照明回路设计； 柔性电缆为船舶电气的控制回路以及上层建筑的电路设计； 此系列电缆适用于各类商业船舶	JIS C 3410:2010 JIS C 3411:2010	NK
JIS 标准船用通信、控制、仪表电缆	0.75~1.0mm²	阻燃、耐火、耐低温	通信电缆为 150/250V 通信及仪表回路设计； 控制电缆为最高电压不超过 250V 的控制回路设计； 此系列电缆适用于各类商业船舶	JIS C 3410:2010 JIS C 3411:2010	NK
NEK 标准海洋钻井平台用电缆	0.75~300 mm²	阻燃、耐火、无卤、低烟、低毒、耐低温、耐泥浆、耐油	低压电力电缆为最高电压 0.6/1kV 的电力、照明及控制回路设计；通信电缆为 150/250V 通信及仪表回路设计；适用于各类石油平台及离岸工程，对于各类商业船舶亦同样适用 中压电力电缆主要应用于海上石油平台及离岸电力设备中，可用作大功率的电力传输系统	NEK TS 606:2009 IEC60092-3 系列标准	DNV GL、ABS

生产单位：大连永旭线缆制造有限公司

地址：辽宁省大连市花园口经济区 电话：0411-39183355 联系人：李经理

大连永旭线缆制造有限公司是一家全额独资民营企业。主导产品船用电力电缆、油田交流变频顶驱专用电缆、海上石油平台装备用电缆、橡套及电气装备用电缆年设备生产能力10亿元，是具有现代化生产技术的电线电缆制造企业。

公司以雄厚的技术力量和先进的生产手段，赢得了众多客户的信任。公司拥有国内先进的生产设备及检测设备。公司在管理上有一整套严格的质量保证体系，并获得ISO9001质量体系认证，产品获中国CCS、美国ABS、德国GL、英国LR、韩国KR、日本NK、法国BV船级社认证，CCC认证，电线电缆工业生产许可证。“永旭”商标获得辽宁省著名商标，船用电缆获辽宁省名牌产品。

现在大连永旭线缆制造有限公司已经成为大连船舶重工集团有限公司、青岛武昌船舶重工有限公司、渤海船舶重工有限公司、辽河石油装备制造有限公司、山东蓬莱中柏京鲁船业有限公司、山东乳山船业有限公司等电缆产品的主要供应商。公司本着“以德治厂、以优取胜”的治厂方针，以“生产出最优质的电缆”为宗旨。愿以“电缆”为纽带与新老客户一起，为我国船舶及海上石油平台事业的发展做出应有的贡献。

主要产品：船用电力电缆、船用仪表电缆、船用控制电缆、船用电线、船用变频电缆、电子计算机屏蔽控制电缆、本质安全型控制电缆、本质安全型计算机仪表控制电缆，石油平台专用电缆等。

产品展厅：

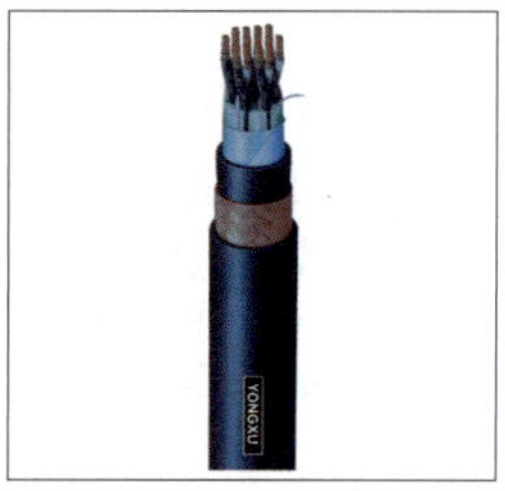

型号		燃烧特性	芯数	标称截面积(mm^2)	额定电压（V）	导体最高额定温度
■CEFP.CEFP (80、82、90、92) ■CEVP.CEVP(80、82、90、92) ■CJ (82、92) CJV.CJV(80、82、90、92)	■CEV.CEV (80、82、90、92) ■CEFR.CEF (80、82、90、92)、	DA SA NA	1、2、3、4、 5~37	1~400 2~120 3~185 1~50 1~2.5	0.6/1	
■CCBPFR (CBYJR)	■CBPJR	SC	1	0.5~0.75 1~120	0.15/0.25 0.6/1	
■CEPF. CEPF (80、86、90、96) ■CEPJ(80、85、90、95) ■CJPF. CJPF(80、86、90、96)	■CEPFP. CEPFP(80、86、90、96) ■CJPJ.CJPJ(80、85、90、95) ■CJ(85、86、95、96)	SC NSC	1、2、3、 4、5~37	1~400 2~120 3~185 1~50 1~2.5	0.6/1	
■CHEF. CHEF(80、82、90、92) ■CHEVP82 CHEFP82 ■CHJVP.CHJVP (80、82、90、92)	■CHEV.CHEV(80、82、90、92) ■CHJV.CHJV (80、82、90、92)	DA SA NA	(1~10)×3 (1~24)×2	0.5~1.5	0.15/0.25	90
■CHEPJ(80、85、90、95) ■CHJPJ. CHJPJ(80、85、90、95) ■CHJPFP(86、96) ■CHJP(85、86) ■CHJP1(85、86、95、96)	■CHEPF (80、86、90、96) ■CHJPF.CHJPF(80、86、90、96) ■CHJ(85、86) ■CHJPJP(85、95)	SC NSC	(1~10)×3 (1~24)×2	0.5~1.5	0.15/0.25	
■CKEV.CKEV(80、82、90、92) ■CKJ(82、92) CK.JP(82、92) ■CKEF. CKEF(80、82、90、92)	■CKJV82 ■CKJVP. CKJVP(80、82、90、92)	DA SA NA	2~37	0.75~2.5	0.15/0.25	
■CKEPJ. CKEPJ(80、85、90、95) ■CKJPJ. CKJPJ(80、85、90、95) ■CKJ(85、86、95、96) ■CKJPFP(86、96)	■CKEPF. CKEPF(80、86、90、96) ■CKJPF. CKJPF(80、86、90、96) ■CKJP(85、86、95、96)	SC NSC	2~37	0.75~2.5	0.15/0.25	

民用船舶设计配套产品选型手册

Product Type Selection Relating Civil Ship Design

（2020版）

第六章

舾装设备及其他

船用卸扣

船用卸扣是船舶五金配件中的一种。扣体钢材必须由平炉、电炉或转炉吹氧炼制而成，钢材必须是镇静钢，可锻性好，必须含足够的合金元素，以保证经适当热处理后能获得满足相关标准要求的机械性能。市场上，船用卸扣主要由起重机相关公司制造。国内主要企业有上海锦波实业有限公司、建峰索具有限公司、上海中升贸易有限公司、常熟市滨江船舶机械有限公司、江苏启江起重设备有限公司、常州通海起重工具有限公司、无锡市新华起重工具有限公司等。其中，常熟市滨江船舶机械有限公司是生产船舶舾装配件，如各种型式的船用起重滑车、卸扣、套环、吊钩、转环、索节等产品的专业企业；江苏启江起重设备有限公司主要致力于起重设备及吊索具的设计、研发、生产、销售，该公司研制的高强度卸扣又名美式卸扣。分为美标弓型卸扣和美标D型卸扣两种规格。高强度卸扣的折弯部分的材质是采用优质45# 碳结钢经摩擦压力机锻造而成，轴销部分为40cr合金钢锻造经热处理等工艺制作而成。表面处理一般采用电镀锌和热镀锌两种。高强度卸扣具有自重轻，4倍安全倍数，抗拉强度大，易维护等特点，是吊装作业中不可缺少的工件之一；常州通海起重工具有限公司公司主要产品有起重工具，如高强度卸扣、吊环、卷钢吊具等，产品广泛应用于港口装卸、船舶航运、起重机械配套等行业。

P 262

P 262

P 252

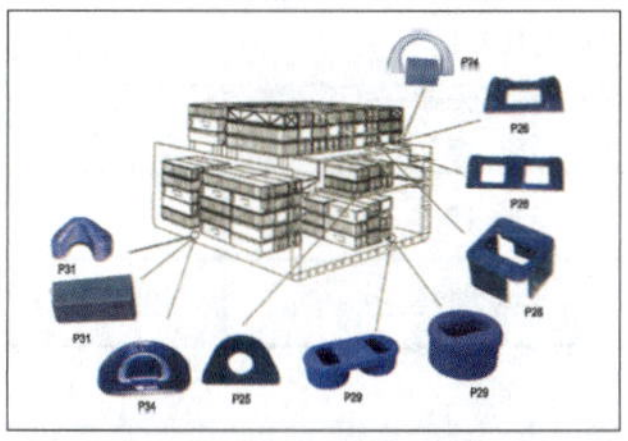

P 263

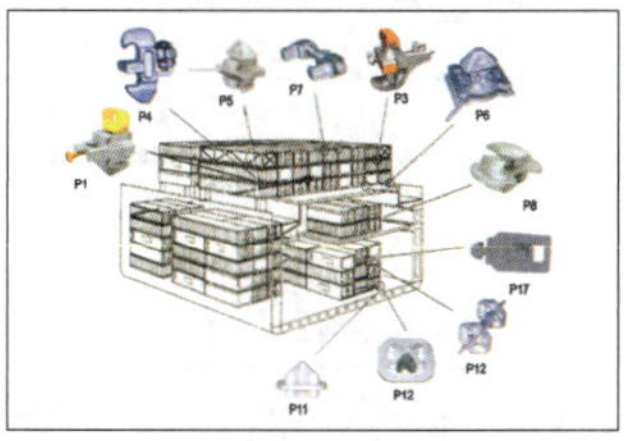

P 263

P 264

生产单位：上海诺友机械有限公司

地址：上海市常德路1211号宝华大厦1009~1010室 邮编：200060 邮箱：info@sclashing.com
电话：021-62324652 62324656 62324657 传真：021-62324680 联系人：辛佳运 13482554658
服务电话：13482554658 网站：www.sclashing.com

上海诺友机械有限公司专业从事提供船用绑扎、起吊方案，我们致力于以个性化方案、先进设计理念、优质的产品和服务来提高货物的操作效率。公司旗下工厂拥有专业的品质管理团队，建立起了完善的质量控制程序，并先后取得了ISO9000体系认证和船级社工厂认可。同时可以根据客户的要求对设计方案和产品进行船级社认可。

在全球航运市场低迷的大背景下，公司一直致力于通过个性化的解决方案和服务为客户节约开支。

产品涵盖：滚装船、木材及散货船、集装箱船绑扎产品和起吊设备四大类，并可以按照客户的要求提供个性化的解决设计方案和各大船级社认证。

产品技术参数：

滚装船绑扎产品

名称	型号	L（mm）	SWL（kN）	BL（kN）	WEIGHT（kg）	FINISH
两端带钩绑扎链条	C-1-6000（13mm）	6 000	80	200	24	PAINTED
节杆式花篮螺丝	B-31		245	490	12.8	
6t3.5米绑扎带	CW-11_5t_3500	3 500	24.5	49	根据长度	

木材及散货船产品

名称	型号	SWL（kN）	WEIGHT（kg）
眼板	PE-1	196	4
36tD型环及夹板	DR-1/36	352.8	2.8

起吊设备及配件

名称	型号	SWL（t）
双吊机H型吊梁	LBH-240_7.6_9.5	240
弓型安全卸扣	G-2130	0.5~150（安全工作载荷）

集装箱绑扎产品

名称	型号	最小破断载荷（kN）	质量（kg）
手动扭锁	TL-2A	500	5.3
大壳体半自动扭锁	TL-6GL	500/420(拉力/剪切力)	7
手动扭锁	TL-1	500	5.7
固定头拉杆	LR-1	500	11/20

生产单位：上海锦波实业有限公司

地址：上海市沙泾港路 180 号　邮编：200086　电话：021-52924228　传真：021-52924227
邮箱：whjinbo@hotmail.com　网址：www.shjinbo.com　联系人：王经理 13003114639

公司从事船用集装箱绑扎紧固件产品的开发、设计、生产及销售，成立于 1995 年，并在中国船舶工业总公司及国外绑扎件专业公司 ILS 的支持下得以不断发展，更好地服务于国内外广大用户。公司产品是各类集装箱、多用途及滚装船舶的必用配套产品。可按需提供各船级社证书。

产品技术参数：

型号	集装箱绑扎紧固件	LS-**** 产品图片见附件
基本参数	安全负荷 25t 破段负荷 50t	
产品特点	适用于各类集装箱，多用途，滚装船舶	使用快速方便，保养简单，免维修
实现功能	ISO 标准产品，有良好的兼容性	
选型优势	使用快速方便，保养简单，免维修	
执行标准	符合 IMO、ISO、SOLAS、标准	
持有证书	CCS、DNV GL、LR、ABS、BV、NK	

LASHING UNITS & FITTINGS 绑扎系列

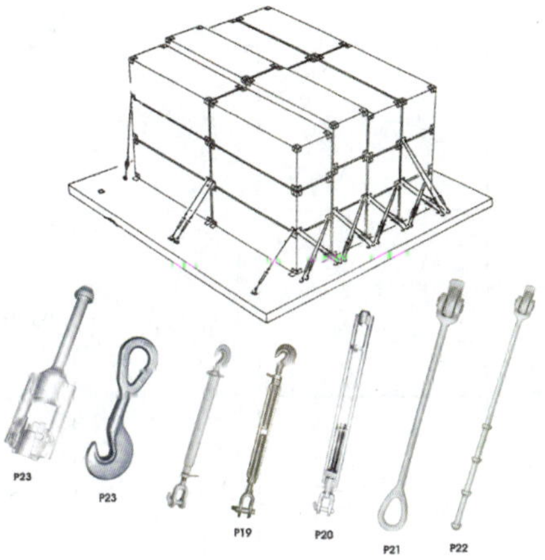

FIXED FITTINGS固定件系列

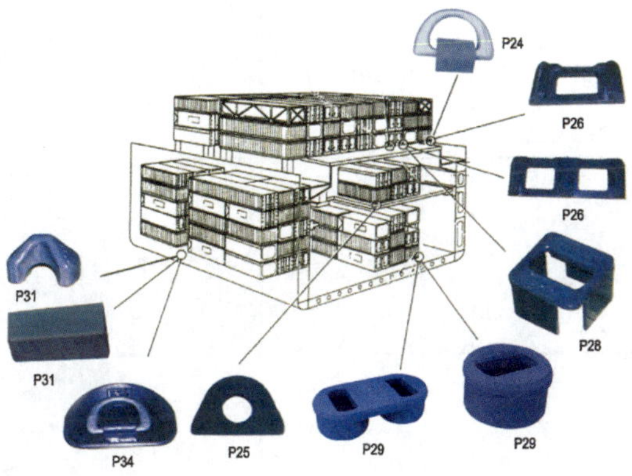

LOOSED FITTINGS活动件系列

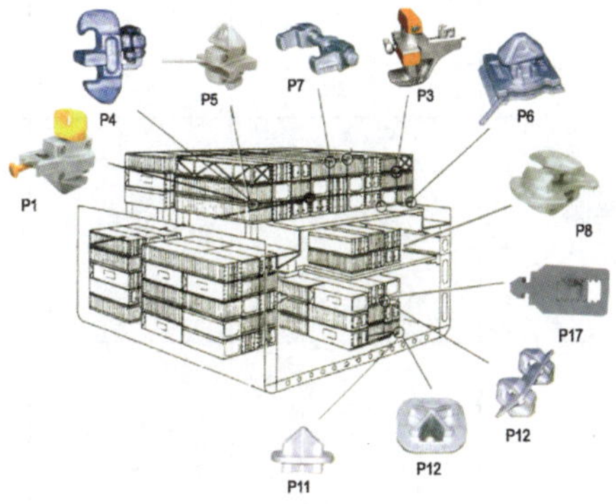

生产单位：上海中升贸易有限公司

地址：上海市普陀区中山北路 3064 号 A 座 2408 室　邮编：200063
电话：021-51098197　传真：021-52510175　邮箱：guo-yong@luckysea.com.cn
网址：www.cargosecuring.com　联系人：郭勇　18621878410

上海中升贸易有限公司是中国专业从事船用集装箱系固系统设计、系固设备代理及市场运作的贸易公司，70% 以上的产品出口，20 多年的产品设计制造、销售和营销服务经验使公司赢得了国内外广大客户的信赖。

产品技术参数：

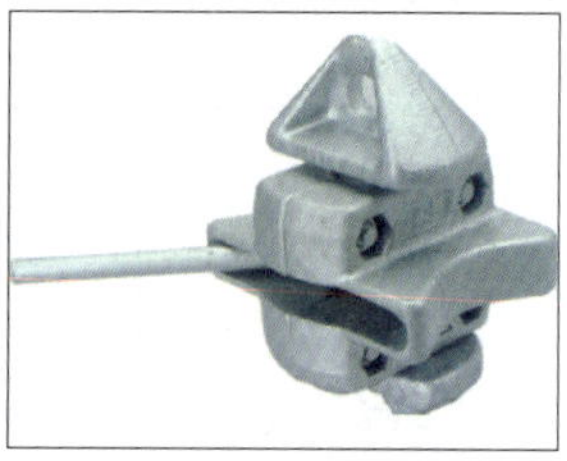

型号	基本参数	产品特点	实现功能	选型优势	执行标准	有无专利	持有证书
D 形环 & 夹板 A2-1	220×142.5×94.8 4.4kg	舾装件 高安全性 操作简单	满足 GB、ISO 要求	性价比高 通用性强 含盖设计广 多种夹板形式供选择	GB/T 11577-2010	有专利证书	ABS CCS LR DNV GL BV NK
眼板 A4-1F	140×110×27 1.5kg	舾装件 高安全性 操作简单 便于安装	满足 GB、ISO 要求	性价比高 含盖设计广 便于保养 可根据实际设计多眼板间距	GB/T 11577-2010	有专利证书	
立式底座 A5-1C	160×160×110 6.6kg	舾装件 高安全性 使用可靠	满足 GB、ISO 要求	性价比高 含盖设计广 便于保养 双联立式底座形式多样化	GB/T 11577-2010	有专利证书	
滑移座 A8-1S	236×264×110 15.5kg	舾装件 高安全性	满足 GB、ISO 要求	性价比高 含盖设计广 通用性强	GB/T 11577-2010	有专利证书	
燕尾槽底座 AA-2C	110×258×36 4.0kg	舾装件 高安全性 滑移槽可调节	满足 GB、ISO 要求	性价比高 含盖设计广 强度可靠	GB/T 11577-2010	有专利证书	
扭锁 F4-L	110×132×166 5.2kg	舾装件 高安全性	满足 GB、ISO 要求	性价比高 含盖设计广 通用性强	GB/T 16956-1997	有专利证书	

船用缆索

船用缆索指将船系靠在码头、岸边、浮筒、船坞或其他船舶的舾装材料，常用的缆索有白棕缆、钢缆、合成纤维缆。船用缆索结构分为：三股、六股、七股、八股、十二股、十六股、四十八股（双层编织多股）等。船用缆索材料一般由丙纶（PP）、乙纶（PE）、丙纶长丝（线）、锦纶（尼龙）、涤纶、芳纶纤维等制成。船用缆索经特殊的编织结构和工艺，显著的提高了纤维强力利用率，使绳索具有伸长低、抗磨耐损、光滑柔软、便于操作优点。主要用于船舶制造业、远洋运输业、石油钻井、国防军工、港口装卸等领域。

目前国内主要企业有九力绳缆有限公司、扬州巨神绳缆有限公司、宝应海力绳缆有限公司等。其中九力公司拥有国内唯一德国进口的制绳设备和技术领先的产品检测手段，年产化纤绳索能力 8 000 多吨，是中船集团船用绳缆的定点单位，是国内最具有实力的化纤绳索制造企业之一；扬州巨神绳缆有限公司生产的“润扬牌”船用缆索，年设计生产化纤绳缆能力达 2 500t 以上，现拥有能满足生产需要的现代化标准厂房，全自动化、机械化的生产设备和技术领先的产品检测手段。采用国际标准和全自动化、机械化生产的“润扬牌”绳缆品种多、规格全；宝应海力绳缆有限公司是一家专业从事船用缆绳领域产品集研发、生产、销售和服务为一体的高新技术企业。

P 269

P 270

P 271

P 273

P 275

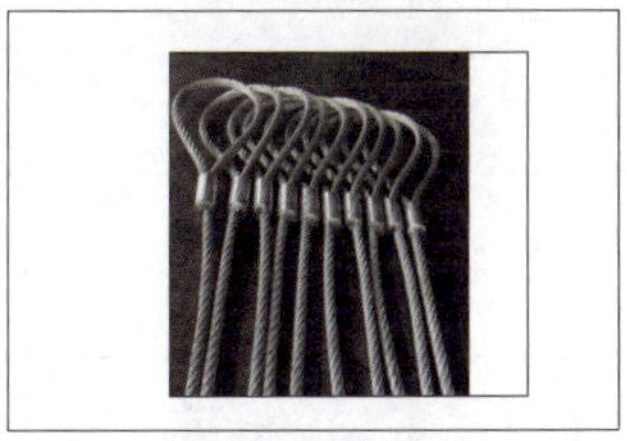
P 276

生产单位：武汉江南锚链有限公司

地址：武汉市江夏区大桥新区何家湖南街　电话：027-81822733　传真：027-81812842
联系人：刘长青（13871128055）　网址：www.jnml.cn　邮箱：jnml@jnml.cn

武汉江南锚链有限公司（原武汉市江南锚链厂）始建于20世纪80年代初，是中南地区唯一专业生产船业锚链、浮标锚链及舾装产品的厂家，产品畅销国内外。公司产品装配在各类船舶及军事舰船装备上，公司拥有中国、德国、挪威、韩国等多个国家船级社认可证书，同时拥有质量管理体系认证证书和武器装备质量体系认证证书。

“诚信为本，质量至上”是公司永恒的经营理念，江南锚链将一如既往地追求“科技领先，指导生产”的质量目标，向着更高、更好的方向发展。

产品技术参数：

级别	机械性能					
	屈服点 σEh	抗拉强度 σb	伸长率 A	断面收缩率 ψ	A_k（0℃）	备注
	（N/mm²）	（N/mm²）/mm²	/%	/%	kg.m/cm²	
2	≥ 295	490 ~ 690	≥ 22	–	≥ 27	
3	≥ 410	≥ 690	≥ 17	≥ 40	≥ 60	母材
					≥ 50	焊缝

生产单位：浙江四兄绳业有限公司

地址：中国浙江临海市杜桥镇垦岙　　邮编：317016
电话：0576-85723958　85723808　　传真：0576-85723998
联系人：李先生 13906768292　　邮箱：sales@fbrope.com
网址：www.fbrope.com

浙江四兄绳业有限公司位于长江三角洲经济圈，是以科技创新、自主研发、精确制造、全球销售和优质服务于一体的行业内规模大、品种齐全的专业化纤绳索制造商之一，是国家级、浙江省和台州市高新技术企业，为浙江制造标准制定者企业。

公司化纤绳索有航运船舶、舰船航空专用“神威®”、海洋工程专用“斯诺罗泊®”（“SINOROPE®”）和渔业装备“四兄®”三大品牌系列，规格为Φ2mm~300mm之间，结构有3股、4股、6股、8股、12股、16股、24股、32股、36股、48股等单层和多层编织。产品适用于深海海洋工程、超大型船舶、舰船航天、特种重型吊装、大型深海海洋牧场装备，渔业捕捞、游艇、采矿及水利航道防护配套等。

产品技术参数：

生产单位：无锡市新华起重工具有限公司

地址：无锡市新吴区梅村工业园锡达路 228 号　　邮编：214112
电话：0510–88550077　　88550088　　传真：0510–88550008
邮箱：sales@wxxhqz.com　　网址：www.wxxhqz.com

公司集研发、设计、制造、营销和服务为一体，是中国港口协会会员企业、江苏省高新技术企业、中国船级社 CCS 工厂认可企业、美国船级社 ABS 工厂认可企业。公司严格执行 IS09001:2008 质量管理体系，产品检验严格按照中国船级社 CCS《产品试验大纲》执行。公司建筑面积 26 000 多平方米，资产 1.5 亿元，采用当今较先进的研发技术、新材料、新工艺、新设备。公司产品包括各种大型机械抓斗、电液抓斗、吊钩总成、滑轮组、滑车、防风拉索、螺旋扣、卸扣、吊钩、钢板钳、冶金吊夹具、卸船机专用工索具、集装箱专用吊具、链条索具、钢丝绳索具、纤维吊带、绑扎件、拉索拉杆、机械结构件等。

中国船级社 CCS 认可范围：

吊钩≤ 900t	抓斗≤ 25t（常规抓斗≤ 75t）	环锻滑轮≤ Ø 2 000m
转环≤ 65t	滑车≤ 1 850t	钢索索节≤ 63#
吊梁≤ 625t	卸扣≤ 1 250t	螺旋扣≤ 32t
吊环≤ 60t	热扎滑轮≤ Ø 1 800mm	钢丝绳铝合金压制索具≤ Ø 60.5mm

吊钩总成系列

滑车系列

滑轮系列

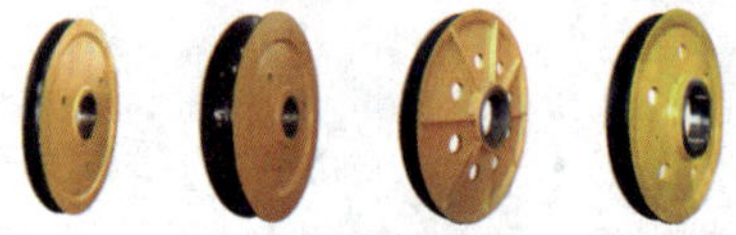

钢丝绳索具系列

链条索具系列

吊带系列

吊钩系列

卸扣系列

抓斗系列

吊钩总成和滑车	单钩、双钩和四爪钩等的非标定制
滑轮系列	热轧滑轮、环锻滑轮、单幅板和双幅板滑轮的非标定制
索具系列	钢丝绳索具、链条索具、吊带等的设计与定制
吊钩、卸扣系列	环眼吊钩和美标吊钩等各种专用吊钩的非标定制 高强度卸扣、合金钢卸扣和宽体卸扣等的非标定制
抓斗系列	双索和四索起重机的双瓣和多瓣抓斗，包括矿石、煤炭、粮食、木材等 电动液压抓斗、遥控抓斗、打捞抓斗和疏浚抓斗等的非标定制

生产单位：江苏朝佳绳网带有限公司

地址：江苏省扬州市江都区浦头镇东元村
邮编：225218
电话：0514-86421444
传真：0514-86420868
邮箱：chaojia@jschaojia.com
网址：www.jschaojia.com
联系人：13813157826（刘友平）

江苏朝佳绳网带有限公司是由江都市朝佳网绳制线厂2009年改建的私营企业，是一家集开发、生产、经营为一体的专业化生产安全网系列产品的公司，地理位置优越，交通便捷。

企业专业生产安全网系列防护用品。工厂生产设备先进，检测手段齐全，技术力量雄厚，拥有高效精准的数条机械化生产流水线。从原材料到产成品的全面质量监控，确保产品质量的稳定和持续提高。企业积极参与国家大型工程以及农城网建设改造，一直以高质量的产品，合理的价格畅销全国各地。

生产单位：山东神力索具有限公司

地址：山东省济宁市高新区开发区嘉祥工业园嘉诚路 9 号

电话：400–0537–696　　传真：0537–6988978

邮箱：shenli@shenlirigging.com

山东神力索具有限公司现有产品有 G80 链接双环扣、G80 安全吊钩、G80 链条调节器、G80 栓结环、G80 强力环、子母环、保险货钩等 1 000 余品种规格，我公司 G100 索具产品已研发成功，现已进入批量销售阶段。

近年来，公司先后投资建立了 2 500t、1 600t 摩擦压力机等锻造生产线 40 条。1t、2t、3t、5t 数控锤精锻生产线 6 条模具制作加工中心，购置了 5 000kN 卧式拉伸实验机、2 000kN 电子万能实验机、300kN 电伺服疲劳实验机、低温冲击韧性实验机、电磁涡流探伤仪、钢铁材料光电发射光谱分析仪等生产、检测仪器设备。现已拥有各种设备、设施 500 余台套、关键检测设备 26 台套。已具备各类锻造索具产品及其它锻造产品研发设计、模具制作、生产检测等完整的研发生产能力。

SLR861

SLR864

SLR1051

SLR847

SLR848

SLR852

SLR861 G80 SHORTENING CLUTCH SLING HOOK G80 缩短链带舌滑钩

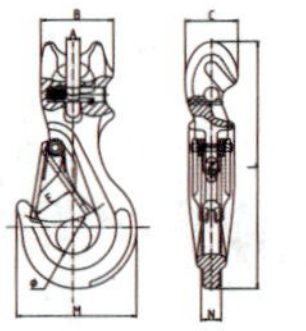

ITEM N0.	WEIGHT/kg	WLL/T	B.L/T	A±1	B±1	C±1	E±1.5	M±2	N±1	L±3	ϕ±2
6-8	0.475	1.12	4.48	8	40	29	20	66	11	136.5	17
7/8-8	0.885	2	8	9.5	45	33.5	27	84	13	172.5	27
10-8	1.73	3.15	12.6	12	56.5	42	33	103	11.5	215	34
13-8	3.39	5.3	21.2	15	75	57.4	40	133.3	20	258	45
16-8	5.57	8	32	18.5	82	72	44	156.7	26.5	305	305

SLR864 EYE SLING HOOK WITH CAST LATCH 眼型滑钩 带铸舌

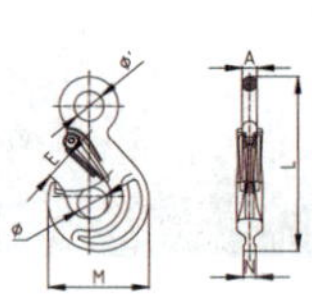

ITEM N0.	WEIGHT/kg	WLL/T	B.L/T	A±1	E±1.5	M±2	N±1	L±3	ϕ±2	ϕ'±2
6-8	0.3	1.12	4.48	10	18	67	8.5	120	18	20
7/8-8	0.59	2	8	11	25	91	9.2	153	26	25
10-8	1.23	3.15	12.6	16	30	112	13	188	30	34
13-8	2.29	5.3	21.2	19.5	39	131	16.5	233	37	43
16-8	4.7	8	32	24.5	48	169.5	20.6	294	48	50

SLR1051 G100 CLEVIS EYE GRAB HOOK G100 带羊角眼型抓钩

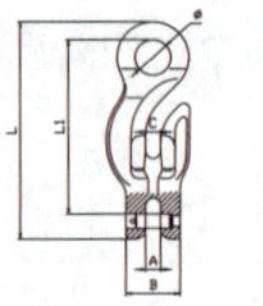

ITEM N0.	WEIGHT/kg	WLL/T	B.L/T	ϕ±2	A±0.5	B±2	C±0.5	L1±2	L±3
6-10	0.3	1.4	5.6	18	8	32	20	88	112
8-10	0.69	2.5	10	24	10	36	10	116	145
10-10	1.33	4	16	30	12.5	48	12.5	145	184
13-10	2.36	6.7	26.8	37	15.5	59.5	15.5	178	223
16-10	4.5	10	40	45	19	70	19	216	273
20-10	9.0	16	64	58	24.5	85	24.5	278	351

SLR847 EYE SLING HOOK WITH LATCH 眼型滑钩

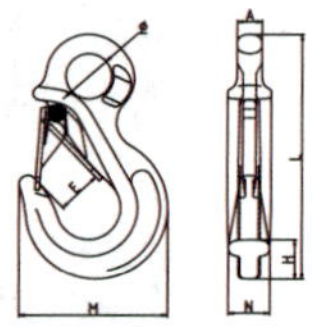

ITEM N0.	WEIGHT/kg	WLL/T	B.L/T	A±1	E±1.5	M±2	N±1	H±1	L±3
6-8	0.27	1.12	4.48	9.5	22	70	17	19	110
7/8-8	0.655	2	8	16	27	86	24	23.3	144
10-8	1.22	3.15	12.6	19	33	103	24	28	190
13-8	2.43	5.3	21.2	23	40	135.7	38	37	227
16-8	3.81	8	32	28.5	44	161	41.5	41	257
18/20-8	5.9	12.5	50	27	53	187	46	50	301
22-8	9.1	15	70	32	72	240	57	59.5	337

SLR848 CLEVIS SLING HOOK WITH LATCH 羊角滑钩

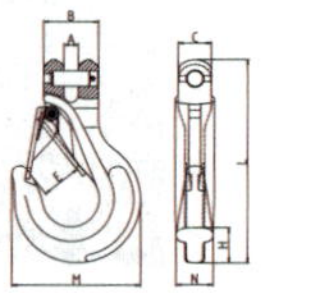

ITEM N0.	WEIGHT/kg	WLL/T	B.L/T	A±0.5	B±1	C±1	E±1.5	M±2	N±1	H±1	L±3
6-8	0.3	1.12	4.48	8	28.8	18	23	66	15.5	19	112
7/8-8	0.585	2	8	9	33	20	27	86	20	24.8	140
10-8	1.19	3.15	12.6	12	44	25.5	33	103	24	28	174
13-8	2.32	5.3	21.2	15	57	34	40	133.3	38	38	213.6
16-8	3.82	8	32	18.5	67	41.5	44	161	41.5	41	250
18/20-8	6.77	12.5	50	23	80	51	53	187	48	50	292

SLR852 FN TYPE WEBBING HOOK FN型双面挂带钩

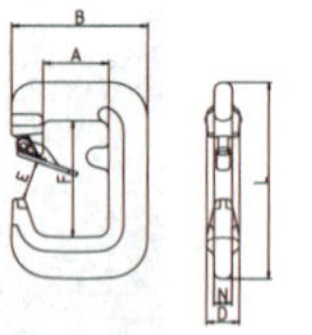

ITEM N0.	WEIGHT/kg	WLL/T	A±1	B±1.5	D±1	E±1	F±1	N±0.5	L±3
1T	0.795	1	44	91	22	25.5	79	12	133.5
2T	1.63	2	72	132	25	30	86	15	156
3T	2.45	3	103	167	29	32.5	95	18	172
5T	7.74	5	172	269	41	44	154	23	256

生产单位：贵州钢绳股份有限公司

GSR 贵绳

地址：贵州省遵义市桃溪路 47 号　　邮编：563000

电话：0851-28419444　　传真：0851-28422172

网址：www.gzgs.com.cn

贵州钢绳股份有限公司主要从事钢丝、钢丝绳、钢绞线产品及相关设备、材料、技术的研究、生产、加工、销售及进出口业务。公司坐落于革命历史名城遵义市，系国内上市公司，年生产能力 450 000t。

公司积累了 51 年钢丝绳生产经验和技术，拥有高水平的整体装备、先进的生产工艺和完善的质量管理体系。主体设备从德国、日本、意大利引进和自制。

公司专业生产 Ø1.0mm~Ø264mm 各种结构钢丝绳（其中锌铝合金密封钢丝绳可达 Ø180mm）、Ø5.0mm~Ø28.6mmPC 钢绞线、Ø0.15mm~Ø9.0mm 各种用途钢丝以及钢丝绳预张拉、涂塑、索具等深加工产品，具有生产高强度、高韧性、特粗、特长、特殊结构、特殊用途钢丝绳的突出优势。

公司主动承担并完成多项国家重点技术创新项目，积极参与标准制修订工作，主导修订了 ISO2408:2017 国际标准，主持、参与了《粗直径钢丝绳》等 30 余项国家标准和行业标准，拥有国家授权专利 135 项，被认定为国家企业技术中心、国家实验室、国家地方联合工程中心。

公司生产的“巨龙”牌钢丝绳产品先后用于中国葛洲坝水利枢纽工程、龙羊峡水电站、汕头海湾大桥、广州虎门大桥、润扬长江大桥、贵州坝陵河大桥、舟山西堠门大桥等国家重点工程及海上石油钻探、著名旅游区载人索道等。“巨龙”牌钢丝绳还成功应用于神舟八号、九号、十号、十一号载人运输飞船，为中国载人航天事业做出了贡献。

公司产品展示：

生产单位：南通神龙化纤绳业有限公司

地址：江苏省南通市通州区二甲镇　　邮编：226321
电话：0513-86454135　　传真：0513-86452942
邮箱：tongzhousenlong@126.com　　网址：www.slrope.com
重要联系人姓名：吴翔　手机：13962743911

南通神龙化纤绳业有限公司主要生产各行业用丝、绳、带、线系列产品，品种多、规格全。产品经各行业用户严格选择和体验，在航天航空、军供特需、船舶舾装、交通运输、救助打捞、轻工机械等领域得到广泛应用。公司还与高模量聚乙烯（HMPE）（又称超高分子量聚乙烯）纤维等新材料的国内外知名生产企业战略合作，成为国内 UHMWPE、芳纶和碳纤维绳索开发最早、产量最高、技术领先的企业。我公司是荷兰帝斯曼 Dyneema® 材料的授权生产厂家，是国内为数不多的授权绳索生产厂家。公司与大学和科研院所合作，参与制定《高模量聚乙烯纤维 8 股、12 股编绞和复编绳索》、《聚酯与聚烯烃双纤维绳索》与《海上定位用纤维绳——高模量聚乙烯 (UHMWPE)》国家标准，承担主要的试验验证工作。

公司承制各种用途及各种规格的绳索，产品质量确保全面符合标准要求，并取得中国电力科学研究院出具的测试报告，产品性能长期保持稳定可靠，受到国内外客户的一致赞扬。公司善用新材料、新技术、新工艺开发研制的特种用途绳索产品，实现绳索的特定性能和拓展要求。公司不断提高核心竞争力，投资引进先进的设备和技术，持续进行技术创新、再开发和设备改造，从而使产品在市场竞争中一直处于技术领先地位。

生产单位：正茂集团有限责任公司

地址：江苏省镇江市五峰口　　电话：0511–84515081　　0511–84511561
传真：0511–84510041　　邮箱：sales@zhengmao.net.cn
网址：www.zhengmao.net.cn
重要联系人：徐楷　　手机：15050858234　　电话：0511–84511561
邮箱：xukai@zhengmao.net.cn

正茂集团有限责任公司前身是镇江锚链厂，始建于 1974 年，是中国第一家专业生产船用电焊锚链的公司，也是国内率先研制、开发、生产海洋系泊链的公司。系泊链和船用锚链是两大支柱产品，使用的“三山”商标是江苏省著名商标。

产品信息：

1. 主要产品种类：

船用锚链及配套附件，海洋工程系泊链及配套附件

2. 主要产品参数：

主要产品为直径 24~172mm M2、M3 船用锚链及配套附件；直径 50~208mm R3、R3S、R4、R4S 和 R5 海洋工程系泊链及配套附件。

3. 主要技术规格：

M2、M3 船用锚链直径 24~172mm，R3、R3S、R4、R4S 和 R5 海洋工程系泊链直径 50~208mm，链条长度可任意长。每种材料及规格都有其相应的拉力和破断负荷。

主要产品：

普通链环		无档链环	
肯特卸扣		末端卸扣	
转环		连接卸扣	
A型旋转卸扣		B型旋转卸扣	

生产单位：盐城神力制绳有限公司

地址：江苏省盐城市建湖县恒济工业园区　邮编：224763　电话：0515-86582588-8868
传真：0515-86582188　邮箱：ycqxq8@163.com　网址：www.cnrope.cn　联系人：祁学芹 13601429768

盐城神力制绳有限公司是集研究、设计与制造为一体的生产销售化纤缆绳、网、梯、船舶舾装等产品的专业厂家，成立于1978年，位于江苏省建湖县恒济镇工业集中区，东临盐城机场，西接京沪高速，毗邻江苏省级风景旅游区——九龙口。公司占地面积10万 m^2，建筑面积6.2万 m^2。现有员工520人，为国内同行业领军企业之一，在持续发展的基础上，组建了 力船舶装备集团。

公司经中国船级社（CCS）、法国船级社（BV）、日本船级社（NK）、挪威船级欧盟（EC）的工厂认可，并获得英国船级社（LR）、意大利船级社（RINA）、挪威船级社（DNV）、韩国船级社（KR）、德国船级社（GL）、美国船级社（ABS）等国际权威船级社船用产品证书。

产品技术参数：

序号	产品系列	产品简介	获得证书
1	丙纶扁丝、丙纶长丝系列	丙纶扁丝、丙纶长丝三股、四股、八股、十二股、多股编织绳 规格：¢ 4~160mm	产品通过CCS、BV、NK、DNV GL、ABS、LR、KR、EC、RINA等船级社认证
2	锦纶复丝、锦纶帘子线系列	丙纶扁丝、丙纶长丝三股、四股、八股、十二股、多股编织绳 规格：¢ 4~160mm	
3	涤纶绳系列	丙纶扁丝、丙纶长丝三股、四股、八股、十二股、多股编织绳 规格：¢ 4~160mm	
4	登乘绳梯、引航员软梯系列	1）55~15m的引航员软梯 2）17~50m的登乘绳梯	
5	安全网系列	丙纶长丝安全网3×6m，4×6m 阻燃维纶安全网3×6m，4×6m 舷梯网4×10m 根据客户要求 飞机平台防滑网20×20m	产品生产许可证、质保书
6	组合连接索系列	尼龙尾缆、卸扣和钢丝绳三组合；尼龙尾缆、卸扣和高分子聚乙烯纤维绳三组合二种，主要用于大型油轮	产品通过CCS、BV、NK、DNV GL、ABS、LR、KR、EC、RINA等船级社认证
7	高分子聚乙烯纤维绳系列	高分子聚乙烯纤维三股、八股、十二股编织绳 规格：¢ 8~96mm	

生产单位：江苏省香川绳缆科技有限公司 XIANG CHUAN 香川绳缆

地址：江苏省宝应县城南工业园区城南大道 8 号 电话：0514-88253368 88250633 传真：0514-88253370
联系人：陶香川 13801441445 邮箱：xcrope@xcrope.com 网址：www.xcrope.com

江苏省香川绳缆科技有限公司专业生产“香川”牌绳缆。聚丙烯系列产品采用国际 ISO1346 标准，锦纶复丝（尼龙）系列产品采用 ISO1140 标准，涤纶系列产品采用 ISO1141 标准。公司还自行研发具有自主知识产权的超高分子量聚乙烯缆绳、尼龙单丝绳索（俗称牛筋绳可与阿特拉斯媲美）、高强混合绳索、复合组合绳索等；绳缆编织结构有三股、四股、六股、八股、十二股、双层编织等，规格 4~150mm 直径范围供客户选择。

产品技术参数：

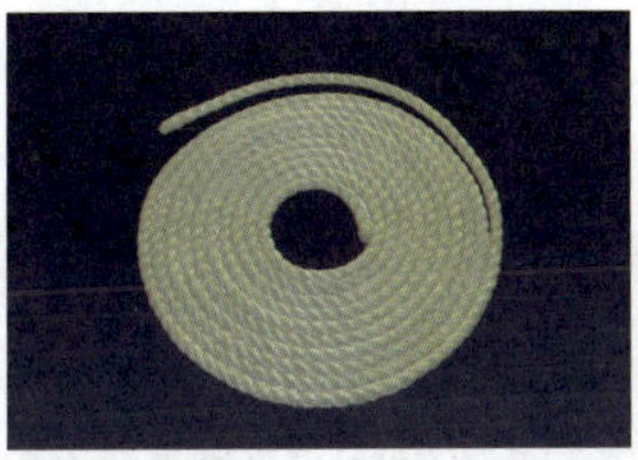

规格	锦纶复丝		锦纶		丙纶长丝		丙纶		涤纶	
直径	质量	破断强力	质量	破断强力	质量	破断强力	质量	破断强力	质量	破断强力
mm	kg/220m	daN	kg/220m	daN	kg/220m	daN	kg/220m	daN	kg/220m	daN
4	2.1	330	2.0	270	1.7	260	1.6	210	2.6	300
6	4.6	770	4.4	630	4.0	600	3.8	590	6.0	620
8	8.2	1 380	7.9	1 130	7.0	1 100	6.8	1 040	11.0	1 130
10	12.8	2 140	12.5	1 850	11.0	1 620	10.6	1 530	17.0	1 640
12	18.5	3 080	18.0	2 530	16.0	2 320	15.4	2 170	24.0	2 360
14	25.0	4 220	24.0	3 460	22.0	3 220	21.0	2 990	33.0	3 280
16	33.0	5 460	32.0	4 480	29.0	4 140	28.0	3 700	44.0	4 200
18	42.0	6 900	41.0	5 650	36.0	5 100	35.0	4 270	54.0	5 200
20	51.0	8 550	49.0	6 750	45.0	6 350	43.0	5 690	68.0	6 500
22	62.0	10 300	60.0	8 140	54.0	7 700	52.0	6 820	81.0	7 800
24	75.0	12 400	72.0	9 800	64.0	9 000	62.0	7 970	96.0	9 400
28	105.0	16 300	100.0	12 800	87.0	11 700	85.0	10 500	130.0	13 200
32	150.0	20 600	135.0	15 400	115.0	13 900	110.0	13 300	175.0	16 200
36	180.0	25 600	173.0	19 200	145.0	17 500	140.0	16 600	220.0	19 900
40	220.0	30 800	212.0	23 100	180.0	21 100	175.0	20 100	270.0	24 700
44	165.0	36 900	255.0	27 700	215.0	25 400	205.0	24 200	325.0	29 300
48	315.0	43 300	305.0	32 500	255.0	29 500	245.0	28 000	385.0	34 500
52	370.0	50 300	355.0	37 700	295.0	34 000	285.0	32 500	445.0	40 300

生产单位：建峰索具有限公司

地址：上海市浦东新区桃林路 18 号环球广场 A 座 1601~1602 室　邮箱：gzjf@jian-feng.com
电话：021-61766113　传真：021-61766178　网址：www.jian-feng.com

建峰索具有限公司创建于 1982 年，是一家集索具研发、生产、销售及服务于一体的专业大型企业。广州基地设有技术研发中心、生产制造中心和检测中心等，产品涵盖钢丝绳、钢丝绳索具、吊带索具、链条索具、索具五金件、起重工具等。

公司拥有目前世界上最大的 3 000t 进口专用索具压力机，压接索具直径可达 130mm，可承做超大直径、超大吨位的钢缆索具、钢丝绳索环，极限工作负荷可达 3 000t，拥有先进的吊带生产线，吊带产品极限工作负荷可达 2 000t。

公司已通过 CCS 型式认可、DNV GL 型式认可、CE 认证、GS 认证，可以提供 CCS、ABS、BV 等第三方检测服务并出具证书。

产品技术参数：

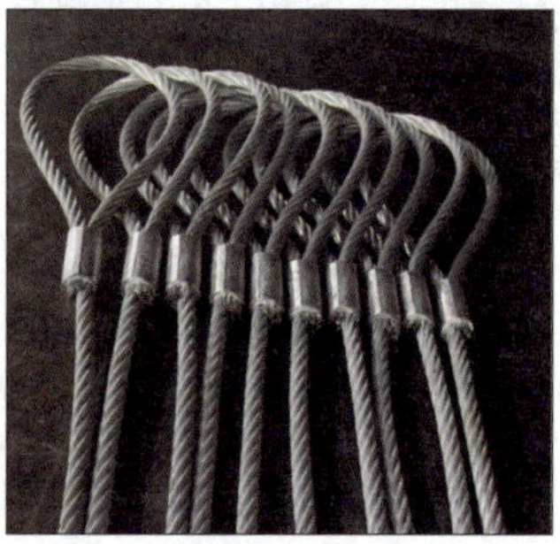

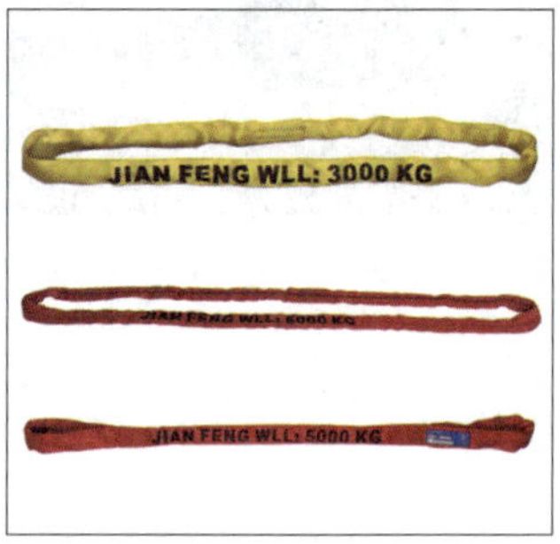

产品名称	规格参数
钢丝绳	可提供 GB/T20118-2006、GB/T20118-2006 各种直径钢丝绳
压接索具	采用进口铝合金套管压制，最大压接直径可达 130mm
大直径钢缆铰接索具	依据 EN13414 标准，索具最大直径可达 408mm
高性能无接头绳圈	依据 EN13414 标准，索具最大直径可达 390mm
卸扣	可提供美式、日式、船用等标准卸扣，额定载荷 0.5~150t
美式宽体卸扣	G2160 卸扣，额定载荷 125~1550t
海上集装箱吊索	取得 DNV GL2.7-1 型式认证，可生产海上集装箱用吊索
吊装带	取得 CE、GS 认证，可生产扁平吊带、圆筒吊带，吊带最大载荷可达 2 000t

船用门窗

P 278

P 279

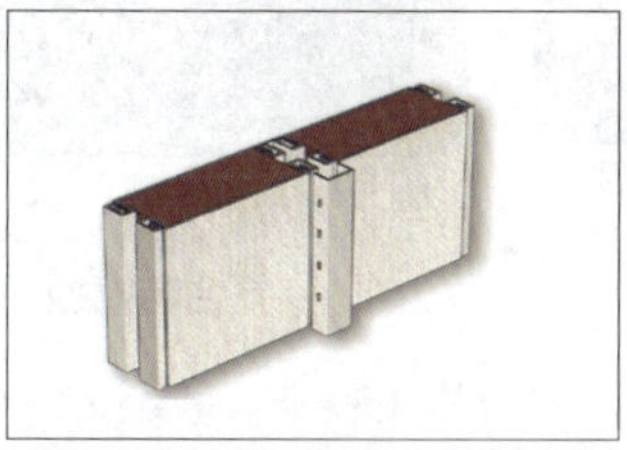

P 280

P 281

P 281

P 282

船用门、窗属于船舶舾装范畴，有防火门、水密门、钢质舷窗、矩形窗等，有铝制、钢制、木质等多种材料。新建船舶上，无论是出口船还是国内船舶大多数是在国内采购，而且这一行业厂家数量较多。如姜堰市远航船舶机械制造有限公司是一家专业生产船舶系泊设备及舾装件的企业，主要产品有防火门、钢质门、钢质水密门、快开闭风雨密门、钢质舷窗、防火舷窗、防火矩形窗、上开矩形窗、钢质矩形窗等；宁波四海船舶设备有限公司主要产品有 CB、GB 标准的船用防火门、防火窗以及通风设备、带缆桩、钢索卷车、箱柜等 100 多个品种，1 000 余种规格，主要用于出口的大型集装箱船、多用途散货船、平台供应船、油船及国内远洋船舶等； 泰州市欧亚船舶舾装件厂（原姜堰市欧亚船舶舾装件厂）是一个集船用产品设计开发、加工制造、经营销售为一体的船舶舾装件厂专业化公司，主要产品有铝质钢质船用舷梯系列，直梯、斜梯、活动踏步梯、码头梯、软梯、杂用梯以及与之配套的各种绞车，船用门、窗、盖及船舶系泊等系列产品。无锡市东舟船舶附件有限公司是江苏省高新技术企业及江苏省船用舾装件工程研发中心，主要产品在国内船用舾装界属于领先水平和主导地位，已成为国内船用舾装件的科研、开发、生产基地。尤其在高效舵、减摇装置、防火门窗和水密门等方面达到了国内先进水平，如新型襟翼舵、节能型减摇鳍、A60 级滑动式液压水密门、A60 级铰链式耐高压水密门、H120 防火门窗，所有产品均符合 SOLAS、IMO、ISO、GB、CB、GB/T 等国内外标准及各船级社的规范要求；江阴市船舶设备制造有限公司是国际标准化组织船舶与海洋技术委员会舾装与甲板机械分技术委员会（ISO/TC8/SC4）专家咨询组成员，曾获得“船用气密门”“船用轻质防火门”等五项部级科技成果奖，是海军装备部船用金属家具的定点生产厂。太仓市东海船舶舾装有限公司按 GB、CB 标准生产的各种型号规格的铝质矩形窗、移窗、平衡窗、中空隔音窗、空腹门、移门等，生产各种耐火级别的防火门和 B-15 级别防火板，还可根据客户不同要求配套生产非标准的各种船用铝质、不锈钢、钢质系列的门窗、座椅、家具等。

生产单位：天津华利保温建材有限公司

电话：022-65153559/13388031761　　邮箱：mawl@hualibw.com.cn　　网址：www.hualibw.com

公司主要从事保温材料的生产和施工，产品主要包括：岩棉、玻璃棉、陶瓷棉、橡塑海绵、复合花纹铝板、复合岩棉板、防火门、聚氨酯制品等保温辅料。公司已获得了ISO9001、质量管理体系证书，建立了严密的质保体系。公司生产的保温材料先后通CCS、(DNV、BV、EC、AB、LR、NK，公司已成为京津及华北地区最大的综合性保温建材生产企业。

产品技术参数：

玻璃棉

岩棉

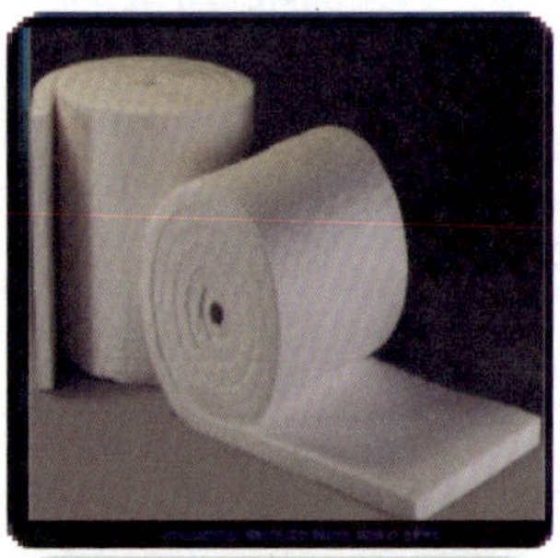

陶瓷棉

复合岩棉板

防火门

卫生单元

复合铝板

保温被

生产单位：江苏神艺装饰材料有限公司

地址：江苏省靖江市城北园区北二环路 5 号
电话：84980828 13812398095 网址：www.jsshenyi.cn

江苏神艺装饰材料有限公司坐落于长江三角洲，地处靖江经济开发区城北园区，南依沿江高速、沪宁高速、北靠宁通高速、京沪高速，地理位置优越，交通便利。

公司成立于 2005 年，厂区面积 2 万余平方米，公司现有员工 150 余人，其中技术人员 30 余人，工程师及质量检验员 16 人。我们秉承“诚信、务实、创名牌”的公司理念，以过硬的产品质量和完善的售后服务作为坚强的后盾，始终把顾客的利益和需求放在第一位，想顾客之所想，急顾客之所急。

公司拥有一流的厂房、先进的设备、优良的工艺和上乘的服务，公司船用产品先后荣获了中国船级社质量认证公司颁发的 IS09001:2015 质量体系认证证书、EC 证书及各大船级社认可证书。

公司主要产品：

船用复合岩棉板，防火门，家具，卫生单元及船舶内装工程总承包。

公司将一如既往地为顾客提供优质服务，稳步开拓国内及国际市场，与您携手共创辉煌。

产品技术参数：

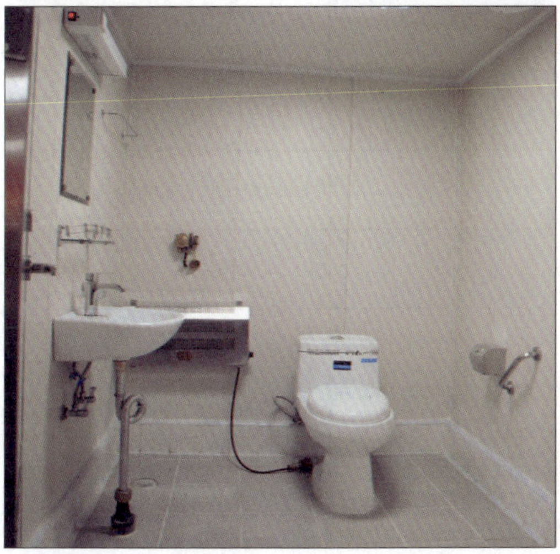

生产单位：江苏海陆科技股份有限公司

地址：江苏省江阴市站西路 228 号　邮编：214405　电话：0510–86284489　86286098
传真：0510–86284006　邮箱：mail@hailuzs.com　网址：www.hailuzs.com

江苏海陆科技股份有限公司是生产船舶海洋工程、建筑消防工程等配套产品的综合型企业，10 余种产品先后填补国内空白，多次获得部、省、市科技成果奖、船用产品符合国际海事组织 SOLAS 1974、1981、1983、1989、1990、1994、1998、2004 及其各修正案的要求，并先后获得各大船级社的认可；陆用产品获得国家公安部颁发的全国工业产品生产许可证。公司通过了法国（BVQI）ISO9001：2000 质量体系认证，“海陆”牌商标为江苏省著名商标，银行资信 AAA 级。

产品技术参数：

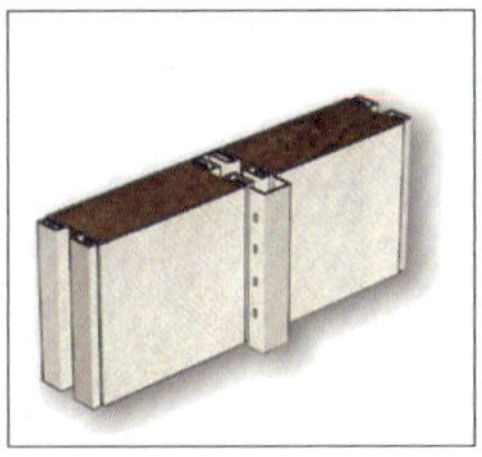
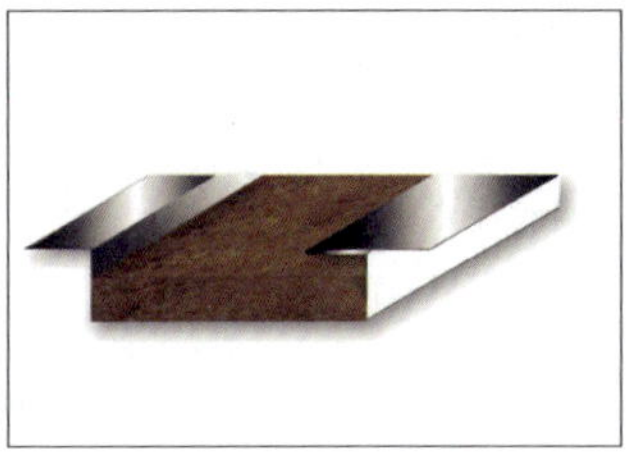

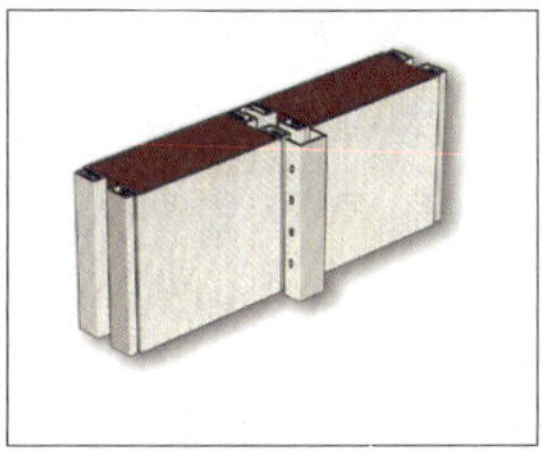

序号	名称	门框形式	围壁开孔尺寸	DEPTH
1	B15 级防火门（带风栅）	箱型框	(HC+100)×(WC+100)	T+50
2	B15 级防火门（带风栅）	Z 型框	(HC+65)×(WC+80)	65
3	0.7mm 贴 PVC 膜的镀锌钢板或 1.2mm 的钢板烤漆（门扇）			
4	箱型框 1.5mm 钢板烤漆；　Z 型框 1.5mm 钢板烤漆（门框）			

型号	JCP–B1	JCP–L1	JCP–L2	JCP–A1
防火级别	B–15	B–15	B–0	A–60
尺寸	宽度 600/500mm 高度可选（最高 3 600mm）			宽度 600/500mm 高度可选（最高 3600mm）
质量	18.1kg/m^2	15.9kg/m^2	15.2kg/m^2	26.2kg/m^2
隔声量	33dB(A)	31dB(A)	30dB(A)	40dB(A)
导热系数	0.52 kcal/m^{2}h℃	0.96 kcal/m^{2}h℃	1.06 kcal/m^{2}h℃	0.95 kcal/m^{2}h℃
面材	贴 PVC/PET 钢板或镀锌板 (PVC/PET 低播焰)			贴 PVC/PET 钢板或镀锌板 (PVC/PET 低播焰)
公差	宽度 $^{0}_{-1}$，高度 ±3，厚度 $^{0}_{-1}$			宽度 $^{0}_{-1}$，高度 ±3，厚度 $^{0}_{-1}$
芯材	Rock Wool	Rock Wool	Rock Wool	Fire–resistant panel

生产单位：无锡蓝海船舶舾装设备有限公司

地址：江苏省无锡市惠山区洛社镇石塘湾天石路 4 号　邮编：214185　电话：0510-83260990
传真：0510-83260908　邮箱：xgf14@126.com　网址：www.wxlhcb.com　联系人：缪国荣

无锡蓝海船舶舾装设备有限公司是中国船舶工业和总装备部定点配套生产企业，公司严格按照 ISO9001：2008 质量管理体系标准组织设计生产。公司专业生产国内外各类标准和非标准的船用门、窗、盖、梯、系泊设备、通风设备及甲板机械等系列舾装产品。

产品技术参数：

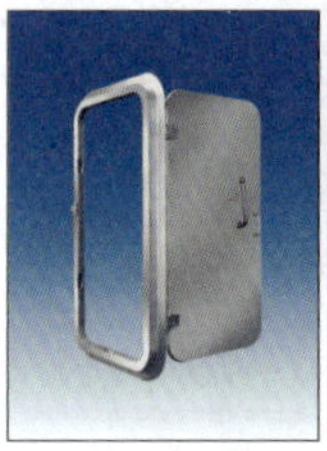

型号	基本参数	产品特点	实现功能	选型优势	执行标准	持有证书	自填	自填
A60 级液压滑动式水密门	试验尺寸 800×1 600	各类船舶	防火等级 A60 水密 0.1MPa	质量轻	IMO754	CCS、GL、ABS、EC	WX-LH-99-00	A60 级液压滑动式水密门
A60 级防火开启窗	试验尺寸 1 000×800	各类船舶	防火等级 A60		IMO754	CCS、GL、EC 、ABS	WX237-A60-00	
A0 级防火窗	试验尺寸 1 300×1 000 ϕ450	各类船舶	防火等级 A0		IMO754	CCS、GL、EC 、ABS	WX-231-A0-00 WX-232-A0-00	
A60 级防火舱口盖	试验尺寸 1 320×1 320	各类船舶	防火等级 A60		IMO754	CCS、EC 、ABS	CB/T3728-95	
双相钢油舱盖	900×1 500 ϕ1 200	各类船舶		材料 2205	ISO	CCS、GL、LR、DNV、ABS	JIS CB/T282	
耐压舱口盖	800×800 ϕ800	各类船舶	压力 0.3MPa		ISO	CCS、GL、LR、DNV、ABS	WX530-98	
H120 级防火门	试验尺寸 800×1 800	适用海洋平台	防火等级 H120	防火等级高	IMO754	CCS	WX010-H120-01-00A	
A60 级钢质水密门	试验尺寸 900×1 800	各类船舶	防火等级 A60 水压 0.1MPa		IMO754	CCS、ABS、EC	WX06-01-00	
快开闭水密门	900×1 800	各类船舶	水压 0.2MPa		SOLAS	CCS、ABS、GL、LR、DNV	WX05-01-00	
A60 级防火窗	试验尺寸 1 500×1 000 ϕ450	各类船舶	A60		EM0754	CCS、GL、EC	WX235-A60-00 WX236-A60-00	
A60 级防火窗	试验尺寸 1 300×900 ϕ450	各类船舶	A60		EM0754	CCS、ABS、	WX233-A60-00 WX234-A60-00	

生产单位：台州市金蓬船舶设备有限公司

地址：浙江台州市金清镇九塘　电话：0576-82893628　传真：0576-82893638
邮箱：tzjinpeng@163.com　联系人：梁先生　15257686999

台州市金蓬船舶设备有限公司（原台州市路桥海源船舶配件有限公司）创建于1995年，现改为台州市金蓬船舶设备有限公司，是船舶舾装件的专业生产销售商。本公司技术力量雄厚、设备齐全，建立了严格的的管理和检测制度，产品质量可靠。2008年获得中国船级社CCS质量管理体系认证。公司主要生产船用舷梯、防火门、钢质风雨密门、普通矩形窗、通风附件、系泊件等产品。

产品技术参数：

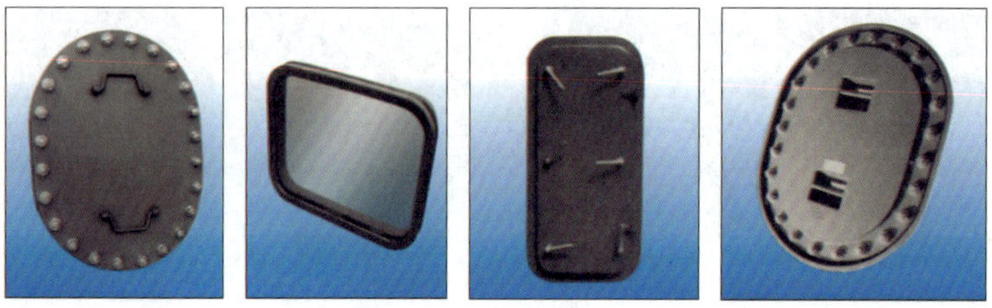

型号	基本参数	产品特点	选型优势	执行标准	持有证书
船用人孔盖A、B、C、D、E型	通孔尺寸：600mm×450mm，盖板厚度S为12mm A型人孔盖： 人孔盖 MANHOLE COVERS A600×450-12 通孔尺寸600mm，盖板厚度为10mm C型人孔盖： 人孔盖 MANHOLE COVERS C600-10	适用于船舶的水密和油密人孔盖	代替GB 19-74	GB11628-89 GB11628-89	CCS
船用门AF、AY、BF、BY、CF、CY、DF、DY	通孔尺寸为1 600mm×600mm，门板厚度为8mm，加强筋为65mm×9mm的A级方角门（AF），由外开式（5.1）的风密单扇钢质门	适用于船舶干甲板以上的上层建筑及甲板出入口使用的门	代替GB 3477-83	满足ISO 6042-1980	CCS
船用窗 A-60级防火矩型窗	透光尺寸为450mm×630mm的A-60级防火矩型窗：A-60级防火矩型窗 A-60RECTANGULARWINDOW 450×630 WJL 522-22	适用于各类船舶闪点小于60℃的油船、钻井平台、液化气船和化学品船等			

船用家具

船舶家具是船上生活或工作的必备部件，是舱室功能的根本基础，又是表现舱室形式的主要角色。船用家具专门为船舶舱室设计，其功能具有配套性，如床、写字台、衣柜、沙发、椅子等，同时色彩、造型、材料、结构及工艺也应有协调性。造船的木材都是上好的木材，如坤甸木、菠萝格、柚木、楸木等，经过海水五六十年的浸泡，船木的质地更加坚硬、不易返潮、绝不腐烂等。船舶家具在分类上属于船舶舾装或船舶内装，它一般遵循设计、安装等步骤，最后由船舶内装公司或船舶装修公司完成。南通中海船舶内舾装有限公司是一家专业生产制造船舶、舰船和海洋工程居住舱室内舾装和船用配套家具的专业的企业；苏州恒大船舶舾装有限公司主要生产船用家具、承揽整条船施工安装、无机防火板、构架件等；天津博林建筑装饰工程有限公司可承揽各种船上用的家具、办公桌及卫生间隔断的各工程项目；大连新智家具有限公司为山东黄海造船厂、中远船务大连船厂、盘锦辽河油田钻井平台制造厂、大连船舶重工有限公司等提供多套船用家具产品。江阴市海盛船舶配套装潢有限公司通过 ISO9001：2000 质量认证体系，负责舾装设计与施工，生产的船用家具、船用防火门窗、复合板材等产品已取得 CCS、DNV GL、EC、NK 等多国船级社的认可。苏州市恒业船舶配件有限公司主要产品有船用舱室配套木质家具、船用防火板家具、船用实木家具、船用桌椅、船用办公桌椅、船用沙发、船用床等。

P 284

P 284

P 285

P 285

P 286

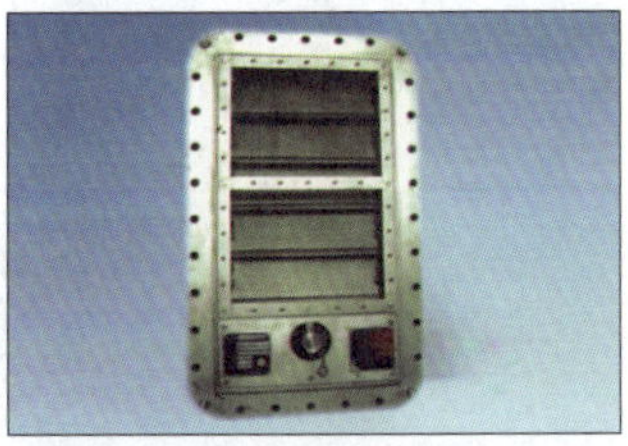

P 286

生产单位：江阴市海盛船舶配套装潢有限公司

地址：江苏省江阴市云亭镇工业园构松文头路 1 号 邮编：214422 电话：0510-86012010
传真：0510-86011373 邮箱：haisheng09@163.com 网址：www.haishengcn.cn
联系人：黄惠君 13806161597

公司成立于 20 世纪 90 年代，工厂目前的主要产品有：复合岩棉板；各种级别的船用防火门、风雨密气密防火门、钢（铝）质空腹门、隔音门、各类检修门；船用窗斗；船用钢木质家具；各种船型的内装工程等。公司始终以创名牌为目标，积极开展质量管理工作，不断完善质量管理体系，已通过 2000 版 ISO9001 国际质量体系认证。

产品技术参数：

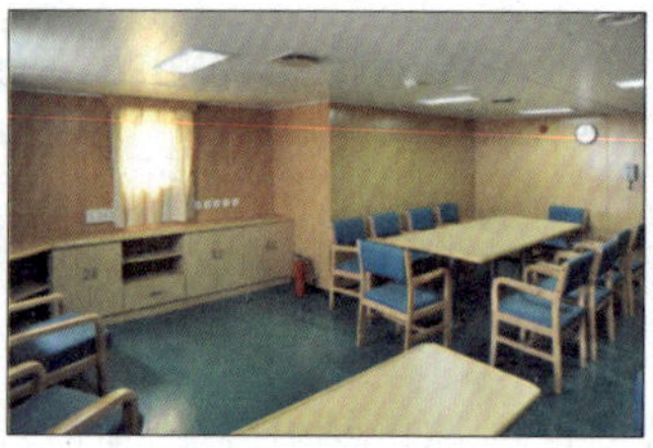
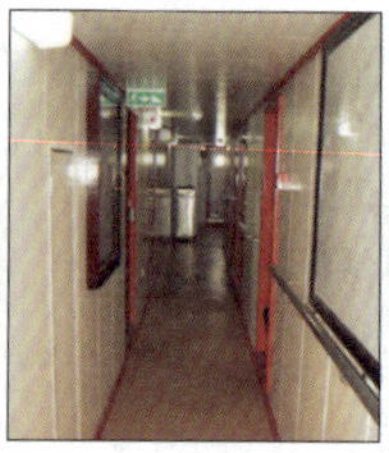

型号	基本参数	材料	持有证书
窗类 A-60 级、A-0 级		固定式防火窗、铝质矩形窗、弦窗、移窗、中控隔声窗、铝合金窗门、不锈钢窗门、钢质窗门	
家具	根据船舶大小，舱室大小来设计	木质家具、钢质家具、不锈钢橱房家具、办公家具、不锈钢货架	CCS、EC、DNV GL、NK、ABS、KR、BV ISO9001：2000 质量认证体系
复合板材类		复合岩棉板、消音复合板、铝质轻质板、不锈钢冷库板、陆用复合岩棉板、彩钢夹心板	
门类		各种级别的防火门、钢（铝）质空腹门、隔音门、不锈钢（铝）质驾驶移门、钢（铝）质风雨门、不锈钢冷库门、各类检修门、净化专用洁净门	
其他产品		船用发光标志、舱室铭牌、钥匙牌、铜质构架件及各类塑料装饰件、船用窗帘、床帘、小五金铝合金装饰件	

生产单位：上海瑞爱舰船设备有限公司

地址：上海市浦东新区临港书院都市产业园万松路 459 号　邮编：201304　电话：021-58190899
传真：021-58196363　邮箱：ruaigs@163.com　网址：www.ruiaigs.com　联系人：唐水平　13817802211

瑞爱公司是制造船用组装式冷库及船舶舱室家具的专业船舶配套企业。从设计入手，努力实现产品的专业化、规范化，更竭力满足用户的个性需求。其设计、生产的船用家具造型大气、细节精致、安装简便，在业内有口皆碑。

船用木质家具的年产量在（大小船舶）150 船套左右。各种船舶舱室木质板式家具是瑞爱公司的主要产品之一。公司致力于产品的高起点、高品质。家具生产线配备有意大利和德国进口的先进精密加工设备。家具内部芯材全部采用环保型材料，外表面采用国际品牌、具有天然木质纹理和低播燃的饰面材料。家具主要五金件采用欧洲品牌。瑞爱公司从产品设计入手，努力实现产品的专业化、标准化、规范化和人性化，同时还可满足船东的个性需求。另外公司技术部通过多年的研制，经过无数次试制、组装和改进完善，成功研制现国内第一代具有天然木质纹理、阻燃、防火、轻质的铝蜂窝板式家具，从而改善了舰艇舱室的居住性、舒适性及安全性，并得到七〇一所有关技术人员及有关船厂军代表的高度评价，并在中海油钻井平台船上生活舱室中得到应用。瑞爱公司以产品质量为主，从设计到生产的各种船用舱室家具，以其优异的品质和售后安装服务，得到国内外船东和船厂的高度赞誉。

产品技术参数：

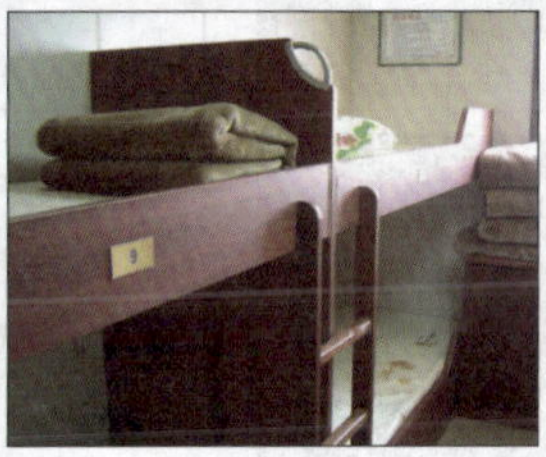

型号	基本参数	产品特点	实现功能	选型优势	执行标准	自填
船用木质家具 舰用铝蜂窝家具	根据实际船舶舱室布置图确定具体尺寸	1）各类船舶及海工作业平台等 2）皆为可拆装组合结构。其结构牢靠、耐火阻燃、轻质环保、外观简约自然、安全可靠，运输、安装简便，耐用性强	改善船舶舱室的居住性、安全性以及舒适性	铝蜂窝家具：表面为自然木质纹理耐火饰面，耐高温、耐磨、耐污染、耐盐雾，基材为合金铝蜂窝，防火性能强，且质量轻，舰船振动时不产生噪音	符合 ISO9001:2008 质量体系认证标准	船用木质家具采用环保芯材和国际名牌饰面材料，主要五金件采用欧洲品牌。配备有德国、意大利进口的先进加工设备

生产单位：上海丽慧船舶配套设备有限公司

地址：上海市浦东新区惠南镇黄路大治河管理区　邮编：201301　电话：021-58075533
传真：021-58075511　邮箱：lhcb@sh-lihui.com　网址：www.sh-lihui.com
联系人：徐国建　13311800763

上海丽慧船舶配套设备有限公司是一家专业从事船舶内装、船舶通风和船舶加热盘管设计、配套、施工的一体化企业，同时为船舶配套提供不锈钢制品、舾装件、船用家具等。公司下设内装部和制造部。

产品技术参数：

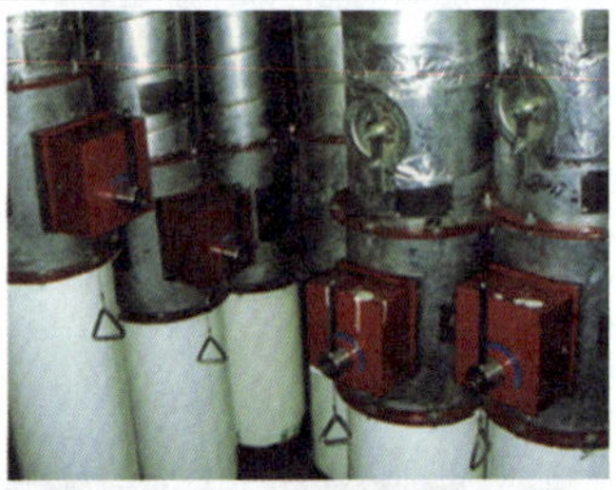

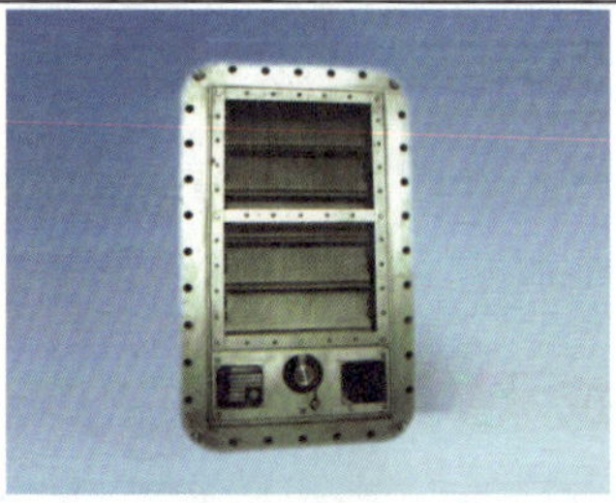

名 称	规 格（mm×mm）	名 称	规 格（mm×mm）
可关闭百叶窗	600×600~1 200×1 200	通风筒	DN150~1 000
风雨密百叶窗	300×250~600×400	矩形阻性片式消音器	220×150~1 100×450
无盖风雨密百叶窗	600×800~1 200×1 200	圆形简易式调风门	DN80~50
烟囱可闭百叶窗	400×580~500×1 420	不锈钢厨房集气罩	630×500~2 300×1 200

船用厨房设备

P 288

P 288

P 289

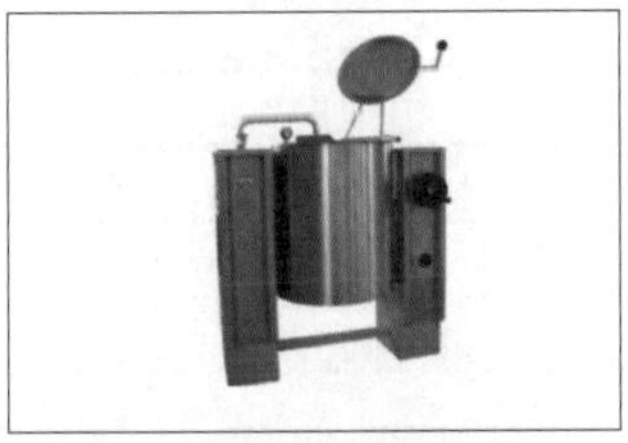

P 289

P 290

P 290

船用厨房产品较多，比如船用带灭火系统深煎锅、大功率电磁灶、可倾式电炒锅、可倾式电汤锅、船用蒸饭锅、船用洗衣机、烤箱、切面机、和面机、打蛋机、冰箱、冷藏箱等。国外有许多著名公司或品牌，如新加坡康立（Kangli）、西班牙法格（Fagor）、伊莱克斯（Electrolux)、施素（Clssell)、霍巴特（Hobart)、扎怒西（Zanussi）、普莱玛斯（Primus）、瑞士高比（Kolb）等。国内上海迪洲船用厨房设备有限公司是一家集设计、生产、制造、配套及承接成套船用厨房设备、洗衣设备的专业公司，也是新加坡康立（KANGLI）、西班牙法格（FAGOR）、伊莱克斯（Electrolux)等国际知名公司在国内授权的商务代表；宁波市奥迪斯丹船用厨房设备有限公司集技术开发、设备制造、销售服务为一体，已逐渐发展成为长三角地区船用厨房、洗衣设备、大功率电磁灶及其他商用电器产品的主要制造中心之一，能独立承制大型船用厨房、船用洗衣机设备，年生产工程设备配套100船套，家具配套200套。该公司还是瑞士高比（Kolb）、霍巴特（Hobart）等国际知名公司在国内授权的商务代表，是Salva、Garland、Rational、Robot等著名品牌的分销商；江阴市江佳厨房设备有限公司主要生产QHz系列汽化炉灶、不锈钢厨房家具、环卫设备、电热沸水器、电灶等电热电器、厨房多用机、蒸饭箱、冰水机、冷库门、冷库货架等几十种规格产品，广泛用于国内外各船厂建造的船舶上。

生产单位：安庆东舟电器制造有限公司

地址：安徽省安庆市宜秀区白泽湖乡铜安公路西侧

电话：0556-5314770　邮箱：641817940@qq.com　网址：www.aqdzdq.com

我公司是在原中船总 485 厂机构改制 (政策性破产) 的前提下，于 2003 年 4 月由一批技术、生产、营销等专业人员顺应潮流而创建的有限责任公司，是专业研制尼普顿牌燃油供应系统、船用厨房设备、不锈钢家具的制造企业。

公司坐落在安庆市宜秀区白泽工业园内，注册资金 1000 万，厂房面积 4100m^2。主要设备 80 余台套，现有员工 80 人，其中工程技术人员 8 人 (高工 3 人)。主要船用产品技术图纸全部通过中国船级社 CCS 审核批准，具备年产值 3 000~4 000 万的生产能力。

产品技术参数：

RKC-9B 可倾式抄锅

型号Type	RKC-9B
额定电压Rated voltage	3P/220/380/440V
功率Power	9kW
温度范围Temperature control	50~300℃
容积capacity	40L
锅腔尺寸Inside size	620mm × 452mm × 150mm
外形尺寸Appearance size	705mm × 695mm × 850mm
质量Weigh	125kg

RGT-60 可倾式电热汤锅

型号 Type	RGT-60
额定电压 Rated voltage	3P/220/380/440V
功率 Power	9 kW
工作压力 Work pressure	< 0.06MPa
容积 capacity	60L
外形尺寸 Appearance size	970mm × 700mm × 1 100mm
质量 Weigh	100kg

RGT-60 可倾式电热汤锅

型号 Type	RFX-100
额定电压 Rated voltage	3P/220/380/440V
进水工作压力 Influent pressure	≤ 0.3MPa
功率 Power	12 kW
供餐人数 Feeding munber	100
蒸米量 Capacity	17.5kg
外形尺寸 Appearance size	600mm × 500mm × 1 750mm
质量 Weigh	120kg

CRZ-9 双头电灶

型号 Type	CRZ-18
额定电压 Rated voltage	3P/220/380/440V
功率 Power	17.6kW
凹面加热板 Concave heating panel	4kW
平面加热板 Horizontal heating panel	3.33kW × 3
烤炉功率 Oven power	3.6kW
外形尺寸 Appearance size	840mm × 900mm × 850mm
质量 Weigh	180kg

生产单位：上海迪洲船用厨房设备有限公司

地址：上海市浦东新区南汇工业园南宣公路 186 号　邮编：201314　电话：021-58185785　63135263
传真：021-63137566　邮箱：dizhou166@163.com　网址：www.dizhoush.com
联系人：陈先生 13916096695

上海迪洲船用厨房设备有限公司是一家集设计、制造、配套及承接成套船用厨房设备、洗衣设备为一体的专业公司。多年来，曾为国内众多船厂的多种船型、海洋平台生活模块及海军舰船进行过配套。公司通过中国船级社 ISO9001：2000 的质量体系认证。

主要产品技术参数：

图片	名称 / 型号	基本参数	选型优势
	船用四头电灶连烤箱（方）DZ-18/R 船用四头电灶连烤箱（圆）E4FB/R	（方）外形尺寸：800mm×900mm×850mm 功率：4×4kW+4.8kW （圆）外形尺寸：700mm×700mm×850mm 功率：4×2.6kW+4.8kW 电制：380/415V-3PH-50Hz　440/480V-3PH-60Hz	1）全不锈钢结构 2）加热板表面经久耐磨、防腐蚀、耐高温处理 3）加热板功率六档可调 4）灶面设防食物溢出保护 5）设防浪扶手和防浪架 6）配带固定底板的可调脚 7）采用德国 EGO 加热板及开关 8）电灶下可设烤箱或储物柜
	船用可倾式电汤锅 DZG-40Q（40L） DZG-60Q（60L） 40MTLC（40L、立式）	（40L）外形尺寸：1020mm×680mm×1 000mm 功率：9kW （60L）外形尺寸：1080mm×680mm×1 000mm 功率：9kW （立式 40L）外形尺寸：700mm×700mm×850mm 功率：9kW 电制：380/415V-3PH-50Hz　440/480V-3PH-60Hz	1）全不锈钢结构 2）锅体双层设计 3）涡轮蜗杆传动倾锅 4）设有压力表及安全阀 5）底脚形式适合安装固定
	船用电蒸饭箱 DHz-24（24kg） DHz-36（36kg） DHz-42（42kg）	（24kg）外形尺寸：660mm×750mm×1 550mm 功率：9kW （36kg）外形尺寸：660mm×750mm×1 750mm 功率：9kW （42kg）外形尺寸：660mm×750mm×1 800mm 功率：9kW 电制：380/415V-3PH-50Hz　440/480V-3PH-60Hz	1）全不锈钢结构 2）箱内设蒸饭架，配不锈钢蒸盘 3）设定时器，可自由设定蒸煮时间，实现自动停机 4）配带有独立设置的控制箱，箱内设除湿装置 5）左右门开向可根据需求设置 6）底脚形式适合安装固定
	船用电磁炒灶 DCZ-05（单眼） DCZ-08（单眼） DCZ-10S（双眼） DCZ-16S（双眼）	（单眼）外形尺寸：700mm×700mm×850mm 功率：5kW （单眼）外形尺寸：800mm×800mm×850mm 功率：8kW （双眼）外形尺寸：1 200mm×800mm×850mm 功率：2×5kW （双眼）外形尺寸：1 200mm×800mm×850mm 功率：2×8kW 电制：380/415V-3PH-50Hz　440/480V-3PH-60Hz	1）全不锈钢结构 2）采用德国进口微晶面板，寿命长 3）采用进口电器元气件的密封机芯 4）设有五档功率调节开关及数字显示屏 5）配带固定底板可调底脚，方便安装
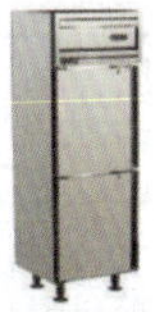	船用不锈钢冰箱(带锁) PRO03R1FM(300L) PRO05R1FM(500L) PRO10R1F(1000L) PRO15R1F(1500L)	（300L）外形尺寸：600mm×600mm×1 800mm 功率：0.2kW （500L）外形尺寸：620mm×760mm×1 980mm 功率：0.45kW （1000L）外形尺寸：1 220mm×760mm×1 980mm 功率：0.49kW （1500L）外形尺寸：1 810mm×760mm×1 980mm 功率：0.85kW 电制：220-1PH-50Hz　220-1PH-60Hz	1）全不锈钢结构 2）内藏式蒸发器 3）设门锁装置，箱内设可调节高低的搁物架 4）采用数显控制 5）采用世界名牌船用压缩机，采用环保型制冷剂 6）配带固定底板可调底脚，方便安装
	船用洗碗机 UT-1（33 框 / 小时） XWJ-2A （60 框 / 小时）	（33 框 / 小时）外形尺寸：600mm×600mm×850mm 功率：6.85kW （60 框 / 小时）外形尺寸：635mm×840mm×1 440mm 功率：16.1kW 电制：380/415V-3PH-50Hz　440/480V-3PH-60Hz	1)不锈钢结构的双层上罩盖 2）操作舒适并节约能源 3）圆弧角过渡的不锈钢洗涤水槽美观、无腐蚀、易操作、易清洗 4）微电脑系统控制 5）配带固定底板可调底脚，方便安装
	船用工业洗衣机 （6~35kg） 船用工业烘衣机 （6.5~35kg）	电制：380/415V-3PH-50Hz　440/480V-3PH-60Hz	1）大口径标准不锈钢滚筒 2）容易控制微处理器 3）大开门设计 4）频率控制马达 5）欧洲最先进技术及工艺制造 6）底脚形式适合安装固定

生产单位：上海瑞爱舰船设备有限公司

地址：上海市浦东新区临港书院都市产业园万松路 459 号　邮编：201304　电话：021-58190899
传真：021-58196363　邮箱：ruaigs@163.com　网址：www.ruiaigs.com　联系人：唐水平　13817802211

瑞爱公司是制造船用组装式冷库及船舶舱室家具的专业船舶配套企业。从设计入手，努力实现产品的专业化、规范化，更竭力满足用户的个性需求。其设计、生产的船用家具造型大气、细节精致、安装简便，在业内有口皆碑。

船用组装式冷库的年产量在（大小船舶）300 船套左右。公司经历 5 年多时间研发成功了目前国内最先进的低真空蔬菜保鲜冷藏库。它可以将绿色蔬菜的保鲜周期由原来普通冷藏库的 10 天左右延长至 30~60 天左右，其他蔬菜可延长至 120 天左右，食用率可达 85% 以上。该产品获得了上海市政府颁发的 2009 年度创新成果奖，同时也获得了我国知识产权局颁发的发明专利和实用新型专利证书。该低真空蔬菜保鲜冷藏库由库体、制冷机组、温度控制系统、真空压力及保护系统、复压开门系统、自动加湿系统、消毒杀菌系统及自动换气系统等几部分组成，由 PLC 控制，一键式操作，设置液晶显示屏，可提供人机对话界面。其操作简便、实用可靠。

该低真空蔬菜保鲜冷藏库的适用范围及环境非常广阔，它可以应用在高温 55℃和低温 -35℃以下的海岛及偏远的边疆地区、军营边防哨所以及海洋工程作业平台和重要科技单位等蔬菜和水果供应紧缺的地区。

公司从用户实际情况出发，首个箱式低真空蔬菜保鲜冷藏库研制成功。该产品带有自配电源，不受地区电源限制，可以满足新鲜蔬菜和新鲜水果的供应及长途运输周转等。现该产品已通过我国极地研究所的“雪龙号”运往北极和南极中山站进行试用，均得到良好效果。

瑞爱公司已通过 ISO9001:2008 质量管理体系认证。瑞爱公司视品质为企业的生命。精心设计，精心生产和提供优质的售后服务，努力创造优质品牌，树一流信誉。1998~2011 年连续被评为优秀企业、文明单位和“重合同、守信用”单位。

产品技术参数：

型号	基本参数	产品特点	实现功能	选型优势	执行标准	有无专利
1）组装式冷库/蔬菜保鲜冷藏库 2）Ⅱ型/Ⅲ型	根据实际船舶舱室布置图确定具体尺寸。相关参数见附件照片	1）各类船舶及海工作业平台等，或海岛、边疆、特种舰船等 2）使用简便、安全可靠、耐用性强	为海上及偏远边疆等地区工作人员提供新鲜的蔬菜和水果等	蔬菜保鲜冷藏库的保鲜周期更长：由普通冷库的一周延长至 50 天，最长保险周期可达 120 天左右；食用率达 85%	符合 ISO9001:2008 质量体系认证标准	蔬菜保鲜冷藏库获得中国国家知识产权局颁发的发明专利和实用新型专利证书

船用救生设备

P 292

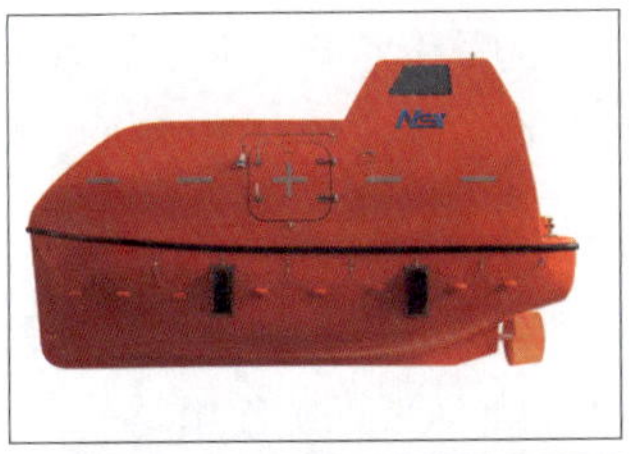
P 292

P 294

P 295

P 296

P 296

船舶主要救生设备有救生艇、救生筏、救助艇、救生圈、救生呼救信号、救生衣、抛绳器等。

救生艇、救生筏和救生浮具应能在最短时间内降落。在气候正常的条件下，客船上的救生艇、筏或浮具能在 30 分钟内全部降落水面，除客船以外的其他船舶不超过 10 分钟。存放的地点应有利于对其迅速操作以及船上人员的迅速集结和登乘。确保所有人员在通向登艇地点的通道、进出口以及救生设备的存放地点都须备有应急照明。救生设备在有效期内应能防腐、耐腐蚀，并不因阳光、海水、原油或霉菌的侵袭而影响正常使用。救生设备均应涂成橙（黄）色。救生艇在海浪中具有充裕的稳性。

救生衣是船上最简便的救生工具，穿着方便。船上人员每人配备一件，驾驶室和机舱各值班人员每人增设一件。客船上还应附加配备船上总人数 5% 的救生衣。并存放在甲板上明显易见之处或易于取用和干燥的地方。救生衣能使落水者仰浮，保持面部、鼻和口高出水面而不致灌水。它应以塑料、木棉或经验船部门同意的其他材料制成。塑料应是软质闭孔的泡沫塑料，在有效期内，不受海水、油类或霉菌的侵蚀而影响其正常使用。

救生圈的配备是按船舶种类及船体长度配置的，是为了救助落水人员，供落水人员攀扶待救。救生圈以塑料或经验船部门同意的其他材料制成环状型，制造救生圈的泡沫塑料是闭孔的，并不受海水及油类对它的不利影响，在海上温度或气候变化时，能保持其浮性及耐久性。救生圈的外表有帆布和扶手索。

救生浮具是一个用钢质空气箱或泡沫塑料包以帆布或玻璃纤维增强塑料制成的矩形或圆形浮体，它与救生筏的主要区别是救生筏可供人员乘坐，并有顶蓬遮盖。而救生圈只能帮助落水人员头部露出水面而漂浮在水中。浮具当中有绳网或活动木板踏脚，可供遇难者乘坐之用，浮体的外侧应设有环绕整个浮具的悬挂半链状扶手索一根，扶手索应为直径不小于 10mm 的合成纤维绳。

救生信号的配备在远洋船舶所配备的救生筏（即甲型筏），其红降落伞火箭应增加为 4 支，并另增配橙黄烟雾 2 支。所有海船均应备有供救生艇、筏用的手提无线电台，平时保存于驾驶室或艇内，该电台装于艇内的专门舱室内，备有专用电池电源，而且艇的发动机应有供电池再充电的发电机。

船用抛绳设备每船应具有抛射火箭及抛射药筒各 4 支。抛射绳有 4 根，每根绳长度应为 400m，直径不小于 4mm，绳子是橙黄色合成纤维浮索，其破断力应大于 200kg。火箭的有效期为 3 年。

生产单位：江阴耐波特船用设备有限公司

地址：江苏省江阴市月城镇北环路 25 号
电话：0510–86987788　　传真：（0510）86985288
网址：www.neptunelifeboat.cn　　邮箱：npt@neptunelifeboat.cn
联系人：薛玉芬（13861660322）　单胜琪（13906590311）

江阴耐波特船用设备有限公司地处闻名的长江金三角月城镇，成立于 2003 年。公司占地面积 35 000 多平方米，建筑面积 75 000 多平方米。公司拥有设计、制造玻璃钢救生 / 救助艇的专业高级工程师、工程师和各类技术人员 200 多名。公司生产设备先进，管理严格执行 ISO9001:2008 标准，检测设备齐全，并拥有世界顶级的自由降落式救生艇试验塔和载重 100T 艇架液压试验平台，产品安全可靠，工艺先进，技术指标领先世界水准，品质追求完美，建立了完善的全球服务网络，并按照 MSC.1/Cir 1206 的要求进行救生设备的检查和维护工作。耐波特救生设备已取得中国，美国，法国，挪威 · 德国，欧盟，韩国，英国，日本，意大利，俄罗斯等各大船级社的认可，产品适用于各种钻油平台，船舶和部队船舶上使用。

公司于 2008 年被国际救生设备标准制定权威机构“国际救生设备制造商协会”特邀为中国首家委员企业。公司设计、制造的各类救生设备满足 SOLAS 公约修正案和国际救生设备（LSA）规则的要求，并经受了国际海事组织决议 MSC.81（70）救生设备试验及其最新决议。

主要产品：
1. 全封闭艇救生艇
2. 自由降落式救生艇
3. 救助艇和高速救生艇
4. 工作艇
5. 重力倒臂式艇架
6. 自由降落式艇架
7. 救助艇艇架
8. 工作艇艇架

公司产品展示:

生产单位：浙江挪赛亚救生装备科技有限公司 NSY

电话：0576-8905 3360（总机）/ 8905 3362（技术部） 传真：0576-8905 3363

E-mail：nsy888@norsier.com / nsy999@norsier.com

重要联系人姓名：

总经理：颜于增 18205865855 国内市场：江文荷 18205864555 国际市场：颜选明 18858677468

浙江挪赛亚救生装备科技有限公司由一个拥有几十年研发、生产玻璃钢救生艇及吊艇架经验的团队重组而成，目前主要产品有玻璃钢救生、救助艇以及各型相配套的吊艇架、绞车等，产品满足 SOLAS/IMO 最新规范要求并已通过 IACS 认可。

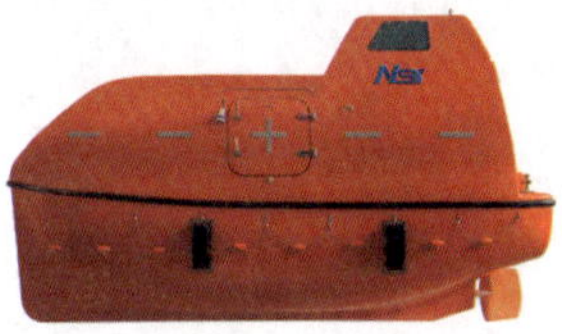

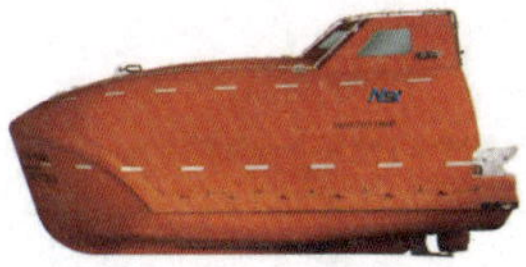

全封闭自由降落救生艇

型号 Mode	主尺寸 L×B×H（m×m×m）	乘员 Cap.(P)	核准高度App. Height(m)	额定降放角度Rated Fall Angle($^{\circ}$)	主机/功率 Engine/ Power(kW)	空艇质量Empty Weight (kg)	空艇质量Empty Weight (kg)
NYPC52	5.20×2.50×3.00	20	16	35°	380J-3/20.6 3JH30A / 22.1 DV29 / 21.3	2 615	4 265
NYPF52						2 955	4 605
NYPC59	5.90×2.75×3.10	26	18			3 000	5 145
NYPF59						3 300	5 445
NYPC68	6.80×2.75×3.10	32	21			3 530	6 170
NYPF68						3 840	6 480

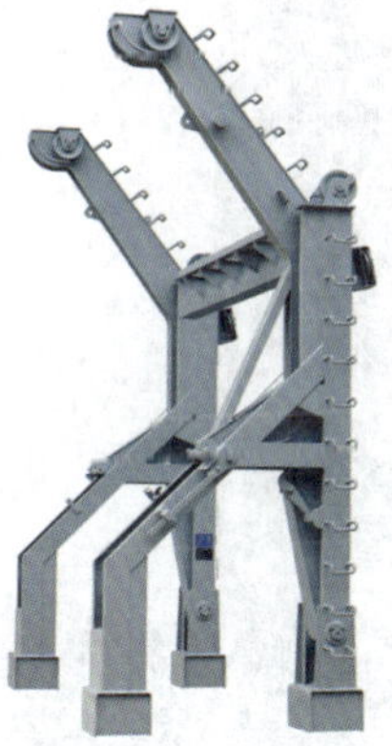

全封闭救生兼救助艇

型号 Mode	主尺寸 L×B×H（m×m×m）	乘员Cap.(P)	吊钩间距 Hook Dis.(m)	主机/功率 Engine/ Power(kW)	空艇质量 Empty Weight (kg)	空艇质量Empty Weight (kg)
NYC50	5.00×2.20×3.10	26	4.60	380J-3 / 20.6 3JH30A / 22.1 DV29 / 21.3	2 110	4 255
NYF50					2 405	4 550
NYC65	6.50×2.32×3.10	39	6.10		2 857	6 075
NYF65					3 172	6 390
NYC75	7.50×2.70×3.05	58	7.10		2 832	7 617
NYF75					3 137	7 922
NYC85	8.50×3.15×3.15	85	8.10		4 360	11 372.5
NYF85					4 655	11 667.5

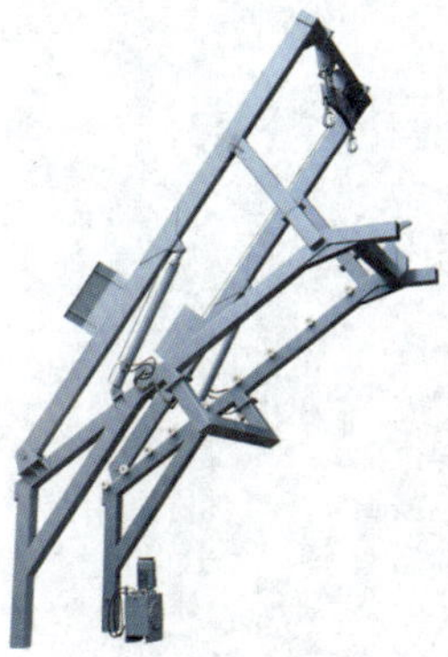

重力倒臂式吊艇架

产品型号 Mode	最大工作负荷Max. Working Load（kN）	最大起升负荷Max. Lifting Load（kN）	最大宽度 Max. Width (mm)	最大高度 Max. Height (mm)	吊艇架总重 Total Weight (kg)
NLB-50	50	35	2 670	6 500	3 200
NLB-65	65	42	2 800	5 651	5 525
NLB-120	120	60	4 150	8 200	6 500

生产单位：青岛北船重工游艇厂

地址：山东省青岛经济技术开发区漓江东路 369 号　电话：0532-86756868 86756817
传真：0532-86756811 86756800

青岛北船重工游艇厂位于青岛市经济技术开发区内，专业从事救生艇及降放设备的设计、制造，是目前国内最大的救生设备配套厂家，始建于 1983 年，经过 30 年的努力，现已发展成为亚洲最大、世界知名的救生设备生产基地。

游艇厂占地大约 68 113 m^2, 主要生产厂房分为玻璃钢艇体制造区、玻璃钢艇舾装制造区、铝合金艇制造区、降放装置制造区及试验区。其中有玻璃钢艇体制造厂房 567 m^2，配有温、湿度控制及有机废气处理装置。

多年来，游艇厂共研发了 4 个系列 40 多种型号的救生、救助艇及 4 个系列 30 多种型号规格的吊艇架、起艇机产品。先后得到 CCS、NK、LR、ABS、DNV GL、USCG 等 17 个船级社或政府机构型式认可，产品展销 80% 出口，产品销往美国，日本，韩国，新加坡等 20 几个国家。

除生产救生设备外，游艇厂还生产玻璃钢工作艇、交通艇、高速艇等公务艇产品，最高航速可达 50 节以上。

自 2003 年开始，游艇厂开始开发铝合金艇，迄今已迅速成为铝合金艇行业引人注目的新星，先后为海事局、救捞局、海关等政府部门以及中国海军生产了几十条高航速、高质量的铝合金艇。

产品技术参数：

生产单位：烟台华洋救生装备制造有限公司

地址：山东省烟台市幸福中路 230 号　邮编：264013　邮箱：huayang@lifesaving.cn
电话：0535-6877101 6877102　传真：0535-6843980　网址：www.lifesaving.cn

烟台华洋救生装备制造有限公司创建于 2001 年，是目前国内海上救生产品主要生产厂家之一，为北方主要的救生设备生产基地。公司地处中国东部海滨城市烟台，交通便利，厂区占地面积 20 000 余平方米，拥有 10 000 平方米的制造车间。在现有生产技术的基础上，依靠科技进步，不断进行技术改造和创新。产品严格按照 SOLAS 公约，《1974 年国际海上人命安全公约》1996 年修正案，MSC.81（70）《经修正的救生设备试验建议》，MSC.48(66)《国际救生设备规则》，MCS.218(82) 通过国际救生设备规则 (LSA 规则) 修正案，MSC.200(80) 通过经修正的救生设备试验建议的修正案，ISO9650-1-2-3《小型船舶 - 气胀救生筏》等标准设计制造。现有产品均已取得了 CCS、ZY、EC、DNV GL 等型式认可，同时取得 CCS GB/TI9001-(2008)/ISO9001:(2008) 质量管理体系认证。公司现主要产品有海上撤离系统、可吊式气胀救生筏、抛投式气胀救生筏、自扶正救生筏、两面开敞式救生筏、游艇筏、气胀式救生衣，是海洋航行的油船、货船、集装箱船、客船及客货滚装船、游船、海上石油平台的理想救生设备。如需产品参数请登录公司网站或来电索取。

产品类别：

海上撤离系统
（SOLAS）HYF-MES-VP300

HYF-MES-VP600

（大型）抛投式自扶正式救生筏
（SOLAS） HYF-Z

抛投式救生筏
（SOLAS）HYF-A

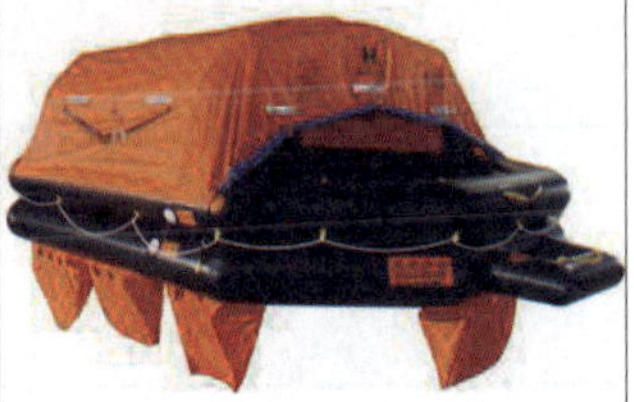
可吊式救生筏
（SOLAS）HYF-D

自扶正式救生筏
（SOLAS）HYF-Z

开敞式两面可用救生筏
（SOLAS）HYF-K

游艇用救生筏
（ISO9650-1）HYF-U(I)

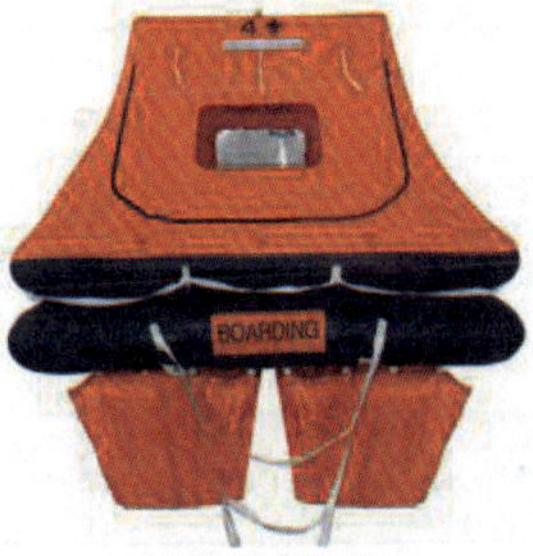
游艇用救生筏
（ISO9650-2）HYF-U(II)

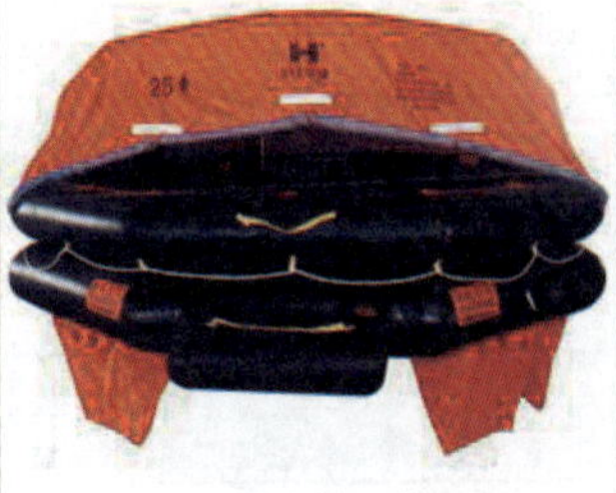
抛投式救生筏
（SOLAS）(ZY)HYF-A

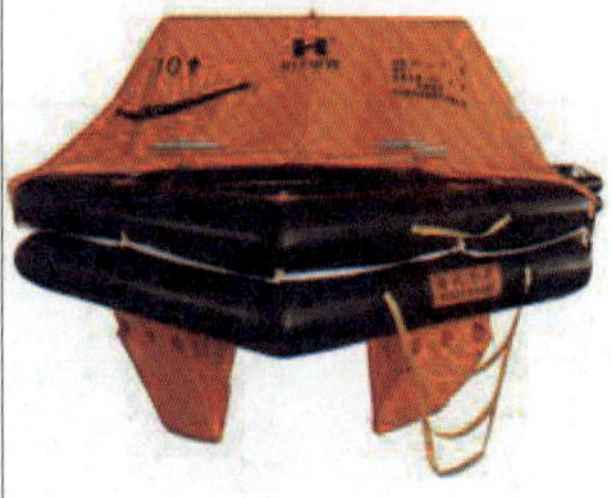
抛投式救生筏
(ZY)HYF-Y

生产单位：江阴市北海救生设备有限公司

地址：江苏省江阴市月城镇北环路 33 号　电话：0510-86987828　传真：0510-86986869　邮编：214404
联系人：顾中达　13806169057　网址：www.jybeihai.net

公司主要经营玻璃钢船舶（救生设备）、船舶配件、玻璃钢制品。生产各种规格的救生、救助艇（玻璃钢抛落艇、开敞艇、充气式救助艇、高速救助艇、封闭艇等）和相配套的艇架以及其他救生设备（绞车等）。产品经 CCS、ABS、NK、BV、LR、DNV GL、KR、RINA、RS 等船级社认可，产品满足国际海上人命安全公约 1996 年修正案及国际救生设备规则（LSA）和国际海事组织 MSC81.（70）、MSC218.（82）、MSC216.（82）、MSC226.（82）及 MSC272.（85）、MSC274.（85）的要求。同时还生产玻璃钢格栅，玻璃钢水龙带箱，2~10mm 玻璃钢平板等产品。

产品技术参数：

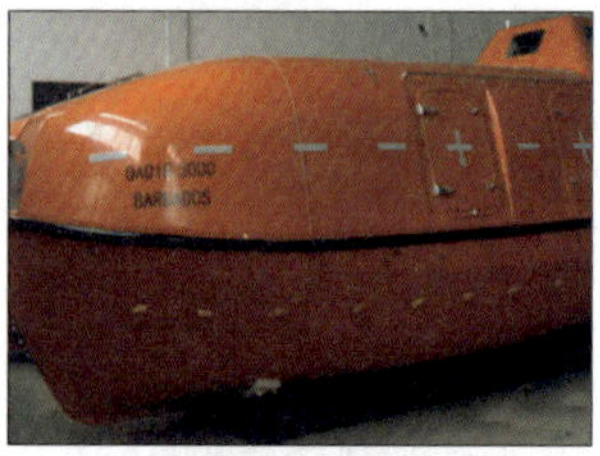

7.50 米自由降落式救生艇			
型号 Model 参数 Particulars		JYB75FC*	JYB75FF*
艇长 Length	m	7.50	
艇宽 Breadth	m	2.75	
总高 Height	m	3.20	
型深 Depth	m	0.96	
最大降落高 Max drop height	m	25	
降落角度 α Drop angle	°	35	
空载质量 Craftweight	kg	4 140	4 480
乘员 Persons	P	36	
满载总重 FullLoad	kg	7 110	7 450
满载航速 Speed	knots	≥ 6	
发动机 Engine		380J-3/3JH30A/BUKH	
功率 Power	HP	28/30/29	
转速 Rotate speed	r/min	2 800/2 900/3 600	

船用消防器材

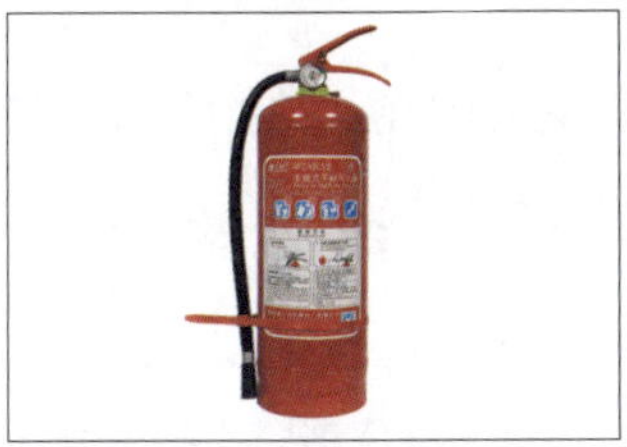

P 298

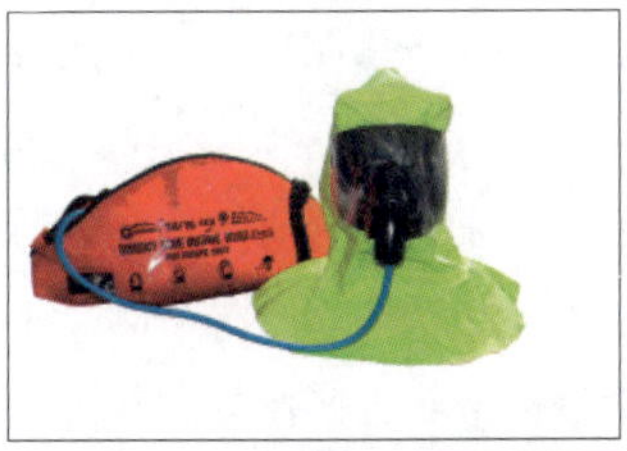

P 300

P 302

P 302

P 303

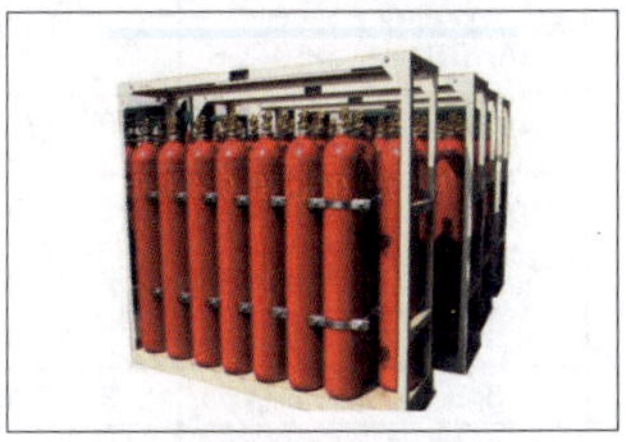

P 304

船用消防器材的作用就是预防、探测、消灭船上火灾以保障海上人命、船舶和货物的安全。国际海上人命安全公约和国家验船部门的船舶规范，对不同种类船舶的消防设备的设置和防火要求，均有相应的规定。船用消防器材主要包括水龙带、消防栓、灭火器、油雾器、烟雾探测器、消防报警系统等。目前，国外企业及产品有挪威 HEIEN-LARSSEN 公司的油雾器、烟雾探测器、二氧化碳灭火系统、消防报警系统，日本 NABCO 公司喷雾灭火器系统，日本 NICHIYO 对外消防系统、消油系统，德国 RAPP 公司救火装置、灭火器、安全带、防护装备、救火人员装备，挪威 SCANA 公司火灾电子监测及报警系统，挪威 UNITOR 公司泡沫灭火系统、甲板泡沫消防系统、喷射器等。

生产单位：青岛楼山消防器材厂有限公司

地址：山东省青岛市李沧区遵义路 6 号　　电话：4000-168-119　0532-84828166
传真：0532-84820372　　邮箱：liuhao@lsxf-qd.com
网址：www.lsxf-qd.com

青岛楼山消防器材厂有限公司，始建于 1982 年，是消防产品生产和维修定点企业，通过了国家消防产品强制性认证，具有灭火器维修资质，获得中国船级社船用产品型式认可证书、船用消防灭火设备和系统保养机构认可证书、在同行业中率先获得了国家质量监督检验检疫总局颁发的特种设备制造许可证（B2 级压力容器），获得装备承制单位资格注册证书、三级保密资格证书。多年来获得国家专利 27 项，其中发明专利 6 项，填补了国内技术空白。

公司拥有先进的生产设备、完善的科研、试验设备，建立了国内一流的消防产品检测中心。先后研发了各类消防产品达 30 余种，主要产品有：干粉灭火器、水基型灭火器、二氧化碳灭火器、干粉灭火剂、有衬里消防水带等产品。作为中国船级社型式认可 – 灭火器类目产品型号最全的企业，多年来船用灭火器及有衬里消防水带销量一直遥遥领先并得到客户一致的好评。

产品技术参数：

名称	规格型号	20℃的喷射性能				筒体水压试验压力（MPa）	筒体爆破压力（MPa）	灭火等级（A,B）	使用温度（℃）	灭火剂类型
		喷射距离（m）	喷射时间（s）	喷射滞后时间（s）	喷射剩余率（%）					
手提式干粉灭火器	MFZ/ABC1	≥3.0	≥8	≤5	≤15	2.1	≥5.5	1A,21B	-20～+55	ABC干粉灭火剂
手提式干粉灭火器	MFZ/ABC2	≥3.0	≥8	≤5	≤15	2.1	≥5.5	1A,21B	-20～+55	ABC干粉灭火剂
手提式干粉灭火器	MFZ/ABC3	≥3.5	≥13	≤5	≤15	2.1	≥5.5	2A,34B	-20～+55	ABC干粉灭火剂
手提式干粉灭火器	MFZ/ABC4	≥3.5	≥13	≤5	≤15	2.1	≥5.5	2A,55B	-20～+55	ABC干粉灭火剂
手提式干粉灭火器	MFZ/ABC5	≥3.5	≥13	≤5	≤15	2.1	≥5.5	3A,89B	-20～+55	ABC干粉灭火剂
手提式干粉灭火器	MFZ/ABC6	≥4.0	≥13	≤5	≤15	2.1	≥5.5	3A,89B	-20～+55	ABC干粉灭火剂
手提式干粉灭火器	MFZ/ABC8	≥4.5	≥15	≤5	≤15	2.1	≥5.5	4A,144B	-20～+55	ABC干粉灭火剂
推车式干粉灭火器	MFTZ/ABC 20	≥6.0	≥30	≤5	≤10	2.1	≥5.0	6A,183B	-20～+55	ABC干粉灭火剂
推车式干粉灭火器	MFTZ/ABC 35	≥6.0	≥30	≤5	≤10	2.1	≥6.55	6A,183B	-20～+55	ABC干粉灭火剂
推车式干粉灭火器	MFTZ/ABC 50	≥6.0	≥30	≤5	≤10	2.1	≥5.89	10A,233B	-20～+55	ABC干粉灭火剂
手提式水基型灭火器	MPZ/3	≥3.0	≥15	≤5	≤15	2.1	≥5.5	1A,55B	+5～+55	3%AFFF水成膜泡沫灭火剂
手提式水基型灭火器	MSZ/6	≥3.5	≥30	≤5	≤15	2.1	≥5.5	1A,55B	+5～+55	3%AFFF水成膜泡沫灭火剂
手提式水基型灭火器	MSZ/9	≥4.0	≥40	≤5	≤15	2.1	≥5.5	2A,89B	+5～+55	3%AFFF水成膜泡沫灭火剂
推车式水基型灭火器	MSTZ/45	≥6.0	40～210	≤5	≤10	2.1	≥6.55	4A,183B	+5～+55	3%AFFF水成膜泡沫灭火剂
推车式水基型灭火器	MSTZ/65	≥6.0	40～210	≤5	≤10	2.1	≥5.89	6A,233B	+5～+55	3%AFFF水成膜泡沫灭火剂
推车式水基型灭火器	MSTZ/135	≥6.0	40～210	≤5	≤10	2.1	≥5.89	10A,297B	+5～+55	3%AFFF水成膜泡沫灭火剂
手提式二氧化碳灭火器	MT/2	≥2.0	≥8	≤5	≤15	25.5	43.35	21B	-10～+55	液态二氧化碳
手提式二氧化碳灭火器	MT/3	≥2.0	≥8	≤5	≤15	25.5	43.35	21B	-10～+55	液态二氧化碳
手提式二氧化碳灭火器	MT/5	≥2.5	≥8	≤5	≤15	25.5	43.35	34B	-10～+55	液态二氧化碳
手提式二氧化碳灭火器	MT/7	≥2.5	≥9	≤5	≤15	25.5	43.35	55B	-10～+55	液态二氧化碳
推车式二氧化碳灭火器	MTT/24	≥4.0	≥20	≤5	≤10	22.5	39.59	70B	-10～+55	液态二氧化碳

生产单位：南京消防器材股份有限公司

地址：江苏省南京市江宁区竹山路 599 号　邮编：211112
电话：025-84279111（路一萍）84279110（申义荣）84864181（周红）

南京消防器材股份有限公司是经国务院发展研究中心评定的国内消防行业投资规模最大的现代化一流专业消防企业。具有国家级消防设施工程设计与施工一级资质，参与国内外重点项目建设一万多项。南消股份在消防行业形成了完善的“研发设计－产品制造－试验检测－产品销售－工程施工－售后维保”的产业链条；一直秉持着“灾难产业呼唤诚信经营”的经营理念，是消防行业综合型专业企业，消防界的翘楚；参与全球竞争，再创辉煌！

产品技术参数：

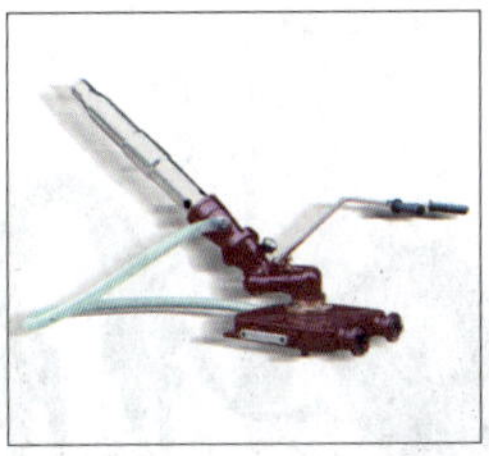
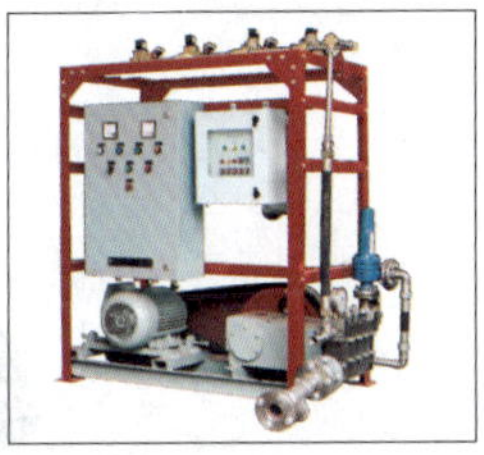
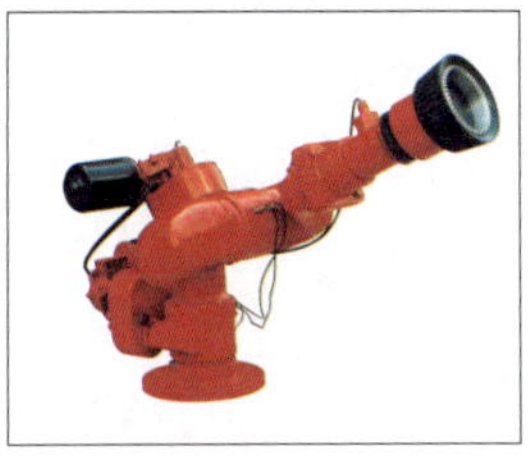
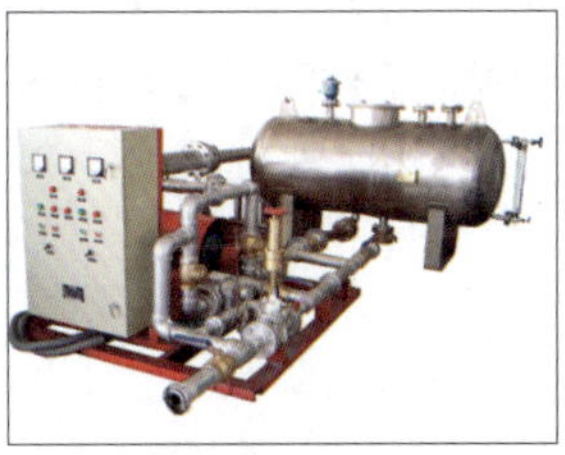

型号	基本参数	产品特点	实现功能	选型优势	执行标准	有无专利	持有证书
船用二氧化碳灭火装置 CDE	DC24V 灭火剂储瓶容积：40L、68L 工作压力：14.7MPa CO_2 充装率：≤ 0.67kg/L	0~50℃ 无毒、无二次污染；气体遥控控制和现场手动控制；功能完善，性能好，工作可靠、密封性能好、造型美观、操作维修方便、设计参数完整、准确	广泛应用于海上平台、船舶机舱、泵舱、货舱、油舱、发电间、油漆间、木工间、厨房等处的消防灭火与火灾报警系统联合使用，能对船上发生的火灾进行自动报警并进行启动遥控灭火	船用二氧化碳灭火系统是卤代烷的理想替代品，具有不导电、不沾染物品、没有水渍损失、灭火效果好、价格低廉等优点	CB/T3294-1998 船用二氧化碳灭火装置；钢质海船入级规范；SOLAS 公约		CCS BV ABS
泡沫比例混合装置 PHYM	AC380、AC220V、DC24V 4~100L/S 工作压力范围：0.6~1.2MPa 储罐容积 1 ~ 10m^3	0~40℃； 安全可靠； 手动或电动操作；混合比准确，适用流量范围广	适用于各类码头、船舶甲板火灾 与泡沫炮、泡沫枪等设备配套使用，组成泡沫灭火系统，扑救 A 类或水溶性与非水溶性 B 类火灾	与传统环泵式比例混合器相比：①混合比准确、流量范围广、性能稳定②系统管路安装方便③使用操作方便。 与平衡装置相比：占地空间小，价格低	《国际消防安全系统规则》 《船舶消防指南》 《钢质海船入级与建造规范》	获科学技术部火炬高技术产业开发中心《国家级火炬计划项目证书》	CCS
船用中压细水雾自动灭火系统——固定式局部水基灭火系统 ZSXZB	380V/50Hz 400V/50Hz 400V/60Hz 415V/50Hz 415V/60Hz 440V/60Hz 40~550L/min 额定工作压力：3.5MPa 功率：3~37kW	0~50（℃） 安全可靠、对人员和环境无损害 具有自动、电气手动及应急手动启动方式。用水量小，灭火效能高，对人员和环境无损害。	主要适用于船舶 A 类机器处所：如机舱中的柴油发动机（主机）、柴油发电机、燃油锅炉、焚烧炉、燃油装置等设备的消防保护	用水量小，灭火效能高，对人员和环境无损害	IMO MSC.1/ Circ.1387（原为 MSC.1/ Circ.913） SOLAS 公约	012726478 01272646X 201020253152.X	CCS NK KR BV DNV GL EC

生产单位：上海方展消防科技有限公司

地址：上海市浦东新区老港镇建中路 288 号　电话： 021–68151881
手机： 13636688078　传真： 021–68151883

上海方展消防科技有限公司是一家集科研、制造、销售服务为一体的现代化企业。专业从事消防员装备、抢险救援器材、船舶救生消防设备的研究制造与销售。公司主要产品包括三大类：各种空气呼吸器（自给正压式空气呼吸器、指挥员型空气呼吸器、长管空气呼吸器、电动送风呼吸器、紧急逃生呼吸器等），各种救生消防服装（救生衣、保温救生服、消防隔热服、轻型防化服、重型防化服、消防隔热服等），以及各种类型救生消防器材（手提式空气泡沫枪、直流喷雾多用途水枪、静水压力释放器、苏生器、移动供气源、移动式空气压缩机、压缩空气安全充气台、船用消防员装备、保温用具、各类型呼吸器配件等船舶救生消防系列产品）。

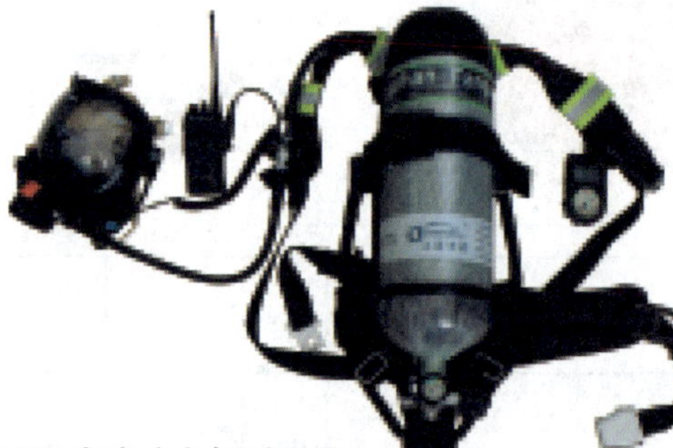

正压式消防空气呼吸器

产品技术参数：

型号	气瓶容积（L）	气瓶工作压力（MPa）	供气量（L/min）	输出压力（MPa）	参考使用时间（min）
RHZK6/30	6	30	>300	（0.6~0.9）	60
RHZK6.8CT/RHZK6.8	6.8	30	>300	（0.4~0.9）	68
RHZK8CT/RHZK8	8	30	>300	（0.4~0.9）	80
RHZK9CT/RHZK9	9	30	>300	（0.4~0.9）	90
RHZK12CT/A	12	30	>300	（0.4~0.9）	120

符合SOLAS 1974和最新修正案
用于人员紧急逃生时使用，是一种高性能的个人呼吸防护装备
工作原理：将高压气体通过减压装置降至0.6~0.9MPa，流入呼吸面lhj罩内
工作时间：≧15min
气瓶体积：3L
正常工作压力：210bar
质量：7kg
包装尺寸：590mm×250mm×175mm
证书：CCS/EC/ZY

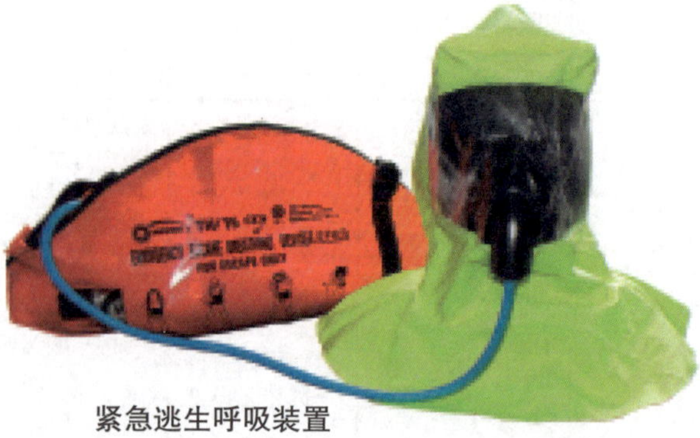

紧急逃生呼吸装置

生产单位：南京睿实消防安全设备有限公司

地址：江苏省南京市江宁区东麒路 6 号东山国际企业研发园 C2 栋 4 层　　联系人：张建清
电话：025-68663198　　传真：025-68661369
邮箱：njrs119@163.com　　网址：www.njrs119.com

南京睿实消防安全设备有限公司是一家集研发、生产、销售于一体的高新技术企业，主营产品包括图像火灾探测系统、消防水 / 泡沫炮灭火系统、高压细水雾灭火系统、船用消防炮灭火系统等一系列高端智能化消防设备。

固定式消防炮灭火系统产品参数：

技术参数 / 水炮型号	额定流量（L/s）	射程（≧m）	额定压力（MPa）	俯仰角（°）	水平转角（°）	连接法兰
PSC20	20	48	≦1.0	-75~+75	0~360	DN100
PSC30	30	55				
PSC40	40	60				
PSC50	50	65				
PSC60	60	70	≦1.2			
PSC80	80	80				
PSC100	100	85				
PSKDC20	20	48	≦0.8			
PSKDC30	30	55				
PSKDC40	40	60				
PSKDC50	50	70				
PSKDC60	60	75	≦1.0			
PSKDC80	80	85				
PSKDC100	100	90	≦1.2			
PSKDC120	120	95				
PSKDC150	150	100	≦1.4			DN150
PSKDC200	200	110				DN200
PSKDC330	330	140				

防爆型自动跟踪定位射流灭火系统技术参数：

技术参数 / 水炮型号	流量（L/s）	保护半径（≧m）	额定压力(MPa)	监控半径（≧m）	定位时间（<s）	质量（≦kg）	连接法兰
ZDMS0.8/20S-RS50/Ex	20	50	0.8	80	30	35	DN100
ZDMS0.8/30S-RS55/Ex	30	55	0.8	80	30	35	DN100
ZDMS0.8/40S-RS60/Ex	40	60	0.8	80	30	40	DN100
ZDMS0.8/50S-RS65/Ex	50	65	0.8	80	30	40	DN100
ZDMS1.0/60S-RS70/Ex	60	65	1.0	80	30	40	DN100
ZDMS0.8/30P-RS45/Ex	30	45	0.8	80	30	45	DN100
ZDMS0.9/50P-RS55/Ex	50	55	0.9	80	30	45	DN100

生产单位：浙江亚宁消防设备有限公司

地址：浙江省江山市新塘边镇日月村日月路 11 号　电话：0570-4988115　传真：0570-4981113
邮箱：yaninggs@163.com　网址：www.nbynxf.cn
重要联系人：13705749374（徐华荣）　13777285339（徐建伟）

浙江亚宁消防设备有限公司是一家从事研发和生产船用消防设备的现代化企业。公司先后开发了滚装处所和特种处所的固定式水基灭火装置，固定式压力水雾灭火装置，固定式局部水基灭火系统，水喷淋灭火系统，船用二氧化碳装置，七氟丙烷装置，干粉灭火系统，船用对外消防泵，平衡式、压力式泡沫比例混合装置，氮气惰化装置，消防炮（电动、手动），中速水雾喷头、船用灭火器等产品。公司热诚欢迎国内外客户光临指导，携手奋进共创辉煌！

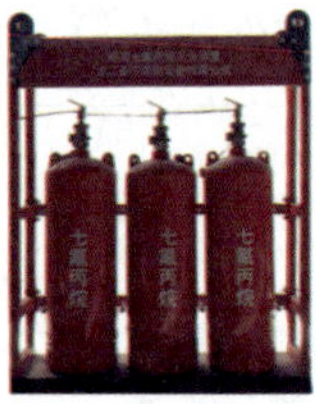

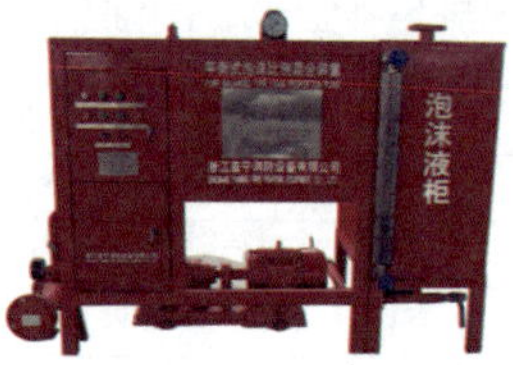

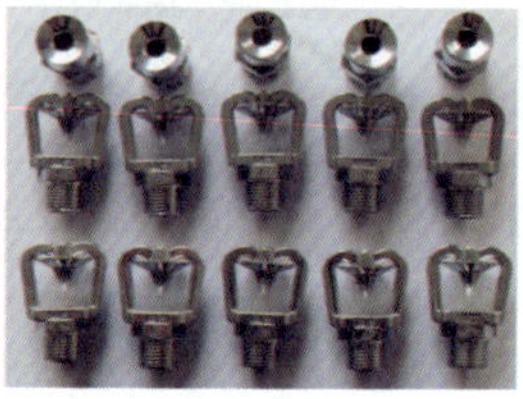

型号	基本参数	产品特点	实现功能	选型优势	执行标准	持有证书
滚装处所和特种处所的固定式水基灭火装置	型号：YW-CGT 工作压力：0~1.6MPa	安全可靠，对人员和环境无损害。 具有电动及应急手动功能。	适用于：滚装处所的保护和特种处所。	用水量小，对人员和环境无损害。	SOLAS公约，《国际消防安全系统规则》第7章，MSC.1/Circ.1430《经修订用于滚装处所和特种处所固定式水基灭火系统设计和认可指南。	CCS
机舱全淹没固定压力水雾灭火装置	型号：YW-B YW-C 工作压力：0~1.6MPa	设有自动控制、手动控制和应急操作三种控制方式，用水量小。	适用于：机舱	对人员和环境无损害	《国际消防安全系统规则》，SOLAS公约，MSC/Circ.1165《经修订的适用机器处所和货泵舱的等效水基灭火系统认可指南》及其修正案。	CCS
船用七氟丙烷灭火装置ZQC	型号：ZQC-XX 钢瓶容积： 10L、20L、40L、70L、90L、120L 150L、180L 工作压力：2.5、4.2MPa 充装密度：1.125kg/L	启动方式为自动、手动和机械应急手动控制三种	广泛应用于海上平台、船舶、游艇等处的消防灭火与火灾报警系统联合使用	能有效扑救A，B，C各类火灾；低毒，对人体不会产生不良影响；不导电，不含水性物质，不会损坏电器设备、磁带、资料等；环境污染轻，喷射后没有固、液相残留物	《国际消防安全系统规则》MSC.1/Circ.1267《经修订的1974年SOLAS公约规定的适用于机器处所和货泵舱的等效固定式灭火系统认可指南》修正案。	CCS
水喷淋灭火系统	型号：ZSPL 工作压力：0~1.6MPa	自动释放	主要应用于船上起居处所及服务处所。	对人员和环境无损害	MSC.265(84)经修订的与SOLAS公约Ⅱ-2/12条规定等效的喷水器系统认可指南修正案（A，800（19）决议）；经MSC.327(90)、MSC339(91)修正的《国际消防安全系统规则》第8章。	CCS

生产单位：九江中船消防设备有限公司

地址：江西省九江市开发区杭州路 6 号　邮编：332000　电话：0792-8306502 8369458
传真：0792-8364005　邮箱：jxjj458@163.com　联系人：刘宗明 13807020963

九江中船消防设备有限公司是中国船舶工业集团公司直属的军工企业，是舰船特种阀门和消防灭火系统的重要配套企业，也是公安部固定式自动灭火系统定点生厂家，同时也是国内唯一在军船、民船及民用工业建筑成功灭火的厂家。公司取得了国家消防工程甲级设计及一级施工资质，通过了 ISO9000 质量管理体系、环境 / 职业健康安全管理体系认证和海军装备部第二方认证，取得了国家科工局武器装备科研生产许可证和国家二级保密资格认证。

产品技术参数：

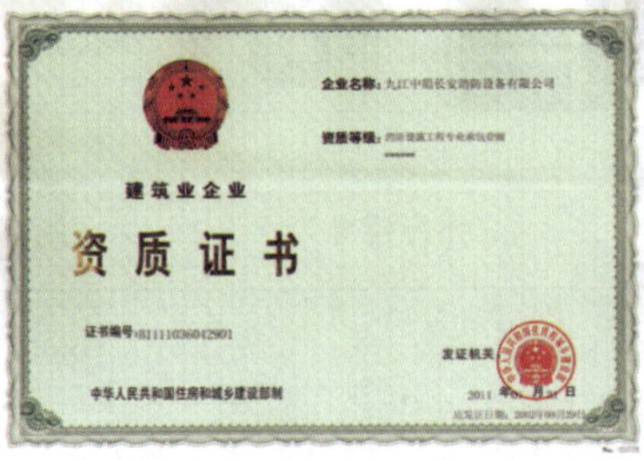
建筑业企业
资质证书

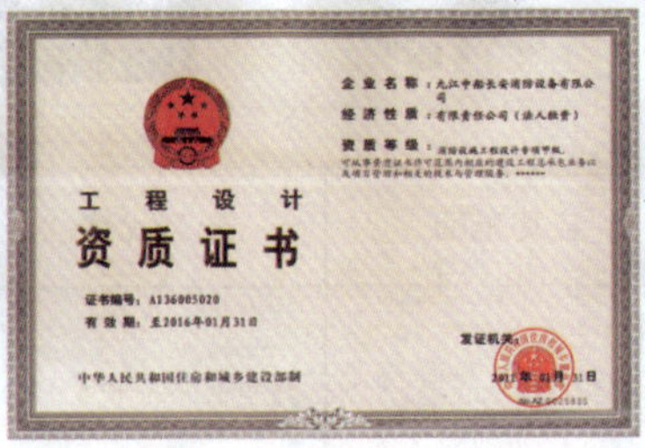
工程设计
资质证书

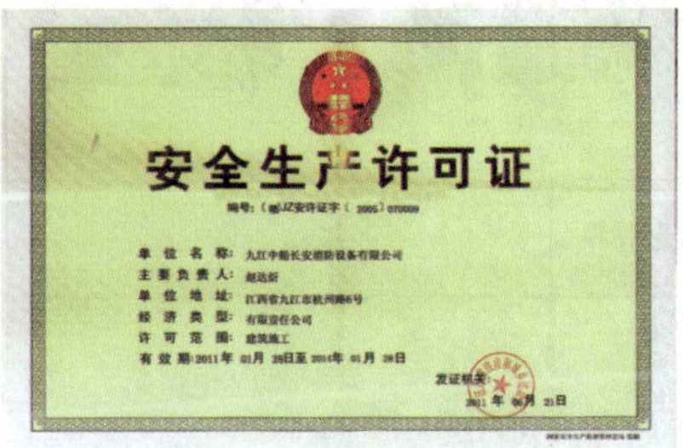
安全生产许可证

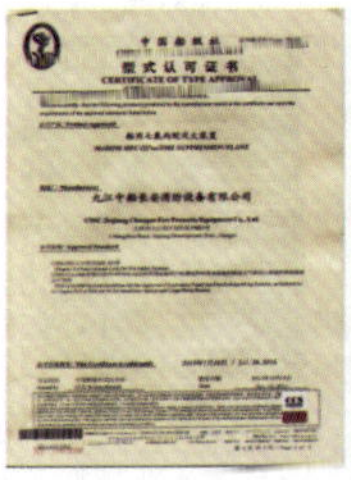

武器装备质量体系认证证书

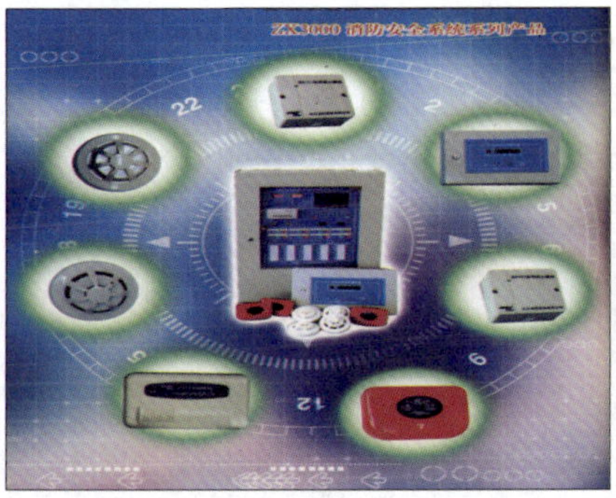

船用二氧化碳

船用细水雾

ZX3000 火灾报警控制消防系统

生产单位：宁波市永航消防设备有限公司

地址：浙江省宁波市鄞州区集士港镇翁家桥村　邮编：315171
电话：0574-87167593　传真：0574-87161539　网址：www.yh-nb.com

宁波市永航消防设备有限公司是一家集船舶消防设备和灭火系统的生产、安装、检测检修及供应于一体的现代化企业，现有船用局部水基灭火系统、船用二氧化碳灭火装置、船用泡沫灭火系统、船用氮气惰化装置、泡沫背桶、消防炮、泡沫枪等产品，公司已取得了 CCS、BV、ABS、KR、DNV GL、NK、RINA、RS、LR 等国船级社的认可证书，且通过了 ISO9001：2008 质量体系认证。可满足年生产、安装船用固定式 CO_2 灭火系统 15 000 瓶组，年消防检修，维护保养 800 多艘船舶的雄厚生产实力。

产品技术参数：

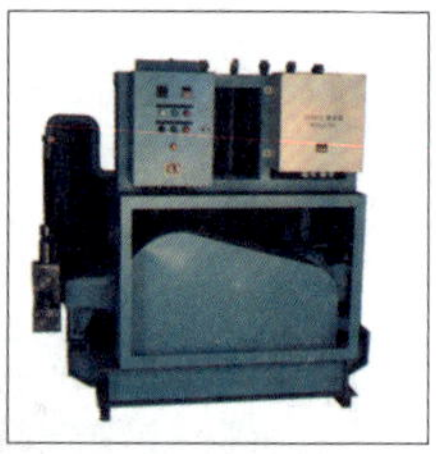

产品型号	基本参数	应用范围	选型优势	执行标准	持有证书
船用二氧化碳灭火装置 CDE-2 型	系统工作压力：14.7 MPa 充装率：0.67kg/L 系统启动方式：气动、手动 灭火剂储存容器容积：40L、68L	应用于船舶机舱、泵舱、货舱、油漆间、厨房间、发电间等处的消防灭火	毒性低、无污损、绝缘性能好、灭火效果好且价廉。船用二氧化碳灭火系统采用高压贮存、压力操纵和遥控施放方式	《船用二氧化碳灭火装置》CB/T3294-1998 《内河船舶法检验技术规则》 《钢质海船入级规范》（2009） 《国际消防安全系统规则》（FSS 规则）修正案 《国际海上人命公约》	BV 认可证书 DNV GL 认可证书 KR 认可证书 CCS 船用二氧化碳灭火装置型式认可证书
固定式局部水基灭火系统	喷头安装高度：0.5~1.5m;1.5~7m；喷头最大水平距离：2.0m 2.5m；喷头布置形式：1×1 1×2 1×3 2×2 2×3 3×3；最大工作压力：6.0MPa；最小工作压力：3.0MPa；喷头流量系数 K：1.5；喷雾锥角度：100°；喷头材料：QA19-2	应用于船舶机舱中的柴油发动机、柴油发电机、燃油锅炉、焚烧炉、燃油装置等新造、改造的船舶 A 类机器处所	结构简单、雾化性能好、耐腐蚀	MSC/Cir.1165 经修订的适用机器处所和货泵舱的等效水基灭火系统认可指南 《适用于 A 类机器处所的固定式局部水基灭炎系统认可导则》	CCS 固定式局部水基灭火系统型式认可证书
压力式泡沫比例混合装置	工作压力：0.6~1.2 MPa 流量：8~32L/S；16~48L/S 16~64L/S；48~80L/S；64~100L/S 混合比：3% 或 6% 贮液罐材料：Q345R（16MnR）	应用于船舶、装卸栈台、港口码头、油库储罐区、化工厂、油田、燃油发电厂、锅炉房、地下车库等多种场所	喷射的泡沫能量大、穿透力强、混合比例稳定、准确可靠	《国际消防安全系统规则》 《国际海上人命公约》 CB/T 3571-93 船用低倍泡沫装置 《泡沫灭火系统及部件通用技术条件》	CCS 压力式泡沫比例混合装置型式认可证书
氮气惰化装置 DDC-20/50	公称压力：15MPa/20 MPa 气瓶容积：40L/50L/68L 出口工作压力：0.017~0.7 MPa 储瓶间温度：0~50℃ 操作方式：手动	应用于危险品船，及化学品船等多种场所	降低每一个液货舱空气的含氧量，使液货舱惰性化	IMO MSC.98（73）《FSS Code》 《钢质海船入级规范》（2009）	
消防炮	额定流量：24~80 工作压力范围：0.8~1.2 发泡倍数：≥ 5.5 25% 析液时间：≥ 2.5min 水平转角：360° 垂直转角：-30° ~+60°	应用于易燃、易爆的化工企业、油罐区，港口码头、油船、化学品船、仓库等场所	射程远、喷射范围广	《国际消防安全系统规则》 GB19156-2003 消防炮通用技术条件 CB/T 3571-93 船用低倍泡沫装置	CCS 消防炮型式认可证书
泡沫枪	型号：PQ8.C PQ8B.C； 工作压力：0.4~0.6； 混合比：3 或 6　混合液流量：8； 发泡倍数：≥ 5.5；50% 析液时间：≥ 180 射程：22；背桶容积：20L		射程远、流量大	《国际消防安全系统规则》 CB/T 3571-93 船用低倍泡沫装置 《泡沫灭火系统及部件通用技术条件》	CCS 空气泡沫枪型式认可证书

船用照明设备

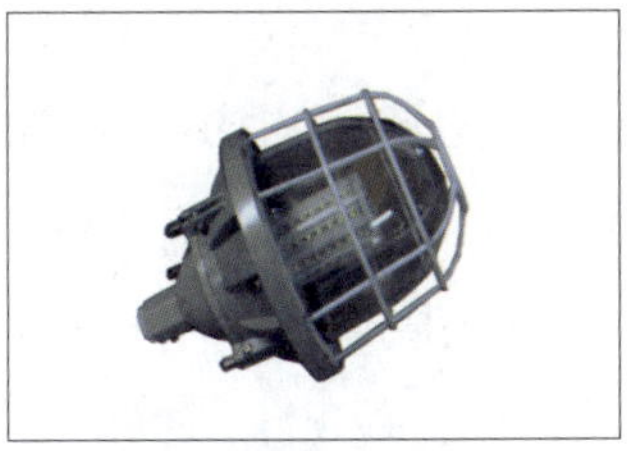

P 306

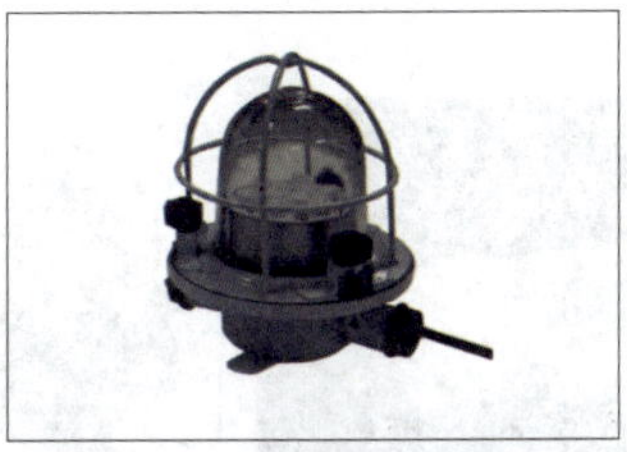

P 306

P 307

P 307

P 308

P 308

船用照明包括船用防爆强光灯，防爆泛光灯，航行灯，室内、机舱照明，应急照明等。目前，绿色照明是指通过科学的照明设计，采用效率高、寿命长、安全和性能稳定的照明电器产品，包括电光源、灯用电器附件、灯具、配线器材以及调光控制设备，最终达到舒适、安全、经济、有益环境保护的现代照明。大力推广绿色照明，可以大量节约电能。可采用效率高、寿命长、安全、性能稳定的照明电器产品，具体可采取如下措施：第一，采用高效节能的电光源，如用卤钨灯取代普通照明白炽灯；用直管型荧光灯取代白炽灯和直管型荧光灯的升级换代；大力推广高压钠灯和金属卤化物灯的应用；低压钠灯的应用；推广发光二极管—LED 的应用。第二，采用高效节能的灯用电器附件，如用电子镇流器取代传统的高能耗电感镇流器。

生产单位：连云港杰瑞电子有限公司

地址：江苏省连云港市海连东路 42 号　邮编：222006　邮箱：led716@126.com　电话：0518-85823850
传真：0518-85821700　网址：www.jariec.com　联系人：姜涛 18036673550

连云港杰瑞电子有限公司是国有大型上市公司中国船舶重工股份有限公司的全资子公司，是军民品结合型企业。公司注册资金 8 944.44 万元，资产总额达 3.2 个亿。杰瑞 LED 船用灯具主要包括大功率 LED 防爆灯、舱顶灯、篷顶灯等。

产品技术参数：

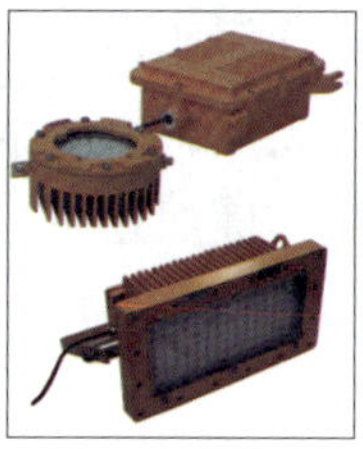

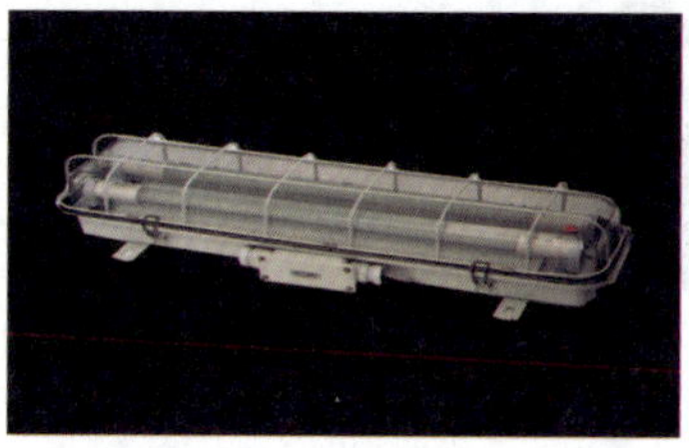

型号	基本参数	产品特点	实现功能	选型优势	执行标准	自填
航行信号灯 JR-CXH1 系列	单层号灯 220mm × 220mm × 300mm 2.6kg； 双层号灯： 220mm × 220mm × 535mm 3.8kg； AC110/220V /AC24V/ AC12V	灯具可高可靠地工作在各类船舶上作夜间航行灯光信号使用；灯具恒流驱动 LED 发光，抗震性能高，具有电气保护功能，可靠性高；接通其额定工作电压即可工作；灯具为 LED 光源，寿命长，光谱单一。IP56 防护等级	单层号灯可实现 3 海里的可视距离；双层号灯最远可实现 6 海里的可视距离； 采用高精度光学器件实现光束角的精确控制；灯外形尺寸与传统灯具一致，各接口一致	采用 LED 做光源，抗震性能高、寿命长、光谱单一、发光角度可精确控制；节能环保，传统 60W 白炽灯可用 3WLED 灯代替	《国际航行海船法定检验技术规则》 《航行灯、航行灯控制器和相关的性能标准》 《GB3028-1995T 船用电气号灯技术条件》 《CBT 338-2008 船用电气号灯类型、参数和主要尺寸》	产品种类齐全，包括单层号灯全部系列及双层号灯全部系列
LED 防爆投光灯 JR-FB005 JR-FB004 JR-FB003	JR-FB005: Φ215mm × 315mm 3.0kg； JR-FB004： 609mm × 270mm × 300mm； JR-FB003： Φ190mm × 96mm ； 供电：110/220V 50Hz/60Hz; 灯具功率 30~150W	适应于船舶、石油开采平台、化工及具有爆炸性气体 1 区或 2 区场所照明；灯具恒流驱动LED 发光，抗震性能高，寿命长，光谱单一。达到 Exd Ⅱ BT4 防爆等级。IP65 防护等级	灯具系列采用标准配置，灯外形尺寸与各场所接口一致，符合相关国标，可直接使用	采用 LED 做光源，抗震性能高、寿命长；采用二次光学透镜实现配光设计；120W 灯具即可代替 400W 传统灯具	《GB7000.1-2002 灯具一般安全要求与试验》 《GB3836.1-2010 爆炸性环境用防爆电气设备 第一部分通用要求》	获得了实用新型专利和外观专利
LED 舱顶灯 JR-CD008 JR-CD002 JR-YG001	JR-CD008 JR-CD002 Φ150 × 19； AC110/220V /AC24V； 灯具功率：3~9W JR-YG001 715 × 220 × 160； 1 040 × 220 × 16； 1 333 × 220 × 160 AC110/220V； 灯具功率：12~36W	适应于船舶舱室内照明使用；灯具恒流驱动 LED 发光，抗震性能高，寿命长，光谱单一。IP55 防护等级	灯具系列采用标准配置，灯外形尺寸与各场所接口一致，符合相关国标，可直接使用	采用 LED 做光源，抗震性能高、寿命长；采用二次光学透镜实现配光设计；6W 灯具即可代替 60W 白炽灯具	《CB 1246-1994 舰船用照明灯具通用规范》 《GB 4124.2-1984 船用篷顶灯类型、参数和主要尺寸》 《GB7000.1-2002 灯具一般安全要求与试验》	

生产单位：浙江沪乐电气设备制造有限公司

地址：浙江省嘉兴市南湖区七星镇泗花泾路 196 号　邮编：314002　电话：0573-83888668
传真：0573-83888558　网址：www.hulegroup.com　邮箱：hulegroup@163.com
联系人：章华超 13806605058

浙江沪乐电气设备制造有限公司系中国船舶电工协会理事单位，坐落于长江三角洲重要城市——嘉兴。创建于 1981 年，占地约 30 亩，建筑面积达 16 000 ㎡。现有职工 300 多人，是一家专业从事舰船用荧光灯具、LED 灯具等系列“沪乐”牌电器产品，集研发、制造和销售为一体的专业灯具生产厂家。产品均经中国船级社型式认可，符合 CCS 规范及 IEC 标准，并通过了 ABS、BV、LR、DNV GL、NK 等船级社的认可。

产品技术参数：

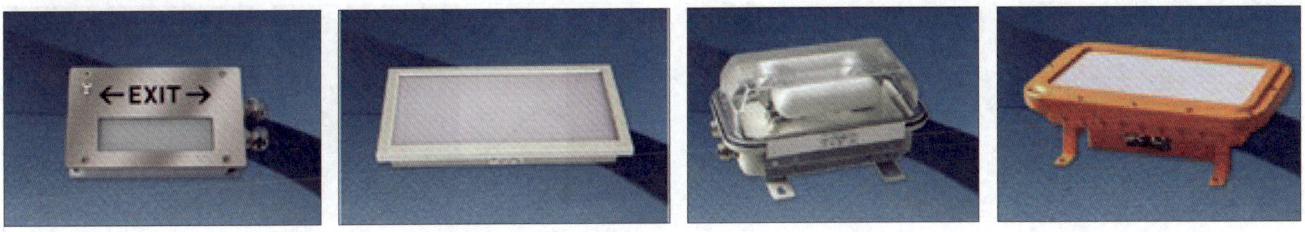

产品型号	基本参数	产品特点	实现功能	执行标准
CLB 舰船用 LED 角灯	功率 35W，光源颜色 6 000~6 500K，光通量 1 250~1 500lm，不锈钢 + 航空铝合金材质	用于各类舰船的通道等场所的照明	外形小巧美观，照度高	Q/AME036-11
CBD33B-LED 舰船用明装式 LED 低照度灯	功率 2W，光源颜色 600~630K，光通量 3.1lm，不锈钢 + 航空铝合金材质	用于安装于舰船通道、房间和工作舱室和潮湿舱等作为低照度照明或夜间使用	采用不锈钢拉丝面板，防护等级高	Q/AME036-11
CLQ0118-LED 舰船用 LED 水密蓬顶灯	功率 37W，光源颜色 6 000~6 500K 或可调，光通量 1 250lm，不锈钢 + 航空铝合金材质	用于面积较大的厨房、卫生间、淋浴室、配膳室、洗衣间等潮湿场所	灯具嵌入式安装，外形美观，亮度高，防护性能好，光源颜色和亮度可调	Q/AME036-11
CWXJ40X1 舰船用无极舱顶灯	功率 48W，光源颜色 5 500~6 000K，光通量 1 676lm，不锈钢材质	用于各类舰船有滴水、溅水、凝水的场所，也可以用于通道或露天甲板照明用	灯具体积小，亮度高，光源寿命长，且防护等级高	Q/AME036-11
dTG69 舰船用防爆无极舱顶灯	功率 158W，光通量 5 600lm，铝合金材质	用于舰船、机库、弹库、油漆间等防爆舱室或石油开采平台、化工及具有爆炸性气体的 1 区或 2 区场所	灯具体积小，亮度高，外形美观	Q/AME036-11

生产单位：上海亮舟灯具制造有限公司

地址：上海市奉贤区奉城镇奉旺路 69 号 邮编：201411 电话：021-57512908 57510506
传真：021-57510690 邮箱：shanghailiangzhou@163.com 网址：www.liangzhoudq.com
联系人：钱良勤 13636579868

上海亮舟灯具制造有限公司专业生产船用灯具已有 10 多年，主要生产航行信号灯、投光灯、荧光舱顶灯、荧光蓬顶灯、白炽舱顶灯、防爆灯、尼龙接插件、铜接插件、开关等几百种产品，已于 2003 年通过 ISO9001 国际质量管理体系认证，主要船用产品均经中国船级社型式认可，符合 CCS 规范，产品销往国内外。

产品技术参数：

型号	系列简介	产品特点	持有证书
航行信号灯系列	外壳采用工程塑料、钢和不锈钢等材质。符合《1972 年国际海上避碰规则》、IEC60945 和《钢质海船入级规范》	安装、更换灯泡方便，具有耐腐蚀、耐冲击、防水性能好等特点，灯罩采用聚碳酸酯制成，具有抗紫外线不变色等特点	通过 CCS、ZY、BV 等船级社认证
投光灯 / 探照灯系列	采用不锈钢、铝和钢等材质。适用于船舶夜航、救生、警戒等远距离照明和目标搜索，符合《钢质海船入级规范》和《苏伊士运河航行规则》的要求	产品具有耐腐蚀、耐冲击、密封性能好等特点，操作灵活，使用十分方便	通过 CCS 船级社认证并符合国际 IEC 标准
荧光灯系列	采用不锈钢和钢等材质。产品主要分为荧光舱顶灯、荧光蓬顶灯、荧光走道灯、荧光床头灯、荧光镜前灯等，可以根据客户不同要求加装应急、蓄电池、网罩、减震等装置。符合《钢质海船入级规范》的要求	灯罩采用透明抗冲击聚碳酸酯制成，灯罩两侧通过不锈钢固定搭扣来固定。确保灯罩不会因为震动或碰撞而松动。灯具在安装或更换光源时，使用方便	通过 CCS、ZY 等船级社认证，符合 IEC92-306-1980 标准
白炽灯系列	采用钢、铜、铝、工程塑料、合成树脂等材质。产品主要分为舱顶灯、床头灯、壁灯、台灯、挂灯等，符合《钢质海船入级规范》的要求	产品种类齐全，安装及使用方便	通过 CCS、ZY 等船级社认证
防爆灯系列	采用铜、不锈钢、铝等材质。产品主要分为防爆白炽灯、防爆荧光灯、防爆投光灯和防爆手提灯等。适用于各种易燃易爆的危险场所，如舰船、石油平台、化工等场所	产品具有耐腐蚀、强度高、密封性能好、使用安全等特点	通过 CCS、ZY、BV 等船级社认证及国家防爆检测中心颁发的防爆合格证
电气接插件系列	外壳采用黄铜精密铸造、尼龙、合成树脂注塑制成。产品主要分为铜质和尼龙水密开关、插座、插头、开关插座、接线盒，舱室开关、舱室插头 插座等	产品种类齐全，质量可靠	通过 CCS、ZY 等船级社认证，插头、插座基座符合 DIN89320 标准，开关基座符合 DIN89322 标准

减摇装置

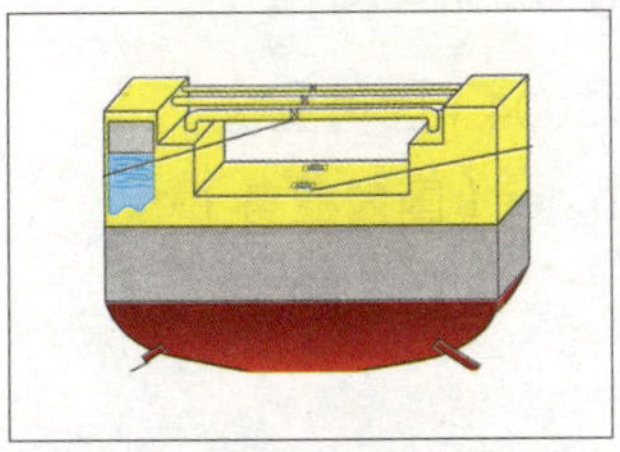
P 310

P 311

P 312

P 312

P 312

P 312

减摇装置是利用升力或重力形成稳定力矩，以减小船舶摇荡的装置。为提高舰船的适航性、安全性以及乘员的舒适性，一直以来人们都在寻求减小舰船摇荡的方法，主要包括增大阻尼系数、减小船舶固有频率、直接减小扰动力或力矩三种途径。目前，减摇装置按照减摇的方式，可以分为主动式减摇和被动式减摇。市场上比较常见的单一减摇装置有舭龙骨、减摇鳍、减摇水舱、舵阻摇、移动重物和陀螺式减摇等。常见的联合减摇装置有鳍—舵联合减摇、鳍—被动水舱联合减摇等。

国外船舶减摇装置的研发与应用起步较早，产业链也尤为完善，相关厂商已经拥有成熟技术和品牌，主要企业有罗尔斯·罗伊斯（Rolls-Royce）公司、美国QUANTUM公司等。国内由于起步较晚，目前减摇装置的研制主要以减摇鳍、减摇水舱为主，从事减摇装置技术研究与开发的单位主要有七〇四所和哈尔滨工程大学两家。其中，作为国内最大的减摇装置设计和制造单位，研制有收放式减摇鳍和非收放式减摇鳍两大系列，基本掌握了可控被动式减摇水舱核心技术，减摇鳍产品的研发已接近国际水平。哈尔滨工程大学从1965年开始进行减摇鳍研究，目前研制的四个系列22个型号的减摇鳍装置打破了国外对我国的技术垄断，装备于我国各类船200多艘，并出口亚非六国，创造了2亿多元的产值。

生产单位： DELIN 德林船舶 无锡德林船舶设备有限公司（无锡海联舰船附件有限公司）

地址：江苏省无锡市锡山区锡港东路 8 号　邮编：214191　电话：0510-68915004（国内业务）
0510-81213575（国际业务）　传真：0510-83772065　邮箱：mail@wxdelin.net（国内业务）
网址：www.wxdelin.net　联系人：周佩金　15902197439

产品技术参数：

外部信息 External information

- 船速信息
- 螺旋桨旋转,翼角信息
- 舵角指令信息
- 风向风速信息
- 上下晃动信息
- 波高、波周期信息

- Boat speed information
- Rotating propeller, wing angle information
- Rudder angle command information
- Wind direction and speed information
- Down sloshing information
- Wave height, wave period information

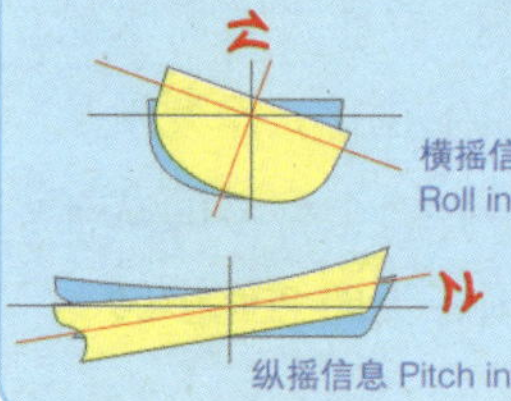

输入 Enter

动摇预测自动可控装置 Automatic control devices of shake forecast

①演算处理系统
- 横摇角 · 纵摇角 · 周期演算
- 顺浪预测演算
- 长周期预测演算
- 急回旋预测演算

②ART的控制根据动摇预测的自动控制
- 自动选择最适当的周期
- 控制液体的瞬间流动

Algorithm processing system
- Roll angle · pitch angle · cycle calculations
- Cis-wave calculations predict
- Calculation of long-period forecast
- Emergency maneuver prediction algorithm

② ART control based on automatic control of the shaken predicted
- Automatically select the most appropriate cycle
- Control of the moment liquid flow

输出 Output

选项Option(支援操船信息) (Support vessels operating information)

③信息提供内容
- paramctric rolling预测演算
- 顺浪中的横甩预测演算
- 液动监视演算
- 顺浪 · 长周期预测警报
- paramctric rolling警报
- 顺浪中的横甩警报
- 回避危险操船
- 实施IMO导向操作

③ Provide content information
- Parametric rolling forecast calculations
- Cis-wave calculations in broaching prediction
- Hydraulic monitoring algorithm
- The Alarm of Cis-wave · long-period prediction
- Parametric rolling alarm
- Cis-wave alarm in broaching
- Avoid the risk of ship operatio
- Implementation of IMO-oriented operation

空气阀 Air valve

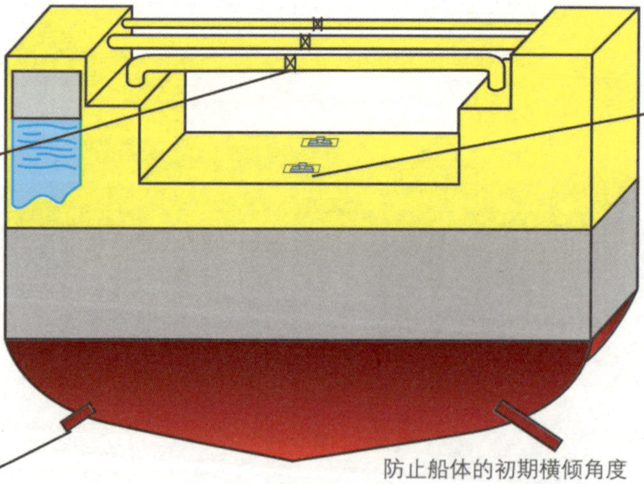

下阻尼器 Lower damper

可适应较广的周期范围
Can be adapted to a wide range of cycle

常规的舭龙骨
Conventional bilge keel

防止船体的初期横倾角度
To prevent the hull of the initial angle of heel

减轻动摇的方法 Reduce the shake method

- 提高船体本身的减振力
- 根据动摇检测结果，用ART来进行控制
- 根据动摇检测结果，提供支援操船信息(防止船体的初期横倾角度)
- 对舭龙骨的改进提案(防止船体的初期横倾角度)

- Damping force to improve the hull itself
- According to the results of shake test, to be controlled with ART
- Shake test, receiving information to support operation shipping (to prevent the hull of the initial angle of heel)
- Improvements to the proposal of bilge keel (to prevent the initial hull heeling angle)

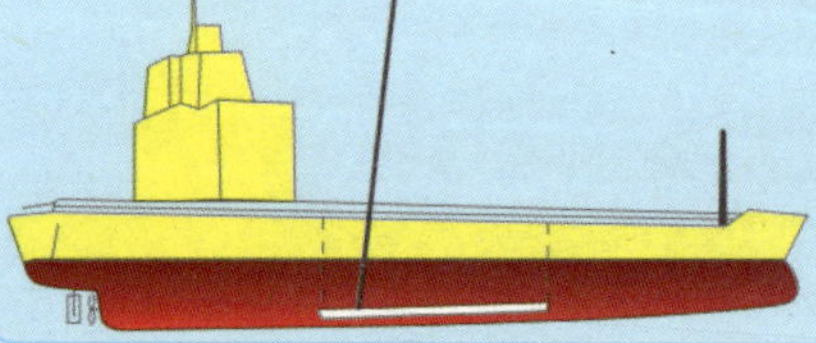

④对舭龙骨的改进提案
- 提高船体的减振力，防止船速降低。
- 增大舭龙骨纵横比，提高减振力

④ The bilge keel to improve the proposal
- Improve the hull of the damping force, to prevent the ship's speed reduced.
- Increase the bilge keel aspect ratio, increased damping force

Anti-Rolling Tank
减摇水舱

We guauantee energy saving and safety of navigation
节能设施和对航行安全的保证

因不被遇浪角度左右，可以直行，所以能走最短的直航路线。因此，能缩短航海时间，能节约燃烧消耗。

Ship still can go straight without shake when meeting Waves, so ship is able to take the shortest direct route. Therefore, the sailing time is shortened and burning consumption is saved.

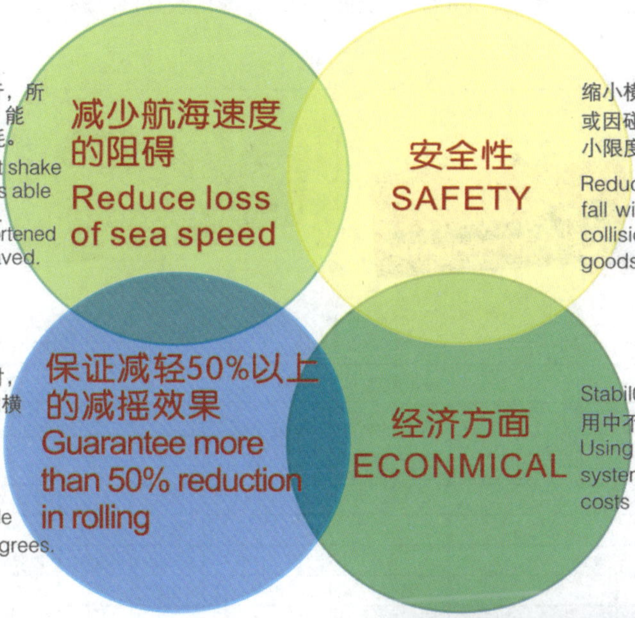

缩小横摇角度，就能把船内货物倒塌或因碰撞引起的货物的损坏减小到最小限度。

Reduce the roll angle, the boat can fall within the goods or due to collision-induced damage to the goods is reduced to a minimum.

例如：船的平均横摇角度20度时，启动[StabiloAce]，就能把船的横摇角减到10度以下。

For example: The average boat angle of 20 degrees roll, start [StabiloAce], the boat's roll angle can be reduced to below 10 degrees.

Stabil0 Ace自动控制系统在今后的使用中不需要很多的维护保养费。

Using Stabil0 Ace automatic control system does not need much maintenance costs in the future.

船种Kind of ship：2,500吨型 2,500 gloss ton type

客船兼汽车运输船 Passenger and car ferry

Ship owner.JRTT

Uwajima Unyu CO.,Ltd.

海况 Sea surface conditions

波高 Wave height：4~4.5m

风速 Wind speed：15~17m/sec

LppxBxD:105.00mx16.00mx5.70m

横摇测量数据（船速为21节）（21海里）

Measuring data of rolling (Vessel speed 21 konts)

减摇效果:达到70%

Anti-rolling efficiency Achieve 70%

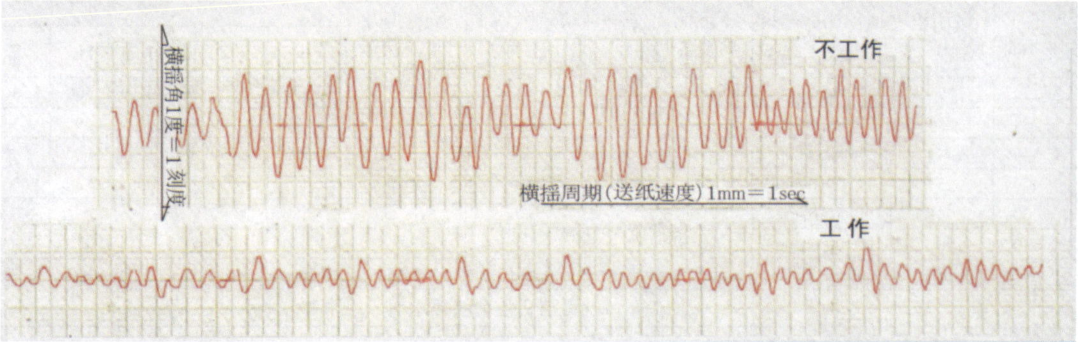

生产单位：上海衡拓船舶设备有限公司

地址：上海市衡山路 10 号　邮编：200031　电话：021-64718118 转 4518　传真：021-64710676

上海衡拓船舶设备有限公司原第七 O 四研究所减摇装置工程部，2013 年 8 月 8 日整体转制成立上海衡拓船舶设备有限公司。1962 年开始研发减摇鳍，是我国船舶减摇鳍标准归口单位；2009 年发布中国首套可控式被动减摇水舱。是目前中国最大，唯一具备市场、销售、研发、研制、生产、试验、服务能力的船舶减摇装置供应商。主要产品有减摇鳍、减摇水舱等。

产品技术参数：

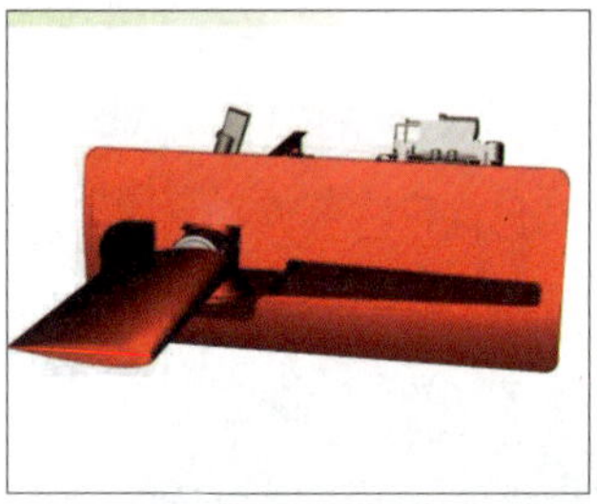
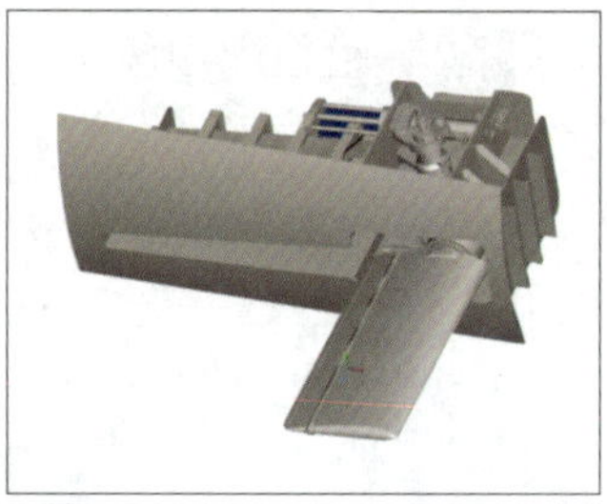
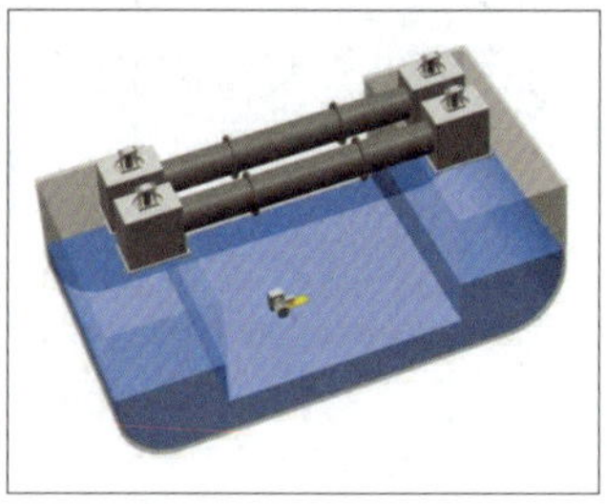

非收放式减摇鳍

型号	鳍面积（m^2）	适用的舰船排水量（t）	设计海况 / 三一浪高（m）	功率(kW)（一对）	质量（t）（一对）	外形尺寸（mm）						
						L1	L2	L	Cr	B	H	H1
JQB-1-130	1	100~400	4/2	11	1.9	423	275	1 786	1 250	525	700	1 048
JQB-2-170	1.6	400~800	5/2.5	30	4.1	559	350	2 279	1 581	675	900	1 301
JQB-3-200	2.5	800~1 000	5/3.5	30	5.8	592	500	2 815	1 978	825	1 100	1 503
JQB-4-240	3.5	1 000~1 900	5/3.5	44	9.4	638	600	3 285	2 339	950	1 200	1 727
JQB-5-280	4.5	1 900~2 800	6/4.0	44	13.1	887	700	3 901	2 651	1 100	1 400	1 952
JQB-6-340	5.5	2 800~3 800	6/4.5	60	18.3	972	800	4 325	2 932	1 250	1 600	2 176
JQB-7-380	6.5	3 800~4 500	6/5.0	60	19.5	972	800	4 544	3 187	1 250	1 600	2 176

前收式减摇鳍

型号	鳍面积（m^2）	适用的舰船排水量（t）	设计海况 / 三一浪高（m）	功率(kW)（一对）	质量（t）（一对）	外形尺寸（mm）						
						L	H2	H1	H	B	B1	C
JQF-2-240	2	1800	5/3.5	37	18	4 650	1 560	2 320	2 000	3 700	1 600	1 000
JQF-3-280	3	1 800~3 000	6/4.0	37	24.6	5 450	1 760	2 650	2 333	4 380	1 820	1 225
JQF-4-340	4	3 000~4 000	6/4.0	60	34.2	6 240	1 960	2 996	2 665	5 090	2 130	1 414
JQF-5-400	5	4 000~5 500	6/5.0	60	47.9	6 675	1 760	2 980	2 705	5 610	2 480	1 580
JQF-6-460	6	5 500~10 000	6/5.0	60	62	7 400	2 280	3 347	3 044	6 150	2 660	1 732
JQF-8-530	8	10 000~25 000	6/<6	90	87.5	8 460	2 550	3 820	3 472	7 130	2 980	2 000
JQF-15-670	15	25 000~50 000	6/<6	150	121	9 100	3 400	4 350	4 375	8 750	2 870	2 729

后收式减摇鳍

型号	鳍面积（m^2）	适用的舰船排水量（t）	设计海况 / 三一浪高（m）	功率(kW)（一对）	质量（t）（一对）	外形尺寸（mm）						
						L	H2	H1	H	B	B1	C
JQA-2-240	2	1 800	5/3.5	37	23.2	4 540	1 630	2 402	2 100	3 800	1 730	1 000
JQA-3-280	3	1 800~3 000	6/4.0	37	28.3	5 180	1 790	2 693	2 395	4 370	1 830	1 225
JQA-4-340	4	3 000~4 000	6/4.0	37	36.2	5 900	1 750	2 710	2 500	4 990	2 040	1 414
JQA-5-400	5	4 000~5 500	6/5.0	60	49.6	6 415	1 970	3 004	2 750	5 550	2 270	1 580
JQA-6-460	6	5 500~10 000	6/5.0	60	69.2	7 450	2 090	3 293	3 084	6 020	2 430	1 732
JQA-8-530	8	10 000~25 000	6/<6	90	83.6	7 800	2 200	3 438	3 175	6 640	2 510	2 000
JQA-15-670	15	25 000~50 000	6/<6	150	125	9 000	3 200	4 100	4 025	8 200	2 420	2 739

可控式被动减摇水舱

分为水阀控制型（ART704-W）、气阀控制型（ART704-A）、联合控制型（ART704-A/W）等三种型式，适用任何需要减摇的船舶

船舶涂装

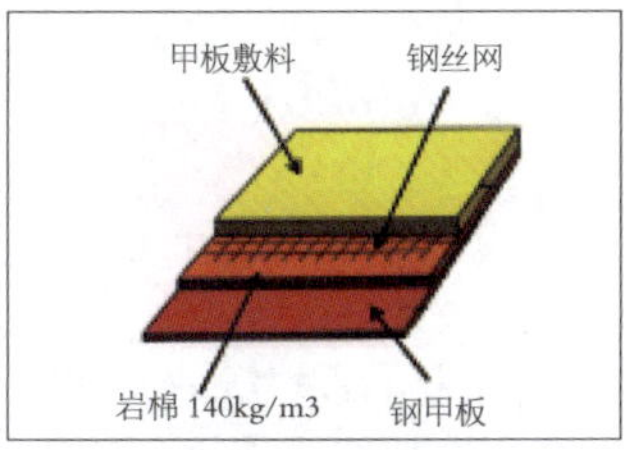

P 314

P 315

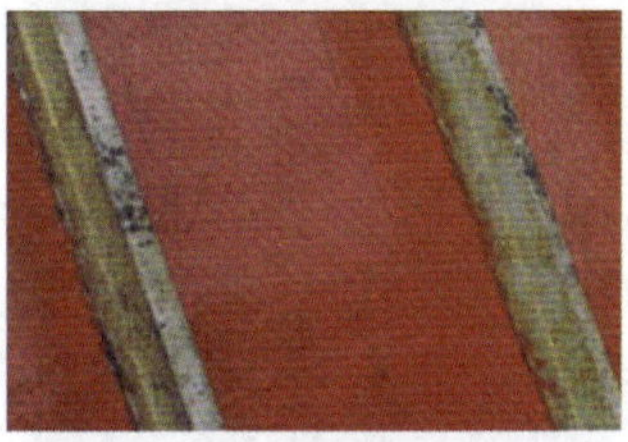
P 315

P 316

P 317

P 317

船舶油漆，它具有防晒、防锈、防油、防蚀、防污、耐磨、耐寒、抗高温等多项优良性能，因而是船舶建造、坞修及日常维修保养中所不可缺少的重要生产物料。

营运中的船舶用油漆进行维修保养是为了最大限度地延长船舶内部、外部和各种设备的使用寿命，并尽可能减少船底海生物，以减少船舶阻力。因此营运中的船舶应制定并全面实施一套长期的、预防性的维修保养计划，这包括定时冲洗、补涂和一段时间后的通油。

目前船舶常用油漆品种有：

老人牌 (HEMPEL): 丹麦配方，主要是丹麦生产，国内深圳、上海和烟台有生产厂。

国际牌 (INTERNATIONAL 或 IMC): 英国配方，主要是英国生产，国内上海有生产厂。

中国涂料 (CHUGOKU): 日本配方，主要是日本生产，国内上海有生产厂。

式码 (SIGMA): 美国配方，主要是美国生产，国内上海有生产厂。

关西 (KANSAI): 日本配方，主要是日本生产，国内上海，天津有生产厂。

各种油漆的代号都代表了一定的意义。一般说来这个代号的前面代表该种油漆的性质，后面则代表该种油漆的颜色。如老人牌醇酸白漆为“52141000”，其中前面的“5214”为性质 (即醇酸油漆)，后面的“1000”为颜色；国际牌白漆为“CLB000”。其中“CL”为性质，“B000”为颜色；式码白漆为：“72387000”，其中“7238”为性质，“7000”为颜色；关西白漆为“SD — 101”，其中“SD”为性质，“101”为颜色。

船舶使用油漆应考虑的首要因素是性价比，其次是该港口的供应能力。比较经济、方便的港口如下：

A. 国内长江以北，上海及周边港口价格最低，品种最多；

B. 广州及香港等价格次之，品种最多；

C. 湛江、新加坡及韩国等价格一般；

D. 菲律宾、比利时、英国、德国、荷兰、丹麦、芬兰、希腊、西班牙、美国、南非、马来西亚等价格较高；

E. 日本、澳大利亚、印度尼西亚、巴基斯坦、印度、越南、俄罗斯、保加利亚、罗马尼亚、阿根廷、巴西、意大利、加拿大等价格最高，且品种不齐全。以上仅是部分主要国家，实际上同一种油漆因港口的不同也可能有不同的价格。

生产单位：苏州亿博工贸有限公司®

地址：江苏省苏州市相城区黄桥镇生田村工业坊路　邮编：215100　电话：0512-65460281
传真：0512-65464801　邮箱：jinfenggeng@163.com　网址：www.suzhouyibo.com
联系人：金凤根 13806206981

苏州亿博工贸有限公司坐落于美丽的“人间天堂”苏州，地处苏州相城区，毗邻上海市，距离沪宁高速、沿江高速、绕城高速仅数千米，地理位置优越，交通便利。

公司成立于 2000 年初，从生产船用玻璃钢制品起步，逐步发展成全套的船舶舾装件配套厂家。我们公司始终坚持品质第一，服务至上的宗旨，高质量的产品、优秀的企业服务团队及诚实可信的工作作风，热忱欢迎国内外用户莅临指导、合作及选用我公司的产品。我们公司将一如既往地给顾客提供一流的产品和优质的服务。

公司的产品先后荣获了中国船级社质量认证公司颁发的 ISO9001:2015 质量体系证书、EC 证书及各大船级社的产品型式认可证书。

主要产品及技术参数：

船用甲板敷料，阻尼涂层，高隔声浮动地板，A-60 级高隔声浮动地板，普通钢制门、窗，防火门、窗，玻璃钢制品（风雨密门、格栅、消防箱、蓄电池箱、电话亭、电缆托架……）。

图片	产品名称 / 型号	基本参数	持有证书
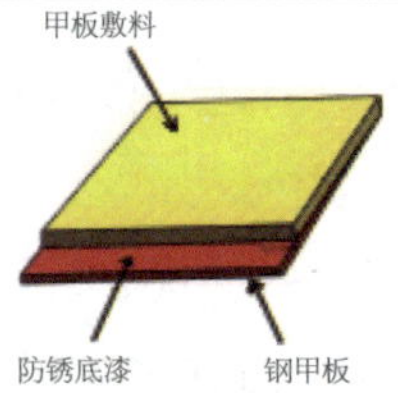	甲板敷料 基层甲板敷料：AC-JI 轻质基层甲板敷料：AC-JII 耐火甲板敷料：AC-JIII 轻质耐火甲板敷料：AC-JIV	AC-JI 密　度：1700kg/m³、AC-JII 密　度：800kg/m³，施工厚度：（5~30mm），厚度增加需要添加陶粒，符合 IMO 2010 FTP Code Part5&Part 2 AC-JIII 密　度：1700kg/m³、AC-JIV 密　度：800kg/m³，符合 IMO 2010 FTP Code Part1	EC、DNV·GL、CCS
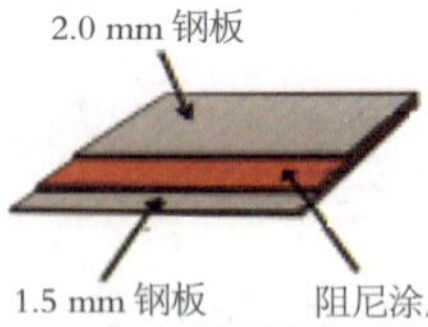	阻尼涂层 /DP-SDI	密度：1300kg/m³ 施工厚度：1~2mm 符合 IMO 2010 FTP Code Part 5&Part 2	EC、DNV·GL、CCS
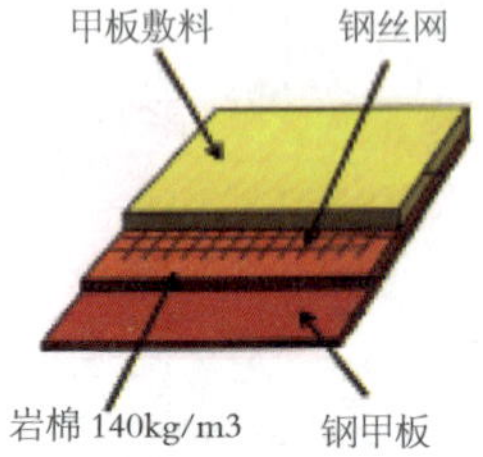	非耐火区域高隔声浮动地板： YB-A0FIV-1/2、YB-LdB-1/2 YB-dB-1/2、YB-HdB-1/2 A-60 级高隔声浮动地板： YB-A60FI-1/2、YB-A60FII-1/2、 YB-A60FIII-1/2、YB-A60FIV-1/2	非耐火区域高隔声浮动地板：符合 IMO 2010 FTP Code Part 5& Part 2； A-60 级高隔声浮动地板：符合 IMO 2010 FTP Code Part3 符合 ISO 10140-2：2010 IMO MSC.337(91) 船上噪声等级规则	EC、DNV·GL、CCS
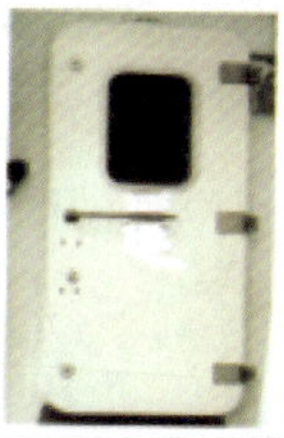	玻璃钢风雨密门	规格：1 600X700XR100/1 700X700XR100 1 700X800XR100/1 800X800XR100 1 900X800XR100/ 2 000X1 000XR100 性能：满足风雨密要求、质量轻、免维护	产品证书

生产单位：海洋化工研究院青岛佳联研发生产基地

地址：山东省青岛市市北区上清路 12 号中联 2.5 产业园北 A1–203　邮编：266023　电话：0532–83080855
传真：0532–83080857　邮箱：liuliu1980t54@163.com　网址：www.chinaspua.com
联系人：辛悦胜　18663931719

海洋化工研究院青岛佳联研发生产基地专业从事阻尼材料、吸声材料、隔声材料、喷涂聚脲弹性体等系列环保产品的研发、生产、营销和服务。阻尼涂料、喷涂聚脲等产品均属国内首创。具有年产 5 000t 涂料的能力，产品质量和市场占有率达到国内领先水平，在市场上享有极高的声誉。

产品技术参数：

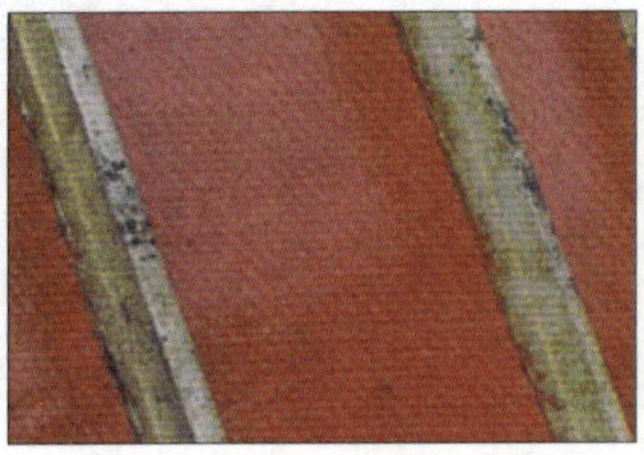

型号	基本参数	产品特点	实现功能	选型优势	执行标准	有无专利	持有证书	获得奖项
T54/T60 舰船用阻尼涂料	密度（g/cm^3） 阻尼层 1.1 约束层 1.5 干燥时间：（h/20℃） 阻尼层 4 约束层 3	1）复合因子高，阻尼温域宽，实船减振降噪效果明显； 2）毒性低，是国内唯一通过“核潜艇舱室空气组份容许浓度”检验的阻尼材料； 3）阻燃，氧指数高，通过远东防火实验中心的检验； 4）附着力好，不脱落，不开裂； 5）常温固化，易厚涂，施工工艺简便； 6）无溶剂施工，不污染环境，不影响其明火作业	使用阻尼涂料后舱室的空气噪音可降 8~20dB	施工工艺简单，毒性低，常温固化易厚涂，附着力好，不脱离，不开裂	GJB3530–99	国家发明专利（ZL91105484.7） 国家发明专利（ZL93107379.0）	持有船级社认证证书；远东防火报告；毒性报告；无石棉证书	国家“七五”攻关重大成果；国家“八五”攻关重大成果；中船总公司科技进步三等奖；国家发明三等奖；化工部科技进步二等奖；国家科技进步三等奖；中国专利优秀奖；国家重点新产品

生产单位：太仓市兰燕甲板敷料涂料有限公司

地址：江苏省太仓市璜泾镇创新园路 9 号　邮箱：lanyan@lanyan.cn
电话：0512-53815126　传真：0512-53811534

公司是专业生产船用系列甲板敷料、船用及钢结构涂料的企业。公司生产检测设备齐全，技术实力雄厚，生产的主要产品获得多国船级社的认可，产品在全国各大中型船厂的国内外船舶、军用舰船以及市政工程上广泛应用，深受用户的好评。

产品技术参数：

产品种类 / 组成结构密度产品参数	基层甲板敷料					耐火甲板敷料			
	TQ-I	TX-1	CF-800	CF-650	TQL	TQ-II	TQ-III	TQ-IV	TX-2、3
规格（厚度 mm）	8~12	5~20	8~10	6 ~ 10	2~3	50	50	40	55、65
耐火等级	不易着火				低播焰	A-60 级			
密度≤ kg/m^3	1 300	1 800	800	650	1 800	1 000	1 050	1 000	700、600
其它物理性能	符合 CB/T3361-1998 标准								
持有船级社证书	ABS、BV/EC、CCS DNV GL LR、NK	ABS、BV/EC、CCS DNV GL	BV/EC、CCS 、NK	CCS	CCS	ABS、BV/EC、CCS DNV GL LR、NK	ABS、BV/EC、CCS DNV GL LR、NK	BV/EC、DNV GL、NK、CCS	ABS、BV/EC、CCS 、DNV GL

生产单位：金刚化工（昆山）有限公司

地址：江苏省昆山市千灯镇吴淞江路 1 号
邮编：215341　电话：0512-57469000　传真：0512-57469009
销售地址：上海市仙霞路 319 号 远东国际广场 A 栋 1402~4 室
邮编：200051　电话：021-62351540　传真：021-62786338

KCC 船舶涂料是韩国造船业 2013 年第一大供应商，主要服务于 HYUDAI、SAMSUNG、DAEWOO 船厂，产品满足世界顶级船厂及船东的所有要求。2002 年 KCC 在中国的首个全资子公司在昆山投产至今，KCC 昆山工厂的船舶涂料服务了 200 艘新造船及 500 艘修船项目。公司将秉承"协同、诚实、创意"的社训，伴随中国造船业共同发展。

产品技术参数：

品名		种类	用途	主要船厂	主要船东	认证
EH2350	中文	环氧厚浆漆	压载舱等浸水部位	中船公司、现代重工、大宇造船、三星重工	中远集团、马士基、达飞、现代商船、韩进海运	DNV GL、ABS、CCS、BV、KR、NK、LR、NORSOK
	English	Pur Epoxy	WBT,Immersion area	CSSC、HHI、DSME、SAMSUNG	COSCO、MAERSK、CMA、HHM、HANJIN	
EgisPacific	中文	甲硅烷基防污漆	水线以下	中船公司、现代重工、大宇造船、三星重工	中远集团、马士基、达飞、现代商船、韩进海运	DNV GL、ABS、CCS、BV、KR、NK、LR
	English	Silly SPC	Anti-fouling area	CSSC、HHI、DSME、SAMSUNG	COSCO、MAERSK、CMA、HHM、HANJIN	

生产单位：重庆南方漆业有限公司 南方漆业

地址：重庆江津德感工业园区 邮编：402260 电话：023-47852635 传真：023-47852638
联系人：穆建渝 邮箱：nanfangyouqi@163.com 网址：www.nfqy.com

重庆南方漆业有限公司成立于1998年4月，是一家生产船舶、铁道车辆和桥梁涂料以及工业重防腐涂料的科技型企业。现有员工150余人，已形成集生产、销售、服务为一体的完整网络体系。在台商的支持下，引进了德国的先进生产技术及工艺。

持有德国船级社产品认证证书；美国船级社产品认证证书；英国船级社产品认证证书；中国船级社产品认证证书。

产品技术参数：

产品种类	产品名称	执行标准
车间底漆	WN-1-3 无机硅酸锌车间底漆 WN-1-6 无机硅酸锌车间底漆 WN-1-12 无机硅酸锌车间底漆 H06-4-3 环氧富锌车间底漆 H06-4-6 环氧富锌车间底漆 H06-4-12 环氧富锌车间底漆	GB/T6747-2008
船底漆	L40-16 沥青船底防污漆 L40-18 长效氯化橡胶防污漆（无 DDT 和锡） L44-81 铝粉沥青船底漆 L44-82 沥青船底漆 H52-31A 厚涂型环氧沥青防腐漆 H52-31B 厚涂型环氧沥青防腐漆	GB/T6822-2007
水线漆	J41-31 各色氯化橡胶水线漆 9730 各色丙烯酸脂肪族聚氨酯水线漆 B41-31 各色丙烯酸聚氨酯水线漆	GB/T9260-2008
甲板漆	J42-31 各色氯化橡胶甲板漆 9730 各色丙烯酸脂肪族聚氨酯甲板漆 B42-31 各色丙烯酸聚氨酯甲板漆 H42-31 各色环氧甲板漆	GB/T9261-2008
船壳漆	J43-31 各色氯化橡胶船壳漆 9730 各色丙烯酸脂肪族聚氨酯船壳漆 B43-31 各色丙烯酸聚氨酯快干船壳漆	GB/T6745-2008
饮水舱漆	H55-30 环氧饮水舱漆	GB/T5369-2008
压载舱漆	H52-32 厚涂型无焦油环氧压载舱漆	GB/T6823-2008

生产单位：长沙科星纳米工程技术有限公司

地址：湖南省长沙经济技术开发区东二路 8 号　邮编：410100　电话：0731–82958368
传真：0731–82958368　网址：www.cskxnm.com　邮箱：changskexing@163.com

“科星邦合”牌特种涂料适用于海洋船舰、海洋机械各部位、海洋工程中跨海大桥、海洋平台、海防工程钢结构与混凝土、集装箱等；也适用于包括盐化工、多晶硅、电厂脱硫、钢铁冶金、环保设备、污水厂所使用的各种钢结构以及上述工厂的循环水池、污水池、管道的内外壁防腐；还适用于自来水工程的水池、二次储水水箱、输水管内外壁的防腐与防污；在石油开采、炼化、输送、储存中的注水管、油管、集输管线、油罐、气罐防腐；各种工业建筑内外墙、地坪的防腐、防漏及装饰美化与保护。

产品技术参数：

型号名称	基本参数	产品特点	选型优势	执行标准	持有证书	有无专利
KX–1004 钛合金纳米耐酸碱盐重防腐涂料	附着力 1 级 柔韧性≤ 1mm 表干≤ 1h 实干≤ 24h	在海水等重腐蚀环境中有优异的耐蚀性（10%HCL 溶液中浸泡一年稳定；137℃、35MPa 条件下热撬拨合格）	常温干燥，一次成膜厚，施工工艺简单，涂膜无毒	GB/T6822–2007	持有国家涂料检测中心报告、中国船级社证书	国家发明专利（ZL200610031721.4）国家发明专利（ZL200610031973.7）
KX–1014 低表面能防污垢涂料	附着力 1 级 柔韧性≤ 1mm 表干≤ 1h 实干≤ 24h	具有较低的表面能水接触角≥ 120 度水滚落角≤ 20 度	常温干燥，施工工艺简单，施工于环氧、聚氨酯表面	企业标准		国家发明专利（201110426243.8）
KX–9740 海洋无锡长效防污漆	密度（g/ml）2.0 表干≤ 2h 实干≤ 24h	在有效使用期内对附着在船壳的海生物幼虫、孢子等有广谱杀灭作用	常温干燥，一次成膜厚，施工工艺简单，涂膜符合国际海事组织有关 IMO 防污漆条约 AFS/CONF/26	GB/T6822–2007	持有船级社证书	国家发明专利（201110405999.4）
KX–2010 改性丙烯酸聚氨酯船壳漆	密度（g/ml）1.3 表干≤ 1h 实干≤ 24h	具有优异的耐候性和耐久性；漆膜坚韧耐磨、光泽高装饰性好；具有良好的耐化学性和耐水性；耐油性能好	常温干燥，一次成膜厚，施工工艺简单，干燥快	GB/T6745–2008	持有船级社证书	

生产单位：上海乔治费歇尔管路系统有限公司 +GF+

地址：上海市浦东新区康桥东路218号 邮编：201319
电话：021-38993899 传真：021-38993888
邮箱：China.ps@georgfischer.com 网址：www.gfps.com

瑞士乔治费歇尔（Georg Fischer，简称GF）创立于1802年，总部设在瑞士的Schaffhausen，并在瑞士证券交易所（SWX Swiss Exchange）上市。GF集团专注于三大核心业务：GF汽车产品、GF管路系统和GF加工方案，年销售额约合人民币260亿。

GF如今活跃在全世界，遍布36个国家（地区），拥有130多个分支机构，其中包括分布在3大洲上的总共50个生产基地。我们深谙管材生产每一个细节，不管是在瑞士、美国，还是德国、中国的生产基地，我们都以全球统一的瑞士精工标准，生产相同的高等级产品，为客户度身定制全球化的服务。

GF管路系统在造船行业中的应用

船舶不仅仅是浮动的城市，而且对世界经济的发展至关重要。在船上“防腐蚀”比在其他任何地方都重要。

使用GF管路系统，腐蚀将不再成为问题。从节约成本和重视质量的角度，塑料锅炉系统一定是您正确的选择。

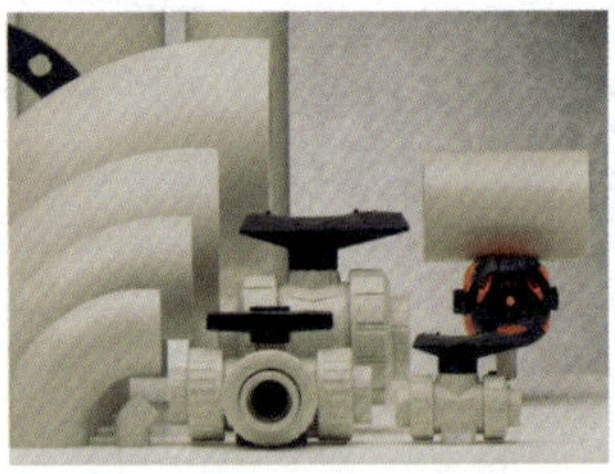

β PP-H / PP-R
Beta- 聚丙烯 - 均聚物 / 聚丙烯 - 随机共聚物
用于水质要求较高的热水或化学消毒
- 承插或对头焊接技术
- 高抗冲击性能
- 耐温至80C
- 出色的塑料管路长期性能
- 耐受各种清洁剂
- 抗紫外线
- 出色的低析出值

PVC-U / PVC-C
聚氯乙烯
水处理的管路系统方案耐化学腐蚀
- 无毒，并具有生理学惰性
- 适于各种特殊用途
- 方便快速的连接
- 快速安装
- 各种饮用水认证
- 全球各种标准
- (EN/DIN，BS，ASTM，JIS)
- 数以百万计被证明可靠的应用案例

PE100
聚乙烯
对冷水应用较为经济
- 承插，对头或电熔焊接技术
- 出色的耐化学腐蚀性能
- 出色的柔韧性
- 高性价比
- 抗紫外线
- 适于单元装配
- 使用 Alprene Poly 16
- 挤压夹紧接头可以方便的实现调整功能
- 高抗冲击性能

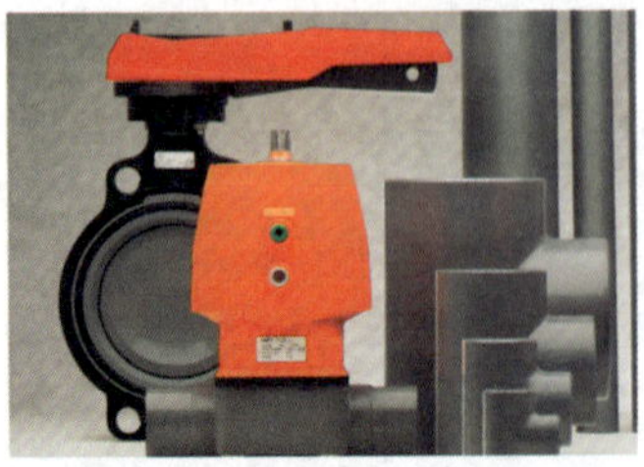

ABS
丙烯腈 - 丁二烯 - 苯乙烯
理想的低温应用材料
- -40° C时仍具备高抗冲击性能
- 粘接方式非常易于操作处理
- 生物学惰性
- 可回收
- 比金属管路节省25%安装时间

PB INSTAFLEX / iFIT
聚丁烯
- 用于冷热水
- 出色的柔韧性
- 适于预制
- 干法连接，可预组装
- 承插，对头，电熔焊接和挤压加紧连接
- 耐温可到95C (6 bar)

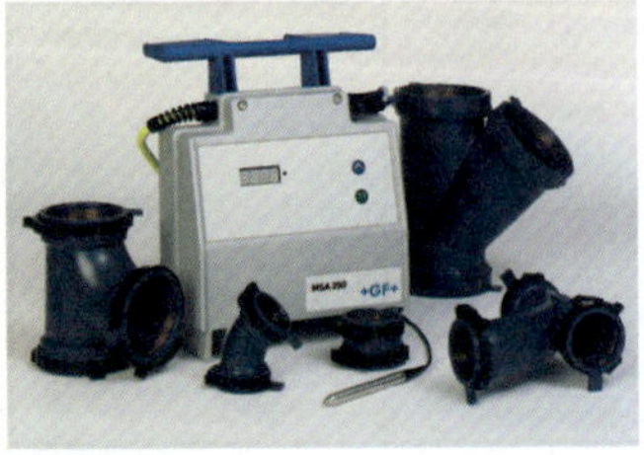

PPFR FUSEAL Sea Drain
- 用于黑水和灰水
- 出色的耐化学腐蚀性能
- 干法连接，预制
- 电熔焊接管件
- 耐火
- 维修和更换非常容易
- 针对现有系统连接的过渡接头
- 可用于真空

生产单位：江阴鼎言密封件有限公司

地址：江苏省江阴市月城镇月翔路 9 号　邮编：214404
电话：0510-86595178　传真：0510-86595158　网址：www.dingyanseals.com
邮箱：dingyan@dingyanseals.com　crystal@dingyanseals.com

江阴鼎言密封件有限公司位于江阴民间艺术之乡——月城镇，锡澄路、霞客大道、锡澄高速和沿江高速（月城出口）近在咫尺，毗邻上海、南通、张家港、镇江、南京等港口城市，地理位置优越，交通便捷。公司专业从事各种橡胶制品，船用舱口盖橡胶密封条及角接头，船用舾装橡胶制品，船用橡胶护舷以及相应的配件，各类橡胶密封条、橡胶衬里及桥梁减震块等杂件，广泛用于船舶、码头、坞门、铁路、机械、桥梁、汽车、火车、塑钢门窗、幕墙、电子等的配套。公司已正在全面推行和贯彻 ISO9001-2015 质量管理体系，始终坚守"质量争市场，真诚赢客户，探索为改进，务实求发展"的质量方针，秉着"厚德载物，至臻不息"的永恒信念，不断地开拓市场，正确理解客户的质量、数量要求和交货条款，达到产品成功和销售增长。公司愿与国内外朋友携手前进，共谋发展，在互惠互利的基础上寻求更为广泛的合作。

产品展示及技术参数

产品图	产品名称	硬度	材质
	DY02221-601 实芯空穴条45x20-船用舾装件	40 ± 5SHA	EPDM
	DY01193-600 实芯空穴条72x67-船用舱盖胶条	68 ± 5SHA	EPDM
	DY04050-200 减震块LS200-700-舱盖承压	橡胶部分60 ± 5SHA	EPDM
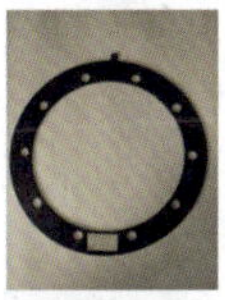	DY04231-568A-人孔圈氟胶-用于油舱盖	65 ± 5	FPM
	D型护舷-DY03003-004-11 D100 × 100-船用护舷	60 ± 5SHA	EPDM

生产单位：武汉海德力液压技术有限公司

地址：湖北省武汉市东湖新技术开发区高新六路 10 号众博工业园　　邮编：430074
电话：027-67845200　　邮箱：service@hyhdl.cn
官网：www.hyhdl.cn　　联系人：何瑶　13437191500

武汉海德力液压技术有限公司是专业的液压驱动与控制解决方案提供商，提供电液伺服系统、海工机械液压系统、工程船舶液压系统等系统集成解决方案，同时开拓进取，创新发展，推出系列化高性能标准产品——电液比例手操阀等。

产品信息：

名称：电液比例手操阀

系列：HPVM

额定工作压力 35MPa

额定流量 至 380L/min

安装方式分为板式、管式、模块式；

电液先导比例控制，集成机械操作手柄，一体化设计，具有 AB 口流量独立调节及限制功能；管式阀集成压力补偿器及安全限压阀；模块式阀组可安装于马达口，集成平衡阀、安全阀等，同时可选恒张力功能，可进行手动或电比例恒张力控制及调节，可实现闭环恒张力控制。根据补偿器（二通 / 三通）的选型匹配不同，可适用于定量泵、变量泵（包括恒压变量或负载敏感泵等）。可配套集成叠加阀组，进行刹车离合等辅助控制。

专为海况设计研发，整体采用插件式结构，插装零件均为一线进口品牌；设计紧凑，功能完善。

公司产品展示：

生产单位：舟山利远机械有限公司

地址：舟山经济开发区弘禄大道 66 号 A 号大楼 204 室
电话：0580-8808682 传真：0580-8808615
网址：www.23897587.1024sj.com

舟山利远机械有限公司于 2010 年 8 月在舟山市注册成立，专业生产和销售船用设备及配件，公司借助自身的技术优势及市场渠道从成立之初致力于新产品的研制，在短短几年时间里已陆续开发出多功能超大型船用镗孔机、智能校管机再线系统、智能化视觉跟踪焊接爬车、数控焊接写字机、金枪鱼延绳钓机、船用襟翼舵、大型远洋渔船连续烘干系统及大型冷藏运输船折叠式保温水密舱口盖等产品，其中船用镗孔机被评为省级新产品。通过近几年的新产品开发，技术人员的研发能力大大提高，技术队伍相对稳定，公司被评为浙江省科技型中小企业。

公司立足于新型船用设备及智能化装备的研发与制造，在行业内已经树立了良好的口碑和优异的品牌形象，镗孔机、襟翼舵等专利产品深受广大用户的青睐，近年来，公司发展势头良好，在国内同行业有着较强的影响力。公司计划在未来着力提升自主研发能力，积极加强外部技术合作，紧抓行业内的市场需求，继续秉承“团结、务实、开拓、创新”的企业精神和“诚信、优质、高效、互利”的经营理念，将公司发展成一家集自主研发、生产、销售于一体，以新型船用设备及智能化装备为主要产品的科技型企业。

智能校管机参数：

产品规格	测量法兰尺寸（mm）	设备行程（mm）	测量精度（mm）	运行精度（°）	旋转范围（°）
LY-XGJ-2000	DN50-DN500	0-1500	≤0.01	≤0.01	0-360

襟翼舵参数：

产品型号	产品规格
LY-XGJ-2001	按客户要求定制

镗孔机参数：

产品规格	镗杆直径（mm）	镗杆长度（mm）	镗孔直径范围（mm）	镗杆转速（r/min）	走刀量（mm/r）
LYCT400-1200	Φ150-ϕ30	标准最大 6 000~10 000	180~1 200	6~40 3~30 3~25	0.15~0.3 0.2~0.4 0.3~0.4

智能化视觉跟踪焊接爬车参数：

产品规格	产品尺寸（mm × mm × mm）	运行速度（mm/min）	焊接偏差（mm）	曲线半径（mm）	摆动行程（mm）
HZ-3000A	400 × 300 × 350	0~500	± 0.1	≥300	0~100

生产单位：成都鑫豪斯电子探测技术有限公司

联系人：王钊 18921285158 李松林 13588086751 传真：028-68931368 网址：www.xinhaosi.com

成都鑫豪斯电子探测技术有限公司成立于 1993 年，注册资金 5 001 万。产品广泛应用于燃气、消防、石油石化、船舶等行业，是一家集产品研发、制造、销售及服务于一体的综合电子设备制造商。产品已通过国家公安部型式认证、3C 强制认证、CMC 计量认证、防爆产品认证及中国船级社认证。

产品技术参数：

产品种类：气体报警控制器：JB-TB-AT2020D 和点型可燃气体探测器：AT0502AH/L

1）气体报警控制器：JB-TB-AT2020D

1. 产品特点

◆支持 HBUS 总线信号探测器和 4~20mA 信号探测器；

◆中文 LCD 点阵液晶显示；

◆内置大容量数据存储器，可分类存储开关机记录、故障记录、报警记录及事件记录，断电仍可保存；

◆内置三组无源可编程联动输出和一组 DC24V 有源可编程外控输出触点；

◆具有传感器和通讯故障自动检测、报警及信号线路短路自动保护的功能；

◆内置 XG 上位通讯协议，可与 XG100 上位机监视系统组网；

◆支持 MODBUS 上位通讯接口，方便与第三方上位控制系统或火灾系统实现组网；

◆具有实时打印系统记录的功能。

2. 技术参数

额定电压：AC220V ± 15%/50Hz

备用电池：DC12V/4.5Ah 两只

容　量：≤ 64 点位

适配设备：采用 4~20mA 通信的探测器；

功　耗：≤ 18W （不含探测器）

通信方式：4~20mA 分线制

信号传输距离：≤ 1 500m（ZR-RVV 4 × 2.5mm^2）

显示方式：中文 LCD 点阵液晶显示

报警方式：声光报警

报警输出：内置三组无源可编程外控输出（触点容量 2A/DC24V 或 1A/AC220V）

和一组 DC24V 有源可编程外控输出

F1、F3：默认低限报警时输出保持信号

F2、24V 电磁阀：默认高限报警时输出脉冲信号

使用环境：温度 0℃ ~55℃

相对湿度≤ 95%RH（非凝露）

安装方式：壁挂式

外形尺寸：320mm × 400mm × 118mm(长 × 高 × 深)

重　量：9.5kg

2）船用可燃气体探测器：AT0502AH/L

AT0502AH/L 船用探测器主要用于对船舶的甲烷气体进行检测；固定安装在有被测气体泄漏的室内或室外场所，与适配控制器连接组网实现监控报警：当环境中甲烷泄漏并扩散到探测器部位时，探测器识别、分析，并将气体浓度转换成正比例关系的电流信号，传送给报警控制器。

AT0502AH/L 系列探测器选用知名进口传感器，采用三线制 4~20mA 信号通信方式，自带一组报警输出触点和一组故障输出触点，输出无源开关量保持信号。

功能：

采用三线制 4~20mA 信号通信方式，将气体浓度转换成正比例关系的电流信号，传送给报警控制器；

支持无源开关量报警输出，当检测到的浓度大于设定值时，输出报警信号；

自动检测传感器故障；过浓度自动保护；传感器故障输出报警信号；

自动温度补偿，自动跟踪传感器老化状态；

内置拨码开关和操作按钮，可实现探测参数调整；

可设置故障端子为高限报警输出功能，实现两级报警输出。

项目	参数
检测对象	甲烷
响应时间	≤ 30 秒
检测原理	催化燃烧式
采样方式	扩散式
通讯方式	4 ~ 20mA 分线
量　程	0 ~ 100%LEL
壳体材料	铝合金
额定电压	DC24V
功　耗	≤ 1.5W
连接螺纹	G3/4” 内螺纹（NPT3/4 或 M26X1.5 可选）
报警输出	常开（报警后常闭） 触点容量：1A/DC24V；
故障输出	常闭（有故障为常开） 触电容量：1A/DC24V
防护能力	防爆，ExdIICT6 Gb 防护，IP65
使用环境	温度 −40℃ ~ 70℃、湿度≤ 93%RH（非凝露）、大气气压 86kPa ~ 106kPa
尺寸	162mm × 128mm × 68mm
重　量	0.9kg

生产单位：南通沪江船舶科技有限公司

地址：江苏省海门市长兴镇（226142）
电话：0513-82682688
传真：0513-82710107
网址：www.hmhjsy.com
邮箱：hj@hmhjsy.com hmhjsy@hotmail.com

南通沪江船舶科技有限公司始创于1979年，1998年公司开发船用防火门锁系列产品，2009年开发船用智能门锁系统，2012年研发海上人员管理系统，为海上安全提供重要保障。

目前，沪江共设立4个子工厂，2个贸易公司，员工总人数超过300人。主要产品分为船用防火门锁，船用智能门锁系统，海上人员管理系统；大型过滤设备，船舶舾装件；液压仪表管阀件，数控加工中心。

产品展示

船用智能门锁管理系统

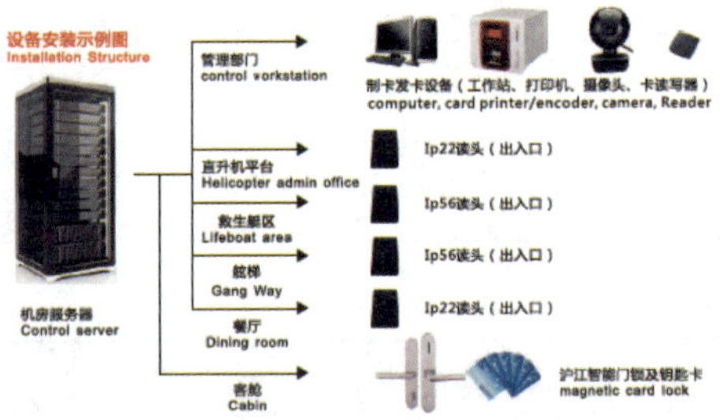

海上平台人员管理系统 & 紧急集合系统

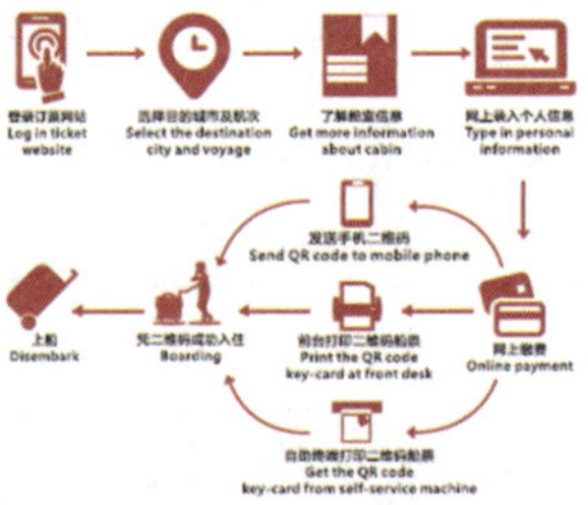

二维码 +RFID 开锁系统

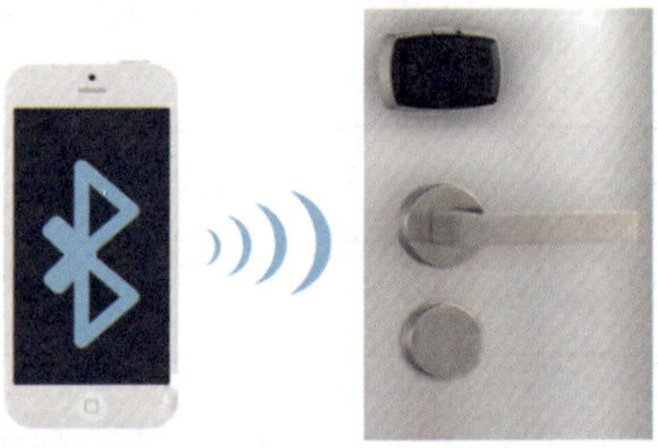

蓝牙 +RFID 开锁系统

舱室门锁 C1

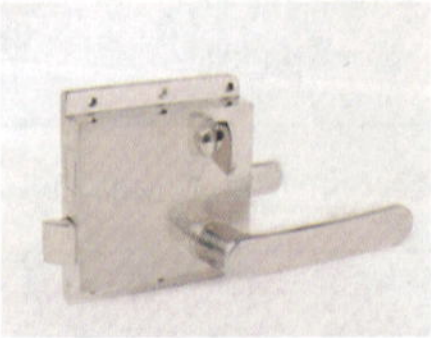

钢质门锁 C2

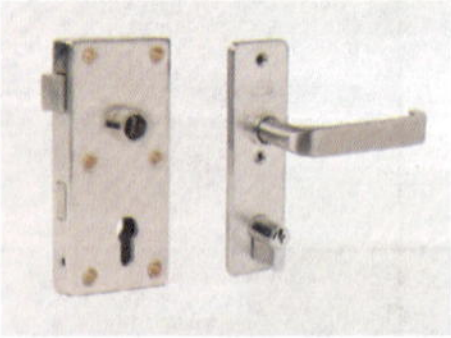

钢质门锁 C2-C

卫生单元门锁 C4

通道门锁

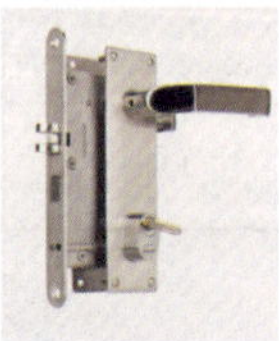

欧标门锁 CE-1

船用挂锁 CP

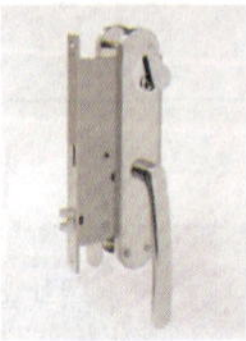

钢质门锁 C-7G-A

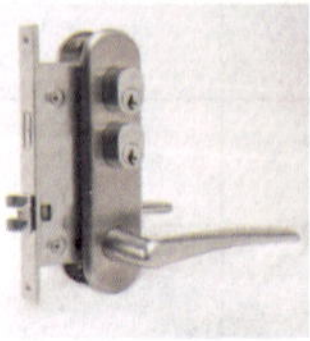

C 舱室门锁 1-DA

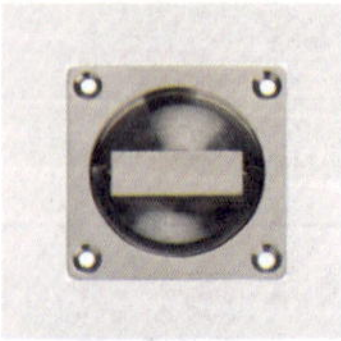

隐形拉手

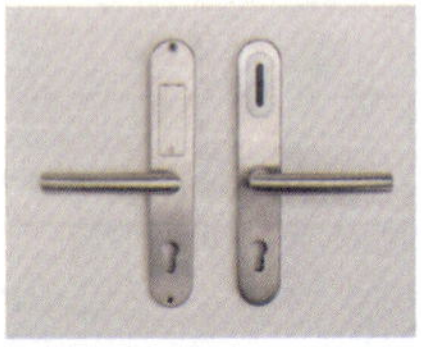

智能门锁 C-1-ZN

生产单位：靖江市鸿源塑料制品有限公司

地址：江苏省靖江市马桥镇振兴南路 126 号　　电话：0523-84355539
传真：0523-84350191　　邮箱：JJHYSL@163.com

靖江市鸿源塑料制品有限公司是一家科技型股份制企业，地处风景秀丽的长江之滨，与江阴长江大桥、京沪高速和新长铁路、长江黄金水道相邻，坐落于水陆交通十分便利的靖江马桥镇工业园区，公司占地面积 28 000m^2，固定资产 3 500 万元。获得靖江市人民政府颁发的“重合同、守信誉”、“AAA”级资信企业等荣誉称号。

公司“鸿源祥”牌产品主要为船用供水及排水系统的管材及管件，工程用地暖管理、PPR 管等。公司拥有 MA2000、A4000、MA8000 等全套注塑装置及 SJ65/33、SJ75/33、BRD315 等多条挤出生产线，并配套熔体流动速率测定仪、落锤冲击试验机、管材静液压爆破试验机、电子拉力试验机、差热分析仪等多台产品质量控制和检测设备。

公司已通过 ISO9001：2008 国际质量管理体系及 CCSR9001-2009 中国船级社质量体系认证，获得中国 CCS 船级社工厂认可证书、美国 ABS 型式认可证书、法国 BV 工厂认可及型式认可证书、挪威 DNV 型式认可证书、农业部颁发的渔检证书等。公司生产的 PE100、PE-RT 管材管件经省产品质量监督检验中心、上海远东防火测试中心及卫生疾病预防控制中心检测，均为合格产品。

主要产品及技术参数：

1000　直管　Pipe　PE100　PN10

直径d×e Dia.	编号Code	长度Length (mm)	PN(MPa)	kg/m
20×2.8	100000	3 000	1.0	0.17
25×2.8	100001	3 000	1.0	0.20
32×2.9	100002	3 000	1.0	0.28
40×3.7	100003	3 000	1.0	0.45
50×4.6	100004	3 000	1.0	0.68
63×5.8	100005	3 000	1.0	1.06
75×6.9	100006	3 000	1.0	1.41
90×8.2	100007	3 000	1.0	2.25
110×10.0	100008	3 000	1.0	3.08
140×12.7	100009	3 000	1.0	5.10
160×14.6	100010	3 000	1.0	6.66

1001　承插焊90^0 弯头　Socket weld bend 90^0

直径d×e Dia.	编号Code	L	D	Z	g
20	100100	26	27	15	15
25	100101	29	34	16	26
32	100102	34	43	19	48
40	100103	45	50	21	68
50	100104	55	62	23.5	131
63	100105	63	79	28	236
75	100106	87	92	31	300
90	100107	104	110	36	510
110	100108	112	132	42	250

生产单位：南通瑞达航海机械有限公司

地址：中国江苏南通经济技术开发区通富南路 35 号
邮箱：ruidaship@163.com、cmoshk@163.com
电话：0086-513-85960395、85960391
传真：0086-513085960394

南通瑞达航海机械有限公司成立于2002年，是集科工贸一体的综合性企业。公司主要生产船用空气管头、高速透气阀，并建立了空气管头、高速透气阀专用科研试验室，包括流体试验室、高低温试验室、回燃爆燃试验室及盐雾试验室等；同时代理日本第一高周波海水管PE涂覆等产品，已取得多家船级社型式认可证书并配套应用于众多国内外各类船舶。

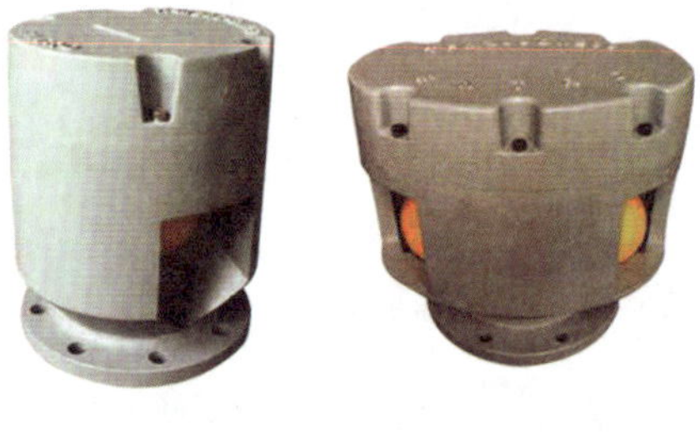

● 船用空气管头自动关闭装置

产品内有高强度浮球，由具有耐油、耐腐蚀（海水）及耐酸、抗疲劳的密封材料制造而成，能有效防止海水、淡水倒灌，确保船舶安全航行。

● 高速透气阀技术

主要特征如下：

1.采用缓冲式和磁力式新型工艺结构的独特设计，排气迅速无阻，无震颤，无锤击，产品安全可靠，可满足化学品船、油轮、FPSCO、石油钻井平台等生产、运输系统的特殊要求。

2.自主研发的特种不锈钢壳体耐海水、油气腐蚀，延长了产品的使用寿命。

3.研发出高效的透气阀导流罩，排气时流阻减小，可形成垂直向上的“高速涡流油气柱”，快速升至高空飘散，大幅减少油气等有害气体对现场人员和设备的危害。

4.实测气体排放风速可达80~100m/s，远远超过了相关国际规范所要求的30m/s流速的2~3倍，杜绝回燃等不安全因素。

5.产品结构设计简单，性能可靠，维修方便，可在实时工况条件下（不停机），快速保养维护。

生产单位：芬兰劳模公司北京代表处 LAMOR
拉森（北京）溢油应急环保技术有限公司
地址：北京市朝阳区建外 SOHO 西区 11 号楼 1901 室
电话：010-84467400 传真：010-59002401
网址：www.lamor.com.cn 邮箱：info@lamor.com.cn

劳模公司成立于 1982 年，专业致力于开发、制造并提供技术精良的溢油回收设备，同时提供溢油回收服务，并有应急计划、风险评估、设备维护及培训等系列解决方案。公司总部位于芬兰，销售网络遍及世界各地。在中国历经 10 余年的发展，已成为了集加工生产、销售和服务于一体的专业化公司。公司愿倾听您的需求，为您提供最佳溢油应急设备与解决方案！

产品技术参数：

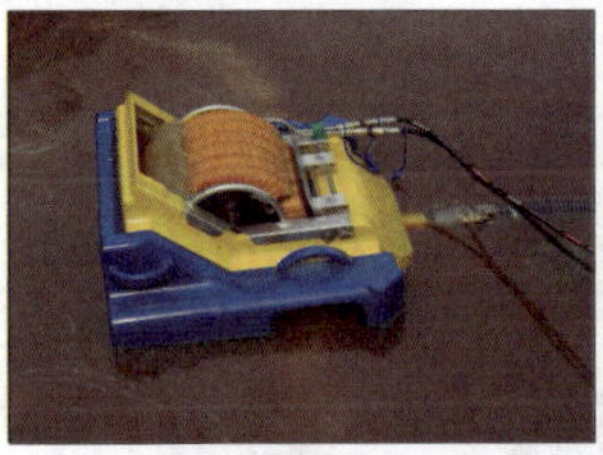

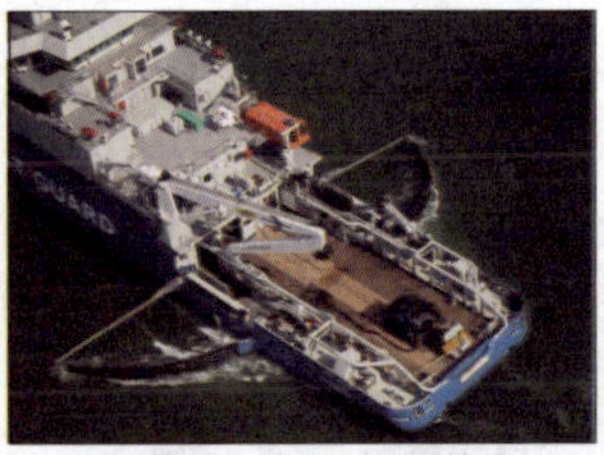

型号	描述
MM 系列收油机	劳模中小型收油机。收油能力为 12~60m³/h，油品黏度范围 1~1 000 000。主要用于岸滩、港口、河流和湖泊的溢油回收。
LMS 收油机	高效灵活的多功能收油机，设计为三角型结构，内部可安装刷式、鼓式、盘式三种可互换模块。三种收油模块可单独安装，也可组合安装。回收油中几乎不含游离水
LFF 100/200 收油机	用于开阔海域溢油回收作业的自由漂浮式收油机，具有极高的收油能力。配有两组 / 四组 V 型刷带，每组刷带由四条刷链组成。可高效回收从轻油到稠油和乳化油等所有类型的浮油
LSC C 系列收油系统	安装在舷侧的侧挂式收油系统，适用于拖船、工作船及大型船舶。整套系统由收油机机组、支撑臂和扫油栏组成
LORS 收油系统	内置式收油系统，适用于长度为 15~100m 的各类船舶。整套系统由收油装置、动力机组、支撑臂、扫油栏、输油泵等组成
FOB 围油栏	PVC/PU 材质，用于快速可靠的溢油围控，布放快、质量轻、强度高、易搬运。适用于港口或油码头的紧急布放或长期使用。总高度 350~1500 mm。标配节长 25m
HDB 围油栏	材质为氯丁橡胶，适用于开阔海域、港口以及油码头和发电厂。HDB 的高度为 900~2 000mm，节长为 50~100m
GTA 系列泵	多功能潜液式阿基米德螺杆泵，泵送能力为 20~140m³/h。除用作输油泵 / 卸载泵外，还适合重油、沥青的应急泵送、储罐清理、管线维护，有不锈钢材质可供选择
LPP 系列动力机组	紧凑型多功能液压动力机组，与各种需液压驱动的溢油回收设备配套使用。动力可为柴油 / 汽油 / 电力驱动，功率 6~200kW。

生产单位：镇江大力液压马达股份有限公司

地址：江苏省镇江市丹徒区谷阳镇西麓兴街 280 号 邮编：212127
电话：0511-85614651 传真：0511-85625058 邮箱：zjyy77@sina.com zy-md-cb@zjyyj.com
网址：www.zjdlmd.com www.zjyyj.com.cn

镇江大力液压马达股份有限公司成立于 2004 年 7 月 29 日，是江苏省高新技术企业，是国内液压基础件龙头企业，公司主要从事液压马达、液压泵及配套各类阀、制动器、变速箱、转向器、转向柱的制造与销售。

公司拥有江苏省级企业技术中心、江苏省液压驱动与控制工程技术研究中心，在长期产品研发过程形成了很强的产品与技术研发能力，形成了一系列的专利技术，并积极与外部企业、科研院所开展技术、科技课题研究合作。

公司生产的摆线液压马达系列完整，品种规格多，能够满足各行各业的配套需求，马达排量为 8~1 000cm³/rev.。

公司依靠国际化的道路，不断地发展与壮大，成为国内行业第一，国际行业前五，具有摆线液压马达年产达 55 万台能力，国际销售占比达 55% 以上。

产品技术参数：

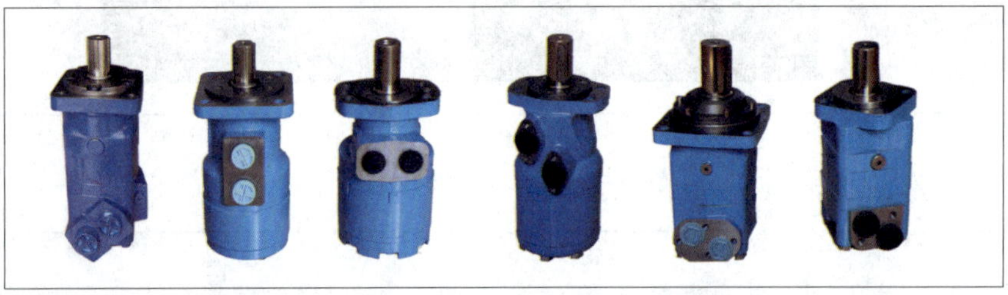

BMK6　BM4　BMER　BMH　BMV　BMSY

变速箱　制动器

产品系列	排量 cm³/r	主要技术参数	类型
BMR、BM1	36~400	最高压力可达 17.5MPa，最大流量可达 60L/min，最大扭矩可达 580Nm，最高转速可达 1 250r/min	轴配流
BM4	160~630	最高压力可达 17.5MPa，最大流量可达 80L/min，最大扭矩可达 1 000Nm，最高转速可达 440r/min	轴配流
BMSY	80~475	最高压力可达 21MPa，最大流量可达 75L/min，最大扭矩可达 910Nm，最高转速可达 800r/min	平面配流
BMV	315~1 000	最高压力可达 20MPa，最大流量可达 200L/min，最大扭矩可达 2 015Nm，最高转速可达 510r/min	平面配流
BMK6	200~1 000	最高压力可达 20MPa，最大流量可达 150L/min，最大扭矩可达 1 675Nm，最高转速可达 765r/min	平面配流
BMER	125~750	最高压力可达 20.5MPa，最大流量可达 80L/min，最大扭矩可达 1 050Nm，最高转速可达 375r/min	高速配流
WGB		多个系列，最大驱动扭矩 6 000Nm，多种变速比，摆线马达驱动，可配制动器	变速箱

（具体选用的马达详细资料见企业样本或咨询企业相关人员）

摆线液压马达特点：具有低速大扭矩的特性，体积小、功率密度大、高效保持性好、可正反调速、性价比高、安装方便等，适合各类回转驱动用、绞盘回转、行走驱动等船舶机械用

生产单位：鲁西新能源装备集团有限公司

电话：0635-8512376　18106350751　　联系人：王延鹏

鲁西新能源装备集团有限公司隶属于鲁西集团，具备化工工程甲级、燃气工程设计资质，固定式、移动式压力容器、压力管道、内河船用燃料罐设计、制造、安装资质，是一家致力于天然气能源装备研发、制造、安装的集团公司。

产品技术参数：

序号	产品种类	主要技术规格	主要产品参数	持有的船级社证书
1	船用燃料罐	全容积：5m³ 介质：LNG 绝热形式：真空粉末绝热	内容器参数：工作压力：1.0MPa；设计压力：1.1MPa；　工作温度：-162℃；设计温度：-196℃ 设计使用年限 20 年（真空度 5 年）　材料 :S30408	CCS
2	船用燃料罐	全容积：10m³ 介质：LNG 绝热形式：真空粉末绝热	内容器参数：工作压力：1.0MPa；设计压力：1.1MPa；　工作温度：-162℃；设计温度：-196℃ 设计使用年限 20 年（真空度 5 年）　材料 :S30408	CCS
3	船用燃料罐	全容积：20m³ 介质：LNG 绝热形式：真空粉末绝热	内容器参数：工作压力：1.0MPa；设计压力：1.1MPa；　工作温度：-162℃；设计温度：-196℃ 设计使用年限 20 年（真空度 5 年）　材料 :S30408	CCS
4	船用燃料罐	全容积：30m³ 介质：LNG 绝热形式：真空粉末绝热	内容器参数：工作压力：1.0MPa；设计压力：1.1MPa；　工作温度：-162℃；设计温度：-196℃ 设计使用年限 20 年（真空度 5 年）　材料 :S30408	CCS
5	船用燃料罐	全容积：40m³ 介质：LNG 绝热形式：真空粉末绝热	内容器参数：工作压力：1.0MPa；设计压力：1.1MPa；　工作温度：-162℃；设计温度：-196℃ 设计使用年限 20 年（真空度 5 年）　材料 :S30408	CCS
6	船用燃料罐	全容积：50m³ 介质：LNG 绝热形式：真空粉末绝热	内容器参数：工作压力：1.0MPa；设计压力：1.1MPa；　工作温度：-162℃；设计温度：-196℃ 设计使用年限 20 年（真空度 5 年）　材料 :S30408	CCS
7	船用燃料罐	全容积：60m³ 介质：LNG 绝热形式：真空粉末绝热	内容器参数：工作压力：1.0MPa；设计压力：1.1MPa；　工作温度：-162℃；设计温度：-196℃ 设计使用年限 20 年（真空度 5 年）　材料 :S30408	CCS
备注：可根据船型及船东要求，进行容积 60m³ 以下的内河船用燃料罐的设计				

生产单位：查特深冷工程系统（常州）有限公司 CHART

电话：0519-85966000　　　联系人：徐惠新

美国查特工业公司是一家深冷行业专业公司，是全球深冷行业技术引领者和新产品开拓者。在全球有 17 个大型制造基地和 6 个研发中心。查特深冷工程系统（常州）有限公司是美国查特工业公司在华全资子公司。产品覆盖深冷行业整个产业链。除深冷 IG 储运系列产品外，在 LNG 行业，拥有的产品从天然气净化及液化设备、LNG 存储与公路、铁路、水路运输设备，直到 LNG 在公交、船舶、以及工业与民用等行业的技术应用装备。为客户及市场提供 LNG 工程应用系统的整体解决方案。

主要产品种类：

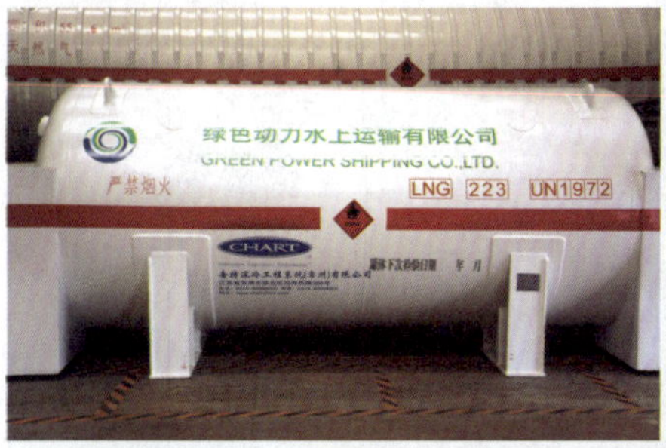

天然气液化	· 天然气、回收焦炉气、页岩气、煤层气、边际气的液化成套装备 MRC、压差膨胀、氮＋甲烷膨胀等液化工艺 5~50 万方 / 天、50~100 万方 / 天、100 万方 / 天以上小、中、大型产能的成套装备
LNG 贮运	· 10~450L LNG 焊接绝热气瓶 · 1~500m^{3}LNG 绝热贮罐 · 500~4 000m^{3}LNG 子母贮罐 · 5~52.6m^3 深冷绝热罐车（带泵或不带泵，加注或运输 LNG 用） · 各种规格，用于公路、铁路、水运的罐式集装箱（超长维持时间）
LNG 应用设备	· 150~1 000L 车、船用 LNG 焊接绝热燃料瓶 · LNG 趸船、移动加液船、及岸基加注站 · 船舶用 LNG 燃料高压、低压供气系统： 内河船—150~50m^3 海洋船—50^3~1 000 m^3 以下； · 可移动式 LNG 贮罐（含罐式集装箱）用于 LNG 船舶燃料供气系统 · LNG 汽车加气站（固定式、移动式、撬装式、箱式撬装等） · 1~3 000m^{3}LNG 贮备 / 调峰站、汽化站 · 1/2 “~6” 深冷介质真空绝热管道

生产单位：湖北长海新能源科技有限公司

地址：湖北省鄂州市葛店经济技术开发区七一二所工业园　邮编：436070
电话：0711-5911903（财务）　0711-5917818（市场部）　0711-5911969（综合部）

湖北长海新能源科技有限公司隶属于中船重工集团公司第七一二研究所。公司主要从事化学电源、储能装置、绝缘化工等新能源、新材料的研究、制造、销售和服务工作。中船重工第七一二研究所是国家重点军工科研单位，是国内唯一的电力推进装置研究所，公司依托七一二研究所，具备国内一流的研发平台和技术实力。

公司占地面积 80 亩，总资产过亿元，产值 3 亿多元。员工 300 余名，具有副高以上职称的近 30 名，具有硕士研究生以上学历的近 40 名，其中博士 8 名。是国家高新技术企业和湖北省省级企业技术中心。

公司用于船舶领域的电池产品型号主要有 GFM 系列和 FM 系列，其中 GFM 系列电池通过了军方产品定型检验。我公司是国内舰艇及船舶领域的主要供应单位，产品广泛使用在大型舰船、轻护舰、水兵舰、扫雷舰、消磁船、测量船、补给船、布缆船和一些海监船、渔政船、公安边防、海关执法等公务船上，并在业内享有较高的知名度和美誉度。

产品技术参数：

型号	额定电压（V）	额定容量（Ah）			放电电流（A）			终止电压（V）			外形尺寸（mm）			最大质量（kg）	端子型式
		10h率	3h率	1h率	I10	I3	I1	10h率	3h率	1h率	长	宽	总高		
6FM-50	12	50	37.5	27.5	5	12.5	27.5	1.80	1.80	1.75	229	138	228	18.5	F
6FM-60	12	60	45	33	6	15	33	1.80	1.80	1.75	240	200	205	22	Y
6FM-65	12	65	48.8	35.8	6.5	16.3	35.8	1.80	1.80	1.75	352	166	174	24	Y
6FM-80	12	80	60	44	8	20	44	1.80	1.80	1.75	259	168	227	28	F
6FM-100	12	100	75	55	10	25	55	1.80	1.80	1.75	407	173	235	35	F
6FM-100G1	12	100	75	55	10	25	55	1.80	1.80	1.75	330	174	220	35	Y
6FM-120	12	120	90	66	12	30	66	1.80	1.80	1.75	407	173	235	40	F
6FM-150	12	150	112.5	82.5	15	37.5	82.5	1.80	1.80	1.75	483	170	240	50	F
6FM-200	12	200	150	110	20	50	110	1.80	1.80	1.75	520	240	250	70	F
GFM-100	2	100	75	55	10	25	55	1.80	1.80	1.75	174	80	247	8	F
GFM-100G1	2	100	75	55	10	25	55	1.80	1.80	1.75	172	62	320	8	Y
GFM-200	2	200	150	110	20	50	110	1.80	1.80	1.75	174	110	365	16	F
GFM-200G1	2	200	150	110	20	50	110	1.80	1.80	1.75	174	110	335	16	Y
GFM-300	2	300	225	165	30	75	165	1.80	1.80	1.75	178	155	365	21	F
GFM-300G1	2	300	225	165	30	75	165	1.80	1.80	1.75	176	155	340	22	Y
GFM-400	2	400	300	220	40	100	220	1.80	1.80	1.75	210	174	365	30	F
GFM-500	2	500	375	275	50	125	275	1.80	1.80	1.75	242	174	365	35	F
GFM-600	2	600	450	330	60	150	330	1.80	1.80	1.75	300	174	365	41	F
GFM-800	2	800	600	440	80	200	440	1.80	1.80	1.75	412	174	365	57	F
GFM-1000	2	1 000	750	550	100	250	550	1.80	1.80	1.75	480	174	365	65	F
GFM-1500	2	1 500	1 125	825	150	375	825	1.80	1.80	1.75	400	350	375	110	F
GFM-1800	2	1 800	1 350	990	180	450	990	1.80	1.80	1.75	400	350	375	130	F
GFM-2000	2	2 000	1 500	1 100	200	500	1 100	1.80	1.80	1.75	491	350	375	145	F
GFM-3000	2	3 000	2 250	1 650	300	750	1 650	1.80	1.80	1.75	712	350	375	220	F

生产单位：天纳克（苏州）排放系统有限公司 TENNECO

地址：江苏省昆山市经济技术开发区环娄路 236 号　邮编：215333
电话：0512–57021088　传真：0512–57021066　网址：www. tenneco.com

天纳克是一家资产达 84 亿美元的全球制造公司，总部位于美国伊利诺斯州森林湖市，在全球范围内拥有约 29 000 名员工。我们先进的空气净化技术可为船舶市场提供满足全球法规的标准及定制化解决方案，包括 SCR、DOC、DPF 及尿素喷射系统。

产品技术参数：

SCR product selection guide

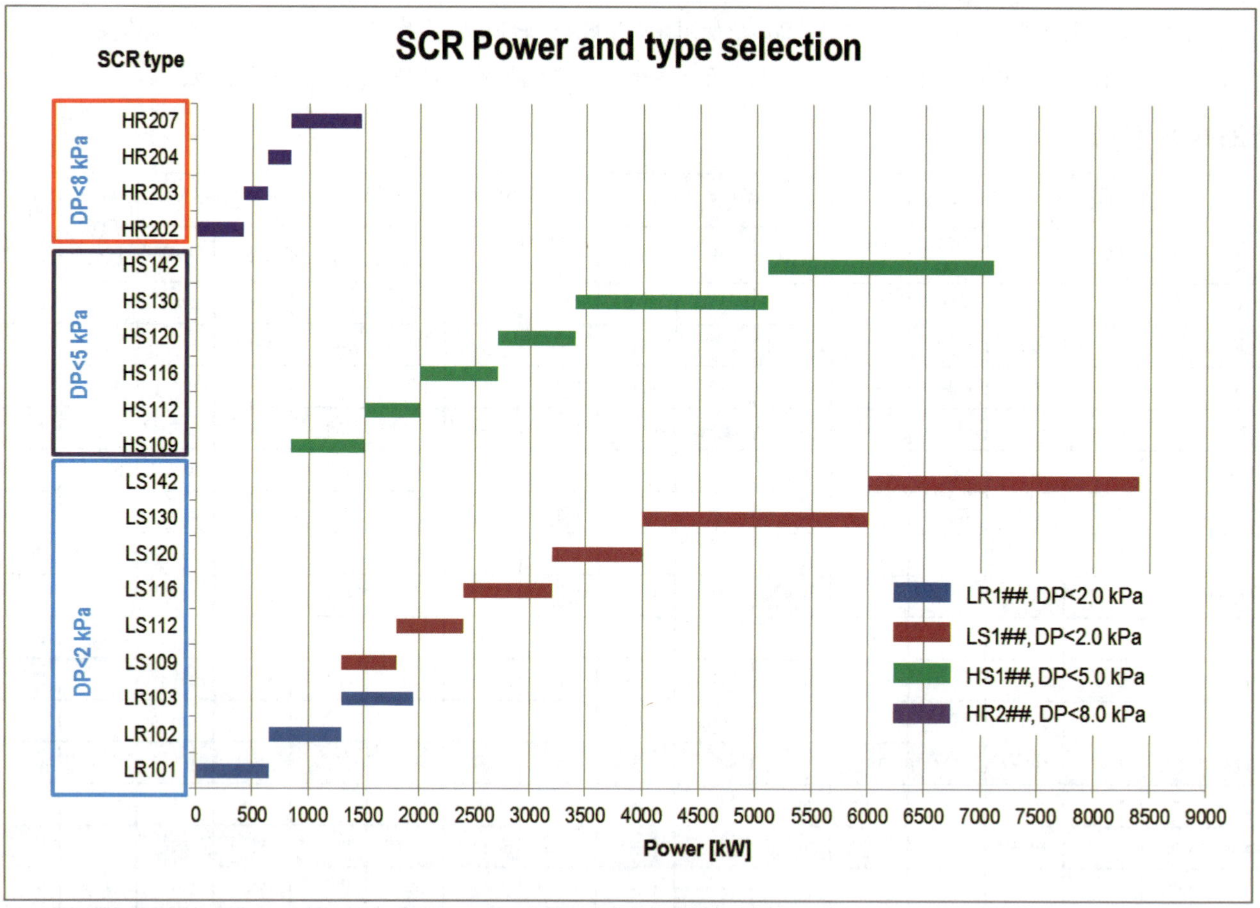

SCR selection guide				
Applied engine type	4-st diesel engine or gas engine			
Fuel oil type for engine	Diesel fuel, Sulphur < 2000 ppm			Diesel fuel S<350 ppm,
Applied SCR inlet temperature	250 – 425 °C			250 – 500 °C
SCR pressure drop	<2.0 kPa		<5.0 kPa	<8.0 kPa
DeNOx ratio	>80%		>90%	
NH3 slip	≤ 10 ppm			
SCR type	LR1##	LS1##	HS1##	HR2##

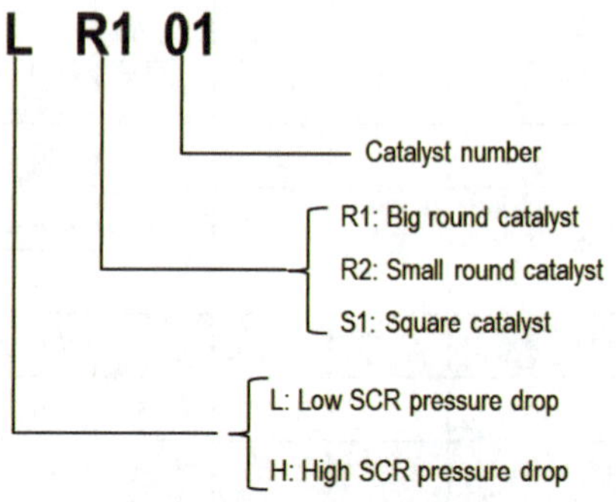

生产单位：上海融高金属材料有限公司

总部：上海市汶水东路 278 号景明大厦 30 楼　电话：021-55386600　65441500　65176636
传真：021-55398807　55388282

上海融高金属材料有限公司成立于 1995 年，是一家集投资、贸易、仓储、物流、加工为一体的企业，荣获“2011 年钢贸企业百强——型材百强 16 名”，是一家实力强劲、发展空间巨大的商贸流通企业。多年来，先后荣获“上海市百强私营企业”、“重合同守信用企业”、“资信等级 AAA 级”荣誉称号，并于 2005 年通过 ISO9001-2000 质量体系认证。公司与马钢、武钢、包钢、鞍钢、济钢、邯钢、宝钢、抚钢、莱钢、日照等国内知名钢铁生产企业有着长期稳定的合作关系。主营中厚板、低合金板、桥梁板、螺纹钢、工字钢、槽钢、H 型钢、球扁钢、等边角钢、不等边角钢等诸多品牌钢铁产品。

产品技术参数：

品名	详细品名	材质	规格型号
角钢	等边角钢	Q235	100★100★10、100★100★6、100★100★8
		Q235B	100★100★12、110★110★10、110★110★12、110★110★7、110★110★8、125★125★10、125★125★12、125★125★8、140★140★10、140★140★12、140★140★14、160★160★10、160★160★12、160★160★14、160★160★16、180★180★10、180★180★12、180★180★14、180★180★16、180★180★18、200★200★12、200★200★14、200★200★16、200★200★18、200★200★20、200★200★24、25★25★3、45★45★4、45★45★5
		Q235A/B	30★30★3、40★40★4、40★40★5、50★50★5、50★50★6、56★56★5、60★60★6、63★63★5、63★63★6、63★63★8、70★70★5、70★70★6、70★70★7、75★75★10、75★75★5、75★75★6、75★75★8、80★80★10、80★80★6、80★80★8、90★90★10、90★90★6、90★90★7、90★90★8
	不等边角钢	Q235A/B	100★63★10、100★63★6、100★63★8、100★80★10、100★80★12、100★80★8、110★70★10、110★70★8、125★80★10、125★80★12、125★80★8、140★90★10、140★90★12、140★90★8、160★100★10、160★100★12、160★100★14、180★110★10、180★110★12、180★110★14、200★125★12、200★125★14、200★125★16、63★40★5、63★40★6、75★50★5、75★50★6、75★50★8、90★56★6、90★56★8
工字钢	工字钢	Q235A	12#、16#、18#
		Q235B	10#、14#、20#A/B、22#A/B、25#A/B、28#A/B、30#A/B、32#A/B、36#A/B、40#A/B、45#A/B、56#A/B、63#A/B
H 型钢	H 型钢	Q235B	125★125★6.5★9、150★150★7★10、175★175★7.5★11、194★150★6★9、198★99★4.5★7、200★100★5.5★8、200★200★8★12、244★175★7★11、248★124★5★8、250★125★6★9、294★200★8★12、298★149★5.5★8、300★150★6.5★9、346★174★6★9、350★175★7★11、396★199★7★11、400★200★8★13、450★200★9★14、596★199★10★5、600★200★11★17、692★300★13★20、700★300★13★24、792★300★14★22、809★300★14★26、890★299★15★23、900★300★16★28
槽钢	槽钢	Q235A/B	10#、12#、14#A/B、16#A/B、18#A/B、20#A/B、22#A/B、25#A/B、28#A/B、30#A/B、30#C、32#A/B、32#C、36#A/B、40#A/B、5#、6.3#、8#
球扁钢	球扁钢	CCSA/B	5#、8#、10#、12#、14A/B、16A/B、18A/B、20A/B、22A/B、24A/B、100#、120#、140A/B、160A/B、180A/B、200A/B、220A/B、240A/B、270A/B、BP180★9#10、BP200★10#8/12、BP220★11#10、HP8#、HP80★5/6、HP100★6、HP100★7/8、HP120★6/7/8、HP140★7/8/10、HP140★9、HP160★7/8/9/11、HP180★8/9/10/11、HP200★9/10/11/12、HP220★10/11/12、HP240★10/11/12、HP260★10/11/12、HP280★11/12/13、HP300★11/12/13、HP320★12/13/14、HP340★12/13/14、HP370★13/14/15、HP400★14/15/16、HP430★14/15/17/19/20

生产单位：上海炯圣机械有限公司

地址：江苏省太仓市浏河镇南海路 2 号　网站：www.Janusgrab.com
电话：021-68855558　传真 0512-53623900　邮箱：janus@janusgrab.com

上海炯圣机械有限公司致力于研制开发无线遥控抓斗、电动液压散货抓斗、电动液压多瓣抓斗、大型打捞疏浚抓斗等各类技术含量较高的抓斗。其中最适用于船舶使用的无线遥控散货抓可以保证连续 24 小时不间断工作，并因其结构简单，故障率低，深得用户好评，在国内及国际同行业水平中处于领先水平，产品的性能和质量已赢得众多用户的赞誉，倍受海外用户青睐。公司通过对船用电动液压散货抓斗的液压系统及电缆卷筒系统不断的改进，油温及卷筒得到了有效的控制，可以保证抓斗能连续 24 小时不间断工作。公司生产的系列产品性能稳定，使用可靠，产品先后获得 CCS、NK、BV、LR、SGS 等国内外认证机构的认证。

产品技术参数：

遥控抓斗参数

型号	斗容（m³）	额定起重量（t）	自重（t）	外形尺寸（mm）					滑轮直径（mm）	钢丝绳直径（mm）
				闭合宽度	打开宽度	闭合高度	打开高度	抓斗长度		
YK10[3-6]4.5	3-6	10	4.5	2600	3338	3756	3071	2700	ø445	ø24
YK14[4-7]6	4-7	14	6	2780	3398	4092	4448	2800	ø520	ø28
YK16[4-8]7	4-8	16	7	2780	3398	4092	4448	3000	ø520	ø28
YK20[5-10]8	5-10	20	8	2810	3591	4192	4513	3560	ø560	ø32
YK25[6-12]10	6-12	25	10	3000	3837	4487	4850	4100	ø560	ø36
YK28[8-16]10.5	8-16	28	10.5	3060	3887	4559	4881	4320	ø650	ø36
YK32[10-20]14	10-20	35	14	3270	4109	5008	5391	4600	ø720	ø40
YK40[12-24]17	12-24	40	17	3520	4374	5136	5495	4700	ø800	ø45
YK50[15-30]21	15-30	50	21	4000	4873	5850	5072	4900	ø880	ø52

一般适用容量为1-2.5t/m³ 的各种货物

型号	斗容（m³）	外形尺寸（mm）					自重（kg）	电动机功率（kW）		闭合时间（s）	工作油压（kg/cm²）
		闭合宽度	打开宽度	闭合高度	打开高度	抓斗长度		380V 50Hz	440V 60Hz		
DYP8[1.5-3]3.5	1.5-3	2242	3020	2975	2605	1872	3500	18.5	21	14	200
DYP14[3-6]5.5	3-6	2520	3153	3019	28978	2516	5500	22	26	18	200
DYP16[4-8]6.5	4-8	2800	3350	3488	3160	2965	6500	30	35	18	200
DYP20[5-10]7	5-10	2850	3700	3620	3200	3050	7000	30	35	18	200
DYP25[6-12]10	6-12	3540	4327	3990	3413	3600	10000	45	52	20	200
DYP28[8-15]11	8-15	3540	4027	3785	3325	3400	11000	45	52	20	200
DYP32[10-18]13	10-18	3400	4360	4500	3900	3950	13000	45	52	22	200
DYP40[12-22]17	12-22	3849	4471	4604	4320	4500	17000	55	63	33	200

注：1. 表内参数如有变动，不再另行通知。2. 可按用户参数设计制造

生产单位：江阴市天华保温材料有限公司

地址：江苏省江阴市华士镇工业园保池路 89 号　电话：0510-86211438　0510-86855277

江阴市天华保温材料有限公司坐落于江阴市华士镇工业园，毗邻全国闻名的华西村，处于沿江高速和沪宁高速的交汇处，交通便利，具有得天独厚的经济地理位置。

多年来，本公司以“润玛”为品牌，从事生产主产品铝箔玻纤复合材料、铝箔胶带，以及玻璃棉、岩棉、陶瓷棉耐高温管壳及其各类板材制品，并配套各种保温绝缘外护层材料的设计、安装、施工。

我公司拥有雄厚的技术力量，一流的生产设备，先进的生产工艺，齐全的检测手段及高效的企业管理机制。公司成套生产的产品均通过国家玻纤院、中国绝热隔音协会认可与推荐。由中国船级社认证机构对我企业 ISO9001-2000 质量管理体系认证，并顺利通过。我公司产品经远东防火试验中心试验，其产品质量及性能符合标准。

产品技术参数：

产品图片展示			
常用铝箔玻纤布 厚度 0.12mm	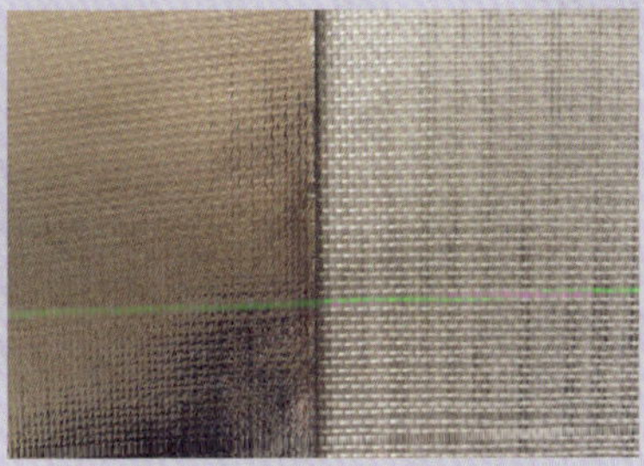	140g 铝箔玻纤布	
180g 铝箔玻纤布		450g 铝箔玻纤布	
铝箔玻纤布胶带		铝箔胶带	

生产单位：天津市金浩海洋环保科技发展有限责任公司

地址：天津市滨海新区塘沽锦江路 369 号（交易大厅 307 号） 邮编：300451
电话：13902184498（18202271458） 联系人：齐文东
传真：022-25212887

天津市金浩海洋环保科技发展有限责任公司主要生产防海生物装置和阴极保护装置两类产品，是中国最早生产研发此类产品的公司之一。公司成立 20 年来，先后为近 300 多条各型船舶提供了产品和防护，起到了良好的效果。

公司成立之初和有关科研单位大学合作研制了 HD 系列电解重金属防污防腐装置，特别是 2012 年的防海生物产品获国家发明专利，同时船用阴极保护设备也获得了多项国家实用新型专利。

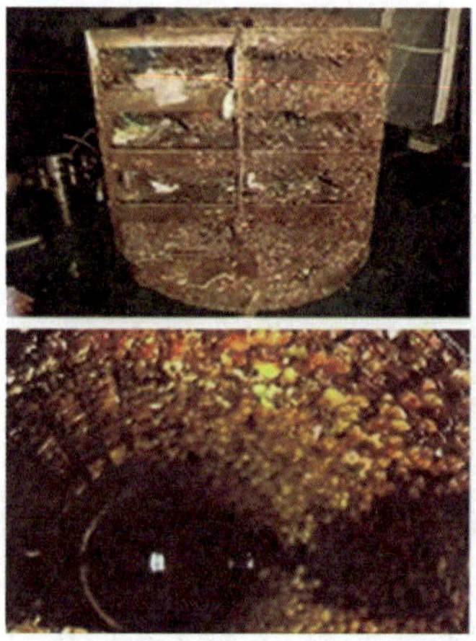

防海生物装置安装前

使用防海生物装置安装后

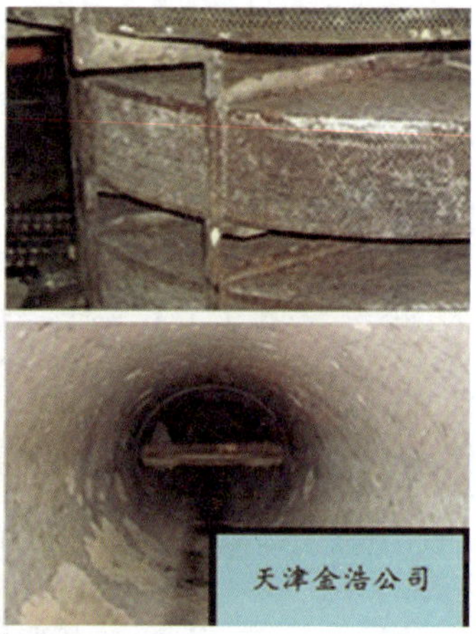

防海生物装置主要产品参数及规格（以HD400为例）

输入电压	AC 220V（单相）
频率	50~60赫
输出电流范围	A1，C1组　DC 0~2A（两路）
	A2，C2组　DC 0~2A（两路）
	多组多路（可达到5组10路电流0~5A）
输出电压范围	DC 0~9V
恒电流精度	≤ ±1 %
报警值设定范围	4~9V可调（出厂调在9V）
正常工作指示范围	2~7V（绿）7~9V（红）
输出	输出组　多组　　输出路　多路
输入阻抗	≥5MΩ
工作方式	连续
重量	25kg
外型尺寸（参考）	挂壁式 480cm × 350cm × 240cm（2组4路）
阳极输出桩（内面板）	4个（标准：2组4路）
阴极输出桩（内面板）	2个（标准：2组4路）

阴极保护装置主要产品参数及规格（以SF200为例）

输入电压	AC 220V（单相）
频率	50~60Hz
输出电流	DC 0~50A
输出电压	DC 0~16V
给定电位	DC 0~ ± 1.999V（可调范围）
跟踪精度	（恒电位）≤ ± 10mV
恒流精度	≤ ± 1%
输入阻抗	≥ 5MΩ
工作方式	连续
波纹系数	≤7%
超差转换值范位	± 20~500mV（可设定出厂时设定 ± 200mV）
超差动作精度	≤5%
重量	100kg
外型尺寸	920cm × 510cm × 410cm

浙江云迪电气科技有限公司

提供纯电动船舶驱动系统集成解决方案

浙江云迪电气科技有限公司专注于各领域的纯电动动力系统技术研发，产品生产及匹配应用。随着产品技术水平不断提高，主打产品纯电动船用电机控制器获得业内首张由中国船级社（CCS）颁发的产品认证证书。产品应用在各类船型输出功率范围可达 10kW~200kW，航速可完全对标同类型燃油船，扭矩输出响应 <10ms。产品应用在内湖游船续航时间可达 8 小时，运行时长，完全满足运营所需，不用为纯电动续航问题而担忧。以上实际项目案例均匹配锂离子电池，功率密度高，充电快。相比燃油发动机纯电动驱动系统优势：零排放，低噪音，维护简单，极低运营成本，凭借的诸多优势纯电动驱动船舶成了内湖,运河等优质水体应用发展的新方向。

主驱电机控制器：

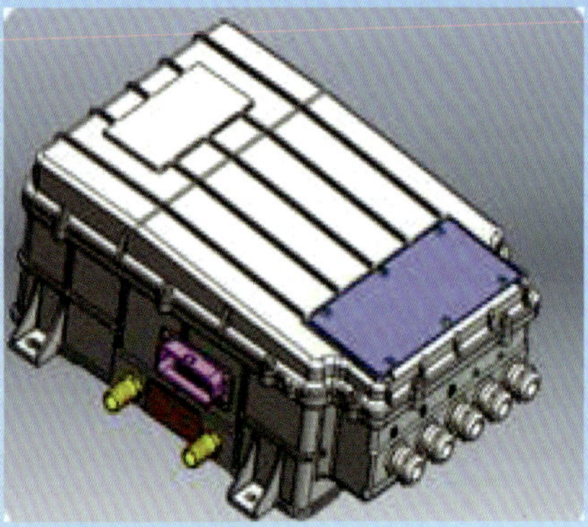

适用船型	各类电推船型
适用电机	永磁同步电机
输入电压范围	DC 260V~650V
峰值输出功率	10kW~200kW
转速范围	0~14000r/min（根据电机而定）
防护等级	IP67
冷却类型	液冷
重量	<11kg
外形尺寸	366.5×298×145

产品 CCS 证书：

中国船级社
CHINA CLASSIFICATION SOCIETY
型式认可证书
CERTIFICATE OF TYPE APPROVAL
电机控制器
Motor Controller
浙江云迪电气科技有限公司
Zhejiang YunDi Electric Technology Co., Ltd.

联系我们:

公司地址：浙江省杭州市淳安县千岛湖镇鼓山大道 371 号

联系电话：15658129181 阴女士

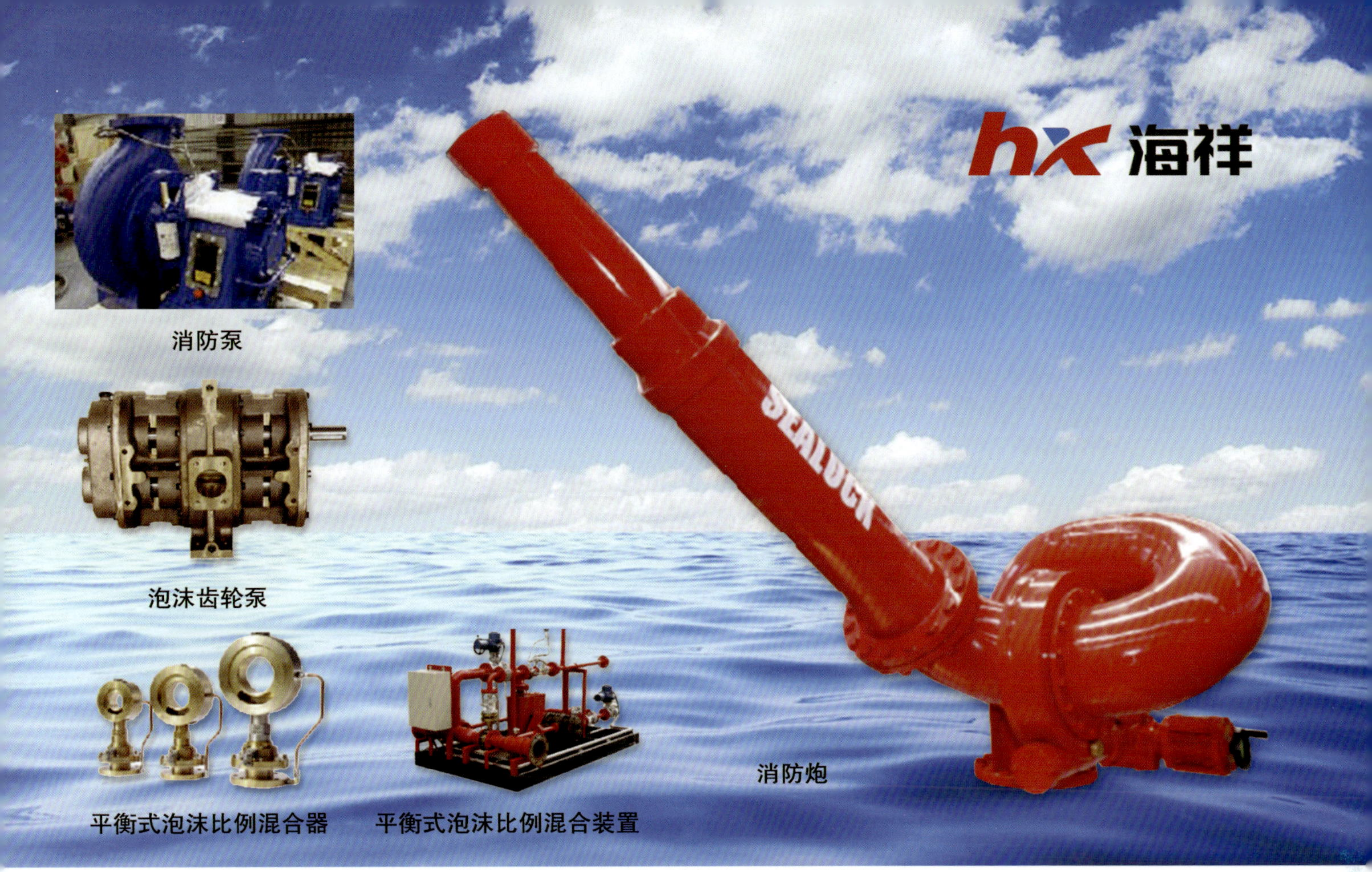
hx 海祥
消防泵
泡沫齿轮泵
SEALOCK
平衡式泡沫比例混合器
平衡式泡沫比例混合装置
消防炮

分界洲17
分界洲7

上海安峰起重索具有限公司是一家专门从事起重设备，索具设计安装调试等产品的专业技术型公司。
公司拥有专业的资深技术团队，从产品的技术设计规范，到终端客户的实际使用操作，全面做了系统的流程管理和安全设计，为客户提供技术支持和安全服务。
公司主要产品涵盖各种规格的钢丝绳，钢丝绳索具，链条和链条索具，吊带和吊带索具，安全带；防台风系列产品，捆绑带和吊装带产品，海工船舶配套系泊钢丝绳和舾装零件，手拉葫芦和手扳葫芦，卸扣，吊环等起重配件。
公司代理国际品牌产品：
pewag
TALURIT
JIAN FENG
VITALI-INTL
JPN HOIST
地址：上海市浦东新区桃林路18号A座1010室
邮编：200135
电话：021-61766178　　传真：021-61766112
邮箱：info@anfeng-chain.com
网址：www.anfeng-chain.com
CPOC-ADB

郑州众智科技股份有限公司

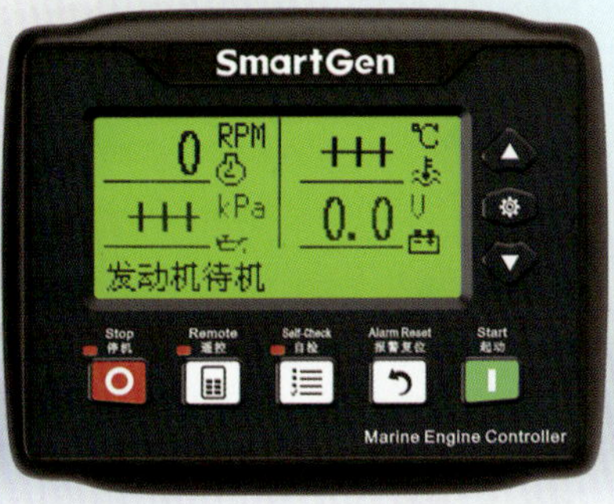

柴油发动机控制器

柴油发动机控制器

远程监控模块

柴油发动机控制器

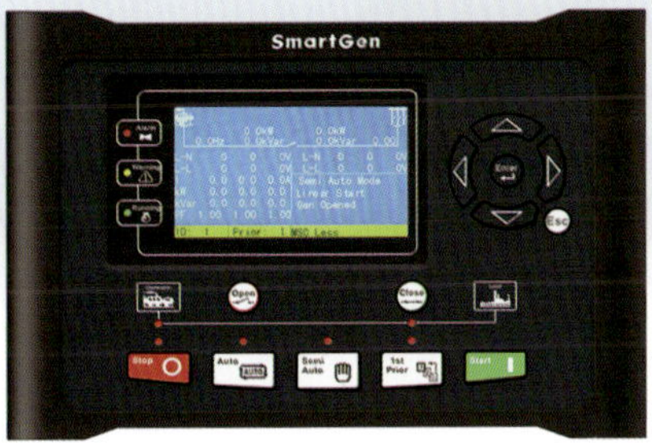

功率管理控制器

压力变送器

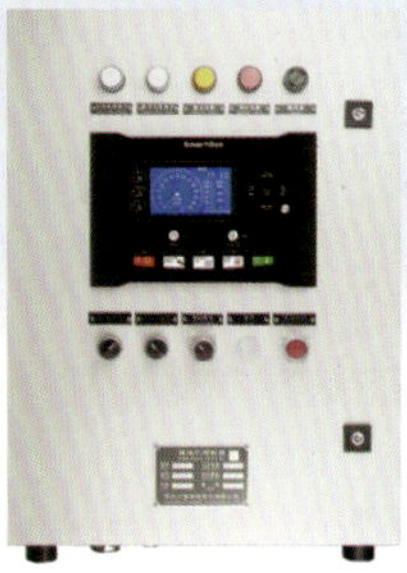

柴油机自起动控制箱

郑州众智科技股份有限公司成立于1998年，是新三板上市企业。专业从事发动机/发电机组智能控制、双电源切换开关及智能控制、发动机机体加热器、蓄电池充电器等相关产品的设计、研发、制造、销售和服务，是发电机组行业设备制造商之一。

公司船用产品先后通过中国船级社CCS和法国船级社BV认证。

电量综合保护模块

地址：河南省郑州市高新技术开发区金梭路28号

邮编：450001

传真：0371-67992952

电话：0371-67988888/67981888/67991553/67992951

外贸直线：0371-67981000

邮箱：sales@smartgen.cn

网址：www.smartgen.com.cn

模拟量输入模块

电子电位器

杭州萧山江南通用机械有限公司

杭州萧山江南通用机械有限公司坐落在杭州市萧山区新塘街道东端五路581号。2000年4月建厂，注册资金1500万。工厂专业生产王龙牌齿轮箱。

我厂是浙江省科技型中小企业，杭州市高新技术企业。我厂具有与世界同类产品相近的类似产品。有高速轻型的船用齿轮箱，适合游艇、钓鱼艇高速艇用。产品有四大类。第一类是常规船用齿轮箱。并具有倒顺及承受螺旋桨推力及适合高速艇的输出带倾角的船用齿轮箱。第二类是配喷泵用。具有输出同转向及反转向。第三类是多输出分动箱，有双输出、三输出、至十一输出。重量轻，体积小之称。第四类是油电混合船用齿轮箱。亦称新能源船用齿轮箱。船的航行用电机驱动，柴油机作保障。当远距离或电机不工作时柴油机启动运行，当齿轮箱在停位，柴油机和电机均接通，此时作为发电机组工作。该齿轮箱的体积重量与常规齿轮箱相近。以达到环保节能的目的。

杭州萧山江南通用机械有限公司具有齿轮箱的独立开发设计及完整的生产能力及体系。

LQ138轻型船用齿轮箱

油电混合船用齿轮箱

LQ200轻型船用齿轮箱

600千瓦喷泵齿轮箱

LQ85A

地址：杭州市萧山区新塘街道西许村　电话：0571-82672123/82087729/82780266　传真：0571-82780766

国内获得中国船级社“船用电动葫芦”产品认证领先单位
——让所有用户满意和感动
HC-C/HM-C型船用电动葫芦
HC-C和HM-C型0.5t~20t船用电动葫芦，分别具有起升单速和起升双速功能。该产品符合《船舶与海上设施起重设备规范》有关要求，获得中国船级社产品认证，具有“三防”（防潮、防霉、防盐雾）性能。
船舶处于横倾5º、纵倾2º也能正常工作；
可适用于港口、码头、仓库、船舶机舱内或船舶甲板上（最高可达到防护等级IP56）等各种场合；
标配手动释放装置，作业时若遭遇意外断电，可将重物安全地下降到地面。
可根据用户需要设计定制非标葫芦，如运行小车可配齿条式等。产品具体参数可与销售部门联系。
江苏省著名商标
Jiangsu Famous Trademark
(2014-2017)
江苏省工商行政管理局
凯澄起重机械有限公司
中国重型机械工业协会
China Heavy Machinery Industry Association
常务理事单位
任期：四年
发证日期：二〇一六年五月
中国重型机械工业协会
China Heavy Machinery Industry Association
起重葫芦分会
副理事长单位
凯澄起重机械有限公司
发证日期：二〇一七年十一月
有效期至：二〇二一年十二月
凯澄
KITO
凯澄起重机械有限公司
——原江阴凯澄起重机械有限公司——
凯澄起重机械有限公司创业于1958年，1995年6月与日本KITO株式会社合资，公司现为中国重型机械工业协会常务理事单位、起重葫芦分会副理事长单位，国内知名电动葫芦、起重机生产企业，目前钢丝绳电动葫芦的产销量在世界上名列前茅，产品为国内十多家核电站配套。公司成为“华龙一号”配套的设备厂商。
地址：江苏省江阴市澄江东路18号　邮编：214429
电话：0510-86196611（销售部）
传真：0510-86199668
邮箱：sales@kaicheng.com
网址：http://www.kaicheng.com
更多内容请关注企业公众号
中国船级社
CHINA CLASSIFICATION SOCIETY
型式认可证书
CERTIFICATE OF TYPE APPROVAL
This is to certify that the following products produced by the manufacturer stated in the certificate can meet the requirements of the approval standards listed below.
认可产品/Product Approved
电动葫芦
Electric Hoist
制造厂/Manufacturer
凯澄起重机械有限公司
Jiangyin Kito Crane Co.,Ltd.
No.18,Chengjiang East Road,Jiangyin City,Jiangsu Province,China
附加标志/Notations
无/Nil
认可标准/Approval Standard

靖江市东星船舶设备厂

靖江市东星船舶设备厂地处长江下游，位于靖江市西来镇建新桥西首。公司创建于2003年3月，法人代表：王胜银。工厂现有厂房面积8000平方米，职工50余人。主要生产船用空气瓶、压力水柜、热水柜、消音器、速闭阀控制箱、船用舾装件等，建厂以来所生产的产品均获得各船级社、设计院及船厂的认可，得到船东的好评。

本厂于2008年8月取得BV船级社工厂认可证书，2010年12月获得2008版质量管理体系认证证书，2011年8月获得ABS认可证书，2012年5月取得LR船级社认可证书及各船级社的工艺评定证书，2012年7月取得ZY船级社认可证书，同时取得了空气瓶CCS工厂认可证书，于2016年11月获得DNV-GL船级社认可证书，并在2019年4月取得了消音器的CCS型式认可证书。

我厂以“用户至尊，信誉为本，以新竞争，质量取胜”为宗旨，与设计院建有长期合作协议，有领先的设计图纸，精良的生产设备，先进的生产工艺，完善的检验手段，快速有效的售后服务。保证产品质量领先，用户满意。

序号	产品系列	系列简介	获得证书
1	船用空气瓶	船用Ⅱ、Ⅲ级空气瓶，可提供立式，卧式碳钢材质。同时可生产氮气瓶、（液化天然气，氮气）缓冲罐、（海工）散料罐等。	CCS DNV GL LR ABS BV NK KR RINA RS ZY
2	压力水柜	各规格海水、淡水、饮用水、消防水、喷淋水压力柜，可组装成单元供货。	
3	快关阀控制箱	燃油快关阀气动控制箱、舵浆气动控制箱、百叶窗气动控制箱、防火阀气动控制箱等。	
4	（火星熄灭）消音器	消音量 25-35dB 的各规格消音器。	

地址：江苏省靖江市西来镇建新桥西首
电话：0523-84236968　传真：0523-84231788
邮箱：jjdxcb@163.com　联系人：王胜银　13505121935（微信同号）
网址：www.jjdxcb.net

产品展示

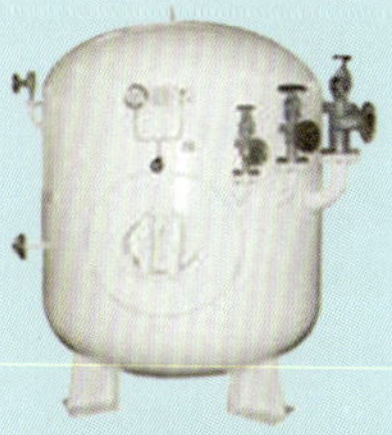
A型空气瓶

速比阀控制箱

组装式压力水柜

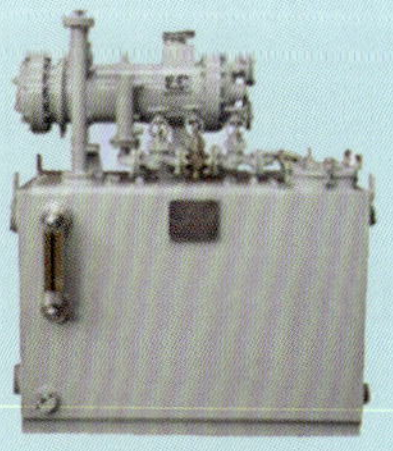
热井模块

泡沫罐

工厂实物图

组合式压力水柜

电加热水柜

凝水观察柜

蒸汽电加热两用水柜

消音器

丹阳市新宏机电设备有限公司

丹阳市新宏机电设备有限公司位于江苏省丹阳市开发区大泊镇韩国工业园，是专业生产经济型船舶三坐标测量机（螺距规），该机能方便、快捷、直观地完成按极坐标系生产制造的大型回转及螺旋曲面体部件的形位公差检测，消除用三坐标测量机生产的转换误差和某些参数测时无法检测的技术难关，可对螺旋桨叶片的长度、节距及所测点的高度进行测量，是船舶、水电设备、航空和军工等行业研制，生产螺旋桨和大型回转体的必须设备。

本厂专业制作船舶螺旋桨制造工装，以及对外承接车床、铣床、平磨、外圆磨、线切割、坐标镗床等加工业务。设计制造各种非标、机械设备。本厂生产设备先进、技术力量雄厚、产品质量优、性能好。

随着全球化、网络化、信息化经济的发展，我们将本着以科技为先导、质量为重点、品质加服务的发展宗旨，继续以“客户为中心”，通过满足客户需求提高客户满意度来打造和保持企业竞争的空间，与时俱进，以“真诚、创新、求精”的企业精神，以“质量第一、信誉第一”的原则，为国内外客户提供一流的服务、一流的质量、一流的产品，未来的新宏机电设备必将更好地为国家建设服务。

厂长毛星红先生希望与您携手共进、力求创新、精益求精、大力拓展市场，真诚的与各位朋友、中外客商发展友谊，建立长期业务合作伙伴关系。热忱欢迎客户来人、来电洽谈业务，以求得共同辉煌。

我公司已为下列单位提供螺距测量机：(部分案例)

中船镇江瓦锡兰螺旋桨有限公司
常州中海船舶螺旋桨有限公司
杭州前进马森船舶传动有限公司
山东黄海船厂
中国传动镇江同舟螺旋桨有限公司
镇江金叶螺旋桨有限公司
浙江舟山东海螺旋桨制造有限公司
舟山龙叶螺旋桨制造有限公司
浙江舟山中灵螺旋桨制造有限公司
镇江顺发螺旋桨制造有限公司
浙江舟山海潮音金铜工艺有限公司
浙江温岭松门金港船舶螺旋桨厂
浙江杭州元鼎船舶设备有限公司
舟山有色金属铸件厂
福建福螺螺旋桨制造有限公司
武汉重工铸锻有限责任公司
中国人民解放军4808工厂
浙江舟山凯灵船厂
重庆衡山机械厂
以及远销越南、菲律宾等国。

江苏省丹阳市开发区大泊镇韩国工业园（富民路20号）
电话（传真）：86-511-86228351　网址：www.dyhxjx.com　邮箱：doudou7550@126.com

上海华泾电站设备有限公司

产品质量第一 顾客第一为目标
大家对公司的产品购得称心，用得放心！

公司介绍 Company Introduct

中国船舶工业物资华东有限公司所属上海华泾电站设备有限公司，是从事军、民用电站，柴油发电机组，液压泵机组和水泵机组的设计、安装和调试的专业公司。长期以来，为部队、民船、陆用和国家提供了大量的电站和机组。公司所提供的柴油发电机组质量有保证。2000年初，公司通过了ISO9000军、民品质量体系认证，2013年通过了ISO9001:2008和GJB 9001B-2009军、民质量体系认证，2016年又通过了ISO9001:2015质量体系认证，使公司的质量管理又上了一个新的台阶。

公司的产品遍及全国大部份省市。公司以产品质量第一，顾客第一为目标，使大家对公司的产品购得称心，用得放心！

机组介绍 Unit Introduction

公司生产的柴油发电机组种类繁多，有柴油（发电）机泵组；105系列、135系列、Cummins系列、CAT系列、SCANIA系列、MTU系列等船用（陆用）柴油发电机组。根据用户要求可以提供12kW~4000kW(50Hz或60Hz)柴油发电机组，所提供机组能满足CCS、BV、GL、ABS、DNV等船级社规范要求。

生产基地：上海市宝山城市工业园区城银路829号
邮编：200444
办公地址：上海市闸北区永和路318弄14号楼
邮编：200072

电话：021-66831059 021-66831802
传真：021-36392291
邮箱：jybgenset@163.com
genset@vip.163.com

象山锦财水泵制造厂

象山锦财水泵制造厂创建于20世纪80年代，是专业生产船用水泵的企业，工厂坐落于浙江省宁波市象山县高塘工业区；占地面积3300平方米，建筑面积1500平方米，技术人员占全厂职工的比例为15%，年生产船用水泵数千台。有立式船用离心泵、卧式船用离心泵、卧式船用自吸离心泵、船用自吸离心漩涡泵、漩涡泵等近10个大类，上百种型号的产品。

地址：浙江省宁波市象山县高塘工业区　　电话：0574-65043666
传真：0574-65042512　　手机：13116651666　　13586808773　　13906600265　　www.nbjcsb.com